总会计师（CFO）资质水平测试系列教材

公共组织财务管理与组织治理实务

张晓杰　徐　涛　于静霞等　编著

编写组成员：张晓杰　徐　涛　于静霞
　　　　　　邹　晋　吴晓霞　邵明慧

经济科学出版社

图书在版编目（CIP）数据

公共组织财务管理与组织治理实务/张晓杰等编著.
—北京：经济科学出版社，2015.9
总会计师（CFO）资质水平测试系列教材
ISBN 978-7-5141-6112-0

Ⅰ.①公…　Ⅱ.①张…　Ⅲ.①国家行政机关-
财务管理-中国-总会计师-资格考试-教材
②国家行政机关-行政管理-中国-总会计师-
资格考试-教材　Ⅳ.①F810.6②D630.1

中国版本图书馆 CIP 数据核字（2015）第 231621 号

责任编辑：于　源
责任校对：杨　海
责任印制：李　鹏

公共组织财务管理与组织治理实务
张晓杰　徐　涛　于静霞等　编著
经济科学出版社出版、发行　新华书店经销
社址：北京市海淀区阜成路甲 28 号　邮编：100142
总编部电话：010-88191217　发行部电话：010-88191522
网址：www.esp.com.cn
电子邮件：esp@esp.com.cn
天猫网店：经济科学出版社旗舰店
网址：http://jjkxcbs.tmall.com
北京密兴印刷有限公司印装
787×1092　16 开　26.5 印张　650000 字
2015 年 9 月第 1 版　2015 年 9 月第 1 次印刷
ISBN 978-7-5141-6112-0　定价：60.00 元
（图书出现印装问题，本社负责调换。电话：010-88191502）
（版权所有　侵权必究　举报电话：010-88191586
电子邮箱：dbts@esp.com.cn）

前 言

经济形势的复杂、财政收支的矛盾、监管要求的提高，使得公共组织优化财务管理和组织治理提上日程；国家对高层次人才的需求、组织对高素质财务人才的要求、个人对专业水平提高的需要，使得公共组织总会计师（CFO）职业化迫在眉睫。本书在对公共组织总会计师（CFO）梳理职业定位并盘点职业环境的基础上，提出了这一职业所需的职业素养、职业道德、职业能力、知识框架等，对职业发展和行业培育具有重要意义。

一、公共组织总会计师（CFO）职业化十分必要

21世纪以来，为了适应经济社会的快速发展和内外形势的复杂多变，中共中央、国务院和有关部门对经济管理领域的高素质人才培养给予了高度重视，对于总会计师的设立和培养提出了明确的要求。国务院《总会计师条例》提出"事业单位和业务主管部门根据需要，经批准可以设置总会计师。总会计师的职权受国家法律保护。单位主要行政领导人应当支持并保障总会计师依法行使职权"；《国家中长期人才发展规划纲要（2010~2020年）》提出要大力开发经济社会发展，包括金融财会领域在内的重点领域急需紧缺专门人才；财政部《关于印发会计行业中长期人才发展规划（2010~2020年）的通知》指出："要积极推动行政事业单位设置总会计师。财政部门要探索建立总会计师资格认证制度，为用人单位科学选聘总会计师提供制度保障"；《国家中长期教育改革和发展规划纲要（2010~2020年）》提出"完善教育经费监管机构职能，在高等学校试行设立总会计师职务，提升经费使用和资产管理专业化水平。公办高等学校总会计师由政府委派"；国家卫生计生委《关于印发卫生计生经济管理队伍建设方案（2014~2020年）的通知》提出，"到2020年，建立总会计师和总审计师培养制度，实现全国三级甲等医院都配备总会计师，总审计师队伍初具规模"。可见，推进公共组织总会计师（CFO）职业化十分必要。

二、公共组织总会计师（CFO）的能力框架与知识结构

公共组织需要讲政策、懂规划、敢决断、会管理、能创新的总会计师人才队伍，其应具备的职业素养、能力框架和知识结构如下：

（一）职业素养层次

1. 法规意识和风险意识。
2. 规划意识和协调意识。

3. 政策意识和执行意识。

4. 管理意识和服务意识。

5. 学习意识和创新意识。

6. 分析研究和应用意识。

（二）职业能力框架

1. "要得来"资金的能力——要讲政策、懂规划、会预算、擅协调，才能更好地"要得来"财政资金，同时更好地"组织好"自有资金。对应具体的规划和分析能力、政策水平、协调能力等。

2. "管得住"资金的能力——要根据政策要求很好地把好资金支出关，要很好地执行政府采购、政府购买服务、国库集中支付、国有资产管理等规定，全面加强内部控制与风险管理，确保公共资金的安全。对应具体的领导力、政策水平、风险管理能力等。

3. "用得好"资金的能力——要提高公共资金的使用效益，满足事业发展需求，主动做好绩效评价及管理，在保证安全和正常运转的基础上更好地体现公益性。对应具体的学习能力、创新能力、执行能力等。

4. "学习运用政策"的能力——公共组织政策性强，资金约束多，监管要求高，特别要求总会计师能快速学习新政策、准确理解新精神、及时建立新制度、适时配合新监管。对应建章立制能力、学习创新能力、执行能力、沟通协调能力等。

5. "信息化财务"的能力——公共组织财务基础薄弱，信息化水平较低，需要不断加强财务信息化建设，具备信息化财务的能力。

（三）知识结构模块

1. 必备知识——与公共组织运行相关的法律法规政策，这是必须掌握的。

2. 跟踪知识——与公共组织运行相关的新政策、新知识和新成果，这是需要及时跟踪的。

3. 实务知识——与公共组织运行相关的财务实务基础知识，这是开展日常工作决策需要理解和能够运用的，包括当前宏观形势和经济政策、财政管理体制及制度、财务管理理念及决策、事业规划及预算管理、决算管理及财务分析、国库集中收付实务、政府采购管理事务、公共资产管理实务、组织绩效管理实务、组织成本管理实务、内部控制与风险管理、政府会计准则制度、事业单位会计准则制度和财务规则、公立高校和医院等组织的会计准则制度、民间非营利组织会计准则制度、会计职业道德、会计信息化建设等。

三、本书的主要架构

本书分为上、中、下篇和附录四部分：

上篇《职业素养与能力框架》首先界定了公共组织的范畴，在此基础上重点围绕公共组织总会计师的定位与职业道德、职业素养、职业能力、知识结

前　言

构等做了介绍，有助于财务人员合理规划职业路径并提升职业水平。

中篇《财政与财务管理实务》全面介绍了公共组织财务管理相关的实务知识，包括财政管理体制及制度、公共组织财务管理理念及策略、事业规划及预算管理、决算管理及财务分析、国库集中收付实务、政府采购管理实务、公共资产管理实务、公共组织会计实务、公共组织绩效管理实务、公共组织成本管理实务、特殊公共组织财务实力（公立高等学校财务实务、公立医院财务实务、民间非营利组织财务实务），有助于总会计师全面把握公共组织财务实务知识框架，了解最新规定，更好地开展和完善各项财务工作。

下篇《内部控制与组织治理》重点围绕公共组织内部控制、风险管理和组织治理等内容作了介绍，属于新形势下公共组织面临的新问题、新任务。学习这些内容有助于公共组织总会计师把握最新形势，帮助公共组织提升治理水平和抗风险能力。

附录《公共组织财经法规与政策》择要介绍了预算法、政府采购法、行政单位财务规则、事业单位财务规则、事业单位会计准则、行政事业单位内部控制规范（试行），供大家参考。

四、本书的主要特色

1. 立意高。首次对公共组织总会计师职业化做了系统探讨。
2. 框架全。围绕公共组织总会计师职业所需知识及能力进行系统介绍。
3. 内容新。根据当前政策规定和形势发展，介绍最新管理理念和思路。

本书适合作为公共组织财务人员的培训资料，也可作为高等学校相关专业师生的教材及参考资料，有助于了解公共组织的财务管理与组织治理工作全貌。

本书是集体智慧的结晶。一方面，本书编写组成员有6人，张晓杰负责全书的框架设计、审定定稿、上篇的统稿编辑和第一、二、三、四、五、七章及第十六章第三节的写作；徐涛负责中篇的统稿编辑和第六、八、十章的写作；于静霞负责下篇的统稿编辑和第十七、十八、十九章的写作；邹晋负责第九、十一、十三章的写作；吴晓霞负责第十二、十四、十五章及第十六章第一节的写作；邵明慧负责第十六章第二节的写作。各位成员都为本书的写作成稿做出了突出贡献，在此表示衷心感谢。另一方面，本书在编著过程中，广泛参阅了国内外相关教材和著作，参考并借鉴了相关文献，在此，对文献作者们一并表示由衷的感谢。

公共组织财务工作覆盖面甚广，总会计师（CFO）尚未职业化，作者力求通过本书的写作描绘出一幅总会计师职业和实务工作的全景图，但由于水平所限，书中难免会有缺点甚至错误，恳请读者给予批评指正。让我们一起为公共组织财务管理与组织治理提升而努力！

张晓杰

2015年7月1日

目录 Contents

上篇 职业素养与能力框架

第一章 公共组织概述 ·········· 3
- 第一节 公共组织的界定 ·········· 3
- 第二节 公共组织的范围 ·········· 7
- 第三节 公共组织的共性与特性 ·········· 12
- 第四节 公共组织与企业组织的区别 ·········· 15

第二章 公共组织总会计师的定位与职业道德 ·········· 18
- 第一节 公共组织总会计师的定位 ·········· 18
- 第二节 公共组织总会计师的特殊要求 ·········· 23
- 第三节 公共组织总会计师的职业道德、行为规范及职业文化 ·········· 27

第三章 公共组织总会计师的职业环境及职业素养 ·········· 30
- 第一节 公共组织总会计师的职业环境 ·········· 30
- 第二节 公共组织总会计师的职业素养 ·········· 33

第四章 公共组织总会计师的通用能力及职业能力 ·········· 39
- 第一节 公共组织总会计师的通用能力 ·········· 39
- 第二节 公共组织总会计师的职业能力 ·········· 44

第五章 公共组织总会计师的知识结构 ·········· 49
- 第一节 公共组织总会计师的必备知识 ·········· 49
- 第二节 公共组织总会计师的跟踪知识 ·········· 54
- 第三节 公共组织总会计师的实务知识 ·········· 55

中篇 财政与财务管理实务

第六章 财政管理体制及制度 ·········· 61
- 第一节 财政管理体制的含义和内容 ·········· 61

| | 第二节 | 财政分权与财政集权 | 66 |
| | 第三节 | 中国财政管理体制改革方向 | 69 |

第七章 财务管理理念及策略 … 78

	第一节	公共组织财务管理现状	78
	第二节	公共组织面临的新变革	84
	第三节	财务管理的新理念	87
	第四节	财务管理的新策略	90

第八章 事业规划与预算管理 … 95

	第一节	预算的含义、意义和原则	95
	第二节	部门预算概述	98
	第三节	部门预算编制	101
	第四节	中期财政规划和部门滚动规划管理	106

第九章 决算管理及财务分析 … 112

| | 第一节 | 决算管理是总结 | 112 |
| | 第二节 | 财务分析是关键 | 116 |

第十章 国库集中收付实务 … 122

	第一节	国库单一账户与集中支付	122
	第二节	财政国库集中收付的范围与内容	131
	第三节	公务卡管理制度	137

第十一章 政府采购管理实务 … 139

	第一节	政府采购管理规定	139
	第二节	政府采购操作实务	144
	第三节	政府采购改革发展	148

第十二章 公共资产管理实务 … 152

	第一节	公共资产管理规定	152
	第二节	公共资产管理实务	156
	第三节	公共资产管理改革	169

第十三章 公共组织会计实务 … 174

	第一节	公共组织会计规定	174
	第二节	行政单位会计实务	177
	第三节	事业单位会计实务	196
	第四节	民间非营利组织会计实务	217

目 录

第五节	公共组织会计实务对比	229
第六节	公共组织会计改革	235

第十四章 公共组织绩效管理实务 … 238

第一节 组织绩效管理规定 … 238
第二节 组织绩效管理实务 … 244
第三节 组织绩效管理改革 … 255

第十五章 公共组织成本管理实务 … 259

第一节 组织成本管理原则 … 259
第二节 组织成本管理实务 … 264
第三节 组织成本管理前景 … 270

第十六章 特殊公共组织财务 … 273

第一节 公立高等学校财务实务 … 273
第二节 公立医院财务实务 … 287
第三节 民间非营利组织财务实务 … 304

下篇 内部控制与组织治理

第十七章 内部控制 … 317

第一节 内部控制概述 … 317
第二节 内部控制建设 … 323
第三节 内部控制评价 … 333
第四节 内部控制监督 … 337

第十八章 风险管理 … 340

第一节 风险识别 … 340
第二节 风险分析 … 342
第三节 风险衡量 … 343
第四节 风险评价 … 344
第五节 风险应对 … 346

第十九章 廉政治理 … 348

第一节 廉政要求 … 348
第二节 审计监督 … 351
第三节 专项监督 … 352

附录　公共组织财经法规与政策

中华人民共和国预算法 …………………………………………………… 357

中华人民共和国政府采购法 ………………………………………………… 371

行政单位财务规则 …………………………………………………………… 381

事业单位财务规则 …………………………………………………………… 388

事业单位会计准则 …………………………………………………………… 396

行政事业单位内部控制规范（试行） ……………………………………… 402

参考文献 ……………………………………………………………………… 411

上篇

职业素养与能力框架

第一章 公共组织概述

总会计师是一个特定的职业,在企业组织和公共组织都存在。本书作为公共组织总会计师(CFO)职业资质水平认证项目的培训教材,首先需要大家了解和把握什么是公共组织,包括公共组织的内涵、特点、构成要素、目标任务、范围、共性和个性以及与企业的区别等。只有明确了公共组织的基本情况及其与企业组织的区别,才能更好地把握公共组织总会计师的定位、职业道德、职业素养、职业能力、知识结构以及具体的实务知识等,从而更好地进行学习和提升。

第一节 公共组织的界定

公共组织也称公共部门,是提供公共产品或劳务服务的单位。明确公共组织的含义及特点,界定我国的公共组织,是进行公共组织财务管理与核算的前提。本节主要阐述我国公共组织的内涵、特点、构成要素及目标任务。

一、公共组织的内涵

公共组织首先是一种组织,且是有相似特征的一类组织,涵盖了很多类型的单位。要了解公共组织的概念内涵,需要先了解组织的含义、特征及类别。

(一)组织的含义

组织是人们按照一定的目的、任务和形式组建起来的社会群体或集体,如行政事业单位、党团组织、工会组织、企业、军事组织等。组织具有几个特征:(1)组织是人们在相互交往中形成的一定行为关系的集合;(2)组织有某种特定的目标;(3)组织有一定的结构和活动方式;(4)组织有其内在的价值观;(5)组织是一个开放系统,随着社会环境的变化而有机地发展。

(二)组织的类别

现代社会的组织类型十分繁杂,按照不同的标准可以分类如下:一是根据组织的目标不同,可以将组织分为公益组织、工商组织、服务组织和互益组织;二是根据主要功能的不同,可以将组织分为政治组织、经济组织、军事组织、文化组织和社会组织;三是根据人为设定或者自发形成,可以将组织分为正式组织和非正式组织;四是根据权力配置方式的不同，可以将组织分为集权型组织和分权型组织；五是根据管理事项及复杂程度，可以将组织分为综合性组织和专门性组织。

（三）公共组织的概念

社会生活中的组织目的各不相同，有些组织的目的是为了更好地服务于个人或私人利益，这类组织属于私人组织；有些组织的目的是为了服务社会公众，这类组织就是公共组织。公共组织是与私人组织相对的概念，是以管理社会公共事务，提供公共产品和公共服务，维护和实现社会公益为目的，拥有法定或授予的公共权力的所有组织实体。

二、公共组织的特点

公共组织具有以下特点：

（一）政治性

绝大多数公共组织衍生于政府组织，而政府是实现国家意志的，是国家最重要的组成部分，是国家进行政治统治的主要机关，是管理各种公共事物的主体。政府的一切行为都是为其政治统治的合法性服务的。公共组织必须执行国家的政治意志和政治决策，不是中立的。

（二）法制性

公共组织是依法代表国家行使公共权力的机关，有很强的法制性。公共组织的法制性主要表现在依法设置机构和依法行政上。公共组织具有明确的法律地位，组织机构的设置及其宗旨、目标及运作程序，人员编制，行为规范，管理方式，财政预算等都由宪法和有关法律决定。公共组织必须依据法律规定行使职权，在处理社会公共事务时，要运用法律手段，或按照法律规定采取行政手段、经济手段和其他各种手段。在处理社会公共事务时，必须严格贯彻执行宪法和有关法律以及有关规定、条例、命令、规章与办法等，并且不得随意变更和曲解这些法律规定。

（三）权威性

在中国，公共组织中的行政单位在整个社会中有至高无上的地位和权威，起着其他任何组织无法起到的作用，公共组织中的事业单位也是这种权威的延伸和重要体现。这种权威是公共组织进行公共事务管理所必要的条件。公共组织凭借行政权力，对国家的政治、经济、文化等公共事务进行广泛的干预和管理，它的权力覆盖面可达及每个组织和公民。公共组织的权威性还表现在其组织内部管理的强制性上。

（四）社会性

无论何种性质的国家公共组织，都具有管理公共事务的职能。公共组织在行使管理公共事务职能时，都是为全社会服务的。公共组织这种社会属性，是由公共组织为了稳定社会秩序，维护政治统治的合法性的目的所决定的。公共组织的社会性是其政治性的基础。

第一章　公共组织概述

（五）服务性

任何国家的公共组织，从管理公共事务的角度来讲，都为全社会提供公共物品。它不仅要保证公共秩序，维护社会稳定，还要为社会发展和经济发展服务。政府提供服务是以低投入高产出地高效实现行政目标为目的的，是无偿的非营利性的公共服务。

（六）系统性

在行政系统内，公共组织的权力关系和结构方式都层次分明，统分有据，纵横相连，浑然一体。它确保行政系统内统一领导，统一指挥，命令统一，政令畅通，这就是它的整体性特点。行政系统是个巨系统，在系统内部可分为省级次系统和市县级子系统，表现为系统的层次性。行政巨系统与其次系统和子系统之间有机联系，使整个行政巨系统的每个组成部分都发挥其功能，这就是它的相关性。行政系统具有系统的整体性、结构性、层次性和相关性。

三、公共组织的构成要素[①]

公共组织是按照一定的法律法规严格建立起来的正式组织，在构成要素的种类上与一般的组织大体一致，但其要素的具体内涵却是不完全一样的。公共组织的构成要素具体包括以下几个方面：

（一）组织目标

组织目标是指组织成员进行某项活动所需达到的预期结果，目标是组织的基本要素之一。组织都是为了实现某个目标而建立起来的，它决定着组织行为的方式和组织发展的方向，关系到组织管理活动的效果。公共组织目标是公共组织存在的基础。组织目标从不同的角度可以有不同的分类，公共组织的职能目标从时间上看，有长远目标、中期目标和短期目标；从空间结构上看有总目标和分目标。这些目标构成了公共组织中的"目标网络"。

（二）组织人员

组织人员是公共组织的一个基本构成要素，也是公共组织的主体。作为公共管理主体的组织和机构，其实际运行和效能的发挥，必须依靠具体的人来完成。公共组织的人员是受国家和公民的委托，行使公共权力，负责运用资源及指挥公务人员，达成政府施政目标的人。公共人员的素质和智能结构，是公共组织的一个重要要素。管理主体自身素质的完善、管理主体认识能力的提高和价值取向的合理化，对公共管理的结果将会产生重要的影响。

（三）物质因素

任何组织的运行，都无法离开物质因素的支持。物质因素包括公共组织赖以存在的载

[①] 缪匡华编著：《公共组织财务管理》，厦门大学出版社2014年版，第4～6页。

体，如场地、房屋、办公设备、运输工具、办公用品、办公经费等。

（四）职能范围

职能范围是根据组织目标对公共组织所要完成的工作任务、职责及其作用的总体规定，它确定了公共组织行使职权的活动和作用范围。职能范围是组织目标的具体化，它决定着组织规模、内部职位设置等方面的内容。公共组织的职能范围从其性质的角度可划分为政治职能和管理职能；从管理角度可划分为计划、组织、协调、控制、监督和创新职能。

（五）机构设置

机构设置是根据组织目标、职能范围在公共组织内部按单位进行分工的结果。公共组织都要通过一定的机构体现出来，公共组织的机构设置必须科学、合理，才能使公共组织真正成为公共活动的载体。

（六）职位设置

职位设置是在机构设置的基础上进一步按个人职责明确工作分配或分工的结果，即将组织目标、工作任务、权力职责具体落实到个人身上。职位是公共组织运行最基本的要素之一，只有有了职位设置，才能使权力的流动成为可能。实行科学的职位分类，是减少公共组织内部矛盾的有效途径。

（七）权责体系

职权是指被组织正式承认的权力，它主要来自于组织的认可，与职位有密切关系。职责是指完成任务所应承担的责任。权责体系是指公共组织中各个部门、层次、成员之间若干从属、并列等相互关系的确认与规范，它通过权力和职责的划分，保障公共组织各组成部分的有序运行。

（八）规章制度

规章制度是指以书面文件等形式对组织目标、职能任务、权责关系、活动方式等进行严格规范。从总体上讲，从公共组织机构设置、权力划分到公共组织成员的行为规范等，都要有法可依。就公共组织内部而言，也必须有一套规章制度，以确保公共组织的正常运行和公共权力的正确行使。

（九）技术和信息

公共组织构成要素中的技术不仅指组织活动过程中所采用的科学技术，也包括组织决策原则、方式在内的"政治技术"。信息是组织活动不可缺少的因素，信息传递的途径和方式，也正是组织各部分相互协调的途径和方式。组织过程在一定意义上是一个信息收集、整理、制造、传递、反馈的过程。信息技术将改变许多组织的性质和结构，以及组织产品和服务的性质与生命周期。新技术可以促进分权化、网络化的管理作风以及自组织的能力。

第一章 公共组织概述

第二节 公共组织的范围

公共组织的范围很广,对其进行界定和介绍有利于帮助公共组织总会计师找准自身的定位和努力方向。

公共组织的范畴有广义和狭义之分。广义的公共组织不仅指政府及其执行部门,而且包括立法机关、司法机关、学校、医院、教会、军队、政党等具有管理行政事务职能的机构。狭义的公共组织是指政府及其执行部门,以及具有行政授权的社会组织。近年来,随着政府职能转变、公益事业发展和社会组织进入公共领域,公共组织范围有所拓展,逐步形成以政府为核心的开放式多元化公共组织,涵盖了政府组织和非政府组织[①]。本书所讲的公共组织是广义上的公共组织,包括行政单位、事业单位与民间非营利组织等。

一、行政单位

行政单位是政府体系的"细胞",是公共组织的核心组成部分,是权力的主体单位,也往往是很多事业单位和民间非营利组织的原生单位,他们之间存在千丝万缕的联系。

(一) 行政单位的含义

行政单位是指进行国家行政管理、组织经济建设和文化建设、维护社会公共秩序的单位,主要包括国家权力机关、行政机关、司法机关、检察机关以及实行预算管理的其他机关、政党组织等。行政单位与行政机关是有区别的,这里主要是财政上的概念,其人员实行公务员体制管理,经费、工资福利等全部由政府拨付。行政机关是指依宪法和有关组织法的规定设置的,行使国家行政职权,负责对国家各项行政事务进行组织、管理、监督和指挥的国家机关。

(二) 行政单位的特征

行政单位具有政府的"特征":一是从行为目标看,行政单位一般以公共利益为服务目标,在阶级社会里,它以统治阶级的利益为服务目标;二是从行为领域看,行政单位的行为主要发生在公共领域;三是从行为方式看,政府行为一般以强制手段(国家暴力)为后盾,具有凌驾于其他一切组织之上的权威性和强制力;四是从组织体系看,行政单位具有整体性,它由执行不同职能的机关,按照一定的原则和程序结成严密的系统,彼此之间各有分工,各司其职,各负其责。

(三) 行政单位的职能

行政单位作为政府的载体,承担着政府的一系列职能,包括政治职能、经济职能、文

---

① 非政府组织是指政府以外的其他公共组织,包括事业单位、社会团体、非营利性社会中介组织和民办非企业单位,非政府组织依法进行登记,并经法律法规或政府组织委托进行公共事务管理,被称为"准公共组织"。在西方,又被称为非营利组织或第三部门。

化职能、社会公共服务职能等。政治职能是指政府为维护国家统治阶级的利益，对外保护国家安全，对内维持社会秩序的职能，包括军事保卫、外交、治安、民主政治建设等职能。经济职能是指政府为国家经济的发展，对社会经济生活进行管理的职能，包括经济调节、公共服务、市场监管、社会管理等职能。文化职能是指政府为满足人民日益增长的文化生活的需要，依法对文化事业所实施的管理。它是加强社会主义精神文明，促进经济与社会协调发展的重要保证，具体包括发展科学技术、发展教育、发展文化、发展卫生体育等职能。社会公共服务职能是指国家提供公共服务、完善社会管理、解决无法由市场解决的问题的职能，主要有调节社会分配和组织社会保障、保护生态环境和自然资源、促进社会化服务体系建立、提高人口质量和实行计划生育等职能。

（四）行政单位的分类

根据权力类别划分，行政单位可以分为五大类：一是国家权力机关，如全国人民代表大会和地方各级人民代表大会。二是国家行政机关，通称"政府"，包括国务院及其所属各部、委各直属机构和办事机构；派驻国外的大使馆、代办处、领事馆和其他办事机构；地方各级人民政府及其所属的各工作部门；地方各级人民政府的派出机关，如专员公署、区公所、街道办事处、驻外地办事处；其他国家行政机关，如海关、商品检验局、劳改局（处）、公安消防队、公安机关、看守所、监狱、基层税务所、财政驻厂员、市场管理所等。三是司法机关，主要是各级法院（从属于国家权力机关）。四是检查机关，主要是各级人民检察院。五是实行预算管理的其他机关、政党组织等，如民主党派的政党组织和部分人民团体的中央和地方常设机构。

二、事业单位

事业单位（Public Institution）是有中国特色的一类公共组织。相对于企业而言，它们不以营利为目的，是一些国家机构的分支。它一般是以增进社会福利，满足社会文化、教育、科学、卫生等方面需要，提供各种社会服务为直接目的。近年来，事业单位的"类政府"特色在逐渐消失。2014年7月1日起施行的《事业单位人事管理条例》[①] 最终打破了事业单位人员的终身制，将事业单位与职工确定为"合同关系"，实现人员能进能出。

（一）事业单位的含义

事业单位，是指国家为了社会公益目的，由国家机关举办或者其他组织利用国有资产举办的，从事教育、科技、文化、卫生等活动的社会服务组织。事业单位一般要接受国家行政机关的领导，要有其组织或机构的表现形式，要成为法人实体。事业单位绝大部分由国家出资建立，大多为行政单位的下属机构，也有一部分由民间建立，或由企业集团建立。

---

① 该条例是我国第一部系统规范事业单位人事管理的行政法规，标志着事业单位人事管理终于"于法有据"和"有法可依"了。从此，公务员有《公务员法》、企业人员有《劳动法》、事业单位人员有《事业单位人事管理条例》分别进行规范。

第一章　公共组织概述

（二）事业单位的特征

事业单位有以下三大类特征：一般特征、功能特征、活动特征。

1. 一般特征。

（1）依法设立。事业单位的设立，应区分不同情况由法定审批机关批准，依法登记，或者依照法律规定直接进行法人登记。

（2）从事公益服务。事业单位从事的是教育、科技、文化、卫生等涉及人民群众公共利益的服务活动，一般不履行行政管理职能。

（3）不以营利为目的。事业单位一般不从事生产经营活动，经费来源有的需要财政完全保证，有的可通过从事一些经批准的服务活动取得部分收入，但取得的收入只能用于事业单位的再发展，不得用于管理层和职员分红等。

（4）属于社会组织。事业单位是组织机构而不是个人，要有自己的名称、组织机构和场所，有与其业务活动相适应的从业人员和经费来源，能够独立承担民事责任。

2. 功能特征。

（1）服务性。这是事业单位最基本、最鲜明的特征。事业单位主要分布在教、科、文、卫等领域，是保障国家政治、经济、文化生活正常进行的社会服务支持系统。

（2）公益性。公益性是由事业单位的社会功能和市场经济体制的要求决定的。在社会主义市场经济条件下，市场对资源配置起基础性作用，但在一些领域，某些产品或服务，如教育、卫生、基础研究、市政管理等，不能或无法由市场来提供，因此，为了保证社会生活的正常进行，就要由政府组织、管理或者委托社会公共服务机构从事社会公共产品的生产，以满足社会发展和公众的需求。事业单位所追求的首先是社会效益，同时，有些事业单位在保证社会效益的前提下，为实现事业单位的健康发展和社会服务系统的良性循环，根据国家规定可以向接受服务的单位或个人收取一定的服务费用。

（3）知识密集性。绝大多数事业单位是以脑力劳动为主体的知识密集性组织，专业人才是事业单位的主要人员构成，利用科技文化知识为社会各方面提供服务是事业单位的主要手段。虽然事业单位主要不从事物质产品的生产，但由于其在科技文化领域的地位，对社会进步起着重要的推动作用，是社会生产力的重要组成部分，在国家科技创新体系中，居于核心地位。

3. 活动特征。

（1）设立目的：设立事业单位是为了向社会提供某方面的公共服务。

（2）履行职责：事业单位的职责是为国民经济和社会各方面提供服务，包括改善社会生产条件，增进社会福利，满足广大人民群众的物质文化生活需要，等等。

（3）运行方式：事业单位的运行是通过向社会提供服务，以加快国民经济和社会发展，从而又进一步促进事业单位的发展。事业单位的运行成果主要体现在提供非物质形态产品之上，但提供非物质形态产品的单位不一定就是事业单位。事业单位与企业单位的划分管理是我国特有的模式。

（三）事业单位的职能

中国的事业单位在职能上对应国外的是非营利组织（NPO）、非政府组织（NGO）。国外的这些组织是社会自治组织,而中国的事业单位和政府的关系比较密切。这种不同,有的是社会制度不同造成的,有的是由于中国的社会自治能力不足造成的。据初步统计,我国事业单位机构数量近130万个,约4 000万从业人员,涉及医疗卫生、公共教育、文化传播、福利机构、体育等各个领域和行业。事业单位承担着社会最基本的公共服务,国家社会治理的水平和效率、公众对政府的满意度和信任度等,都与事业单位提供的公共服务紧密相关。我国现有事业单位根据职能划分包括教育类、科技类、文化类、卫生类、社会福利类、体育类、交通类、城市公用类、农林牧渔水类、信息咨询类、中介服务类、勘察设计类、地震测防类、海洋类、环境保护类、检验检测类、知识产权类、机关后勤服务类、其他类等十九大类。当前在转变政府职能的背景下,事业单位改革成为突出问题,其中,转变事业单位职能是核心和关键,要与行政脱钩,打破铁饭碗,凸显公益服务,彰显和激活事业单位在国家治理和社会治理中的独特作用。

(四) 事业单位的分类

过去,事业单位根据接受财政补助的程度分为全额拨款事业单位、差额拨款事业单位、自收自支事业单位。全额拨款事业单位也称为全供事业单位,也就是全额预算管理的事业单位,是其所需的事业经费全部由国家预算拨款的一种管理形式。这种管理形式,一般适用于没有收入或收入不稳定的事业单位,如学校、科研单位、卫生防疫、工商管理等事业单位,即人员费用、公用费用都要由国家财政提供。采用这种管理形式,有利于国家对事业单位的收入进行全面的管理和监督,同时,也使事业单位的经费得到充分的保证。差额拨款事业单位,按差额比例,财政承担部分由财政列入预算;单位承担部分由单位在税前列支,如医院等。差额拨款单位的人员费用由国家财政拨款,其他费用自筹。这些单位的人员工资构成中固定部分为60%,非固定部分为40%。按照国家有关规定,差额拨款单位要根据经费自主程度,实行工资总额包干或其他符合自身特点的管理办法,促使其逐步减少国家财政拨款,向经费自收自支过渡。自收自支事业单位又称为自主事业单位,是国家不拨款的事业单位。自收自支事业单位作为事业单位的一种主要形式,由于不需要地方财政直接拨款,因而一些地方往往放松对它的管理,造成自收自支事业单位有不断膨胀的趋势。

现实中,财政补助的比例和力度在下降,很多全额拨款事业单位实际上不能收到全额的预算支持,还需要自筹资金。未来,新一轮事业单位改革强调按职能分类,试水分类改革,行政的归行政,市场的归市场,公益的归公益,也即"甩掉两头、留下中间(中坚)"(宋世明,2011),被留下的"中坚",也细分为公益一类和公益二类。

三、民间非营利组织

民间非营利组织是公共组织的重要组成部分,也是涵盖范围非常广泛的一类组织,具有重要而特殊的存在价值。

(一) 民间非营利组织的含义

民间非营利组织是指由民间出资举办的、不以营利为目的,从事教育、科技、文化、

第一章　公共组织概述

卫生、宗教等社会公益活动的社会服务组织。要把握民间非营利组织的含义还要了解一下非营利组织的含义。非营利组织是指不以营利为目的的组织，它的目标通常是支持或处理个人关心或者公众关注的议题或事件。非营利组织所涉及的领域非常广，包括艺术、慈善、教育、学术、环保，等等。它的运作并不是为了产生利益，这一点通常被视为这类组织的主要特性，同时具有非营利性、民间性、自治性、志愿性、非政治性、非宗教性等重要特征。非营利组织有时亦称为第三部门（The Third Sector），与政府部门（第一部门）和企业界的私部门（第二部门），形成三种影响社会的主要力量。非营利组织还必须产生收益，以提供其活动的资金。但是，其收入和支出都是受到限制的。因此，非营利组织往往由公、私部门捐赠来获得经费，而且经常是免税的状态。私人对非营利组织的捐款有时还可以扣税。

（二）民间非营利组织的特征

民间非营利组织一般具有三个基本特征：

1. 民间非营利组织不以营利为宗旨和目的。

民间非营利组织的设立和业务活动的最终目标不以营利为目的，这是民间非营利组织与营利组织之间本质特征的综合体现。对于营利组织来说，其设立和业务活动的最终目标都是为了增加组织的利润，为投资者积累更多的资本。营利组织决策是否成功、业务活动的最终目标是否能够实现，这在很大程度上取决于利润的多少。而对于民间非营利组织来讲，其设立和开展业务活动并不是为了追逐利润，其目的在于按照资金提供者的期望和要求，为社会带来更多的服务或商品。

2. 资源的提供者向组织投入资源并非为了取得回报。

营利组织的资源是投资者出资形成的，其所有权归属于出资者。投资者出资的目的是将其资源投入生产经营过程后，与其他生产要素相结合，生产社会所需要的产品或服务，并使投入的资本增值。同时，营利组织所有者将资产交付组织后，不但保留收回投资的权利，而且对经营利润以及解散、破产的剩余财产也有按一定比例分享的权利。而非营利组织资金提供者，其出资目的并不是期望得到同等或成比例的出资回报，而是希望组织为整个社会或特定团体提供更多的服务或商品，他们不指望获取对非营利组织净资产予以分享的权利。

3. 资源的提供者不享有组织的所有权。

营利组织的资产归出资者所有，因积累形成的新资产也归属其出资者。而民间非营利组织的净资产既不属于组织所有，也不属于出资者（如捐赠人、会员等）。任何单位或个人不因为出资而拥有民间非营利组织的所有权，也不存在该组织一旦清算可以分享剩余财产的净资产。非营利组织一旦进行清算，清算后的剩余财产只能交给政府或其他非营利组织或继续服务社会的公益事业。

（三）民间非营利组织的作用

民间非营利组织通常有一般作用和政治作用两大作用。一般作用包括四大类：一是社会服务，即为社会成员提供中介服务和直接服务（如出国留学的咨询服务和各种养老院、民办学校）。二是社会沟通，即为政府与企业、政府与社会之间的沟通充当桥梁。一方面向政府反映企业、社会的意见、建议,为政府提供信息;另一方面协助政府做好宣传、指导、监督等方面的工作(如各种行业协会)。三是社会评价,即对生产、消费品作出公正的评价(如各种调查机构)。四是社会裁断,即调解社会成员之间的纠纷(如消费者权益保护协会)。政治作用也包括四大类:一是政府合法性的资源供给者,合法性就是人们对享有权威的人们的地位的承诺和对其命令的服从;二是政府权力的监督者,非营利组织为人们的自由结社提供了自我组织的空间,这些组织以公共利益为目标,以保护人类整体利益为宗旨,通过有组织的活动,唤起公众的公共意识,影响政府的公共决策;三是民主价值观的培育者,有利于培养公众的正确的参政观;四是公民参政议政素质的促进者,在大量的非营利组织的民主参政实践中提高公民参政素质,是被实践证明了的行之有效的办法。

(四) 民间非营利组织的分类

民间非营利组织主要包括社会团体、基金会、民办非企业单位、寺院等。

1. 社会团体。

社会团体是指中国公民自愿组成,为实现会员共同意愿,按照其章程开展活动的非营利社会组织,如中国会计学会等。又可细分为学术性、行业性、专业性、联合性等团体。

(1) 学术性:自然科学类;社会科学类,以学会、研究会命名;自然社会交叉类。

(2) 行业性:经济性团体如农业、工业、商业类,以协会命名。

(3) 专业性:非经济类的专项事业,以基金会、协会命名。

(4) 联合体:联合会、联谊会、促进会等。

2. 基金会。

基金会是指按照民间捐赠人的意愿设立的专门用于捐赠人指定的社会公益性用途的非营利基金管理组织,如希望工程基金会等。

3. 民办非企业单位。

民办非企业单位是指企业事业单位、社会团体和其他社会力量以及公民个人利用非国有资产举办的,从事非营利性社会服务活动的社会组织。主要包括从事科学、教育、文艺、卫生、体育等科学文化类的非企业单位,如民办医院诊所、民办剧团、民办学校、各类体育俱乐部、民办各类科研究所等;从事各种社会救济的非企业单位,如民办孤儿所、民办养老院等;从事民间公证鉴定、法律服务、咨询服务等社会性服务的社会中介组织,如法律服务所等。

4. 寺院、宫观、清真寺、教堂。

寺院、宫观、清真寺、教堂是由具有宗教信仰和热心宗教的人士在国家支持下兴办的开展宗教活动的场所。主要包括佛教的寺院、道教的宫观、伊斯兰教的清真寺和基督教的教堂等。

第三节 公共组织的共性与特性

行政单位、事业单位、民间非营利组织等三大类公共组织间既有共性,也有各自的特

第一章 公共组织概述

性。对其进行对比分析,有助于总会计师更好地把握各自所在组织的特性,并更好地做好自身财务管理优化。

一、公共组织的共性

行政单位、事业单位、民间非营利组织等三大类公共组织拥有五大共性特征:

(一)不以营利为目的

公共组织在从事组织生产和提供公共产品和公共服务的过程中,其主要的目的与动机,是在谋求社会的"公共利益",一切的措施都是在顾及全局公平、公正、公开的原则下为全体民众服务,并以最好的服务争取民众的拥护与支持,不以营利为目的。但是,为了弥补提供公共事务过程中的经费不足,或者为了平衡在享受公共事务的物品和服务方面实际存在的差异,公共组织有时也会采用收费的办法。但是,这种收费绝不以营利为目的。公共组织的活动经费来源于三个方面:一是公共财政开支;二是有偿服务收入(按产品和劳务费的成本收取的费用);三是通过社会的赞助、资助、捐助、彩票等筹措的资金。

(二)公共权力与责任并重

一方面公共组织通过行使公共权力[①]来管理公共事务。公共组织要么拥有法定的公共权力,要么拥有由公共权威部门授予的公共权力,这种公共权力与非公共组织中存在的"私权"有着本质的区别。从基本内涵来说,在主体上,公共权力属于公众而非某个个人;从客体上看,公共权力指向的是公共事务;从功能上看,公共权力为公共利益服务。公共权力具有权威性、强制性、普遍性、排他性,公共权力的这些特性使公共权力有着比"私权"更广泛的约束力、强制力和管辖范围。当然,公共权力的使用更强调依法行使,防止权力的滥用,因此,公共组织必须受到全社会的监督。

另一方面公共组织要承担管理社会公共事务、维护和实现公共利益的责任。社会公共事务是指涉及全体社会公众整体的生活质量和共同利益的一系列活动,包括社会问题、公共项目和公共财产与资源。公共利益就是一定范围内的所有社会成员利益的共同部分,不是单个社会成员或者单个组织的特定利益。公共利益的构成在价值上具有多元综合性,具体体现为公共产品、公共服务、公共安全、公共秩序、公正、民主等。这些价值是保证社会成员进行正常有序的共同生活的基础。能不能有效地为社会提供所需的公共产品、公共服务、公共安全、公共秩序以及公正、民主的政治经济环境,是公共组织存在和发展的依据,也是其存在和发展的合法性基础。

(三)依法管理公共事务并接受监督

公共组织尽管代表着社会公众的共同利益,但它的产生和运行方式不能超越于国家法律之上。公共组织的产生必须依据社会公共生活的实际需要,按照国家有关法律法规所规

[①] 公共权力是用于处理公共事务的权力,是公共组织实施自身职能的前提条件。它是由社会的共同需要而产生的,是全体社会成员共同意志的集中表现,对全体社会成员具有普遍的约束力,其基本目的在于维持、调整或发展整个社会生活的基本秩序。

定的原则和程序依法审批和设置。在运行方式上，公共组织必须依法规范自己的管理行为，自觉地贯彻和执行有关公共事务方面的法律法规，在法律法规所规定的范围内自觉履行对公共事务的管理职责。公共组织正是因为行使公共权力，所以，它的一举一动都必须接受来自舆论或公众的批评和监督，其所作所为必须是公开的、透明的。目前许多国家设立的"阳光法案"、公务人员的财产申报制度、重大公共工程的公开招标，其目的就是为了引起公众的高度关注和对公共组织活动的严密监督，使公共组织不损害全体民众的利益，积极地为全体民众谋求福利，真正做到以民意为依归。社会中的每一位公民都有权合法享有这种服务和提出意见、建议，并进行监督。同时，公共组织也要接受来自于立法和司法部门以及各利益团体的监督。

（四）具备"类政府"的强制性与权威性

公共组织是依据公共权力来从事社会公共事务的管理。公共组织虽然是公共产品和公共服务的提供者，但同时也是公共权力的执行者，这就决定了公共组织行为具有强制性和权威性的特点，这种强制性和权威性在维护既定的政治关系和社会秩序过程中起着不可替代的作用。公共组织作为行使公共权力的主体必然代表着统治阶级的意向，所制定的公共政策皆具有政治的意义。因此，公共组织实现目标的过程，如果忽略了政治因素，则不容易理解其运作内涵。公共组织不可避免地要面对全国性的或地方性的政治利益团体以及各种相互制衡的权力关系。公共组织的活动由于具有强制性和权威性，因此，凡是在其职权范围以内的事务，皆有管辖权，任何一个被管理者都必须无条件地接受和服从，若有违法乱纪的行为发生，公共组织便可依法予以处分。

（五）拥有多元化的责任要求和目标体系

公共组织的目标就是谋求公共利益，但公共利益大多是模糊而不易计量的，它表现为公众对公共产品的多层次、多样化、整体性的利益需求。公共利益不像私人利益那样明确直接，公共组织也不能像私营组织那样以利润作为目标衡量组织和员工的绩效，它只是作为表明公共组织负有公共责任以及必须为大多数人服务的一种象征。公共组织负有公共责任，其服务对象是社会公众，而社会公众的期望很多，这就要求公共组织必须承担包括政治责任、工作责任、法律责任、道义责任在内的所有公共责任。

二、不同公共组织的特性

行政单位、事业单位、民间非营利组织等三大类公共组织有着各自不同的特性，区别主要表现在资金来源、人员供养、行为方式、业务活动等方面。

（一）行政单位的特性

行政单位的资金来源全部是公共财政拨款。其人员为公务人员，享受国家全额财政供养，按照《公务员法》进行管理。在行为方式上行政单位依托的是行政权力，一般采取强制性的政令方式进行指导或管理。在业务活动上行政单位全部是非营利性的公益服务和公共管理活动，不允许有营利活动。

第一章 公共组织概述

（二）事业单位的特性

事业单位的资金来源大部分是财政拨款补助，也有相当一部分单位需要依靠行政事业性收费或自筹资金发展。其人员多数为编制内的财政供养人员，但往往很难享受国家全额财政供养，按照《事业单位人事管理条例》进行管理。在行为方式上事业单位依托的是行政权力的延伸或授权，具有一定的强制性，同时也体现公益服务特性和社会管理属性，很多属于知识密集型单位。事业单位的业务活动允许有一定的经营性活动，但取得的收入在使用上有限制，只能用于事业单位的再发展，不得用于管理层和职员分红等。

（三）民间非营利组织的特性

民间非营利组织的资金来源比较多，既有财政拨款补助，也有服务收费等自筹资金，但大头应该是社会捐赠、赞助、资助、彩票金等。其人员只有少量是或有的甚至是没有编制内的财政供养人员，多数按照《劳动法》进行管理。在行为方式上民间非营利组织相对灵活，往往不直接依托行政权力，而只是以拥有行政许可的或社会认可的资质开展业务活动，一般没有强制性，更多地体现为公益性、自愿性、服务性等属性。近年来，民间非营利组织被允许有经营性活动，但不能以营利为目的，所得收入也是要用于弥补事业发展资金不足和拓展公益服务等，不能用于私利。

第四节 公共组织与企业组织的区别

公共组织和企业组织在服务对象、组织目标和任务、工作理念和方式、管理和监管要求以及财务管理体系上都存在很大区别，需要分别进行研究。现实中，企业组织的财务管理体系复杂且变化更新快，教育培训体系也多以企业财务为核心。公共组织的总会计师和财务人员必须搞清楚公共组织与企业组织的区别，才能更好地应对公共组织财务管理提升的要求。

一、面向的服务对象不同

公共组织的服务对象是全体公众或一定区域内的全体公众，是按照国籍或法律规定有权利享受公共服务并接受公共管理的全体成员。不同公共组织的服务对象有明显的交叉性，比如法律服务组织和医疗服务组织面向的都是全体成员；而企业组织的服务对象往往比较分散、比较小众、比较特定，不同企业组织的服务对象可能是完全不同的，比如生产汽车的企业和送水的企业的服务对象就很不一样，甚至毫无关联。

二、组织目标和任务不同

公共组织的存在是依托公共权力、履行公共责任、执行法律规定、体现政治意图、提供公共服务和公共管理，其目标包含了政治目标、社会目标、公益目标、生态目标、经济目标等，具有多重性。其生存发展主要依赖于公共财政拨款（补助）或社会捐助资助等，并不主要靠自身经营获利也不能以营利为目的。而企业组织存在的主要目的是为了营利，其目标往往就是单一的经济目标，只有个别大型企业会追逐一定的社会目标。企业组织依法从事商品生产、流通或服务等经济活动，也满足了一定的社会需要，但需要讲求营利，实行独立核算、自主经营、自负盈亏，没有营利企业将无法生存。可以说，是否追求营利性是公共组织和企业组织的本质区别，这决定了两者在财务管理理念、原则、处理方法上的诸多不同。

三、工作理念和方式不同

基于授权的不同，公共组织和企业组织的工作理念和方式存在区别。公共组织的成立依托的是公共权力，具有很强的政治性、强制性和权威性，因此工作理念强调指挥、指导、管理、引导、协调、推进、控制、责任等，工作方式多以行政命令、事业规划、发展计划、财政预算等体制化、规范化的惯性方式为主，受个人主观色彩影响较小。这是企业组织无法比拟的。企业组织的成立大多源自个人或其他企业，是一种私人因素，所有工作的推进依靠的是创始者和管理者的思想及执行力，工作理念上强调利润、强调生存、强调效率，工作方式上不同企业差异很大，但相对自由和灵活，受管理者的个人主观色彩影响很大。

四、管理和监管要求不同

基于依存关系的不同，公共组织和企业组织的管理和监管要求存在区别。公共组织的成立、生存和发展源自公权力，自然其受到的管理和监管要求就会比较多、比较高。在成立和运行上，公共组织要受到编制部门、主管部门、工商税务等综合部门的管理和监管；在人事管理上，公共组织要受到人社部门、财政部门、机关事务管理部门的管理和监管；在资金管理上，公共组织要受到主管部门、财政部门、审计部门、发改价格部门、税务部门、纪检监察部门等的管理和监管；在物资管理上，公共组织要受到财政部门、主管部门、机关事务管理部门等的管理和监管。上述管理和监管体现为日常的指导、统一管理、逐级汇报、审计监督、专项检查等形式，内容则涵盖了公共组织的几乎所有工作。企业组织因为涉及公权力和公共资金很少，受到的管理和监督要求相对较低也较少，主要集中在法律法规、工商税务登记、财税上缴及审计等层面，形式上除了法律法规的规定必须满足之外，其他管理形式并不固定，比较灵活。

五、财务管理的体系不同

公共组织财务管理是公共组织管理的重要组成部分，它是根据财务制度及财经法规，按照财务管理的原则，对公共组织有关资金的筹集、分配及使用所引起的财务活动进行计划、组织、协调、控制，并处理财务关系的一项综合性的经济管理工作。它所研究的是公共组织资金的分配、筹集、使用及经费支出是否符合预算，是否有利于促进各项事业发展

第一章 公共组织概述

和国家政权建设，是否有利于社会财力的充分利用等问题。其主要内容包括：预算管理、收入管理、支出管理、定员定额管理、资产管理、负债管理、成本费用管理、投资管理、净资产管理、财务报告管理、财务分析、财务监督等。其中，预算管理是中心，收支管理、定员定额管理是基础，财务分析是手段，财务监督是保证。公共组织财务管理顾及的是全体社会成员的共同利益。而企业组织财务管理则只是涉及个人或少部分人，是对企业的日常生产经营进行核算为主的管理活动，关注企业自身资金的筹集、投资、使用及分配等活动。企业组织财务管理顾及的是企业自身及其员工的利益，因而强调资金获取收益的最大化。相对而言，公共组织财务管理侧重于按照预算的单一收支管理，而企业财务管理则要综合考虑资产负债权益和收支损益，谋求各会计要素的良性互动和综合高效。

第二章 公共组织总会计师的定位与职业道德

公共组织总会计师不是普通的财务工作者，甚至不是普通的财务负责人。面对新形势，公共组织总会计师的角色定位也要不断升级，要充当好"财务多面手"、"高层级管理者"、"重要的安全门"、"升级版师爷"以及决胜千里的"财务最高统帅"等角色。从工作角度讲，公共组织总会计师相比于企业总会计师有着"八大特殊要求"，从职业规范角度讲，公共组织总会计师也应遵循特有的职业道德和行为规范。

第一节 公共组织总会计师的定位

迄今为止，公共组织总会计师的提法尚属首例，其对应的职责职权职级等内容尚不清晰完备，但公共组织强化财务管理工作、培养高层次财务负责人的需求日益迫切。为此，我们需要厘清公共组织总会计师是什么？具体负责哪些工作？其基本定位和基本要求有哪些？

一、总会计师的称谓区别与界定

在不同组织里，承担总会计师职责的人员称谓五花八门，各有不同。除总会计师外，还有首席财务执行官（CFO）、财务总监、财务负责人等，本书对公共组织总会计师的界定不考虑具体称谓，而侧重于职责职权、专业性以及财务管理本质。

（一）总会计师的称谓区别

当前，总会计师的类似称谓有以下四大类：

1. 总会计师。

"总会计师"这一提法引自苏联的计划经济体制，是"一长三师"（厂长、总工程师、总经济师、总会计师）的企业干部管理队伍的重要成员，当时是一个既对国家负责，又对厂长（经理）负责的职位。实现计划经济向市场经济的转变后，中国企业一般从"对总经理负责"这一层面上定位总会计师的职责，通常要负责企业的日常管理和内部管理控制，侧重于财务管理和会计核算，行政级别相当于副厂级（副总级）。1990年国务院发布的《总会计师条例》，要求国有大中型企业设立总会计师岗位并规定总会计师是单位的最高财务负责人。1999年修订的《会计法》明文规定，在国有独资和国有资产占控股地位或者主导地位的大中型企业必须设置总会计师。2002年后，由于人事部发文规定企业不得按照行政

第二章　公共组织总会计师的定位与职业道德

级别进行机构设置，总会计师的地位一度陷入尴尬，但体制惯性使得这一称谓并未消失，而是在对国有企业实施财务总监委派制的同时，财务总监与总会计师长期并存。2003年公布的《企业国有资产监督管理暂行条例》依然提到了总会计师。2006年国务院国资委专门制定颁布了《中央企业总会计师工作职责管理暂行办法》，明确总会计师的工作职责包括对企业会计基础管理、财务管理与监督、财会内控机制建设，以及企业投融资、担保、大额资金使用、兼并重组等重大财务事项的监管。明确要求企业应当赋予总会计师有效履行职责的相应工作权限，具体包括：对企业重大事项的参与权、重大决策和规章制度执行情况的监督权、财会人员配备的人事建议权，以及企业大额资金支出联签权（即"三重一大"相关职责）。同时规定设置属于企业高管层的财务总监、首席财务官等类似职位的企业或其各级子企业，可不再另行设置总会计师职位，但应当明确指定其履行总会计师工作职责。

2. 首席财务执行官（CFO）。

首席财务执行官（CFO）源自美国等一些西方国家的企业，最早出现于20世纪70年代。CFO是地位显赫的公司高级管理者，在公司治理中扮演着重要角色，他们同时进入董事决策层和经理执行层，以股东价值创造为基础，参与公司战略。CFO一般同时管辖CIO（Chief Information Officer，首席信息官）、主计长（Controller）和司库（Treasurer）等。CFO的重要职责就是通过资源配置实现企业的战略目标和长期发展，因此，CFO应该是企业战略的管理者，代表出资方实施企业外部资本控制，并向股东和董事会负责。在美国发生了安然、世通等系列财务丑闻之后，美国新制度的有关法规规定，CFO应当分别向CEO和审计委员会汇报工作。美国企业的CFO在设计和实施公司战略方面发挥着极其重要的作用。由于美国公司的财务管理已经达到相当高的水平，已经没有降低成本的空间，因此，CFO的主要压力集中在为公司寻求进一步发展良机而必须解决的一些财务问题上。相对而言，欧洲企业的CFO们仍然将成本控制列为首要任务。对中国来说，CFO是舶来品，在中国，较早采用"CFO"这一称谓的主要是一些网络公司和高新技术企业，目前越来越多的国内公司采用"CFO"这一称谓。

3. 财务总监。

财务总监制度起源于西方国家，"二战"前后，西方国家的国有企业有了一定的发展，对国有企业的管理一般是由能代表国家的财政部门或主管部门在人才市场上选择总经理，由总经理代为管理，并授权总经理选择合适的总会计师等高级管理人员，组成经理层，负责管理生产经营。由于所有权与经营权的分离，这些高级管理人员作为经理层，在目标、利益、行为等方面与所有者存在很大差异，当双方利益不一致时，经理层往往通过选择会计政策、会计方法、会计程序等来维护自身的利益，从而使所有者的利益受到损害。为了解决这个问题，西方国家通过建立财务总监制，监督总经理及经理层，以有效避免"内部人控制"，保护所有者的利益，满足所有者对企业经营监控的要求。

中国的财务总监委派制度始于20世纪90年代，政府股东或企业董事会向企业委派财务总监，参与企业的重大经营决策，组织和监控企业的日常财务活动。经过数年的实践，中国的财务总监制度由一种与国企改革相配套的经济监督制度，逐渐演变为公司治理结构有机组成部分的一项基础性制度①。与西方国家相同，中国"财务总监"制度源自政府委

---

① 张云亭：《顶级财务总监》，中信出版社2003年9月修订版，第7～13页。

派财务总监对国有企业实施监督,其工作内容涉及财务监督的主要方面,实质上是对国有大中型企业总会计师制度和企业内部审计制度关于财务工作组织运行和财务监督上的更高层次的发展与完善。它吸收和集中了总会计师和内部审计中的部分财务管理与监督职能,也弥补了总会计师在企业组织中地位和职责权限上的不足。他是经理层高级财务管理人员,主要承担内部受托责任。最初使用这一称谓的主要是上市公司和上海、深圳等一些国有企业及其他企业。基于良好的监督效果,财务总监制度逐渐得以推广。如今"财务总监"这一称谓已经很普遍,但是其定位在各个企业中的差异较大。有的企业的"财务总监"相当于国有企业对总经理负责的"总会计师"。有的"财务总监"则是指"财务部门负责人"。也有个别企业的"财务总监"相当于CFO。"财务总监"有的对董事会负责,有的对总经理负责,还有的是对监事会负责。

4. 财务负责人:财务分管领导/财务司(处、部)长/财务经理/财务总管(主管、主任)。

在中国,财务负责人是一个内涵特别丰富的称谓。就企业尤其是国有企业而言,财务负责人一般由总会计师或财务总监担任,全面负责公司的财务管理、会计核算与监督工作。严格地说,财务负责人必须是有会计师资格的人才能胜任,且从事会计工作多年,经验丰富,有一定的管理能力,参与公司重大事项及生产经营决策。由于财务管理在经济发展中的地位越来越高,因此,国有企业财务负责人均为领导班子成员。就中小民营企业而言,财务负责人主要服务并听命于企业一把手,很少能真正参与企业决策,很少能开展真正意义上的财务管理。就公共组织而言,财务负责人包括两大类:一类是财务部门的负责人,如财务司司长、财务处处长、财务部部长、财务部门主任、财务经理、财务总管(主管、主任)等,他们往往是财务专业科班出身,有着多年财务工作经验,从基层一步一步升上来的,主要侧重于具体财务管理工作;另一类是分管财务部门的领导,如分管财务工作副部长、副司长、副书记、副主任、副局长、副所长、副院长等,他们往往不是财务专业科班出身,而是基于行政班子分工需要临时或长时间分管财务工作,对财务工作有一定了解但并不全面系统,主要侧重于财务工作协调和资金支出把关,基本不参与具体财务管理工作。

(二) 本书对公共组织总会计师的界定

目前中国总会计师制度存在弊端,财务地位普遍较低。就企业而言,相当一部分企业要么没有按照《会计法》设置总会计师职位,要么即使设置了,也不让总会计师进入高管层面,而且绝大多数企业的总会计师和财务总监在经理班子中排在末位。就公共组织而言,这种弊端更加突出,几乎没有财务工作者能成为领导班子成员,分管财务工作的领导往往都不是财务科班出身,导致"外行指挥内行",很难开展科学高效的财务管理。另外,对于高级财务管理人员的称谓错综复杂,职责、职级等很难统一。其实,要想建立起有效的财务管理体制,对于高级财务管理人员的称谓并非是最重要的,真正重要的是财务管理体制的实质。

本书不以具体称谓界定总会计师,尤其是公共组织总会计师。不论称谓如何,公共组织总会计师泛指负责全面财务工作并代表财务参与单位决策的负责人,其称谓地位、职务职级、职权责任在不同单位可能有所不同,但应该是一个单位财务领域的第一责任人,且

第二章 公共组织总会计师的定位与职业道德

为财务专业人士。正如中国总会计师协会（China Association of Chief Financial Officer, CACFO）章程中明确提到的，协会所指总会计师涵盖总会计师、财务主管、首席财务执行官、财务总监以及未设总会计师的财务部门主要负责人。

二、公共组织总会计师的基本定位

在中国提到总会计师，大家第一反应往往是某某企业的财务负责人，却忽视了公共组织中也存在这样一个庞大的"总会计师"群体：他们是公共组织"三重一大"制度的执行者，在组织的重大决策、重要干部人事任免、重大项目安排、大额度资金使用等方面参与集体讨论，发表财务专业意见并实行联签制度；他们也是财政资金使用的主体和监管的对象，在预决算、国库集中支付、政府采购、国有资产管理等方面全面接受国家财政部和主管部门的指导和管理；他们还是单一公共组织的财务当家人，支出审核、会计核算、资金管理、收费收缴、成本控制、内部控制和风险管理、财务队伍建设等工作缺一不可。可以说，公共组织总会计师的职责范围非常宽泛，富含多重角色（可简洁概括为"CFO + CIA + CMA + CFA"①，即"首席财务官 + 内部审计师 + 管理会计师 + 财务分析师"，具体见图 2-1），因此其定位并不清晰，加之以往人们对公共组织财务存在诸多误解，需要对其定位分别进行阐述。

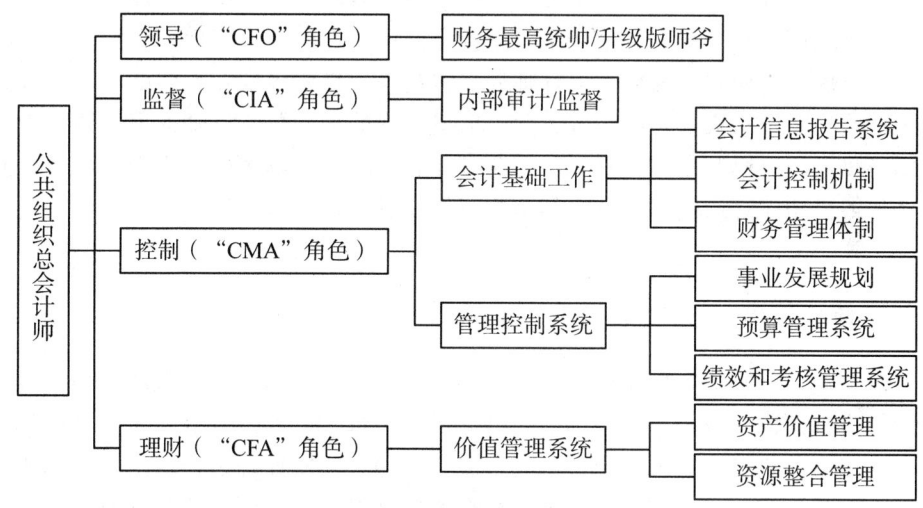

图 2-1 公共组织总会计师的角色图谱

（一）出纳？不是单纯的出纳

公共组织的财务是出纳？总会计师是出纳总管？很多人有这样的误解。长期以来，中国的公共组织以吃财政饭为主，不需要过多考虑发展和生存的问题，工作稳定清闲且以花钱开支为主，加之公共资源的表面上的"取之不尽"和本质上的"监管缺失"，导致绝大多数公共组织不关注财务，绝大多数人认为财务的存在主要是报销各类支出，就是一个单

---

① 公共组织总会计师的角色图谱参照了张云亭先生所著的《顶级财务总监（修订版）》的逻辑结构，在张先生总结的企业财务总监的基础上，结合公共组织的特点予以修改完善。

位的"大出纳"。然而,公共组织财务绝不是单纯的出纳,报销各类支出仅是一小部分工作,尤其是近年来财政资金监管日益严格,面临的形势日益复杂,体制改革日益紧迫,资金流量存量不断攀升,公共组织财务管理的需求日益强烈,财务工作的复杂性日益提高。公共组织总会计师不能单纯充当出纳总管的角色,而要担当起更复杂、更专业、更多元的财务多面手角色。

(二)管理?不是普通的管理

公共组织总会计师的基本定位是管理吗?应该说是一部分,但绝不仅是普通的财务管理,而是更高层面上的全局管理和决策支持。与过去相比,公共组织发展的复杂性甚至生存的艰巨性日益突出,完全靠财政资金或公共捐助就能吃饱吃好的日子一去不复返了,资金提供方不关注资金使用效率和效益的日子同样一去不复返了。相应的,公共组织总会计师的管理定位要发生变化,除了继续做好日常财务管理和预算管理,还要关注和做好资金使用效益管理,关注做好公共服务的受托责任,关注组织的生存和发展全局,关注财务数据对于组织决策的支持等,管理层级明显提高。

(三)把关?是一道重要的门

公共组织总会计师的基本定位是把关吗?没错,这是必要的定位,是资金安全和财务安全重要的一道门。长期来看,公共组织的资金使用将强调安全高效、合法合规。前者是目标,后者是底线,两者都需要总会计师的强力把关,具体表现在日常的支出审签、资金核对、审计检查乃至重大事项决策等方面。值得一提的是,总会计师的把关侧重于财务专业层面的意见,应该是基于专业判断、职业操守和最新政策解读的独立把关意见,而不是受制于领导或妥协于环境的折衷意见甚至是背意意见(即完全背离于上述独立专业意见的意见)。

(四)师爷?是"升级版师爷"

公共组织总会计师的定位是师爷①?从身份上讲不完全是,但从职能上讲有类似之处,主要是组织方方面面的业务和事务都会与财务发生关系,绝大多数合同、文书都会涉及财务事宜,相当多的决策需要考虑财务影响,总会计师必须发挥师爷的谋划帮办职能,帮助组织做好发展规划和决策谋划,合理确保组织的良好发展。不同于传统师爷的是,由于体制原因,当前公共组织中发挥总会计师职能的人员多数属于体制内人士,且有政府职务职级,因此公共组织总会计师对于谋划职能的发挥不仅仅是"雇佣买卖式的技能发挥",而应该是"自发式的职责所在",所以可以说现代公共组织总会计师应该是"升级版的师爷"。

---

① 师爷又称幕友、幕宾、幕客等,是人们对于作幕之人的一种俗称。师爷虽然是政府部门的佐治人员,但一般并无官衔职称,也不在政府体制之内。师爷由幕主私人聘请,与幕主实属雇佣关系。幕主尊师爷为宾、为友,师爷称幕主为东翁、东家。师爷发源于周官幕人,历代都有发展。至明代,师爷作为一种特殊的幕业形态开始萌芽。至清代,师爷非常活跃,上自督抚,下自州县,都聘请师爷佐治政府事务。晚清,曾国藩幕府人才鼎盛,形成近代军阀幕府,影响一直延续至民国。民国幕僚是清代师爷的尾声和惯性延续。由于师爷并不是朝廷认可的官僚,所以在清朝晚期,著名的洋务派官员张之洞向皇帝上奏,呼吁改革师爷制度,被采纳,师爷的历史就此终结。所以可以说,张之洞是师爷制度的终结者。

第二章　公共组织总会计师的定位与职业道德

（五）帅？是财务的"最高统帅"

公共组织总会计师的基本定位是帅吗？是财务工作和财务组织的"最高统帅"。财务工作是公共组织相对独立的一个领域，也是有着独立学科的专业体系。现实中，很多公共组织的财务得不到重视，与业务工作孤立，甚至只是被当成业务工作的辅助，这制约了财务工作的发展，更影响了公共组织的发展。从企业发展的历程看，财务工作的重要性日益得到重视，甚至有越来越多的企业将财务预测分析和计划作为业务拓展和发展决策的重要依据或基本要素。无情的实践证明，不重视财务的企业将很难有大的、好的发展。当前和未来公共组织财务工作的重要性也将更加突出，随着外部形势的复杂和监管要求的提高，那些不重视财务工作的组织甚至将面临极大风险。基于此，公共组织的总会计师要担当好"最高统帅"的角色，做好政策、形势、事业、业务、财务等领域的统筹协调，坐依专业政策，总览全局形势，深入了解业务，统筹协调，运筹帷幄，方能决胜千里。

第二节　公共组织总会计师的特殊要求

不论称谓如何，总会计师所代表的是一个特定的职业，并且是一个较高层次的职业。要做好这一职业，在履职层面有很多要求，且这些要求因服务的组织不同而有所不同。与企业相比，公共组织总会计师至少有"八大特殊要求"。

一、所有组织总会计师的十大要求

不同组织不同单位对总会计师的称谓不同，职责界定也不完全一样，但一般要求是基本一致的，主要包括如下层面：

（一）认真贯彻政策、法规和制度

认真贯彻政策、法规和制度指的是总会计师执业过程中必须时刻关注、认真学习、正确理解并坚决贯彻国家（含中央和地方）的各项政策、法规和制度，这是基本要求。

（二）严格财经纪律并主动接受监督

严格财经纪律并主动接受监督指的是总会计师执业过程中必须严格财经纪律，把好支出审核关口，确保公共资金安全，履行好受托责任，不违法不违规；同时主动接受监督，积极配合各项检查，化监督为力量，不断提高财务管理水平。

（三）准确下达任务并确保完成质量

准确下达任务并确保完成质量指的是总会计师执业过程中要站在全局角度理解财务工作，参与战略规划制定和分解工作，准确领会和下达工作任务并采取综合措施确保保质保量的完成。

（四）发挥专业优势为发展积极谋划

发挥专业优势为发展积极谋划指的是总会计师执业过程中要充分发挥财务专业的优势，综合分析运用所掌握的财务数据，积极参与战略规划的制定和重大事项的决策，为所在单位的长远发展出谋划策。

（五）全面完善核算办法和财务制度

全面完善核算办法和财务制度指的是总会计师执业过程中要注重建章立制，在不断总结实务工作经验和学习理论知识的基础上，全面完善财务核算办法，系统梳理财务工作流程，建立完善各项财务管理制度，为财务管理夯实基础。

（六）把好审核关口以确保财务规范

把好审核关口以确保财务规范指的是总会计师执业过程中要特别注意把好审核关口。总会计师的"审核"内容很多，包括产品和服务的定价审核、合同协议的签订审核、各项支出的审核、信贷政策和实务的审核、成本核算的审核、财务管理办法的审核，等等，把好审核关口是确保财务规范的重要关口，不容忽视。

（七）全面核算业务并定期开展分析

全面核算业务并定期开展分析指的是总会计师执业过程中要注重全面系统的核算业务并进行分析。前者强调核算的全面性和系统性，强调对所有业务的关注；后者强调对财务数据进行定期分析，提炼出有用信息为决策服务，或适时揭示财务风险。

（八）不断学习创新提升财务管理水平

不断学习创新提升财务管理水平指的是总会计师执业过程中要注意主动学习新知识，主动掌握新方法，主动关注新形势，主动领会新政策，主动使用新工具，从而不断创新，不断提升财务管理水平。

（九）重视财务队伍建设做好人才培养

重视财务队伍建设做好人才培养指的是总会计师执业过程中要重视财务队伍建设，做好人才培养工作。"以人为本"不只是一句治国口号，也是一句理财口号，以人为本才能重视人才培养，才能提高人才素质，才能做好财务工作，才能服务好公共事业。

（十）积极沟通协调维护好内外上下关系

积极沟通协调维护好内外上下关系指的是总会计师执业过程中要善于并乐于沟通协调，维护好内外上下的关系。国家要建立"和谐社会"，单位要建立"和谐财务"，积极沟通协调有利于赢得上级的关心，同级的帮助，下级的支持，也有利于赢得外部主管部门更好的指导、业务单位更大的支持和监督单位更多的理解。

第二章 公共组织总会计师的定位与职业道德

二、公共组织总会计师的八大要求

因为公共组织的政治性、法制性、权威性、社会性、服务性、系统性等特点，在其中履职的总会计师不能从纯粹财务管理角度进行充分的发挥，追求利润最大化，追求资金使用价值最大化等，而是要更多关注做好公共服务，更多受到各类监管，但同时又要求其发挥财务职能最大化，因此公共组织总会计师可以概括为"带着紧箍咒跳舞的人"。从国内外的发展形势、公共组织的发展改革和财务管理的发展要求等角度综合考虑，公共组织总会计师相对于企业总会计师而言应满足"八大特殊要求"。

（一）更强调公共责任

"更强调公共责任"是对公共组织总会计师的第一大特殊要求，这是公共组织的定位所决定的。公共组织与私人企业最大的区别在于其公共属性，即运用公共资金为大众提供服务的公共服务特性，这决定了公共组织必然更为强调公共责任，而不是盈利性。基于此，公共组织的总会计师要时刻秉承"对纳税人负责"、"勤俭办事业"等理念意识，时刻强调财务管理服从于为公众提供更好的服务，时刻关注公共资金的使用效率和效益，时刻把好公共资金的安全关。值得一提的是，不强调盈利性并不是说只要做好服务就可以随意浪费，公共资金也要"每一份钱都花在刀刃上"，突出重点，厉行节约，在公共资金的使用效率和服务效益上实现最佳平衡。

（二）更要求贯彻政策

"更要求贯彻政策"是对公共组织总会计师的第二大特殊要求。应该说"讲政策"是公共组织和企业的总会计师都要强调的，只是公共组织总会计师要关注的力度更大，政策范围更宽。公共组织总会计师要讲的"政策"，既包括与财务专业相关的财务会计政策、国库资金管理政策、预决算管理政策、资产管理政策、政府采购政策、成本控制政策、绩效管理政策、内部控制政策；也包括与组织事业和业务相关的主管部门的政策；还包括与资金使用监管相关的审计检查、纪检监督、廉政建设等方面的政策。此外，国家大政方针、政府总体预算、政府职能改革、养老保险并轨、公务用车改革等方面的政策也是必须关注并在工作中理解好执行好的。近年来，涉及公共组织的改革政策呈现越来越多的趋势，公共组织的政治特性决定了其总会计师对政策的把握和贯彻应该是至关重要的，忽视政策甚至违反政策都是不允许的。

（三）更注重规划管理

"更注重规划管理"是对公共组织总会计师的第三大特殊要求。规划管理是公共组织总会计师的特有要求，企业总会计师类似的要求是战略管理。在中国，各级党政组织往往强调规划，以五年期为主的规划制定实施已到"十三五"规划，其他还有众多的专项规划等，如教育发展的十年规划、人才培养的十年规划等。公共组织中的行政单位和事业单位是各级党政组织的重要组成部分，相当一部分非营利组织也挂靠在行政单位或事业单位之下，它们对于规划的参与程度和制定实施的要求都是比较高的。因此，懂规划会管理是公共组织总会计师的基本要求。具体要求包括：具备全局把握和谋划能力，能够从财务角度制定、分拆和实施规划，善于将业务和财务融合为规划一体，并不断提升组织整体财务管理水平和财务发展能力。

（四）更敢于独立决断

"更敢于独立决断"是对公共组织总会计师的第四大特殊要求。在企业，重大财务决策和决断往往要遵循公司治理程序，经过经理办公会、董事会甚至股东大会多重表决，不同决策环节中懂财务的专业人士不少，总会计师的决断只是其中一环，且往往不是最关键的一环。而在公共组织，重大财务决策和决断虽然也有程序规定，要经过班子集体决策或实行联签制度，但决策环节较少，真正懂财务的专业人士往往只有总会计师一人，相对而言总会计师的专业决断变得非常关键。当然，敢决断不是武断，而是要会决断、能决断，在全面掌握各种方针政策、宏观形势、专业知识的基础上，勇敢果断地做出专业决断，为班子决策提供强有力的专业支持。

（五）更重视建章立制

"更重视建章立制"是对公共组织总会计师的第五大特殊要求。规章制度在私人企业也有，但在公共组织更加系统、更加全面、更加严肃。通过规章制度和文件政策推动事业进展是公共组织运行的"体制特色"和"发展惯性"，几乎不可更改。作为公共组织重要组成的财务工作只能适应并学会运用这样的体制惯性，因此公共组织的总会计师要求"更重视建章立制"。第一要能够全面系统地将与财务相关的各项法规制度和方针政策转化为组织内部的制度办法；第二要能够迅速准确地建章立制，跟得上形势发展和规章制度修订的进程；第三要能够坚决认真地贯彻执行各项规章制度和方针政策。

（六）更善于应对监督

"更善于应对监督"是对公共组织总会计师的第六大特殊要求。企业面对的监督主要是财税检查和社会审计，而公共组织面临的监督是全方位的，既有对公共责任履行情况的系统性检查，对公共资金使用情况的例行审计，也有对公共服务效益、公共资金安全、公共人员履职等情况的纪检监察，还有对公共服务工作公开的群众监督。这一系列监督检查几乎都与财务密不可分，或至少需要财务的配合，因此公共组织总会计师必须"更善于应对监督"。善于应对监督不是说如何运用技巧应付检查或糊弄监督，也不是说如何钻营打点谋求少监督不监督，而是说要摆正观念，转换思维，主动接受并积极配合各类监督检查，让监督检查成为督促改进和提升财务管理水平的重要手段。

（七）更能够不断创新

"更能够不断创新"是对公共组织总会计师的第七大特殊要求，也是近年来对公共组织总会计师的新增要求。长期以来，体制机制原因造成各级各类公共组织如一潭死水没有大的变化，职能既定，预算模式固定，资金数量变动不大，财务管理侧重于收支管理，不需要变化就能应对要求，自然导致公共组织财务领域的发展滞后。近年来，公共组织领域变化巨大，不仅与财务专业领域相关的财务规则、会计制度进行了修订，预算制度、国库

第二章 公共组织总会计师的定位与职业道德

集中支付管理、政府采购制度等不断调整创新,而且与体制机制相关的政府职能改革、事业单位改革、养老保险改革等不断涌现,给改革组织财务管理带来了极大挑战,因循守旧是无法做好财务工作的,因此,转变观念能够不断学习创新成为公共组织总会计师必不可少的要求。

(八) 更乐于沟通协调

"更乐于沟通协调"是对公共组织总会计师的第八大特殊要求。"更乐于沟通协调"是"会管理"的一种表现,"会管理"对公共组织和企业的总会计师很重要,但"更乐于沟通协调"对公共组织的总会计师而言更迫切。与企业相比,一方面公共组织的财务管理水平、财务人员素质、财务工作的受重视程度偏低,财务队伍参差不齐,总会计师制度尚未起步;另一方面,公共组织总会计师的管理范围更宽泛,不仅涉及财务专业管理,还涉及财务人员管理、与领导班子的沟通管理、与业务部门的协商管理、与上级财税部门和业务主管部门的协调管理、与审计纪检部门的关系管理等。相应地,公共组织对总会计师的沟通协调管理要求更迫切。公共组织总会计师要乐于沟通协调,在扎实做好财务基础工作,提高财务管理水平的基础上,统筹协调并妥善处理好业务与财务、上下级与平级、主管部门、业务指导部门、监管部门等多方面的关系,为开展工作夯实基础。

第三节 公共组织总会计师的职业道德、行为规范及职业文化

作为一个特定的职业,公共组织总会计师需要遵循特有的职业道德和行为规范,这与企业总会计师的要求并无太大的区别。近年来,企业界陆续发生的安然事件、世通丑闻、施乐欺诈等案件,公共组织界陆续出现了"红会事件"、"挪用公款"、"携款潜逃"、"系列贪腐"、"违反八项规定"等案例,无不提醒人们,总会计师是一个非常注重道德的职业,仅有制度的管控是不够的,职业道德防线决堤将对这一行业造成毁灭性的打击。

一、公共组织总会计师的职业道德

根据中国总会计师协会制定的《中国总会计师职业道德与行为规范(试行)》,公共组织总会计师的职业道德可以分为基本要求和最新要求两个层面。

(一) 基本要求

公共组织总会计师是一个有尊严的职业,工作理念和职业判断很多,一旦职业道德成为总会计师的自觉行为,将产生无比强大的道德约束和舆论监督力量,可大大节省监督和激励成本。具体而言,公共组织总会计师应遵循的职业道德的基本要求包括敬业、诚信、平和、廉洁、公正、遵纪守法、保守秘密。

(二) 最新要求

根据新形势的需要,公共组织总会计师应遵循的职业道德的最新要求包括社会责任

感、公共责任意识、现代环保意识、全局观念、为纳税人负责、厉行节约、依法理财、独立决断（冷静、理性和谨慎）、客观提供会计信息、审慎履行监督职责、终身学习提高专业水准、注意工作方法（注重沟通协调、主动接受监督）。

二、公共组织总会计师的行为规范

根据中国总会计师协会制定的《中国总会计师职业道德与行为规范（试行）》，公共组织总会计师应该遵循如下行为规范，这与企业总会计师的行为规范要求是一致的：

1. 认真学习实践科学发展观，以科学世界观与方法论武装头脑、指导工作，切实做到尊重规律、尊重科学，严格按照事物发展规律与科学原则办事。

2. 认真学习国家法律法规及相关方针政策，牢固树立法制观念，做到守法经营、依法理财、依法办事，不做违法违纪和违反政策的事。

3. 努力学习履职所需的专业知识并不断实现知识更新，以适应形势发展的要求。新形势下，总会计师不仅要具备财务与会计方面的专业知识与工作经验，而且应当具备现代管理方面的专业知识与经验，还应当熟悉所在单位的主营业务知识。

4. 忠于职守、廉洁自律、保守秘密。严格执行《企业会计准则》和《企业财务通则》，坚守诚信原则，如实反映、报告企业财务状况与经营业绩，不做假账并勇于同一切弄虚作假、违法违纪行为做斗争。

5. 科学理财、精细管理。科学实施财务发展战略、充分发挥财务监督功能、建立科学有效的内部控制制度和风险管理机制、促进企业信息化建设。

6. 勇于开拓创新、虚心学习借鉴国内外先进经验。随着形势发展，与时俱进地革新与提升财务与会计管理功能，创新管理模式。

7. 增强社会责任感、树立现代环保意识和全局观念，正确处理单位利益与国家利益、全局利益的关系，积极促使所在单位承担必需的社会责任，为保护地球生态环境，实现经济社会全面、协调、可持续发展做贡献。

8. 以身作则，发挥表率作用，带好队伍，培养人才。

三、公共组织总会计师的职业文化

公共组织总会计师的文化建设目标是形成共同的价值观和行为准则，其主要强调人品、道德、心态和意志方面的要求[①]。

在人品和道德方面，公共组织总会计师应争取做到：为人要真诚，待人要平和，处事要公正，减少功利和世俗；与人为善，不四处树敌；难得糊涂，不睚眦必报；善于放弃，不锱铢必较；要有心胸，自立先立人，敢于起用比自己更优秀的人才；受人之雇，忠人之事，忠诚度和责任感是立业之本；勤勉敬业，精益求精，追求完美。

良好的、有张力的心态和坚忍不拔的意志有助于总会计师适应环境，成就事业。面对"扶而起之"或"挤而止之"的人际关系环境，要主动去适应环境，而不是坐等环境来淘

---

① 张云亭著：《顶级财务总监（修订版）》，中信出版社2006年版，第41页。

第二章 公共组织总会计师的定位与职业道德

汰；不断修炼心态，换位思考是一个较好的办法；淡泊超脱，得意不忘形，失意不丧志，随意不失态；有朝气和活力，保持不断接受新鲜事物的开放式心态；善于从逆境和挫折中调整自己，永不言败；"什么样的年龄段，完成什么样的事"，明确阶段性目标，不轻言放弃。

第三章 公共组织总会计师的职业环境及职业素养

当今中国的公共组织面临多年未有之大变局,如死水般多年不变的工作格局骤然打破,公共组织的总会计师所面临的职业环境亦发生了并可能发生更大变化。这对公共组织总会计师的工作能力及职业素养均提出了较高的要求。职业素养的培养是公共组织总会计师职业化的重要前提,是公共组织总会计师队伍建设的人才培养的重要途径,应该引起重视。

第一节 公共组织总会计师的职业环境

长期以来,中国公共组织的财务负责人或分管财务的副职领导(直接设置总会计师职位的很少,公共组织正职领导一般不直接分管财务[1])工作的环境基本是行政化的(极少关注市场,主要满足政府部门的要求)、内部化的(思维和视野主要关注内部,对外部关注很少)、固化的(工作模式、工作要求和内容长期固定不变)、半职业化的(没有成形的职业化市场,人员极少流动)。当前,公共组织总会计师的职业环境发生了较大变化,表现在如下几个方面:

一、国家治理环境大变革

国家治理环境近年发生了巨变。党的十八届三中全会首次提出"国家治理体系"的概念[2]。国家治理体系就是规范社会权力运行和维护公共秩序的一系列制度和程序,包含政府治理、市场治理和社会治理三个最重要的次级体系。"多一些治理,少一些统治"是21世纪世界主要国家政治变革的重要特征。衡量一个国家的治理体系是否现代化,至少有以

---

[1] 党的十八届三中全会通过的《关于全面深化改革若干重大问题的决定》提出,要强化权力运行制约和监督体系。要规范各级党政主要领导干部职责权限,科学配置党政部门及内设机构权力和职能,明确职责定位和工作任务。加强和改进对主要领导干部行使权力的制约和监督,加强行政监察和审计监督。中央纪委研究室在中央纪委网站就十八届中央纪委三次全会精神进行解读时指出,深化改革要体现惩治和预防腐败要求,其中就提到探索"一把手"不分管具体事务的制度。对此,各地各部门纷纷探索和尝试建立制度,规定党政主要领导干部不得直接分管人事、财务、工程建设项目、行政审批、物资采购等工作。

[2] 党的十八届三中全会通过的《关于全面深化改革若干重大问题的决定》明确指出:"全面深化改革的总目标是完善和发展中国特色社会主义制度,推进国家治理体系和治理能力现代化。到二〇二〇年,在重要领域和关键环节改革上取得决定性成果,完成本决定提出的改革任务,形成系统完备、科学规范、运行有效的制度体系,使各方面制度更加成熟更加定型。"

第三章　公共组织总会计师的职业环境及职业素养

下五个标准：公共权力运行的制度化和规范化、民主化、法治、效率、协调。① 推进国家治理体系和治理能力现代化，要求进一步做好政府治理和社会治理，要求对国家的行政制度、决策制度、司法制度、预算制度、监督制度等进行突破性的改革。中央近年来的一系列推进国家治理优化的举措对公共组织影响深远，如旨在管住权力、简政放权的行政机关职能转型，旨在优化资源配置、提升公共服务的事业单位分类改革，旨在促进公益事业发展、优化社会治理的民间非营利组织公益化、透明化转型等直接对公共组织的体制机制运行产生影响；如与公共权力运转和公共服务优化相关的公车改革、办公用房改革、八项规定、反"四风"、"吃空饷"治理和"庸政惰政"治理、会议、培训、出国等专项规定以及养老并轨、职业年金等规定也均对公共组织及其成员有着深远影响。甚至有的媒体直呼"公务员的好日子结束了"。其实归根到底，这些改革或规定都是国家治理环境大变革的一部分，是公共组织职业环境变化的一部分。

二、法律重要性大幅提升

党的十八大以来，修法立法的进程不断加快，司法体系的改革不断加速，冤假错案的纠正越来越多，公共组织及工作人员涉诉甚至成为被告主体已不新鲜。"依法治国"、"依法执政"、"依法服务"的理念日益深入人心，民主法治进程不断加快，法律的重要性大幅提升。这一大环境的变化决定了公共组织必须依法执政、依法服务、依法理财，做到有法必依、执法必严、违法必究。虽然会计行业和总会计师的职业道德一直强调依法理财，财会行业从业人员多数也恪守职业道德，但公共组织法律环境的变化还是会对总会计师的执业环境和执业理念产生较大的影响。公共组织的总会计师必须进一步增强法律意识，提高依法理财的能力，提高用法律保护单位和自己的能力，也不断提高依法为公众提供公共服务的能力，必要时还需要借助专门的法律力量。

三、社会人文环境影响大

社会文化环境既会影响到财务控制权的配置模式，也会影响到组织内部责任会计的激励模式，从而影响到财务控制系统的运行效果。我国传统文化中存在一些不利于实现财务控制初衷的现象②：轻商重义，不认可财务控制；谨慎保守，不喜欢承担责任和风险；中庸和为贵，责任考核奖惩不明，缺乏效率，降低士气；自给自足的小农意识，排斥现代控制和管理技术；过于强调风险，压制绩效和薪酬系统建设。此外，在公共组织里，传统文化与现状的融合对财务控制的不利影响还表现在：行政利益诱导下以完成上级目标任务为主，不愿意创新和成长，管理上容易出现长官意志代替一切或者集体决策但推诿敷衍，懒政庸政不止，大锅饭思维制约激励约束机制建立和理财思维的运用，均导致公共组织理财与控制的效率低下。近年来，人们的价值观和意识形态受到新技术、新观念、新形势的冲击很大，互联网甚至移动互联网时代的社会人文环境发生很大变化，人们对于周遭环境、所处职

---

① 本部分参考中央编译局副局长俞可平的文章：《推进国家治理体系和治理能力现代化》，载于《前线》2014年第1期。
② 参考张云亭著：《顶级财务总监（修订版）》，中信出版社2006年版，在此基础上有所修改。

业的认知、态度和理解都发生了变化。公共组织总会计师的社会地位和发展趋势呈向好的态势,越来越多的政府部门、机构、人员意识到了总会计师的重要性,纷纷要求设立总会计师职位并加大培养的力度,比如公立医院和公立高等学校都提出了设立总会计师的硬性要求。

四、内外部管理环境复杂

公共组织总会计师面临的内外部职业管理环境较为复杂:对外部而言,一方面总会计师需要接受行业主管部门、财政部门、发改价格部门、税务部门、机关事务管理部门、审计部门、纪检监察部门等部门的管理或指导,有大量繁琐的工作事务,压力很大;且各级部门依法执政、高水平理财的要求越来越高,为按要求做好工作总会计师需要不断改进工作并提升能力水平。另一方面还需要接受财会行业组织的指导和培训,定期参加专业知识培训和学习,定期参加继续教育,不断考取各种资质以满足职业要求。对内部而言,公共组织带有浓厚的体制内色彩,人员关系和人情世故非常复杂,总会计师一方面要把好关,严格审核,严肃纪律,为此可能受到误解和不服。另一方面又要做好服务,提高水平,承担好对财经政策的理解和对内解释及执行工作。近年趋紧的政策形势决定了很多人会对政策不理解,对财务工作不认同,这都给总会计师带来不少压力。

五、职业化尚有很大距离

当前公共组织的总会计师离职业化尚有很大距离,主要表现为"五个没到位":

(一)职务没到位

公共组织总会计师应该是全面负责对单位的财务会计活动进行监督与管理的高层班子成员,但在实践中绝大多数组织没有设立总会计师岗位,往往只设立财务部门负责人,有的甚至没有独立财务部门,只是在综合部门中有负责财务工作的人员。职务没到位的后果是性质不清晰、地位比较低、职能发挥不到位。

(二)权责没到位

由于职务没到位,公共组织总会计师的权责也就很难真正发挥到位。如经济监督权的缺位,因受聘于单位且职务级别受制于体制和单位领导,总会计师往往很难发挥独立客观的监督职责;再如独立决断权的缺位,因个人利益和单位业绩紧密相关,受单位领导影响很大,总会计师很难跳出体制独立决断。

(三)素质没到位

由于历史原因,公共组织的财务队伍比较薄弱,理念素养、专业水平和实务经验均很欠缺,大多数财务负责人由内部产生,缺少不同岗位和环境的历练,如此成长起来的总会计师难免素质不到位,与真正意义上的总会计师要求存在差距。

(四)制度没到位

尽管国家有《总会计师条例》,但过去主要在企业尤其是国有企业实施,绝大多数公

第三章 公共组织总会计师的职业环境及职业素养

共组织没有设立总会计师职位,也没有按照要求实施总会计师制度。制度执行不到位是公共组织总会计师无法职业化的重要原因。

(五) 能力发挥没到位

现实生活中很多人有"公共组织财务简单"的想法很大程度上源于公共组织受制于各种"规定"不能纯粹市场化地、充分地发挥"职业能力"。比如理财,当企业有闲余资金时必然会也必须要考虑进行理财甚至更高端的资金运作,然而公共组织要对闲余资金进行管理则要受限。因此,公共组织总会计师的财务管理能力并不能得到充分的发挥,这也一定程度上制约了职业化的进程。

第二节 公共组织总会计师的职业素养

从职业环境看,公共组织总会计师属于"带着紧箍咒跳舞的人",受到的制度约束、规则约束、环境约束和习惯约束很多,但这样成长起来且发挥好职能的才是真正"长袖善舞"的总会计师。正如《西游记》里的孙悟空,有了正确的取经方向,有了高超的业务本领,还要有观音的扶助提携、有各路神仙的理解支持、有师弟徒孙的鼎力协助,当然离不开师傅唐僧的顶层规划和"谆谆教诲"的咒语约束,最终才能取得真经,游刃有余。基于职业环境的变化,当前中国公共组织的总会计师应该逐步实现"四化":去行政化(增强市场意识,政府治理、社会治理和市场治理并重)、外部化(开拓视野、打开思维、关注外界大环境)、非固化(不断调整优化工作模式、工作内容和工作标准)、职业化(增强流动性,逐步培育职业化市场)。要实现这些目标,公共组织总会计师应该修炼自身的职业素养,具体表现在如下几个方面:

一、法规意识和风险意识

公共组织总会计师首先要具备法规意识,这是与其所处的公共组织的体制内特色密切相关的。尽管强调去行政化,但行政管理色彩短时间内不会消除,加上强调依法行政的要求,公共组织总会计师要具备基本的法规意识不难理解。与此相伴生的是风险意识,这是公共组织总会计师欠缺的。强调风险意识主要是在现在依法治国和体制改革背景下,公共组织可能因为违法违规而产生风险,总会计师需引起重视。

(一) 法规意识

法规意识包括法律意识和规则意识两种,前者指的是公共组织总会计师严格遵守各项法律的意识;后者指的是公共组织总会计师应该严格遵守组织运行规则的意识。在中国,公共组织普遍有着"体制内"的特色,行文办事办会开支都有着明确的程序流程,一般不容打破。总会计师的财务管理也要在这样的规则框架下合理运行,才能保证管理效率和效果。肆意违背法律规定,肆意打破运行规则,都很难在组织里立足。

(二) 风险意识

风险意识指的是公共组织总会计师应该具有随时关注、识别、分析和管理公共组织的财务风险的意识。过去，长期固化的体制导致公共组织几乎没有什么风险，不需要面对市场的竞争淘汰，也没有技术产品的更新换代，通常也不会有内部人愿意冒打破饭碗和失去晋升机会的风险给组织制造麻烦。现在，法律要求越来越高，各项规定越来越多，体制变革不断推出，公共组织的风险点日益增多。继续忽视风险或者不会管理风险，都可能给公共组织财务运行带来意想不到的伤害。

(三) 两者的关系

法规意识和风险意识是一对平衡关系，对公共组织总会计师而言，一方面，法规意识强则风险可能少，反之则风险可能多；另一方面，风险意识强则法规遵循程度较高，反之则违规违法的可能性大大提高。

二、规划意识和协调意识

在改革的背景下，绝大多数公共组织需要提升公共服务，需要加强发展谋划。相当一部分公共组织需要考虑生存和发展的问题，甚至一部分还要考虑与市场接轨，提供市场化服务的问题，稳定的金饭碗、铁饭碗、大锅饭都逐渐成为历史。为此，公共组织总会计师需要增强规划意识和协调意识，为公共组织的长远发展和优化服务做好谋划支持。

(一) 规划意识

规划意识指的是公共组织总会计师应该具有前瞻性，有关注长远、谋划未来的意识，要善谋划，懂规划，会计划。长期以来，中国公共组织的发展是不均衡的，是没有规划的，是走一步看一步的，由此积存了很多问题，这与公共组织缺少规划密不可分，用时髦的话说就是缺乏顶层设计。就公共组织财务管理而言，规划和计划同样十分重要。马英九先生的父亲马鹤凌老先生提出的教子家训"有原则不乱，有计划不忙，有预算不穷"、"此生理想，近期计划，今日功课"、"认清环境，了解自我，慎选目标，力行计划"分别说明了计划的重要性、内涵及如何制订实施计划，对于公共组织总会计师认识财务规划计划的重要性和内涵并较好地制订实施财务规划计划有很好的借鉴意义。

(二) 协调意识

协调意识指的是公共组织总会计师要认识到协调配合的重要性，主动做好对上、对中、对下、对内、对外的联络协调工作，积极做好对审计监督的配合工作。对上，是要争取政策的理解和资金的支持；对中，是要帮助各部门共同理解好并执行好财务规划乃至整体规划；对下，是要确保下属准确地分解并落实财务管理任务；对内，主要是做好财务谋划和规划；对外，主要是做好与政策的衔接、与管理的配合、与资金用途的吻合，与有关部门的默契；对审计监督部门的配合是做好各项工作的前提，也是优化工作的推动力。

第三章　公共组织总会计师的职业环境及职业素养

（三）两者的关系

规划意识和协调意识是一对促进关系。对公共组织总会计师而言，一方面要具备良好的规划意识，离不开协调意识和能力，协调意识有助于规划的制定和执行；另一方面，良好的规划意识又会促进个人协调能力的提高，因为协调意识不是单纯的能说会道，也不是信口开河，它需要坚实的规划基础，有了好的规划，大家更容易接受和理解，协调起来自然容易很多。

三、政策意识和执行意识

公共组织总会计师的政策意识与前面讲的法规意识有共通之处，甚至在实践中有时不作明确的区分。这里重点强调公共组织对各类政策规定的执行意识，它不仅要求公共组织总会计师认识到政策规定的重要性，而且要具备正确解读和贯彻执行的能力。

（一）政策意识

政策意识指的是公共组织总会计师要严格遵循规章制度和政策规定的意识。在中国，政府部门的规章制度和政策规定往往具备很明显的强制力，具有类法律效力，在公共组织更是必须严格执行的。政策意识也是公共组织总会计师不同于企业总会计师的重要区别之一。企业的总会计师虽然也需要关注政策导向，也需要分析政策的影响，但其对政策的理解可以是多样的，对政策的利用可以是多元的，出发点是为企业谋取利益；而公共组织总会计师对政策的把握灵活度小很多，主要是要严格遵循和执行政策，很难为了组织私利而"灵活"把握政策。

（二）执行意识

执行意识指的是公共组织总会计师要具有正确理解和严格执行政策的意识。中国政府部门的规章制度和政策规定的"类法律特性"决定了其执行的严格性，不容打折扣，而对于公共组织这样的体制内单位而言尤其不能有折扣。公共组织总会计师需要考虑的是如何在严格执行各类政策的前提下，合理地运用自身的职业判断，将行业规章制度和政策规定与财经规章制度和政策规定很好地融合在一起，更好地为公共组织做好服务。

（三）两者的关系

政策意识和执行意识是一对伴生关系，有政策意识还需要有执行意识和能力，没有政策意识则谈不上执行；政策是执行的对象，执行是政策的落实。

四、管理意识和服务意识

公共组织总会计师应该具备管理意识是其所处的单位领导地位和所从事的工作性质所决定的，需要做好财务管理和控制。同时财务工作服务对象的全面性和业务工作的多样性又决定了总会计师还需要有服务意识，而不是一味地"铁面管理"，需要考虑业务特点和实际情况的变化。

(一) 管理意识

管理意识是指管理者能够自觉运用科学管理的思想方法和原理原则去认识、分析和解决管理问题，在长期的管理过程中形成的一种特殊的智慧、欲望和冲动。它有几个特点：第一，从作用上讲管理意识先于管理技术；第二，管理意识是一种"自觉性"；第三，管理意识是对管理对象规律的熟知；第四，管理意识是需要长期的知识和经验积累的；第五，具备管理意识的人能有效地实施管理。现代市场经济条件下的单位管理者应具备七种管理意识：整体意识、结构意识、人本意识、制度意识、市场意识、竞争意识和创新意识，公共组织总会计师同样需要具备上述管理意识。

(二) 服务意识

服务意识是指全体职工在与一切单位利益相关的人或其他单位的交往中所体现的为其提供热情、周到、主动的服务的欲望和意识，即自觉主动做好服务工作的一种观念和愿望。它发自服务人员的内心，是一种本能和习惯，是可以通过培养、教育训练形成的。中国社会科学院编、商务印书馆出版的《现代汉语词典》对"服务"的解释是"为集体（或别人的）利益或为某种事业而工作"。也有专家给"服务"下的定义是这样的："服务就是满足别人期望和需求的行动、过程及结果。"前者的解释抓住了"服务"的两个关键点：一是服务的对象；二是说清了服务本身是一种工作，需要动手动脑地去做。后者的解释则抓住了服务的本质内涵。公共组织总会计师作为组织的重要成员和财务工作的领头人，自然也需要具备强烈的服务意识，至少要为做好业务工作夯实服务基础。

(三) 两者的关系

管理意识和服务意识是一对表面矛盾本质一致的关系，管理意识和管理行为的实施要有良好服务作支撑，而服务意识不是盲目的服务，不是被动的服务，而是基于管理意识的定向服务，主动服务，两者相辅相成。

五、学习意识和创新意识

财会行业是一个终身学习的行业，作为财务工作的领头人，公共组织总会计师自然也需要不断学习，不断适应新的知识，新的规定，分析新的形势，因此必须具有强烈的学习意识。在公共组织变革加速的前提下，新生事物和新生问题必然越来越多，公共组织总会计师面临的挑战也会很多，需要在不断学习的基础上增强创新意识，创造性地解决问题。

(一) 学习意识

学习意识是人们对于学习的一种潜在看法，当看到一种新的事物时，有良好学习意识的人便会去探究为什么。苹果砸到了牛顿的头上，有良好学习意识的牛顿便从中发现了万有引力，其他人则全部忽视了。增强学习意识，一要强化"学无止境"的意识。20世纪60年代，联合国教科文组织就提出了"终身学习是21世纪的生存概念"的观点。因此，

第三章　公共组织总会计师的职业环境及职业素养

必须树立学习只有起点，没有终点的意识；树立只有毕生，没有毕业的理念；始终保持强烈的忧患意识、紧迫意识，抓紧学习、终身学习，这样才能跟上时代飞速发展的车轮。二要强化"知识恐慌"的意识。据统计，人类科学知识总量在19世纪50年翻一番，20世纪后期5年翻一番，进入21世纪则变成了三两年翻一番。工程技术人员所学的知识，也以每年7%～10%的速度老化；在高技术领域，知识老化的速度已经达到每年15%～20%。今天人类掌握的全部知识，到21世纪中叶，真正有用的可能只剩下1%了。三要强化"学贵在精"的意识。"知之多"是必要的，但"知之精"、"知之深"更重要。如果只是津津乐道那些浅层次的、表面上的"多"，甚至热衷于用"多"来包装和炫耀，而不肯在深层次上下工夫，是没有多少用处的。这种所谓的知识多不是真多。只有把那些最需要的知识学深学透，这种知识"多"才有价值。

（二）创新意识

创新意识是指人们根据社会和个体生活发展的需要，引起创造前所未有的事物或观念的动机，并在创造活动中表现出的意向、愿望和设想。它是人类意识活动中的一种积极的、富有成果性的表现形式，是人们进行创造活动的出发点和内在动力，是创造性思维和创造力的前提。从整体作用上讲，创新意识是决定一个国家、民族创新能力最直接的精神力量；创新意识促成社会多种因素的变化，推动社会的全面进步；创新意识能促成人才素质结构的变化，提升人的本质力量。从对单个组织的作用上讲，总会计师具备创新意识对于公共组织应对大变革，创造性地解决新问题和新矛盾具有至关重要的作用，没有创新意识则很多问题可能变得复杂而难以解决。

（三）两者的关系

学习意识和创新意识是共生关系。拥有学习意识的人，往往创新意识比较强烈，因为所学所思更多，所以解决问题的能力更强，寻求优化解决途径的动机更强烈，这些是创新意识的组成部分。

六、分析研究意识和应用意识

随着改革，公共组织不再只是在体制内运行，相当一部分公共组织要面向市场，要面向公众，要做好公益服务。这对公共组织而言转型很大，由此产生的问题不仅多，而且复杂，是用原有的思路和方法可能无法解决的，需要不断学习，不断分析，创新研究并在实践中尝试应用。这就要求公共组织成员具备分析研究意识和应用意识，对于负责应用性很强的财务工作的总会计师而言更是如此。

（一）分析研究意识

分析研究意识指的是将新知识、新问题、新形势运用特定的方法拆分，进行学习、思考或研究，以搞清楚新知识的本质和架构，搞清楚新问题的内涵和解决思路，搞清楚新形势的组成及影响。公共组织总会计师的分析研究意识主要强调的是面对财会制度改革、公共组织改革、事业发展变革、主管部门监管改革等，要加强分析研究，不是简单地照搬文件条款,而是与公共组织事业发展和自身特点相结合,创造性地理解和应对各项改革。

(二) 应用意识

应用意识指的是将所思所学用于特定用途,尤其是用于实务工作。对公共组织而言,强调总会计师要有学习意识、创新意识、分析研究意识,最终的目的都是希望总会计师能将所学习的新知识、新规定、新技巧、新思路以及所思考的新想法、新规划等用于促进公共组织的事业发展,创造性地解决公共组织面临的改革问题和成长问题。

(三) 两者的关系

分析研究意识和应用意识是一对依存关系。分析研究意识是应用意识的前提,应用意识是分析研究意识的动力和目的。只有分析研究不去应用则无法对公共组织发展创造价值,只注重应用而不注重分析研究则很难提高应用的实际水平。

第四章 公共组织总会计师的通用能力及职业能力

总会计师是一个特定的职业,有专门的职业定位、职业道德、行为规范、职业文化、职业素养,当然也需要有特定的职业能力,且职业能力要与所在的单位性质和行业特质相关联。就公共组织总会计师而言,其职业能力包括通用能力和专业职业能力两部分,前者同样适用于企业的总会计师,后者则更适用于公共组织的总会计师,与公共组织的特点和发展形势密切相关。

第一节 公共组织总会计师的通用能力

尽管当前对公共组织总会计师的职责定位描述并不统一,但总会计师的工作却是十分繁杂、重要而富于挑战性的,要做好相关工作,履行好相关职责,需要具备一些通用能力,这与企业总会计师的能力要求基本一致。对其进行归纳,既有利于企业和公共组织培养和招募合适的人选,也有利于总会计师的自身修养以及其他后备人才的成长学习。总会计师的通用能力具体如下:

一、规制与执行能力

规制与执行能力是公共组织总会计师应该具备的通用能力之一。这一能力在强调政策、制度和规则的公共组织里是非常重要和必要的,规制与执行能力也是做好领导工作和管理工作非常重要的能力之一。

(一)规制能力

规制是现代词,是一个专有名词,指的是规定和制度,也指按照规定和制度加以规范。这里说的规制能力强调的就是加以规范和管理的能力,也叫政府规制能力。它是政府能力的核心组成部分,指的是规制机构正确运用规制权力,采用适当的规制工具,有效地履行规制职能,实现规制目标的能量和力量。这种能力既包括实体的能力和非实体的能力,如权威和文化等,也涉及规制对象及公众对这种能力的态度与认可。公共组织总会计师应该具备规制能力指的就是能够在相关法律和法规的指导下,加强公共组织规则和制度的建立完善,并按制度对组织的业务开展进行指导、管理和控制的行为,是依法行政和依法服务形成的重要保障。

(二) 执行能力

执行能力是执行力的重要组成部分，是果断而不急躁，克服拖延，随机应变，按照计划或者习惯，该干什么就干什么的能力。这对公共组织总会计师而言是非常重要的一种能力。执行能力则是一种把想法变成行动，把行动变成结果，从而保质保量完成任务的能力。执行能力的强弱因人而异，同样一件事情不同的人去做，往往会产生不同的结果。人的执行能力包括管理者的管理能力与员工的工作能力。这两种能力都会影响单位的执行力。其中管理者的管理能力是尤为关键的。此外，执行能力还涵盖了单位不同等级员工之间的一致性关系。下属要对上司的想法进行充分的理解和分析，从而保证下属和上司在想法和行动上的一致性，从而使任务能够顺利的完成。

二、学习与管理能力

学习与管理能力是公共组织总会计师应该具备的通用能力之一。该能力强调总会计师作为公共组织的管理者必须加强学习，在不断学习的基础上提高管理水平，为公共组织的发展变革添砖加瓦。

(一) 学习能力

学习能力一般是指人们在正式学习或非正式学习环境下，自我求知、做事、发展的能力，是以快捷、简便、有效的方式获取准确知识、信息，并将它转化为自身能力的本事。根据中国教育家协会、中华教育研究交流中心联合广州市特级教师协会研究结果，学习能力可以分为六项"多元才能"和十二种"核心能力"。"多元才能"包括知识整合能力、社交能力、心理素质、团队合作、理财能力、策划与决策能力。"核心能力"包括注意力、观察力、记忆力、思维力、想象力、创造力、理解力、语言表达、操作能力、运算能力、听/视知觉能力。公共组织的总会计师作为管理者，必须增强与时俱进的学习意识，把学习摆在重要地位，只有不断的学习和更新知识，不断地提高自身素质，才能适应工作的需要。从实践中学习，从书本上学习，从自己和他人的经验教训中学习，把学习当作一种责任、一种素质、一种觉悟、一种修养，当作提高自身管理能力的现实需要和时代要求。

(二) 管理能力

学习的根本目的在于运用，要做到学以致用，把学到的理论知识充分运用到工作中，提高分析和解决问题的能力，增强工作的预见性和创造性。通过不断的学习，不断地实践积累，从而不断地提高自身的管理能力。管理能力从根本上说就是提高组织效率的能力，是管理者能够准确地把握，并且提升组织的效率的关键。管理者若要准确地把握组织的效率，需具备下列三种管理能力：一是要有具体的效率标准作为衡量的依据，即制定标准的能力；二是要有能够及时了解目前工作的进展，敏锐地察觉目前工作水平同效率标准差距的能力；三是要有找出差距原因并纠正偏差的能力。此外，现代管理还强调创新能力。现代组织管理处在不断变化的动态环境中，许多情况是无先例可循的，每一位管理者都要认识到管理不是用既定的方式重复那些已经重复了许多次的操作，而是要不断去探索新方

第四章　公共组织总会计师的通用能力及职业能力

法，找出新程序，不断提高管理质量。

三、规划与控制能力

规划与控制能力是公共组织总会计师应该具备的通用能力之一。该能力强调总会计师作为公共组织的管理者必须要懂规划、能控制，确保业务工作发展与财务保障工作的顺利对接。

（一）规划能力

规划能力是指对事物进行计划，并制定具体实施步骤的能力，也包括调查研究能力、计划能力、组织能力。常言道，预则立不预则废，规划对一个组织的重要性不言而喻。面对复杂多变的现实环境，没有事先规划，而是一味的被动应对或照搬过去的办法显然是不行的。规划离不开统筹[①]。统筹是指通过对工作任务的整体分析，制定周密的工作计划，恰当合理地配置与整合资源，以实现组织的发展目标。具体包括以下四个要素：一是整体规划。能够基于组织战略、具体工作以及相应的目标要求，对内外部资源进行全盘考虑，理清内外部利益相关方的关系。二是预见问题。能够采取针对性的预防措施，为可能出现的突发事件准备对策预案，将意外事件带来的影响最小化。三是制定计划。制定系统全面、弹性可调、切实可行的工作方案，将目标转化成可执行的具体完成标准，并做出相应的时间安排。四是轻重缓急。根据事务的重要性和紧迫程度，对现有资源进行优化和统筹配置，优先处理重要紧急的工作，确保要事急事第一。

（二）控制能力

控制能力有多种，如自我控制能力、成本控制能力、情绪控制能力等。这里强调的作为管理者的管理控制能力，包括三部分：一是管理控制组织人、财、物、业务、风险等的能力；二是管理控制部门规划计划落实、业务开展、制度执行、管理偏差的能力；三是管理控制自己的行为、言语、团队带教能力、情绪等主观因素的能力。

四、预测与分析能力

预测与分析解决问题相结合，是对总会计师的较高能力要求之一，体现为总会计师作为财务管理者的"未雨绸缪"能力。即在日常工作中及时预测到可能的障碍，并事先设想接下来解决问题的步骤；能事先想出几个解决问题的方案，在权衡轻重、利弊和可能性的

[①] 关于统筹的重要性有一个非常朴实的事例，摘自华罗庚教授1965年发表的《统筹方法平话》。
想泡壶茶喝。当时的情况是：开水没有。开水壶要洗，茶壶茶杯要洗，火已升了，茶叶也有了，怎么办？
办法甲：洗好开水壶，灌上凉水，放在火上，在等待水开的时候，洗茶杯，拿茶叶，等水开了，沏茶喝。
办法乙：先做好一切准备工作，洗开水壶，洗壶杯，拿茶叶，灌水烧水，坐等水开了沏茶喝。
办法丙：洗开水壶，灌上凉水，放在火上坐待水开，开了之后急急忙忙找茶叶，洗壶杯，沏茶喝。
谁都能一眼看出第一种办法好，因为后两种办法都"窝了工"。开水壶不洗，不能烧开水，故洗开水壶是烧开水的先决条件。没开水、没茶叶、不洗壶杯，我们不能沏茶，因而这些又是沏茶的先决条件。尽管这是一个日常生活中非常普通的片段，但却反映了统筹规划的重要性。统筹规划是一项重要的能力素质，它对于进行合理调度、加快工作进展、提高工作效率是十分有效的。

基础上，对不同方案进行判断和选择。

（一）预测能力

预测能力每个人都具备也都需要一些。公共组织总会计师作为组织的管理者之一，其预测思维同一般人思维相比，更带有全局性、长期性、综合性、挑战性等特点。预测思维是领导战略决策的前提条件，要努力提高主体的预测思维及能力。其实，领导者的预测思维就是所谓的前瞻力，就是看别人看不到的地方，算别人算不清的账，做别人不愿做的事。要增强管理者的预测能力，需要把握以下几点：一是树立全局观，避免片面性。胸中无全局，处事必离谱。特别是一些新上任的领导，如果不作深入细致调查研究，就不可能了解和掌握全面情况。如果下车伊始，就盲目预见、指手画脚、乱发议论，就会对今后的工作产生不利的影响。二是树立联系观，避免孤立性。要学会用联系的观点看问题，既能看到事物的外在联系，又能看到内在联系，既能看到横向联系，又能看到纵向联系，否则，处理问题就可能失之偏颇。三是树立发展观，避免静止性。事物在不断发展变化，形势在不断发展变化，我们的思想认识也应随着发展变化了的形势而发展变化。

（二）分析能力

分析能力是指把一件事情、一种现象、一个概念分成较简单的组成部分，找出这些部分的本质属性和彼此之间的关系单独进行剖析、分辨、观察和研究的一种能力。分析能力包括将问题系统地组织起来，对事物的各个方面和不同特征进行系统地比较，认识到事物或问题在出现或发生时间上的先后次序，在面临多项选择的情况下，通过理性分析来判断每项选择的重要性和成功的可能性以决定取舍和执行的次序，以及对前因后果进行线性分析的能力等。一般情况下，一个看似复杂的问题，经过理性思维的梳理后，会变得简单化、规律化，从而轻松、顺畅地被解答出来，这就是分析能力的魅力。

五、沟通与协调能力

单位内部各部门和基层单位处于相互作用、相互依存状态，这就需要管理者在工作中注意协调好部门之间、基层之间、部门与基层之间的相互作用，还要注意与上级、同行之间的协调和沟通。管理工作的每个步骤，都依赖于组织成员良好的沟通，组织成员良好的沟通，又依赖于领导者的协调能力。每一个单位的财务工作都面向全部部门，与所有部门均发生联系，总会计师作为财务工作的主要负责人，必须具备较强的沟通与协调能力。

（一）沟通能力

沟通是现代管理的一种有效工具，有效的沟通可以大大提高不同层次管理者的管理能力，用好了会使管理工作水到渠成，挥洒自如。沟通更是一种技能，是"情商"高低的具体体现，这种"情商"是比某些知识能力更为重要的能力。不断提高我们的"沟通"水平，就能帮助一个组织，以及组织中层次不同的管理者切实提高自身的管理能力。沟通包括几个方面：一是下行沟通，它是政令统一、指挥统一、调动下级积极性的重要手段；二是上行沟通，它既是下级对上级指示做出反馈，使上级了解决策执行的程度，又是下级向

第四章 公共组织总会计师的通用能力及职业能力

上级提供做出新决策的信息资料，增加下级参与感；三是平行沟通，它可增进各部门、各单位之间的了解和合作，促进互相了解，消除扯皮现象，为团队建设打下良好的人际基础；四是业务沟通，有关业务信息的内部交流，是各项工作程序化运作的基本保障，它可以极大地促使业务信息无阻隔流通，提高管理工作效率，降低经营成本；五是人际沟通，如果没有信息的沟通，组织的共同目的就难以为所有成员了解，也不能使协作的愿望变成协作的行动。

（二）协调能力

协调能力是指决策过程中的协调指挥才能。决策的领导者应该懂得一套科学的组织设计原则，应该熟悉并善于运用各种组织形式，还应该善于用权，能够指挥自如、控制有方，协调人力、物力、财力，以获得最佳效果。协调能力包括人际关系协调能力和工作协调能力两个方面。协调能力是化解矛盾的能力，是聚分力为合力的能力，是变消极因素为积极因素的能力，是动员群众、组织群众、充分调动人的积极性的能力。个人的力量总是有限的，管理者要履行好自己的职责，必须把周围同志的积极性调动起来，潜能发挥出来，靠集体的力量攻克难关。总会计师的工作既要管好又要服务好，工作局面较为复杂，更需要高超的协调能力，有效调动全体财务工作者乃至组织成员的积极性。

六、风险管理能力

风险管理概念目前主要应用于企业管理领域，指的是企业围绕总体经营目标，通过在企业管理的各个环节和经营过程中执行风险管理的基本流程，培育良好的风险管理文化，建立健全全面风险管理体系，包括风险管理策略、风险理财措施、风险管理的组织职能体系、风险管理信息系统和内部控制系统，从而为实现风险管理的总体目标提供合理保证的过程和方法。公共组织目前内部控制和风险管理体系存在诸多弊端，内控体系不健全，风险管理水平低下，更加需要加强风险管理能力。公共组织总会计师的风险管理能力就是在组织运行中及时识别风险、严格执行风险管理流程和政策、健全风险管理体系以有效防范和管控组织运行风险尤其是财务风险的能力。

七、信息化能力

信息化能力，是指推进"信息智力化、智力信息化"过程中所需的信息化知识、技能和智慧的运用能力和管理能力，即信息化工程能力（IE）和信息化管理能力（IC）。如何提高信息化能力？简单说，就是解决"化"和"管"的问题。"化"，指"信息智力化"和"智力信息化"；"管"，指对"化"的过程和"化"的对象的管理。要强化信息化管理，就要树立信息化的观念、学习信息化的知识和技能、了解信息化的系统、数据库和网络、强化信息化的安全和培训等。结合公共组织财务工作而言，信息化是将财务工作者从繁杂的数据中解放出来关心战略决策和发展规划的重要工具，财务管理信息化是不可逆转的方向，总会计师作为财务领头人必须具备较强的信息化能力，关注并做好财务信息化工作。

第二节　公共组织总会计师的职业能力

本节所讲的公共组织总会计师的职业能力，主要指的是其专业职业能力。公共组织财务会计体系与企业有较大区别，其主要组成部分的政府单位、事业单位、民间非营利组织财务会计虽自成一体，但因均在"大口径"的政府预算体系内，且资金管理呈现明确一致的"要来资金—管住资金—用好资金"①的主线，有着很多共通性。因此以下将主要结合公共组织的财务专业工作实务和资金管理主线，介绍公共组织总会计师的职业能力要求。具体如下：

一、"要得来"资金的能力

"要得来"资金是公共组织存在的基础，也是公共事业开展的必要前提。对绝大多数公共组织而言，资金来源主要是财政拨款，此外还有少量的社会捐助和组织自身的事业收入等自有资金。因此，公共组织对总会计师"要得来"资金的能力要求很高。那么，怎样才能持续长久"要得来"财政资金呢？在财政管理越来越严格和精细化的背景下，没有业务支持仅靠人员公关自然是行不通的。作为一名合格的总会计师，要讲政策、懂规划、会预算、擅协调，才能更好地"要得来"财政资金，同时也才能更好地"组织好"自有资金。具体而言，"要得来"资金的能力至少应包括以下四项"子能力"：

一是要有高超的政策水平。要经常性关注党中央、国务院、全国人大、全国政协、各民主党派及社会团体的政策动向和政策决议，全面关注与自身业务相关的各部门出台的方针、政策、规章、制度，深入关注财政预决算报告、年度预算支出安排和重点项目等。高超的政策水平是公共组织保持正确方向和获取资金支持的重要保障，不了解、不理解政策都很难获得政策资金的大力支持。

二是要有较强的分析能力。在关注和了解政策的基础上要加强分析，通过分析找出政策支持的方向、政策不支持的方向以及常规项目等分布规律和变化趋势，找出财政资金增减变动的方向和趋势，找出财政资金监管的力度和方向等，为公共组织申请财政资金找准方向。

三是要有通盘的规划能力。结合对所掌握政策的分析及自身事业发展的需要，总会计师要能够做出通盘的财务规划，对跨年度大型项目未来3~5年的资金安排做出规划。对中小型项目和日常开支的年度资金需求做出规划。规划要合理合规，基于业务，注重实绩，面向长远，全面合理的财务规划是公共组织申请财政资金的坚实支持。

四是要有良好的沟通协调能力。公共组织有了长远合理的事业发展规划，有了科学合规的财务规划预算，要申请到充足的财政资金还需要总会计师有良好的沟通协调能力。除了协调内部各部门理解和支持财务规划外，还要加强与主管财务部门、财政部门的沟通，取得他们充分的理解和支持，这是"要得来"财政资金的重要保障。没有合理的故事或者

---

① 为便于大家理解和与实务工作紧密对接，这部分关于资金主线的描述使用了比较通俗易懂的"口语式"归纳。

第四章 公共组织总会计师的通用能力及职业能力

有故事说不清楚、打动不了别人都是没有用的。

除了财政资金外,部分公共组织还可以筹集银行资金、社会捐助资金、事业发展自有资金等。虽然申请资金的对象不同,但都需要有坚实的事业发展基础和良好的资金管理状况做保障,否则"要得来"资金的能力都可能大打折扣,或某一次要来了资金却很难持续下去。

二、"管得住"资金的能力

"管得住"资金是确保公共组织安全,尤其是确保资金安全的重要保障。管不住管不好资金,不仅会给公共组织带来短期危机,出现资金挤占、挪用、浪费、短期甚至偷盗等违法违纪违规事件,导致公共组织遭受财经纪律处罚或法律制裁,产生很坏的社会影响;而且会给公共组织带来中长期危机,造成财政部门、商业银行、社会组织等资金供给方对组织的不信任,进而无法进一步获得资金支持。要"管得住"资金,公共组织的总会计师需要根据政策要求很好地把好资金支出关,要很好地执行政府采购、政府购买服务、国库集中支付、国有资产管理等规定,全面加强内部控制与风险管理,确保公共资金的安全。具体而言,"管得住"资金的能力至少包括以下三项"子能力":

一是要有较强的领导力。这主要体现在公共组织总会计师对政府采购、政府购买服务、国库集中支付、国有资产管理等相关规定的落实上。公共组织的财务工作与纯粹意义上的企业财务工作相比,涉及的工作更复杂,接受指导和监管的部门更多,财务工作要与政府采购、政府购买服务、国库集中收付、国有资产管理等规定密切结合。这些工作在有些组织是都放在财务部门的,需要加强工作力量确保完成各方面的任务,而在有些组织则是完全分开的,需要加强部门间的沟通协调和通力配合,这些都离不开领导力。

二是要有较高的政策水平。这主要体现在公共组织总会计师对资金支出关的审核把控上。把好资金支出审核关对于总会计师而言是基本的工作职能,也是最难和最闹心的工作之一,说易做难。公共组织多年散漫的惯性和对财政资金使用的浪费,决定了要控制资金支出、减少资金浪费的支出审核工作是件出力不讨好、越认真越得罪人的活,这更需要总会计师有较高的政策水平,在关键时刻对资金的把控必须能有理有据,才能更有说服力,减少不必要的误解和内耗。

三是要有较全面的风险管理能力。这主要体现在公共组织总会计师对全面加强内部控制和风险管理的建设上。内部控制和风险管理近年越来越受到政策部门和公共组织的重视,与财政资金和财务管理领域多发的问题和违规违纪事件是密不可分的。十八大以来,中央的强力反腐措施在抓到了大量"老虎苍蝇"之外,也充分暴露了公共财政体系的脆弱和公共组织领域的风险。对此,公共组织的总会计师必须要有较全面的风险管理能力,要能推进公共组织内部控制实务的建设,加强公共组织内部审计监督,强化全面风险管理框架的建立实施,做到未雨绸缪,确保少出风险或将风险降到最低。

三、"用得好"资金的能力

"用得好"资金的能力是提高公共服务水平和资金使用效益的重要保障。公共组织对资金管理使用的要求更强调公益性，对使用效率的要求相比企业而言不是那么高，但这不是资金浪费和无效管理的理由。近年来随着财政形势的趋紧和监管要求的提高，大家对于提高公共组织资金使用效益的要求逐渐达成共识，各级财政部门对支出财政资金的使用绩效开始加强管理和监督。对于公共组织总会计师而言，要提高"用得好"资金的能力，就要不断提高公共资金的使用效益，充分满足事业发展的需求，主动做好资金使用的绩效评价及管理，在保证安全和正常运转的基础上更好地体现公益性和效益性。具体而言，"用得好"资金的能力至少包括以下三项"子能力"：

一是要有较强的学习能力。要"用得好"资金，仅有意识上的重视和关注是不够的，还需要丰富的管理工具和高超的管理技巧。而财经领域的投融资工具、理财工具近年来层出不穷，投融资环境和理念在发生着巨大的变化，不予以关注、不加强学习是不行的。比如，支付宝的出现让很多人多年存放在银行里的"活期"消失，这是收益率变化后人们对预期收益的自然选择。就公共组织而言，在银行里趴着多少"活期"资金呢？这样的资金使用效益是不是有提高的空间呢？值得大家深思和学习。

二是要有较高的创新能力。对于公共组织总会计师而言，要管好用好资金最关键的是要更新观念，要有创新思维和能力。长期以来，受制于不允许做理财和资产管理要层层审批等规定，公共组织大多没有资金管理的概念，往往遵循"钱多多花，钱少少花，没钱不花，有钱不留"的想法，对资金管理极不重视，更别提什么创新了，这导致很多公共组织积存了大量闲置的"死活期存款"①。起点低、基础弱恰好给公共组织留出了空间，为总会计师施展"财务管理"功底提供了可能，关键要有创新意识和能力。

三是要有扎实的执行能力。这主要强调的是"用得好"资金的另一个层面，即资金使用产生良好的社会效益和政治效益，这是公共组织的主要目的，也是检验公共服务好坏的重要标志，是公共组织资金使用效益高低的重要标准，且这部分资金占公共组织资金流水的较大比例。公共组织总会计师不仅要能"要得来"资金，更关键的是要能统筹规划，扎实推进资金的有效使用，确保资金合理合规地应用在公共服务上，确保资金使用的效率和效果。

四、"学习运用政策"的能力

"学习运用政策"的能力是公共组织总会计师必要的专业职业能力之一，也是必要的专业技能之一，没有对政策的理解和把握，没有对政策的关注和分析，总会计师很难做好公共组织财务管理的有关工作，这与公共组织的特性是密不可分的。公共组织政策性强，资金约束多，监管要求高，特别要求总会计师能快速学习新政策、准确理解新精神、及时建立新制度、适时配合新监管。具体而言，"学习运用政策"的能力至少包括以下四项"子能力"：

一是要有建章立制的能力。这指的是公共组织总会计师要能迅速理解和消化新政策及新精神，并能结合组织的事业发展迅速在组织内部建章立制，为贯彻执行好最新政策精神奠定基础。近年来，新一届党政领导班子对于依法治国、依法执政、推进改革、加快反腐

---

① 名义上是存放在商业银行的活期存款，只享受活期存款利率，但实际上很少动用，一直积存在银行账上。

第四章　公共组织总会计师的通用能力及职业能力

等意志坚决，有关部门出台配套规定和新政策的速度越来越快，小到会议费、培训费、差旅费的报销，大到事关全体公共组织成员的养老制度改革、职业年金制度建立、政府部门职能改革等，让人目不暇接。公共组织必须具备很强的建章立制能力，才能真正做好执行工作。

二是要有学习创新的能力。这指的是公共组织总会计师要能够及时学习领会各项新政策、新精神，并结合组织的事业发展，创新思维和管理模式，开创性地解决公共组织面对的老问题、新问题以及棘手的难题等。中国发展到今天，遇到了很多新问题，甚至有一些困难，改革走到了深水区，不创新就很难攻坚，这一点在新一届政府形成了共识。新一届政府不仅重视学习创新，多番强调创新的重要性，而且从体制机制上鼓励万众创新，大众创业。新形势下，公共组织总会计师更要培养学习创新的能力，为公共组织发展贡献力量。

三是要有执行的能力。这指的是公共组织总会计师要有执行新政策和新精神的能力。当前发展形势和改革形势都比较严峻，各类新政策新精神出台的比较快，一方面总会计师要能快速地学习并转化为落实，另一方面政策本身可能有些微问题，有的在调研上可能并不充分，有的与实务结合可能不够，这就决定了部分政策落实起来比较难，更需要总会计师有很强的执行能力，在充分咨询和研究业务的基础上做好落实工作。

四是要有沟通协调的能力。这指的是公共组织总会计师在落实执行新政策新精神的过程中，要具备较强的与上级部门、组织内部分管领导和各单位、下属部门及职工之间沟通协调的能力，把一些执行起来繁难的任务分解好，把一些有空间和灵活度的政策把握好，取得各部门的理解与支持，为组织争取最大利益，为落实争取最优路径。

五、"信息化财务"的能力

"信息化财务"的能力是对公共组织总会计师的最新要求。中国信息化建设的时间不长，起步较晚，但发展迅猛，需求巨大，互联网及大数据时代正在悄然来临。对公共组织而言，快速提高信息化水平，加快全方位的信息化建设是当务之急，不了解甚至排斥信息化是会被历史淘汰的，这在公共组织的财务领域体现得也非常突出。相对企业而言，大多数公共组织的财务基础薄弱，信息化水平较低，信息化意识不足，因此需要总会计师更新认识，不断加强财务信息化建设，具备将财务管理"信息化"的能力。信息化是一个系统性的概念和工程，财务信息化同样需要在很多方面做出努力，要实现全方位的"财务管理信息化"。当然，总会计师要具备"信息化财务"的能力并不是说总会计师要亲自设计信息软件，而是要领导和组织财务信息化工作，实现传统工作模式向信息化工作模式的平稳对接。具体而言，"信息化财务"的能力至少包括以下四项"子能力"：

一是要具备"信息化账务"的能力。这指的是公共组织总会计师应具备将日常账务处理过程信息化的能力，即将财务日常的录入、审核、记账、结账、报表等功能信息化，嵌入到财务管理软件中，按照规范的模式、统一的流程和标准的权限实现自动化或半自动化处理，提高账务处理的效率和规范性，减少差错。这是做好财务工作的基础，也是做好后续财务管理工作的保障。这一能力更多体现为引入财务软件时，总会计师要做好软件与组织会计实务的对接和一些必要的职业判断，如会计政策的选择等。

二是要具备"信息化分析"的能力。这指的是公共组织总会计师应具备运用财务软件或信息化工具对组织财务信息进行分析和使用的能力，即将传统的财务分析升级为信息化处理和模型化管理的能力，最终的目的是要保证能对组织的财务信息进行充分分析和利用，为组织的发展和决策提供数据模型支持，避免拍脑袋式的决策。

三是要具备"信息化应用"的能力。这指的是公共组织总会计师应具备将财务管理过程信息化的能力，即将财务事项从发起、审核、审批、报销、结算、账务处理、审计监督等全过程信息化的能力，这可以通过引入成型的财务软件与组织业务匹配而解决，也可以通过专门开发的形式定制财务管理软件以适应组织的真实需要。值得注意的是，信息化是一个不断推进的过程，新技术的出现可能使原有的信息化面临不断升级的需要，因此要留好接口，充分预计升级的需要。比如当前互联网经济模式下，有很多创新的结算方式，比如充值兑换，与传统的付现金或支票及银行转账的方式大不相同，需要留有升级的准备。

四是要具备与业务信息化关联的能力。这指的是公共组织总会计师应具备将财务管理信息化与业务管理信息化关联的能力。当前形势下，整个公共组织无论是业务处理过程还是财务管理过程都需要信息化。每一个信息化的功能需求和内部架构可能并不一致，流程设计也不尽相同。总会计师作为财务工作的领导者，应能够居中协调，在熟知财务信息化的基础上充分了解业务信息化的内容及设计，确保财务与业务信息化的"无缝对接"，确保不因为信息化而造成工作断档甚至错乱。

除上述专业职业能力外，公共组织的总会计师也应该具备充足的会计和财务管理技能。如预算编制、成本核算、内部控制、业绩评估、战略成本管理等技能。这些技能不仅需要学习，更需要在多年的财务实务工作中累积经验，实际上是总会计师在多年实务工作中将自身的专业知识和专业职业能力相结合产生的结果，是总会计师任职的必备要求之一。

第五章　公共组织总会计师的知识结构

带着"紧箍咒"的公共组织总会计师要想"善舞",就要具备各种"长袖":高超的专业本领,扎实的基本功,全面的知识结构。其中,全面的知识结构在职业环境巨变的今天尤为重要。具体而言,公共组织总会计师的知识结构至少应包括三部分:必备知识、跟踪知识和实务知识。值得说明的是,一个人的精力总是有限的,强调总会计师的全面知识结构并不是要求每个总会计师成为各个领域的专家,而是要具备全面的知识框架和对这个框架内知识体系不断学习的能力,这样才能屹立不倒,真正适应环境的变化和知识的更新。

第一节　公共组织总会计师的必备知识

公共组织总会计师知识结构里的"必备知识"是最基础和最必要的知识,是总会计师职业必须要关注和掌握的知识,有些甚至是要内化于心的知识素养。当然,必备知识的掌握也是框架性的要求,不可能所有法律法规政策都一一掌握和用到,但要对基本的框架体系了解,对常用的则要掌握。具体包括以下几个方面:

一、公共组织运行相关的法律法规政策

政策性不仅是公共组织的重要特点,也是公共组织总会计师职业要讲究的重要特点。对于公共组织总会计师而言,要掌握的必备知识之一便是与公共组织运行相关的法律法规政策。这是一套体系,具体包括九大层面[①]:一是法律层面,这是效力最高的国家立法层面,如会计法、政府采购法、预算法、审计法等;二是行政法规层面,这是国务院层面的决定和条例等,如总会计师条例、会计法实施条例、审计法实施条例、国务院关于修改部分行政法规的决定等;三是司法解释层面,这是最高人民法院关于法律适用问题的一些解释,如最高人民法院关于审理侵犯专利权纠纷案件应用法律若干问题的解释;四是地方性法规层面,这适用于地方公共组织,如广西壮族自治区财政监督条例、北京市信息化促进条例等;五是部门规章层面,这是中央党政部门根据工作需要公布的规章制度,如政府采购非招标采购方式管理办法、行政事业单位国有资产管理办法、行政事业单位财务规则和

---

① 根据中国政府网 http://www.gov.cn/ 对法律法规层次的划分和公共组织财务工作实际而编写。

会计制度等；六是地方政府规章层面，这是地方各级政府和部门根据工作需要公布的规章制度，如北京市实施《中华人民共和国耕地占用税暂行条例》办法、上海市旅馆业管理办法、海南省城镇生活垃圾处理费征收使用管理办法等；七是单行条例和自治条例，自治州、县、乡的公共组织应予以关注；八是国际公约，如保护非物质文化遗产公约；九是其他层面，如国家中长期科学和技术发展规划纲要（2006~2020年）、国家中长期人才发展规划纲要（2010~2020年）等。

二、公共组织总会计师的常用决策目录

总会计师是公共组织财务工作的负责人，也是财务相关的主要决策者，因此，常用决策目录也是公共组织总会计师的必备知识之一。常用决策目录如下：

（一）战略规划决策

主要包括：事业发展规划、财务规划、计划及预算决策。

（二）"三重一大"等重大事项联签权

主要包括：重要干部人事任免、重大项目安排决策、大额度资金使用决策、重大合同签订、重大外包决策、可行性研究论证等。

（三）资金管理决策

主要包括：投资安排决策、融资安排决策、资金安排决策等。

（四）重大专项决策

主要包括：国库集中支付、政府采购、国有资产管理、购买社会服务、行政事业性收费、内部控制及风险管理等决策。

（五）财务政策选择

主要包括：财务制度、会计政策、会计方法、责任界定、建章立制等财务选择决策。

（六）财务管理决策

主要包括：财务分析决策、成本决策、收支平衡决策、最优绩效决策、限额决策等。

（七）日常运营决策

主要包括：与其他部门协调、数据支持决策、预算平衡决策、绩效考核决策等事项。

（八）收支口径决策

主要包括：收入范围决策、支出审批决策、法纪权衡决策、审计监督决策等。

（九）报表审定决策

主要包括：财务报表、责任报表、管理报表、绩效报表、预测报表等决策。

第五章 公共组织总会计师的知识结构

（十）其他管理决策

主要包括：队伍建设、人员培训、宣传教育、文化传播等事项决策。

三、公共组织总会计师的沟通协调知识

沟通协调知识是公共组织总会计师"长袖善舞"的重要能力要求和必备知识。沟通和协调既是日常生活中非常重要的，也是工作中不可或缺的。工作中的沟通协调是指管理者在日常工作中妥善处理好上级、同级、下级等各种关系，使其减少摩擦，能够调动各方面的工作积极性的能力。一个优秀的管理者，要想做到下级安心、上级放心、同级热心、内外齐心，必须要有良好的沟通协调能力，了解和掌握相关的知识。沟通协调需要具备四个特质：一是积极沟通。重视且乐于沟通，愿意与人建立联系；在遇到沟通障碍时，能够以积极心态和不懈的努力对待冲突和矛盾，而不是强权或回避。二是换位思考。能够打破自我中心的思维模式；尝试从对方的角度和立场考虑问题，体察对方感受，促进相互理解。三是及时反馈。重视信息的分享；用心倾听各方的意见，并根据实际情况及时做出调整和回应。四是机制保证。能够有意识地在组织中搭建沟通平台，通过机制建设确保沟通渠道的顺畅。从专业角度看沟通协调可以分为四个等级，如表5－1所示。

表5－1　　　　　　　　　　　沟通协调的等级

等级	描述
A－1级	平时不注重沟通，遇到冲突与矛盾以强权或回避来解决；习惯自我为中心的思维模式；缺少全方位思考，缺少协调与沟通。
A－0级	了解沟通的作用，与工作中的各方都有比较好的关系；遇到问题与冲突时愿意体谅与理解别人，能及时回复一部分信息；略懂得聆听的艺术，愿意以制度方式明确沟通职责。
A＋1级	与工作中的各方保持密切联系与良好关系；能够体谅和理解他人，愿意就具体情况做出调整与妥协；愿意就对方疑问做出及时的回应，确保信息的准确表达；倾向于以制度的形式明确沟通职责；懂得倾听的艺术。
A＋2级	企业内部的桥梁，有着卓越的协调能力，能与上下级作好沟通，并妥善处理好之间的关系，促进其相互理解，获得他们的支持与配合。

（一）沟通的知识

沟通包括日常沟通和工作沟通，后者指的是工作人员为实现管理目标通过文件、会议、谈话、报表、电话、电报、传真、电子邮件甚至微信等方式与有关部门及个人传递交流各种信息，从而增进了解或者达成共识（协议）的过程。沟通方式不仅包括口头语言，也包括书面语言、图像语言、身体语言以及各种方式的结合（多媒体）。很多时候，沟通容易存在分歧和障碍，常见的有：高高在上、自以为是、观点不同、偏见、时间不足、急于表达自己的观点、环境的干扰、不善于倾听、缺乏反馈、缺乏沟通技巧等。要提升沟通能力，需要学会倾听，提高演说和写作技巧等。

(二) 协调的知识

协调就是正确处理组织内外各种关系，为组织正常运转创造良好的条件和环境，促进组织目标的实现。因此，从一定意义上说，管理者的任务就是协调关系。协调如同"润滑剂"，是组织凝聚力的源泉之一。协调的作用有三个：一是使个人目标与组织目标一致，促进组织目标的实现；二是能解决冲突①，促进协作；三是提高组织效率。总会计师要善于协调各种关系：与上级的关系（上交有方）、与同级的关系（左右逢源）、与下级的关系（接好地线），当然，协调好各种关系的无价之宝是尊重，尊重别人，尊重自己，尊重规则。

四、职业道德、职业素养和素质的相关知识

职业道德、职业素养和职业素质相关知识也是公共组织总会计师的必备知识，而且应该是内化于心又以一定方式表现在外的知识。它们不是技术，而是修养，具备这些道德修养之人可以很快判断出工作中的一些做法是好的，一些决策是对的，发展是和谐的；也有另一些做法是坏的，决策是有问题的，发展是不可持续的，等等。道德修养不是教出来的，而是长期学习相关知识和专业知识后内化于心进而释放出来的潜力。

（一）职业道德

道德是调整人和人之间、个人和社会之间关系的原则和行为规范的总和。职业道德是从事一定职业的人们在职业活动中所应遵循的道德原则和行为规范的总和，其内容主要包括职业道德概念、职业道德原则、职业道德行为规范、职业守则、职业道德评价、职业道德修养等。职业道德的基本特征有：鲜明的职业性、内容形式的多样性、较强的适用性、相对的稳定性和连续性。职业道德修养是指从业人员在道德意识、道德行为方面的自我锻炼、自我改造和自我提高，在职业实践中形成的道德品质以及应达到的职业道德境界。修养和职业道德可以有以下途径和方法：在日常生活中培养，谦虚好学；在实践中体验，理论联系实际，做到知行统一；在自我修养中提高，德养相扶。

（二）职业素养

职业素养鼻祖圣·弗朗西斯科（San Francisco）在其著作《职业素养》中这样定义：职业素养是人类在社会活动中需要遵守的行为规范，是职业内在的要求，是一个人在职业过程中表现出来的综合品质。职业素养具体量化表现为职商（Career Quotient，CQ），体现一个社会人在职场中成功的素养及智慧。简而言之，职业素养是职业人在从事职业中尽自己最大的能力把工作做好的素质和能力。它不是以这件事做了会对个人带来什么利益和造成什么影响为衡量标准的，而是以这件事与工作目标的关系为衡量标准的。更多时候，良好的职业素养应该是衡量一个职业人成熟度的重要指标。

职业素养涵盖的内容非常广泛，包括内化素养和外化素养。内化素养是职业素养中最

---

① 冲突可以理解为两个或两个以上的行为主体因在特定问题上目标不一致、看法不相同或意见分歧而产生的相互矛盾、排斥、对抗的一种态势。

第五章 公共组织总会计师的知识结构

根基的部分,包含个人的世界观、价值观、人生观等范畴;外化素养指计算机、英语、建筑等属技能范畴的素养,是通过学习、培训比较容易获得,在实践运用中日渐成熟的。职业素养具有十分重要的意义。从个人的角度来看,适者生存,个人缺乏良好的职业素养,就很难取得突出的工作业绩,更谈不上建功立业;从组织角度来看,唯有集中具备较高职业素养的人员才能实现求得生存与发展的目的,他们可以帮助组织节省成本,提高效率,从而提高组织的竞争力;从国家的角度看,国民职业素养的高低直接影响着国家经济的发展,是社会稳定的前提。正因如此,"职业素养教育"才显得尤为重要。

职业素养教育是一种养成教育。圣·弗朗西斯科认为,职业素养的修炼需要经历以下七道关:

印象关——初入职场形象管理;

心态关——学生向社会人转变;

道德关——职场安身立命之本;

沟通关——打造职场"人气王";

专业关——"菜鸟"变"大虾";

诚信关——取得职场长期居住证;

忠诚关——走进高层核心圈。

通过七道关的培养,能够帮助个人具备良好的职业素养,快速融入职场,实现人生价值。

(三) 职业素质

职业素质(Professional Quality)是劳动者对社会职业了解与适应能力的一种综合体现。职业素质主要表现在职业兴趣、职业能力、职业个性及职业情况等方面,具有职业性[①]、稳定性[②]、内在性[③]、整体性[④]、发展性[⑤]等特征。影响和制约职业素质的因素很多,主要包括受教育程度、实践经验、社会环境、工作经历以及自身的一些基本情况(如身体状况等)。职业素质是人才选用的第一标准;职业素质是职场制胜、事业成功的第一法宝。劳动者能否顺利就业并取得成就,在很大程度上取决于本人的职业素质,职业素质越高的

[①] 不同的职业,职业素质是不同的。对建筑工人的素质要求,不同于对护士职业的素质要求;对商业服务人员的素质要求,不同于对教师职业的素质要求。李素丽的职业素质始终是和她作为一名优秀的售票员联系在一起的,正如她自己所说:"如果我能把10米车厢、三尺票台当成为人民服务的岗位,实实在在去为社会做贡献,就能在服务中融入真情,为社会增添一份美好。即便有时自己有点烦心事,只要一上车,一见到乘客,就不烦了"。

[②] 一个人的职业素质是在长期执业时间中日积月累形成的。它一旦形成,便产生相对的稳定性。比如,一位教师,经过三年五载的教学生涯,就逐渐形成了怎样备课、怎样讲课、怎样热爱自己的学生、怎样为人师表等一系列教师职业素质,于是,便保持相对的稳定。当然,随着他继续学习、工作和环境的影响,这种素质还可继续提高。

[③] 职业从业人员在长期的职业活动中,经过自己学习、认识和亲身体验,觉得怎样做是对的,怎样做是不对的。这样,有意识地内化、积淀和升华的这一心理品质,就是职业素质的内在性。我们常说,"把这件事交给小张师傅去做,有把握,请放心。"人们之所以放心他,就是因为他的内在素质好。

[④] 一个从业人员的职业素质是和他整个素质有关的。我们说某某同志职业素质好,不仅指他的思想政治素质、职业道德素质好,而且还包括他的科学文化素质、专业技能素质好,甚至还包括身体、心理素质好。一个从业人员,虽然思想道德素质好,但科学文化素质、专业技能素质差,就不能说这个人整体素质好。相反,一个从业人员科学文化素质、专业技能素质都不错,但思想道德素质比较差,同样,我们也不能说这个人整体素质好。所以,职业素质一个很重要的特点就是整体性。

[⑤] 一个人的素质是通过教育、自身社会实践和社会影响逐步形成的,它具有相对性和稳定性。但是,随着社会发展对人们不断提出的要求,人们为了更好地适应、满足、促进社会的发展的需要,总是不断地提高自己的素质,所以,素质具有发展性。

人，获得成功的机会就越多。

第二节　公共组织总会计师的跟踪知识

跟踪知识是指公共组织总会计师在开展工作过程中需要不断跟踪学习的知识，这类知识主要是与组织运行或行业学科相关的知识，是不断更新的知识。对此，总会计师要明确知识的体系，明确知识的来源，然后加强关注和学习即可。因为公共组织涉及的行业和学科非常复杂，无法穷举，本节仅以示例方式提出跟踪学习的体系和来源等。

一、与公共组织运行相关的新政策和知识

公共组织总会计师在工作中需要跟踪的第一个层面的知识就是与公共组织运行相关的新政策和知识。与公共组织运行相关的知识框架至少包括：党政机关运转体系、公共组织运行许可等综合管理、公共组织三定方案确定的职能及编制、与人事劳资相关的薪酬改革及养老保险、财务资金相关的财政体制管理及改革、物品物资相关的国有资产管理及政府采购、信息化管理相关知识、公共组织治理相关的治理改革、审计及纪检监督、公共组织发展所需的决策规划等知识。

二、与公共组织主要工作相关的业务知识

公共组织总会计师在工作中需要跟踪的第二个层面的知识是与公共组织主要工作相关的业务知识。公共组织所涉及的行业种类非常多，以中国现行行政框架为准公共组织几乎涵盖了各行各业，如负责财政管理的有预算司、教科文司等 27 个财政部机关司局，国库支付中心、财政部财政科学研究所、国家会计学院、中国总会计师协会等 33 个附属事业单位、院校、行业组织等，财政部驻北京、内蒙古、湖北等 35 个财政部驻地方专员办，36 个省、自治区和直辖市的地方财政部门及其下属的一系列事业单位、院校、行业组织等。上述组织均负责某一类或某一块财政工作，可能与很多公共组织发生关联，值得大家关注。再如负责人事管理的人力资源和社会保障部，同样包括若干机关司局、事业单位、院校、行业组织及地方部门，工作涉及人力资源和社会保障法律法规、人力资源市场及流动管理、就业管理、社会保障、负责就业、失业、社会保险基金管理、收入分配管理、事业单位人事制度改革、军队转业干部安置、行政机关公务员综合管理、农民工工作综合性政策和规划、劳动关系管理等层面。可以说，公共组织总会计师不管在哪个系统工作，都要关注和了解本系统的工作职能、行业知识、发展前景、难点重点等与业务工作相关的知识，如此才能在本组织的财务管理相关工作中做到游刃有余。

三、公共组织相关学科的基本知识框架

除了跟踪与公共组织主要工作相关的业务知识，公共组织总会计师还有必要跟踪

第五章　公共组织总会计师的知识结构

公共组织相关学科的基本知识框架。具体有财政管理、税务管理、国际贸易、新经济、知识经济等经济学学科知识，公共管理、公共关系、人力资源管理、政府与市场、审计学、商学等管理学学科知识，宪法、刑法、政治、外交、民族等法学学科知识，理论教育、心理教育、体育教育等教育学学科知识，医疗卫生护理等医学学科知识，此外还有文学、工学、农学、军事学、哲学等其他学科知识。对于如此众多的学科知识，同样不需要大家死记硬背或成为全才专家，但需要起码了解与工作业务相关的学科知识和一些通用学科的基础知识框架，避免工作中存在知识盲点，在不断学习中也能有的放矢。

第三节　公共组织总会计师的实务知识

实务知识是与公共组织运行相关的财务实务基础知识，这是开展日常工作决策需要理解和能够运用的，包括当前宏观形势和经济政策、财政管理体制及制度、财务管理理念及决策、事业规划及预算管理、决算管理及财务分析、国库集中收付实务、政府采购管理事务、公共资产管理实务、组织绩效管理实务、组织成本管理实务、内部控制与风险管理、政府会计准则制度、事业单位会计准则制度和财务规则、公立高校、公立医院、科研单位及中小学等组织的会计准则制度、民间非营利组织会计准则制度、会计职业道德、会计信息化建设等。实务知识是公共组织总会计师做好实务工作的基础，这些知识近年来随着形势变化不断发生变化或调整，需要总会计师实时关注和积极学习。对于公共组织总会计师需要掌握的实务知识，本书将在中篇《财政与财务管理实务》中详细介绍，这里主要介绍框架归类，具体以下：

一、当前宏观形势和经济政策

从行业属性上看，中国的公共组织可以分为两大类：一类是经济类公共组织，涉及财政、税收、发改、人民银行、审计、商务、海关、工商、银监会、证监会、保监会等经济管理和监管层面；另一类是非经济类公共组织，涉及教育、科学、文化、卫生、就业、人事、社保、住房保障、旅游、民政、铁道、交通、信息、水利、林业、农业、气象、地震、质检、环保、民航、广电、体育、统计、知识、宗教、外交、公安、安全、监察等民生服务或安全监督层面。很显然，后者涉及的公共组织更多，也就是说绝大多数公共组织在日常工作中对宏观形势和经济政策的关注不多，这对公共组织总会计师水平的提高和行业的发展产生了掣肘作用。实际上，宏观形势和经济政策不仅仅影响经济类公共组织，也影响非经济类公共组织，即使跟自身业务关联度不高，其他工作人员和领导都不关注，总会计师也需要予以关注，这是与总会计师所从事的财务工作的特性分不开的。财务管理不仅是一个单位或组织的内部管理工作，而且是整个国家财政管理的重要组成部分，其基本原则和运行规则必须与其他公共组织财务运行遵循一致的标准和统一的规则。目前来看，宏观形势和经济政策对绝大多数非经济类公共组织的业务影响不大，主要是财务和资金影响大,比如影响公共组织申请财政拨款支持的方向和力度。但是,随着大数据①时代的到来,将来各行各业公共组织"大数据"行动会陆续推开,所有公共组织的业务数据与宏观形势和经济形势的关联度都会大大提高,有的甚至会形成直接的、动态的数量推测关系,非经济类公共组织对宏观形势和经济政策的关注度将随之提高,这对于公共组织总会计师会提出更高的要求,更需要将本单位的财务数据、业务数据与宏观数据和经济政策准确对接,更好地指导和做好财务管理工作。

二、财政管理与财务管理实务知识

对于公共组织总会计师而言,需要认真学习和掌握财政管理与财务管理实务知识,包括财政管理体制、财政管理制度、财政管理改革及趋势、财务管理理念及决策、事业规划及预算管理、决算管理及财务分析、国库集中收付实务、政府采购管理事务、公共资产管理实务、组织绩效管理实务、组织成本管理实务等内容。其中,预算、决算、分析是必知必做的工作,财政管理知识、财务管理知识以及事业规划都是做好预决算分析工作的前提和基础;国库集中收付是对资金管理进行规范和约束的知识;政府采购、资产管理在公共组织中未必是财务部门做,但与财务工作尤其是预决算和核算密不可分;绩效管理和成本管理仅在部分公共组织中实施,但是未来的发展方向,需要跟踪和关注。

三、会计准则与会计制度实务知识

会计准则与会计制度实务知识是公共组织财务会计工作的必备知识,也是近年来更新变化比较大的一项内容。公共组织财务工作必须要遵循财务规则、会计准则和会计制度的规定,近年来,中国政府财政部门相继公布了《财政总预算会计制度》、《行政单位财务规则》、《行政单位会计制度》、《事业单位财务规则》、《事业单位会计准则》、《事业单位会计制度》、《高等学校财务制度》、《高等学校会计制度》、《医院财务制度》、《医院会计制度》、《基层医疗卫生机构会计制度》、《民间非营利组织会计制度》、《新型农村社会养老保险基金会计核算暂行办法》、《文化事业单位财务管理制度》、《科学事业单位财务制度》、《科学事业单位会计制度》、《彩票机构会计制度》、《中小学校财务制度》、《中小学校会计制度》等财务会计准则制度规定,需要各有关组织加强学习并做好新旧制度的接续工作。此外,财政部门近年来还在紧锣密鼓地就政府会计准则体系进行改进研究,拟将政府会计整合为财务会计和预算会计两大体系,且两大体系并存,共同解决原会计体系分立和价值反映不实等问题,目前已征求多方意见,正在汇总意见修稿过程中,后续值得总会计师继续关注。

---

① 大数据(Big Data),或称巨量资料,指的是所涉及的资料量规模巨大到无法通过目前主流软件工具,在合理时间内达到撷取、管理、处理,并整理成为对企业经营决策有更积极帮助的资讯(在维克托·迈尔-舍恩伯格及肯尼斯·库克耶编写的《大数据时代》中,大数据指不用随机分析法(抽样调查)这样的捷径,而采用所有数据的方法)。
大数据的4V特点:Volume(大量)、Velocity(高速)、Variety(多样)、veracity(真实性)。大数据需要特殊的技术,包括大规模并行处理(MPP)数据库、数据挖掘电网、分布式文件系统、分布式数据库、云计算平台、互联网和可扩展的存储系统。

第五章　公共组织总会计师的知识结构

四、内部控制与风险管理实务知识

2012年11月29日，财政部印发了《行政事业单位内部控制规范（试行）》，自2014年1月1日其施行，标志着中国公共组织正式进入到"内控时代"。对于中国的公共组织而言，各种规章制度并不陌生，但真正意义上整合为内部控制并提出试行内部控制还是第一次。早在2008年，基于企业界风险管理事件的大量爆发和危害，如安然事件和世通丑闻震惊了会计界并严重危害了财务信用，财政部印发了《企业内部控制基本规范》；2010年又密集推出《企业内部控制配套指引》，包含了内部控制应用指引、评价指引和审计指引三大部分，在企业界掀起建立和实施内部控制及风险管理的高潮。公共组织的内部控制提出的晚，但问题不是不多，近年来不断爆出的挤占挪用公款、携款逃跑、随意支配资金损公肥私等事件严重危害着公共组织的资金安全和社会信誉，必须引起高度重视。为此，总会计师需要重视和加快学习公共组织内部控制及风险管理相关知识，为做好公共组织内部控制建设和风险管理夯实基础。

五、财务会计信息化管理实务知识

从处理方式上看，财务会计核算处理先后经历了手工账、电算化、信息化的演变，大多数成型的企业组织在会计信息化建设上颇有成绩，而公共组织在财务会计信息化上还有很大差距，相当一部分还只停留在电算化阶段，即通过购买会计软件将手工账转入计算机系统处理，还没有进入到将电子账务与信息化财务管理结合以支撑决策的阶段。为此，公共组织总会计师需要深入学习财务会计信息化管理的实务知识，在扎实掌握财务会计知识的基础上，深入了解组织信息管理系统的信息技术、计算机系统的内部控制、信息系统的开发标准和实务、信息系统管理计算机系统的评价等知识，将公共组织业务实务、财务实务、工作流程与信息化技术手段相结合，提升公共组织财务会计信息化水平。同时还要注意，信息化的发展方向是大数据和移动互联时代，财务管理如何适应和配套这一变化值得总会计师深入研究。大数据和移动互联时代能够为财务管理提升和公共组织决策提供的支撑作用也值得总会计师深入挖掘，财务会计管理人才如何发展提升值得总会计师深入思考。当然，这一切实现的前提是公共组织总会计师要关注和掌握信息化的相关知识和发展演变，只有适时关注、不断学习，总会计师才能顺应时代潮流，做好相关工作。

中篇

财政与财务管理实务

第六章 财政管理体制及制度

财政管理体制的实质是正确处理国家在财政资金分配上的集权与分权问题。国家的各项职能是由各级政府共同承担的,为了保证各级政府完成一定的政治经济任务,就必须在中央与地方政府、地方各级政府之间,明确划分各自的财政收支范围、财政资金支配权和财政管理权。一般来说,各级政府有什么样的行政权力(事权),就应当有相应的财权,以便从财力上保证各级政府实现其职能。

第一节 财政管理体制的含义和内容

财政体制就是用以处理政府间财政关系的一整套制度安排和相应的实施机制。政府间财政关系可以区分两个相互关联的方面:纵向财政关系和横向财政关系。

一、财政管理体制的含义

基于有效管理国家的需要,每个具有多层级政府结构的国家都需要建立一套适合本国国情的财政体制,用以处理政府间财政关系。世界上绝大多数国家都拥有两级或两级以上的政府结构,因而必然会产生政府间的财政关系。为处理政府间财政关系,这些国家就需要建立财政体制。那么究竟什么是财政体制呢?简明扼要地讲,财政体制就是用以处理政府间财政关系的一整套制度安排和相应的实施机制。

在每个国家,财政体制都是一个关系全局的大问题,它不仅决定了各级政府在分工的基础上共同促进国家重大政策目标的方式和效率,也决定了各级政府在国家宏观财政结构中的财政地位。在经济发展水平既定的情况下,财政体制还在很大程度上决定了各级政府的财政状况。尤其重要的是:政府间财政体制界定了各级政府都应遵循的游戏规则(行为准则),从而也就大体上决定了各级政府的财政行为——"怎样筹集收入和安排支出?"一般地讲,有什么样的财政体制,就有什么样的财政行为;"有问题的财政体制"就会产生"有问题的财政行为",而后者反过来会对政府的经济行为和政府职能造成负面影响。因此,财政体制是一篇大文章,这篇文章做好了,则全局皆主动,反之则全局皆被动,中国长期以来的财政改革实践反复证明了这个道理。

二、财政管理体制的内容

政府间财政关系可以区分两个相互关联的方面:纵向财政关系和横向财政关系。与此相适应，财政体制的内容亦可区分为纵向和横向两个方面。

（一）财政管理体制纵向安排

财政体制的纵向方面涉及的核心内容是支出划分、收入划分和政府间转移支付，三者有时被称为财政体制的"三大支柱"，它们构成大多数讨论财政体制问题的文献的主题，本书的讨论也主要限于这三个方面。

1. 支出划分。

支出划分涉及的是各层级政府间如何划分支出责任的问题，在国内文献中习惯上称为"事权"划分。支出划分的关键在于确定"谁负责什么"，这是个关于政府间分工的问题，涉及的内容十分广泛。就经济职能而言，规范的公共财政理论通常从"三分支说"的角度探讨政府间分工问题，具体地讲，就是讨论各级政府在稳定职能、配置职能和分配职能中扮演的角色。一般的看法是：稳定职能和分配职能通常应由中央政府承担，但在配置职能的分支中，地方政府可以发挥重大作用，甚至是主导作用。

所谓配置职能，从财政学意义上讲主要指公共服务的有效供应问题。政府的本质是提供公共服务或公共物品（Public Goods）：每个人都需要但每个人都不愿自己提供，也不能通过市场购买的物品或服务。与私人物品通过市场供应不同，公共服务通过政治程序提供，其原因是在有效提供公共服务方面存在严重的市场失灵。在现实生活中，公共服务有一串长长的清单：从国防、法律与服务到治安和交通疏导，都包含在这一清单中。

按照受益范围的不同，公共服务可以区分全国性公共服务与地方公共服务，前者的受益范围及于全国，如国防；后者的受益范围只及于特定的地方辖区，如垃圾处理。就地方公共服务而言，由于受益范围不同，也可区分为更多的层次。公共财政理论中有一项著名的原则——受益原则。根据这一原则，全国性公共服务因其受益范围及于全国，故由国家级（中央/联邦）政府承担比较合适；地方公共服务因其受益范围只及于特定辖区，由地方政府承担比较合适，这样就形成了特定的政府间支出划分框架。

应注意的是：当提到"供应某项服务的职责应该划归某级政府"时，其确切含义是"决策责任"的划分：服务的类型、供应水平、质量标准、向谁供应、如何供应以及何时供应方面的决策，由某一层级政府做出，并由其承担决策后果的全部责任。然而，决策责任划归某一层级政府，并不表明该项服务的资金安排、日常管理和执行情况的监督责任，必须同时划归该层级政府，虽然在有些情况下确实如此。这里涉及的是公共服务供应职责的分解与分担问题：对于某项特定公共服务来说，其供应职责不仅可以分解为决策责任、筹资责任（支出责任）、管理责任和监督责任，而且在许多情况下这些不同的责任由不同层级的政府分担，同时吸收私人部门参与其中。在所有这些责任中，决策责任居于核心地位。因为在一般情况下，公众关心的只是服务供应的水平、质量以及何时得到供应，相对来说，他们对资金如何安排、项目由谁管理以及由谁负责监督执行情况并不特别感兴趣，除非对服务供应情况极为不满。

在发达国家，政府公共服务职责的分担现象十分普遍。有许多这方面的例子。最典型的一种情形是：中央政府规定某些公共服务的供应标准，如婴儿死亡率、医院病床数、入学率和环境保护标准，要求各地遵照执行。在这种情况下，供应责任就发生了分解与分担：高层级政府承担决策责任，管理责任放在地方一级，而筹资责任或支出责任通常由若

第六章 财政管理体制及制度

干层级的政府共同分担。

2. 收入划分。

在规范的政府体制下,收入划分通常受支出划分的引导。税收是各级政府主要的财政收入来源,收入划分主要指的是政府间税收划分,这涉及三个方面:税收立法权的划分、税收收入归属权的划分和税收征管权的划分。

国际通行的税收划分模式是分税制模式:各级政权在分工的基础上共同分享税收收入归属权、征收管理权和税收立法权。由于各自的独特国情,各国分税制的具体模式存在相当的差异,但也有一些共同的特点,主要有两个方面:

第一个特点是税收立法权强调集中。就对社会经济和国民生活水准的影响而言,税收立法权是课税权中最为重要的一项权力,它决定了税基和税率。如果没有税收立法权,也就没有制定、调整和控制税基、税率的权力,也没有开征新税或停征旧税的权力。正因为税收立法权如此重要,在课税权划分中,税收立法权的集中程度比收入归属权与征收管理权要高得多。在西方国家,中央不仅控制了中央税和共享税的立法权,也在相当程度上控制了地方税的立法权。换言之,虽然地方税收入归属地方,而且大多由地方政府负责征收管理,但地方对其立法权的控制程度却要弱得多。当然,不同国家之间,税收立法权的集权程度是不同的。

第二个特点是同一税种的课税权实行分享。除了关税和财产税等个别税种外,大多数税种的立法权、征收管理权和收入归属权由不同层级政府共同分享,而不是绝对地划归某一级政权。换言之,一级政权享有某种税的立法权,并不意味着该种税的收入和征收管理也同时归属于该级政权;同样,拥有某种税的收入归属权和征收管理权并不意味着同时也拥有税收立法权。例如,公司所得税和个人所得税在许多国家由中央立法,但地方政府参与征收管理和收入分享。归纳起来,同一种税课税权的分享主要包括以下三种情形:(1)立法权划归中央,但收入归属权和管理权划归地方;(2)收入(有时包括立法)划归地方,但征收管理委托中央;(3)收入(和立法)划归中央,但征收管理由地方负责。

第一种情形的例子包括大多数地方税,最为常见。第二种情形通常称为"税收寄征"。一般来说,收入归哪一级政府所有,税收就由哪一级政府征收,但这并不是绝对的。在许多联邦制国家中,州与联邦政府都征收个人所得税和公司所得税,但州政府往往将归属于自己的那部分所得税委托联邦政府征收,以获得通常只有联邦政府才具有的税务行政上的规模经济好处。第三种情形也是一种特定形式的税收寄征,只不过是上级的税收委托下级代征。有些人认为,地方政府也能够管理好中央政府的税收以及地方对这些税收设立的附加税。确实,一些国家类似的体制(附加税体制)在这方面获得了成功。比如在德国,由各州负责管理中央的增值税;在加拿大,魁北克省既负责管理自己的增值税,也负责管理该地区交纳的联邦增值税。不过,这种做法并不多见,其原因在于地方对收入归属于中央的税收的征管积极性并不高,而且这些税收至少部分地通过牺牲当地纳税人的利益为代价为中央政府筹集资金。

课税权的纵向分享根源于这样一个事实:不同类型的课税权在政府间的划分遵循着不完全相同的原则。其中,税收立法权和收入归属权的划分更多地服从于宏观经济稳定以及财政公平和经济效率目标的考虑,而规模经济因素在征收管理权的划分中起着重要的作用。课税权的分离大致有两种情形,最重要、最典型的是税收立法权同征收管理和收入归属权的分离。各国相当普遍的做法是由高层级政府控制大部分主要的立法权,甚至直接控制那些收入归属于下级政府的税收的立法权,但对征收管理权的控制程度要低得多。

3. 政府间转移支付。

转移支付是指货币资金、商品、服务或金融资产的所有权由一方向另一方的无偿转移。转移的对象可以是现金,也可以是实物。转移支付按其支付对象又包括对公民的转移支付和对某一级(通常是下级)政府的转移支付。目前发达国家已普遍建立起一套比较完善的政府间转移支付制度,成为上级政府用以调节和制衡下级政府财政活动、实施特定政策目标的重要的手段。本书所称的转移支付,都是指政府间的转移支付。

政府间转移支付制度是按照高层级政府确立的政策目标设计的,并与特定的政策目标紧密挂钩。这些政策目标通常有三个:弥补横向的财政缺口——实质是促进基本公共服务的地区均等化,弥补纵向的财政缺口,鼓励地方政府提供具有有益外部性的公共服务。与此相适应,政府间转移支付包括两大类,即均等化转移支付和专项转移支付。

均等化是指所有公民不论居住或工作在什么地区,都有权利享受政府提供基本均等的基本公共服务,如教育、基本卫生保健、一般行政管理和法律服务。当然,对于什么属于或不属于"基本"公共服务,各国并没有一致的看法,因素均等化的范围也有差异。根据均等化目标,经济相对不发达、财政实力相对较弱的地区可以得到来自高层级政府较多的均等化转移支付,这种情况有时也被称为弥补横向的财政不平衡。

按照财政联邦制理论,地方政府比中央政府更能有效率地提供地方公共服务,这就需要一个支出相对分权的支出划分框架,使地方政府能够充分照顾当地居民的偏好;另外,课税权的相对集中有利于限制地方辖区的财政决策对其他辖区导致的有害外部性,如恶性税收竞争、地方税负的输出(转嫁)等。与此相适应,中央政府大多集中了较多的财力,这种不对称的体制安排形成了地方政府的自有财力不足以满足其支出责任、高层级政府的财力超过其支出责任所需的局面,出现所谓"纵向财政缺口"。弥补这种纵向不平衡需要高层级政府提供转移支付,它也属于均等化转移支付的范畴。

与均等化转移支付相对应的是专项转移支付,有时也称为专项拨款,其政策目标从理论上讲应定位于弥补辖区间的公共服务利益外溢。地方辖区提供的许多公共服务的利益不仅及于本辖区,而且同时惠及其他辖区。教育和州际高速公路通常被当作两个典型的例子,这些服务的利益可以为其他辖区所分享,但这些辖区并不分担这类服务的任何成本。因此,地方政府往往没有动力提供"足够"多的此类服务。基于此,西方国家普遍通过专项转移支付(包括配套的专项补助和非配套的专项补助),鼓励地方政府多提供此类公共服务。

除上述目标外,政府间转移支付也可作为协调政府间财政分配关系的一种手段。高层级政府通常对于规模较大的税种具有征收管理上相对优势,而转移支付制度使得对这种相对优势的利用成为可能。另外,政府间转移支付还可以作为宏观经济稳定的一种机制发挥作用,因此转移支付资金的规模、拨付时间和结构的确定,可以在一定程度上与逆经济周期的稳定政策结合起来。

必须注意的是:均等化转移支付的分配需要以标准收支而非实际收支为基础。使用实际收入和实际支出概念容易导致扭曲:如果一级政府故意在征税方面不付出应有努力,财政自给能力就会被人为地缩小。同样,实际财政支出水平在较大幅度内也是可以自由调节

第六章 财政管理体制及制度

的,这会进一步掩盖真实的财政自给能力和财政贫困程度。使用标准收支出概念可以克服"人为操纵"的问题,避免"会哭的孩子多吃奶"导致的政策扭曲。

(二) 财政管理体制横向安排

财政体制的横向方面涉及的是没有统属关系的地方政府之间的财政关系,主要涉及四项内容:辖区间外溢、税负输出、财政竞争和辖区间财政协调。

1. 辖区间外溢。

一级政府提供的公共服务或设施产生的利益,很可能外溢到邻近辖区,但这些辖区却没有为这些服务或设施支付费用(或税收)。一个例子是河流上游的辖区的植树造林对中下游辖区带来的利益,其他方面的例子也非常多。既然利益外溢到其他辖区,原则上讲后者也应承担一定的费用。然而在实践中这是很难操作的,因为分享外溢利益的辖区很可能会拒绝负担费用,其中的原因较为复杂,包括外溢的利益难以计量以及"搭便车"行为。在这种情况下,提供具有利益外溢的辖区没有足够的动机提供这类"为他人作嫁"的公共服务或设施。因此,从全社会的角度看,这样的服务或设施的供应水平将低于最优水平。为了鼓励地方辖区提供这些服务或设施,上级辖区通常作为外溢辖区的"代表"而向其提供专项转移支付。

2. 税负输出。

辖区间外溢也体现在税收方面:一些辖区可能会通过输出税负而对其他辖区居民实施"间接征税"。当一个地方辖区的企业的产品大量销售到其他辖区,但来自这家企业的税收归属前一辖区时,这种情况就会发生。

输出税负会产生很多问题,首先是违反财政公平原则,其次也违反了效率原则。违反公平原则是因为在税负输出的情况下,公共服务的受益辖区和负担税负的辖区产生了分离,负担税收的人不再是享受支出利益的人。另外,与贫困辖区相比,富裕辖区输出税负的能力大得多,这会加剧地区间的财政差距。违反效率原则是因为能够输出税负的辖区面临一个"软预算约束"的环境:可以用其他辖区居民负担的税款资助本辖区受益的服务,这些服务的成本被大大低估了,这会导致公共服务水平不适应的膨胀。

3. 税收竞争。

税收竞争是指各辖区为吸引外地税源流入而竞相采取税收优惠措施的行为。税收竞争可以发生在国际背景下,也可以发生在一国内部各地方政府辖区之间。税收竞争并不全是坏事,至少纳税人可以从中受益。然而,在缺乏有效协调的情况下,税收竞争会带来许多不好的后果。在税收竞争中,各地方辖区会损失掉宝贵的财政收入。相对于富裕辖区而言,被迫卷入税收竞争的贫困辖区,它们在税收竞争中获胜的概率非常低,因此税收竞争会加剧地区间的财政差距和公共服务水平的差距,对贫困地区尤其不利。另外,税收竞争会扭曲资源配置:以非市场导向的方式引导资源流入那些税负相对较低而非资源使用效益相对较高的辖区。从中国的实践看,税收竞争还会分散地方政府发展经济的注意力,削弱它们改善当地公共服务、营造良好的"硬件"(如基础设施)和"软件"(如法律服务)的努力。

4. 辖区间财政协调。

分权型的体制带来了极为复杂的财政协调问题。在美国这样的世界上最发达的联邦制国家中，联邦、州和地方三级政府都有各自相对独立的税收体系，各自拥有税种设置、税率设计和征收管理的权力，各自行使归属于本级政府的税收立法权、司法权及执行权。联邦宪法与法律对州地课税权的限制性条款是一般性的和相当宽松的，而且最高法院还授予各州对联邦宪法中关于州地课税权的一般性限制条款比较宽松的解释权。

在上述背景下，美国形成了统一的联邦税收制度和有差别的州及地方税收制度并存的格局，各州在州及地方税的立法与征收管理方式上具有很大的不一致性（公司所得税方面尤其如此），不仅征收的税种不同，所使用的税基定义也不相同，而且使用不同的方法管理税收。在这种情况下，对税收事务的成功管理要求在税基和管理程序上的高度协调统一。如果不同的州地税制之间不能密切配合，分权型分税制容易导致财政上的不公平和对资源配置的扭曲，以及管理上不必要的复杂性。这些问题的严重性因税种不同而不同。当然，考虑到财政分权体制在总体上的巨大优点，大多数人认为这些问题仍然是能够忍受的，而且可以通过政府间税收协调加以解决。这些协调的方法主要包括：由各地方政府之间签订有关的税务协议；由中央政府强制执行统一的基本准则（如统一定义和在各辖区间分配公司所得税的税基）；中央政府的课税由地方政府征收附加税；协调课税权的行使范围。①

第二节　财政分权与财政集权

处理财政集权与分权关系是财政管理体制的中心议题。由于集权分权各有利弊，因此，真正需要考虑的关键问题是寻求集权与分权的最佳结合。

一、支持集权的理由

支持集权的理由大多来自非经济方面。一国的历史文化传统、政治制度、国家内聚力和对再分配的偏好，都是这样的因素。

（一）宏观经济稳定

支持集权最强有力的经济理由来自宏观经济稳定：集权比分权更有助于实施有效的宏观经济政策，以确保宏观经济的对内和对外平衡。在稳定职责方面，所有国家都采取了高度集权的做法：为控制财政赤字、管理对外债务、抑制通货膨胀、提高就业率、改善国际收支和促进经济增长，财政政策和货币政策无一例外地由中央政府集中控制。实际上，如果没有对社会总需求水平的控制是很难达到稳定目标的。因此，宏观经济稳定必须是中央政府的责任。在这一点上，经济学家们很少有异议。

（二）再分配和地区平等权利

辖区层次的再分配将拉大各地财政因素和生活水平上的差别。而在一个较长时期内，

---

① 王雍君：《发达国家政府财政管理制度》，时事出版社 2001 年版，第 4 章第 2 节。

第六章 财政管理体制及制度

要素的流动性和税收竞争限制了地方政府执行再分配职能的有效性。财政能力的辖区间再分配也是如此。区际财政能力的再分配必要性依赖于地区平等权利意识的发展。随着经济发展和收入水平的提高，人们越来越关心公共福利设施在各地区间能否平等地享受，这就要求对各地区所提供的公共服务更具有全国统一性。由于州或省级政府也能够在这方面发挥作用，因此，这类职责不一定要绝对集中于中央。

（三）区位效率和公平竞争

集权由于限制了辖区间的财政竞争而有利于实现共同市场的整体效率。集权有助于在法律和制度性规则方面形成国家层次上的基本框架，有助于充分利用地区间职能分工的潜在优势，清除国内各地区间的贸易壁垒和各种形式的地方保护主义，抑制辖区间的财政竞争，降低因地区间关系紧张而引起的额外费用，从而有助于促进区位效率。此外，统一的而不是差别性的法规和管理条例，可以更好地保证为不同地方辖区间的个人之间、企业之间而不是地方政府本身之间进行公平竞争。

（四）资源动员和区域发展政策

集权有助于制定和实施有针对性的区域发展政策（如特区）和全社会范围内的资源动员，从而有助于解决区域发展的不平衡问题。

（五）外溢与规模经济

集权使外在性与规模经济在宏观的层次上得到更有效的考虑。对于基础教育、社会福利、失业保险这类受益及于全国的公共产品来说，集中供应可以提高效率，分级供应会由于利益的空间外溢而导致供应的严重不足。外在性既损害效率，也不符合公平原则。集权为充分利用规模经济提供了条件。具有规模经济的服务意味着平均成本随供给规模的扩大而不断下降。对于洪水控制、省际间高速公路等大型公共工程，很难设想较低层级的地方辖区能够成为合适的供应单位。原则上，同级地方政府可以结成某种形式的"供货人集团"合作供应，但需要长期的、复杂的谈判，导致过高的费用。在这种情况下，更有效的办法可能是将供应责任集中于较高层级的政府辖区。不过，这个论点不应过分强调，因为技术进步从降低沉没成本（Sunk Costs）和促进专业化两方面削弱了规模经济因素对于服务集中供应的重要性。

二、集权的缺点

由于在搜集和加工信息方面所固有的困难，对于大多数公共服务的供应来说，集权是无效率的。考虑到公共服务的供应是政府最重要、最关切公众利益的职责，可以认为，集权体制最大的弊端在于无法有效地供应大多数公共服务。只有当偏好和服务成本完全一致时，中央集权才最有效率，而只有极为有限的公共服务才具有这样的特点。

集权体制在推动根本性改革方面有时比分权体制要好，但这些变革可能成功也可能导致巨大的损失。另外，集权体制是否真的具有更强有力的控制、更迅速的反应能力和协调能力，取决于高层决策者是否能掌握必要信息并留有充足的时间。此外，集权制在收集信息使组织的所有成员具有动力方面存在着巨大的障碍。

三、分权的优点

虽然许多方面确实需要集权，但经济分析提供了更有力的支持分权的理由：

（一）更有效地提供公共服务

分权的最大优点也是最重要的优点是：地方政府可以更好地了解当地居民的愿望与需要，从而能制定出更好的有关地方公共服务方面的决策。越是人口众多、地域广阔和多民族的国家，对地方公共产品的需求量和需求类型越是呈现出多样性，这导致分权的因素在分权的体制下产生的效率上的好处越发显著。

（二）降低公共服务成本

低层级政府远比高高在上的政府层级易于掌握现场（一线）信息，据此往往能降低计划费用；而集权化往往导致管理过程复杂化，使管理成本大增（到京城审批项目一等就是多少个月）。由于在管理过程中官僚习气较少，因此，不需花费很多就能得到居民的监督，地方政府可以削减那些可能妨碍提供公共服务的环节，结果降低了服务成本。只要不同辖区间在服务偏好与服务成本上存在差异，按分权原则从事公共活动就能提高经济效率。

（三）责任感

至少从理论上讲，提供某些服务的某级政府如果以较小的单位存在，则有利于增强责任感，虽然有些服务由较大（更有规模效率）的单位提供更好。

（四）降低改革风险和鼓励创新

地方性的试验可以在少冒风险的情况下改革政府体制。若获成功，也可推广到其他地区。在集权体制下，改革风险会大得多，而成效未必相应更大。因此，分权制有利于增进公共部门的"试验乐趣"，提高改革的效益。分散化决策不仅允许更大范围的改革试验，而且使项目可以更快地得到批准，从而提高了公共部门的行政效率。分权体制不仅有利于降低改革风险，也有助于鼓励创新精神。普遍认为，地方机关比那些高层级政府官员更清楚哪些事情对所在地方是有益的，这就有助于打破来自高层级政府过于严格的控制，并鼓励地方在经济、社会和政治方面的首创精神。

四、分权的风险与成本

走得太远的分权也会带来风险：（1）威胁中央政府发挥稳定与再分配的作用，使中央政府难以履行财政、货币、贸易等宏观经济政策来克服预算和在经常账户上的赤字；（2）导致各地在公共服务水平和质量标准方面不能满足中央政府要求，从而扩大地区间生活标准方面的差异，削弱贫富团体间的团结；（3）创造国内贸易的新壁垒，典型的是国内的购买要求和为保护地方垄断的辖区间贸易壁垒，从而可能导致国内市场的分割；（4）在分权的背景下,地方政府可能从其不负经济管理责任的来源中获得收入,典型地就是将用于为本辖区谋利的税收转移到其他辖区居民身上;(5)分权引发辖区间的财政竞争,其中一个可能的后果是引起当地公共服务供应不足;(6)分权意味着不同地方辖区面对不同的税收待遇,从而可能偏离财政公平原则。

五、寻求集权与分权的最佳结合

20世纪80年代以来,由于多种因素的共同推动,发展中国家和经济转轨国家纷纷启动了财政分权化改革进程,这一进程仍在继续中。需要强调的是,分权化改革不能走向极端。包括中国在内的经济体制转轨国家,在改革进程中出现了许多教训。因此,财政分权的程度并非越高越好,也不是范围越广越好。这就提出了政府间职责分配中最为关键的问题:寻求集权和分权的最佳结合。这里的基本规则十分简单:"该集权的必须集权,该分权的必须分权"。

一般地讲,最优分权(或集权)的程度,主要取决于地方政府(特别是基层政府)受托责任的强弱和决策能力的高低。受托责任(Accountability)是指政府向其负责提供服务的纳税人承担的责任(外部责任),以及政府内部下级向上级承担的责任(内部责任)。在其他因素既定的情况下,较强的受托责任能够支持较高程度的分权;同样,较高的决策能力也能支持较高程度的分权。受托责任与决策能力是分权的基本条件。在受托责任脆弱和决策能力低下的情况下,针对地方政府的分权很容易产生种种问题,分权体制本身所具有的内在优势无法发挥出来。因此,分权化的改革必须与责任建设和能力建设同步推进。

第三节 中国财政管理体制改革方向

按照十八届三中全会的精神要求建立现代财政制度是中国公共财政建设的方向,建立完整、规范、透明、高效的现代政府预算管理制度是目前财政建设的重点,而健全中央和地方财力与事权相匹配的财政体制是其难点。

一、健全中央和地方财力与事权相匹配的财政体制

按照十八届三中全会《中共中央关于全面深化改革若干重大问题的决定》要求,应立足于建立现代财政制度,在转变政府职能、合理界定政府与市场边界的基础上,充分考虑公共事项的受益范围、信息的复杂性和不对称性以及地方的自主性、积极性,合理划分中央地方事权和支出责任,进一步理顺中央和地方收入划分。

(一)完善中央和地方事权和支出责任划分

目前,我国中央和地方政府事权和支出责任划分不清晰、不合理、不规范,制约市场统一、司法公正和基本公共服务均等化。一些应由中央负责的事务交给了地方承担,一些适宜地方负责的事务中央承担了较多的支出责任。同时,中央和地方职责交叉重叠、共同

管理的事项较多。这种状况客观上造成地方承担了一些不适合承担的事务，而中央不得不通过设立大量专项转移支付项目对地方给予补助。这种格局不仅容易造成资金分配"跑部钱进"、"撒胡椒面"现象，而且容易造成中央部门通过资金安排不适当干预地方事权，影响地方的自主性、积极性，还会造成地方承担中央事权与地方的积极性不一致，导致执政行为不当，影响市场统一、公正。贯彻落实十八届三中全会《中共中央关于全面深化改革若干重大问题的决定》要求，应立足于建立现代财政制度，在转变政府职能、合理界定政府与市场边界的基础上，充分考虑公共事项的受益范围、信息的复杂性和不对称性以及地方的自主性、积极性，合理划分中央地方事权和支出责任。一是适度加强中央事权。将国防、外交、国家安全等关系全国政令统一、维护统一市场、促进区域协调、确保国家各领域安全的重大事务集中到中央，减少委托事务，以加强国家的统一管理，提高全国的公共服务能力和水平。二是明确中央与地方共同事权。将具有地域管理信息优势但对其他区域影响较大的公共产品和服务，如社会保障、跨区域重大项目建设维护等作为中央与地方共同事权，由中央和地方共同承担。三是明确区域性公共服务为地方事权。将地域信息性强、外部性弱并主要与当地居民有关的事务放给地方，调动和发挥地方政府的积极性，更好地满足区域公共服务的需要。四是调整中央和地方的支出责任。在明晰事权的基础上，进一步明确中央承担中央事权的支出责任，地方承担地方事权的支出责任，中央和地方按规定分担共同事权的支出责任。中央可通过安排转移支付将部分事权支出责任委托地方承担。根据事权和支出责任，在法规明确规定前提下，中央对财力困难的地区进行一般性转移支付，省级政府也要相应承担起均衡区域内财力差距的责任，建立健全省以下转移支付制度。

（二）进一步理顺中央和地方收入划分

《中共中央关于全面深化改革若干重大问题的决定》提出，"保持现有中央和地方财力格局总体稳定，结合税制改革，考虑税种属性，进一步理顺中央和地方收入划分。"这一要求综合考虑了我国地方政府承担事权和支出责任的实际情况，既有利于保证中央履行职能和实施重大决策，又有利于保障地方既得利益、培育地方主体税种、调动地方积极性，从而有利于形成改革共识、确保改革顺利进行。贯彻落实《决定》要求，要根据税种属性特点，遵循公平、便利和效率等原则，合理划分税种，将收入周期性波动较大、具有较强再分配作用、税基分布不均衡、税基流动性较大、易转嫁的税种划为中央税，或中央分成比例多一些；将其余具有明显受益性、区域性特征、对宏观经济运行不产生直接重大影响的税种划为地方税，或地方分成比例多一些；以充分调动两个积极性，为实现"五位一体"的全面小康提供制度保障。

二、完善省以下财政体制

省以下财政体制是中央对地方财政体制的贯彻和延伸，省以下各级地方财政能力和运行状况的好坏，直接关系到基层政权建设、民生改善、城乡经济发展和社会稳定。1994年实行分税制以来，各地参照中央对地方的分税制模式，调整了省以下财政体制。但省以下的现状各地不一，与规范的分税制要求相比，目前尚未建立起统一的、彻底的省以下分税

第六章 财政管理体制及制度

制制度安排。未来需要在以下方面进行深化改革:

(一) 减少财政级次

目前我国地方政府有省、市、县、乡四级政府,对税种在各级政府之间进行彻底的划分难度极大,不可能建立起稳定规范的省以下财政体制。所以,应减少财政级次,实行市县同级,取消乡镇财政,变四级地方财政为两级财政,以此来建立规范的省以下财政体制提供条件。

(二) 积极推行省管县和乡财县管

积极推行省管县和乡财县管改革,其主要作用是通过减少管理层级和政策传递环节,理顺政府间财权与事权关系,提高政策效率。"省管县"管理体制使县级政府在经济发展行为和管理方式上,摆脱了现有的市级政府的束缚和干预;在有关社会经济发展的管理权限和范围方面,能使县一级获得更大自由,能够更好地结合本地实际情况去发展经济。实行乡财县管,将乡镇预算内容归入县级财政管理,形成和完善中央—省—市县三级财政体制,这样就可以通过行政体制与财政体制的扁平化,完善省以下财政体制,有利于发挥各级财政基本功能、有利于促进各级政府发展经济的积极性、有利于提高政府运行效率和实现公共服务均等化的目标。

(三) 培育各级政府的主体税种

在财政级次减少和深化税制改革的前提下,省级政府确立所得税为主体税种,县级政府应以税基较广、收入稳定、流动性不大的房产税为主体税种。主体税种明确可以促进生产要素流动和企业公平竞争,促进政府职能转变,从而强化了政府提供公共产品和公共服务的服务功能。同时,加快"金财工程"在省以下各级财政的建设,加强财政信息化建设,提高省以下财政管理水平。

(四) 完善省以下转移支付机制

由于我国各地情况存在明显差异,省内差异也很大,所以在保证地方各级政府财力能够维持其正常运转的情况下,各省要创新转移支付模式,以宽覆盖、均等化为导向,完善省以下财政转移支付制度。应在明确省级财政占主导的情况下,确立省级政府弥补县级政府纵向和横向财政缺口的职责。各省应根据中央对地方的转移支付办法,根据当地实际情况建立省以下转移支付制度,对各省的转移支付分配办法、分配依据、分配结果和实施效果要接受中央政府监督,同时公开信息接受社会监督。

三、建立现代政府预算管理制度

按照十八届三中全会决定的精神,要逐步建立现代政府预算管理制度,主要内容包括以下几个方面:

(一) 改进年度预算控制方式

十八届三中全会决定提出"审核预算的重点由平衡状态、赤字规模向支出预算和政策拓展",以解决现在预算执行中片面追求预算平衡带来的"顺周期"问题:经济放缓时,税务部门为完成税收任务而造成征收过头税,不利于经济回升;经济过热时,收入任务易于完成而出现"应收不收",反而助长过热。

新预算法规定了预算审查重点从收支平衡、赤字规模向支出预算转变的内容,同时将收入预算由约束性转向预期性,明确各级政府不得向预算收入征收部门和单位下达收入指标。这样规定,为年度预算控制方式的深化改革提供了法律依据,从而迎来政府预算管理制度的深刻变革。这是我国预算审批制度的重大改革,必将有利于加强人大对政府预算的审查监督,也有利于改善政府宏观调控、促进依法治税。

(二) 建立跨年度预算平衡机制

根据十八届三中全会决定关于"建立跨年度预算平衡机制"的要求,新预算法第十二条做出了各级政府建立跨年度预算平衡机制的原则性规定。同时,新预算法确立了预算稳定调节基金的法律地位,通过基金的调入和调出来调剂预算执行中由于短收、超收导致的预算资金的余缺。跨年度预算平衡机制的有关规定有利于实现保障财政政策的可持续性和前瞻性,也为未来编制中长期财政规划和多年滚动预算提供了依据。为实现跨年度预算平衡,还应抓紧研究实行中期财政规划管理,增强财政政策的前瞻性和财政可持续性。

(三) 编制政府综合财务报告

根据十八届三中全会决定关于"建立权责发生制的政府财务报告制度"的要求,新预算法在附则中对各级政府提出了按年度编制以权责发生制为基础的政府综合财务报告的明确要求。政府财务报告作为全面反映政府财务状况、运行情况和财政中长期可持续的综合性年度报告,是反映政府财务情况的存量"家底",将和预算报告相互协调,共同反映政府履行各项职能和资金绩效的情况。新预算法的原则性规定为未来各级政府全面建立政府综合财务报告制度指明了方向。

(四) 探索建立中期预算

传统年度预算的构建目的是要有利于对支出进行控制,而不是对资源进行配置。这是因为公共预算在产生之初,很大程度上是出于防止资金盗用的目的。[①] 因此,当时的预算集中于对资源(或者投入)进行控制,而很少顾及其他方面。中期预算是一个通常为期 3~5 年(有些国家更长)的滚动、具有约束力的支出框架,它为政府和政府各部门提供每个未来财政年度中支出预算(申请)务必遵守的财政约束(预算限额)。而且由中期预算中设定的预算限额可以确定政府政策的连续性,减弱政府领导人的更替对预算和政策造成的不利影响。建立了明确的财政约束,它向政治家、利益集团、官僚以及公共资金的其他申请人清楚地表明了政府的支出限额,以此限制支出需求。中期预算通常并不详细阐述政府的政策意图,但它明确显示了未来若干年度政府的财政趋势(Fiscal Trends)或者政府打算前进的方向,从而有助于公众和其他利害关系者对政府财政承诺的可信度做出判断。在形成和决定预算政策过程中,中期预算框架可在年度预算过程一开始就起到约束公共支出

---

① 约翰·L. 米克塞尔:《公共财政管理:分析与应用》,中国人民大学出版社 2005 年版。

第六章　财政管理体制及制度

需求的作用，便于政府编制年度预算并研究开支重点，更强有力地约束各支出部门的支出需求，使经济衰退时期的支出控制变得更加可行。

20世纪80年代开始，越来越多的国家采用了形式各异的中期预算制度，核心是为期3~5年的滚动、具有约束力的预算总量框架，为政府各部门提供每个未来财政年度中的支出预算必须遵守的预算限额。与发达国家不同，我国无论在中央还是地方，都没有建立正式的中期预算制度。国外的实践证明，中期预算框架的建立具有多方面的重要意义，我国需要在中央和地方（县与县以上）政府中建立制度化的中期预算制度，并作为预算改革战略需要在近期采取优先行动的一个领域。

（五）在预算运营管理中强化绩效导向

预算执行是一个复杂的系统工程，需要公共组织的高层和中下层（支出机构）共同参与。在预算执行过程中，支出机构的主要职责是营运管理，目的就是以适当的成本向其服务的对象（内部和外部顾客）提供更多更好的服务——促进营运效率。应该清楚地认识到，预算过程的两类主要参与者——核心部门和支出机构的职责与角色是明显不同的。核心部门主要参与预算过程中政治层面的运作（尤其是在预算编制阶段），负责预算总量决策和决定预算资源的战略优先性排序，并在预算执行阶段负责执行控制，以及在预算执行过程中或执行结束后的审计。

四、完善支出管理和税制改革

完善支出管理和税制改革，主要涉及两方面的内容：一是清理规范重点支出挂钩机制；二是建设有利于科学发展、社会公平、市场统一的税收制度体系。

（一）清理规范重点支出挂钩机制

据统计，目前与财政收支增幅或生产总值挂钩的重点支出涉及教育、科技、农业、文化、医疗卫生、社保、计划生育等7类，2012年仅财政安排的这7类重点支出即占全国财政支出的48%。支出挂钩机制在特定发展阶段为促进上述领域事业发展发挥了积极作用，但也不可避免地导致财政支出结构固化僵化，肢解了各级政府预算安排，加大了政府统筹安排财力的难度，而且不符合社会事业发展规律，容易引发攀比，甚至导致部分领域出现了财政投入与事业发展"两张皮"、"钱等项目"、"敞口花钱"等问题。这也是造成专项转移支付过多、预算管理无法全面公开、资金投入重复低效的重要原因。为此，《决定》明确提出，"清理规范重点支出同财政收支增幅或生产总值挂钩事项，一般不采取挂钩方式。"这有利于增强财政投入的针对性、有效性和可持续性。各级财政部门要实事求是地推进清理规范工作，并继续把这些领域作为重点予以优先安排，确保有关事业发展的正常投入。

（二）建设有利于科学发展、社会公平、市场统一的税收制度体系

现阶段，深化税制改革需要把握以下五点：一是有利于促进经济发展方式转变、调节社会财富分配、节约能源资源和保护环境，促进经济社会持续稳定发展。二是坚持税费联

动、有增有减,保持宏观税负相对稳定。既要考虑保障国家事业发展和人民生活的正常需要、适当集中财力,也要考虑有关方面特别是企业和居民的承受能力。三是有利于培育地方主体税种,调动地方组织收入的积极性和自主性。四是尽可能不开征新税种,适当简并现有税种与税率,税制设计尽可能简单透明,减少自由裁量权,降低征管成本。五是加快税收立法步伐,推进依法治税。

1. 进一步发挥消费税的调节功能。

随着经济社会发展和居民消费水平提高,现行消费税制度存在征收范围较窄、课税环节单一且靠前、税基偏小、税率结构欠合理等问题,对消费行为调控作用总体偏弱,迫切需要进行改革。消费税改革的重点是,适应经济社会发展和居民消费水平的变化,适当扩大消费税的征收范围,将一些高耗能、高污染产品以及部分高档消费品等纳入征税范围;调整征收环节,弱化政府对生产环节税收的依赖,促进解决重复建设和产能过剩问题,努力提高经济发展质量;调整部分税目税率,进一步有效发挥消费税的调节作用。

2. 加快房地产税立法,适时推进相关改革。

完善房产税等相关制度,有利于稳定市场预期,引导居民形成合理的住房消费,也有利于为地方政府提供持续、稳定的收入来源。要坚持积极稳妥的方针,认真总结房产税改革试点经验,在充分论证的基础上立税清费,适当减轻建设、交易环节的税费负担,提高保有环节的税收。

3. 推动环境保护费改税。

为发挥税收在节能减排和环境保护方面的调控作用,促进资源节约型、环境友好型社会建设,要按照正税清费、循序渐进、合理负担、有利征管的原则,参照国际通行做法,将现行排污收费改为环境保护税,税率设计要综合考虑现行排污费收费标准、实际治理成本、环境损害成本和收费实际情况等因素。

4. 全面推进增值税改革。

按照税收中性原则,全面实行营业税改征增值税,建立符合产业发展规律、规范的消费型增值税制度,消除重复征税问题,更好地发挥市场作用,激发企业活力,推进产业转型升级与商业模式创新,实现"十二五"完成"营改增"的改革目标。同时,适当简化税率。

5. 清理规范税收优惠政策。

目前,各种税收优惠区林立,已批准或正在申请待批的优惠政策几乎涵盖了全国所有省份;有些地方政府或财税部门执法不严或出台"土政策",甚至通过税收返还等方式,变相减免税收,制造政策"洼地"。区域性税收优惠政策过多过滥,不利于实现结构优化和社会公平,影响了公平竞争和统一市场环境建设,不符合建立现代财政制度的要求。因此,《中共中央关于全面深化改革若干重大问题的决定》明确提出:"按照统一税制、公平税负、促进公平竞争的原则,加强对税收优惠特别是区域税收优惠政策的规范管理。税收优惠政策统一由专门税收法律法规规定,清理规范税收优惠政策。"

五、完善转移支付制度

未来可考虑在政府间事权和支出责任明确的前提下,实行纵向与横向转移支付相结合

第六章 财政管理体制及制度

的纵横交错模式,制定《财政转移支付法》,清理整合转移支付方式,提高一般转移支付比重,规范转移支付操作程序,加强信息公开和监督评价,增强转移支付制度的透明度等一系列措施完善转移支付制度,以更好地实现地区财力和公共服务均等化。

(一) 规范转移支付方法和结构

分税制改革以来,我国转移支付方法几经演变,形成现在种类繁多的转移支付方法,造成现在转移支付方法混乱的状况,而大部分转移支付项目缺乏退出机制,成为了日后改革的障碍。为尽快解决当时的问题,我国转移支付项目设置数量多、速度快,在当时的经济社会环境下,对问题的解决有的的确产生了立竿见影的效果。然而,随着时间推移和经济社会发展,部分要解决的问题已经不复存在,该项转移支付应当给予清理整合。但是,由于缺乏退出机制,大部分项目缺乏执行期限,许多项目尤其是专项转移支付项目日渐带有了基数效应。这不仅导致大量资金安排的扭曲,而且产生了路径依赖和既得利益,使下一步的改革面临巨大的阻力,以致形成恶性循环,严重阻碍了改革的进一步深入。从近二十年的实践情况看,缺乏退出机制是转移支付项目无序膨胀、杂乱无章的重要原因。所以,应考虑将现在种类过多的转移支付方式进行清理,整合为一般性转移支付和专项转移支付两种方式,保证转移支付的效率和效果。

调整转移支付结构,需要我们进一步转变观念,明确转移支付的目的和意义。把均衡地区间财力分配作为转移支付的首要目标,因此,在转移支付结构的调整中,要不断提高以均衡地区财力为主要目标的一般性转移支付的比重,适当压缩不具有均等化效果的转移支付的比重。另外,从转移支付的形式看,要调整一般性转移支付和专项转移支付之间的关系,逐步提高具有均等化作用的一般性转移支付的比重,适当压缩专项转移支付的比重。主要原因是:一般性转移支付在平衡地区财力和服务均等化方面的作用明显优于专项转移支付;专项转移支付在我们国家的实践中存在诸多问题:第一,专项拨款的分配缺乏科学的依据和标准,存在"讨价还价"、"人情款"和"撒胡椒面"等人为的、随意性问题。而在这种"跑部钱进"的中央与各地的博弈过程中,欠发达地区往往缺乏发言权和竞争力,这一点从专项拨款的资金用途与实际地区分布的矛盾中可以得到说明。从总体分布来看,专项拨款却主要分布于我国东部较发达地区。第二,中央财政的一些专项转移支付要求地方财政提供一定的配套金,这本是从调动地方政府财力和积极性,促进整体效益改善的角度出发。但是由于在政策设计时,没有充分考虑地方财政能力差异而区别对待,使得这种分配方式明显有利于发达地区而对西部贫困地区不利。贫困地区没有钱配套,产生富裕地区的专项拨款多于贫困地区的不公平状况,或者为了得到拨款所做的假配套,则导致大量的豆腐渣工程出现。

(二) 加强转移支付管理和监督评价

加强转移支付管理和监督评价需要做好以下工作:

1. 规范转移支付的操作程序。

转移支付项目要通过管理部门的审查,列入预算计划,并将立项原因、计划过程、评审意见及具体执行人等信息形成项目文件,提交主管部门备案,作为执行和事后检查的依据。建议成立转移支付委员会,该机构可由中央政府、地方政府和中央部委代表共同组成,并归财政部领导,但其组成人员至少有一半来自地方政府,以实现博弈平衡。成立委员会的目的主要是为了建立有效的制衡机制,为地方政府参与博弈提供合法的平台,降低非正式博弈的费用。事实上,没有地方政府的有效参与,就很难对中央部委形成约束。另外,地方政府的需求信息通过委员会进行公开表达、论证,能够提高资金配置效率,避免因信息不对称而造成项目扭曲等一系列不合理的现象。

2. 对信息公开加强监督。

现阶段要按照国务院办公厅印发的《2014年政府信息公开工作要点》的规定将专项转移支付预算和决算公开到具体项目,建立公正、透明的转移支付机制,接受各级人大的监督。所谓公正,即在核算测定转移支付资金来源和使用时,从制度上保证对不同地区一视同仁,要根据全国各地实际情况和统一考虑的客观因素,公正地核算出每个地方所需财力和转移支付的数额,不受人为因素干扰。所谓透明,是指在转移支付安排的因素测算、公式设计、标准核实以及支付的各个环节要坚持公开、透明,使每个地区能做出较准确的估计,以利于制定预算,便于互相监督。

3. 设计一套科学合理的考核指标,对转移支付资金效益进行评价,并建立一套行之有效的惩罚制度。

随着国家财政收入的持续增长,中央对地方的转移支付额度与日俱增。转移支付究竟能否发挥预期效果,是中央政府和地方政府的一大关切。因此对各个转移支付项目的实施效果进行阶段性评估就非常必要。通过动态评估,实时合并、削减不合时宜的项目,设置新项目,使转移支付结构处于不断优化之中,充分发挥转移支付资金的经济和社会效益。但是,分税制以来的转移支付制度,只建立了项目设置前的可行性评估机制,并没有建立事后评价机制,这使很多项目的实施效果难以估计,从而使部分项目长期处于效益不佳状态。要强化转移支付管理的权威性,对截留、挪用、挤占、克扣转移支付资金的现象必须依法处理。同时考虑调整政绩考核和晋升机制,在当前宏观体制一时难以触动的现实条件下,适时适度调整政绩考核机制和官员晋升机制是利益整合的有效途径。两个机制调整的目标要能使各方的利益取向根植于公共利益和社会价值的基础之上,使各方的行动不敢有意无意的偏离国家整体利益。可考虑在政绩考核过程中,降低 GDP 和财政收入的权重,提高民意、民生等指标的权重;晋升考察中,实行差额民主选举的基础上报请上级政府批准的方式,让权力真正来自官员们服务的人民。

六、完善地方债务管理

地方债务是影响我国宏观经济长期发展的重大隐患之一,截至 2013 年 6 月底,全国各级政府负有偿还责任的债务 206 988.65 亿元,负有担保责任的债务 29 256.49 亿元,可能承担一定救助责任的债务 66 504.56 亿元,其中:地方政府负有偿还责任的债务 108 859.17 亿元,负有担保责任的债务 26 655.77 亿元,可能承担一定救助责任的债务 43 393.72 亿元[①]。为切实加强政府债务管理、防范和化解财政风险,《中共中央关于全面深化改革若干重大问题的决定》提出,"建立权责发生制的政府综合财务报告制度,建立规范合理的

---

① 数据来源:审计署:《全国政府性债务审计结果》(2013 年 12 月 30 日公告)。

第六章　财政管理体制及制度

中央和地方政府债务管理及风险预警机制。"这意味着建立在地方政府信用评级基础上地方发债的管理体制。另外，2014年5月19日财政部印发《2014年地方政府债券自发自还试点办法》，办法规定上海、浙江、广东、深圳、江苏、山东、北京、江西、宁夏、青岛试点地方政府债券自发自还。

（一）中央政府必须加强对地方政府的债务管理

综合考虑地方发展需要、化解地方政府债务、风险防范化解等多方面因素，新预算法确立了堵疏结合的原则，即在为地方政府举债"开正门"的同时，也设置了若干安全阀来"堵偏门"。其从六个方面确立了地方政府举债的基本规则：一是举债主体，规定只能是经国务院批准的省级政府；二是用债方向，要求只能是用于公益性资本支出，不得用于经常性支出；三是债务规模，实行债券发行限额管理，不能超额发行；四是还债能力，应当有偿还计划和稳定的资金来源；五是管理机制，规定了有关的债务风险评估预警机制等；六是法律责任，明确规定了违规举借债务或为他人债务提供担保的法律责任。这些规定把地方政府在举借债务开闸的同时，为政府举债的风险能够控制在合理区间套上了法律的"紧箍咒"。

（二）提高地方债务透明度

透明度要求是指地方政府要公开包括债务在内的政府财政状况，并对债务进行确认、记录和报告，防止地方政府债务恶性膨胀，控制风险。提高透明度主要包括两个方面要求：完善会计制度，真实有效反映政府各项经济活动；建立与债务预算制度相适应的地方政府债务统计与报告制度。

目前，我国地方政府债务管理还缺乏统一的会计核算办法和信息管理系统，地方政府债务情况难以实时掌握，信息不对称，不利于国家的宏观管理。应当借鉴其他国家和地区经验，在对地方政府债务进行必要的会计核算基础上，逐步建立全国统一的地方政府债务管理信息系统，建立健全债务信息报告制度，提高债务管理的透明度。

第七章 财务管理理念及策略

财务管理也叫理财，小到每一个个人、家庭、企业或公共组织，大到地方和中央政府，乃至整个国家都需要进行财务管理或理财管理，旨在实现财富增值、提高效率、优化服务、促进发展。对中国庞大的公共组织群体而言，当前财务管理的现状并不乐观，还存在诸多问题，亟须改革创新，更新观念手段。为此，本章详细介绍公共组织在新形势下应该具备的财务管理新理念和新策略。古语说，运筹帷幄，方能决胜千里，公共组织财务管理理念和策略的研究对于公共组织财务管理工作的优化具有十分重要的意义，是做好各项实务工作的基础和前提。

第一节 公共组织财务管理现状

作为重要公共组织的中国红十字会曾因"郭美美事件"轰动一时，使人们对公共组织的资金安全和财务管理充满了质疑和担忧。李克强总理在《2015年政府工作报告》中指出："政府工作还存在不足，有些政策措施落实不到位。少数政府机关工作人员乱作为，一些腐败问题触目惊心，有的为官不为，在其位不谋其政，该办的事不办"。总理所说的这些不足虽不直接指向财务管理，但从财务角度讲，也反映了公共组织财务管理存在很多不完善的地方。为了改进和优化公共组织财务管理，我们有必要了解其现状和问题，分析致病的原因。

一、公共组织财务管理的概念

公共组织财务管理是公共组织管理的一部分，其财务管理的目标也必须要服从公共管理的总目标，即从资金方面保证公共组织实现总目标。公共组织加强财务管理具有几项重要作用：一是可以全面反映公共组织以各种形式存在的资产，从而更好地发挥资产的作用和效益；二是可以提高公共组织资金效益，全流程强化资金管理；三是可以促进公共组织职能的顺利发挥和健康和谐；四是可以有效控制公共组织的业务支出，真正实现支出约束机制；五是可以健全公共组织财务管理制度，做到有章可循，杜绝违规违纪。要加强公共组织财务管理，首先要对公共组织财务管理的概念体系进行充分了解。

（一）公共组织财务管理的含义

公共组织财务管理是指行政事业单位、民间非营利组织按照国家有关部门的方针、政

第七章 财务管理理念及策略

策、法规和财务制度的规定,有计划地筹集、分配和运用资金,对公共组织业务活动进行核算、财务监督与控制,以保证事业计划及任务的全面完成。它是公共组织行使职能的过程中客观存在的财务活动和财务关系,是单位组织财务活动、处理与各方面财务关系的一项管理工作[1]。公共组织财务管理不同于公共财政管理,它侧重于机构层面,具有经济性、技术性、持续性、有限性、综合性等特征;公共财政则侧重于政府层面,具有政治性、政策性、年度性、无限性和单一性等特征。公共组织财务管理也不同于企业财务管理,它不以营利为主要目的,讲究社会效益,即使亏本也积极从事相关活动。所以,多年来公共组织都不注意会计核算,不关注财务管理,非经济行为时有发生[2]。公共组织财务管理的内容包括规划和预算管理、决算管理及分析、收支管理、会计管理、资产管理、债务管理、成本管理、绩效管理、国库集中收付管理、政府采购管理、内部控制、风险管理、廉政治理等。

(二) 公共组织财务管理的对象

公共组织财务管理的对象是非物质生产领域中政府财政资金、事业单位业务资金和民间非营利组织公益资金的活动及其财务关系。公共组织财务活动是公共组织以资金流动管理为主的公共财政性资金[3]收支活动的总称,具体包括财政资金收支活动、事业资金收支活动、经营资金收支活动、公益资金收支活动等。这几个方面的财务活动不是相互割裂、互不相关的,而是相互联系、相互依存的。其中,财政资金收支活动是主体,事业资金收支活动是补充,经营资金收支活动是市场化的尝试,公益资金收支活动则是民间非营利组织生存的重要基础。公共组织财务关系是各公共组织在组织本单位财务活动和管理各种资金收支活动的过程中与有关各方之间的经济联系,包括几个方面:与政府的关系、与其他职能部门的关系、与上下级单位的关系、与组织内部各单位的关系、与本单位工作人员的关系、与其他有关方面的关系,如与工程项目承建部门的关系、与社会服务提供者的关系等。

(三) 公共组织财务管理的特征

公共组织不以营利为目的、无法靠自身业务弥补周转不足需要财政支持等资金活动特点决定了公共组织财务管理具有以下特征:一是极强的政策性。公共组织财务活动体现国家财政方针政策,体现国家支持什么、反对什么、鼓励什么、限制什么等意图,它的收支范围、收支标准都有明确的规定和极强的政策性。二是全面的预算主导性和约束性。公共组织财务管理以预算管理为中心,每年通过预算向财政申请资金(财政资金分配体现了其对公共行为的主导性),又根据预算严格执行各项财务收支活动,财政预算越来越趋向于"大口径"的全面预算约束。三是经费来源的无偿性和限制性。前者表现为公共组织绝大多数资金来源财政无偿拨款,少量资金来源于社会捐助和非营利性服务收费,后者变现为

---

[1] 缪匡华编著:《公共组织财务管理》,厦门大学出版社2014年版,第19页。
[2] 参考张曾莲编著:《政府与非营利组织会计教程——理论·实务·案例》,经济管理出版社2013年版,第336页,有删改。
[3] 公共财政性资金指的是归属于公共组织的所有资金,包括财政拨款资金、事业收支活动资金、经营收支活动资金、公益收支活动资金等。不论是否已纳入"大口径"预算范畴,财政性资金都属于公共资金,是依据法定职能和法律规章效力而收取、提取、募集和安排使用的,所有权属于国家,应逐步全部纳入预算范畴统一管理、规范使用。

公共组织财务管理与组织治理实务

公共组织募集的资金在使用上要受到诸多限制,不是想怎么花就怎么花。四是涉及范围的广泛性和管理办法的多样性。作为管理社会公共事务、协调社会公共利益关系、实现国家职能的公共组织,其分布涵盖各行各业、全国城乡、所有领域,分布广、种类多,业务特点各不相同,财务收支状况也千差万别,因而财务管理办法也多种多样,既有《行政单位财务规则》、《事业单位财务规则》,也有分行业的财务制度等;既有全额拨款事业单位、差额拨款事业单位,也有自收自支事业单位①。五是兼顾公平性和效率性。虽然公共组织的目的是履行社会管理或公益职能,提供公共服务,强调公平性而不以营利为目的,但同样需要讲求效率,追求支出回报比,因此要兼顾公平与效率。

(四)公共组织财务管理的原则

公共组织财务管理的原则是公共组织财务管理工作中应遵循的基本规范。基于公共组织与企业性质的差异,公共组织财务管理的原则与企业财务管理的原则存在很大不同。公共组织财务管理的原则一般包括以下几项:执行国家法律规章和依法理财原则、量入为出原则、突出重点统筹兼顾原则、收支平衡原则、前瞻性与规划性原则、勤俭节约原则、适应性和可操作性原则、全程全方位监督性原则、公共责任与效益原则、正确处理国家、集体和个人三者之间的利益关系原则。

(五)公共组织财务管理的任务

公共组织财务管理的任务是依法筹集并合理有效地使用资金,对公共组织的各项财务活动实施有效的综合管理:一是建立健全财务制度,规范单位财务行为;二是加强公共组织预算管理,保证各项事业计划和工作任务的完成;三是加强收支管理,提高资金使用效率;四是加强资产管理,防止国有资产流失;五是按规定及时编报决算,如实反映公共组织财务状况;六是加强财务分析和财务监督,保证公共组织各项活动的合理性与合法性;七是在可能的范围内加强理财,拓展业务及收支范围,为提高公共服务效益拓展空间。

(六)公共组织财务管理的方法②

公共组织财务管理的方法是各公共组织进行理财活动时所采用的各种技术和手段,是公共组织达到财务目标、完成财务管理任务的重要手段,也是公共组织财务人员从事财务工作的基本技能。公共组织财务管理的方法有很多,可按多种标准分类,比如可以分为定性和定量两大类型,也可以分为基本方法和技术方法两大类型。本书主要介绍后一种分类方法。基本方法主要有法律方法③、行政方法④和经济方法⑤三种;技术方法主要有财务预测方法、财务决策方法、财务计划方法、财务控制方法、财务分析方法五大类,具体如表

---

① 根据最新改革精神,全额拨款事业单位、差额拨款事业单位和自收自支事业单位的分类将替代为参公管理事业单位、公益一类事业单位、公益二类事业单位,目前尚未正式发文。
② 本部分参考王为民主编:《公共组织财务管理》,中国人民大学出版社2014年版,第23~30页,有删改。
③ 法律方法是指通过制定、实施有关法律、法规和财务制度,对各项财务活动及相关的经济活动进行组织、协调、控制和监督的方法。
④ 行政方法是指通过依法利用行政权力,按照规定的权限和程序,采取命令、指示、布置任务、指令性计划等形式,对各项财务活动及相关经济活动进行组织、协调、控制和监督的方法。
⑤ 经济方法是指按照客观经济规律的要求,采取利用经济杠杆、建立利益机制、调节经济利益关系等方法,对公共组织的各项财务活动及相关经济活动进行组织、协调、控制和监督的方法。

第七章 财务管理理念及策略

7-1 所示。

表 7-1　　　　　　　公共组织财务管理的技术方法

财务预测方法	定性预测法（类推预测法、德尔菲法）、定量预测法（因果预测法、趋势预测法、比例法、期末余额法、直接计算法、量本利分析法）
财务决策方法	优选对比法、数学微分法、线性规划法、概率和树形决策法、图表和损益决策法、综合平衡法
财务计划方法	平衡法、因素法、比例法、定额法
财务控制方法	防护性控制、前馈性控制、反馈性控制
财务分析方法	比较分析法（横向比较、纵向比较、计划比较）、比率分析法（构成比率、动态比率、相关比率）、因素综合分析法、杜邦分析法

二、公共组织财务管理的问题[①]

当前公共组织财务管理总体比较薄弱，水平比较低，具体存在以下问题：

（一）领导重视不够

由于公共部门的资金大部分来自财政拨款，在传统的财政管理体制下，经费按功能划分，资金切块安排，随用随批，资金使用无统一安排，导致很多单位领导不太重视财务工作，认为财务部门是"大出纳"，领导同意就支出，有钱就花，没钱就"跑步前进"或采取各种手段、编制各种理由要求追加预算。即使在某些财务工作较为规范的单位，单位领导对财务管理工作的理解也只是局限在规范会计行为，保证资金和国有资产的安全和完整，以及日常公用经费支出的考核上，而没有太多的削减开支和有效运作财政资金的效率意识。

（二）人员素质偏低

人员素质偏低主要由两个原因造成：一是很多人认为公共组织财务人员的素质不需要太高；二是受现行会计教育培训内容的限制。在现行会计专业全日制教育和会计人员后续教育培训中，公共组织会计人员的财务管理业务需求似乎被遗忘了。因此，公共组织的财务人员由于缺少相关专业知识和资金运作的实际经验，面对新形势下的公共组织财务事项，在财务管理过程中也往往只能表现为对规则的遵守。

（三）责任意识不强

责任意识不强主要指的是公共组织领导对于承担财务管理决策失误的领导责任意识不强，虽说财政和审计部门会对政府各部门的财务管理状况进行监督检查，但经常是某些无效或违规的财务决策发生后，只要相关领导没有济私，财政和审计也很难追究相关人员的

---

① 本部分参考了张曾莲编著：《政府与非营利组织会计教程——理论·实务·案例》，经济管理出版社2013年版，第338~339页，有删改。

责任，而只是简单地以"无管理经验"等托词而使相关领导免于处罚，从而导致公共组织领导的责任意识不够强。

（四）管理水平不高

当前公共组织财务管理还处于相对传统的分散管理模式下，未将现代信息技术广泛运用于财务管理的过程中，导致不同政府部门之间、同一部门的各级政府间，形成各个信息孤岛，财务资料相对割裂，下级单位的财务资料需层层上报、汇总，信息反馈比较迟缓，信息的真实性、准确性无从保证，工作难以进行有效协同；而上级政府职能部门的财务控制措施很难进行有效落实，财务管理水平很难提高，财务风险无形加大。公共支出管理不严、控制不力，导致行政事业成本高居不下。

（五）预算约束不硬

预算约束软化导致大量公共资金游离到预算控制之外，造成预算外资金、制度外资金泛滥，使用效益差，违规违纪现象普遍。财务预算体系也不规范，随着市场经济的发展，行政机关所属事业单位创办经济实体，参与市场竞争的情况屡见不鲜，现行的财务体系划分已经满足不了资金的运转方式，同时，政府的预算各自为政，没有形成统一的预算体系。

（六）管控制度不严

一是相当多的公共组织财务制度松弛，内部控制不健全，疏于管理，导致政府官员职务犯罪猛增，国有资产严重流失。制度不健全、不科学、不合理，使得管理水平低，政府官员经济犯罪越来越多，行政权力越来越大，本应纳入公共收入体系，却放入私人腰包。国有资产流失都是因为制度不健全。二是大部分单位未建立有效的资产管理制度。由于公共组织的资产主要属于非经营性资产，不计成本，不计盈亏，致使某些部门只想花钱，不想节流；只顾花钱，不问效益；只重购置，不重管理；只反映支出，不反映存量及其质量状况；只注重财政预算的安排和经费的追加以及占有、使用和处置资产，而不重视现有资产的合理使用和管理等。三是监控机制不健全，上级政府职能部门无法有效监控下属单位的财务状况。比如，很多单位为解燃眉之急进行资金挪用，在报表上用虚列支出转挂的办法隐藏资金，但在会计监督中却很难发现。行政单位的资产如房屋、车辆由财务部门统一建账核算，由资产管理部门登记管理。实际操作中，财务部门、资产管理部门以及使用部门的责任不明确，购入、领用、报废记录不实，手续不清，没有资产清查盘点制度，形成账账不符，账实不符。

（七）创新能力不足

创新能力不足是当前公共组织的突出问题。因为人员素质低、管理基础薄弱，而面临的形势却日益复杂，创新不足的问题日益凸显。在遇到机构改革、体制变革或监管要求提高的情况时，很多公共组织的财务不能做出正确的应对和处理，有的甚至理解不了新政策、新规定的核心要义，导致花了很多功夫却一事无成，事倍功半。

第七章　财务管理理念及策略

三、公共组织财务管理问题的原因

造成公共组织财务管理问题的原因是多方面的，从新公共管理理论和财务管理学的角度看，主要由以下几个原因[①]：

（一）财务治理结构和财务运行机制的问题

公共财政管理混乱，财务责任不明确。财政、人大、主管部门多重监督管理，几套体系同时运转，导致谁都负责，又谁都不负责。公共组织财务责任错位，官员利用权力谋取私利。公众对政府缺乏监督，政府也缺乏对公共组织的监督。

（二）财务管理理念目标和技术手段的问题

公共组织应该以公共利益最大化为目标，但根据公共选择理论，官僚是理性经济人，寻求个人利益最大化、个人效用最大化，而非公共利益最大化。在垄断环境下，垄断导致信息封锁和信息不对称，官僚利用其信息优势，使预算最大化、支配资源最大化，不考虑供求关系，超出需求时跑步前进，预算结余时就突击花钱，导致官僚部门运行效率低下。公共财务管理不同于公共财政管理，也有别于企业财务管理。但我国公共财务管理似乎走入了误区，该作为公共财政管理的却采用了企业财务管理，该按企业财务管理的却当做公共财政来管理。按公共财政的方式管理公共财务，就会养成不计成本、不讲效益、不顾风险的恶习，造成公共资源浪费、公共资金使用效益低下、公共财务风险加大；若按照企业的方式管理公共财务，就会迷失非营利的组织目标和财务方向。

（三）会计核算实务和财务信息披露的问题

公共组织的会计核算既没有按预算进行，也没有把财务事项完整地核算下来。核算范围不完整、核算方法不科学、采用收付实现制、信息披露不充分等，导致财务报告反映不了整个财务状况、债务高低。比如政府债务，应把所有直接负债、间接负债、隐性负债、或有负债都包括进来。

（四）能力有限和业务目标范围多元的矛盾

对于并非其特长的财务领域，公共组织管理能力有限。公共组织并非专门的金融机构，缺少财务运作管理的专业知识和资金运作的实际经验，因而在财务运作管理过程中往往表现为"规则"多于"技术"支撑。公共组织财务管理不仅要考虑经济领域的投融资及收支平衡，而且要考虑政治目标、社会稳定、上级机关的认同等，其财务管理的目标不是单一的，而是一个范围很广的目标体系，实现难度更大。企业财务管理针对的是企业这一市场经济中的微观实体，而公共组织财务管理针对的是政府和人民的财产。企业财务管理只考虑企业在国家经济法律法规和产业政策指导下，如何合理运用财务知识与技能提高经济效益，而政府财务管理考虑的不仅仅是某一个项目融资、投资、重组、优化等微观问

[①] 本部分参考了张曾莲编著：《政府与非营利组织会计教程——理论·实务·案例》，经济管理出版社2013年版，第340页，有删改。

题，还包括辖区财务政策和发展战略。

第二节　公共组织面临的新变革

公共组织变革是指公共组织为了适应内外环境的变化，及时地调整自己的战略、组织结构、管理方式、文化等，以取得更好的组织绩效的过程。公共组织适时变革十分必要：一是有利于使公共组织适应环境要求，提高组织绩效；二是有利于公共组织的自我完善；三是有利于公共组织体系克服自身流弊；四是有利于提高公务人员的能力、素质和觉悟，促进公务人员全面发展。当前，公共组织的新变革表现为以下几个方面：

一、行政机关职能转型

公共组织的职能是指公共组织在一定的社会发展时期，所要承担的公共职责和在社会公共领域所发挥作用的总和。它随着时代和环境变化而变化，是公共组织的机构设置、职位编制、管理方向、管理内容、管理范围、管理方式等的决定性因素，所以探讨公共组织的变革问题，首先要探讨公共组织职能的变革。从发展趋势看，公共组织的职能变革涉及几方面：一是公共组织的职能重心从政治事务调整到社会公共事务；二是公共组织的职能方式从以人治方式、行政手段为主转变为以法治方式、经济手段、法律手段、教育手段为主；三是公共组织职能关系经历了从"守夜人"到"万能政府"再到当前"有限政府"的转变。当前行政机关的职能转型正是向"有限政府"转变的方向，逐步简政放权，搞活市场，实现"小政府"掌舵，"公共组织"划桨，"企业组织"自由施展，共同在市场里冲浪。党的十八大和十八届二中、三中、四中全会精神均提出深入推进简政放权、放管结合，加快政府职能转变。为抓好落实这一工作，国务院办公厅下发了《关于成立国务院推进职能转变协调小组的通知》，将国务院机构职能转变协调小组的名称改为国务院推进职能转变协调小组，作为国务院议事协调机构。该小组主要职责是在各地区各部门推进简政放权、放管结合、职能转变的基础上，统筹研究重要领域和关键环节的重大改革措施，研究拟提请国务院常务会议审议的有关重要事项，协调推动解决改革中遇到的困难和重点难点问题，指导地方相关工作，督促各地区各部门落实改革措施。协调小组下设行政审批改革组、投资审批改革组、职业资格改革组、收费清理改革组、商事制度改革组、教科文卫体改革组6个专题组和综合组、督查组、法制组、专家组4个功能组。综合组设在国务院办公厅，从国务院办公厅和有关部门抽调人员组成，实行集中办公，对外以"国务院推进职能转变协调小组办公室"名义开展工作。

二、事业单位分类改革

改革开放以来，随着我国经济和行政体制改革的不断深化，事业单位改革也如影随形。1984年，中央提出"发展社会主义商品经济"，经济体制改革全面启动。发展商品经济需要改革原先适应计划经济体制的政府管理方式，于是开始了以精简机构为主的行政体

第七章 财务管理理念及策略

制改革：改革科技体制，促进科研机构与企业的结合；改革教育体制，划分中央和地方的事权，实行义务教育，发展职业教育，扩大高等教育办学自主权；改革卫生事业单位，扩大卫生机构自主权，发展集体卫生机构；改革艺术表演团体体制，调动社会力量兴办艺术表演事业的积极性，增强艺术表演团体的生机和活力。1992 年，中央提出"建立社会主义市场经济"，为适应市场经济发展，以转变政府职能为重点的行政体制改革随之启动，1993 年，中央提出事业单位改革的方向是实行政事分开，推进事业单位的社会化，事业单位改革与行政体制改革同步进行。1998 年，《事业单位登记管理暂行条例》颁布施行，事业单位实行登记管理。此后，事业单位改革在各领域不断推进，各地方也开展了事业单位改革的综合试点。2008 年，中央下发《关于深化行政管理体制改革的意见》，按照政事分开、事企分开和管办分离的原则，对事业单位进行分类改革。为了探索经验，国务院在山西、上海等地进行事业单位改革试点。2011 年，中共中央国务院下发《关于分类推进事业单位改革的指导意见》，对事业单位分类改革进行总体部署。至此，事业单位改革的顶层设计已基本完成，分类推进事业单位改革工作已全面展开。

事业单位分类改革是指将现有事业单位按照社会功能划分为承担行政职能、从事生产经营活动和从事公益服务三个类别。对承担行政职能的，逐步将其行政职能划为行政机构或转为行政机构；对从事生产经营活动的，逐步将其转为企业；对从事公益服务的，继续将其保留在事业单位序列，强化其公益属性。又根据职责任务、服务对象和资源配置等情况，将从事公益服务的事业单位划分为两类：承担义务教育、基础性科研、公共文化、公共卫生及基层的基本医疗服务等基本公益服务，不能或不宜由市场配置资源的，划入公益一类。承担高等教育、非营利性医疗等公益服务，可部分由市场配置资源的，划入公益二类。本轮事业单位分类改革的总体目标是到 2020 年，建立起功能明确、运行高效、治理完善、监管有力的事业单位管理体制和运行机制，构建政府主导、社会力量参与的公益服务新格局，形成基本服务优先、供给水平适度、布局结构合理、服务公平公正的中国特色公益服务体系。主要思路是按照政事分开、事企分开和管办分离的要求，以促进公益事业发展为目的，以科学分类为基础，以深化机制体制改革为核心，总体设计、分类指导、因地制宜、先行试点、稳步推进，进一步增强事业单位活力，不断满足人民群众和经济社会发展对公益服务的需求。

三、民间非营利组织的改革

中国民间非营利组织的范畴非常广，涉及面很宽，目前尚未有系统性的体制性的变革，但在管理方式和一些管理环节上不断有细节的创新和改革。一是业务创新。近年来，随着新公共管理思想不断渗透，竞争、绩效、成本、顾客导向、战略等观念逐步引入非营利组织领域，人们的公益观念也发生显著变化，尤其是民间组织的资金来源已不限于社会捐赠、政府资助、会费和服务对象缴费而呈现多元化趋势，其中，营利性行为[①]产生的资金来源正逐年增长[②]。二是观念创新。随着新公共管理思想的不断渗透，竞争、绩效、成

[①] 国内媒体曾相继披露中华医学会在学术会议中用广告展位、医生通讯录和注册信息等作为回报收取医药企业赞助费、中国红十字会将备灾仓库进行商业出租等信息，都属于非营利组织的营利性行为。
[②] 摘自张思强、邹楠：《基于营利性行为的民间非营利组织会计制度变革》，载于《财务与金融》2014 年第 6 期。

本、顾客导向、战略等观念逐步引入非营利组织领域，人们的公益观念也发生显著变化，尤其是民间组织的资金来源已不限于社会捐赠、政府资助、会费和服务对象缴费等而呈现多元化趋势，其中，营利性行为产生的资金来源正逐年增长。三是平台创新。借助电子商务、信息网络和移动互联等新技术发展，民间非营利组织开始注重电子平台的建设，如建立微信公众号，搭建淘宝平台，借助移动互联开展网银捐款等"指尖上的电子公益活动"。四是信息公开。信息不透明不公开已成为制约公益发展的重要矛盾，大众对于"郭美美事件"的高度关注，网捐捐款人王帅诉中国红十字基金会捐赠合同纠纷案等，无不说明网络时代大众对于民间非营利组织公开募捐及活动信息的要求越来越高，也说明大众对于公益的关注越来越高，信息公开化势在必行。五是财务管理改革。推进使用并改革《民间非营利组织会计制度》，全面反映非营利和营利行为及结果，引进创新的电子捐款渠道和信息传播渠道，明细核算每个基金、每笔捐款甚至每个公益捐款人的资金来龙去脉，为信息公开和公众查询奠定基础，也为拓宽捐款渠道，加强财务管理提供支持。六是研究创新。民非组织尤其是主管的民政部门近年就公益慈善事业开展研究，与清华大学成立公益慈善研究院，对慈善立法与制度创新、社会改革与体制创新、民间活力与跨域合作等开展研究。

四、公共组织其他变革

近年来，公共组织还发生了其他公务人员养老并轨等专项或综合的变革。

（一）公务人员养老并轨

近年来，公务人员和企业人员养老双轨运行的状况得到改变，机关事业单位养老保险制度改革在探索中破冰。2014年4月25日国务院发布了《事业单位人事管理条例》。养老保险改革的基本方向是，事业单位人员要像企业职工一样参加社会保险，按照社会统筹与个人账户相结合的基本模式领取养老金。2015年年初，国务院发布了《关于机关事业单位工作人员养老保险制度改革的决定》（以下简称《决定》），决定从2014年10月1日起对机关事业单位工作人员养老保险制度进行改革。《决定》指出，机关事业单位实行社会统筹与个人账户相结合的基本养老保险制度，由单位和个人共同缴费；改革基本养老金计发办法，待遇水平与缴费相关联，建立多缴多得、长缴多得的激励机制；建立基本养老金正常调整机制，统筹考虑机关、企事业单位退休人员和城乡居民的基本养老金调整；同步建立职业年金制度（2015年3月27日，国务院办公厅印发了《机关事业单位职业年金办法》。改革后的机关事业单位人员新的基本养老金待遇分为两部分：一是基础养老金；二是个人账户养老金。对改革前参加工作、改革后退休的人员，通过实行过渡性措施，保持待遇水平不降低。总的原则实际就是"老人老办法、新人新制度、中人逐步过渡"。

（二）管理方式和技术变革

管理方式和管理技术的变革是指公共组织利用现代信息技术，建立完善的公共信息系统即平台，配合职能及机构的变革，逐步实现结构的扁平化、网络化，建立决策科学、信息透明、办事高效、运转协调、行为规范的公共管理体系的过程。一是在管理手段上，以电子计算机技术和信息网络技术为基础，构建起来的庞大信息系统高度集中和整合了信息

第七章 财务管理理念及策略

收集、信息传输、信息分析处理、信息存储等环节，使公共管理决策、公共政策执行、公共权力的运行质量等大幅度提高；以管理数学方法引入到公共管理活动中，催生的现代管理信息系统以及办公自动化，悄悄地改变着公共组织的结构、运行程序和传统管理方式。二是在运行程序上，大量信息技术和办公自动化技术的采用使得某些机构及人员可以精简，相应的办事程序也可以简化，公共组织可以只保留最必要的工作，从而最经济、最有效地实现目标。三是在管理方式上，信息网络技术的采用使参与式管理成为现实。公共管理由封闭式转变为开放式，由自上而下式走向上下互动式、协商式。加上大量信息的传播，强化了人们的权利意识、法治意识和民主意识，进一步推动公共组织由人治式管理向法治式管理转变。

第三节 财务管理的新理念

公共组织财务管理是一个动态的概念和过程，不同的时期有不同的时代特征和时代要求。在新的条件下，公共组织进行财务管理，要与时俱进，结合实际，不断创新。李克强总理在《2015年政府工作报告》中指出："我们严格落实党中央八项规定精神，持之以恒纠正'四风'。严格执行国务院'约法三章'，政府性楼堂馆所、机关事业单位人员编制、'三公'经费得到有效控制。加大行政监察和审计监督力度，推进党风廉政建设和反腐败斗争，严肃查处违纪违法案件，一批腐败分子得到应有查处"。应该说经过一系列努力，公共组织的财务管理环境得到了清理，财务管理效果得到了优化，但离最终目标还有距离。公共组织还需要进一步转换观念，适应变革，养成财务管理的新理念。具体如下：

一、要强调"五个意识"

根据新的形势，公共组织财务管理应转变观念，更新理念，强调"五个意识"：

（一）增强公共责任[①]意识

无论在什么形势下，公共组织的特性都决定了其财务人员首要明确的是公共责任意识。财务管理应追求公共利益最大化和公共服务最优化，也就是更多追求政治效益和社会效益目标，而不是经济效益最大化。财务人员尤其是领导要讲求公共责任，让资金真正服务于公共利益，提升公共管理。

（二）增强成本效益意识

随着社会政治经济体制改革的深入，改革组织财务管理体制也在不断改进，在注重社会效益的前提下，也讲究经济效益、讲究投入产出比、讲究少花钱多办事。公共组织的财务人员要有面向市场开源节流的意识，主动参与单位的各项管理和业务工作，利用单位现有人才、信息和科技优势，提供有偿服务。同时，公共组织要善于围绕市场办事业，关注

---

① 公共责任的范围应为公领域的、公民的、社会的共同责任，公民是以社会成员的身份存在，在面对国家政治和社会利益的问题时，会超越私民的身份，而以社会人、公民的身份来考量各种利益以解决问题。

市场需求,并根据市场的需求合理调整资金配置,提高资金的有效利用。

(三) 增强依法理财意识

公共组织财务人员要增强依法理财意识和法律意识,严格执行财务规则和会计制度,用法规来规范财务管理和会计核算工作。特别是公共组织的领导干部要加强财经法规的学习,切实依法进行财务管理。

(四) 增强风险意识

在新形势下,公共组织要增强财务人员的风险意识,提高财务人员的风险控制能力,将财务人员风险意识的培养同岗位责任制挂钩,加大对财务人员风险管理的培训力度。另外,要根据本单位的实际建立风险预警机制,有效地把握和预计可能出现的风险。

(五) 增强信息化意识

信息网络化和经济全球化使得各种资源全球配置,实现资源全球共享。这必然要求公共组织加强内部与外部的沟通与合作,要具有信息化网络化的意识。财务人员在管理中必须善于抓机遇,灵活地处理和协调单位内部及与其他单位之间的合作关系,提高工作效率。

二、要强化"三个理念"

要扎实做好基础工作并适应新形势变化,公共组织财务管理应强化"三个理念":

(一) 强化预算约束理念

因为要考虑经济效益且要应对多变的市场环境,预算管理到底是"战略执行工具"还是"约束工具"在企业是存在争议的。但对于公共组织而言,在当前发展阶段预算管理依然是"约束工具",依然需要强化预算约束理念。因为公共组织主要的目标依然是公共服务,其战略规划也是围绕政治和社会目标而展开,自身可谋划的空间较小,更多时候预算要服从国家大的安排,且预算层层汇总审批后不能随便调整,因此预算约束性依然很强。

(二) 强化绩效考评理念

在强化预算约束的同时,公共组织财务管理还要强化绩效考评理念,即不仅要求按照预算确定的项目和金额执行,还要求在预算编制、预算执行、预算评价过程中全面引入绩效理念,让每一分财政资金都用在刀刃上,都体现出最大的绩效性,且要对预算执行和财务管理的效果进行评价。

(三) 强化管理会计理念

近两年财务会计向管理会计的转型在企业界十分热门,会计人才跨越账本向管理型人才转变成为大的趋势。这对于公共组织而言同样值得关注,在加强财务会计基础工作实现

第七章 财务管理理念及策略

反映和监督基本职能的同时,也要注重会计管理职能的发挥,具体包括规划的职能①、组织的职能②、控制的职能③、评价的职能④等。

三、要重视"人才培养"

创新财务管理应增加人力资源投资,体现"以人为本"的思想,围绕人的价值管理来展开财务管理,充分调动人的积极性、主动性和创造性,提高财务人员的整体素质,这是最终实现财务管理目标的根本保证。

(一)重视财务领导的培养

对公共组织财务管理而言,重视"人才培养"首先要重视对财务领导的培养。因为历史的原因很多单位的财务负责人是从本单位财务工作一步一步走上来的,没有其他单位的工作经验,也不关注外界环境和市场变化,对新的投融资工具均没有接触也不关心,而且长期在单位不受重视,工作创新的动力和积极性严重不足。这对创新公共组织财务管理工作是极为不利的。下一步要从工作积极性、激励机制、晋升职位、决策参与度等方面多给财务领导机会,从专业知识、职业技能、行业知识、领导力等方面多加强培训。

(二)重视财务人员的培养

对公共组织财务管理而言,财务人员的培养同样不可忽视。财务人员是公共组织财务管理的"第一线",有好的财务人员往往意味着财务管理工作成功了至少一半。这包括财务专业知识、财政管理体制相关知识、预算决算政府采购国库集中支付等实务知识,财务职业道德、职业素养、职业规范、财务管控工具和技术手段、公共组织业务知识及拓展知识、财会及业务相关法律法规、信息化和大数据相关知识、管理会计等最新热点知识等。

四、要做好"人财事对接"

公共组织财务管理提升还需要在理念上有所创新的就是要做好"人财事"的对接,就是实现工作人员、财务资金与业务事项的无缝对接。具体包括以下三个层面:

(一)做好财务与业务对接

"人财事对接"首先要做好财务与业务的对接,就是要使得财务资金的收支、审批程序的执行、账务处理的过程与公共组织的业务事项紧密联系,让财务为业务实现全方位服

---

① 规划的职能主要是利用财务会计的历史资料及其他人相关信息,进行科学的预测分析,并帮助各级管理人员对某些一次性的重大经济问题做出专门的决策分析;然后在这个基础上编制单位的整体计划与责任预算,确定各方面的主要目标,用来指导当前和未来的经济活动。
② 组织的职能主要是结合本单位的具体情况,设计并制订合理的、有效的责任会计制度和各项具体会计工作的处理程序,以便对人力、物力、财力等有限资源进行最优化的配置与使用。
③ 控制的职能主要是根据会计规划所确定的各项目标,对预期可能发生的或实际已经发生的各种有关信息进行收集、整理、比较和分析,以便在事前或日常对各项经济活动进行调节和控制,保证计划目标的实现。
④ 评价的职能主要是事后根据各责任单位定期编制的业绩报告,将实际数与预算数进行对比、分析来评价和考核各责任单位的业绩,以便奖勤罚懒、奖优罚劣,正确处理分配关系,保证经济责任制的贯彻执行。

务和管控，让业务成为财务管理的坚实支撑。而不是财务业务各一套，财务只管出钱，业务只管花钱，那将造成管理上的割裂和效率的低下。

（二）做好财务与部门对接

"人财事对接"其次要做好财务与部门的对接，这主要是从加强责任管理的角度提出的。财务资金虽然用在具体业务上，但在公共组织里往往都是以部门为载体支配各类资金，比如业务部门支配与公共业务相关的项目资金，综合部门支配人事劳资办公用房等人员公用支出。将财务与部门对接就能很好地明确资金使用责任，强化责任意识，提高资金使用效益。

（三）做好财务与人员对接

"人财事对接"还要做好财务与人员的对接，这强调的是财务与每一位公共组织工作人员的对接。工作人员不仅是公共资金支配的实际经手人，而且是公共组织财务报销（差旅费、交通费等）的主要对象，每一天都可能与财务发生千丝万缕的联系。做好财务与人员的对接，有利于更好地提高效率、优化服务、强化责任。

第四节　财务管理的新策略

有了好的财务理念，到真正提升财务管理水平还有一段距离，这期间需要采取扎实有效的财务优化策略，需要依靠先进高效的财务技术手段。对公共组织目前的情况而言，可以采取的新策略包括以下几个方面：

一、提升"人员素质"

公共组织财务管理目标的多元化决定了公共组织对财务人员素质的要求比企业更高，提高公共组织财务人员素质的要求已迫在眉睫。

（一）提升财务领导素质

一是要培养和提升财务领导的职业素养，包括其对公共组织总会计师及财务定位的理解，对公共组织总会计师职业道德和职业规范的掌握，对公共组织和财政体制发展趋势的把握、对领导力和沟通协调能力的使用等；二是要培养和提高财务领导的职业能力，包括要得来、管得住、用得好资金的能力、学习运用政策的能力、信息化财务的能力等；三是要加强对财务领导知识的培养，包括必备知识、跟踪知识和实务知识等。

（二）提升财务管理素质

应改变传统的会计只是记账算账的观念，把有效管理的理念渗透到财务人员实践中去。中国会计视野归纳了会计人才跨越账本向管理型人才转变的四大路径：一是进入数据，将传统"一锅烩"的核算数据重新聚类展示，更能体现业务活动和管理需求，如管

第七章 财务管理理念及策略

费用分割到各业务或各处室可以大幅增加控制成本的责任感；二是进入流程，不断熟悉并优化组织流程和授权体系，解决管理诉求和财务控制的矛盾，提前评估风险并有效管控，为业务开展提供强有力的后台支撑；三是进入业务，将财务管理立足账本但跨越账本进入业务层面，并拥有一定的话语权，在盈利模式、规划决策、支出审批等过程中都要有财务的影子，而不只是以消防队员或扫垃圾的角色出现在业务尾声阶段；四是进入系统，要将电脑操作和财务知识完美结合，不仅对于大数据时代的各种系统能够了解和运用，而且要能够透视和辨别系统的风险及问题，实现对系统的管理，适应大数据时代的革命性变化。

（三）提升财务专业素质

一是应提倡在全日制教育和会计人员后续教育中增加公共组织的专业知识，如加入财政学、公共经济学、公共管理学等课程，加强对行政事业单位会计制度的学习，增加对预算法、政府集中采购制度、国库集中收付等财政体制改革方面的知识学习；二是应采取各种手段，引导会计人员在学习财务管理知识的同时，拓宽知识面，掌握多学科知识和信息技术，不断提高工作效率和质量。

二、重视"两项技术"

随着部门预算制度和国库集中支付管理规定的执行，公共组织的财务管理模式由原来的分散型向集中管理模式转化，这就需要借助现代信息技术，强化财务管理工作中的计划、控制职能，以资金的计划预算和使用为主线，工作执行的组织和控制为重点，财务支付和监督为依托，优化和规范财务管理手段，使公共组织基础信息及财务信息实现充分共享，消除信息孤岛，帮助公共组织逐步形成体现自身特色的管理监控模式，实现对下级单位财务管理中预算、决算、监督、评价等全过程的监督。

（一）重视信息化技术应用

信息化技术对于推动传统产业升级、劳动结构调整和塑造现代文明具有重要意义。人人对话向人机对话、人网对话、人数对话不断演变，包括计算机技术、通信技术、多媒体技术、移动互联技术、大数据处理技术、智能化技术、虚拟化技术等在内的信息化技术不仅冲击着公共组织的传统工作方式，而且可能冲击着部分公共组织的生存模式。比如电子书籍和移动互联技术导致传统出版行业受到威胁，远程教育和在线教育技术冲击传统的教育服务，网络募捐和虚拟技术可能替代传统活动式募捐和大众媒体募捐等。公共组织必须重视信息化技术的应用，相应的，财务管理也要关注和接纳信息化技术的引进并学会使用。

（二）重视财务管理技术应用

公共组织优化财务管理还需要重视财务管理技术的应用，比如财务决策目录及技术、可行性分析技术、预算编制协调及管控技术、决算编报及财务分析技术、税务核算及纳税筹划技术、成本核算及成本管理技术、Excel及数据透视等财务管理信息技术、资产台账管理等技术、公共服务收费定价技术等。

三、健全"各项制度"

公共组织财务管理制度体系的建立是一个系统工程,它受政治体制、财税体制的影响,不可能一蹴而就,只能循序渐进地进行。良好的公共财务管理制度应该是体系健全、制度一体化、权责结合、信息披露公开透明、财务监督充分有效的。

(一)健全会计处理制度

会计处理制度是公共组织首先要建立健全的制度,是做好会计核算和财务管理工作的基础。会计处理制度应对会计核算范围、会计核算年度、会计核算基础、会计记账方法、会计记账币种、会计记账凭证和账簿、会计核算科目及使用说明、年终清理结算和结账、财务会计报表等做出规定。

(二)健全财务管理制度

财务管理制度也是公共组织需要进一步健全完善的制度,涵盖了财务管理规定的方方面面,应包括管理目的、适应范围、基本原则、主要任务、领导体制、预算管理、收入管理、支出管理、结转和结余管理、专用基金管理、资产管理、负债管理、清算管理、财务报告和财务分析、财务监督等。

(三)健全预算管理制度

预算管理制度是财务管理制度的重要组成部分,也是现行预算会计为主体情况下公共组织必须重视和做好的一项工作。预算管理制度应包括预算的界定及构成、预算管理的方法、预算编制的依据及方法、预算编报审批的程序、预算执行及调整的规定、决算编报的规定、决算审核及分析的规定等。

(四)健全组织治理制度

组织治理制度侧重于规范公共组织的管理层面,应与财务管理相关制度配合制定。组织治理制度应包括党委管理制度、行政管理制度、业务管理制度三部分,党委管理制度侧重于党委班子决策相关制度及工青妇组织运行制度;行政管理制度包括人事劳资、财务管理、会议管理、培训管理、出国管理、餐饮接待管理、固定资产及办公用品管理、公文管理、安全保卫保密管理、信息化管理等制度;业务管理制度主要是业务处理流程及其中规范化的制度规定。

四、主动接受监督

财务行为要规范,应设定财务标准、建立财务管理程序、明确财务授权并严格执行,用法律、制度和自律约束监督公职人员。财务监督要内部和外部多管齐下,光靠内部监督不行。从独立性和公正性方面考虑,可以将社会审计运用于公共部门,以增加财政透明度。同时,变定期审计为经常性审计、突击审计,以防止下级部门的应付行为。

第七章 财务管理理念及策略

（一）认真规范财务行为

认真规范财务行为是"主动接受监督"的重要表现，只有真正"主动"接受监督，才是主观上愿意的，是发自内心的想要借助监督检查规范自身财务行为的，而不是违心地应付检查；反过来，也只有有了规范的财务行为，公共组织才会不惧怕监督检查，且真心欢迎监督检查。规范财务行为和接受监督检查是互相促进，可以良性循环的。

（二）主动配合各种监督

主动接受监督在形式上表现为主动配合各种监督，公共组织因为体制的原因要接受的监督检查种类很多，既有审计部门的年度例行审计、经济责任审计等，也有财政部门、发改部门、税务部门、业务主管部门的专项财务审计或检查，还有纪检监察部门的例行或专项监督，每一次检查工作都要面临工作上和心理上的压力，因此能够主动配合各种监督是非常不易和值得肯定的。

（三）积极探讨自愿整改

主动接受监督还表现为积极探讨自愿整改，这说明公共组织认识到了监督的"正面"意义，认识到监督不是"找事"，而是帮助公共组织规范管理并保护领导干部和财务人员。当前公共组织的变革进程加快，法规政策出台的频率加快，公共组织在执行过程中难免有疑问和不规范的层面，通过监督检查发现问题正好可以加以规范，杜绝出现新的更大的问题。因此，公共组织应该主动接受监督并积极探讨和自愿整改。

五、善于借用外部力量

按照新公共管理思想，可以将大量决策（主要是经济决策）非政治化并将其托管给专家或专业组织。因此，财务管理能力并非很强的公共组织做好财务管理，也可以考虑借助第三方力量来完成。

（一）善于借用外部专家的力量

在公共组织财务管理尤其是财务决策中，要善于借用外部专家的力量，尤其是非财务领域的专家，他们可以帮助财务领导和财务部门，就一些不太熟悉的业务领域给出专业的评价或建议，从而为公共组织重大事项的决策提供支持。比如信息化建设是近年来很多公共组织的重大项目，资金支出巨大，年度信息化建设需求往往高达几百万、几千万甚至几亿元，仅仅依靠本单位的财务人员分析判断，或者仅靠领导拍板都是不科学不严谨的，需要借助外部专家给出第三方独立的专业论证。

（二）善于借用财务顾问的力量

财务顾问是根据客户的需求，站在客户的角度，利用自身财务方面的资源优势，为客户进行财务管理，包括投资、融资、兼并与收购、资产重组及债务充足等，提供适合于客户发展战略的信息咨询、经济分析、财务方案等多项服务。政府财务顾问①是以各级政府及其下属部门为客户提供财务服务的一种行业。政府财务顾问诞生于国外，但同样适用于我国，我国公共组织要善于选择财务专业能力强、具有良好的信誉、相关的协调能力强的机构作为财务顾问。

（三）善于借用社会服务的力量

政府购买公共服务是指政府通过公开招标、定向委托、邀标等形式将原本由自身承担的公共服务转交给社会组织、企事业单位履行，以提高公共服务供给的质量和财政资金的使用效率，改善社会治理结构，满足公众的多元化、个性化需求。根据党的十八届三中全会有关精神和《国务院办公厅关于政府向社会力量购买服务的指导意见》部署，财政部制定了《政府购买服务管理办法（暂行）》，为加快推进政府购买服务改革助力。应该说，政府购买服务正成为趋势，且范围广泛，涵盖民生救助、教育培训、就业服务、社保福利、养老扶助、医疗保健、行政协调、技术服务、社会管理服务等诸多层面。公共组织财务管理也要适应这一变化，并善于借助社会服务的力量降低管理成本，提升管理效果。

---

① 政府财务顾问业务产生于国家干预主义。国家干预表现为通过政府支出的增加以及国债、市政债等金融工具来调节引导市场。而政府能力有限，尤其是财务能力并非特别擅长，因而产生了专门为政府存量资金提供流动性管理和为政府财务提供咨询和分析的政府财务顾问。

第八章 事业规划与预算管理

2015年部门预算管理发生了较大变革，一个很重要的思路是通过改革将部门预算从单纯控制收支的工具，转变为政府从事国家治理、实施宏观调控、实现施政目标的重要手段，更加注重发挥预算作为宏观管理工具的作用。与此同时，通过合理划分管理职责，引导和促使中央各部门改善内部管理，转变行为方式，以更有效的方法、途径履行部门职责。这一变革的背后隐含着政府部门强化预算与事业规划紧密结合并对事业发展发挥强力支撑作用的重要思路，因此，学习全新的预算管理思路、及时更新预算管理理念和办法对于公共组织加强财务管理具有重要意义。

第一节 预算的含义、意义和原则

我国各级政府和公共组织都要准备和编制预算，向作为最高权力机关的人民代表大会报告预算。从中央到基层的五级政府及其庞大的支出部门与机构，都从预算中获取大部分资源，用以维持组织的运作、履行职责和实现预定的目标。

一、公共组织预算的含义

公共组织预算是公共组织根据公共事业发展计划和公共事务的管理任务编制的，并经过规定程序批准的年度财务收支计划。它主要包括行政单位预算、事业单位预算和社会团体的预算。

多数国家的政府分为两级：中央政府和地方政府。政府预算作为政府基本财政收支计划，与此对应，也可分为中央预算和地方预算。原则上，一级政府对应一级预算，因此，在现代社会，大多数国家都实行多级预算。我国的预算体系也是如此，与国家的政权结构相一致，我国的政府预算由中央和地方两级预算组成（见图8-1）。

中央政府预算，也就是常说的中央预算，它经法定程序批准，是中央政府的财政收支计划。地方预算按照行政区划，再分为各省预算、各自治区预算、各直辖市预算等。从预算内容来看，政府预算可以分为总预算和单位预算。其中，单位预算是实行预算管理的国家机关、社会团体和其他单位的收支预算，而总预算则是由两个部分组成，其一是本级政府预算，其二是汇总的下一级预算。

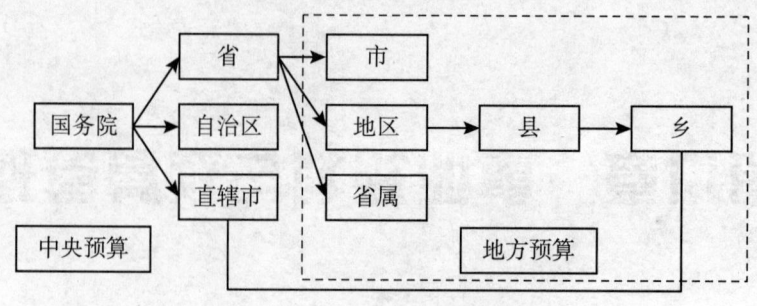

图 8-1 我国政府预算体系

二、预算管理的意义

预算反映公共组织与财政之间的资金拨付关系和事业计划、工作任务的规模和方向，加强公共组织预算管理，对保证公共事业计划和行政任务的完成，对财政预算的顺利执行都有十分重要的意义。

（一）预算是公共组织履行自身职能的财力保证

行政单位从事组织协调经济和社会发展、维护社会秩序、实现社会公共利益的工作；事业单位主要在科学、教育、文化、卫生、体育等领域从事公益性业务活动。行政事业单位的业务工作所需经费，主要靠财政拨款、事业收入等经费来源解决，而财政拨款、事业收入均进入预算。行政事业单位预算就是有计划地筹集资金、安排支出的活动及其过程，是从财力上保证单位履行自身的职能。

（二）预算有利于加强国家宏观调控，实现财政收支平衡

在国家财政预算支出中，有很大一部分是用于各项事业发展和国家政权建设的支出。单位资金收支活动，实质上是财政资金运动的继续和延伸。行政事业单位预算同财政预算紧密地联系在一起，使之成为财政预算管理体系不可缺少的组成部分。国家财政安排的行政事业经费占财政经常性支出的 1/2 以上。因此，要实现国家宏观调控，实现财政预算收支的平衡，就必须加强行政事业单位的预算管理。

（三）预算有利于提高行政事业单位财务管理水平

1. 通过全面反映行政事业单位各项财务收支状况，为单位财务管理提供依据和基础。
2. 按照预算规定的内容，行政事业单位财务管理可以有计划、有步骤地管理各项经费。
3. 通过对行政事业单位收支预算的核定，提供一种监督全年财务活动的工具，既可以促使单位积极组织收入，合理安排支出，提高资金使用效率，又可以保障预算资金和国有资产不受损害。
4. 以预算为基础对实际工作进行评价和考核，可以发现问题，及时采取措施纠正。

三、预算编制的原则

为了科学合理地编制部门预算，行政事业单位部门在编制预算过程中，应遵循以下

第八章　事业规划与预算管理

原则：

（一）政策性原则

作为财务管理重要内容之一的公共事业、行政组织预算编制必须体现国家有关方针、政策。在编制预算过程中，应当以国家有关方针政策和各项财务制度为依据，根据完成事业计划和行政工作任务的需要，正确处理需要与可能的矛盾，保证重点，兼顾一般，实事求是地编制组织预算，合理安排和分配使用各项资金。

（二）可靠性原则

公共事业、行政组织预算一经批准，要严格执行，一般不能调整。因此，公共事业、行政编制预算要做到稳妥可靠，量入为出，收支平衡，不能列赤字；对每项收支项目的数字指标，要运用科学的方法，依据确切可靠的资料和收支变化的规律，认真进行测算和计算，切实做到各项数据真实可靠。具体来讲，单位的收入预算要积极可靠，留有余地，对没有把握的收入项目和数额，不能列入收入预算，以避免在收入不能实现的情况下，支出大于收入，造成单位收支预算的失衡；支出预算要建立在稳妥可靠的收入基础上，不能预留硬缺口，以避免预算核定以后，不能调整支出预算。

（三）合理性原则

公共事业、行政组织编制预算要正确处理整体与局部、事业需要与财力可能的关系，做到科学合理地安排各项资金，使有限的资金发挥最大的效益。在编制预算时，既要按照保证重点、兼顾一般的要求，优先保证重点支出，同时也要妥善安排好其他各项支出。支出中有两部分必须优先予以保证：一是刚性支出，如人员工资、社会保障费等；二是满足业务工作正常运转必不可少的支出，如必要的一般公共支出、设备购置费等。

（四）完整性原则

公共事业、行政组织在编制预算时，必须将单位取得的财政拨款和其他各项收入以及各项支出完整、全面地在反映在单位预算中，不得在预算之外另留收支项目。

（五）统一性原则

编制预算时，要按照国家统一设置的预算表格和统一的口径、程序以及统一的计算方法填列有关收支数字指标。

（六）绩效原则

部门预算应建立预算考评制度，对预算的执行过程和完成结果实行全面的追踪考查，不断提高预算资金的使用效益。在项目申报阶段，要对申报项目进行充分的可行性论证，以保障项目确实必需可行；在项目执行阶段，要建立严格的内部审核制度和重大项目建设成果报告制度，以对项目进程资金使用情况进行监督，对阶段性成果进行考核评价；在项目完成阶段，项目单位要及时组织验收和总结。

四、事业规划与预算管理的关系

"事业规划是预算编制的前提,预算管理为事业发展服务",这一关系的重要性和必要性在公共组织财务管理中日益突出,随着新预算法的出台和最新财政管理体制尤其是部门预算的变革,这一关系的内在合理性更易被理解和接受。事业规划是一个部门或单位开展业务工作、履行公共职能的中长期规划,是未来一段时间的工作方向和工作重点,是需要重点关注并得到财力保障的事项计划集合;部门或单位预算是对一段时间内的财务收支情况做出的谋划,它不是凭空捏造的数字,而是基于事项和职能的收支安排,是对事业规划的财政资金保障计划。其中,项目支出预算管理强调要坚持政策导向原则,要以国家战略发展规划、宏观调控政策为导向,以相关行业、领域中长期发展规划和年度工作重点为依据,结合部门职能和事业发展需要合理安排。可以说,事业规划和预算管理两者相辅相成,互为支持。在部门预算体制下,强调"一个部门一本预算",全面反映部门的收支情况,也就是预算要能全面反映一个部门的职能发挥及事业规划情况。2015年新预算法要求报送人大审查部门预算的内容进一步细化,增加关于部门职责、机构设置以及预算绩效评价进展情况的文字说明,增强预算可读性。这说明人大在审核预算层面上也开始重视部门职能、事业规划与预算管理的关系。

第二节 部门预算概述

推行部门预算是深化预算管理体制的核心内容,是促进社会主义市场经济发展的需要、增强政府宏观调控能力的需要、促进政府职能转变的需要、加强党风廉政建设的需要。

一、部门预算管理概述

部门预算是指政府部门依据国家有关预算管理政策规定,结合自身未来一定时期履行职能的需要,从基层预算单位开始逐级编制、审核、汇总、上报,由财政部门审核并提交各级人民代表大会依法批准的部门综合财务收支计划。部门预算实行"一个部门一本预算"的综合预算管理,其内容包括一个部门所有的收入和支出。其核心思想是将部门依法取得的包括所有财政性资金在内的各项收入和支出,都按照统一的编报内容和形式在一本预算中反映,实行统一管理、统筹安排、综合平衡。

从部门预算管理的层级及内容来看,有中央政府部门预算和地方政府部门预算。中央政府部门预算由中央政府及其所属行政事业单位的预算组成;地方政府部门预算由地方政府及其所属行政事业单位的预算组成。

二、部门预算的编制规程

部门预算的编制方式及流程如下:

第八章　事业规划与预算管理

（一）编制方式

部门预算编制采取自下而上的汇总方式，从基层预算单位编起，逐级汇总，所有开支项目落实到具体的预算单位。

（二）编制流程

部门预算编制程序可分为"准备"、"一上"、"一下"、"二上"、"二下"五个阶段。

1. 准备阶段。

准备阶段的主要工作是上一年度预算批复项目的清理，预算基础资料的收集、分析、论证等前期准备事宜，是编好新一年度部门预算的基础。其基本要求是预算单位要按照部门预算编制的时间安排向财政部门报送相关资料，如果预算基本单位基础信息需要变更，应在项目清理完成后提出预算单位信息变更申请，并最晚在部门预算"二上"前报财政部门。

2. "一上"阶段。

"一上"阶段主要目的是由各部门提出下一年度的预算建议数。即从基层预算单位编起，由基层预算单位按照预算编制通知的精神和要求，在项目清理基础上编制项目预算建议数，并按照单位编制人数和实有人数以及上年度基本支出定额标准编制基本支出预算，形成本单位年度部门预算；然后层层审核汇总，由一级预算单位审核汇编成部门预算建议数，报送财政部门。

3. "一下"阶段。

"一下"阶段主要任务是落实财政部门下达的各部门预算指标控制数。即各部门对各预算单位上报的预算建议数进行审核、平衡，汇总形成预算初步方案，报各级政府，经批准后向各部门下达预算控制限额。各部门要及时将"一下"指标控制数下达所属预算单位，并做好对所属预算单位的政策解释工作，督促其按时上报预算。

4. "二上"阶段。

"二上"阶段主要目的是形成下一年度的预算草案。即各部门根据"一下"阶段财政部门下达的预算控制限额，按照确保重点、兼顾一般的原则编制部门预算草案上报财政部门。该过程也是从部门所属基层预算单位编起，由基层预算单位编制本单位"二上"预算逐级上报，最后汇总形成"二上"部门预算草案。财政部门对各业务单位上报的预算草案审核后，汇总成本级财政预算草案和部门预算，报各级政府审批后，再报各级人代会预工委和财经委审核，最后提交人代会审议。

5. "二下"阶段。

"二下"阶段主要工作是以法律文件的形式逐级批复下达下一年度预算通知。各级财政部门根据各级人民代表大会批准的预算草案批复部门预算，在财政部门批复各部门预算后，各部门开展对下属单位的预算批复工作。即在人代会批准预算草案后一定时间内，财政部门统一向各预算部门批复预算，各部门应在财政部门批复本部门预算后，批复所属各单位的预算，并负责做好预算公开工作。

三、政府收支分类

政府收支分类是按照一定的原则、方法对政府收入和支出进行类别和层次划分，以全面、准确、清晰地反映政府收支活动。政府收支分类科目，也称为预算科目，是政府收支分类的具体项目。对政府收支进行科学分类，既是客观、全面、准确反映政府收支活动的基本前提，也是合理编制政府预决算、组织预算执行、实施宏观调控以及预算单位进行会计明细核算的重要基础。

政府收支分类科目体系包括"收入分类"、"支出功能分类"、"支出经济分类"和"支出行政结构分类"。

（一）收入分类

收入分类主要反映政府收入的来源和性质。收入分类设类、款、项、目四级科目。根据财政部制定的《2015年政府收支分类科目》，公共财政预算收入分类科目的类级科目包括税收收入、非税收入、债务收入和转移性收入。

（二）支出功能分类

支出功能分类主要根据政府职能进行分类，反映政府支出的内容和方向。支出功能分类设置类、款、项三级科目。根据财政部制定的《2015年政府收支分类科目》，公共财政预算支出功能分类的类级科目包括：一般公共服务支出、外交支出、国防支出、公共安全支出、教育支出、科学技术支出、文化体育与传媒支出、社会保障和就业支出、医疗卫生支出、节能环保支出、城乡社区支出、农林水支出、交通运输支出、资源勘探电力信息等支出、商业服务业等支出、金融支出、援助其他地区支出、国土海洋气象等支出、住房保障支出、粮油物资储备支出、预备费、国债还本付息支出、其他支出和转移性支出。

（三）支出经济分类

财政支出按其经济性质分为购买性支出和转移性支出。购买性支出是指政府为开展政务活动的需要，按照等价交换原则，从市场上购买商品和劳务而发生的支付活动。具体包括政府部门的消费支出和投资支出，前者诸如国防支出、行政支出，后者如各级政府公共投资支出。政府在付出这类支出的同时，获得了相应的商品和劳务的所有权和使用。政府只有购买这些商品和劳务，才能生产出公众所需的公共物品和服务。它是政府对经济资源的一种消耗，因此又称为消耗性支出。转移性支出是指政府单方面地、无偿地支付给其他经济主体的财政资金，不相应地获得商品和劳务。具体包括各种财政补贴支出、社会保障支出和税收支出等。政府在付出资金时，并没有相应地获得任何回报。这时，政府所扮演的是一个"中间人"的角色，将一部分人的收入转移给支出的接受者。所以，它对资源在政府和企业、个人之见的配置不发生影响，只影响企业、个人之间的收入再分配。它体现的是政府在收入分配方面的职能和作用。

我国支出经济分类设类、款两级科目。根据财政部制定的《2015年政府收支分类科目》，支出经济分类的类级科目包括：工资福利支出、商品和服务支出、对个人和家庭的补助、对企事业单位的补贴、转移性支出、赠与、债务利息支出、债务还本支出、基本建设支出、其他资本性支出、贷款转贷及产权参股和其他支出。

经济性质分类是按支出的经济性质和具体用途所做的一种分类。在支出功能分类明确反映政府职能活动的基础上，财政支出经济分类反映政府的钱究竟是怎么花出去的，是政

第八章　事业规划与预算管理

府财政支出具体形式的体现。与支出职能分类相比，支出经济分类从不同侧面、以不同方式反映政府支出活动。

行政事业单位编制部门收支预算时，主要使用政府收支分类科目中的支出功能分类科目和支出经济分类科目。

（四）支出行政结构分类

一般而言，按照行政结构的级次，财政支出可以分为中央财政支出和地方财政支出。例如，美国是联邦制国家，其政府由联邦政府、州政府和地方政府组成，与之相适应的财政支出也由联邦财政支出、州财政支出和地方财政支出三个级次组成。财政支出的行政分类反映了中央与地方在财政资源配置中的地位和相互关系。从我国历年的改革实践来看，在财政体制中，中央和地方之间的财政分配关系一直是财政体制的核心问题。这一问题的焦点是在中央与地方财政资源配置上如何保证符合客观比例关系。

第三节　部门预算编制

部门预算编制主要包括部门收入预算编制和部门支出预算编制。

一、部门收入预算编制

部门预算收入，是部门或单位编制年度预算时，预计该年度将要从不同渠道取得的各类收入的总称，是该部门履行其职能，完成各项工作任务的财力保障。部门收入预算来源主要包括上年结转、财政拨款收入、上级补助收入、事业收入、事业单位经营收入、下级单位上缴收入、其他收入、用事业基金弥补收支差额等。

（一）收入预算的编制要求

各部门在预测收入预算时，应本着科学、合理的原则，遵循项目合法合规、内容全面完整、数字真实准确的总体要求。

1. 项目合法合规。各部门填列的各项收入，必须符合国家相关法律、行政法规规定的，预计依法取得的各项收入。

2. 内容全面完整。各部门收入预算的收入项目繁多，资金来源不同，各部门在填报预算时应做到全面考虑、完整填列，对单位预计取得的各项收入进行全面考虑，不应在部门预算外保留其他收入项目。

3. 数字真实准确。收入的预测应当以国家和本地区的经济社会发展计划和履行部门职能的需要为依据，同时结合近几年实际取得的收入并考虑增收减收因素测算，不能随意夸大或隐瞒收入，力求各项收入预算数据真实准确。

（二）收入预算的测算依据

各部门在编制收入预算时，应对各项需求和资金来源进行认真测算、分析。

1. 明确预算目标。各部门要依据国家和本地区的中长期发展计划和部门的职能，提出工作重点、任务，列出部门需要安排的重要事项，建立起各部门的年度预算目标。

2. 收集相关资料。部门财政拨款收入的测算应在占有大量信息的基础上进行，部门应全面收集与部门预算编制相关的信息资料，比如部门资产数量、资产分布状况、部门财务状况、财政货币政策、经济增长速度、各级财政对部门财政拨款需求的满足程度等。

3. 分析、归集部门预算需求。一方面，要对收集的有关部门预算的各类资料进行深入分析，确保数据、信息的真实、准确；另一方面，要对收集的信息资料进行归类汇总，形成部门完整的决策信息。

4. 测算部门预算需求。对部门预算需求应分为两个部分进行测算。一部分是基本支出。该项支出是以定员定额方式确定的，定员定额水平由各级财政部门根据其财政状况确定。因此，各部门应集中力量做好人员基础数据的整理工作。另一部分是项目支出。该项支出是根据部门履行行政职能和事业发展的实际需要确定的，各部门要根据本部门事业发展规划、本地区经济发展计划以及财政的承受能力合理测算项目预算。

5. 测算财政拨款资金需求。按照项目合法合规、内容全面完整、数字真实准确的要求，对非财政拨款资金进行充分预计。部门预算需求先用非财政拨款资金满足后，其缺口部分即为财政拨款资金需求。

二、部门支出预算编制

部门预算支出，是部门或单位编制年度预算时，预计该年度为履行职能、完成各项工作任务所发生的各类支出的总称。它主要包括基本支出、项目支出、上缴上级支出、事业单位经营支出以及对附属单位的补助支出。其中，基本支出预算和项目支出预算是部门支出预算的主要组成部分。基本支出预算是中央部门为保障其机构正常运转、完成日常工作任务而编制的年度基本支出计划，按其性质分为人员经费和日常公用经费。项目支出预算是为完成其特定的行政工作任务或事业发展目标，在基本支出预算之外编制的年度项目支出计划，包括基本建设、有关事业发展专项计划、专项业务费、大型修缮、大型购置等项目支出。

（一）基本支出预算编制

基本支出的内容包括人员经费和日常公用经费两部分。人员经费在支出经济分类科目中体现为"工资福利支出"和"对个人和家庭的补助"两部分。构成人员经费的定额项目分别为基本工资、津补贴及奖金、社会保障缴费、离退休费、助学金、医疗费、住房补贴和其他人员经费。日常公用经费在支出经济分类科目中体现为"商品和服务支出"、"其他资本性支出"等科目中属于基本支出的内容。构成日常公用经费的定额项目分别为办公及印刷费、水电费、邮电费、取暖费、交通费、差旅费、会议费、公务接待费、福利费、物业管理费、日常维修费、专用材料费、一般购置费和其他费用。这些定额项目是以政府收支分类科目的支出经济分类款级科目为基础，进行适当归并调整而形成的，主要为满足定额管理的需要。

1. 基本支出预算的编制原则。

（1）综合预算原则。在编制基本支出预算时，各部门要将当年财政拨款和以前年度结

第八章　事业规划与预算管理

转和结余资金、其他资金，包括单位财政补助收入，非税收入和其他收入等全部纳入部门预算，统筹考虑、合理安排。

（2）优先保障原则。部门预算的编制要根据财力可能，结合单位的行政事业工作需要，合理安排各项资金。预算资金的安排，首先应当保障单位基本支出的合理需要，以维持各部门日常工作的正常运转。在此基础上，本着"有多少钱办多少事"的原则，安排各项事业发展所需的项目支出。

（3）定额管理原则。基本支出预算实行以定员定额（指预算分配定额）为主的管理方式，同时结合部门资产占有状况，通过建立实物费用定额标准，实现资产管理与定额管理相结合。对于基本支出没有财政拨款的事业单位，其基本支出预算可以按照国家财务规章制度的规定和部门预算编制的有关要求，结合单位的收支情况，采取其他方式合理安排。

2. 基本支出定员定额标准。

根据部门预算管理的有关规定，基本支出定员定额标准由"双定额"构成，即综合定额和财政补助定额。综合定额是针对综合预算而言，是指财政部门按人或物核定的部门、单位总体或某个定额项目的大口径支出标准；财政补助定额是财政部门对其有预算拨款关系的部门、单位按人或物核定的财政补助标准，是为了保证财政预算分配的公平、公正和规范而制定的分配标准，即财政预算分配定额。大部分事业单位适用"双定额"。

3. 基本支出预算的编制程序。

基本支出预算的编制程序包括制定定额标准、审核基础数据、测算和下达控制数、编报部门基本支出预算、审批下达正式预算等阶段。

（1）制定定额标准。财政部门根据规定的程序和方法，分别制定出行政和事业单位基本支出定额标准。

（2）审核基础数据。财政部门对各部门报送的基础数据和相关资料进行审核，确定测算基本支出所需的人员数据。

（3）测算和下达控制数。财政部门根据制定的定额标准和核实的单位人员情况，结合部门基本支出结余情况，测算形成并下达各部门的基本支出预算控制数或财政拨款补助数。其中，人员经费根据编制内实有人数与各项定额标准核定；日常公用经费以人员为计算对象的部门，根据编制数或编制内实有人数与各项定额标准核定；以物耗为计算对象的部分，根据单位实物数量与实物费用定额标准核定。

（4）编制部门基本支出预算。各部门在财政部门下达的基本支出预算控制数额及财政拨款补助数额内，根据本部门的实际情况和本地区的有关政策、制定规定的开支范围及开支标准，在人员经费和日常公用经费各自的支出经济分类款级科目之间，自主调整编制本部门的基本支出预算，在规定时间内报送财政部门。在编制基本支出预算时，预算单位基本支出自主调整的范围仅限于人员经费经济分类款级科目之间或日常公用经费支出经济分类款级科目之间的必要调剂，人员经费和日常公用经费之间不允许自主调整。

（5）审批下达正式预算。财政部门将审核汇总的本地区的部门预算上报本级政府审定，经各级人民代表大会批准后，在规定时间内向各预算单位批复。

（二）项目支出预算编制

《国务院关于深化预算管理制度改革的决定》对预算改革进行了全面部署。加强和改进项目支出预算管理,是贯彻落实国务院要求的重要举措;是改进预算管理方式,实施中期财政规划管理的重要支撑;是深化部门预算改革,实施全面规范、公开透明预算制度的迫切需要;是优化支出结构,提高财政资源配置效率和使用绩效的必然要求;是更好履行财政职能,实现政府施政目标的必由之路。

1. 项目设置和管理方式。

根据中央与地方事权划分,中央部门项目支出预算要体现中央本级支出责任,聚焦重大改革、重要政策和重点项目,突出部门主要职能。强化项目排序,优先保障重点项目。项目支出预算要以国家战略发展规划、宏观调控政策为导向,以相关行业、领域中长期发展规划和年度工作重点为依据,结合部门职能和事业发展需要合理安排。各部门项目支出预算安排要严格按照部门三年滚动规划进行控制,要做好部门规划与三年滚动规划的衔接,强化部门三年滚动规划对年度预算的约束。同时,要把绩效管理的理念和要求融入项目支出预算管理各个环节,建立事前有目标、事中有监控、事后有评价、结果要运用的全过程绩效运行机制。

(1) 项目设置规则。中央部门预算项目要体现中央本级支出责任,由中央部门直接组织实施。完善项目生成机制,项目要在深入的政策研究和充分论证的基础上设立,并具备可执行性,预算批复后即可实施。着力推进部门和行业规划的项目化,提高规划可实施性。项目内容要反映政府施政目标、部门主要职责和发展规划,并避免与公用经费及其他项目交叉重复。规范项目实施主体,部门预算项目实施主体为中央部门及所属单位,非部门所属单位不得作为项目的实施主体纳入部门预算。要按照"职责与经费相匹配"的原则确定部门内部项目实施主体,一般不得将应由本级承担的项目列入下级单位预算,或将应由下级单位承担的项目列入本级预算,也不得将应由行政单位承担的项目列入事业单位预算。

(2) 项目管理方式。中央部门预算项目实行分级管理,分为一级项目和二级项目两个层次。

一级项目明细到支出功能分类的款级科目,按照部门主要职责设立并由部门作为项目实施主体,每个一级项目包含若干二级项目。一级项目要有明确的名称、实施内容、支出范围和总体绩效目标,项目数量要严格控制,项目名称、实施内容和支出范围等在年度间要保持相对稳定。

二级项目包括在现有项目基础上规范整合而成的项目和新设立的项目,立项单位为项目实施主体。二级项目的设立,要与对应的一级项目相匹配,有充分的立项依据、具体的支出内容、明确合理的绩效目标。二级项目明细到支出功能分类的项级科目,年初部门预算按二级项目批复。

(3) 项目分类。按照使用范围,部门一级项目分为通用项目和专用项目。通用项目,指根据部门的共性项目设立并由各部门共同使用的一级项目。通用项目由财政部根据管理需要统一设立,主要包括有预算分配权部门管理的项目和归口管理的项目等。专用项目,指部门根据履行职能的需要自行设立和使用的一级项目。专用项目由中央部门提出建议,报财政部核准后设立。

按照项目的重要性,二级项目划分为重大改革发展项目、专项业务费项目和其他项目三类。重大改革发展项目,指党中央、国务院文件明确规定中央财政给予支持的改革发展

第八章　事业规划与预算管理

项目,以及其他必须由中央财政保障的重大支出项目等。专项业务费项目,指中央部门为履行职能,开展专项业务而持续、长期发生的支出项目,如大型设施、大型设备运行费,执法办案费,经常性监管、监测、审查经费,以及国际组织会费、捐款及维和支出等。其他项目,指除上述两类项目之外,中央部门为完成特定任务需安排的支出项目。基本建设项目统一列为其他项目,并按管理主体分为国家发展改革委安排的基建项目、中央财政安排的基建项目和其他主管部门安排的基建项目。

除上述分类外,根据管理需要,中央部门和财政部可对二级项目补充其他分类并加以标识。

(4)项目实施周期。二级项目要有明确的实施周期。项目实施周期应与国民经济社会发展规划、部门或行业发展规划的期限相适应,与中期财政规划相衔接。除业务主管部门已明确批复实施周期外,项目实施周期一般不超过5年,项目到期后需继续安排的,应按程序重新立项。专项业务费项目到期后,可补充编制后续年度的支出计划,实施周期相应顺延。其他项目周期一经确定,原则上不得调整;确需调整的,按程序报批。

2. 项目库建设和管理。

中央部门项目库由本级和下级单位上报的项目构成;基层单位项目库由本单位立项和实施的项目构成。项目库主要以项目库为载体实现项目的全周期滚动管理。

(1)项目库的构架和主要内容。中央本级项目库实行分层设立、分级管理。财政部、中央部门和所属单位按照项目管理的相关规定,分别设立项目库,对一级和二级项目进行维护和管理。财政部项目库由中央部门上报的项目构成;中央部门项目库由本级和下级单位上报的项目构成;基层单位项目库由本单位立项和实施的项目构成。

(2)项目库管理方式。中央部门和所属单位的项目库实行开放式管理。各单位可根据工作需要设置二级项目,审核后纳入单位项目库,实时或定期上报,经逐级审核后纳入中央部门项目库,作为部门预算备选项目。编制年度部门预算和部门三年滚动规划时,结合财政部下达的支出控制数,中央部门在预算备选项目中择优选取项目报财政部,未纳入部门项目库的项目原则上不得向财政部申报。各部门申报项目汇总形成财政部项目库,作为财政部进行项目管理、审核年度部门预算和部门三年滚动规划的基础。中央部门和单位如需对已入库项目进行调整,须编制项目调整计划,按上述审核程序报批。

(3)项目滚动管理。以项目库为载体实现项目的全周期滚动管理。编制年度部门预算和部门三年滚动规划前,中央部门要完成项目的储备工作,纳入部门项目库的项目需填写规范的项目文本,包括立项依据、实施主体、支出范围、实施周期、预算需求、绩效目标、可行性论证、评审结果等内容,作为项目审核和管理的依据。纳入预算安排的项目,中央部门和单位要在项目库中对项目的执行、调剂、结转结余、绩效等信息及时进行更新和维护。纳入预算安排的延续性项目,原则上滚动纳入下年度预算。未纳入预算安排的预算备选项目,可滚动进入以后年度项目库。

3. 预算评审和绩效管理。

要把绩效管理的理念和要求融入项目支出预算管理各个环节,建立事前有目标、事中有监控、事后有评价、结果要运用的全过程绩效运行机制。

(1)项目支出预算评审。除个别不宜评审和无须评审的项目外,部门二级项目在入库前都要进行评审。归口管理的项目评审工作由主管部门负责,部门不再评审,其他项目由中央部门组织评审。预算评审由部门内部负责预算管理的机构组织,可采取集中评审和分级评审的方法,形成评审结果并随项目支出预算一并报财政部。纳入财政部项目库的项目,由财政部根据需要开展再评审。对延续项目,财政部将有选择地开展再评审,力争实现项目预算评审全覆盖。项目支出预算评审的具体规定另行通知。

(2)项目支出绩效管理。纳入项目库管理的项目都必须设定绩效目标,未按要求设定绩效目标或绩效目标不合理且未进行调整完善的,不得纳入项目库。纳入执行监控的项目,都应开展绩效监控,作为预算执行的重要组成部分。执行完毕的项目都要由项目承担单位对照事先设定的绩效目标开展绩效自评,在此基础上,中央部门和财政部选择部分重大项目开展重点绩效评价,并积极推进中期绩效评价试点。绩效评价结果要与项目库建设和预算安排有机结合,健全项目退出机制。预算绩效管理的具体规定另行通知。

4. 项目支出预算编制和执行。

项目支出预算由基层预算单位编制,应严格按照预算批复和规定程序进行项目支出预算执行工作,强化预算执行监管,提高预算资金使用的规范性、安全性和有效性。

(1)项目支出预算编制。项目支出预算由基层预算单位编制,逐级审核汇总后,由中央部门按照"一级项目+二级项目"的方式向财政部申报预算,根据二级项目的增减变化情况提出一级项目预算需求。二级项目预算按照经济分类科目编制,项目类别由部门在申报预算时一并提出,财政部审核。二级项目纳入预算安排后,项目类别在项目实施周期内不得调整。财政部对部门报送的项目支出预算进行审核,并按一级项目下达预算控制数,由部门按照审核后的项目类别和排序,安排二级项目预算。

(2)项目支出预算执行。要做好项目支出预算执行的各项前期准备工作,相关工作在部门预算"二上"后即可着手开展。严格按照预算批复的功能分类科目、用款计划、项目进度、有关合同和规定程序做好项目支出预算执行工作,涉及政府采购的应严格执行政府采购有关规定。硬化预算约束,年度预算执行中除救灾等应急支出和少量年初未确定事项外,一般不追加当年项目预算支出,必须出台的政策通过以后年度预算安排。如部门认为必须追加当年支出的,应首先在已批复的预算额度内,通过调整当年支出结构解决并按程序报批。加强预算执行监管,提高预算资金使用的规范性、安全性和有效性,并将预算执行结果与以后年度预算安排相结合。

第四节 中期财政规划和部门滚动规划管理

党的十八届三中全会《中共中央关于全面深化改革若干重大问题的决定》中明确指出"建立跨年度预算平衡机制"。2015年1月《国务院关于实行中期财政规划管理的意见》中指出"实行中期财政规划管理,由财政部门会同各部门研究编制三年滚动财政规划,对未来三年重大财政收支情况进行分析预测,对规划期内一些重大改革、重要政策和重大项目,研究政策目标、运行机制和评价办法,通过逐年更新滚动管理,强化财政规划对年度预算的约束性。"

一、中期预算概述

20世纪60年代以来,许多国家日益关注于对财政政策中长期变化趋势的掌控,一些

第八章　事业规划与预算管理

国家开始突破传统财政预算方式的年度限制，建立多年期的财政计划或规划，也称中期预算，并采用滚动方式编制和管理预算。

（一）中期预算的概念

中期预算通常指的并不是法律上的多年拨款，而是一种滚动计划或者政府对其支出的预算。世界银行的研究成果认为中期支出框架由三个阶段序列组成，分别是中期财政框架、中期预算框架和中期绩效框架。其中，中期财政框架侧重于强调中期的收支总量平衡，自上而下的制定宏观经济和财政中期目标；中期预算框架在中期财政框架的基础上，结合国家和部门中期发展战略制定中期预算，设定中期支出上限，侧重于支出的战略性优先配置；而中期绩效框架侧重于通过预算分配鼓励产生更好的绩效表现。

（二）中期预算的时间

一般1年以上10年以下时间称为中期，10年以上为长期，但由于编制10年以上的预算技术难度较大，不确定性很多，而且对现实的约束性或指导作用很小，因此，实践中多采用3~5年期的预算。大多数OECD国家都采用了中期预算，如法国、澳大利亚、新西兰等采用3年滚动预算。一些预测能力较强的国家采用的中期预算时间相对较长，如英国、德国、美国、加拿大等采用5年滚动预算。有的国家在对经济及预算进行预测时也有部门采用更长期间的情况，如澳大利亚联邦政府在对经济进行预测时长达10~15年，美国国会预算局制定的估算报告涵盖未来10年的情况，但这些长期预测主要是作为参考，辅助决策使用。

（三）中期预算的内容和要点

根据世界银行和IMF等机构的研究，编制中期预算的关键内容和要点包括：一是中期预算应根据中期宏观经济框架、财政（与经济）政策目标报告书以及正式的财政约束（如赤字率、负债率）编制；二是包含一份财政、经济政策报告；三是包含一份中期宏观经济和财政预测；四是包含支出部门和机构在下一预算年度以后2~4年的支出估计数，并需要按照功能和经济性质分类；五是中期预算的准备过程与年度预算准备过程相对应，特别是需要根据年度支出限额加以构造；六是中期预算由政府整体层面编制，但所有政府部门都应遵循中期预算为各部门确立的支出限额。

二、中期预算的功能和实践

中期预算一般可分为"弹性型"和"固定型"。在弹性型中期预算，根据经济状况的变化，可以每年对经济目标作出调整。预算目标不是一成不变的，会定期调整。固定型通常是针对中期的政府支出作出的，政府支出通常是不能每年进行调整的，除非发生意外情况，如经济增长骤减或者政府更迭等。中期预算还有"滚动型"和"期间型"之分。期间型中期预算所覆盖的时间区间是固定的；在该期间结束之前不会再制定新的框架，除非发生了重大的意外情况。在滚动型中，每年都会增加一个新的年度，并对以前的预测作出更新。

（一）中期预算的功能

从理论上说，政府预算管理一般有三大目标：财政纪律、资源优先性配置以及执行绩效。其中执行绩效主要通过下放预算管理权和实行绩效预算的方式达到改善，而前两个目标则是预算管理中处于宏观或者中观层面的目标，需要建立政策目标和预算之间的激励相容，使预算能够自觉的以政策目标为导向。而中期预算的基本作用目标正是基于政府预算管理的上述两个目标。中期预算要求在预算周期内明确规定财政支出的限额，摒弃以收定支的预算方式，合理控制财政支出总额，强化财政纪律。

世界银行（1998）对"中期支出框架"的目标定位包括几个方面：一是通过建立一个在时间上连贯的资源规划框架，增进宏观经济平衡；二是通过确定不同项目或者产业部门的支出优先权，改进资源配置；三是强化资金和政策的可预见性，促使各部门提前规划，确保项目的连续性；四是为了下属部门提供一个总体的硬预算约束和足够的自主权，鼓励资金的有效使用。因此，中期预算主要具有三个方面的功能：宏观经济计划的功能、战略规划的功能和完善年度预算的功能。

（二）中期预算的国际实践

20世纪中期尤其是80年代以来，中期预算作为一项政府预算管理和控制财政风险的有效工具，在世界范围内被广泛接受，许多发达国家和部分发展中国家都将其作为政府预算改革的一项重要内容。各国实施中期预算管理的根本目标都包含了提高预算资金使用效率的因素，但最初的现实动因却各有不同，主要有几种情况：部分国家是迫于应对经济或金融危机导致的沉重财政赤字和债务负担，而从中期内统筹财政资源配置。比如，泰国为应对1997年亚洲金融危机于2001年实施了中期财政框架，并于2006年建立起中期预算框架。有些国家是因实施财政改革或考虑到未来财政支出压力，而实施中期预算，比如，韩国政府在1990年考虑到未来巨大的养老金支出压力，实施了中期财政框架，后来在实践中不断完善，逐步成为实现国家发展战略的重要工具，并于2005年过渡到了中期绩效框架。还有一部分国家转向中期预算主要是为了进一步完善财政计划的作用机制，促进预算收支的科学决策和加强政府的宏观经济调控，以建立高效、廉洁、低成本的政府。比如，为了改变资金使用效率和政府行政效率低下的状况，提高政府服务质量，降低政府服务成本，提升公民对政府的满意度，俄罗斯从2006年开始试编中期预算，2007年正式全面推开。20世纪90年代末开始，中期预算在世界上盛行。据世界银行统计，截至2008年，全世界已有132个国家实施了中期预算，超过了当今世界上国家数量的2/3。

三、实施滚动规划管理的必要性

实施滚动规划管理，对于保证财政可持续，提升政府调控能力，促进经济社会发展，充分发挥财政职能作用，改进和完善预算管理中的薄弱环节等都具有十分重要的意义和深远的影响。

（一）有利于促进实现政府工作目标，财政宏观调控和部门履行职能有机结合

我国编制的规划很多，涉及不同领域和地区。这些规划都要在财政年度预算中予以体

第八章　事业规划与预算管理

现,而在公共资源配置方面反而没有规划可以遵循,导致在财政领域规划和预算"两张皮"。实施滚动规划管理,将更好地促进财政支出结构调整与政府宏观调控目标的实现、部门事业发展规划与国民经济和社会发展规划、部门预算支出安排与部门工作计划地紧密结合,增强财政收支的计划性、综合性,发挥中长期财政政策在宏观调控中的导向作用,使财政政策工具更好地服务于政府施政目标,有利于提升政府执政能力,保障国民经济和社会发展规划的顺利实现。在中长期框架下统筹财政收支平衡,强化财政稳定经济社会发展的功能,充分发挥财政的逆周期调节作用,对实现经济社会持续、稳定发展具有重要意义。

(二) 有利于更好地发挥财政管理职能

由于我国正处于社会转型、改革攻坚、矛盾凸显的重要时期,一些重大事情还没有形成稳定的运行机制,加上预算按年度编制,缺少动用公共资源的中期规划和多年度总量平衡的谋划,造成财政预算在年度间波动很大,预算执行"顺周期",影响了财政支出的稳定性、可持续性和有效性,也难以适应逆周期调控的需要。实施滚动规划管理,确立以实现"跨年度预算平衡"为目标的新型财政管理理念,建立和完善中长期财政收支框架,在较长时间跨度内统筹财政收支平衡、优化支出结构,有利于防范财政风险,增强财政可持续性和提高财政支出绩效。滚动规划管理通过对财政支出总量和部门支出总量进行控制,将有效避免预算调整频繁等问题,提高预算约束效力,增强预算严肃性。滚动规划管理更切合预算项目的周期性等特点,能更清楚、完整地反映项目多年支出并预期其成果,为科学的预算决策奠定基础。同时,连续、稳定的预算安排,有利于促进预算安排的科学性、合理性和计划性,提高资金使用效率。

(三) 有利于提升部门的预算管理水平

滚动规划管理实行以规划为先导的预算编制模式,以部门中长期事业发展规划和工作计划为基础,滚动编制支出预算,有利于促进部门提高工作的计划性和前瞻性。部门支出总量实行限额控制,既赋予部门更多自主性和灵活性,也对部门的统筹支出及整合资金能力提出了更高要求,有利于促进部门盘活存量资金,调整优化支出结构。同时,支出总量的限额控制,有利于明确权责,理顺预算管理中各方权责关系,建立健全激励相容的运行机制,突出部门在预算编制、预算执行及绩效管理中的主体地位和主体责任,促进部门增强自我约束,改进内部管理和注重提高绩效水平。

四、推进滚动规划管理的思路

按照现在的初步思路,滚动规划将从两个层面来推进:一个是中央财政规划;另一个是部门支出规划。三年滚动财政规划编制,对中央部门主要是设计重大改革、重要政策和重大项目。推进三年滚动部门支出规划编制(简称"部门滚动规划"),初步思路中主要涉及以下要点:

(一) 拓展支出测算周期,实行逐年滚动管理

改变过去中央财政本级支出只测算编制 1 年的做法,以 3 年为周期,在中期财政规划

的基础上，编制本级支出规划和部门支出规划，每年度向后递延1年，实行滚动编制和管理。财政部根据国家中长期宏观调控政策，提出未来3年的财政支出政策，结合部门支出需求确定部门未来3年的支出控制数，并下达给中央部门，作为后续年度规划和年度预算编制的基础。下一年度编制预算时，中央部门根据情况变化，结合需要，可对上年编制的3年规划中的后两个年度的支出规划进行适当调整。

（二）保证跨年度预算平衡，调整优化支出结构

根据国家宏观调控需要，对总预算收支进行跨年度综合平衡，确定财政支出政策。同时，调整优化支出结构：一是财政部门根据经济社会发展中长期规划，通过确定财政支出政策，明确财政支出结构和重点，并根据经济社会发展情况与政策变化，及时对支出结构进行调整。二是中央部门根据国民经济和社会发展规划，结合财政支出政策和有关行业、领域事业发展规划以及部门职责，制定部门工作计划。三是以部门工作计划为基础，科学、合理地编制部门支出3年滚动规划，优先安排符合事业发展规划，部门工作计划目标的预算项目，并根据各方面发展变化情况，及时修正和调整有关指标。

（三）实行支出总量控制，增强预算的硬约束

对中央部门支出总量按照基本支出和项目支出区分，采取不同方式严格控制。部门年度基本支出总量一经确定，原则上执行中不得申请增加。如有零星增编增人，通过机动经费解决。如预算执行中有重大的基本支出调整政策出台，由财政部审核后调整部门的基本支出分年总量。基本支出区分人员经费和日常公用经费，两者间总量不得相互调剂使用。在3年周期内，部门3年项目支出总量和年度支出总量一经确定，原则上不得突破。如有一般性的新增支出事项，全部在部门支出总量内，通过机动经费，或通过项目之间调剂解决。

（四）加强项目清理整合，盘活财政资金存量

清理整合项目预算管理，主要应完善以下几个方面的工作：

1. 对预算项目实行分层、分类管理。对项目分层次设置，对不同层次的项目实行不同方式的管理，做到粗细结合、有总有分，避免项目散碎，同时大项目应与重大政策形成更紧密的联系。

2. 提高预算项目的稳定性和细化程度。完善项目编码规则，确保项目的稳定性和唯一性。年度间项目的名称、内容和范围不得随意调整。探索编制全面的经济分类预算。

3. 推进项目的全周期滚动管理。改变项目预算管理方式，对项目按照项目周期进行多年度滚动管理。同时，完善项目库管理软件，对项目管理中涉及的预算、指标、结转和结余等相关信息进行整合，实现项目全周期管理。

4. 中央部门要加强对项目进行全面整合。部门依据相关行业、领域事业发展规划，对本部门的职能履行、能力建设和工作任务等需求进行全面地分析、梳理，对原有的预算项目进行全面清理，加强对内部支出的统筹和对支出结构的调整优化，通过分类归并、整合内容、调整结构，重新合理设置预算项目，压缩项目数量。

5. 改进结转结余资金管理。对项目周期未结束的，年度剩余资金作为结转资金管理，

第八章 事业规划与预算管理

及时、全面在下年度预算中反映。项目结余以项目周期结束或项目中止、撤销为标准进行确认。

(五) 健全项目审核机制，充实预算项目储备

推动部门建立分层级的项目审核程序，完善规章制度，明确审核机构和职责，规范审核的内容和要求。同时，发挥中介机构在项目评审中的作用，对专业性强、技术复杂、支出数额较大的项目，组织专家或委托中介机构对其进行评审，为审核决策提供参考意见。根据部门规划编制和管理的需要，在加强项目审核基础上，充实部门的预算项目储备，提高支出安排的计划性和前瞻性。

(六) 推进预算绩效管理，健全全过程绩效管理

结合滚动规划管理，以绩效为导向，强化支出责任，建立适应滚动规划管理的绩效管理体系。强化绩效目标管理，开展绩效运行监控，推进支出项目部门（或单位）整体、支出结构、政策制度等多层次、多维度的绩效评价。探索中期评估机制，开展多年度绩效评价，建立绩效问责和相应的激励机制，推进绩效评价结果与预算安排有机结合。

第九章　决算管理及财务分析

公共组织大多采用的是部门预决算的管理方式，遵循"事业规划—预算—决算—财务分析"的基本思路，事业规划是基础，预算管理是保障，决算管理是总结，财务分析是关键。在做好事业规划和预算编制的基础上，开展全面决算和系统分析具有重要意义，既是对过去工作的总结，也是分析问题解决问题的手段，更是优化管理的必要步骤。

第一节　决算管理是总结

决算反映一段期间公共组织预算收支的结果，是国家经济活动在财政上的集中反映。可以说，预算管理是公共组织进行经济活动的前期计划，决算管理就是对它的后期总结。

一、公共组织决算管理的概念

决算是相对预算而言的，是对预算执行情况的总结。决算管理，一般是基于已批复的预算报告，根据预算执行情况而编制的财务报表。在我国，行政事业单位必须编制部门决算，民间非营利组织则一般编制财务报告。

根据2014年1月1日开始实施的《部门决算管理制度》，部门决算是指行政事业单位在年度终了，根据财政部门决算编审要求，在日常会计核算的基础上编制的、综合反映本单位预算执行结果和财务状况的总结性文件。目前，列入部门决算编报范围的单位包括列入部门预算编报范围的全部行政事业单位，具体包括：各省、自治区、直辖市和计划单列市，以及中央各部门（含中共中央有关部门、国务院各部委和直属机构、全国人大常委会办公厅、全国政协办公厅、最高人民法院、最高人民检察院、各人民团体和有关中央直管企业集团）。

根据2005年1月1日开始实施的《民间非营利组织会计制度》，民间非营利组织必须每年编制财务报告，财务报告是民间非营利组织提供的反映某一特定日期财务状况和某一会计期间业务活动和现金流量等情况的书面报告。

无论是行政事业单位的决算报告，还是民间非营利组织的财务报告，对于公共组织来说，其意义都在于向报告使用者提供反映该单位或组织财务状况、现金流量、业务活动情况等的信息，以便于其进行相关决策。

二、公共组织决算的前提

公共组织决算既然是在日常会计核算的基础上编制的，那么它的前提就应该是会计核

第九章 决算管理及财务分析

算。会计核算工作的质量直接影响着决算的质量。因此，决算管理非常重视会计核算工作。

（一）会计科目设置要合规

公共组织的决算工作开始前需要对会计科目进行归集，如果期初会计科目设置就有问题，那么决算取数就很难准确。我国行政事业单位的会计科目设置有一套严格的规定，包括系统级科目编码规则、树形结构、辅助核算项等。尤其像事业单位多样化的资金来源反映在会计账中是通过对科目设置辅助核算项等方式来实现的。

（二）账务处理要正确

公共组织的日常经营活动反映在财务上就要做相应的账务处理，如果同一笔业务，账务处理时会计科目录入错误、金额录入错误或者漏记某项业务等，期末编制决算报表就无法反映真实的业务情况。因此，期末结账前要做好对账工作。

（三）结账方式要合规

公共组织期末编制报表前要做好结账工作，要检查本期内发生的经济业务是否全部登记入账，实行权责发生制的单位要进行账项调整，并将相关损益类科目转入净资产类科目，结算出本期所有账户的本期发生额和期末余额。

三、公共组织决算的程序

公共组织决算自年底结账前开始准备，到次年年中对外公开结束，前后长达九个月，是一项程序较多的工作。以部门决算为例，程序就包括：决算布置和培训、决算编制、决算审核、决算汇总报送、决算批复、决算公开六个步骤。

（一）决算布置和培训

公共组织要根据财政部门的要求，确定年度决算的编报口径，提出决算编审工作总体要求，并根据单位实际情况确定补充资料表的表式及填报要求。

1. 一般10月下旬要参加财政部门组织的部门决算、固定资产投资决算、住房改革支出决算和企业决算的培训；

2. 12月初，根据财政部门要求提出决算编审工作总体要求，布置本单位年度决算编审工作，印发决算布置文件；

3. 12月中下旬举办本单位决算培训班，讲解各项决算填报要求和软件操作。

（二）决算编制

年度终了，公共组织要根据财政部门、上级主管部门下发的决算布置文件、培训要求和财务账簿，在规定的时间内组织填写决算报表，编写决算报表说明和分析报告。

（三）决算审核

公共组织应对所属下级单位上报的决算进行审核、汇总，并对有关收入支出、内部往来项目等汇总虚增进行调整和剔除后，形成本单位汇总决算报表。

为保障决算数据质量、提高审核效率，许多公共组织会在2月中旬开始对下属单位开展决算集中会审工作，并根据本单位决算集中会审情况，调整相关数据，撰写决算编制说明和分析报告，参加财政部门组织的决算会审。

（四）决算汇总报送

公共组织应当按照财务管理关系或预算管理关系，采取自下而上的方式，逐级汇总报送。中央各部门决算经财政部审核后，报国务院审定，由国务院提请全国人民代表大会常务委员会审查和批准；各地区部门决算报送本级人民代表大会常务委员会审查工作相关事宜，由各地区按有关规定执行。

部门决算汇总报送有时间限制。各部门汇总编制的部门决算，应当在本级财政部门规定时间内报送；地方各级财政部门汇总的部门决算，应当在上级财政部门规定时间内逐级上报。

（五）决算批复

各级财政部门一般在本级人民代表大会常务委员会审查批准决算后30日内，向本级各部门批复决算。各部门应当在接到本级财政部门批复的本部门决算后15日内，向所属行政事业单位批复决算。部门决算批复内容应当与部门预算批复相衔接，主要包括部门综合财务收入、支出、结余，财政拨款收入、支出、结余，以及其他相关决算数据。部门决算批复文件中应当列出在部门财政财务管理工作及决算审核中发现的主要问题，并提出改进意见。

各级人民代表大会常务委员会批准本级决算后，各部门决算数据还需变动的，相关调整事项在下一年度部门决算中予以反映。

（六）决算公开

根据《中华人民共和国政府信息公开条例》等国家相关规定，公共组织的决算信息和预算信息一样，是需要向社会进行公开的。公开方式是通过政府网站、政府公报等便于社会公众知晓的方式。各部门应当自本级财政部门批复决算后20个工作日内向社会公开决算，其所属行政事业单位决算的公开工作，由本部门负责组织。

各部门还需要在规定时间内向本级财政部门报告本部门的决算公开情况，地方各级财政部门要在规定时间内向上级财政部门报告本地区的部门决算公开情况，省级财政部门应在每年11月30日前向财政部报告本地区部门决算公开工作总结。

四、作为总会计师的注意事项

公共组织决算是一项庞大而复杂的系统性工程，其数据质量直接反映出单位财务管理的综合水平，同时也折射出单位管理人员对本单位财务管理的监管水平。提高决算编审水平并非一蹴而就，需要从会计基础工作抓起，严格按照财务制度、资产管理制度、政府采购制度、国库集中支付制度等规定建立和完善内部控制制度，并在日常业务处理中严格执

第九章 决算管理及财务分析

行，循序渐进地提高完善。

（一）重视会计培训工作，提高对决算的重视程度

目前，行政事业单位会计人员水平良莠不齐，存在部分财务人员未持有会计从业资格证而由其他岗位人员兼职、新老交替时未能经历充分帮带过程、计算机应用水平低而无法使用决算软件操作等现象，再加上许多管理人员"重预算、轻决算"的思维，导致决算数据质量难以提升。要用日常培训和年终决算培训相结合的方式，将部门决算编报要求贯穿到会计日常工作中，提高对部门决算重要性的认识。年终布置决算前，应提前做好培训工作，详细讲解部门决算报表的填报要求和表样设计变化，强调表间勾稽关系，重点讲解去年编审中发现的问题和核查中发生的会计核算问题，并演示软件操作程序，介绍数据录入技巧，为报表编制做好充分准备。

（二）夯实会计核算工作，提高决算数据质量

账簿数据质量直接影响决算报告的质量，是决算分析、预算编制、决策制定等工作的基础。在部门决算审核工作中可以发现很多会计核算上的问题，如固定资产已经报废但报批手续迟迟未办理或基建项目已经竣工交付使用而竣工决算一直未办理，导致账实不符；单位往来款项数额巨大，长期未清理，导致坏账风险很高；经济分类科目列支不合理，随意使用其他项列支或招待费混入会议费等情况；基本支出和项目支出界限不清，在项目支出中列支工资福利支出等。这些需要在日常工作中严抓会计核算质量，布置决算工作前要求单位及时核对财政拨款和其他各类资金拨款、清理往来款项、盘点资产，做到账实相符，从而保障决算数据真实完整可靠。

（三）建立决算审核机制，核查问题及时反馈

2014年部门决算仅主表就有21张，涵盖数据量较大，各表之间勾稽关系复杂，尤其经济业务多的单位，决算数据出错率较高。公共组织在部门决算编报过程中难免会有一些错误，常见的有：不重视封面填报，如单位机构代码长期使用临时代码，国民经济行业分类选择随意等；"财政拨款"概念不清，误将财政专户管理资金和财政其他资金纳入"财政拨款"填报，导致单位财政拨款与财政部门总预算会计支出核对不符；为简单通过审核公式，避免说明原因，随意调整经济分类科目，导致支出经济分类科目使用与账面不符；项目资金的填报与会计核算具体项目名称不一致；经费支出与人数和车辆数不匹配等。因此，要建立决算核查机制，采用自行审核、集中汇审、委托审核等多种形式，对决算报表中涉及的预算情况、资产情况、项目情况、表间勾稽关系、数据真实性等进行核查。对汇审中发现的问题要作为决算核查质量信息，逐级反馈至各预算单位。

（四）注重决算分析工作，提高决算利用效率

决算分析是决算编制的重要环节，是决策制定的重要依据。目前存在着"重报表编报，轻分析报告"的现象，使得决算分析流于形式，没能很好地发挥作用。要使用好决算分析指标，将报表中的数字转化为业务运行情况的"说明书"，并根据日常工作的需求，制作不同的分析模板，对收入、支出、资产、负债、资金管理、人员、机构等情况有一个

系统全面的了解，以便将决算数据更好的应用于预算、管理、决策等工作中去。

第二节　财务分析是关键

决算报表所提供的数据是一种历史性数据，反映的是过去一段时期公共组织的财务状况，而决策则是立足现在，面向未来，历史性信息并不能满足利益相关者的决策需要。对报表使用者来说，通过财务分析充分挖掘决算数据的使用价值，把决算数据中隐藏的信息反映出来，对于做出正确的决策非常关键。

一、公共组织决算报表体系构成

行政事业单位的部门决算报表体系由基础数据表、填报说明、分析表和分析报告四部分组成，而民间非营利组织的财务报表只有会计报表及其附注。这里对部门决算做重点讲解。

（一）基础数据表

基础数据表主要反映部门收支预算执行结果、资产负债、人员机构、资产配置使用以及事业发展成效等信息，包括报表封面、主表、附表和补充资料表。其中，主表是部门决算报表体系的核心内容，它主要反映部门预算执行情况和资产负债状况；附表是对主表的指标补充，能够更全面、准确地反映行政事业单位的财务状况和预算执行结果；补充资料表又是对主表、附表的补充，各部门根据需要决定补充资料的内容，2014年部门决算取消了补充资料表。

主表包括"收入支出决算总表"（财决01表）、"财政拨款收入支出决算总表"（财决01-1表）、"收入支出决算表"（财决02表）、"收入决算表"（财决03表）、"支出决算表"（财决04表）、"支出决算明细表"（财决05表）、"基本支出决算明细表"（财决05-1表）、"项目支出决算明细表"（财决05-2表）"项目收入支出决算表"（财决06表）、"行政事业类项目收入支出决算表"（财决06-1表）、"基本建设类项目收入支出决算表（财决06-2表）"、"公共预算财政拨款收入支出决算表"（财决07表）、"公共预算财政拨款支出决算明细表"（财决08表）、"政府性基金预算财政拨款收入支出决算表"（财决09表）、"政府性基金预算财政拨款支出决算明细表"（财决10表）、"财政专户管理资金收入支出决算表"（财决11表）、"资产负债简表"（财决12表），共计21张表。

附表包括"资产情况表"（财决附01表）、"国有资产收益情况表"（财决附02表）、"基本数字表"（财决附03表）、"机构人员情况表"（财决附04表）、"非税收入征缴情况表"（财决附05表）、"三公经费公共预算财政拨款支出情况表"（财决附06表）、"中央单位外交支出基本数字表"（财决附07表）、"中央单位驻外机构人员基本数字表"（财决附07-1表），共计8张表。

（二）填报说明

填报说明是对基础数据表编报相关情况的说明，包括部门基本情况、数据审核情况、

第九章 决算管理及财务分析

年度主要收支指标增减变动情况以及因重大事项或特殊事项影响决算数据的情况说明等。

(三) 分析评价

根据 2014 年财政部下发实施的《部门决算管理制度》规定,分析表通过设定的表样和自动提数功能,对部门决算重要指标进行分析比较,揭示部门预算执行、会计核算和财务管理等方面的情况和问题。而分析报告则根据分析表中反映的问题和收支增减变动情况进行分析,重点分析部门预算执行情况、资金使用情况、财务状况以及单位主要业务和财务工作开展情况等。

部门决算报表所提供的只是单位的历史数据,报表使用者要做出正确的决策就需要充分挖掘决算数据中隐藏的预算管理和财务管理信息,才能更好地了解行政事业单位运转情况,进而提供对未来预测的准确性。因此,部门决算报表的分析评价至关重要。

(四) 审核模板

部门决算涉及内容复杂、数据量大、编制时间紧、政策规则多,为保证数据准确、完整,财政部除组织报送审核外,还要求各单位都要对本级和下级单位的决算数据进行审核。部门决算审核应当采取人工审核和计算机审核相结合方式进行,审核方法主要包括政策性审核、规范性审核等。政策性审核主要依据部门预算、现行财务会计制度和有关政策规定,对部门决算进行审核;规范性审核侧重于决算编制的正确性和真实性及勾稽关系等方面的审核。

审核模板包括封面审核、汇总结余分配审核、单位结余分配审核、支出明细审核、固定资产单价审核、公务用车情况审核、年末实有在职人员审核、住房公积金业务情况表、参公编制与实有人员情况审核。

部门决算软件中,审核模板用来查询和审核决算数据填报的规范性和合理性,相关数据全部为自动提取生成,有错更正,无错保留并说明原因。更正决算填报错误应从基层单位做起,财政部门和主管部门不得随意更改单位数据。

二、公共组织决算报表体系分析

(一) 决算报表体系的勾稽关系

要对部门决算报表体系进行分析,首先要缕清各报表间的勾稽关系,包括主表体系之间、主表与附表体系之间、决算报表与预算报表体系之间的勾稽关系。

1. 主表体系之间的勾稽关系 (见图 9–1)。

2014 年部门决算报表的主表由 21 张报表组成,它们之间有着千丝万缕的联系,共同构建了一个有机联系的整体。主表体系可以分为反映预算执行情况和资产负债情况两部分的表格体系,反映预算执行情况的报表是决算报表中数量占大多数的收支类表格,以"收入支出决算总表"(财决 01 表) 为主线,其他报表在其基础上进行细化;反映资产负债情况的报表是"资产负债简表"(财决 12 表)。

公共组织财务管理与组织治理实务

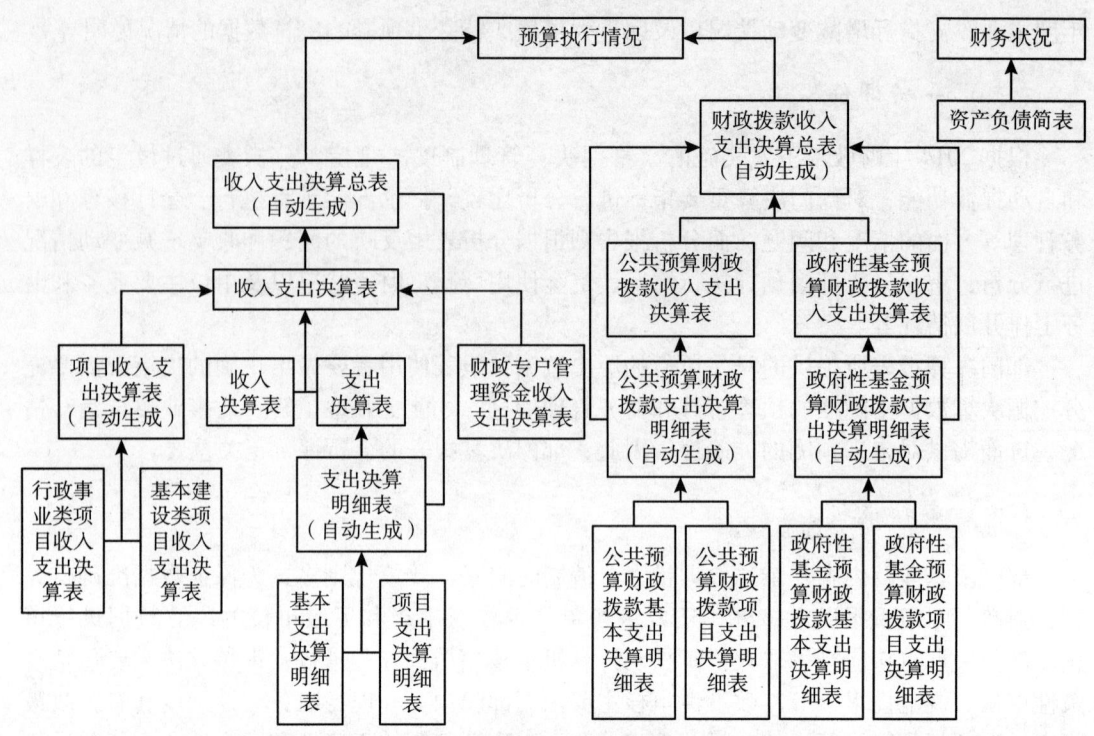

图 9-1 主表体系之间的勾稽关系图

"收入支出决算总表"（财决 01 表）分为收入、支出、结转结余三个部分，"财政拨款收入支出决算总表"（财决 01-1 表）是对其中收入来源为财政拨款的收支情况做进一步汇总归集。"收入支出决算总表"的收入部分根据来源不同分为六类项目进行归集，再通过"收入决算表"（财决 03 表）按支出功能分类科目编码分类款项明细填列；作为行政事业单位主要收入来源的财政拨款，包括政府性基金和公共预算财政拨款收入，政府性基金通过"政府性基金预算财政拨款收入支出决算表"（财决 09 表）的"本年收入"项目与总表相联系，剩下的公共预算财政拨款通过"公共预算财政拨款收入支出决算表"（财决 07 表）的"本年收入"项目与总表相联系；而事业收入下的财政专户管理资金，也通过"财政专户管理资金收入支出决算表"（财决 11 表）的"本年收入"项目与总表联系。支出部分按经济分类划分的项目通过"支出决算表"（财决 04 表）进行功能分类列示；基本支出和项目支出通过"支出决算明细表"（财决 05 表）按经济分类再细分。结转结余部分通过"收入支出决算表"（财决 02 表）按功能分类项目进行列示。

"支出决算表"（财决 04 表）中的基本支出通过"基本支出决算明细表"（财决 05-1 表）、项目支出通过"项目支出决算明细表"（财决 05-2 表）进行进一步细化，二者汇总后自动生成"支出决算明细表"（财决 05 表）。"行政事业类项目收入支出决算表"（财决 06-1 表）、"基本建设类项目收入支出决算表（财决 06-2 表）"汇总后自动生成"项目收入支出决算表"（财决 06 表）。"公共预算财政拨款基本支出决算明细表"（财决 08-1 表）和"公共预算财政拨款项目支出决算明细表"（财决 08-2 表）汇总后自动生成"公共预算财政拨款支出决算明细表"（财决 08 表）。"政府性基金预算财政拨款基本支出决算明细表"（财决 10-1 表）和"政府性基金预算财政拨款项目支出决算明细表"（财决 10-2 表）

第九章 决算管理及财务分析

汇总后自动生成"政府性基金预算财政拨款支出决算明细表"(财决10表)。

2. 主表与附表体系之间的勾稽关系(见图9-2)。

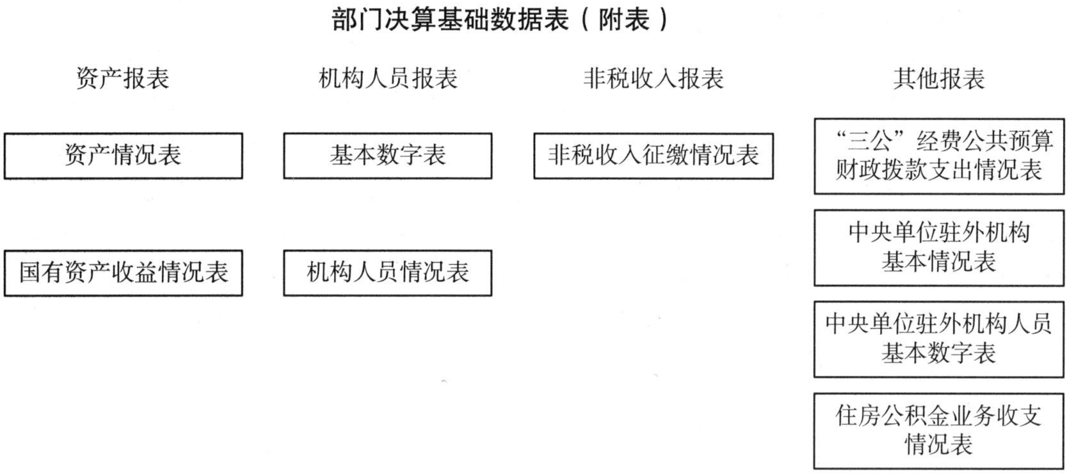

部门决算基础数据表(附表)

```
资产报表                机构人员报表           非税收入报表           其他报表

┌──────────┐         ┌──────────┐         ┌──────────────┐       ┌──────────────────┐
│ 资产情况表 │         │ 基本数字表 │         │非税收入征缴情况表│       │"三公"经费公共预算│
└──────────┘         └──────────┘         └──────────────┘       │ 财政拨款支出情况表│
                                                                  └──────────────────┘
┌──────────────┐     ┌──────────────┐                            ┌──────────────────┐
│国有资产收益情况表│   │ 机构人员情况表 │                            │ 中央单位驻外机构 │
└──────────────┘     └──────────────┘                            │    基本情况表    │
                                                                  └──────────────────┘
                                                                  ┌──────────────────┐
                                                                  │ 中央单位驻外机构人员│
                                                                  │    基本数字表    │
                                                                  └──────────────────┘
                                                                  ┌──────────────────┐
                                                                  │ 住房公积金业务收支│
                                                                  │     情况表       │
                                                                  └──────────────────┘
```

图9-2 主表与附表体系之间的勾稽关系图

2014年部门决算附表有9张基础数据表构成,包括"资产情况表"(财决附01表)、"国有资产收益情况表"(财决附02表)、"基本数字表"(财决附03表)、"机构人员情况表"(财决附04表)、"非税收入征缴情况表"(财决附05表)、"三公经费公共预算财政拨款支出情况表"(财决附06表)、"中央单位驻外机构情况表"(财决附07表)、"中央单位驻外机构基本数字表"(财决附07-1表)、"住房公积金业务收支情况表"(财决附08表)。

"资产情况表"(财决附01表)要同"资产负债简表"(财决12表)的资产金额一致;"机构人员情况表"(财决附04表)中公共预算财政拨款(补助)开支人数与"公共预算财政拨款收入支出决算表"(财决07表)中公共预算财政拨款人员支出对应;"三公经费公共预算财政拨款支出情况表"(财决附06表)与"公共预算财政拨款支出决算明细表"(财决08表)对应。

3. 决算报表体系与预算报表体系之间的勾稽关系。

决算报表中的预算数、收入数应当与同年财政部门的预算批复数额保持一致。

"收入支出决算总表"(财决01表)、"财政拨款收入支出决算总表"(财决01-1表)、"收入支出决算表"(财决02表)、"收入决算表"(财决03表)、"项目收入支出决算表"(财决06表)、"行政事业类项目收入支出决算表"(财决06-1表)、"基本建设类项目收入支出决算表(财决06-2表)"、"公共预算财政拨款收入支出决算表"(财决07表)、"政府性基金预算财政拨款收入支出决算表"(财决09表)、"财政专户管理资金收入支出决算表"(财决11表)、"资产负债简表"(财决12表)等主表,以及"国有资产收益情况表"(财决附02表)、"基本数字表"(财决附03表)、"机构人员情况表"(财决附04表)、"非税收入征缴情况表"(财决附05表)、"三公经费公共预算财政拨款支出情况表"(财决附06表)、"住房公积金业务收支情况表"(财决附08表)等附表都要与部门预算批复数额相一致。

（二）决算报表体系的分析思路

部门决算报表的勾稽关系为进行部门决算报表分析指明了方向，让决算分析有的放矢。每个单位对报表数据使用的需求不同，但分析的思路应该是一致的。

部门决算报表源于日常业务工作，因而要从工作需要出发确定决算报表体系分析的目标，在确定目标时要充分考虑可能影响的因素，包括背景因素、条件因素、政策因素、报表关系等，制定出总体分析方案，再根据部门财务收入情况、部门财务支出情况、部门资产负债情况、部门资金管理情况、部门基本情况和人员评议六个方面的因素制订具体分析方案。根据制订的分析方案进行分析就会得出分析结果，将分析结果同既定标准进行比较，就会发现该单位的突出表现和存在问题，对于突出表现就总结经验，对于存在问题则查找原因、寻找解决途径。总结出的经验和解决问题的途径再继续指导下一年度的工作，从而形成一个良性的循环。

（三）决算报表分析指标的构成

决算报表分析指标必须能全面、真实反映公共组织的财务状况和预算执行结果，为下一年度编制预算提供科学的参考依据。决算分析的主要内容包括：预算与决算差异分析；收入、支出、结余年度间变动原因分析；财政资金使用效益分析；部门资产、负债规模与结构分析；机构、人员及人均情况对比分析；以及满足财政财务管理与宏观经济决策需要的各项专题分析等。公共组织可以综合采取分类比较法、趋势分析法、比率分析法、因素分析法等多种分析方法，逐步建立本地区、本部门的部门决算评价指标体系。

部门决算评价指标体系主要内容包括：预算约束力评价、部门收入支出结构评价、部门项目资金使用情况评价、部门人员控制及收支合理合规性评价、人均收支余情况评价等方面。

三、公共组织决算外财务分析

（一）公共组织应自觉开展财务分析

许多公共组织管理人员更重视编制决算而忽视了决算分析的必要性。优质的决算分析报告能够真实全面地反映部门的财务状况和预算执行结果，了解部门的创收能力、财政支出使用效率、促进社会事业的发展能力和资产负债状况等，为下一年度编制预算提供科学的参考依据。通过部门决算分析，可以及时发现预算编制、执行中的问题，有针对性地提出解决问题的意见和建议，改进和完善预算编制，加强财务管理。因此，公共组织应自觉开展财务分析，并逐渐将财务分析工作常态化、系统化，使得分析结果更好地运用到管理工作中去，形成一个良性的内部控制循环。

（二）公共组织财务分析应凸显个性

公共组织的财务分析工作应当从自身需求出发，结合自身实际情况，设计出适合自己的财务分析指标体系。如要想了解本单位的收入情况，就可以设计出包括收入结构比例、

第九章　决算管理及财务分析

非税收入结构比例、财政拨款核拨率、经营结余率、财政拨款增长率、非税收入上缴率等指标的收入分析指标体系。

又如，某地方政府需要了解自己的财务状况就可以根据资产负债指标体系进行分析，它通过设置流动资产比率、固定资产比率、无形资产比率等比率分析法得出资产构成情况，通过应付账款比率、其他应付款比率、长期负债比率等获得负债构成情况，通过固定基金比率、结余比率等获得净资产构成情况，再通过资产负债率、流动比率、负债增长率等评价其偿债能力，国有资产贡献率、人均资产占用额、国有资产处置率等评价其国有资产管理情况，最后，根据所有指标结果，对比历史数据或其他单位情况，得出财务状况结论。

（三）公共组织财务分析应定期开展

要更好地了解自身情况，保留充足的财务分析资料，不断通过决算分析查找管理中的疏漏，根据决算反馈的问题寻找解决的途径，就需要定期开展财务分析工作。财政部《部门决算管理制度》规定"通过部门决算数据分析和实地调研，及时发现预算编制和预算执行中存在的问题，建立健全预算与决算相互反映和相互促进的工作机制；揭示财务管理与会计核算中的问题，规范行政事业单位财务管理与会计核算。"这也是对定期开展财务分析的一项要求。

第十章 国库集中收付实务

国库集中收付,是指以国库单一账户体系为基础,将所有财政性资金都纳入国库单一账户体系管理,收入直接缴入国库和财政专户,支出通过国库单一账户体系支付到商品和劳务供应者或用款单位的一项国库管理制度。

实行国库集中收付制度,改革以往财政性资金主要通过征收机关和预算单位设立多重账户分散进行缴库和拨付的方式,有利于提高财政性资金的拨付效率和规范化运作程度,有利于收入缴库和支出拨付过程的有效监管,有利于预算单位用款及时和便利,增强了财政资金收付过程的透明度,解决了财政性资金截留、挤占、挪用等问题。

第一节 国库单一账户与集中支付

国库单一账户制度的根本目的在于实现财政收支和现金余额的集中化管理,使国库同时实现对国库单一账户和支出部门分户账的管理运作成为可能。

一、国库单一账户

"国库单一账户"(Treasury Single Account,TSA)是指将政府所有财政资金集中于国库开设或国库制定的代理银行开设的账户,同时所有的财政资金均通过这一账户进行拨付。目前包括美国、日本、英国、法国和加拿大在内的经合组织国家都采用了这一模式。国库单一账户制度的根本目的在于实现财政收支和现金余额的集中化管理,使国库同时实现对国库单一账户和支出部门分户账的管理运作成为可能。

在国库单一账户体系下,所有政府交易的付款都通过某个账户或者相互联结的一组账户进行。根据发达国家的经验,标准的国库单一账户体系有六个要点:

1. 存款账户:国库在代理银行开设作为存款账户的国库单一账户。
2. 部门附属账户:支出部门在中央银行开立账户作为国库单一账户的附属账户。
3. 机构账户:支出部门下属的支出机构要么在中央银行、要么在指定的商业银行(方便起见)开设账户,两种情况下的账户开设都必须得到国库的明确授权。
4. 零余额账户:支出机构的账户是零余额账户,也就是说,该账户上的钱必须转移到被允许进行付款的账户(通常是国库单一账户)上,不得有尚未开支的钱保留在这些账户上。
5. 自动结清:在银行具备必要的技术能力时,支出机构的账户每日终了必须自动结清。

第十章 国库集中收付实务

6. 报告系统：中央银行每天终了应汇总反映政府的财务状况，包括所有政府账户的现金余额。

在实践中，各国的国库单一账户有不同的模式，但最重要的共同点是：不同的国库单一账户模式都用来实现现金余额和政府财政交易监管的集中化。借助国库单一账户制度，国库机构得以直接参与整个金融系统的资金清算系统，使其对资金支付的控制成为可能。在这个体制模式中，只有当公共资金实际支付给商品供应商/服务供应者（和其他收款人）后，才通过国库将资金从单一账户中支付出去。这一做法的最大优点在于实现了财政资金的集中化管理（现金余额的集中化），从而有利于提高财政资金使用效率、有利于削减财政赤字和发债规模、有利于减少资金浪费，也有利于实现财政政策与货币政策的协调一致，这种协调一致是实现统一的宏观经济管理目标所必不可少的。

无论征税或支出付款的组织形式为何，国库都必须负责监督中央政府的所有银行账目，包括任何预算外资金。在商业银行参与征集收入或支付款项（支出）的情况下，银行方面的组织安排（如由哪些银行以什么条件和标准来代理国库活动）必须通过谈判确定，并且需要与国库签订合同，这会有助于改进政府对现金与预算的管理。

二、国库集中支付制度：财政改革的现实选择

国库集中支付制度是市场经济国家普遍采用的一种财政资金收付管理体制。随着我国社会主义市场经济体制改革的不断深入和市场运行机制的日益完善，根据财政部的统一部署，我国从 2001 年陆续实行国库集中支付制度。

（一）国库分散支付的弊端

我国以前实行的是国库分散制度，就是将预算确定的各部门、各单位年度支出总额按期拨付到银行账户上，由各单位根据情况自主使用。这种分散型的支付制度暴露出种种弊端，主要表现在以下方面：

1. 财政资金拨付烦琐化，不能及时到位。

以前的财政资金拨付一般是通过预算分配后，先拨入各级主管部门（主管会计单位）在商业银行开设的账户，然后拨付到二级会计单位的银行账户，最后再下拨到基层会计单位的银行账户。这种拨付方式，一方面造成财政资金因层层转拨无法一次打到用款单位的银行账户，影响各项行政事业工作；另一方面也可能造成财政资金的层层截留、挪用、挤占等现象。特别是一些专项资金，先要按功能把资金拨付到财政内部相关单位，再拨付到主管部门，然后主管部门再进行二次分配，拨付到具体的所属二级单位，经过多道程序才拨到建设单位和材料供应商的手中。这就造成财政资金到位慢，影响工程的进度，还可能导致资金被挪用。也正是由于财政资金到位慢，在财政资金总量固定的前提下，加剧了财政资金紧张的局面，加大了财政资金的使用成本。

2. "寻租"现象严重，财政资金分配不公平。

作为财政资金的使用者，在很大程度上具有"经济人"的特性，追求自身利益最大化是其出发点和归宿。财政支出作为一种社会分配的手段，直接影响到财政资金使用者能够取得多少财政资金，因此自然会产生寻租的冲动。于是，一些政府部门从自身的利益出

发，层层向上寻租以谋求在政府财力分配中多得份额。这种寻租虽不引人注目，但危害和影响却很深。因为在一定时期内财政资源总是一定的，谁跑得多，谁得到的好处就多，意味着其他人得到的好处就少。这样，财政资金分配就体现不了公平，反映不了预算单位真实的用款需要量。

3. 政府预算编制不规范，财政资金分配较混乱。

由于当前我国政府预算编制采用的是自上而下和自下而上相结合的方式，并以自下而上为主，因而财政总预算实际上是根据部门预算汇总而成的；又由于我国财政预算科目的分类和部门的分工不是相当科学合理和规范，致使预算总额难以控制，资金分配不合理。比如，各部门和各单位所需的不同性质的经费，如行政经费、教育经费、建设经费等，由于财政分工没有细化，存在着同一性质的或同一部门的经费由不同部门分配管理的现象。这种混为一谈的分配和管理方式，即使财政内部资源配置不合理，又弱化了财政的分配职能。此外，由于预算内外收支计划缺乏有机的结合，内外相分离的双预算体系所反映的政府预算编制不完整，预算内外资金的统筹安排使用程度低等，使得资金分配混乱无序，从而导致财政资金使用效率的下降。

4. 财政下拨资金的具体流向不明，支出信息反馈迟缓。

财政按各单位的预算申请将资金下拨到每个预算单位里，因此可以知道资金用在了哪个地方，但对于预算单位究竟将钱用到本级的哪个项目上或下属的哪个部门、哪个项目之上那就不得而知了，至于资金的使用效果那就更加不得而知了。这种资金拨付到单位之后就完全由部门自己来支配的做法，导致预算支出信息反馈迟缓，难以及时为预算编制、执行分析提供准确依据，从而弱化了财政管理的职能，使得政府不能按实际情况合理恰当地制定经济决策。

5. 预算单位的财政资金使用随意，财政无法对其加以事前监督。

由于财政支出信息反馈的迟缓以及种种方面的原因，财政管理部门对于财政支出的管理无疑鞭长莫及。在分散支付模式下，预算单位不管是哪个方面来的财政资金，如人员经费、公用经费、建设经费等都一同进入自己的账户。在使用的时候，同一性质的资金用在不同的地方，或不同性质的资金用在同一个地方，容易混淆经常性资金和建设性资金的使用范围。同时，预算资金一旦拨付给了有关部门和单位，实际上就脱离了财政的监督，各种形式的挪用、克扣、截留现象就无法控制。一些专项资金都不同程度地存在着被挤占、挪用和用途不规范现象。特别是一些建设项目资金，一些单位在上报预算时要么多报预算支出，要么就是偷工减料，出现"豆腐渣工程"。可见，财政资金经过层层周转，不仅延缓了资金的到位时间，影响了工程进度，而且等到落实到具体项目上，资金则少之又少，使得极为有限的公共资源由于支出控制不严而造成巨大的浪费。对于这些问题，财政部门是难以对其实施有效监督的，因为只能根据各部门提供的财务报告进行事后审查、监督，其结果是助长了腐败现象的滋生，同时也使财政资金不能发挥预期的作用，扰乱了经济秩序。

6. 分散支付不利于划清财政资金和信贷资金的界限，不利于国家货币政策的实施。

由于财政资金大部分都沉淀滞留在预算单位开户的商业银行里，商业银行作为独立的经济实体，自然把自身利益放在第一位，所以在银行发放贷款的时候，只要符合银行的贷款标准，就很可能不分资金的性质，将这部分的财政资金作为信贷资金发放出去。

第十章 国库集中收付实务

这就造成财政资金被信贷资金占用而造成国库资金短缺,需要由国家通过发行国债来补充国库资金。这不仅增加了国家还本付息的财政压力,而且也不利于国家对信贷资金的宏观调控。

7. 分散支付不能真实反映财政资金的实际支出数,财政部门难以对财经形势做出及时准确的判断。

按总预算会计制度的规定,财政资金的支出数以财政拨款数列表支出。由于财政资金层层下拨,而单位往往是先把资金要到自己的账户后逐渐支用才开展业务,因此大量财政资金分散在各部门各单位的银行账户上,与各项实际支出形成一定的滞后期。财政总预算列报的支出并不能反映财政资金的实际支出数,收入和支出通常存有很大的差异。又由于有些单位为了掩盖不法行为,在向上级汇报时编造假报表,使财政的事后监督也失去了可靠的信息来源。因此,财政部门和中央银行无法全面了解整个财政资金的运转状况,这一方面给财政预算编制等工作带来了一定困难、造成资金的浪费,另一方面也使得财政部门难以对财经形势做出及时准确的判断。

(二)国库集中支付制度的必要性

从财政国库分散支付的弊端中,不难看出,这种财政资金支付方式不适应新形势下加强预算管理的需要,必须从根本上进行改革;改革的方向和最终要实现的目标就是要实行财政国库集中支付制度。至于为何要实行财政国库集中支付制度,可以从以下几个方面来加以认识。

1. 实行国库集中支付制度是我国构建公共财政体系的客观要求。

随着我国社会主义市场经济体制的日益完善,国家对经济管理和调控也由直接管理转变为间接管理,由微观管理转变为宏观上的调控。其一,政府职能转变必然要求财政职能也要做出相应的改变。政府将遵循有所为有所不为的原则,逐步退出竞争性领域,将建设型财政转变成为满足社会需要的公共财政,确保政府能够为国民提供必要的、良好的社会公共服务。现代公共财政理论坚持所有财政收支活动必须符合公平和效率两大原则,实行国库集中支付制度的意图就是要实行资金支付的公平、公正和效率。目前新的政府收支分类体系包括部门分类、功能分类、经济分类三个部分。部门分类主要明确资金管理责任者,解决"谁"的问题;功能分类主要反映政府支出的功能,明确"干什么";经济分类主要反映收入和支出的经济性质,明确收入的具体来源和支出"如何使用"。之所以这样分类,就是为了使财政资金收支活动尽可能地做到既公平又有效率。在公共财政框架下,财政收支都是透明的,因而公共财政对财政保障的要求非常高,财政必须保障市场经济体制下要由财政来负担的领域。纳税人缴纳的税收是财政收入的重要组成部分,其收入的征管必须体现公平和效率原则。这是市场经济条件下公共财政必须履行的职责之一。其二,公共财政需要加强和完善财政监督。改革开放以来,我国财政收入连年增长,但收支矛盾愈益突出,一个重要原因就是过去在财政职能作用的发挥中,重调控职能,轻监督职能,特别是事前事中的监督职能发挥不够,财政资金管理不力,管理松弛,监督乏力,损失浪费严重。实行财政国库集中支付制度,就是要克服过去财政无法进行事前监督的弊病,将财政监督由事后监督变成事前监督。由此可见,实行国库集中支付制度不仅仅是一项财政管理技术的革新,它同时也体现了改革与发展的要求,这项改革是同构建公共财政体系的要求一致的。

2. 实行国库集中支付制度是转变政府职能、提高资源配置效率的要求。

国库集中支付制度是以划分政府和市场各自的职能为基础的。只有明确了政府在国家事务和社会经济生活中的角色，才能确定政府应该通过征税、收费、发行公债等方式筹集多少财政收入，分别用于哪些项目、各花费多少。换言之，财政职能是政府职能的体现；财政收支必须体现政府职能，必须反映政府各方面的行为。前已述及，财政作为市场经济条件下政府宏观调控的基本手段之一，要求政府积极转变职能，提高资源配置的效率。虽然政府配置与市场配置在内容、手段等方面有根本的不同，但是并不意味着政府配置可以不追求效率。政府也要制定各种制度，规范市场主体行为，提供有效的严密的规则，规范市场秩序，创造公平竞争的环境。财政集中支付制度的改革正是出于提高政府配置资源效率这样一个目的。从效率角度看，一个政府的财政工作水平，不是看收入增长多少，更重要的是看支出用得怎样，是否有效率。据此，要求财政减少资金拨付的环节，降低行政成本，制止资金划拨周转中的挪用和乱支现象；要求扩大政府可控资金的规模，优化资源配置，提高财政资金使用的效益。这些要求是为适应财政保障供给变得越来越高的公共支出的需要。实行国库集中支付制度之后，预算单位的财政资金都集中到国库，正是体现了政府职能转变的这种要求。因为财政资金由分散管理转为集中管理，政府部门的支出行为就能变得更透明、更规范，也更有利于监督管理，从而提高了资金使用和政府工作的效率。

3. 实行国库集中支付制度是推进依法财政、依法治国的要求。

近年来，财政、国库和税务部门的一些不法分子利用规章制度不健全，税款退库不规范，财、税、库之间工作脱节等漏洞，大肆贪污、窃取库款和预算资金。此类案件充分说明了建立健全有关规章制度，规范税款退库程序和加强预算收支监督管理的重要性。在建立国库集中收付制度中，必然要制定《集中支付操作程序》以及实施细则，修改《中国人民银行会计制度》、《国库会计核算办法》、《财政总预算会计制度》等相关财政、金融法规，以期在根本上使实施国库集中支付制度有章可循。这样的话，不法分子就失去了钻法律空当的机会，真正体现了依法理财的要求。而当国库集中支付制度建立后，由于财政资金的分配行为、管理权限及操作程序的每个环节有了严格的法定制度，就能使财政管理行为，财政工作的透明度、公开性和约束力，及对不合理财政支出监控更加有法可依；就能使财务会计监督与预算约束贯穿于财政收支活动的全过程，从而完备了依法治国的内容，体现了依法治国的强烈要求。

4. 实行国库集中支付制度是严肃财经法纪和加强廉政建设的要求。

如前所述，有些部门和单位为了自身的利益，钻财政管理体制的空子，挤占、截留、挪用财政资金，甚至私设"小金库"。这些财经违法违纪问题的出现，也为腐败现象的滋生提供了"温床"。建立国库集中支付制度后，财政部门内部实行预算的编制、执行、监督相分离，可以从机制上杜绝违法违纪现象，从而有效防范营私舞弊行为的发生。这是因为，清理各部门、各单位银行账户，严禁设立账外账，财政资金的使用必须经过国库单一账户后，财政部门、支出单位、结算银行便可持有可以相互核对的资金支付账册，预算执行由此规范而透明。这样，既有利于加强对财政资金支出全过程的监督和管理，杜绝不合理支出，又使财政资金分配变得科学合理，管住了国家财政资金的出口，切断了"小金库"的来源，同时也规范了政府收费行为，加大了清理乱收费的力度。

第十章　国库集中收付实务

5. 实行国库集中支付制度是加强预算管理的主要保障措施。

预算管理的内容包括预算编制、预算执行和预算监督三个方面。三者相辅相成，缺一不可。预算管理的改革必须循序渐进，步步到位。目前，预算编制改革虽已取得了阶段性的成果，但依然存在着财政资金使用分散，运行效率不高，监督不力，难以调控的被动局面。它不仅影响了财政职能的发挥，也影响了财政资金使用效率。当务之急是要在执行和监督上进行改革和完善，只有完善了预算执行和监督，预算改革才可以算是完全的成功。在预算管理改革内容中，除了按照规定预算方法、综合预算原则、部门预算方式早编细编预算外，还必须实施预算执行改革，实施国库集中支付制度。从财税体制的几次重大改革来看，几乎都是以收入方面为主的改革，支出管理改革相对滞后，至今尚未对计划经济下形成的财政支出管理体系进行大的改革。财政支出管理中存在的问题十分突出，如财政支出范围过大，各级财政难以承受；财政资金使用分散，效益不高；财政资金不能专款专用，部门截留、挪用资金以及损失浪费现象严重，财政部门难以进行有效监督等。这些问题的存在，形成了财政收入虽然成倍增长但仍赶不上支出增长的被动局面，加剧了各级财政保重点、保平衡的难度。针对上述种种问题，中央财政决定从制度上、从源头上、从机制上加以解决。实践证明，国库集中支付制度大大确保了资金的流动性和安全性，为加强财务监督提供了有力的保障。它使得财政资金的分配行为、管理权限以及操作程序的每一个环节有了严格的制度规定，进而规范了财政管理行为，增强了财政工作的透明度、公开性和约束力，对不合理的财政支出的监控就会得到规范和增强，从而使财务会计监督贯穿于财务收支活动的整个过程、有利于强化预算约束和预算执行管理。同时支出部门按其部门预算与供应商或劳务提供者签订支付合同，不需要像以前那样要等到财政部门把资金划拨到账户上以后才能支付，确保了部门预算的及时执行。

6. 实行国库集中支付制度是增强宏观调控、减轻财政负担的有效方法。

财政政策的实施力度很大程度上取决于财力规模。国库分散支付时的财政资金缴付方式由于大量资金经常沉淀和滞留在预算单位，财政的宏观调控能力被削弱。实行国库集中支付制度后，各单位的经费、存款一目了然，财政部门可以根据各单位的实际情况安排支出。年初预算安排可以根据各单位的预算收入、结余情况，调整各单位的预算标准，把有限的财政资金用在真正需要的地方，使预算安排得以合理，支出结构得以优化。与此同时，还解决了预算外资金归集难的问题，杜绝了预算外资金在收费单位流失的现象，解决了财政支出监督难的问题，杜绝了乱支、乱补、乱收费的现象；解决了社会公共支出保障难的问题，强化了"保工资、保机关正常运行、保稳定"的运行机制；解决了财政资金调控难的问题，强化了集中资金办大事，培植地方财源的手段。另外，由于未支付出去的财政资金统一集中于国库单一账户，财政部门一方面增加了经常掌握调度的能力，可以减少国债的发行量和利息支出，另一方面，可以根据库款情况直接准确地决定国债发行的品种和数量，从而有效地减轻了国家财政负担。

7. 实行国库集中支付制度是和国际惯例接轨的需要。

我国正在建立社会主义市场经济体制以及公共财政框架，在许多方面需要与国际惯例接轨，特别是我国加入了世界贸易组织，在制度安排和体制创新方面更应以国际准则和市场经济国家的通行做法为准绳。目前市场经济国家大多实行国库集中支付制度，即所有的财政性资金集中到国库单一账户，所有政府性支出也通过这个账户集中拨付。政府各部门在法定范围内征集的收入（包括税收、基金、收费等）全部缴归国库；在批准的预算项目和额度内自行决定购买的商品和劳务，则由国库直接将资金拨付给商品供应者和劳务提供者。除此之外，政府各部门不在银行开设任何账户，实行资金由财政部门集中统一管理。这是对财政收支实行规范化管理的办法。

8. 实行国库集中支付制度是缩小机关、事业单位间收入分配差距的需要。

实行国库集中支付制度后，将取缔机关、事业单位私设的账户，对其工资、奖金等个人所得全部纳入"国库收付中心"发放。这样，可以增加个人收入分配的透明度，可以杜绝行政、事业单位乱发钱物的行为，可以解决行政、事业单位之间苦乐不均、分配不公和干部职工收入差距过大的问题，更为重要的是，可以在一定程度上起到防范腐败的作用。

（三）实行国库集中支付制度的意义

财政国库集中支付制度是财政管理的重要内容，也是公共财政组成部分。推行财政国库集中支付，不仅仅是财政支付方式的转变，而且是财政管理方式的转变，有利于加强财政监管，提高财政资金使用效益，促进了依法理财，增强了财政的调控能力。

1. 推行国库集中支付，有利于建设稳固、平衡、强大的政府财政。

建立稳固、平衡、强大的政府财政是建立社会主义市场经济的需要，而财政国库集中支付也体现了这一要求。在财政国库集中支付下，由于取消了一切收入过渡账户，将所有的政府财政性资金按预算级次全部集中到国库账户；所有的财政支出都要通过预算安排，并由国库直接支付，对于加强财政资金的统一调度和管理，提高财政性资金的收入及时性和支出效益，促进建立稳固、平衡、强大的政府财政将发挥重要作用。从而可以从资金支出的源头上把住关口，堵塞支出漏洞，避免铺张浪费，把节省的资金用于最需要的方面，有利于集中财力办大事，增强财政驾驭经济的能力，推进财政的振兴。

2. 推行财政国库集中支付，有利于加强财政管理。

财政困难，财政收支矛盾突出，一个重要原因是财政资金管理不力，管理松弛，监督乏力，损失浪费严重。实行财政国库集中支付，财政资金的分配行为、管理权限及操作程序的每一环节都有严格的制度规定，规范了财政管理行为。一方面，财政部门要严格按预算办理财政资金的支付，强化了预算约束；另一方面，支出部门按其部门预算与供应商或劳务提供者签订支付合同，不需要像以往那样要财政部门把资金划拨到账户上以后才能支付，增强了部门预算的及时执行，有利于推行依法理财，促进整个财政管理的规范化、法制化、科学化。

3. 推行财政国库集中支付，有利于国库资金的调度，提高财政资金的使用效益。

实行财政国库集中支付后，由于财政资金在财政国库单一账户体系下运行，各预算单位的经费只通知用款额度，当实际发生支出时才将资金从国库中拨出，这样资金沉淀的地方是在国库而不是预算单位的账户上。因此，支出单位的财政性资金都集中在国库，这有利于财政部门对资金的统一管理和统一调节，使库款调度更加灵活。同时，也可以从根本上改变财政资金管理分散、各支出部门和支出单位多头开户、重复开户的混乱局面，这将大大提高财政资金的使用效率和效益。

4. 推行财政国库集中支付，有利于增强财政的宏观调控能力。

在市场经济条件下，市场在资源配置中发挥基础性作用的同时，也会发生市场失灵。

第十章　国库集中收付实务

要弥补市场失灵,政府必须对市场进行干预,即政府的宏观调控。财政是市场经济条件下政府宏观调控的基本手段之一。随着社会主义市场经济体制的逐步确定,就要求财政从直接、微观的具体而繁杂的事务中解脱出来、着重从宏观的高度对经济和社会事业发展进行调控。在财政国库集中支付的条件下,各预算支出单位不再有财政性资金结余,只有指标结余,资金结余全部体现为财政结余,这为财政的宏观调控提供了财力可能。同时,通过财政国库集中支付,使财政部门能够及时、准确地掌握资金运行情况,为预算编制、执行分析和调控经济提供准确依据,从而使财政宏观调控能力增强。

5. 推行财政国库集中支付,是保障国家财政性资金安全与完整的一项重要举措,有利于从制度上遏制腐败,促进廉政建设。

实行财政国库集中支付,设立国库单一账户体系,国家财政收入由执收部门直接缴入国库,不再经由任何部门和中间环节,财政支出按财政预算安排,工资性支出由银行直接支付;大宗购置、维修支出实行政府采购,由国库直接拨付给供应商;预算单位零星支出,由单位支出财政审核拨付。一切都在公开、透明条件下运行,没有中间环节,这样就对财政资金起到了有效的监督和控制,截留、挤占、挪用、贪污等问题就能得到制止,从制度上、资金的源头上有效遏制腐败。

6. 推行财政国库集中支付,有利于加强行政事业单位的国有资产管理。

行政事业单位的国有资产管理是财政工作中的薄弱环节,资产的账实不符,有账无物或有物无账时有发生。在财政国库集中支付下,由财政拨款而购置的资产可以在账面上得到准确地反映,国有资产管理将更为规范,这有利于行政事业单位国有资产的保值增值,防止国有资产的流失。

三、国库单一账户与国库运作

发达国家都建立有自己的国库单一账户体系作为国库运作流程的核心部分。因此,要清楚地理解现代国库系统的运作,首先要了解国库单一账户。

(一) 国库单一账户的功能

在发达国家中,除少数经批准的辅助性的银行账户外,所有的政府现金收支与余额都通过国库单一账户处理。国库单一账户的实质意义在于实现现金流量(现金收入与现金支出)和现金存量(现金余额)的集中化管理,以及在此基础上对政府财政交易进行集中性会计处理和报告。通过国库单一账户实现现金余额的集中化,可以一举解决很多重要问题:一是可对政府现金余额进行及时而准确的评估;二是使得对预算执行与财政赤字情况进行日常监督成为可能;三是通过避免或尽量减少现金闲置来实现现金资源的有效利用;四是只是在必要时才及时举债以降低债务融资的成本;五是便于资金在不同预算单位之间的调度;六是最大可能地减少拖欠。

国库单一账户通常设在中央银行而不是商业银行,原因如下:(1) 安全性。中央银行作为垄断货币发行的权力机关,并不对外从事营利性的贷款和其他商业性金融活动,最有条件确保政府现金存款的安全,而商业银行遭受风险损失的可能性要高得多。(2) 支持货币政策。通过对国库单一账户现金余额的追踪与监控,中央银行可获得一个强有力的工具来缓冲政府的财政活动引起的过度的银根松紧和货币供应量波动。在实践中，政府收入的大量增加将导致存款激增，假如这种情况发生在商业银行的账户上，那么营利动机将驱使商业银行大量增加贷款，从而对宏观经济造成过度刺激。相比之下，由于政府存款转移到了中央银行账户（国库单一账户）上，中央银行可以通过对货币政策工具的运作来解决此类问题。

（二）国库单一账户的特征

在OECD国家中，国库单一账户是国库系统的枢纽，也是国库运作流程的核心。尤其值得一提的是：国库单一账户也是支持现金流量集中化、交易监督的集中化、付款处理的集中化以及集中性与分散性相结合的国库会计模式的基石，其主要特征为：

1. 确保现金余额和会计核算的集中化。

为确保现金余额的集中化和有效实施其他的国库职能，在中央银行开设的国库单一账户是最为关键的一项国库制度安排。在纯粹的国库单一账户模式下，任何支出单位都不被允许在商业银行和中央银行开设自己的账户，除非支出单位在商业银行系统的账户是政府财政管理信息系统中的账户。纯粹的国库单一账户同时确保现金余额的集中化（所有现金都在该账户中存储），以及会计处理的集中化（所有符合规定的政府财政交易都在其中记录）。

2. 通过分账户组织会计核算。

这些国家的国库单一账户各具特色，但有两个基本的共同点：所有的现金余额在最终被支付给商品与服务供应者（以及其他收款人）之前，都集中于国库单一账户的总账户中，这个总账户实质是政府整体的存款账户，所有的付款都通过这一账户流出；在国库单一账户中，除了总账户外，还有为各支出部委和支出机构设置的分账户，这些分账户的核心功能之一就是帮助国库对财政交易按照统一规范的财政分类（主要是功能分类和经济分类）进行系统的会计记录，并在这一基础上准备所需要的报告。

3. 账户由中央银行负责管理。

国库单一账户由中央银行负责管理，财政部分将季度拨款计划交中央银行，发生的每笔支出都只能通过这一系统核算，中央银行起着最后审核把关的作用，在我国经常发生的那种"突破拨款"情况几乎是不可能的。

4. 借助计算机运作。

国库单一账户的核算与管理高度依赖计算机技术的运用。无论是银行系统的国库账务核算，还是财政内部的预算管理，都通过计算机进行。计算机还被用于核实和审查商业银行、中央银行和各级财政部门的相关信息。

5. 权责利结合。

权责利结合是建立和运作国库单一账户的重要原则。银行对于国库单一账户及其附属账户的存款需要计付利息，中央银行办理核算业务也相应地收取手续费。在法国，有关法律规定，如果公共会计在其工作中发生支付错误，需要依照"审计署"的裁决，按其误付数量向国库赔偿。

6. 健全的法律体系。

管理国库单一账户涉及许多方面的工作，必须以完备的系统框架作支撑。除了计算

第十章　国库集中收付实务

机技术的应用外，法律体系的健全是非常关键的。在 OECD 国家中，国库单一账户及其附属账户的设立、收款与付款的处理和国库代理银行的选择等方面都有完备的法律可供遵循。

（三）国库单一账户的结构

发达国家的国库单一账户包括政府在中央银行设立的国库单一账户，以及国库部门为每个支出机构设立的分账户。在国库单一账户下设置数目有限的分账户的目的在于处理大量发生的日常财政交易。以此为参照系，国际货币基金组织的专家曾为我国国库账户的设置提出以下设想的方案：在中央银行总行开设的分账户，以及中央银行在各省分行开设的分账户；其中，在央行总行开设的分账户一般包括经常账户和透支账户：

1. 经常收支账户。

该账户用来处理财政交易产生的现金流动，须保持贷方余额。每天营业终了时，经常收支账户需要与透支账户进行转账，以此平衡账户盈余或短缺。

2. 透支账户。

该账户用来处理经常收支账户不平衡问题，其借方余额表示中央银行向国库提供的透支款（央行收取利息），贷方余额表示中央银行应对国库支付利息的国库存款数。由于对国库的透支会强烈地影响中央银行的货币政策，因此中央银行应紧密追踪透支账户上发生的现金流入与流出，使其与货币政策目标及其操作紧密相连。

中央银行在各省分行开设的分账户是经常收支账户的分账户，该账户的余额属于国库单一账户的组成部分。鉴于全国范围内这一类分账户为数甚多，为确保现金余额的集中化，中央银行每天都及时调拨分账户的贷方余额，将余额结转到设在总行的经常收入账户中，这样，各省级分行的分账户即为零余额账户。结转之后，总行的经常账户还需要通过与透支账户间的转账加以平衡。然而，要实现每天及时清理中央银行各分行的分账户余额并划归为国库单一账户上，以及处理由此发生的资金流动与中央银行货币政策的关联与协调问题，需要一个高度可靠的中央银行计算机系统，将中央银行分行及其地方分行支行联结起来。没有这样的系统，这一切都是不可能实现的。

第二节　财政国库集中收付的范围与内容

按照财政国库管理制度的基本要求，建立国库单一账户体系，所有财政性资金都纳入国库单一账户体系管理，收入直接缴入国库和财政专户，支出通过国库单一账户体系支付到商品和劳务供应者或用款单位。

一、建立国库单一账户体系

国库单一账户体系是指将所有的财政资金集中于一家银行的账户，同时所有的财政支出均能通过这一账户进行，建立国库单一账户体系是建立国库集中收付制度的前提。

（一）国库单一账户体系的组成

国库单一账户体系主要包括：

1. 财政部门在人民银行开设国库单一账户。
2. 财政部门按资金使用性质在代理商业银行开设零余额账户；在代理商业银行为预算单位开设零余额账户。
3. 财政部门在代理商业银行开设预算外资金财政专户。
4. 财政部门经国务院及省政府批准或授权，根据国家、省、市有关规定开设过渡性财政专户（以下简称特设专户）。如粮食风险基金专户等。

建立国库单一账户体系后，预算单位的全部财政性资金逐步纳入国库单一账户体系管理。

（二）国库单一账户体系中各类账户的功能

国库单一账户体系中的各类账户的主要功能为：

1. 国库单一账户为国库存款账户，用于记录、核算和反映纳入预算管理的财政收入和支出活动。按收入和支出设置分类账，收入账按预算科目进行明细核算，支出账按资金使用性质设立分账册。该账户与财政零余额账户、预算单位零余额账户、特设专户进行清算，实现支付。
2. 财政部门的零余额账户，用于财政直接支付业务，与国库单一账户和预算外资金财政专户清算。
3. 预算单位的零余额账户，用于财政授权支付（含提现）业务，与国库单一账户和预算资金财政专户清算。
4. 特设专户，用于记录、核算和反映预算单位的特殊专项支出活动，并与国库单一账户清算。

上述账户和专户要与财政部门及其支付执行机构、各级国家金库和预算单位的会计核算保持一致性，相互核对有关账务记录。

在财政库行横向联网的基础上，逐步实现由国库单一账户核算所有财政性资金的收入和支出。

二、规范收入收缴程序

规范收入收缴程序就是将财政收入的收缴通过直接缴库或集中汇缴程序缴入国库，是国库集中收付制度的具体要求。

（一）收入类型

按政府收支分类标准，对财政收入实行分类。主要为税收收入、小额零散税收收入、非税收入和法律另有规定的应缴收入等。

（二）收缴方式

适应财政国库管理体制改革的要求，将财政收入的收缴分为直接缴库和集中汇缴。

第十章 国库集中收付实务

1. 直接缴库程序。

直接缴库的税收收入，由纳税人或税务代理人提出纳税申报，经征收机关审核无误后，由纳税人通过开户银行将税款缴入国库单一账户。直接缴库的其他收入，比照上述程序缴入国库单一账户或财政专户。

2. 集中汇缴程序。

小额零散税收和法律另有规定的应缴收入，由征收机关于收缴收入的当日汇总缴入国库单一账户。非税收入中的现金缴款，比照本程序缴入国库单一账户或财政专户。

（三）收缴程序

收缴程序分为直接缴库程序和集中汇缴程序，具体内容为：

1. 直接缴库程序。

直接缴库的税收收入，由纳税人或税务代理人提出纳税申报，经征收机关审核无误后，由纳税人通过开户银行将税款纳入国库单一账户；直接征缴的非税收入，由缴款义务人按照有关规定，持执收单位开具的《非税收入缴款通知单》到银行缴款，直接将款项缴入预算外资金财政专户。缴款义务人凭回单到执收单位办理有关手续；直接缴库的其他收入，比照上述程序缴入国库单一账户或财政专户。

2. 集中汇缴程序。

小额零散税收和法律另有规定的应缴收入，由征收机关收缴收入的当日汇总缴入国库单一账户。

规范收入退库管理。涉及从国库中退库的，依照法律、行政法规有关国库管理的规定执行。

三、规范支出拨付程序

国库集中支付制度对支出类型、支付的方式和支付流程都做了较为详细的规定。

（一）支出类型

财政支出根据支付管理的需要，具体分为：

1. 工资支出，即预算单位已纳入工资统一发放范围的工资性支出；
2. 购买支出，即实行国库集中支付改革的预算单位除工资支出、零星支出之外购买服务、货物、工程项目等支出；
3. 零星支出，即实行国库集中支付的预算单位购买支出中的日常小额部分，除《政府采购品目分类表》所列品目以外的支出，或列入《政府采购品目分类表》所列品目，但未达到规定数额的支出；
4. 转移支出，即拨付给实行国库集中支付改革的预算单位或下级财政部门，未指明具体用途的支出，拨付企业补贴和未指明具体用途的资金以及一般性转移支付等。

（二）支付方式

按照不同的支付主体，对不同类型支出，分别实行财政直接支付和财政授权支付。

1. 财政直接支付。

由财政部门开具支付令，通过国库单一账户体系，直接将财政资金支付到收款人（即商品和劳务供应者，下同）或用款单位账户。

2. 财政授权支付。

预算单位根据财政部门授权，自行开具支付令，通过国库单一账户体系将资金支付到收款人账户。实行财政授权支付的支出包括未实行财政直接支付的购买支出和零星支出。

财政直接支付和财政授权支付的具体支出项目，由财政部门在确定部门预算或制定改革试点的具体实施办法中列出。

（三）支付程序及流程

财政集中支付程序和流程有财政直接支付程序和财政授权支付程序。具体内容为：

1. 财政直接支付程序和流程。

（1）财政直接支付程序。预算单位按照批复的部门预算和资金使用计划，向财政支付执行机构提出支付申请，财政支付执行机构根据经部门预算机构及财政国库管理机构批复的部门预算和资金使用计划及相关要求对支付申请审核无误后，向代理商业银行发出支付令，并通知各级国家金库，通过代理商业银行将财政资金划拨到收款人的银行账户。每日营业终了前由国库单一账户与代理商业银行进行清算。

（2）财政直接支付流程。由预算单位按批准的部门预算和用款计划，向财政部门提出支付申请，财政部门审核无误后，向代理银行签发支付令，并同时向中国人民银行国库部门发出支付信息，通过清算系统，实现支付并与国库单一账户进行清算，财政资金从国库单一账户直接划拨到收款人银行账户，详见财政直接支付流程图（见图10-1）。

2. 财政授权支付程序和流程。

（1）财政授权支付程序。预算单位按照批复的部门预算和资金使用计划，向财政支付执行机构申请授权支付的月度用款限额，财政支付执行机构将经部门预算机构及财政国库管理机构批准后的限额通知代理商业银行和预算单位，并通知各级国家金库。预算单位在月度用款限额内，自行开具支付令，通过代理银行向收款人付款，并与国库单一账户清算。

基金和其他财政性资金的支付，比照上述程序实施。

（2）财政授权支付流程。由预算单位按照批准的部门预算和用款计划，向财政部门提出授权支付的月度用款限额，财政部门批准月度用款限额后，通知代理银行，并同时通知中国人民银行国库部门，预算单位在月度用款限额内，自行开出支付令，通过财政支付执行机构转由代理银行实现支付，并进入全国银行清算系统，与国库单一账户进行清算，详见财政授权支付流程图（见图10-2）。

第十章 国库集中收付实务

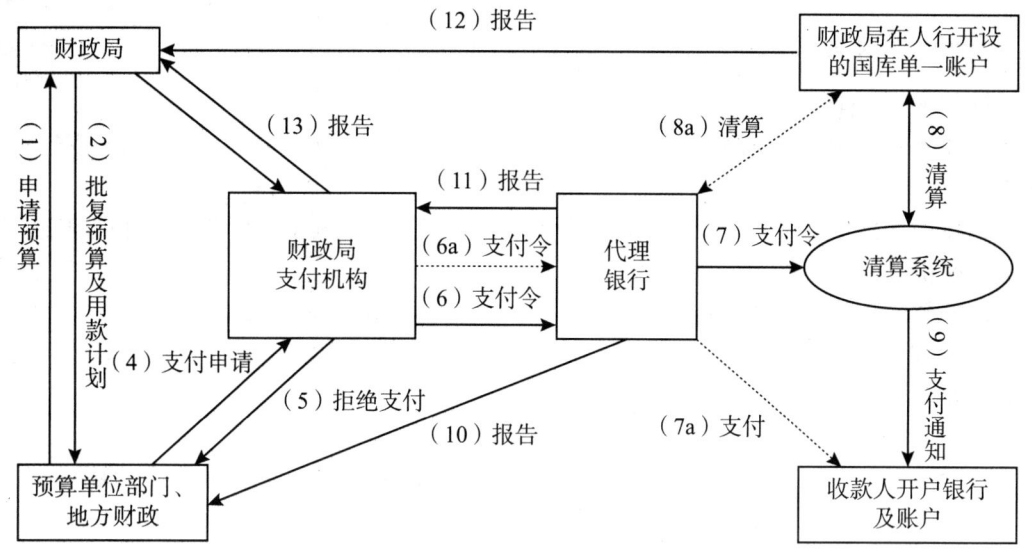

图 10-1 财政直接支付流程

说明：
1. 步骤（1）、（2）系指预算及用款计划的编制、申请及批复过程；
2. 实线部分是以电子化的银行清算系统为基础的支付流程；
3. 虚线部分（6a）、（7a）、（8a）表示未实现电子化的银行清算系统之前的支付流程。

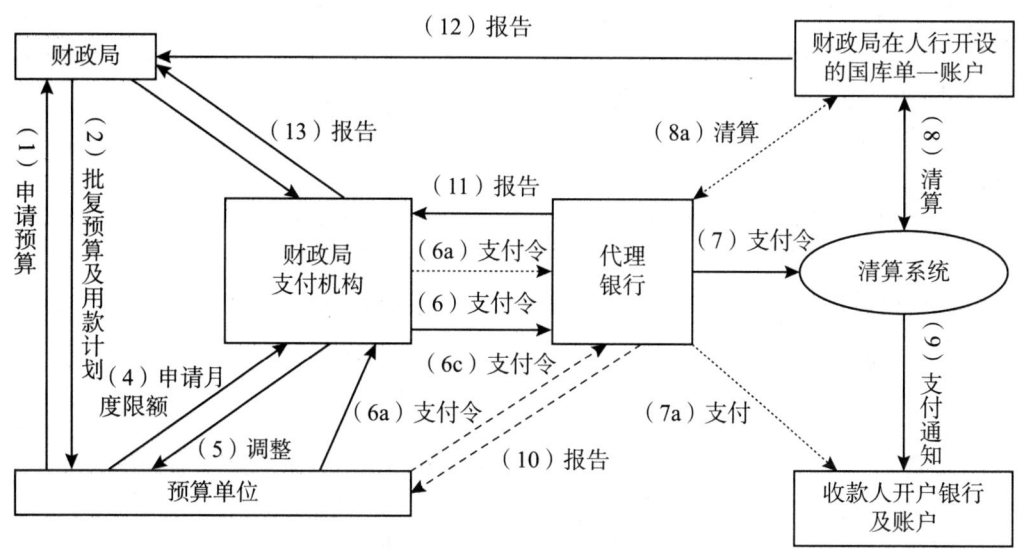

图 10-2 财政授权支付流程

说明：
1. 预算单位支付信息通过代理银行向支付机构报告，必要时，可增加预算单位向支付机构的直接报告；
2. 虚线部分为（6a）、（7a）、（8a）、（10）表示未实现电子化的银行清算系统之前的支付流程。

四、各有关部门的职责

各级财政部门、各级国库金库、预算单位和代理商业银行等有关部门的职责划分是：

公共组织财务管理与组织治理实务

（一）财政部门

财政部门的具体职责包括以下方面：

1. 组织财政国库管理制度改革的实施，制定国库集中支付的有关管理办法和规章制度。
2. 审核批准预算单位零余额账户的月度授权支付额度和现金支付额度，办理财政直接支付业务和划拨资金事项；组织账务核对工作。
3. 对预算执行、资金支付、财政决算中的重大事项组织调查。
4. 会同国家金库选择代理商业银行，协调预算单位、代理商业银行和其他有关部门的相关业务工作。
5. 负责财政网络的开发和维护管理工作。
6. 审核预算单位支付申请，主要内容包括：用款是否符合预算；是否按规定申请使用资金；是否根据合同条款支付资金；是否按项目进度申请使用资金。
7. 负责国库单一账户和财政专户及特设专户的开户、销户等相关工作。

（二）国库金库

国库金库的具体职责包括以下方面：

1. 制定财政性资金银行支付清算业务的相关制度，配合财政部门管理和监督财政国库管理制度改革的实施；
2. 制定代理商业银行的资格标准，负责代理商业银行的资格认定，负责对代理财政性资金支付清算业务的代理商业银行进行检查监督；
3. 为财政部门开设国库存款账户，办理国库存款账户与代理商业银行的收支清算业务；
4. 定期向财政部门国库管理机构报送国库存款账户的支出情况，与财政部门国库管理机构对国库存款账户的库存余额，确保数字一致；
5. 配合财政部门制定财政国库管理制度改革的有关政策制度。

（三）一级预算单位

一级预算单位的具体职责包括以下方面：

1. 负责按部门预算管理使用财政性资金，并做好相应的财务管理和会计核算工作；
2. 负责本部门及所属单位的财政性资金支付管理的相关工作；
3. 组织本部门及所属单位编制物品、服务采购计划、用款计划；
4. 管理工程进度、工程质量；
5. 配合财政部门对本部门及所属单位预算执行、资金申请与拨付和账户管理等情况进行监督管理。汇总报送所属预算单位年终决算报表；
6. 对通过网络打印和报送的各项凭证的真实性和合法性负责，保证国库集中支付计算机管理系统终端的正常和安全运行。

（四）基层预算单位

基层预算单位的具体职责包括以下方面：

第十章 国库集中收付实务

1. 负责按单位预算使用财政性资金,并做好相应的财务管理和会计核算工作;
2. 负责组织管理本单位的招标投标工作;
3. 负责编制用款计划;
4. 负责提出财政直接支付申请,提供有关申请所需凭证,并保证凭证的真实性、合法性;
5. 负责本单位的项目进度、工程质量;
6. 根据财政授权支付管理规定,签发支付指令,通知代理商业银行支付资金。

(五)代理商业银行

代理商业银行的具体职责包括以下方面:

1. 按照与财政部门签订的委托代理协议及有关规定,及时、准确、便捷、高效、安全地办理零余额账户、财政专户及特设专户的财政性资金收付、清算业务。根据账户管理规定,严格按照财政部门的支付指令和财政授权额度支付资金,不得违规支付资金。妥善保管财政部门及预算单位提供的财政支付的各种单据、资料,并负有保密义务。
2. 按要求向财政部门和国家金库及时反馈财政直接支付与财政授权支付信息,提供资金支付实时动态信息。
3. 与国家金库签订代理财政性资金银行支付清算协议,并定期向财政部门、国家金库和预算单位反馈支出情况、提供对账单并对账。
4. 接受财政部门和国家金库的管理监督。

第三节 公务卡管理制度

公务卡,是指预算单位工作人员持有的,主要用于日常公务支出和财务报销业务的信用卡。推行公务卡是进一步深化国库集中支付制度改革,规范预算单位财政授权支付业务,减少现金支付结算,提高财政支出透明度,加强公共财政管理与监督,方便预算单位用款,加强财政领域防腐体系建设的重要制度创新。

一、预算单位的职责

预算单位在公务卡管理工作中的主要职责是:

1. 选择本单位公务卡发卡行,签订公务卡服务协议。
2. 组织本单位工作人员统一办公务卡,做好新增、调动、退休等人员的公务卡管理工作。
3. 督促本单位持卡人及时办理公务卡项下公务消费支出的财务报销手续。
4. 协助发卡行向本单位有逾期欠款的持卡人催收欠款。
5. 通过公务卡支持系统,审核本单位持卡人提请报销的公务卡消费信息,及时办理公务卡报销还款和资金退回等业务,及时下载保存报销还款信息,做好相关财务处理工作,并按月与发卡行就公务卡报销还款情况进行对账。

6. 配合财政部门做好公务卡监督管理等有关工作。

二、公务卡管理制度内容和操作流程

公务卡管理制度对公务卡的种类、授信额度以及具体的操作流程都有详细的规定，具体为：

（一）银行授信额度

公务卡为信用卡，持卡人不需要事先存入资金。公务卡的信用额度，由预算单位根据银行卡管理规定和业务需要，与发卡行协商设定。原则上每张公务卡的信用额度不超过5万元，不少于2万元。

（二）个人持卡支付

公务卡主要用于公务支出的支付结算。公务支出发生后，由持卡人及时向所在单位财务部门申请办理报销手续。公务卡也可用于个人支付结算业务，但不得办理财务报销手续，单位不承担私人消费行为引致的一切责任。持卡人在执行公务中原则上不允许通过公务卡提取现金。确有特殊需要，应当事前经过单位财务部门批准，未经批准的提现业务，提现手续费等费用由持卡人承担。

（三）单位报销还款

持卡人使用公务卡消费结算的各项公务支出，必须在发卡行规定的免息还款期内，到所在单位财务部门报销。因个人报销不及时造成的罚息、滞纳金等相关费用，由持卡人承担；因持卡人所在单位报销不及时造成的利息等费用，以及由此带来的对个人资信影响等责任，由单位承担。确因工作需要，持卡人不能在规定的免息还款期内返回单位办理报销手续的，可由持卡人或其所在单位相关人员向单位财务部门提供持卡人姓名、交易日期和每笔交易金额的明细信息，办理相关借款手续，经财务部门审核批准，于免息还款期之前，先将资金转入公务卡，持卡人返回单位后按财务部门规定时间补办报销手续。

因向供应商退货等原因导致已报销资金退回公务卡的，持卡人应及时将相应款项退回所在单位财务部门，并由单位财务部门及时退回零余额账户。

第十一章 政府采购管理实务

政府采购是我国经济领域的一次实质性变革,它的意义远远超出经济范畴。它有利于加强政府系统的廉政建设,提高财政资金的使用效率,实现推进国家经济和社会发展的政策目标。目前,我国的政府采购规模已十分庞大,"十一五"期间,政府采购规模由2005年的2 928亿元,增加到2010年的8 422亿元,年均增长23.5%。

第一节 政府采购管理规定

现代政府采购制度是以市场机制为基础、以强制竞争制度为核心构建的一整套法律关系。这一制度源自于西方国家,至今已有200多年的历史,而在我国,政府采购制度的建立只有十余年,各项管理规定还在不断完善和发展过程中。

一、政府采购的概念和特点

政府采购(Government Procurement)的制度最早出现于18世纪的英国,当时英国政府成立"文具公用局",负责采购政府所需货物和服务,为此建立了一套特有的政府采购程序和规章,并提出超过一定金额的政府采购合同必须公开招标。

具体的政府采购定义,学术界尚没有统一、规范的定义。根据我国《政府采购法》,其定义为:政府采购是各级国家机关、事业单位和团体组织,使用财政性资金依法制定的集中采购目录以内的或者采购限额标准以上的货物、工程和服务的行为。由此可知,我国的政府采购具有以下特点:

(一)公共性

政府采购的行为主体是各级国家机关、事业单位和团体组织,进行采购的目的是为了满足社会公众的公共需要,资金来源是财政性资金,包括社会公众缴纳的税收和行政事业性收费。所以,政府采购无论从目的还是资金来源来说都具有公共性。

(二)集中性

政府采购的方式包括集中采购和分散采购,但集中采购无论从以往执行的比重上,还是从未来发展的趋势上,都占据着主要位置,可以说政府采购就是集中采购。集中性有利于政府实现规模效益、防范操作风险。

（三）调节性

政府采购的对象是集中采购目录以内的或者采购限额标准以上的货物、工程和服务。集中采购目录一般每两年公布一次，内容涵盖货物、工程、服务等，而采购限额标准一般较高，如办公家具只针对单项或批量金额在 2 万元以上的木质或钢制的家具，所以政府采购的范围广、规模大、总价高，在一定程度上能够影响经济活动的进行程度，成为政府宏观调控的一种手段，用以弥补市场在资源配置上的不足。

二、政府采购内容

按照国际通行的做法，一般将政府采购的内容归纳为货物、工程和服务三大类，以便于管理和统计。

（一）货物类

货物是指各种形态和种类的物品，如原材料、燃料、设备、产品等。根据《中央预算单位 2015~2016 年政府集中采购目录》，委托集中采购机构代理采购的货物如表 11-1 所示。

表 11-1　　　　2015~2016 年政府集中采购目录（货物类）

目录项目	适用范围	备注
一、货物类		
台式计算机		不包括图形工作站
便携式计算机		不包括移动工作站
计算机软件		指非定制的通用商业软件，不包括行业专用软件
服务器		10 万元以下的系统集成项目除外
计算机网络设备		指网络交换机、网络路由器（单项或批量金额 1 000 元以下的除外）、网络存储设备、网络安全产品。10 万元以下的系统集成项目除外
复印机		
视频会议系统及会议室音频系统		指视频会议多点控制器（MCU）、视频会议终端、视频会议系统管理平台、录播服务器、中控系统、会议室音频设备、信号处理设备、会议室视频显示设备、图像采集系统
多功能一体机		
打印设备		指喷墨打印机、激光打印机、热式打印机。外交专用的外交文书打印设备、贴纸（签证、认证）打印机、护照打印机、护照加注及旅行证打印机除外，公安出入境制证设备及制证用打印机除外
传真机		

第十一章 政府采购管理实务

续表

目录项目	适用范围	备注
扫描仪		包括平板式扫描仪、高速文档扫描仪、书刊扫描仪和胶片扫描仪。档案、工程专用的大幅面扫描仪除外，外交专用的护照照片扫描仪除外
投影仪		
复印纸	京内单位	
电视机	京内单位	
打印用通用耗材	京内单位	指非原厂生产的兼容耗材
乘用车		指单价在5万元以上的轿车、越野车、商务车、皮卡，包含新能源汽车
客车		指单价在5万元以上的小型客车、大中型客车，包含新能源汽车
电梯	京内单位	指单价在10万元以上的电梯
空调机		指除中央空调（中央空调指冷水机组、溴化锂吸收式冷水机组、水源热泵机组等）以外的空调
办公家具	京内单位	指单项或批量金额在5万元以上的木制或木制为主、钢制或钢制为主的家具

此外，还包括部门集中采购目录中由各部门根据各自特殊需要而统一配置的货物，如气象部门统一购置的能见度仪、雷达等，以及单项或批量金额达到50万元以上的自行采购的货物。

（二）工程类

工程是指建设工程，包括建筑物和构筑物的新建、扩建、改建、装修、修缮等。

根据《中央预算单位2015~2016年政府集中采购目录》，委托集中采购机构代理采购的工程如表11-2所示。

表11-2　　　　2015~2016年政府集中采购目录（工程类）

二、工程类		
限额内工程	京内单位	指中央国家机关各部门及其在京所属各级行政事业单位使用财政性资金投资预算在60万至200万元之间的建设工程
装修工程	京内单位	指中央国家机关各部门及其在京所属各级行政事业单位使用财政性资金投资预算在60万元以上，与建筑物、构筑物新建、改建、扩建无关的单独的装修工程

续表

二、工程类		
拆除工程	京内单位	指中央国家机关各部门及其在京所属各级行政事业单位使用财政性资金投资预算在60万元以上，与建筑物、构筑物新建、改建、扩建无关的单独的拆除工程
修缮工程	京内单位	指中央国家机关各部门及其在京所属各级行政事业单位使用财政性资金投资预算在60万元以上，与建筑物、构筑物新建、改建、扩建无关的单独的修缮工程

此外，还包括部门集中采购目录中由各部门根据各自特殊需要而统一配置的工程项目，如海关总署进行的集装箱检查设备维护、缉私船艇维修等，以及单项或批量金额达到60万元以上的自行采购的工程项目。

（三）服务类

服务是指政府为满足社会公共需要，利用财政资金提供的使社会成员共同受益的各项服务，包括各类专业类服务、信息网络开发服务、金融保险服务、运输服务以及维修与维护服务等。

根据《中央预算单位2015~2016年政府集中采购目录》，委托集中采购机构代理采购的服务如表11-3所示。

表11-3　　　　　2015~2016年政府集中采购目录（服务类）

三、服务类		
车辆维修保养及加油服务	京内单位	
机动车保险服务		京外中央预算单位可择优选择是否属地化采购
车辆租赁服务		京外中央预算单位可择优选择是否属地化采购
合同能源管理服务		中央预算单位与节能服务公司以合同形式约定节能目标，节能服务公司提供必要的服务，中央预算单位以节能效益支付节能服务公司投入及其合理利润的服务项目
印刷服务	京内单位	指单项或批量金额在5万元以上的本单位文印部门（含本单位下设的出版部门）不能承担的票据、证书、期刊、文件、公文用纸、资料汇编、信封等印刷业务，不包括海关业务单证印刷、车辆购置税完税证明印制、增值税专用发票印制、增值税普通发票印制、印花税票印制、航空运输电子客票行程单印制
会议服务	京内单位	
工程造价咨询服务	京内单位	

第十一章 政府采购管理实务

续表

三、服务类		
工程监理服务	京内单位	指对建设工程（包括建筑物和构筑物的新建、改建、扩建、装修、拆除、修缮）的监理
物业管理服务	京内单位	指单项或批量金额在50万元以上的本单位物业管理服务部门不能承担的，用于机关办公场所水电供应、设备运行、建筑物门窗保养维护、保洁、保安、绿化养护等项目

此外，还包括部门集中采购目录中由各部门根据各自特殊需要而统一配置的工程项目，如质检总局的行业应用软件开发服务、软件运维服务等，以及单项或批量金额达到50万元以上的自行采购的工程项目。

三、政府采购当事人

根据《中华人民共和国政府采购法》，政府采购当事人是指在政府采购活动中享受权利和承担义务的各类主体，包括采购人、供应商和采购代理机构等。

（一）采购人

采购人是指依法进行政府采购的国家机关、事业单位和团体组织。

（二）供应商

供应商是指向采购人提供货物、工程或者服务的法人、其他组织或自然人。采购人可以根据采购项目的特殊要求，规定供应商的特定条件或要求参加政府采购的供应商提供有关资质证明文件、业绩情况等，但不得对其进行差别待遇或歧视待遇。

参加政府采购的供应商一般应当具备的条件是：
1. 具有独立承担民事责任的能力；
2. 具有良好的商业信誉和健全的财务会计制度；
3. 具有履行合同所必需的设备和专业技术能力；
4. 有依法缴纳税收和社会保障资金的良好记录；
5. 参加政府采购活动的前三年内，在经营活动中无重大违法记录；
6. 法律、行政法规规定的其他条件。

（三）采购代理机构

采购代理机构是由国家设立或认可的、主要从事政府采购代理业务的独立法人。在政府采购活动中，它受采购人的委托，以采购人的名义，在委托范围内办理政府采购事宜。根据其性质，采购代理机构一般分为集中采购代理机构和社会中介采购代理机构两种。

1. 集中采购代理机构，是根据政府和公共事业部门的委托办理采购事宜的非营利事业法人。设区的市、自治州以上人民政府根据本级政府采购项目组织集中采购的需要设立集中采购机构。

2. 社会中介采购代理机构，是受企业或民间团体的委托提供采购代理业务的营利组织。社会中介采购代理机构要从事政府采购代理业务，必须获得国务院有关部门或者省人民政府有关部门的资格认证，才能接受政府采购业务委托。

第二节 政府采购操作实务

政府采购在实践中逐渐形成了一系列操作规则，包括采购方式、采购流程、采购模式和监管方法等。各国都对政府采购的操作制定了明确的规定，以规范政府采购的行为。

一、政府采购方式

根据《中华人民共和国政府采购法》，我国的政府采购方式分为：公开招标、邀请招标、竞争性谈判、单一来源采购、询价和国务院政府采购监督管理部门认定的其他采购方式。其中，公开招标应作为政府采购的主要采购方式。

（一）公开招标

公开招标要求采购人按照法定程序公开发布招标公告，邀请所有潜在的、不特定的供应商参与投标，采购人通过事先确定的标准从所有投标中择优评选出供应商，与之签订政府采购合同。它具有公开性、竞争性、公平性的特点，是世界各国以及国际组织进行政府采购的主要方式。

对于货物、服务采购而言，依据法律规定，在招标数额标准以上的采购项目，一律要求采用公开招标的方式。法律对于公开招标方式的例外情况作出了详细而严格的规定，政府采购人不得擅自采用其他采购方式，如因特殊情况需要采取公开招标以外的采购方式，必须在采购活动开始之前，获得设区的市、自治州以上政府财政部门的批准。

对于工程采购而言，根据《招投标法》的规定在中国境内进行下列工程建设项目，包括项目勘察、设计、施工、监理以及与工程建设有关的重要设备、材料等的采购，必须进行招标：一是大型基础设施、公用事业等涉及社会公共利益、公众安全的项目；二是全部或者部分使用国有资金或者国家融资的项目；三是使用国际组织或者外国政府贷款、援助资金的项目。

严禁化整为零，将达到法定公开招标数额的政府采购项目自行切割为若干个均在法定数额以下的小项目，以达到逃避公开招标采购目的的行为受到法律的严格禁止。

（二）邀请招标

符合下列情形之一的货物或者服务，可以依照本法采用邀请招标方式采购：具有特殊性，只能从有限范围的供应商处采购的；采用公开招标方式的费用占政府采购项目总价值的比例过大的。

货物或者服务项目采取邀请招标方式采购的，采购人应从符合相应资格条件的供应商

第十一章 政府采购管理实务

中,通过随机方式选择三家以上的供应商,并向其发出投标邀请书。

(三) 竞争性谈判

符合下列情形之一的货物或者服务,可以依照本法采用竞争性谈判方式采购:招标后没有供应商投标或者没有合格标的或者重新招标未能成立的;技术复杂或者性质特殊,不能确定详细规格或者具体要求的;采用招标所需时间不能满足用户紧急需求的;不能事先计算出价格总额的。

采用竞争性谈判方式采购的,应当遵循下列程序:

1. 成立谈判小组。谈判小组由采购人的代表和有关专家共三人以上的单数组成,其中专家的人数不得少于成员总数的 2/3。

2. 制定谈判文件。谈判文件应当明确谈判程序、谈判内容、合同草案的条款以及评定成交的标准等事项。

3. 确定邀请参加谈判的供应商名单。谈判小组从符合相应资格条件的供应商名单中确定不少于三家的供应商参加谈判,并向其提供谈判文件。

4. 谈判。谈判小组所有成员集中与单一供应商分别进行谈判。在谈判中,谈判的任何一方不得透露与谈判有关的其他供应商的技术资料、价格和其他信息。谈判文件有实质性变动的,谈判小组应当以书面形式通知所有参加谈判的供应商。

5. 确定成交供应商。谈判结束后,谈判小组应当要求所有参加谈判的供应商在规定时间内进行最后报价,采购人从谈判小组提出的成交候选人中根据符合采购需求、质量和服务相等且报价最低的原则确定成交供应商,并将结果通知所有参加谈判的未成交的供应商。

(四) 单一来源采购

符合下列情形之一的货物或者服务,可以依照本法采用单一来源方式采购:只能从唯一供应商处采购的;发生了不可预见的紧急情况不能从其他供应商处采购的;必须保证原有采购项目一致性或者服务配套的要求,需要继续从原供应商处添购,且添购资金总额不超过原合同采购金额10%的。

采取单一来源方式采购的,采购人与供应商应当遵循本法规定的原则,在保证采购项目质量和双方商定合理价格的基础上进行采购。

(五) 询价

采购的货物规格、标准统一、现货货源充足且价格变化幅度小的政府采购项目,可以采用询价方式采购。采取询价方式采购的,应当遵循下列程序:

1. 成立询价小组。询价小组由采购人的代表和有关专家共三人以上的单数组成,其中专家的人数不得少于成员总数的 2/3。询价小组应当对采购项目的价格构成和评定成交的标准等事项作出规定。

2. 确定被询价的供应商名单。询价小组根据采购需求,从符合相应资格条件的供应商名单中确定不少于三家的供应商,并向其发出询价通知书让其报价。

3. 询价。询价小组要求被询价的供应商一次报出不得更改的价格。

4. 确定成交供应商。采购人根据符合采购需求、质量和服务相等且报价最低的原则确定成交供应商,并将结果通知所有被询价的未成交的供应商。

(六) 协议供货

协议供货,是指通过公开招标方式确定协议供货的供应商和协议产品。在协议有效期内,采购人直接或通过谈判或询价等方式与协议供应商签订供货合同的一种采购方式。

日常采购工作中,国家设置或批准的采购中心会定期进行公开招标方式,再将中标的供应商和协议商品制作成目录以供各相关单位查阅使用。

(七) 政府批量集中采购

政府批量集中采购是对一些通用性强、技术规格统一、便于归集的政府采购品目,由采购人按规定标准归集采购需求后交由集中采购机构统一组织采购的一种采购模式。我国自2011年开始在中央各部门及其下属单位推广这种采购方式,最初仅有台式计算机和打印机两种品目进行批量集中采购,现在根据财政部《中央预算单位批量集中采购管理暂行办法》,国务院公布的《中央预算单位政府集中采购目录及标准》中的集中采购机构采购品目在逐步纳入批量集中采购范围。

二、政府采购流程

政府采购的流程是指采购人根据工作需要拟定采购计划、申请采购资金、资金下达后采购活动的实施到采购完成后进行的绩效评价的全部过程,具体步骤包括政府采购预算和计划编制、政府采购活动实施、合同签订和履行等。

(一) 政府采购预算编制

政府采购资金主要来自于国家财政预算,这就决定了对政府采购必须实行预算管理。采购人应根据国民经济和社会发展计划,编制列有采购项目、用途及资金等栏目的政府采购预算表,作为部门预算的组成部分,报财政部门审核,最后报统计人大审批。

采购人在编制政府采购预算过程中,要充分考虑当年预算编制的政策要求和财力情况,尽可能将支出预算的有关项目或品目在政府采购预算中列示,使政府采购的物品满足单位日常管理和履行职责的需要,避免预算过高造成浪费、预算过低导致质量得不到保证。

(二) 政府采购计划

根据批复的政府采购预算,采购人要编制政府采购计划。政府采购计划按时间可分为月度、季度、年度计划,采购人应根据工作需要和资金安排情况,合理确定实施进度,提前提出采购计划申请,避免突击性、临时性的采购。对于纳入年度预算的项目,为及时完成本预算年度的各项预算支出任务,便于采购资金的支付、结算,采购人应当尽量在10月底前提出采购申请,以确保当年计划在年内实施。

各基层单位要将"政府采购计划执行申请表"报送主管预算管理单位,各主管预算管

第十一章 政府采购管理实务

理单位应及时将下属单位报送的计划进行审核、汇总,将汇总的"政府采购计划执行申请表"报送同级财政部门。

为提高政府采购工作效率,我国许多公共组织开始使用政府采购信息系统,各部门各单位通过网络直接将采购计划提交给财政部门审核,并可以查询采购计划审核情况、采购计划执行状态以及采购资金的支付情况等信息。

(三) 政府采购活动实施

根据不同的政府采购方式有不同的实施程序。对于纳入集中采购目录的采购项目又分为政府集中采购项目和部门集中采购项目,由不同的机构负责组织实施。因此,采购人需要对采购项目进行分类,并确定相应的组织实施机构。其中,属于政府集中采购的项目,必须委托给集中采购机构进行采购。

确定采购模式之后,采购人或集中采购机构应选择采购的具体方式。目前,我国有公开招标、邀请招标、竞争性谈判、单一来源采购、询价等方式,其中公开招标是政府采购的主要方式,如果要采取其他采购方式需要在采购开始之前获得市级以上财政部门的批准。

(四) 合同的签订和履行

采购方式确定以后,应按照法定的采购程序进行采购,最终按照事先确定的评标或者确定成交的标准,确定中标或者成交供应商,向其发送中标或成交通知书,并由采购人与之签订书面采购合同。随后,在采购合同签订起7个工作日内,将合同副本报送同级政府采购监督管理部门备案,作为财政拨款的依据。

采购人要对供应商的履约情况进行验收,以确保采购货物、服务或工程的质量。履约验收的基本内容有:检查供应商是否按照合同约定的时间、地点、方式履约,是否提供了与合同约定相符的货物型号或配置、服务,是否存在缺少应有的配件、附件、材料的情况,是否存在货物、服务、工程的数量、质量、性能、功能不符合合同约定的情况等。履约验收的基本程序是:成立验收工作组,对于采购金额较大、技术复杂的项目,原则上应由国家认可的专业质量检测机构负责验收,或由采购人、代理机构会同专业机构共同验收;制定验收方案,包括项目情况、验收时间、验收方法、验收内容等;组织验收,验收过程要制作记录,结束后要由验收工作组主要负责人在验收书上签署验收意见;如发现供应商未按合同履约的,应立即通知供应商,并在验收报告上注明违约情况。

采购人在政府采购项目完成并验收之后,由财政部门按照采购人的验收结算手续和政府采购合同中确定的付款方式、付款金额,经由政府采购的资金专户直接向中标供应商付款结算的过程。

三、政府采购监管

对政府采购的监督是政府采购管理的一项主要内容。在过去的财务管理活动中,对政府采购的监督主要是事后监督,也就是在采购活动完成之后,通过验收、财务检查或者审计等途径发现采购过程中的问题,但为时已晚,只能亡羊补牢。所以,现在越来越多的公共组织在提倡开展过程监督,即从政府采购的每一事项、每一过程和每一环节上事无巨细地纳入监督体系。

(一) 对政府采购预算和计划的审核

主要是财政部门和上级主管部门,对各采购人报送的采购预算和计划,从预算编制合理性、采购项目必要性、采购资金落实情况等审核政府采购预算,再根据预算和政府采购执行情况等审核政府采购计划,发现问题及时提出建议。

(二) 对政府采购方式选择环节的控制

政府采购有五种方式,每一种都要符合一定的条件,那么监督部门就需要对采购单位是否符合相关的条件进行审查,审查不通过的就不能进行相关的采购。

(三) 对政府采购专家选取环节的监督

无论哪一种政府采购方式,都离不开政府采购专家的评审获得,专家的选择直接关系到政府采购的质量,监督部门就必须高度重视专家评审环节的选取工作,是否从专家库中选取,是否采用随机抽取方式,选取专家数量是否满足5人以上单数等要求。

(四) 对政府采购质疑和投诉环节的监督

主要表现为对质疑答复时间、答复内容、答复阶段工作责任性、对质疑处理档案、对供应商投诉等的监督和处理。

(五) 对政府采购合同履行环节的监督

监督合同文本是否存在风险,合同备案登记时间是否超过7个工作日,如果是财政直接支付资金,财政部门需要认真审核相关材料等。

第三节 政府采购改革发展

政府采购制度在我国开始的时间较晚,目前还处于不断发展和完善的阶段。认识政府采购制度的发展历程,了解目前实施的最新政策,关注政府采购操作过程中的风险点,对于政府采购实施和监管大有裨益。

一、政府采购制度的发展历程

政府采购自产生起便同时配套起一系列规章制度和程序。瑞士是世界上较早具有完善的政府采购制度的国家之一,他们的政府采购制度距今已有二百多年历史。1861年,美国通过联邦政府采购法,规定了采购机构和采购官所应遵守的程序和方法。

我国的政府采购制度形成较晚。20世纪90年代发布《中华人民共和国招标投标法》时首次引入政府采购的概念,之后财政部门开始研究探索现代政府采购制度。1999年4

第十一章 政府采购管理实务

月,财政部印发了《政府采购管理暂行办法》,对政府采购行为进行规范;2000年10月,财政部又印发《政府采购运行规程暂行规定》,对政府采购运行机制进行规范;2001年2月,财政部和中国人民银行联合印发《政府采购资金财政直接拨付管理暂行办法》,对政府采购资金进行监督管理;2003年第一部《政府采购法》正式实施,从而对于政府采购行为有了法律层面的制度性规范;2004年根据政府采购法,财政部又印发了《中央单位政府采购管理实施办法》,进一步推动和深化了中央单位政府采购制度改革。

二、我国政府采购制度的最新政策

时至今日,我国的政府采购制度已经初步形成了一套体系,建立了从国家层面的《政府采购法》,到财政部发布的各项规定、办法,再到各行政事业单位自行制定的政府采购管理实施办法,以及与政府采购相配套的招投标管理制度体系。

目前针对行政事业单位,除去已经废止的相关规定,正在实施中的政府采购和招投标管理的规定归纳如表11-4所示。

表11-4　　　　　　　　　政府采购管理规定汇总表

法规名称	发布时间	管理内容
《招投标法》	2000年	从法律层面对招标、投标、开标、评标和中标行为进行规范。
《建筑工程设计招标投标管理办法》	2000年	对建筑工程设计市场进行规范。
《国家科研计划课题招标投标管理暂行办法》	2002年	加强对课题招标投标活动的监督和管理。
《政府采购法》	2003年	从法律层面界定了政府采购的定义、采购当事人、采购方式、采购程序、政府采购合同、质疑与投诉处理、监督检查制度以及法律责任等内容。
《工程建设项目施工招标投标办法》	2003年	规范工程建设项目施工招标投标活动。
《政府采购评审专家管理办法》	2003年	加强评标专家的监督管理,健全评标专家库制度,保证评标活动规范合理。
《中央单位政府采购管理实施办法》	2004年	规范中央单位政府采购运行机制。
《政府采购货物和服务招标投标管理办法》	2004年	规范政府采购当事人的采购行为,对政府采购货物和服务招标投标活动进行监管。
《国办关于进一步规范招投标活动的若干意见》	2004年	国办要求各地政府、各部委和直属机构针对一些招投标活动中存在的不规范问题进行有针对性地整改。
《政府采购供应商投诉处理办法》	2004年	对政府采购投诉处理机制进行规范。
《政府采购信息公告管理办法》	2004年	对政府采购公告制度进行规范。
《工程建设项目货物招标投标办法》	2005年	对工程建设项目货物招投标活动进行规范。

续表

法规名称	发布时间	管理内容
《国办关于建立政府强制采购节能产品制度的通知》	2007年	要求各地方政府、各部委和直属机构发挥政府采购的政策导向作用,对部分节能效果显著、性能比较成熟的产品予以强制采购。
《中央单位政府集中采购管理实施办法》	2007年	规范中央单位集中采购运行机制。
《财政部关于加强政府采购货物和服务项目价格评审管理的通知》	2007年	规范采购人或采购机构在货物和服务项目采购过程中的价格评审机制。
《政府采购进口产品管理办法》	2008年	规范政府部门采购省级以上人民政府公布的政府集中采购目录以内或者采购限额标准以上的进口产品。
《中央单位变更政府采购方式审批管理暂行办法》	2009年	对中央单位变更政府采购方式审批程序进行的规范。
《发改委关于印发简明标准施工招标文件和标准设计施工总承包招标文件的通知》	2011年	对施工招标文件格式和内容等的规范。
《财政部关于对中央单位申请单一来源采购实行审核前公示相关问题的通知》	2011年	对中央单位单一来源采购审核前公示的规范。
《财政部关于进一步推进中央单位批量集中采购试点工作的通知》	2011年	对中央单位批量集中采购的规范和要求。
《国办关于印发中央预算单位2013~2014年政府集中采购目录及标准的通知》	2012年	2013~2014年度中央预算单位实施集中采购的目录。
《招投标法实施条例》	2012年	根据《招投标法》,对招投标活动做进一步规范。

由此表可以清晰地看出,从2000年《招投标法》实施以来的十几年间,我国的政府采购制度在逐步完善,相关的政策法规涵盖了采购内容、采购流程、采购监管、采购公告等方方面面,为政府采购的执行提供了有效的法律保障。

三、总会计师应关注的政府采购风险点

政府采购由于其复杂性、规模性以及公共性和效益性的冲突所引发的风险不仅仅关系到政府自身的运行和发展,更关系到整体经济的运行和社会公众的利益,其影响之广和防范的重要性可见一斑。政府采购中的常见风险主要包括固有风险和道德风险两类:

(一) 固有风险

这类风险主要是指由于市场的不确定性引发的风险。
1. 信息不对称和不完全。由于政府采购人和供应商存在信息不对称,政府采购人不能

第十一章 政府采购管理实务

完全掌握产品（包括服务）的价格、质量、性能和知识产权等方面的信息。

2. 价格波动。由于有些政府采购项目周期长，而市场的产品价格也时时处于波动中，这就会造成一定的风险。

3. 法律法规风险。由于法律法规的不完善或者没有对新出现的问题做出及时调整，就会出现一定的法律漏洞，况且我国还存在着《政府采购法》和《招投标法》并行的问题，有时会出现一定的冲突。

（二）道德风险

这类风险主要体现为政府采购各参与方的行为造成的风险。

1. 采购人的道德风险。政府采购人可能会从自身利益、部门利益以及地方利益出发影响政府采购活动，具体表现为：寻租腐败、豪华采购以及地方保护主义等。另外也可能出现采购人由于业务能力和专业知识的欠缺，出现不能正确选择采购方式，执行预算采购不够严谨，招标公告的设计和执行有漏洞等一系列问题，也可能引发较大风险。

2. 采购代理机构的道德风险。这主要体现为委托代理风险，采购代理机构可能从自身利益出发，出现勾结串谋风险，特别是大型工程项目招标采购中，被委托的招标机构大都是具有商业利益的企业法人，这就很难保证招标采购的公正性。

3. 供应商的道德风险。供应商出于利润最大化的目标，为赢得政府采购可能会出现围标串标、低价抢标、产品质量低劣和延期交货等问题，这会使政府采购处于较大的风险中。

第十二章 公共资产管理实务

资产是公共组织提供公共产品和公共服务的基本物质保障。有效的公共组织资产管理，有利于预算审核部门全面了解公共组织资产存量、使用和预算情况，实现资产的合理配置，通过建立健全资产登记、验收、保管、领用、处置等规章制度，能够有效避免资产流失，通过建立公共资产共享制度，能够提高公共资产的使用效果，通过进一步完善资产核算和信息披露，能够全面反映公共组织的资产信息。

第一节 公共资产管理规定

一、公共资产的含义和分类

(一) 公共资产的含义和特征

公共资产是指由过去的交易或事项形成的，并被公共组织拥有或者控制的资源，该资源预期会给公共组织带来经济利益和服务潜力。

公共组织的资产具备以下特征：

1. 公共资产是过去的交易或事项形成的。

公共资产必须是现实的资产，只有过去的交易或事项才能增加或者减少公共组织的资产，不能根据预期的经济业务确认资产。如公共组织有购买某固定资产的计划和意愿，但是尚在协商谈判阶段，购买行为没有发生，则不符合资产的特征，公共组织不能依此确认固定资产。

2. 公共资产是公共组织所拥有的，或者即使不为公共组织所拥有的，也是公共组织所能控制的。

通常在判断公共组织资产时，所有权是主要的考虑因素，如公共组织持有的货币资金、存货等。而有些资产公共组织即使不享有其所有权，但仍能通过控制，排他性地从这些资产中获得经济利益或者服务潜力。如受托代理资产是民间非营利组织接受委托从事受托代理交易而从委托方取得的资产，对于这些资产，民间非营利组织并不拥有所有权和使用权，只是按照委托方的意愿发挥中介作用，也属于资产的范畴。

3. 公共资产预期能给公共组织带来经济利益或服务潜力。

公共资产具有直接或者间接地导致现金或现金等价物流入公共组织的潜力。如持有存

第十二章 公共资产管理实务

货是为了对外出售获得现金,对外投资是为了获得增值等。但与企业不同,公共组织的主要目的不在于盈利,其持有的资产不一定能获取直接的经济利益,而是为了向公众服务对象提供特定服务。因此,在判断公共组织资产时,需要衡量这些经济资源是否具有服务潜力,作为确认和计量的重要标志。

(二) 公共资产的分类

为了加强对资产的管理,根据公共组织的分类,将公共组织资产分为行政单位资产、事业单位资产和民间非营利组织资产。

1. 行政单位资产。

行政单位的资产包括国家财政性资金形成的资产、国家调拨的资产、按照国家规定组织收入形成的资产、接受捐赠的资产,以及其他经法律确认为国家所有的资产等。具体可分为:

(1) 流动资产,如现金、银行存款、零余额账户用款额度、应收及暂付款项、存货、包装物和低值易耗品等;

(2) 固定资产,如房屋及建筑物、通用设备、专用设备、家具等;

(3) 无形资产,如著作权、土地使用权等;

(4) 在建工程。

2. 事业单位资产。

事业单位的资产包括国家拨给的资产、按照国家规定运用国有资产组织收入形成的资产、接受捐赠的资产,以及其他经法律确认为国家所有的资产等。具体可分为:

(1) 流动资产,如货币资金(现金、银行存款、零余额账户用款额度)、短期投资、应收及预付款项(财政应返还额度、应收票据、应收账款、其他应收款等应收款项和预付账款)、存货(材料、燃料、包装物和低值易耗品)等。

(2) 固定资产,如房屋及建筑物、一般设备、专用设备、其他固定资产等。

(3) 无形资产,如专利权、商标权、著作权、土地使用权、非专利技术等。

(4) 长期投资。

(5) 在建工程。

3. 民间非营利组织资产。

民间非营利组织资产包括:

(1) 流动资产,如货币资金、短期投资、应收及预付款项、存货等;

(2) 受赠资产,接受其他经济实体自愿无偿转赠的现金、其他资产,或撤销的债务;

(3) 固定资产;

(4) 无形资产;

(5) 长期投资;

(6) 受托代理资产。

(三) 公共资产与国有资产的区别

本文所指公共资产,是指以维护和实现社会公共利益为基本目标的公共组织,为提供公共产品和公共服务,以财政性资金形成的资产。财政性资金包含以公共组织的名义取得的各种收入，因此凡是由财政性资金直接、转化和孳生形成的资产，均属公共资产的范畴，但不包含未使用财政性资金形成的资产，如合伙制企业的资产。

国有资产，是指国家代表全民拥有所有权，以各种形式投资、拨款、接受捐赠、凭借国家权力取得或者依照法律认定的财产或财产权利，包括经营性的国有资产和非经营性的国有资产，如财政投资、国有及国有控股企业资产收益及投资积累等。

公共资产和国有资产既有共性又有差异，如公共资产中的行政事业单位资产就是国有资产的重要组成部分。本文所指公共资产包含由行政单位、事业单位与民间非营利组织所拥有和控制的国有资产，不包含国有及投资控股企业所拥有的国有资产，因此，不是所有的国有资产都是公共资产。公共资产也不一定都是国有资产，公共财产除国有资产外，还包括用于扶贫和其他公益事业的社会捐助或者专项基金的财产，在人民团体管理、使用的财产，这些都不属于国有资产的范畴。

二、公共资产管理相关规定

公共资产管理研究既是资产管理理论延伸的重要内容，也是新时期公共组织改革实践中的重大课题。开展公共组织资产管理研究，旨在优化社会资源配置，尤其是公共资源配置，提高公共组织资产使用效率和使用效益。

所谓公共资产管理，是指对所有权属于公共组织的各类资产的经营和使用，以及开展一系列组织、指挥、协调、监督和控制活动的过程。公共资产管理既有一般资产管理的普遍性，又具有其特殊性。加强公共资产管理，必须依法管理，规范操作，遵循资产管理与预算管理相结合、资产管理与财务管理相结合、实物管理与价值管理相结合、使用权与所有权相分离的原则，保证资产的完整性和安全性，促进资产整合利用，实现资源共享和保值增值，提高资产利用率和使用效益。

（一）公共资产管理原则

1. 公共资产管理要求规范。

公共资产管理要求规范化，通过建立总账、明细账，同时设置相关台账等，严格做到账实相符，保证资产管理真实完整；通过建立和完善具有较强可操作性的固定资产管理规章制度，明确管理机构和责任人，如固定资产管理制度、定期清查盘点制度、资产保管领用制度等，利用制度规范约束公共资产管理行为，强化管理意识，完善制度建设。

2. 公共资产管理要求合法。

公共资产管理要理清产权关系，及时办理资产权证手续，确保资产的合法性。对于新增、报废、报损的资产，严格履行相关审批手续，不得私自处理、转让。资产处置时，必须按照"公正、公平、公开"的原则，事先报请相关部门审批，经资产评估后，合理确定资产价值，完成资产处置。对于处置收益，要严格实行"收支两条线"管理。

3. 公共资产管理要求效率。

要正确认识公共资产管理工作的重要性，不仅要求将资产损失降到最小值，同时要求发挥资产的最大效益，通过合理的资源配置，避免资产闲置浪费，做到物尽其用，提高资产的使用效率，对资产的价值管理予以重视。资产的收入要按照规定实行财政收支两条

第十二章　公共资产管理实务

线，避免坐收坐支。公共资产管理需要耗费一定的人力、物力、财力，应理顺资产管理程序，明确管理流程和管理责任，提高公共资产的管理效率。

(二) 公共资产管理相关规定

目前，我国没有出台针对公共组织资产管理的统一规定，公共组织在进行资产管理时，主要根据行政单位、事业单位、民间非营利组织等组织类别性质的不同，参照相应的制度规范，为资产管理工作提供指引。

1. 行政、事业单位资产管理相关规定。

为了规范和加强行政、事业单位国有资产管理，维护国有资产的安全性和完整性，实现国有资产的合理配置，财政部等相关部门制定了一系列管理办法，其资产管理活动实行国家统一所有，政府分级监管，单位占有、使用的管理体制。

(1) 为了提高国有资产使用效益，保障行政单位履行职能，财政部颁布并于2006年7月1日起施行《行政单位国有资产管理暂行办法》，要求行政单位进一步建立和健全各项规章制度，推动国有资产的合理配置和有效使用；建立和完善资产管理信息系统，以实现对国有资产的动态管理，保障国有资产的安全性和完整性；对尚未脱钩的经济实体的国有资产实施监管，以实现国有资产的保值增值。行政单位国有资产管理活动应遵循资产管理与预算管理相结合、资产管理与财务管理相结合、实物管理与价值管理相结合的原则。该办法对资产配置、资产使用、资产处置、资产评估、产权纠纷调处、资产统计报告、监督检查和法律责任等内容做了详细规定，是行政单位开展资产管理活动的重要依据。

(2) 为了合理配置和有效利用国有资产，保障和促进各项事业发展，建立适应社会主义市场经济和公共财政要求的事业单位国有资产管理体制，财政部要求事业单位自2006年7月1日起施行《事业单位国有资产管理暂行办法》，其国有资产管理活动应遵循资产管理与预算管理相结合、所有权和使用权相分离、资产管理与财务管理、实物管理与价值管理相结合的原则，各级财政部门作为事业单位国有资产管理的职能部门，对资产进行综合管理，单位主管部门对本部门资产进行监督管理，同时按照国有资产管理信息化的要求，事业单位应及时将资产变动信息录入管理信息系统，保证资产信息的真实、准确。该办法对资产配置及使用、资产处置、产权登记与产权纠纷、资产评估与资产清查、资产信息管理与报告以及监督检查与法律责任等内容做了明确的规定。各级各类事业单位的国有资产管理活动需遵照本办法执行。

(3) 为加强中央行政事业单位国有资产管理，保障机关运转，降低行政成本，建设节约型机关，国管局于2009年7月制定了《中央行政事业单位国有资产管理暂行办法》，要求国务院各部门、各直属事业单位，行政经费在国务院系统的人民团体等中央行政事业单位国有资产管理实行统一制度、分级管理，遵照规范、节俭、效能的原则，逐步完善制度标准体系，加强资产配置、使用和处置全过程管理，创新服务方式，推进管理信息化建设，提高管理科学化、规范化、专业化水平，实现资产管理与预算管理、财务管理、政府采购相结合。

此外，各地各级相关部门遵照行政、事业单位国有资产管理办法的原则，结合实际工作特点制订了许多具体的实施办法，为资产管理工作提供指引。如《中央行政事业单位国有资产处置管理办法》、《国有资产评估管理办法》、《国有资产产权界定和产权纠纷处理暂行办法》等。

2. 民间非营利组织资产管理相关规定。

按照《民间非营利组织会计制度》规定，民间非营利组织资产在取得时，除特别规定需按计量基础计量外，按照实际成本计量，除法律、行政法规和国家统一的会计制度另有规定的外，民间非营利组织一律不得自行调整资产账面价值。《民间非营利组织会计制度》主要是针对资产的核算进行了规定，我国尚未出台专门针对民间非营利组织的资产管理办法，其资产管理活动可根据组织自身的特点参照其他行业相关管理办法执行。

第二节　公共资产管理实务

一、固定资产管理

（一）固定资产的概念和分类

1. 固定资产的概念。

固定资产是指为行政管理、提供服务、生产商品或租赁目的而持有的，预计使用期限超过1年，单位价值较高且在使用过程中基本保持原有物质形态的资产。

公共组织固定资产应具备以下特征：

（1）使用期限在一年以上，单位价值在规定标准以上。不同于一次性消耗的材料、一年内变现的流动资产，国家规定固定资产的使用期限超过一年，其中行政事业单位要求单位价值1 000元以上（专用设备要求单位价值在1 500元以上），部分单位价值未达到规定标准，但使用时间超过一年的大批量同类物资，也作为固定资产统一管理。

（2）以行政管理、提供服务、生产商品或租赁为持有目的，且在使用过程中基本保持原有物质形态。公共组织持有固定资产是以行政管理、提供服务、生产商品或租赁为目的，如为投资转让而持有的资产不属于固定资产的范围。随着使用过程的不断磨损，固定资产的价值逐步发生消耗、转移或实现，但其基本物质形态不会发生改变，而流动资产在使用过程中物质形态会不断发生改变，且其价值通常一次性消耗、转移或实现。

2. 固定资产的分类。

固定资产是公共组织开展业务活动的物质保障，按照公共组织管理要求的不同，在国家标准GB/T14885-94《固定资产分类与代码》的基础上，公共组织制定不同的分类标准，进行合理分类，完成固定资产核算工作。固定资产一般可分为房屋、建筑物和附属设施，专用设备，一般设备，文物和陈列品、图书和档案、其他固定资产等。

（1）房屋、建筑物和附属设施。房屋、建筑物和附属设施，是指产权属于公共组织的所有房屋和建筑物，包括办公楼、职工宿舍、食堂、仓库、车库、道路、围墙、水井、雕塑、水池、烟囱、河堤等，也包括附属的供水、供电、供暖、排水、污水处理、电信、燃气、消防、卫生设施等。

（2）通用设备。通用设备指公共组织用于业务工作的通用性设备，包括办公桌椅、会

第十二章　公共资产管理实务

议室设备、空调、冰箱、通讯工具、沙发、柜子、打印机、复印机、传真机、网络设备等。运输设备是指后勤使用的各种交通工具，如客车、轿车、客车、人力三轮卡车、拖车、推车等。

（3）专用设备。专用设备，是指公共组织根据业务的需要购置的具有专门性能和用途的设备，专用设备通常用于某项工作。如文体活动设备、消毒设备、仪器仪表设备、传导设备、档案馆专用设备等。

（4）文物和陈列品。文物和陈列品，是指博物馆、展览馆等文化事业单位的各种文物和陈列品等。如纪念品、字画、古玩等。

（5）图书和档案。图书是指公共组织内部图书资料室、档案馆所有的各种图书资料和业务书籍，档案是指档案管理机构统一管理的档案，这些均属于国家财产。

（6）其他固定资产。其他固定资产，是指上述各项未能包括的固定资产。

（二）固定资产日常管理

1. 做好固定资产日常管理基础工作。

固定资产的有效管理，包括固定资产实物形态的管理和价值形态的管理，财务管理的重点是价值形态的管理。

（1）建立健全账卡制度。公共组织需要将购置、自制、投资、无偿调入、接受捐赠取得的固定资产如实登记入账，包括登记总账、明细账，填制固定资产卡片，做到账账相符，账卡相符，账实相符。公共组织需分别设置固定资产总账、固定资产登记账簿和固定资产卡片。固定资产总账和一级明细分类账，主要核算固定资产的原价、增减变动和结存情况；二级明细分类账按照固定资产的不同类别分别设置账页，每月按照固定资产的增减日期序时登记，及时反映固定资产的异动情况；固定资产台账一般以每个独立固定资产项目为对象，记载固定资产的编号、名称、规格、使用单位、启用日期、预计使用期限、停用日期等。

（2）建立严格资产管理责任制。公共组织固定资产应实行"统一领导，分级负责，归口管理，责任到人"的管理责任制，明确财务部门、资产管理部门和使用部门的职责。财务部门侧重固定资产价值的核算，进行固定资产账目的管理，配合相关部门做好固定资产的采购、使用、清查盘点等工作；资产管理部门侧重固定资产实物的管理，分门别类地登记固定资产的增减变动，如实反映资产实存数，做好固定资产的采购、供应、配置、保管、维护、清查盘点等工作；使用部门侧重固定资产的具体管理工作，负责固定资产的验收、维修、保养、出借、出租等日常管理工作。

公共组织在固定资产使用过程中也应当建立资产使用管理责任制，包括法人代表责任制、资产管理专职人员责任制和资产使用人责任制，规范账卡管理和实物管理，按照固定资产实际使用人和使用地点，建立层层负责制度，保证权责分明，责任到人。

2. 建立健全固定资产日常管理制度。

为了防止固定资产流失，需建立健全固定资产管理相关制度规范，通过制度约束实现固定资产精细化管理。如通过制定固定资产采购管理办法、固定资产验收、入库管理办法等规范固定资产的采购、供应、验收等工作；通过制定固定资产调剂使用制度、资产责任人调整后资产移交制度等规范固定资产的归口管理，提高固定资产的使用效率；通过制定固定资产维护保养办法、固定资产损坏、丢失赔偿办法等，做好固定资产的保值增值工作，规避固定资产流失风险；通过固定资产出租、出售、出让、转让、闲置、报废处理办法，将国有资产收益统一纳入单位预算管理；通过制定固定资产清查盘点制度，确保固定资产会计核算资料真实可靠，做到账、实、卡相符，保证固定资产的安全和完整；通过固定资产档案管理办法健全固定资产档案管理，做到有据可循。

（三）固定资产配置管理

固定资产配置是指公共组织根据实际业务的需要，按照国家相关法律、法规和制度的流程，通过采购、自制、接受捐赠等方式为单位分配固定资产的行为。

1. 固定资产配置原则。

（1）固定资产配置需与预算管理相结合。科学的预算管理，有利于从源头上对资产的形成进行合理控制，固定资产的配置计划应在列入单位年度部门预算，并作为同级财政部门审批的重要依据，同时，将公共组织资产收益纳入非税收入管理，实施"收支两条线"途径，对固定资产进行有效管理。

（2）固定资产配置需与单位职能相适应。固定资产配置，应从公共组织履行职能基本需求出发，与单位的整体业务规划、编制人员数量、职能部门设置相适应。要严格审核固定资产配置情况，节约财政资金，做好科学合理，既要避免盲目追求高标准、高配置造成的浪费，又不能仅仅从配置标准和数量上，过分强调节约行政成本，导致固定资产不能满足业务需要。

（3）固定资产配置需遵循法律法规。固定资产配置需要严格遵照法律、法规和规章制度的相关规定，在标准范围内配置资产，遵守固定资产预算制度和国库集中支付制度的规定，严格执行政府采购制度，遵照财务会计制度的规定，在规定的价格区间内进行固定资产的配置。

2. 建立固定资产预算制度。

固定资产投资金额大，使用年限长，公共组织固定资产购置的数量和质量取决于财政预算资金的多少，因此固定资产配置需要实行预算管理制度。科学的预算管理制度，是规范和加强固定资产管理，控制资产存量的有效手段。建立合理的预算制度，有利于科学编制固定资产配置计划，充分发挥存量固定资产的作用，严格控制增量固定资产的配置。预算主要根据公共组织固定资产存量及使用情况、公共组织履行业务职能的需求，以及成本收益原则编制，从而实现节约行政成本，提高固定资产使用效益的目标。

公共组织配置固定资产前，需对公共组织固定资产存量进行审核，提出下一年度固定资产购置计划，由主管部门根据资产配置标准及存量情况进行审核、汇总后，报同级财政审批部门审批。只有经批准后的在规定标准范围内的固定资产购置项目，才能纳入年度部门预算。如未经批准，既不能列入预算，也不能作为经费支出。

3. 执行政府采购制度规定。

公共组织在使用财政资金购置纳入政府采购范围的固定资产时，需严格遵守政府采购制度的相关规定，由政府采购中心采用批量的方式进行集中采购。政府采购行为一般由公共组织发起申请，委托政府采购中心进行集中招标采购，最后由财政直接支付或者公共组织自行完成付款。通过政府集中采购，能够更好利用有限的财政资金，提高资金的使用效

第十二章　公共资产管理实务

率,从而降低采购成本,同时,也能对个人采购行为进行规范,防范采购过程中可能出现的财务风险,进一步强化了支出管理。

4. 购建固定资产的验收登记、账务处理。

固定资产增量主要来自购入、基建完工验收、自制、调入、接受捐赠等。

(1) 购入固定资产管理。购入的固定资产,应由公共组织资产管理部门组织验收,验收时,需按照固定资产使用说明书及订货合同,对固定资产及其附件进行清查,对于购置的专业、精密设备,需会同相关技术人员进行验收。经验收合格后,需填制固定资产验收单,办理固定资产入库手续,并登记固定资产卡片和固定资产台账,财务部门按照实际支付的买价、运杂费及安装费等计价,填制记账凭证,计入固定资产总账。

(2) 基建完工验收的固定资产管理。基本建设项目竣工交付使用时,施工单位办理基本建设竣工决算,在完工清册中逐一注明完工财产的具体数量和价值,并将相关技术文件交付给建设单位,公共组织资产管理部门组织验收后,填制基本建设工程完工项目验收单,登记固定资产卡片和固定资产台账,财务部门据实入账。

(3) 自制固定资产管理。自制的固定资产,是由公共组织自行加工制作的固定资产。自制的固定资产需编制加工制作计划,在完工后组织验收,并根据耗费的材料成本和加工费用进行合理的定价,经验收合格后,财务部门办理同购入的固定资产相同的入账手续。

(4) 调入、接受捐赠的固定资产管理。公共组织经主管部门和财政部门批准后,从其他单位无偿调入、接受捐赠的固定资产,经验收合格后,按照相关规定,进行合理计价,并登记入账。

(四) 固定资产处置管理

1. 固定资产处置的概念和范围。

公共组织固定资产处置,是指公共组织对其占用、使用和控制的固定资产,进行无偿转让、出售、置换、报废、报损等产权转让或者注销产权的行为。

固定资产处置的范围包括:闲置资产,因技术原因经科学论证需淘汰、报废的资产,因单位分立、撤销、合并、改制等原因发生产权转让或者使用权转移的固定资产,盘亏或发生呆账损失、非正常损失的资产,超过使用年限无法正常使用的资产,及其他根据国家政策规定需处置的资产。

加强固定资产处置管理,是完善固定资产管理的重要内容,有利于防止固定资产流失、保证资产完整、提高资产配置效率的重要手段。

2. 固定资产处置程序。

公共组织处置固定资产,应报财政部门或主管部门审批,严格履行审批程序,未经批准不得自行处置固定资产。报有关部门批准前,公共组织内部需履行以下程序,并根据不同情况提交相关文件及资料:

(1) 固定资产使用部门提出资产处置申请。

(2) 固定资产管理部门提出初步意见。

(3) 财务部门核对固定资产明细账及相关凭证,对该项固定资产在使用过程中发生的运行、维护等费用支出情况及价值状况进行核算,提出资产处置相关意见。

(4) 技术部门对固定资产的可用性、损耗程度、安全性等方面进行测评,根据测评结果提出资产处置有关意见。

（5）固定资产管理部门根据财务部门、技术部门的意见及相关文档材料进行综合考虑，提出最终处理意见，并报送审批。行政单位需按审批权限报送相关部门审批；事业单位处置固定资产价值如在规定限额（"规定限额"根据政府规定而定，一般指原值在1万元以上，或年度内总额在5万元以上的固定资产）以上的，经主管部门审核后，报同级财政部门审批，如在规定限额以下的，只需报主管部门审批，再由主管部门将审批结果定期报送给同级财政部门进行备案。

3. 固定资产处置会计核算方法。

公共组织处置固定资产应本着公开、公正、公平的原则，如出售、转让、变卖数量较多或者价值较大的固定资产时，需经过专业人员的论证，或者专业机构的评估，通过招标或者拍卖等公开市场竞价的方式进行处置，确保获得最大的处置收益，防止固定资产流失。

固定资产处置收入属于国家所有，按照政府非税收入管理规定，应严格执行"收支两条线"管理办法，将固定资产的变价收入和残值收入，及时全额上缴财政非税收入专户，纳入财政预算管理，严禁坐支和挪作他用。行政单位通过"应缴预算款"进行核算，事业单位通过"应缴财政专户款"进行核算。

（五）固定资产折旧

1. 固定资产折旧的概念。

固定资产折旧是指固定资产在使用寿命内，为了弥补损耗，按照指定方法系统分摊提取折旧额，或者按照国民经济核算规定虚拟计提折旧额。固定资产计提折旧，反映了固定资产价值转移过程，是维持固定资产再生产、计算业务成本的需要。

企业化管理的事业单位、非营利组织原则上应当在固定资产的预计使用期限内对固定资产计提折旧，将其价值分摊，计入各期成本、费用。根据财务相关规定，政府组织、非企业化管理的事业单位按照统一规定的折旧率和相应的固定资产原值，计提虚拟折旧。

2. 计提固定资产折旧的范围。

公共组织应对除以下情况外的固定资产计提折旧：

（1）已提足折旧仍继续使用的固定资产；

（2）以前年度单独估价入账的土地；

（3）提前报废的固定资产，不再补提；

（4）经营租赁租入或融资租赁租出的固定资产；

（5）文化文物资产。

3. 影响固定资产折旧的因素。

（1）固定资产原值，是指固定资产的成本，是为了获得该项固定资产发生的必要支出总和；

（2）固定资产预计使用年限，是指固定资产预期能够进行生产提供劳务的寿命，依据其预计生产能力、有形损耗、无形损耗及法律规定相关限制而定；

（3）固定资产预计净残值，是指固定资产使用寿命已满进行处置时，预计可以收回的残值价值扣除处置费用后的净额。

第十二章　公共资产管理实务

4. 固定资产折旧的方法。

公共组织根据固定资产预计的服务能力和服务潜力实现方式的不同，选择不同的折旧方法，主要包括平均年限法和工作量法。

（1）平均年限法。平均年限法又称直线法，这一折旧方法假定固定资产的服务潜力在各个会计期间均衡实现，将资产总成本均匀分摊到资产使用寿命的各期，适用各个时期使用情况变化不大的固定资产折旧。

（2）工作量法。工作量法考虑固定资产的使用强度，根据其实际完成的工作总量计提折旧，而直线法主要关注的是固定资产的使用时间。在工作量法下，每月计提折旧额随着工作量的变动而变动。

二、流动资产管理

（一）流动资产的概念和特点

公共组织流动资产是指1年内可以变现或者耗用的资产，包括库存现金、银行存款、零余额账户用款额度、财政应返还额度、应收及暂付款项、短期投资、存货等。

公共组织流动资产具有以下特征：

1. 变现能力较强。

公共组织流动资产具有灵活的变现性，因此具有较强的购买力。公共组织取得的资金，通常以现金的形式存在，为了满足公共组织基本的业务活动需求，当使用现金购买相关的办公用品等时，流动资产便在使用过程中从货币形态转变成了实物形态。

2. 周转速度快。

公共组织流动资产在进行业务活动期间被不断使用和损耗，从一种形态转变为另一形态耗时较短，因此其占用的资金周转时间也较短，流动资产在1年内的流动性较强，安全性也较高。

3. 价值一次性消耗或转移。

公共组织流动资产的使用时间比较短，单位价值比较低，其价值在使用过程中会被一次性地消耗或者转移，如用现金购买存货，或者将短期投资变现等。

（二）流动资产管理

1. 现金管理。

公共组织的现金管理，是指按照国家政策及现金管理的规定，公共组织管理并监督现金收支及库存情况，从而实现对现金流向和流量的控制，使货币流通计划化。公共组织现金，一般指库存现金，作为流动性最强的资产，现金是重要的偿债支付手段，既可以快速实现交换流通，也易被当作财富被挪用侵吞，因此公共组织应严格管理和控制现金。

（1）遵守现金使用范围相关规定。公共组织在与其他单位进行经济外来活动的财务结算时，一般采用非现金方式，如开户银行转账结算等，按照《现金管理暂行条例》相关规定，公共组织的现金使用范围包括：

①职工工资、奖金、津贴和补贴；

②个人劳务报酬；

③根据国家规定颁发给个人的科学技术、文化艺术、体育等各种奖金；

④各种劳保、福利费用以及国家规定的对个人的其他支出；

⑤向个人收购农副产品和其他物资的价款；

⑥出差人员必须随身携带的差旅费；

⑦结算起点（1 000元人民币）以下的零星支出；

⑧中国人民银行确定需要支付现金的其他支出。

（2）管理库存现金限额。库存现金限额是公共组织为了保证单位日常零星现金支付的合理需要，按照国家规定由开户银行核定保留库存现金的最高额度。

为了防范现金使用的风险，公共组织需向银行申请报送库存现金限额计划，经银行审查核定后，超出部分的现金必须存入银行。公共组织必须严格遵守核定的库存现金限额，如现金结存数超过核定限额时，需及时将超出部分送存银行，如低于库存现金限额，根据需要及时补提。当公共组织因业务发展需要增加或者减少库存限额时，应当向开户银行提出申请，经批准核定后方可进行调整。

（3）加强库存现金日常管理。

①不得坐支现金。坐支是指直接以本单位现金收入支付现金支出的行为。公共组织要求严格执行收支两条线，收入现金必须当日送存银行，不得任意直接支取使用。如遇特殊情况需要坐支现金，需报送开户银行审查批准，并在现金日记账中如实反映坐支情况。

②公共组织收付现金时，需审查现金收付凭证是否合法、合规，是否有主管、经办人签章等。现金收付需逐日逐笔登记入账，做到日清日结，日清月结，账账相符，账实相符，账面余额如实反映现金实际盘点数，不得白条抵库，不得保留账外现金，不得私借、挪用公款。

③公共组织送存和支取现金，必须注明送存资金款项来源和支取资金的用途，由财务负责人签章送银行审核后，予以支付。不得私设"小金库"，不得将单位现金以个人名义存入银行，不得利用银行账户代其他单位和个人存入或支取现金。

（4）建立健全现金管理制度。库存现金本身具有的支付手段、储藏手段功能及其流动性强的特征，给现金管理带来巨大风险，因此，需要通过建立健全现金内部控制制度加强现金管理，防范风险。

①严格遵守《现金管理暂行条例》及相关实施细则的规定。

②应实行岗位分管，现金管理应严格执行钱账分管制度，不得由一人承担现金的收付、结算、审核、登记，至少配备专职出纳，负责现金收付和保管业务，非出纳人员、单位负责人、不得经管现金收付业务或直接接触货币资金，并实行岗位轮换制度。

③应规范现金收付手续，现金支付业务的办理，必须以合法合规的原始凭证为依据，如经办人、负责人在其授权额度内的签章等。出纳支付现金后，需在原始凭证加盖"现金付讫"并凭此登记入账，收到属于收入的现金，必须向对方提供收据，及时入账后送存银行，不得挪用、挤占。

2. 银行存款管理。

公共组织银行存款是指公共组织存放在银行等金融机构的货币资金。公共组织应按照规定正确地在银行开立、使用、管理存款户，并严格遵守相关结算法律，规范银行存款的

第十二章　公共资产管理实务

核算工作。

（1）严格执行银行结算规定。公共组织必须在上级或同级财政部门审查同意后，在国家有关部门正式批准的银行或其他金融机构申请开立账户，一个公共组织只能开立一个基本结算专户，不得多头开户，日常的转账及现金收付只能通过该基本户办理，如需要专户管理有特殊用途的资金，可按照规定申请专用存款账户。任何单位或个人不能出租、出借或转让公共组织银行账户给他人使用。银行存款的收支凭证必须注明来源或用途，应规范使用银行票据，不得签发空头支票和远期支票，套取现金。

（2）加强内部控制制度建设。银行存款管理同样需要钱账分管。银行存款的收付，需由专职出纳人员负责，出纳不得兼任账务登记、会计档案保管等工作。各类银行存款的预留印章和密码，应由两人分管，不得由一人集中保管或向他人泄露。

（3）及时入账，定期对账。公共组织开展经济业务，会与其他组织发生大量往来款，这些资金收付业务需要通过转账或现金方式进行结算。除了必须现金结算的业务外，公共组织通过银行存款账户，采用《支付结算办法》规定的结算方式进行转账结算。结算后，为了防止错误，掌握银行存款的正确金额，必须做到及时入账，并定期与银行账目核对，调整未达款项，做到账账相符、账实相符，如实反映银行存款账户的准确金额，提高公共组织银行存款的安全性。

3. 应收及预付款项管理。

应收及预付款项是指公共组织在开展业务活动中形成的停留在结算过程中的资金，包括应收未收、暂时垫付或预付给他人的款项，体现为对有关单位和个人的各种债权。应收及预付款项是公共组织流动资产的重要组成部分，包括应收票据、应收账款、其他应收款、财政应返还额度及预付账款。应收及预付款项是市场经济赊销现象的必然结果，在扩大销售提高市场占有率的同时，也占用了公共组织的资金，形成不合理的往来款项甚至呆账坏账。因此，要加强应收及预付款项管理，防范资金流失风险。

（1）应收及预付款项的内容。

①应收票据是指公共组织持有的、尚未到期兑现的商业票据。按能否立即兑付分为即期票据和远期票据，按是否附息分为附息票据和无息票据，不同票据的风险不同。

②应收账款是指公共组织因销售商品、提供劳务等，应向购货方或劳务接受方收取的款项总和，其成本主要包括应收账款占用资金导致放弃投资获取收益的机会成本、调查顾客信用状况等产生的管理成本、款项无法及时收回形成坏账的坏账成本。

③其他应收款是指除应收票据、应收账款、预付账款以外的各种应收、暂付款项，主要在经营活动外产生。

④财政应返还额度是指实行国库集中支付的公共组织年终应收财政下一年度返还的资金额度，采用"财政直接支付"、"财政授权支付"科目核算。处理年终结余时，"财政直接支付"借方登记本年财政直接支付预算指标数和实际支出数的差额，贷方登记下一年度实际支出的冲减数；"财政授权支付"借方登记零余额账户注销额度数，贷方登记下一年度零余额账户恢复额度数。

⑤预付账款是指公共组织因购货或接受劳务，预付给供货方的款项。

（2）完善应收及预付款项内部控制。

①严格审查和管理。应收及预付款项如果数额过大或者占用时间过长，会造成公共组

织资金链紧张，因此，必须加强应收及预付款项管理，严格控制资金额度和占用时间。在赊销时，对客户的信用状况等，执行严格的审批制度，妥善保管借款凭证，详细记录款项信息并及时登记入账；在预付时，严格审查合同协议，按照规定批准后方可支付。

②及时清理和结算。对应收及预付款项要及时追踪分析，针对不同的逾期款项采用不同方式进行清算，建立经办人责任制度，加强资金的催收工作，保证资金及时足额回收，防范资金流失风险。对于确实无法回收的，根据财务相关规定，非营利组织可采用余额百分比、账龄分析法等计提坏账准备，从而真实反映应收款项的回收情况。

4. 零余额账户用款额度管理。

零余额账户用款额度是指实行国库集中支付的公共组织，按照《财政国库管理制度改革试点方案》及《财政国库管理制度改革试点会计核算暂行办法》相关规定，设置"零余额账户用款额度"科目，核算公共组织在财政部门批复的用款计划额度内办理的授权支付业务。加强零余额账户用款额度管理，保障零余额账户用款额度的安全，是财政国库集中制度改革的需要，也是完善财政性资金管理和监督的需要。

（1）建立内部控制制度。公共组织应当建立零余额账户用款额度支付业务的岗位责任制，坚持不相容业务岗位相互分离、制约和监督的原则，不得由一人办理零余额用款额度的全程业务，经办人不得复核用款计划、批复额度等。根据公共组织不同的业务特点，应建立严格的、适合管理要求的授权批复制度，明确规定经办人、审批人的业务范畴和工作职责，规范零余额账户用款额度业务的授权程序、批复方式及相关控制措施等。

（2）规范零余额账户的核算。公共组织应当按照规定程序对零余额账户用款额度进行账务处理。财政总预算会计对通过财政国库支付执行机构直接支付的资金，列报预算支出；财政国库支付执行机构会计，会计核算按《财政总预算会计制度》执行；行政事业单位设置"零余额账户用款额度"科目，按照财政直接支付程序和财政授权支付程序分别核算。收到代理银行盖章的《授权支付到账通知书》后，借记"零余额账户用款额度"科目，事业单位贷记"财政补助收入——财政授权支付"科目，行政单位贷记"拨入经费——财政授权支付"科目。公共组织支用额度购买商品和服务时，借记"事业支出"、"经费支出"、"库存材料"等科目，贷记"零余额账户用款额度"科目，如果支出用于购买固定资产，应同时借记"固定资产"科目，贷记"固定基金"科目。年末终了，公共组织的零余额账户用款额度必须清零。

5. 存货管理。

存货是指公共组织因开展日常业务或其他活动需要储存的资产。存货的分类视公共组织性质的不同有不同的分类，存货的核算和管理也有所不同。行政单位存货主要包括大宗购入陆续耗用的行政材料，如修理材料、办公用品等，事业单位存货包括材料、包装物、燃料、低值易耗品等，从事产品生产的非营利组织存货包含原材料、在产品、半成品、其他存货等，而从事购销业务的非营利组织存货主要包含商品存货及包装物、低值易耗品等。

（1）建立健全存货管理制度。公共组织的存货应按照"计划采购、定额定量供应"的原则进行管理，实行统一领导、统一计划、统一采购，财务部门、采购部门、管理部门、使用部门要形成分工明确又统一管理的体系完善存货监督检查工作。

从购买、验收、入库到保管，需要建立严格的验收制度，认真核对材料的数量、质

第十二章 公共资产管理实务

量,贵重稀缺存货需专业人员协助验收。验收入库的存货,需分门别类登记账簿,合理存放,对于贵重稀缺存货,需精确计量、集中保管、定期检查。对于存货的出库,包括领用、转让、对外投资等,要规范审批制度,严格按照计划、定额发放存货,并当面点清核对数量,确保存货安全完整。同时也要提高存货使用效益,科学确定存货量,避免存货闲置、重复采购等造成的资源浪费。

(2) 加强存货财务核算工作。公共组织财务部门对存货的采购、入库、出库等情况,要及时核算,登记明细账簿;对于对外投资、转让的存货,要根据存货真实价值合理入账,严格把关;对于盘盈、盘亏、变质、毁损的存货,要及时查明原因,分清责任,根据管理权限报批后及时进行账务处理,保证账实相符;要明确合理的存货计价方式,保持统一口径进行核算。

(3) 建立存货清查盘点制度。存货验收、计量、核算可能出现的纰漏,或自然损耗、保管不力等人为因素,都可能导致存货账实不符,公共组织应定期、不定期对存货进行实地清查盘点,比较存货实物盘点数和账面数,确定存货溢余或短缺原因,及时入账和清收领用、借用的材料,做到存货账面价值与库存实物相符。存货清查盘点同样有利于发现盲目采购、生产导致的存货积压现象,查明根源,提高存货使用效益。

三、无形资产管理

随着业务经营活动的变化革新,无形资产作为公共组织资产的重要组成部分,发挥着越来越大的作用。

(一) 无形资产的概念和范围

1. 无形资产的概念。

无形资产是指公共组织拥有的、不具有实物形态的、能提供某种特殊权利以帮助使用者获取较高收益的资产,包括著作权、土地使用权、专利权、商标权、非专利技术及其他财产权利。无形资产在使用和形成过程中具有以下特征:

(1) 无实物形态。无形资产不具有可以感触的物质形态,只能在观念中存在或以特殊权利形式表现,同时,无形资产在使用过程中不会发生有形损耗,报废时无残值。

(2) 不确定性。无形资产的有效期、所能提供的未来经济收益或服务潜力,因技术进步、市场环境变化等影响,具有不确定性。

(3) 共享性。无形资产不具独占性,可同时由几个主体或在两个或两个以上的单位共享使用,如商标权可供公共组织自己使用,也可出让给其他单位使用。

(4) 高收益性。无形资产能给公共组织带来较大的经济收益,无形资产越丰富,其创造价值获得收益能力越强。

2. 无形资产的范围。

(1) 专利权。专利权是指国家专利机关依照法律规定授予发明者在有效期限内对特定发明创造依法享有的独占实施权,包括使用、控制和转让的权利。根据专利法规定,自申请日起计算,发明专利权期限20年,实用新型专利权、外观设计专利权期限为10年,在有效期内,专利权受到法律保护。

(2) 非专利技术。非专利技术是指未经公开、未申请专利或不够条件申请专利、已应用于生产经营活动、可以带来经济效益的各种专有技术和技术诀窍，因此非专利技术不享有法律保护，靠发明创造者自我保密方式保证其独占权。公共组织的非专利技术一般指其在业务活动中取得的关于生产、经营、管理方面的专有技术、经验和技巧等。

(3) 商标权。商标权是指国家商标主管机关核准、依法授予商标所有人在其商品或劳务上使用其注册商标的专有权利。商标注册人依法享有注册商标的使用权、转让权、许可他人使用权、收益权、处分权、续展权和禁止他人侵害的权利。

(4) 著作权。著作权是指文学、艺术、科学作品的创作者依法享有其作品在一定年限内发表、再版，或发行的专有人身权利和财产权利。著作权包括发表权、署名权、修改权、使用权、收益权、保护完整权，受到国家法律保护。

(5) 土地使用权。土地使用权是指公共组织依照法定程序或约定取得在一定时期内对国有土地享有的开发、占有、利用、收益和有限处分的权利。

(6) 商誉。商誉是指能在未来期间为公共组织经营带来超额利润的潜在经济价值，或预期的获利能力超过可辨认资产正常获利能力（如社会平均投资回报率）的资本化价值。商誉是公共组织整体价值的组成部分。

(7) 其他财产权利。其他财产权利是指公共组织拥有的除了专利权、非专利技术、商标权、著作权、土地使用权、商誉以外的其他财产权利，如特许经营权、特种行业经营权、垄断经营权、资源性资产开发利用特许权等。

（二）无形资产日常管理

1. 加强无形资产管理意识。

无形资产不具实物形态，但却是公共组织拥有的、客观存在的特殊权利，这一权利具有的内在价值在无形资产进行投资或转让时得以确认实现，并为公共组织未来的经营业务活动带来收益。公共组织应重视无形资产的保护，加强对无形资产的管理，如发明创造要及时申请专利，商标要及时到国家商标主管机关注册，作品的著作权要注重维护，各种非专利技术要注重自我保密。

2. 依法取得和转让无形资产。

公共组织应加强对无形资产取得确认、出售转让行为的管理，防止无形资产流失。公共组织取得无形资产必须以相关法律为确认依据。无形资产可通过自行创造、外部购入、接受捐赠、接受投资等方式取得，包括取得所有权和取得使用权两种方式。购入无形资产需以合理价值入账，取得的无形资产发生的支出计入事业支出。

公共组织转让、出售无形资产应本着"平等互利、有偿转让、合理计价、等价交换"的原则，必要时需依法进行评估。无形资产转让包括所有权的转让和使用权的转让两种方式。所有权的转让即将无形资产的所有权完全让渡给受让方，不再拥有该无形资产的占有、使用、收益、处分等权利；使用权的转让是指公共组织仍拥有无形资产的所有权，只是按照合同约定让渡使用权。行政事业单位无形资产处置取得的收入，除国家另有规定计入事业收入外，按照非税收入管理的规定，实行"收支两条线"管理。

3. 提高无形资产效益。

公共组织应提高无形资产的使用效益。根据国家有关规定，公共组织可将拥有的无形

第十二章　公共资产管理实务

资产对外投资以获得相关收益。因此，公共组织应充分利用无形资产进行投资，发挥无形资产的最大效能，提高综合收益能力。要充分利用专利权、商标权等，联合其他单位扩大发展；充分利用商誉等，获得资金筹措、业务往来的优惠条件；充分利用非专利技术，降低公共组织运营的行政成本和其他支出，提高公共组织的综合经济实力。

（三）无形资产管理实例——计算机软件

随着信息化技术的不断普及，信息系统、计算机软件等成为公共组织资产的重要组成部分。信息化建设形成的计算机软件系统作为重要的经济技术资源和先进生产力要素，在公共组织业务实践过程中起着重要作用，其价值也越来越大。因此，公共组织要重视计算机软件系统的管理，防止无形资产流失。

1. 软件的会计核算。

计算机软件，是指计算机程序及其有关文档。将计算机软件确认为资产，需以能够为公共组织带来经济效益为前提。

（1）自行研发软件。根据《国务院关于修改〈计算机软件保护条例〉的决定》相关规定，中国公民、法人或者其他组织对其所开发的软件，不论是否发表，依法享有著作权。软件著作权属于软件开发者，依法享有发表权、署名权、修改权、复制权、发行权、出租权、信息网络传播权、翻译权等其他权利。对于自行开发并按法律程序申请取得的软件系统，应对研究开发费用进行准确归集，凡在发生时已作为研究开发费直接扣除的，该项软件使用时，不得再分期摊销。

（2）外购软件。根据《企业所得税税前扣除办法》相关规定，公共组织外购无形资产，应按照买价和购买过程中发生的相关费用之和确认无形资产的价值，如公共组织购买的管理信息系统应以买价和系统实施的相关费用总和入账；购买计算机硬件所附带的软件没有进行单独计价的，应当并入计算机硬件作为固定资产入账，如附带的软件能够单独计价，应作为无形资产管理。

（3）委托开发软件。根据《行政单位会计制度》、《事业单位会计制度》相关规定，委托软件公司开发软件，视同外购无形资产进行处理。

2. 软件的日常管理。

（1）计算机软件的后续核算。根据《财政部、国家税务总局关于企业所得税若干优惠政策的通知》相关规定，企事业单位购进软件，凡符合固定资产或无形资产确认条件的，可以按照固定资产或无形资产进行核算，经主管税务机关核准，其折旧或摊销年限可以适当缩短，最短可为2年。

（2）注重计算机软件保护，提高使用效益。计算机软件本身具有较高价值，其使用也能为公共组织带来较大收益，公共组织要注重计算机软件的管理，提高其使用效益。对于自行研发的计算机软件，公共组织可以通过许可他人行使其软件著作权、全部或者部分转让其软件著作权，获得相关报酬，提高计算机软件的效益。同时，要防范计算机软件风险，在根据使用需要把软件装入计算机等具有信息处理能力的装置后，注重软件复制备份，防止复制品损坏。对于外购的软件，公共组织也可根据实际业务的需要或者计算机应用环境的要求，进行必要的修改从而改进其功能和性能。但根据《中华人民共和国著作权法》，除合同另有约定外，未经该软件著作权人许可，公共组织不得向任何第三方提供修改后的软件。

四、受托代理资产管理

(一) 受托代理资产的概念和范围

受托代理资产是指民间非营利组织接受委托方的委托从事受托代理交易而从委托方处取得的资产。在受托代理交易过程中，民间非营利组织通常只是从委托方取得受托资产，并按照委托人的意愿将资产转赠给指定的其他组织或者个人，或者按照有关规定将资产转交给指定的其他组织或者个人，在整个过程中，民间非营利组织只是发挥了中介作用，无权改变受托代理资产的用途，不能随意变更受益人，也不拥有受托资产的所有权和使用权。

(二) 受托代理资产日常管理

民间非营利组织应当比照接受捐赠资产的确认和计量原则，对受托代理资产进行确认和计量。收到一笔受托代理资产时，按照入账金额进行确认，借记"受托代理资产"科目，同时贷记"受托代理负债"科目；当民间非营利组织按照委托方意愿转赠或者转出受托代理资产，应按照受托代理资产的账面余额，借记"受托代理负债"科目，贷记"受托代理资产"科目。该账户的期末借方余额为期末尚未转出的受托代理资产价值。

如收到的受托代理资产为现金、银行存款或其他货币资金，可以通过在"现金"、"银行存款"、"其他货币资金"科目下设置"受托代理资产"明细科目进行核算。取得时借记"现金——受托代理资产"、"银行存款——受托代理资产"、"其他货币资金——受托代理资产"科目，贷记"受托代理负债"科目；在转赠或者转出时作相反分录。

民间非营利组织应当根据具体情况设置"受托代理资产登记簿"，对受托代理资产进行明细核算，加强对受托代理资产的管理。

(三) 受托代理资产管理实例

1. 受托转赠物资。

(1) 民间非营利组织接受委托方委托需要转赠给受益人的物资，按照原始凭证金额确认成本；如没有相关凭据，其成本比照同类或类似物资的市场价格确定。物资验收入库后，按照确定的成本，借记"受托代理资产"，贷记"受托代理负债"；如果受托协议约定由民间非营利组织承担相关税费、运费的，还应当按照实际支付的相关税费、运费金额，借记"经费支出"科目，贷记"银行存款"等科目。

(2) 民间非营利组织将受托转赠物资交予受益人时，按照该物资入账成本，借记"受托代理负债"科目，贷记"受托代理资产"。

(3) 委托人如果取消对该受托代理物资的转赠要求，且不再收回捐赠物资的，应当将转赠物资转为存货或固定资产，按照转赠物资的成本，借记"受托代理负债"科目，贷记"受托代理资产"科目；同时，借记"存货"、"固定资产"科目，贷记"资产基金——存货、固定资产"科目。

第十二章 公共资产管理实务

2. 受托储存管理物资。

（1）民间非营利组织接受委托人委托储存管理的物资，验收入库后，按照相关凭据注明金额确定成本，借记"受托代理资产"科目，贷记"受托代理负债"科目。

（2）按照受托合同约定，民间非营利组织支付由受托单位承担的与受托储存管理的物资相关的运输费、保管费等费用，按照实际支付的金额，借记"经费支出"科目，贷记"银行存款"等科目。

（3）根据委托人要求交付时，应按照受托储存管理物资的账面余额，借记"受托代理负债"科目，贷记"受托代理资产"科目。

第三节　公共资产管理改革

一、公共组织国有资产管理体制

（一）公共组织国有资产管理体制的含义

近年来，我国公共组织国有资产总量越来越大，增速越来越快。公共组织国有资产是公共组织为履行职能、向社会提供产品或公共服务而占用的以货币计量的各种经济资源，主要包括行政单位资产和事业单位资产。行政单位资产用于提供公共服务，具有鲜明的公共性特征；事业单位资产是事业单位占有或使用的公共资产，具有公共性、公益性和一定的经营性。公共组织应当履行国有资产管理职责，依法维护公共组织国有资产的安全性和完整性。

国有资产管理体制，是关于建立国有资产管理机构、体系，在中央与地方及地方政府之间划分国有资产管理权限，确定调控管理方式等方面的基本制度体系。通过科学建立国有资产管理体制，有效解决国有资产管理的责、权、利等重大问题，明晰产权代表方式、经营方式等，有利于防止国有资产流失，巩固和发展国民经济。

（二）国有资产管理体制的历史演变

我国积极探索如何理顺国有产权领域关系，选择国有资产经营方式，提高国有资产运营效率，加强国有资产管理，建立与社会主义市场经济相适应的国有资产管理体制。我国的国有资产管理体制随着社会主义经济制度的确立而确立，经历不断深化改革，其历史演变大致分为两个阶段：

1. 计划经济下的国有资产管理体制。

在传统的计划经济体制下，没有明确的国有资产及管理体制的概念，国有资产的所有权和经营权合二为一。国有资产的管理采用与高度集中的计划经济管理体制相适应的分级归口管理体制，国有资产由各级财政连续投资积累而成，国家财政无偿投资购置固定资产，无偿拨款形成流动资金，银行贷款解决临时性资金问题。在这种集中统一管理的方式下，国有资产在中央、地方政府等之间实行无偿划拨制度。在计划经济时期，国民经济调整没有改变这一国有资产管理的基本格局,该国有资产管理体制在恢复国有经济、建立社会主义经济制度中发挥了积极作用,但也存在一定的历史局限性,如国有经济比重过高,国有资产使用权和经营权不分离,无偿划拨制度阻碍市场经济发展等。

2. 改革开放后的国有资产管理体制。

在市场经济体制下,我国国有资产管理体制从最初的放权让利,到所有权经营权的适度分离,再到现代企业制度的建立,不断探索与社会主义市场经济相适应的国有资产管理体制。

(1) 1978~1984年,针对传统计划经济体制下的高度集中管理体制,最初的国有资产管理体制改革从放权让利开始,在不改变国有资产所有权的条件下扩大自主权,尽可能地将国有资产的使用权下放。

(2) 1985~1991年,随着1984年《中共中央关于经济体制改革的决定》社会主义经济是有计划的商品经济这一论断的提出,根据党政分开、政企分开、国有资产经营权、使用权分离的原则,国有资产管理体制改革从原来的简政放权发展到经营体制的改革,进一步扩大自主权,并于1988年起实行多种形式的承包经营责任制。

(3) 1992~2002年,随着国有经济建立社会主义市场经济体制的战略性调整,国有经济管理体制进入以产权改革为核心内容,建立产权清晰、责任明确、政企分开、管理科学的现代企业制度,建立权责明确的国有资产管理、监督和运营体系的新阶段。

(4) 2003年至今,建立新型国有资产管理体制,实现权利、义务和责任相统一,管资产、管人和管事相结合。

(三) 公共组织国有资产管理的基础工作

1. 公共组织国有资产产权登记。

公共组织国有资产产权登记是国家对公共组织占有、使用的国有资产进行登记,从而依法确认国家对国有资产的所有权、公共组织对国有资产的占有、使用权的行为。

产权登记是公共组织进行国有资产管理的基本手段,凡是占有、使用国有资产的事业单位、非营利组织等公共组织必须向同级财政部门或者经同级财政部门授权的相关主管部门申报、办理国有资产产权登记工作。同时,同级财政部门或相关主管部门应定期对公共组织产权登记情况进行检查,便于掌握公共组织国有资产产权变更及其他基本情况的变化,从而为国有资产管理提供真实、全面的数据。

国有资产产权登记制度有利于明确公共组织资产的产权关系,清晰界定公共组织国有资产产权,为公共组织利用国有资产对外投资、出租、出借等提供重要依据,并以法律形式明确国家对国有资产的所有权、公共组织对国有资产的占有权和使用权,为国有资产提供安全保障,有助于对国有资产的合理配置和有效使用。

2. 公共组织国有资产产权纠纷处理。

公共组织国有资产产权纠纷是指因财产产权归属不清而引起的争议,应本着实事求是、公正公平的原则进行处理。

行政单位之间的产权纠纷经当事人协商不能解决的,由财政部门或者同级政府调解裁定;行政单位与非行政单位或其他组织、个人之间的产权纠纷,行政单位根据报经财政部门同意的处理意见,与对方协商,如协商依然不能解决,依照司法程序处理。

第十二章　公共资产管理实务

事业单位与其他国有单位之间的产权纠纷，经双方当事人协商不能解决的，由同级财政或者共同的上级财政部门调解裁定，如财政部门无法解决，则上报有管辖权的人民政府进行处理；事业单位与其他非国有单位或者组织、个人之间的产权纠纷，事业单位根据经主管部门审核同级财政部门批准的处理意见，与对方协商，如协商依然不能解决，依照司法程序处理。

3. 公共组织国有资产评估。

公共组织应当委托具有资产评估资质的资产评估机构，按照特定目的，在某一时点对国有资产进行评定估算，从而确定国有资产的价格，合理入账。

行政单位需要评估的资产包括：没有取得原始标示价格凭证的国有资产；拍卖、有偿转让、置换的国有资产；国家规定需要评估的其他国有资产。

事业单位需要评估的资产包括：整体或部分改制为企业或租赁给非国有单位的国有资产；以非货币性资产对外投资的国有资产；合并、分立、清算的国有资产；拍卖、有偿转让、置换的国有资产；涉讼的国有资产等。

4. 公共组织国有资产信息管理系统。

公共组织应按照国有资产管理信息化的要求，以现代信息技术为手段，及时将国有资产真实情况录入管理信息系统，从而为财政主管部门全面掌握公共组织国有资产总体情况、实现对国有资产的精细化动态管理提供信息支持。

公共组织国有资产信息管理系统主要包括：建立全面反映国有资产总量、构成、变化等信息的动态数据库；建立查询、分析国有资产使用、增减情况等内容的综合分析子系统；建立国有资产规范化、网络化的管理工作流程；建立国有资产预警信息系统等。

5. 公共组织国有资产管理绩效考核。

公共组织国有资产管理绩效考核旨在利用科学的考核方法和量化指标，综合评价和考核公共组织对国有资产管理目标的实现程度和对国有资产的管理和使用效率。

公共组织国有资产管理绩效考核主要根据公共组织的实际管理需要出发，利用资产管理情况、资产保全率、资产完好程度、资产超标率、资产保值增值额等一系列指标，对国有资产配置、使用和处置等环节进行考核。

（四）我国公共组织国有资产管理的现状

从总体上看，我国公共组织国有资产管理尚处于与社会主义市场经济相适应的探索阶段，主要面临以下几个方面的问题。

1. 公共组织国有资产管理制度不健全。

目前，针对公共组织国有资产管理的国家法律尚未制订和出台，对公共组织国有资产进行日常管理和监督的法规不健全，主要参照《中华人民共和国企业国有资产法》、《行政单位国有资产管理暂行办法》、《事业单位国有资产管理暂行办法》进行管理。

公共组织国有资产管理体制也未理顺，依旧存在管理目标不明确、产权不清晰、职责划分不清和分工不明的现象和问题；公共组织国有资产的性质比较模糊，相应的管理制度也不完善，政府监管和市场监督依旧存在真空。

2. 公共组织国有资产管理与预算管理、财务管理相脱节。

公共组织国有资产存在存量与增量管理脱节现象，国有资产监管不力，导致国有资产存于账外的现象依旧普遍存在,资产流失现象严重。在国有资产管理的实务工作中,国有资产管理部门和财务部门没有实现有效衔接,容易出现职责交叉、相互推卸责任,导致国有资产管理工作质量低下等问题。

3. 公共组织国有资产使用效率低下。

目前,绩效考评体系虽已建立,但公共组织并没有较好地对国有资产进行绩效评价,国有资产的管理没有充分利用现代网络信息技术手段,仍采用传统的管理模式,管理理念与方法依旧落后;国有资产缺乏有效的自我约束与激励相容机制,使用效率不尽如人意,存在资产配置混乱、不公平、盲目扩大导致资产闲置等现象。

二、深化公共组织国有资产管理体制改革

为了加强对公共组织国有资产管理,提高资产运营效益,需进一步推进改革,建立适合市场经济发展的公共组织国有资产管理体制,从而推动国有资产的合理配置和有效使用,保障国有资产的安全和完整,实现国有资产的保值增值。

(一) 完善国有资产监管体系

针对公共组织国有资产政府监管和市场监督的空白,需在现行法律法规和规章制度的基础上,进一步建立和完善国有资产监督管理体系,为维护国有资产权益提供法律依据。公共组织国有资产的管理,应从理顺体制、健全制度、强化监督等方面对资产的配备、购置、使用、处置等环节进行全方位管理,通过实行国家统一所有,政府分级监管,单位占有、使用的管理体制,建立明确的权责制度,既要避免现行国资管理体制存在的公用性资产、公益性资产、资源性资产、及无形资产的"缺位"管理现象,也要解决财政部门和国资委的国有资产管理职能交叉,导致重复管理、资源浪费的问题。

(二) 加强国有资产预算管理和效益评价

公共组织对国有资产的管理,应遵循资产管理与预算管理相结合、资产管理与财务管理相结合、实物管理与价值管理相结合、增量管理与存量管理相结合的原则,有效整合现有资源,实现对国有资产的动态监管。公共组织国有资产的配置应与公共组织履行职能需要相适应,遵循勤俭节约,从严控制的原则,利用国有资产管理信息系统,摸清公共组织资产基本情况,并按照以存量资产约束增量资产的方式,严格执行新增资产配置审批制度。对于公共组织要求配置的资产,能通过调剂解决的,原则上不予重新配置;对于有规定配备标准的资产,应按照相关规定进行配置;对于没有规定配备标准的,应从实际出发合理配置。公共组织应通过国有资产管理与部门预算、政府采购预算的有机衔接,优化公共组织的资产结构,维护国有资产权益。

公共组织应通过搭建公共资产管理平台,对国有资产进行运营管理,实现公共组织国有资产所有权和使用权的分离,提高国有资产的使用效益和经营收益。公共组织应加强对国有资产的绩效管理,进一步完善公共组织国有资产绩效考核体系,利用有效的国有资产约束激励机制,提高国有资产运行效率。同时,积极探索国有资产的市场化管理途径,进一步整合现有资源,盘活存量国有资产,提高增量资产绩效。

第十二章　公共资产管理实务

（三）加强国有资产管理队伍建设

公共组织应当根据国有资产管理的工作要求，健全和完善国有资产管理的专门机构，理顺资产管理部门职能，加强国有资产管理队伍建设，提高资产管理效率。公共组织国有资产管理改革要和财务管理改革、会计制度改革、财政管理体制、部门预算改革、国有资产管理信息系统建设、人力资源建设等相协调和配套，以建立现代公共组织国有资产管理体制，建立职业化的国有资产经营管理人员队伍，切实提高管理人员业务素质，规范国有资产管理程序，提高公共组织国有资产使用绩效。

（四）探索国有资产管理与财务管理的有效衔接

随着公共组织国有资产与财务管理工作越来越复杂，针对普遍存在的"重财轻物"导致国有资产流失，"重买轻管"导致重复购置，资产配置缺乏计划性，资产管理部门只管实物，财务部门只管价值，缺乏协调导致账实不符等现象，公共组织必须加强财务部门在国有资产管理购置事前监督、管理事中监督、处置事后监督中的作用，建立科学的国有资产与财务统一管理体系，完善内控建设。

根据《会计法》建立健全内部会计监督制度"不相容职能分离"的原则，资产管理部门主要负责对国有资产进行实物管理，财务部门对国有资产进行价值管理，按会计准则规定负责公共组织国有资产的核算、相关账务处理，并履行会计对国有资产的监督职能，参与资产管理部门对国有资产实物进行的定期盘点，根据盈亏情况分析盘点差异，合理进行账务处理。公共组织在国有资产管理的过程中，应明确国有资产管理部门和财务管理部门的具体职能，避免工作重复交叉，导致效率低下。

资产管理作为财务管理的重要内容，在明确国有资产管理部门和财务管理部门权责的前提下，要重视两个部门的沟通协同和信息共享。国有资产管理部门在资产配置阶段，需要协同财务部门梳理流程，基于成本效益原则，财务预算在考虑盘活存量和增量调控的基础上，平衡实物管理和价值管理，科学规划资产配置；在购置阶段，国有资产管理部门和财务管理部门应共同参与，建立共享的资产管理信息系统，规范资产的请购、审批、招标、付款、验收、入库等流程，实现资产管理系统和账务系统的实时对接；在资产使用阶段，需要财务指标作为重要支撑，建立责任中心，评价国有资产的使用效率；在资产清查阶段，资产和财务要统一核算科目、入账时间等，及时编制未达账项调整表，保证账实相符；在资产处置阶段，要规避财务监督缺位导致国有资产流失的现象，加强资产管理信息化建设，完善国有资产管理监督体系。

第十三章 公共组织会计实务

我国的公共组织由于类型多样化，承担着不同的业务工作，对会计核算和监督的需求也各不相同。对于不同类型的公共组织需要依据不同的会计制度，采取不同的会计科目设置和账务处理方法。

第一节 公共组织会计规定

公共组织会计是改革开放以后，用来概括以政府财政资金和非营利组织业务资金为核算对象的一种新提法。其中的行政单位会计、事业单位会计和民间非营利组织会计有各自不同的概念、特点、基本前提和会计原则。

一、公共组织会计的概念与特点

我国会计按其核算和监督的对象及行业分为预算会计和企业会计两大体系。其中，预算会计是以预算管理为中心，以预算收支核算为重点，核算反映和监督中央政府和地方政府预算，以及行政事业单位收支预算执行情况的会计。我国现行的预算会计分为政府会计和非营利组织会计两大主体，政府会计包括财政总预算会计、国库会计、收入征解会计、行政单位会计等，非营利组织会计包括事业单位会计、民间非营利组织会计（见图13-1）。

预算会计是我国沿用苏联的提法，有其产生的历史背景。在改革开放前，我国的民间非营利组织在国民经济中所占比重很小，政府和非营利组织包括行政单位、事业单位和社会团体，资金来源都依靠财政拨款，这些部门的会计都是"反映和监督国家预算执行情况的会计"，因此统称为预算会计。

然而随着改革开放的进一步深化，预算会计不再能涵盖所有的非企业部门。例如，各类事业单位，其资金并非全部来自国家预算，有的甚至基本靠自身创收，更不用说那些民间非营利组织，因此这些组织的资金核算并不仅仅是国家预算的执行情况了。所以，许多学者主张采用"公共组织会计"或者"政府与非营利组织会计"，来代替"预算会计"这一名称。本书中，就使用"公共组织会计"来概括以政府财政资金和非营利组织业务资金为核算对象，适用于行政、事业和民间非营利组织的会计。

第十三章 公共组织会计实务

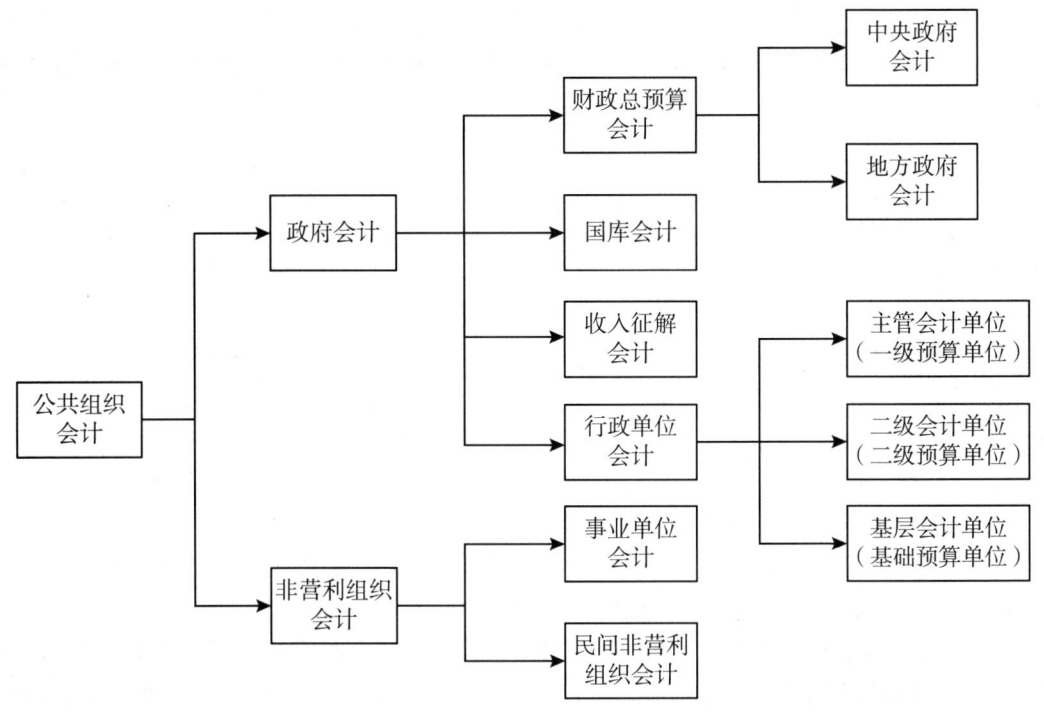

图 13-1 我国公共组织会计体系

（一）行政单位会计

行政单位会计，是国家各级行政单位核算和反映预算执行情况及其结果的专业会计。行政单位会计根据国家建制和经费领报关系，分为主管会计单位、二级会计单位和基层会计单位三级。行政单位会计是公共组织会计体系的重要组成部分，但它与事业单位会计不同，有以下特点：

1. 行政单位业务活动的目的是满足社会公共需要，具有明显的非市场性；
2. 行政单位收支核算必须服从预算管理的要求；
3. 行政单位一般不进行成本核算；
4. 根据财政部《权责发生制政府综合财务报告制度改变方案》，我国自 2014 年起逐步推进政府会计权责发生制改革，力争到 2020 年建立具有中国特色的政府会计准则体系和权责发生制政府综合财务报告制度。

（二）事业单位会计

事业单位会计，是核算和监督各级各类事业单位预算执行情况及其结果的专业会计。事业单位会计具有以下特点：

1. 资金来源多样化，经费渠道有财政预算拨款、上级部门补助、从事专业活动及其辅助活动取得的事业收入、附属单位缴款、经营收入及社会组织和个人的捐款等；
2. 会计核算组织机构多层次，事业单位通常有下属的二级核算单位、三级核算单位，同时还受国家总预算、地方各级预算的监督管理，形成多层次的会计核算组织；
3. 两种会计核算基础并行，以收付实现制为会计核算基础，但经营性收支业务采用权

责发生制;

4. 事业单位开展的业务活动不以营利为目的,总体上是以公益性为目的,更多偏重于社会效益。

(三) 民间非营利组织会计

民间非营利组织会计,是对依法设立的民间非营利组织的业务活动进行核算和监督的专业会计。我国民间非营利组织会计的特点主要体现在以下几个方面:

1. 民间非营利组织的资金具有民间性;
2. 以权责发生制原则为会计核算基础;
3. 资源提供者向该组织投入资源不取得经济回报,也不享有组织的所有权,所有民间非营利组织会计核算不存在"所有者权益"和"利润"的问题,但需要进行成本核算,故设置了资产、负债、净资产、收入和费用五个会计要素;
4. 计量基础包括历史成本和公允价值,这主要由民间非营利组织的业务特征所决定的,其许多资产的取得并没有实际成本,如捐赠资产等,如果严格按照历史成本计量,可能难以取得价值资料,只能引入公允价值等其他计量工具;
5. 净资产分为限定性净资产和非限定性净资产两类进行核算和列报,其中限定性净资产是指其使用存在时间或用途限制的净资产,除此之外的其他净资产即为非限定性净资产。这也是由民间非营利组织的业务特征所决定的;
6. 收入的确认标准具有特殊性,这主要是由于民间非营利组织的收入来源具有特殊性,可分为交换交易形成的收入和非交换交易形成的收入,分别按照等价交换原则和非等价交换原则进行确认和计量。

此外,财政总预算会计是政府各级财政部门核算、反映和监督政府预算执行和财政周转金等财政性资金活动的专业会计,国库会计是中国人民银行负责对预算资金的收纳、划分、报解和库款支拨的会计,收入征解会计是税务机关、海关、财政机关等系统设立的,负责国家工商税收、关税以及国家指定其负责征收的预算收入、减免、缴库的会计。它们的适用范围较狭窄、核算方法较简单,本书将不多赘述。

二、公共组织会计的基本前提与会计原则

(一) 公共组织会计的基本前提

与企业会计一样,公共组织会计的基本前提也是会计主体、持续经营、会计分期和货币计量。即公共组织都有持续经营性假设,都是以一个自然年度为会计期间,也都以人民币为记账本位币,只是会计主体上各有不同的核算和监督对象,具体区别如表13-1所示。

表13-1　　　　　　　　　公共组织会计主体对比表

公共组织	会计主体
行政单位	国家权力机关,包括全国人大、人大常委会以及各地方人大和常委会;行政机关,包括各级人民政府及其所属各行政部门;审判机关、检察机关和司法机关;政党组织,即各党派和人民团体组织等。

第十三章 公共组织会计实务

续表

公共组织	会计主体
事业单位	教育事业单位、科学技术事业单位、文化事业单位、体育事业单位、广播电视事业单位、新闻出版事业单位、文物事业单位、档案事业单位、地震事业单位、林业园林事业单位、水利事业单位、气象事业单位、医疗卫生事业单位、环保环卫事业单位、房地产事业单位、其他事业单位。
非营利组织	社会团体、基金会、民办非企业单位、寺院、宫观、清真寺、教堂等。

（二）公共组织会计的核算原则

我国会计核算的一般原则为客观性原则、相关性原则、可比性原则、一贯性原则、及时性原则、明晰性原则、配比原则、权责发生制原则、谨慎性原则、实际成本核算原则、划分收益性支出与资本性支出原则、重要性原则，共 12 项。对于公共组织来说，并非每一项都适用，如行政单位不进行成本核算，故不适用实际成本核算原则。

1. 根据《行政单位会计制度》规定，我国行政单位的会计核算原则有六项：客观性原则、相关性原则、可比性原则、及时性原则、明晰性原则、全面性原则。

2. 根据《事业单位会计准则》，我国事业单位会计核算原则也有 6 项：客观性、相关性、可比性、及时性、明晰性、全面性，与行政单位会计的核算原则基本一致。

3. 根据《民间非营利组织会计制度》，非营利组织适用的会计原则有：客观性原则、相关性、一致性原则、可比性原则、及时性原则、明晰性原则、配比原则、实际成本原则、权责发生制原则、实质重于形式原则、谨慎性原则、合理划分费用化支出和资本支出原则、重要性原则。

第二节 行政单位会计实务

行政单位的会计实务操作依据 2014 年开始实施的《行政单位会计制度》，会计核算一般采用收付实现制，特殊经济业务和事项应当按照本制度的规定采用权责发生制核算。一般不进行成本核算。行政单位会计有五大类要素：资产、负债、净资产、收入和支出。

一、行政单位资产核算

（一）流动资产

流动资产是指可以在 1 年内（含 1 年）变现或者耗用的资产，包括库存现金、银行存款、零余额账户用款额度、财政应返还额度、应收及预付款项、存货等。

1. 库存现金。

行政单位的库存现金指行政单位为满足零星支付需求而存放在本单位的货币资金，简称现金。行政单位应当严格按照国家有关现金管理的规定收支现金，并按规定核算现金的各项收支业务,设置"库存现金"科目,借方登记增加额,贷方登记减少额,期末借方余额反映实际持有的库存现金。行政单位应当设置"现金日记账",由出纳人员根据收付款凭证,按照业务发生顺序逐笔登记,每日终了进行账款核对。行政单位有外币现金的,应当分别按照人民币、外币种类设置"现金日记账"进行明细核算。

库存现金管理中有三点需要总会计师加强关注:第一,现金支出限额要控制。一般来说,开户银行根据实际需要核定开户单位3~5天的日常零星开支所需的库存现金限额,边远地区和交通不便地区的开户单位的库存现金限额,可以多于5天,但不得超过15天的日常零星开支。经核定的库存现金限额,开户单位必须严格遵守。需要增加或者减少库存现金限额的,应当向开户银行提出申请,由开户银行核定。第二,库存现金应当日送存。开户单位现金收入应当于当日送存开户银行,当日送存确有困难的,由开户银行确定送存时间。第三,现金收入不得坐支。开户单位支付现金,可以从本单位库存现金限额中支付或者从开户银行提取,不得从本单位的现金收入中直接支付(即坐支)。因特殊情况需要坐支现金的,应当事先报经开户银行审查批准,由开户银行核定坐支范围和限额。坐支单位应当定期向开户银行报送坐支金额和使用情况。

2. 银行存款。

行政单位的银行存款是指行政单位存放在银行或者其他金融机构的货币资金。行政单位必须严格按照国家有关规定开立账户,除按核定的限额保留库存现金外,超过限额的现金必须存入国家批准设立的银行或非银行金融机构;除在规定范围内使用库存现金外,在单位正常运行过程中所发生的一切货币收支业务,都必须通过银行存款账户进行结算。行政单位要设置"银行存款"科目进行核算,借方登记增加的金额,贷方登记减少的金额,期末借方余额反映行政单位实际存在银行或其他金融机构的款项。

行政单位应当按照开户银行或其他金融机构、存款种类及币种情况等,分别设置"银行存款日记账",由出纳人员根据收付款凭证,业务发生顺序逐笔登记,每日终了应结出金额。"银行存款日记账"应定期与"银行对账单"核对,至少每月核对一次。月度终了,行政单位银行存款账面余额与银行对账单余额之间如有差额,必须逐笔查明原因并进行处理,按月编制"银行存款余额调节表",调节相符。

行政单位发生外币业务的,应按照业务发生当日或当期期初的即期汇率,将外币金额折算为人民币金额记账,并登记外币金额和汇率。期末,各种外币账户的期末余额应当按照期末的即期汇率折算为人民币,作为外币账户期末人民币余额。调整后的各种外币账户人民币余额与原账面余额的差额作为汇兑损益计入当期支出。

3. 零余额账户用款额度。

零余额账户用款额度是实行国库集中支付后,行政单位根据财政部门批复的用款计划收到和支用的零余额账户用款额度。行政单位应当设置"零余额账户用款额度"科目,该科目借方登记收到授权支付到账额度,贷方登记支出的零余额用款额度,借方余额体现行政单位尚未支用的零余额账户用款额度。年末行政单位应依据银行对账单作注销额度的相关账务处理,所以"零余额账户用款额度"科目年末应无余额。

行政单位收到"财政授权支付额度到账通知书"时,借记"零余额账户用款额度"科目,贷记"财政拨款收入"科目。按规定支用额度时,借记"经费支出"等科目,贷记"零余额账户用款额度"科目。年末,根据银行对账单作注销额度的账务处理,借记

第十三章　公共组织会计实务

"财政应返还额度——财政授权支付"科目，贷记"零余额账户用款额度"科目。若单位本年度财政授权支付预算指标数大于财政授权支付额度下达数，应根据差额借记"财政应返还额度——财政授权支付"，贷记"财政拨款收入"科目。下年度收到"额度恢复到账通知书"，借记"零余额账户用款额度"科目，贷记"财政应返还额度——财政授权支付"科目。

（二）应收及预付款项

应收及预付款项是指行政单位在开展业务活动中形成的各项债权，包括财政应返还额度、应收账款、预付账款、其他应收款等。

1. 财政应返还额度。

财政应返还额度是指实行国库集中支付后，行政单位应收财政返还的资金额度，反映年终结转下年使用的用款额度。单位应设置"财政应返还额度"科目，借方登记年末注销的财政资金额度，贷方登记恢复或支用的财政额度，期末借方余额反映行政单位应收财政返还的资金额度。

"财政应返还额度"科目应设置"财政直接支付"和"财政授权支付"两个明细科目，进行明细核算。在财政直接支付方式下，年末行政单位根据本年度财政直接支付预算指标数与实际支出数的差额，借记"财政应返还额度——财政直接支付"科目，贷记"财政拨款收入"，下年度恢复额度后，行政单位使用以前年度财政直接拨款支付额度发生支出时，借记"经费支出"科目，贷记"财政应返还额度——财政直接支付"科目；在财政授权支付方式下，年末行政单位根据银行对账单作注销额度的相关账务处理，借记"财政应返还额度——财政授权支付"科目，贷记"零余额账户用款额度"科目，本年度财政授权支付预算指标数大于零余额账户用款额度下达数的，根据未下达的用款额度，借记"财政应返还额度——财政授权支付"科目，贷记"财政拨款收入"科目，下年初根据银行提供的"额度恢复到账通知书"作恢复额度的相关账务处理，借记"零余额账户用款额度"科目，贷记"财政应返还额度——财政授权支付"科目，收到财政部门批复的上年末未下达零余额账户用款额度时，借记"零余额账户用款额度"科目，贷记"财政应返还额度——财政授权支付"科目。

2. 应收账款。

应收账款是指行政单位出租资产、出售物资等应收取的款项或商业汇票，一般在资产已经出租或物资已出售，且尚未收到款项时确认。行政单位应当设置"应收账款"科目，借方登记应收账款的增加，贷方登记应收账款的收回或核销，期末借方余额反映行政单位未收回的应收账款。该科目需要按照租赁、购买或开出、承兑商业汇票的单位或个人信息记录明细账。行政单位还应设置"商业汇票备查簿"，逐笔登记商业汇票的信息并在商业汇票到期结清或退票后及时在备查簿中作注销处理。

3. 预付账款。

预付账款是行政单位按照购货、服务合同规定预付给供应单位或个人的款项，包括依据合同规定支付的订金，但支付后可以收回的订金不属于预付账款的范围。预付账款一般在已支付款项且尚未收到物资或服务时确认，行政单位应当设置"预付账款"总账科目，并按照供应单位或个人进行明细核算。

行政单位发生预付账款时,借记"预付账款"科目,贷记"资产基金——预付款项";同时,借记"经费支出",贷记"财政拨款收入"、"零余额账户用款额度"、"银行存款"等科目。收到所购物资或服务时,按照相应预付账款金额,借记"资产基金——预付款项"科目,贷记"预付账款"科目,同时按照收到物资的成本,借记有关资产科目,贷记"资产基金"及有关明细科目。对于逾期3年或以上、有确凿证据表明确实无法收到所购物资和服务且无法收回的预付账款,行政单位应按规定报经批准后予以核销,核销的预付账款应在备查簿中保留登记。

4. 其他应收款。

其他应收款是指行政单位除应收账款、预付账款以外的其他各项应收及暂付款项,如职工预借的差旅费、拨付给内部有关部门的备用金、应向职工收取的各种垫付款项等。行政单位应设置"其他应收款"总账科目,并按照其他应收款的类别以及债务单位或个人进行明细核算。

行政单位发生其他应收及暂付款项时,借记"其他应收款"科目,贷记"零余额账户用款额度"、"银行存款"等科目。收回或转销上述款项时,借记"银行存款"、"零余额账户用款额度"或有关支出,贷记"其他应收款"科目。行政单位内部实行备用金制度的,财务部门核定并发放备用金时借记"其他应收款"科目,贷记"库存现金"等科目,有关部门使用备用金后应及时到财务部门报销并补足备用金,根据报销数用现金补足备用金定额时,借记"经费支出"科目,贷记"库存现金"等科目,报销数和拨补数都不再通过"其他应收款"科目核算。

逾期3年或3年以上、有确凿证据表明确实无法收回的其他应收款,按规定报经批准后予以核销,核销的其他应收款应在备查簿中保留登记。按照待核销的其他应收款金额,借记"待处理财产损溢"科目,贷记"其他应收款"科目。报经批准核销后,借记"经费支出"科目,贷记"待处理财产损溢"科目;已核销的其他应收款在以后期间又收回的,如属于在核销年度内收回的,借记"银行存款"等科目,贷记"经营支出"科目;如属于在核销年度以后收回的,借记"银行存款"等科目,贷记"财政拨款结转"、"财政拨款结余"、"其他资金结转结余"等科目。

(三)存货

存货是指行政单位在开展业务活动及其他活动中为耗用而储存的各种物资,包括材料、燃料、包装物和低值易耗品及未达到固定资产标准的家具、用具、装具等。行政单位随买随用的零星办公用品等可以在购进时直接列作支出,不通过该科目核算;行政单位接受委托人指定受赠人的转赠物资,不属于存货范畴,应当通过"受托代理资产"科目核算。存货应当在其到达存放地点并验收时确认,行政单位应设置"存货"总账科目,并按照存货种类、规格和保管地点等进行明细核算,有委托加工业务的应在该科目下设置"委托加工存货成本"科目。出租、出借存货的,应设置备查簿进行登记。

1. 存货的取得。

存货取得时,按其实际成本计价入账,包括购买价款、相关税费、运输费、装卸费、保险费以及其他使得存货达到目前场所和状态所发生的支出。对于置换取得的存货,其成本按照换出资产的评估价值,加上或减去补价,加上为换入存货支付的其他费用(运输费

第十三章 公共组织会计实务

等）确定。对于委托加工的存货，其成本按照未加工存货的成本加上加工费用和运输费等确定。对于接受捐赠、无偿调入的存货，其成本按照有关凭据注明的金额加上相关税费、运输费等确定；没有相关凭据可供取得但依法经过资产评估的，其成本应当按照评估价值加上相关税费、运输费等确定；没有相关凭据可供取得也未经评估的，其成本比照同类或类似存货的市场价格加上相关税费、运输费等确定；没有相关凭据也未经评估，其同类或类似存货的市场价格无法可靠取得，该存货按照名义金额（即人民币1元）入账。

无论存货以何种方式取得，其会计核算方法均为：按照确定的成本借记"存货"科目，贷记"资产基金——存货"科目；同时按照实际支付的金额，借记"经费支出"科目，贷记"财政拨款收入"、"零余额账户用款额度"或"银行存款"等科目；对于尚未付款的，应当按照应付未付的金额，借记"待偿债净资产"科目，贷记"应付账款"科目。

2. 存货的发出。

存货发出时，应当根据实际情况采用先进先出法、加权平均法或个别计价法确定发出存货的实际成本，计价方法一经确定，不得随意变更。

行政单位开展活动领用、发出存货，按照领用、发出存货的实际成本，借记"资产基金——存货"科目，贷记"存货"科目。经批准对外捐赠、无偿调出存货时，按照实际成本借记"资产基金——存货"科目，贷记"存货"科目；同时将由行政单位承担的运输费等支出，借记"经费支出"科目，贷记"财政拨款收入"、"零余额账户用款额度"或"银行存款"等科目。经批准对外出售、置换换出的存货，应当转入待处理财产损溢，按照相关存货的实际成本，借记"待处理财产损溢"科目，贷记"存货"科目。

3. 存货的处置。

行政单位的存货应当定期进行清查盘点，每年至少盘点一次。对于发生存货盘盈、盘亏时应当及时查明原因，按规定报经批准后进行财务处理，按照账面价值计入"待处理财产损溢"科目。

（四）固定资产

固定资产是指行政单位使用期限超过1年（不含1年）、单位价值在规定标准以上，并在使用过程中基本保持原有物质形态的资产。对于单位价值虽未到达规定标准，但是耐用时间超过1年（不含1年）的大批同类物资，也作为固定资产核算。行政单位应设置"固定资产"总账科目核算各类固定资产的原值。

行政单位固定资产一般分为六类：房屋及构筑物；通用设备；专用设备；文物和陈列物；图书、档案；家具、用具、装具及动植物。行政单位应结合本单位的具体情况，制定适合本单位的固定资产目录、具体分类方法，作为固定资产核算的依据。

行政单位的固定资产应当按照以下条件确认：对于购入、换入、无偿调入、接受捐赠不需要安装的固定资产，在固定资产验收合格时确认；对于购入、换入、无偿调入、接受捐赠需要安装的固定资产，在固定资产安装完成交付使用时确认；对于自行建造、改建、扩建的固定资产，在建造完成交付使用时确认。

1. 固定资产的取得。

行政单位取得固定资产时，应当按照其成本计价入账。

对于行政单位购入的固定资产，其成本包括实际支付的购买价款、相关税费、固定资产交付使用前所发生的可归属于该项资产的运输费、装卸费、安装费和专业人员服务费等。以一笔款项购入多项没有单独标价的固定资产，按照各项固定资产同类或类似固定资产市场价格的比例对总成本进行分配，分别确定各项固定资产的入账价值。其中，购入不需安装的固定资产时，按照确定的固定资产成本，借记"固定资产"科目，贷记"资产基金——固定资产"科目，同时按照实际支付的金额，借记"经费支出"科目，贷记"财政拨款收入"、"零余额账户用款额度"、"银行存款"等科目；购入需要安装的固定资产时，先通过"在建工程"科目核算，在安装完工交付使用时，借记"固定资产"科目，贷记"资产基金——固定资产"科目，同时借记"资产基金——在建工程"科目，贷记"在建工程"科目；如果存在应付未付的款项或扣留的质量保证金等金额，借记"待偿债净资产"科目，贷记"应付账款"或"长期应付款"科目。

对于行政单位自行建造的固定资产，成本包括建造该项资产至交付使用前所发生的全部必要支出。工程完工交付使用时，按照自行建造过程中发生的实际支出，借记"固定资产"科目，贷记"资产基金——固定资产"科目；同时，借记"资产基金——固定资产"科目，贷记"在建工程"科目；已交付使用但尚未办理竣工决算手续的固定资产，按照估值价值入账，待确定实际成本后再进行调整。

对于行政单位改建、扩建、修缮的固定资产，成本按照原固定资产的账面价值加上改扩建发生的支出，减去固定资产拆除部分账面价值后的金额确定。将固定资产转入改扩建时，按照固定资产账面价值借记"在建工程"科目，贷记"资产基金——在建工程"；同时，按照固定资产的账面价值和已计提的折旧，借记"资产基金——固定资产"科目和"累计折旧"科目，按照固定资产账面余额，贷记"固定资产"科目。工程完工交付使用时，按照确定的固定资产成本，借记"固定资产"科目，贷记"资产基金——固定资产"科目；同时，借记"资产基金——在建工程"科目，贷记"在建工程"科目。

对于自行繁育的动植物，成本为达到可使用状态前发生的全部必要支出，一般在"固定资产"科目下设"未成熟动植物"、"成熟动植物"二级科目进行费用归集。

对于置换取得的固定资产，成本为换出资产的账面价值加上支付的补价或减去收到的补价，加上换入固定资产支付的其他费用，如运输费用等。

2. 固定资产的折旧。

固定资产、公共基础设施计提折旧是指固定资产、公共基础设施在预计可使用寿命中，按照确定的方法对应折旧金额进行的系统分摊。行政单位应设置"累计折旧"科目总账科目核算计提的固定资产折旧累计数额。根据财政部相关规定，行政单位对下列固定资产不计提折旧：文物及陈列品；图书、档案；动植物；以名义金额入账的固定资产；境外行政单位持有的能够与房屋及构筑物区分、拥有所有权的土地。

行政单位应当根据固定资产、公共基础设施的性质和实际使用情况，合理确定其折旧年限。省级以上财政部门、主管部门对行政单位固定资产折旧年限作出规定的，从其规定。行政单位一般采用年限平均法或工作量法计提固定资产、公共基础设施的折旧，应折旧金额为其成本，计提折旧时不考虑预计净残值。

行政单位应当按月计提固定资产、公共基础设施的折旧，当月增加的固定资产、公共基础设施当月不计提折旧，下月起计提；当月减少的固定资产、公共基础设施当月照提折

第十三章　公共组织会计实务

旧,下月起不提。固定资产、公共基础设施提足折旧后,无论能否继续使用,均不再计提折旧;提前报废的固定资产、公共基础设施,也不再计提折旧;因改扩建而延长使用年限或提高使用效能的,应当按照重新确定的固定资产成本以及折旧年限,重新计算折旧额。

行政单位按月计提固定资产、公共基础设施折旧时,按照应计提的折旧金额,借记"资产基金——固定资产"科目,贷记"累计折旧"科目。

3. 固定资产的处置。

固定资产处置包括固定资产出售、置换换出、无偿调出、对外捐赠、报废、损毁等情况。行政单位经批准后出售、置换换出、报废、损毁固定资产时,按其账面价值,借记"待处理财产损溢"科目,按照已计提折旧,借记"累计折旧"科目,按照固定资产账面余额,贷记"固定资产"科目;同时借记"资产基金——固定资产",贷记"待处理财产损溢"。行政单位经批准无偿调出、对外捐赠的固定资产时,根据其账面价值,借记"资产基金——固定资产"科目,按照已计提的折旧,借记"累计折旧"科目,按照固定资产的账面余额,贷记"固定资产"科目。对于固定资产处置过程中发生的由行政单位承担的拆除费用、运输费等,按照实际支付的金额,借记"经费支出"科目,贷记"财政拨款收入"、"零余额账户用款额度"、"银行存款"等科目。

4. 固定资产的盘盈和盘亏。

行政单位应当定期进行固定资产清查盘点,每年至少进行一次。对于固定资产盘盈、盘亏的,应当及时查明原因,按照规定报经批准后进行账务处理。

对于盘盈的固定资产,行政单位应当按照取得的同类或类似的固定资产的实际成本确定入账价值;没有同类或类似固定资产的实际成本时,按照同类或类似固定资产的市场价格确定入账价值;同类或类似固定资产的实际成本或市场价格无法可靠取得,按照名义金额入账。盘盈的固定资产,按照确定的入账价值,借记"固定资产"科目,贷记"待处理财产损溢"科目。

对于盘亏的固定资产,行政单位应当按照盘亏固定资产的账面价值借记"待处理财产损溢"科目,按照已计提折旧借记"累计折旧"科目,按照固定资产账面余额贷记"固定资产"科目。

(五) 在建工程

在建工程是指行政单位已经发生必要支出,但尚未完工交付使用的各种建筑(包括新建、改建、扩建、修缮等)、设备安装工程和信息系统建设工程等。在建工程不包括不能够增加固定资产、公共基础设施使用效能或延长其使用寿命的修缮、维护等。行政单位应设置"在建工程"总账科目,同时按照具体工程项目进行明细核算。一般来说,行政单位的基本建设应当按照国家有关规定单独建账、单独核算,同时按照规定至少按月并入该科目及其他相关科目反映。行政单位应当在该科目下设置"基建工程"明细科目,核算由基建账套并入的在建工程成本,借方期末余额反映行政单位尚未完工的在建工程实际成本。

1. 建筑工程。

行政单位将固定资产转入改建、扩建或修缮等时,按照固定资产的账面价值,借记"在建工程"科目,贷记"资产基金——在建工程"科目;同时,按照固定资产的账面价值,借记"资产基金——固定资产"科目,按照已计提折旧金额,借记"累计折旧",按照固定资产的账面余额,贷记"固定资产"科目。

行政单位将改扩建或修缮的建筑部分拆除时,按照拆除部分的账面价值(没有固定资产拆除部分账面价值的,比照同类或类似固定资产的实际成本或市场价格及其拆除部分占全部固定资产价值的比例确定,)借记"资产基金——在建工程"科目,贷记"在建工程"科目。改扩建或修缮部分拆除获得残值收入时,借记"银行存款"科目,贷记"经费支出"科目;同时,借记"资产基金——在建工程"科目,贷记"在建工程"科目。

行政单位根据工程进度支付工程款时,按照实际支付的金额,借记"经费支出"科目,贷记"财政拨款收入"、"零余额账户用款额度"、"银行存款"等科目;同时按照相同的金额,借记"在建工程"科目,贷记"资产基金——在建工程"。

建筑工程项目完工交付使用时,按照交付使用工程的实际成本,借记"资产基金——在建工程"科目,贷记"在建工程"科目;同时,借记"固定资产"、"无形资产"科目(交付使用工程项目中有能够单独区分成本的无形资产),贷记"资产基金——固定资产、无形资产"科目。

2. 设备安装。

行政单位购入需要安装的设备,按照购入的成本,借记"在建工程"科目,贷记"资产基金——在建工程"科目;同时,按照实际支付的金额,借记"经费支出"科目,贷记"财政拨款收入"、"零余额账户用款额度"、"银行存款"等科目。发生安装费用时,按照实际支付的金额,借记"在建工程"科目,贷记"资产基金——在建工程"科目;同时,借记"经费支出"科目,贷记"财政拨款收入"、"零余额账户用款额度"、"银行存款"等科目。设备安装完成交付使用时,按照交付使用设备的实际成本,借记"资产基金——在建工程"科目,贷记"在建工程"科目;同时,借记"固定资产"、"无形资产"科目(交付使用的设备中能够单独区分成本的无形资产),贷记"资产基金——固定资产、无形资产"科目。

3. 信息系统建设。

行政单位发生各项信息系统建设支出时,按照实际支付的金额,借记"在建工程"科目,贷记"资产基金——在建工程"科目;同时,借记"经费支出"科目,贷记"财政拨款收入"、"零余额账户用款额度"、"银行存款"等科目。信息系统建设完成交付使用时,按照实际成本借记"资产基金——在建工程"科目,贷记"在建工程"科目;同时,借记"固定资产"、"无形资产"科目,贷记"资产基金——固定资产、无形资产"科目。

4. 在建工程的毁损。

行政单位毁损的在建工程成本,应当转入"待处理财产损溢"科目处理。转入时借记"待处理财产损溢——待处理财产价值"科目,贷记"在建工程"科目。报经批准予以核销时,借记"资产基金——在建工程"科目,贷记"待处理财产损溢——待处理财产价值"科目。取得残值变价收入时,借记"库存现金"、"银行存款"等科目,贷记"待处理财产损溢——处理净收入"科目。发生相关费用时,借记"待处理财产损溢——待处理财产价值"科目,贷记"库存现金"、"银行存款"等科目。清理完毕并收回相应应收账款后,按照取得的残值变价收入扣除相关费用后的净收入,借记"待处理财产损溢——处理净收入"科目,贷记"应缴财政款"科目。如果变价收入小于相关税费的,按照相关税费减去变价收入后的净支出,借记"经费支出"科目,贷记"待处理财产损溢——处

第十三章 公共组织会计实务

理净收入"科目。工程完工后不能形成资产的项目,应按照相关规定报请批准予以核销,借记"资产基金——在建工程"科目,贷记"待处理财产损溢"科目。

(六) 无形资产

无形资产是指不具有实物形态而能为行政单位提供某种权利的非货币性资产,包括著作权、土地使用权、专利权、非专利技术等。行政单位购入的不构成相关硬件不可缺少组成部分的软件,也作为无形资产核算。行政单位应设置"无形资产"总账科目,并按照无形资产类别、项目等进行明细核算,该科目期末借方余额,反映行政单位无形资产的原值。同时设置"累计摊销"总账科目,核算无形资产摊销业务,也按照无形资产类别、项目等进行明细核算,该科目贷方余额反映行政单位计提的无形资产摊销累计数。

1. 无形资产的取得。

行政单位取得无形资产时,应当按照其实际成本计价入账。

对于外购无形资产,其成本包括实际支付的购买价款、相关税费以及可归属于该项资产达到预定用途所发生的其他支出。按照确定的无形资产成本,借记"无形资产"科目,贷记"资产基金——无形资产"科目;同时,按照实际支付的金额,借记"经费支出"科目,贷记"财政拨款收入"、"银行存款"、"零余额账户用款额度"等科目,如果未实际付款的,则借记"待偿债净资产"科目,贷记"应付账款"科目。委托软件公司开发的软件,视同外购无形资产进行处理。

对于自行开发的无形资产,按照依法取得时发生的注册费、聘请律师费等费用确定成本,借记"无形资产"科目,贷记"资产基金——无形资产"科目;同时,按照实际支付的金额,借记"经费支出"科目,贷记"财政拨款收入"、"银行存款"、"零余额账户用款额度"等科目。依法取得前所发生的研发支出,应当于发生时直接计入当期支出,但不计入无形资产的成本。

对于置换取得的无形资产,其成本按照换出资产的评估价值加上支付的补价或减去收到的补价,加上为换入无形资产支付的其他费用(如登记费等)确定。按照确定的成本,借记"无形资产"科目,贷记"资产基金——无形资产"科目;按照实际支付的补价、相关税费等,借记"经费支出"科目,贷记"财政拨款收入"、"银行存款"、"零余额账户用款额度"等科目。

对于接受捐赠、无偿调入的无形资产,其成本确定发放同接受捐赠、无偿调入的存货。借记"无形资产"科目,贷记"资产基金——无形资产"科目;按照相关税费等,借记"经费支出"科目,贷记"财政拨款收入"、"银行存款"、"零余额账户用款额度"等科目。

2. 无形资产的摊销。

无形资产的摊销是指在无形资产使用寿命内,按照确定的方法对应摊销金额进行系统分摊。行政单位应当对无形资产进行摊销,以名义金额计量的无形资产除外。

行政单位应按照以下原则确定无形资产的摊销年限:(1)法律规定了有效年限的,按照法律规的有效年限作为摊销年限;(2)法律没有规定有效年限的,按照相关合同或单位申请书中的受益年限作为摊销年限;(3)法律没有规定有效年限、相关合同或单位申请书也没有规定受益年限的,按照不少于10年的期限摊销;(4)非大批量购入、单价小于1 000元的无形资产,可以于购买的当期,一次将成本全部摊销。

行政单位应当采用年限平均法计提无形资产摊销。行政单位无形资产的应摊销金额为其成本。行政单位应当自无形资产取得当月起，按月计提摊销；无形资产减少的当月，不再计提摊销。无形资产提足摊销后，无论能否继续带来服务潜力或经济利益，均不再计提摊销；核销的无形资产，如果未提足摊销，也不再补提摊销。因发生后续支出而增加无形资产成值的，应按照重新确定的无形资产成值，重新计算摊销额。

行政单位按月计提无形资产摊销时，按照应计提的金额，借记"资产基金——无形资产"科目，贷记"累计摊销"科目。行政单位计提无形资产摊销不形成费用，也没有支出，而是冲减资产基金，和计提固定资产折旧一样，是一种"虚提摊销"。

3. 无形资产的处置。

无形资产的处置是指行政单位因出售、置换换出、无偿调出、对外捐赠等原因安排无形资产退出日常业务活动的无形资产终止确认行为。

行政单位报经批准将出售、置换换出的无形资产转入待处理财产损溢科目，按照无形资产账面价值借记"待处理财产损溢——待处理财产价值"科目，按照已计提摊销金额贷记"累计摊销"科目，按照无形资产账面余额贷记"无形资产"科目。

行政单位报经批准无偿调出、对外捐赠的无形资产，按照其账面价值借记"资产基金——无形资产"科目，按照已计提摊销金额借记"累计摊销"科目，按照无形资产账面余额贷记"无形资产"科目。无偿调出、对外捐赠无形资产发生由行政单位承担的相关费用支出等，按照实际支付的金额借记"经费支出"科目，贷记"财政拨款收入"、"银行存款"、"零余额账户用款额度"等科目。

4. 无形资产的核销。

行政单位无形资产预期不能带来服务潜力或经济利益的，应当按照规定报经批准后将无形资产的账面价值予以核销。待核销的无形资产转入待处理财产损溢时，按照待核销无形资产的账面价值，借记"待处理财产损溢"科目，按照已计提摊销金额，借记"累计摊销"科目，按照无形资产的账面余额，贷记"无形资产"科目。报经批准予以核销时，借记"资产基金——无形资产"科目，贷记"待处理财产损溢"科目。

（七）政府储备物资

政府储备物资是指由行政单位直接储备管理的各项政府应急或救灾储备物资等。负责采购并拥有储备物资调拨权力的行政单位（以下简称"采购单位"）将政府储备物资交由其他行政单位（以下简称"代储单位"）代为储存的，相应的储备物资作为采购单位的政府储备物资，代储单位将受托代储的政府储备物资作为受托代理资产核算。政府储备物资应当在其到达存放地点并验收时确认。行政单位应设置"政府储备物资"总账科目，且按照政府储备物资的种类、品种、存放地点等进行明细核算，该科目借方余额反映行政单位管理的政府储备物资的实际成本。

1. 政府储备物资的购入。

行政单位取得政府储备物资时，应当按照其成本计价入账。

对于购入的政府储备物资，其成本包括购买价款、相关税费、运输费、装卸费、保险费以及其他政府储备物资达到目前场所和状态所发生的支出；行政单位支付的政府储备物资保管费、仓库租赁费等日常储备费用，不计入政府储备物资的成本。按照确定的成本借

第十三章 公共组织会计实务

记"政府储备物资"科目,贷记"资产基金——政府储备物资"科目;同时,按实际支付的金额借记"经费支出"科目,贷记"财政拨款收入"、"银行存款"、"零余额账户用款额度"等科目。

对于接受捐赠、无偿调入的政府储备物资,其成本按照有关凭据注明的金额加上相关税费、运输费等确定;没有相关凭据可供取得,但依法经过资产评估的,其成本应当按照评估价值加上相关税费、运输费等确定;没有相关凭据可供取得也未经评估的,其成本比照同类或类似政府储备物资的市场价格加上相关税费、运输费等确定。按照确定的成本借记"政府储备物资"科目,贷记"资产基金——政府储备物资"科目;同时,按实际支付的相关税费和运输费等借记"经费支出"科目,贷记"财政拨款收入"、"银行存款"、"零余额账户用款额度"等科目。

2. 政府储备物资的发出。

政府储备物资发出时,应当根据实际情况采用先进先出法、加权平均法或者个别计价法确定发出政府储备物资的实际成本。计价方法一经确定,不得随意变更。

行政单位经批准无偿调出、对外捐赠政府储备物资时,按照其实际成本借记"资产基金——政府储备物资"科目,贷记"政府储备物资"科目,同时将发生的应由行政单位承担的运输费等支出借记"经费支出"科目,贷记"财政拨款收入"、"银行存款"、"零余额账户用款额度"等科目。

行政单位报经批准将不需储备的物资出售时,应当转入待处理财产损溢,按照相关储备物资的账面余额借记"待处理财产损溢——待处理财产价值"科目,贷记"政府储备物资"科目。出售时,借记"资产基金——政府储备物资"科目,贷记"待处理财产损溢——待处理财产价值"科目,收到价款收入时,借记"库存现金"、"银行存款"等科目,贷记"待处理财产损溢——处理净收入"科目,发生相关费用的,借记"待处理财产损溢——处理净收入"科目,贷记"库存现金"、"银行存款"等科目。出售完毕时,根据处置后的净收入借记"待处理财产损溢——处理净收入"科目,贷记"应缴财政款"科目。

3. 政府储备物资的盘盈、盘亏或报废、毁损。

行政单位管理的政府储备物资应当定期进行盘点清查,每年至少盘点一次。对于发生的政府储备物资盘盈、盘亏或者报废、毁损,应当及时查明原因,按规定报经批准后进行账务处理。

行政单位盘盈的政府储备物资,按照取得同类或类似政府储备物资的实际成本确定入账价值;没有同类或类似政府储备物资的实际成本,按照同类或类似政府储备物资的市场价格确定入账价值。盘盈的政府储备物资按其入账价值借记"政府储备物资"科目,贷记"待处理财产损溢"科目。报经批准处理时,借记"待处理财产损溢"科目,贷记"资产基金——政府储备物资"科目。

行政单位盘亏或者报废、毁损的政府储备物资,转入待处理财产损溢时,按其账面余额借记"待处理财产损溢——待处理财产价值"科目,贷记"政府储备物资"科目。报经批准予以核销时,借记"资产基金——政府储备物资"科目,贷记"待处理财产损溢——待处理财产价值"科目。

（八）公共基础设施

公共基础设施是指由行政单位占有并直接负责维护管理、供社会公众使用的工程性公共基础设施资产，包括城市交通设施、公共照明设施、环保设施、防灾设施、健身设施、广场及公共构筑物等其他公共设施。与公共基础设施配套使用的修理设备、工具器具、车辆等动产，作为管理公共基础设施的行政单位的固定资产核算，不作为公共基础设施核算；与公共基础设施配套、供行政单位在公共基础设施管理中自行使用的房屋建筑物等，能够与公共基础设施分开核算的，作为行政单位的固定资产核算，不作为公共基础设施核算。公共基础设施应当在行政单位对其取得占有权利时确认。行政单位应当设置"公共基础设施"总账科目，且按其类别和项目进行明细核算，期末借方余额反映行政单位管理的公共基础设施实际成本。行政单位应当根据本单位具体情况，制定适合于本单位管理的公共基础设施目录、分类方法，作为进行公共基础设施核算的依据。

1. 公共基础设施的取得。

公共基础设施在取得时，应当按照其成本入账。

行政单位自行建设的公共基础设施，其成本包括建造该公共基础设施至交付使用前所发生的全部必要支出。公共基础设施的各组成部分需要分别核算的，按照各组成部分公共基础设施造价确定其成本；没有各组成部分公共基础设施造价的，按照各组成部分公共基础设施同类或类似市场造价的比例对总造价进行分配，确定各组成部分公共基础设施的成本。公共基础设施建设完工交付使用时，按照确定的成本借记"公共基础设施"科目，贷记"资产基金——公共基础设施"科目；同时借记"资产基金——在建工程"科目，贷记"在建工程"科目。已交付使用但尚未办理竣工决算手续的公共基础设施，按照估计价值入账，待确定实际成本后再进行调整。

行政单位接受其他单位移交的公共基础设施，其成本按照公共基础设施原账面价值确认。借记"公共基础设施"科目，贷记"资产基金——公共基础设施"科目。

此外，行政单位应当按照财政部的要求对公共基础设施计提折旧，按月计提折旧时根据应计提折旧金额借记"资产基金——公共基础设施"科目，贷记"累计折旧——公共基础设施累计折旧"科目。

2. 公共基础设施的后续支出。

行政单位发生与公共基础设施相关的后续支出，分以下两种情况处理：

（1）为增加公共基础设施使用效能或延长使用寿命而发生的改建、扩建或大型修缮等后续支出，应当计入公共基础设施成本，通过"在建工程"科目核算，完工后转入"公共基础设施"科目；

（2）为维护公共基础设施的正常使用而发生的日常修理等后续支出，应当计入当期支出，借记有关支出科目，贷记"财政拨款收入"、"银行存款"、"零余额账户用款额度"等科目。

3. 公共基础设施的处置。

行政单位管理的公共基础设施经批准向其他单位移交时，按照移交公共基础设施的账面价值借记"资产基金——公共基础设施"科目，按照已计提折旧金额借记"累计折旧"科目，按照公共基础设施的账面余额贷记"公共基础设施"科目。

第十三章　公共组织会计实务

行政单位管理的公共基础设施经批准予以报废或损毁时，按照待处理公共基础设施的账面价值借记"待处理财产损溢"科目，按照已计提折旧金额借记"累计折旧"科目，按照公共基础设施的账面余额贷记"公共基础设施"科目。

（九）受托代理资产

受托代理资产是指行政单位接受委托方委托管理的各项资产，包括受托指定转赠的物资、受托储存管理的物资等。行政单位收到的受托代理资产为现金和银行存款的，不通过该科目核算，而是通过"库存现金"、"银行存款"科目核算。行政单位应当设置"受托代理资产"总账科目，且按照资产的种类、委托人或受赠人进行明细核算，该科目借方余额反映单位受托代理资产中实物资产的价值，在行政单位收到受托代理的资产时进行确认。

受托指定转赠物资是指行政单位接受委托人委托需要转赠给受赠人的物资，其成本按照有关凭据注明的金额确定；没有相关凭据可供取得的，其成本比照同类或类似物资的市场价格确定。行政单位转赠物资的委托人取消了对捐赠物资的转赠要求，且不再收回捐赠物资的，应当将该物资转为存货或固定资产。受托储存管理物资是指行政单位接受委托人委托储存管理的物资，其成本按照有关凭据注明的金额确定。

行政单位接受委托转赠物资或委托储存管理物资验收入库时，按照确定的成本借记"受托代理资产"科目，贷记"受托代理负债"科目；同时根据协议约定由行政单位承担的相关税费、运输费等实际支出的金额借记"经费支出"科目，贷记"银行存款"科目。行政单位将受托指定转赠的物资交付给受赠人或交付受托储存管理物资时，按其成本借记"受托代理负债"科目，贷记"受托代理资产"科目。

二、行政单位负债核算

负债是指行政单位所承担的能以货币计量、需要以资产等偿还的债务，按照其流动性（以1年为标准）可分为流动负债和非流动负债。行政单位的流动负债包括应缴财政款、应交税费、应付职工薪酬、应付及暂存款项、应付政府补贴款等，而非流动负债主要是指长期应付款。行政单位的负债应当按照承担的相关合同金额或实际发生额进行计量。

（一）应缴财政款

应缴财政款是指行政单位按照规定取得的应当上缴财政的款项，包括罚没收入、行政事业性收费、政府性基金、国有资产处置和出租收入等。行政单位应当设置"应缴财政款"总账科目，且按其类别进行明细核算，在收到应缴财政的款项时确认，该科目期末贷方余额反映行政单位应当上缴财政但尚未缴纳的款项，年终清缴后该科目一般无余额。

行政单位收到应缴财政款时，根据确定金额借记"银行存款"等科目，贷记"应缴财政款"科目；行政单位上缴财政款项时，根据确定金额借记"应缴财政款"科目，贷记"银行存款"等科目。我国在实行国库集中支付制度后，大多数行政单位非税收入由缴款人将应缴财政的款项直接缴入国库，不再由行政单位的银行账户过渡，因此行政单位的职责更多的是监督缴款单位依法及时将应缴财政的款项直接缴入国库，免去了相应的会计分录工作。

（二）应缴税费

应缴税费是指行政单位按照国家税法等有关规定应当缴纳的各种税费，包括营业税、城市维护建设税、教育费附加、房产税、车船税、城镇土地使用税以及代扣代缴的个人所得税等。行政单位应当设置"应缴税费"总账科目，且按其种类进行明细核算，在产生缴纳税费义务时确认，该科目期末贷方余额反映了行政单位应缴未缴的税费金额。

行政单位因资产处置等发生营业税、城市维护建设税、教育费附加等缴纳义务时，按照税法核定的应缴纳税费金额借记"待处理财产损溢"科目，贷记"应缴税费"科目；实际缴纳时，借记"应缴税费"科目，贷记"银行存款"等科目。

行政单位因出租资产等发生营业税、城市维护建设税、教育费附加等缴纳义务时，按照税法核定的应缴纳税费金额借记"应缴财政款"等科目，贷记"应缴税费"科目；实际缴纳时，借记"应缴税费"科目，贷记"银行存款"等科目。

行政单位代扣代缴个人所得税时，按照税法核定的应缴纳税费金额，从职工工资中代扣个人所得税则借记"应付职工薪酬"科目、从劳务费中代扣个人所得税则借记"经费支出"科目，贷记"应缴税费"科目；实际缴纳时，借记"应缴税费"科目，贷记"财政拨款收入"、"银行存款"、"零余额账户用款额度"等科目。

（三）应付职工薪酬

应付职工薪酬是指行政单位按照有关规定应付给职工及为职工支付的各种薪酬，包括基本工资、奖金、国家统一规定的津贴补贴、社会保险费、住房公积金等。行政单位应设置"应付职工薪酬"总账科目，且根据国家有关规定按"工资（离退休费）"、"地方（部门）津贴补贴"、"其他个人收入"、"社会保险费"、"住房公积金"等项目进行明细核算，应当在规定支付职工薪酬时确认，该科目期末贷方余额反映行政单位应付未付的职工薪酬。

行政单位发生应付职工薪酬时，按照确定的薪酬金额借记"经费支出"科目，贷记"应付职工薪酬"科目；实际支付时借记"应付职工薪酬"科目，贷记"财政拨款收入"、"银行存款"、"零余额账户用款额度"等科目。

行政单位从应付职工薪酬中代扣为职工垫付的水电费、房租等费用时，按照实际扣除的金额借记"应付职工薪酬——工资"科目，贷记"其他应收款"科目；从应付职工薪酬中代扣代缴个人所得税时财务处理见应缴税费部分的会计分录。

职工的社会保险费和住房公积金由单位和个人分别向社会保险管理机构和住房公积金管理机构缴纳，各自承担一部分。其中，行政单位从应付职工薪酬中代扣代缴的社会保险费和住房公积金部分，按照代扣代缴的金额借记"应付职工薪酬"科目，贷记"其他应付款"科目；为职工承担的社会保险费和住房公积金部分则根据实际缴纳的金额借记"应付职工薪酬——社会保险费、住房公积金"科目，贷记"财政拨款收入"、"银行存款"、"零余额账户用款额度"等科目。

（四）应付及暂存款项

应付及暂存款项是指行政单位在开展业务活动中发生的各项债务，包括应付账款、其他应付款等。

第十三章　公共组织会计实务

1. 应付账款。

应付账款是指行政单位因购买物资、服务或工程建设等而应付的偿还期限在 1 年以内（含 1 年）的款项。行政单位应当设置"应付账款"总账科目，且按照债券单位或个人进行明细核算，在收到所购物资或服务、完成工程时确认，期末贷方余额反映行政单位尚未支付的应付账款。

行政单位收到所购物资、服务或完成工程但尚未付款时，按照应付未付款项的金额借记"待偿债净资产"科目，贷记"应付账款"科目；偿付时借记"应付账款"科目，贷记"待偿债净资产"科目，同时借记"经费支出"科目，贷记"财政拨款收入"、"银行存款"、"零余额账户用款额度"等科目。

2. 其他应付款。

其他应付款是指行政单位除应缴财政款、应缴税费、应付职工薪酬、应付政府补贴款、应付账款以外的其他各项偿还期在 1 年以内（含 1 年）的应付及暂存款项，如收取的押金、保证金、未纳入行政单位预算管理的转拨资金、代扣代缴职工社会保险和住房公积金等。行政单位应设置"其他应付款"总账科目，且按其类别、债权单位和个人进行明细核算，期末贷方余额反映行政单位尚未支付的其他应付款。

行政单位发生其他应付及暂存款项时，借记"银行存款"科目，贷记"其他应付款"科目；支付其他各项应付及暂存款项时，借记"其他应付款"科目，贷记"银行存款"科目。因故无法偿付或债权人豁免偿还的其他应付款项，按规定报经批准核销时，借记"其他应付款"科目，贷记"其他收入"科目，同时在备查簿中保留登记。

（五）应付政府补贴款

应付政府补贴款是指负责发放政府补贴的行政单位按照有关规定应付给政府补贴接受者的各种政府补贴款。行政单位应设置"应付政府补贴款"总账科目，且按其政府补贴种类、补贴接受者进行明细核算，在按规定发放政府补贴时确认，期末贷方余额反映行政单位应付未付的政府补贴金额。

行政单位发生应付政府补贴时，按照规定计算出的补贴金额借记"经费支出"科目，贷记"应付政府补贴款"科目；实际支付时借记"应付政府补贴款"科目，贷记"财政拨款收入"、"银行存款"、"零余额账户用款额度"等科目。

（六）长期应付款

除上述流动负债外，行政单位还会有非流动负债，包括长期应付款。长期应付款是指行政单位发生的偿还期限超过 1 年（不含 1 年）的应付款项，如跨年度分期付款购入固定资产的价款等。行政单位应当设置"长期应付款"总账科目，且按其类别、债券单位或个人进行明细核算，期末贷方余额反映行政单位尚未支付的长期应付款。

行政单位的长期应付款应当按照以下条件确认：（1）因购买物资、服务等发生的长期应付款，应当在收到物资或服务时确认；（2）因其他原因发生的长期应付款，应当在承担付款义务时确认。行政单位发生长期应付款时，按照应付未付金额借记"待偿债净资产"科目，贷记"长期应付款"科目；偿付长期应付款时，借记"长期应付款"科目，贷记"待偿债净资产"科目，同时借记"经费支出"科目，贷记"财政拨款收入"、"银行存款"、"零余额账户用款额度"等科目。核销长期应付款时,应在备查簿中保留登记。

(七) 受托代理负债

受托代理负债是指行政单位接受委托管理资产时形成的负债。行政单位应当设置"受托代理负债"总账科目,且按其委托人、受赠人等进行明细核算,应在行政单位取得受托代理资产并产生受托代理义务时确认,该科目期末贷方余额反映行政单位尚未清偿的受托代理负债。

三、行政单位收入核算

行政单位收入是指行政单位开展业务活动,通过各种形式、各个渠道确定的非偿还性资金。行政单位主要从四个方面取得资金:财政部门通过国库直接拨给预算单位的一般预算资金;财政部门通过国库从具有专项用途的政府性基金收入中拨付的基金预算资金;财政专户管理的非税收入拨款;其他收入,包括业务活动中取得的不必上缴财政的零星杂项收入、有偿服务收入、有价证券及银行存款的利息收入等。根据收入来源的不同,分为财政拨款收入和其他收入。

(一) 财政拨款收入

财政拨款收入是指行政单位按照经费申报关系,由同级财政部门或上级主管单位取得的财政预算经费,包括一般预算拨款、基金预算拨款、财政专户管理的非税收入拨款。财政拨款收入是行政单位最主要的收入来源。行政单位应设置"财政拨款收入"总账科目,且设置"基本支出拨款"和"项目支出拨款"两个明细科目,分别核算行政单位取得用于基本支出和项目支出的财政拨款资金;同时按照《政府收支分类科目》规定在"基本支出拨款"明细科目下按照"人员经费"和"日常公用经费"进行明细核算,在"项目支出拨款"明细科目下按照具体项目进行明细核算。有公共财政预算拨款、政府性基金预算拨款等两种或两种以上财政拨款的行政单位,还应当按照财政拨款的种类分别进行明细核算。

行政单位的"财政拨款收入"科目年末结转入"财政拨款结账"科目,年终结账后该科目应无余额,同时结清所有财政拨款收入明细账的余额。

行政单位财政拨款收入的管理要求主要是:
(1) 按部门预算和用款计划申请取得财政拨款收入;
(2) 按规定用途申请取得财政拨款收入;
(3) 按规定的财政资金支付方式申请取得财政拨款收入;
(4) 按预算级次申请取得财政拨款收入;
(5) 按财政拨款收入和其他收入同时纳入预算,实行统一核算管理,统筹安排使用。

行政单位取得的应当上缴财政的罚没收入、行政事业性收费、政府性基金、国有资产处置和出租收入等不属于行政单位的收入,如前所述属于"应缴财政款"负债科目,应当及时足额上缴财政,由财政统筹安排使用。

1. 财政直接支付方式下的财政拨款收入。

财政直接支付是行政单位根据部门预算和用款计划,在需要财政部门支付财政资金

第十三章　公共组织会计实务

时,向财政部门提出财政直接支付申请,财政部门审核无误后通过财政零余额账户直接将款项支付给收款人的一种支付方式。行政单位在收到财政部门委托财政零余额账户代理银行转来的财政直接支付入账通知书时,确认财政拨款收入。

行政单位根据收到的"财政直接支付入账通知书"及相关原始凭证,借记"经费支出"科目,贷记"财政拨款收入"科目。年末根据本年度财政直接支付预算指标数与实际支付数的差额借记"财政应返还额度——财政直接支付"科目,贷记"财政拨款收入"科目。

2. 财政授权支付方式下的财政拨款收入。

财政授权支付是行政单位根据部门预算和用款计划,按规定时间和程序向财政部门申请财政授权支付用款额度,财政部门审核无误后将财政授权支付用款额度下达至行政单位零余额账户代理银行的一种支付方式。行政单位在收到代理银行转来的财政授权支付额度到账通知书时,确认财政拨款收入。

行政单位根据收到的"财政授权支付额度到账通知书",借记"零余额账户用款额度"科目,贷记"财政拨款收入"科目。年末根据本年度财政授权支付预算指标数与财政授权支付额度下达数之间的差额,借记"财政应返还额度——财政授权支付"科目,贷记"财政拨款收入"科目。

3. 财政实拨资金支付方式下的财政拨款收入。

财政实拨资金是行政单位根据部门预算和用款计划,按规定时间和程序向财政部门提出资金拨入请求,财政部门审核无误后将财政资金直接拨入行政单位在商业银行开设的银行存款账户的一种支付方式。行政单位在收到开户银行转来的收款通知书时,确认财政拨款收入。

行政单位实际收到财政拨款收入时,借记"银行存款"科目,贷记"财政拨款收入"科目。这种支付方式会使大量财政资金沉淀在行政单位的商业银行账户中,从而降低财政的宏观调控能力,在进行国库单一账户制度改革后,这种支付方式已经很少在行政单位中使用了。

(二) 其他收入

其他收入是指行政单位依法取得的除财政拨款收入以外的各项收入,如从非同级财政部门、上级主管部门等取得的用于完成项目或专项任务的资金、库存现金溢余等。行政单位应当设置"其他收入"总账科目,且按其类别、来源单位、项目资金和非项目资金进行明细核算,对于项目资金收入还应按具体项目进行明细核算,年终结账后该科目转入"其他资金结转结余"科目,故应无余额。

行政单位收到其他收入时,按照实际收到的金额借记"银行存款"、"库存现金"等科目,贷记"其他收入"科目。

四、行政单位支出核算

行政单位的支出是指行政单位为保障机构正常运转和完成工作任务所发生的资金耗费和损失,包括经费支出和拨出经费。采用收付实现制确认支出时,应当在支出发生时予以确认,并按照实际发生额进行计量。

（一）经费支出

经费支出是指行政单位自身开展业务活动使用财政拨款收入和其他收入发生的基本支出和项目支出，其中，基本支出是指为保障机构正常运转和完成日常工作任务发生的支出，项目支出是指为完成特定的工作任务在基本支出之外发生的支出。

（二）拨出经费

拨出经费是指行政单位按核定预算将财政或上级单位拨入的经费，按预算级次转拨给下属预算单位资金。包括两部分：拨出经常性经费、拨出专项经费。

五、行政单位净资产核算

净资产是指行政单位资产扣除负债后的余额，包括财政拨款结转、财政拨款结余、其他资金结转结余、资产基金、待偿债净资产等。

（一）结转结余

1. 财政拨款结转。

财政拨款结转是指行政单位当年预算已执行但尚未完成，或因故未执行，下一年度需要按照原用途继续使用的财政拨款滚存资金。行政单位应当设置"财政拨款结转"总账科目，且下设"基本支出结转"和"项目支出结转"两个明细科目；在"基本支出结转"明细科目下按照"人员经费"和"日常公用经费"进行明细核算，在"项目支出结转"明细科目下按照具体项目进行明细核算；该科目还应当按照《政府收支分类科目》中"支出功能分类科目"的项级科目进行明细分类。有公共财政预算拨款、政府性基金预算拨款等两种或两种以上财政拨款的行政单位，还应当按照财政拨款种类分别进行明细核算。该科目还可以根据管理需要按照财政拨款结转变动原因，设置"收支转账"、"结转结余"、"年初余额调整"、"归集上缴"、"单位内部调剂"、"剩余结转"等明细科目进行明细核算。该科目期末贷方余额反映行政单位滚存的财政拨款结转金额。

（1）调整以前年度财政拨款结转。行政单位因发生差错更正、以前年度支出收回等原因，需要调整财政拨款结转的，调增时借记有关科目，贷记"财政拨款结转——年初余额调整"科目；调减时借记"财政拨款结转——年初余额调整"科目，贷记有关科目。

（2）结转本年财政拨款收支。年末行政单位将财政拨款收入本年发生额转入"财政拨款结转"科目，借记"财政拨款收入——基本支出拨款、项目支出拨款"科目及其明细，贷记"财政拨款结转——收支转账——基本支出结转、项目支出结转"科目及其明细；同时，将财政拨款支出本年发生额转入"财政拨款结转"科目，借记"财政拨款结转——收支转账——基本支出结转、项目支出结转"科目及其明细，贷记"经费支出——财政拨款支出——基本支出、项目支出"科目及明细。

（3）单位内部调剂结余资金。行政单位经财政部门批准对财政拨款结余资金改变用途，调整用于其他未完成项目等，按照调整的金额，借记"财政拨款结余——单位内部调剂"科目，贷记"财政拨款结转——单位内部调剂"科目。

第十三章　公共组织会计实务

(4) 上缴财政拨款结转。行政单位按规定上缴财政拨款结转资金时，按照实际核销的额度数额或上缴的资金数额，借记"财政拨款结转——归集上缴"科目及其明细，贷记"财政应返还额度"、"零余额账户用款额度"、"银行存款"等科目。

(5) 从其他单位调入财政拨款结余资金。行政单位按规定从其他单位调入财政拨款结余资金时，按照实际调增的额度借记"零余额账户用款额度"、"银行存款"等科目，贷记"财政拨款结转——归集调入"。

(6) 将完成项目的结转资金转入财政拨款结余。年末行政单位完成财政拨款收支转账后，对各项目执行情况进行分析，按照有关规定将符合财政拨款结余性质的项目余额转入财政拨款结余，借记"财政拨款结转——结余转账——项目支出结转"及其明细，贷记"财政拨款结余——结余转账——项目支出结余"。

(7) 年末冲销有关明细科目余额。行政单位年末收支转账后，将"财政拨款结转"科目所属"收支转账"、"结余转账"、"年初余额调整"、"归集上缴"、"归集调入"、"单位内部调剂"等明细科目余额转入"剩余结转"明细科目。转账后除"剩余结转"明细科目外，"财政拨款结转"下其他的明细科目无余额。

2. 财政拨款结余。

财政拨款结余是指行政单位当年预算工作目标已完成，或因故终止，剩余的财政拨款滚存资金。行政单位应设置"财政拨款结余"总账科目，且应当按照《政府收支分类科目》中"支出功能分类科目"的项级科目进行明细核算，期末贷方余额反映行政单位滚存的财政拨款结余资金数额。该科目还可以根据管理需要按照财政拨款结余变动原因，设置"结余转账"、"年初余额调整"、"归集上缴"、"单位内部调剂"、"剩余结余"等明细科目进行核算。

3. 其他资金结转结余。

其他资金结转结余是指行政单位除财政拨款收支以外的各项收支相抵后剩余的滚存资金。行政单位应设置"其他资金结转结余"总账科目，且下设"项目结转"和"非项目结余"两个明细科目；"项目结转"还可按照具体项目进行明细核算。该科目期末贷方余额反映行政单位滚存的各项非财政拨款资金结转结余金额。该科目还可以根据管理需要按照其他财政资金结转结余变动原因，设置"收支转账"、"年初余额调整"、"结余调剂"、"剩余结转结余"等明细科目进行核算。

(二) 资产基金

资产基金是指行政单位的非货币性资产在净资产中占用的金额。行政单位应设置"资产基金"总账科目，且设置"预付账款"、"存货"、"固定资产"、"在建工程"、"无形资产"、"政府储备物资"、"公共基础设施"等明细科目，"资产基金"科目一般在明细项目发生时进行确认，期末贷方余额反映行政单位非货币性资产在净资产中占用的金额。

(三) 待偿债净资产

待偿债净资产是指行政单位因发生应付账款和长期应付款而相应需在净资产中冲减的金额。行政单位应设置"待偿债净资产"总账科目，期末借方余额反映行政单位因尚未支付的应付账款和长期应付款而需要相应冲减净资产的金额。

第三节 事业单位会计实务

事业单位会计具有资金来源多样化、会计核算组织机构多层次、两种会计核算基础并行、业务活动不以营利为目的等特点。事业单位会计核算依据的是2012年颁布实施的《事业单位会计准则》和2013年施行的《事业单位会计制度》。

一、事业单位资产核算

事业单位的资产是指事业单位占有或者使用的能以货币计量的经济资源,包括各种财产、债权和其他权利。事业单位的资产按照流动性,分为流动资产和非流动资产。流动资产包括货币资金、短期投资、应收及预付款项、存货等;非流动资产包括长期投资、固定资产、在建工程、无形资产等。与行政单位资产相比,事业单位资产中的货币资金、固定资产、无形资产等相关内容和核算方法与其基本一致,而短期投资、预付账款、存货和长期投资等科目的内容和核算方法与其相差较大。因此,本部分内容可与行政单位资产相关内容比照阅读。

(一) 流动资产

1. 库存现金。

事业单位的库存现金指事业单位在预算执行过程中为保证日常开支需要而存放在财务部门的现金。事业单位应当严格按照国家有关现金管理的规定收支现金,并按规定核算现金的各项收支业务,设置"库存现金"总账科目,有外币现金的应当分别按照人民币、外币种类进行明细核算,期末借方余额反映实际持有的库存现金。行政单位应当设置"现金日记账",由出纳人员根据收付款凭证,按照业务发生顺序逐笔登记,每日终了进行账款核对。

目前,事业单位也在按照财政部《关于实施中央预算单位公务卡强制结算目录的通知》文件规定大力推行公务卡结算方式,并根据《现金管理暂行条例》规定,在规定范围内使用现金。事业单位与其他单位的经济往来,除规定的范围可使用公务卡和现金外,其他应通过开户银行结转结算。

2. 银行存款。

事业单位的银行存款是指事业单位存放在银行或者其他金融机构的货币资金。事业单位必须严格按照国家有关规定开立账户,除按核定的限额保留库存现金外,超过限额的现金必须存入国家批准设立的银行或非银行金融机构;除在规定范围内使用库存现金外,在单位正常运行过程中所发生的一切货币收支业务,都必须通过银行存款账户进行结算。

事业单位要设置"银行存款"总账科目,期末借方余额反映行政单位实际存在银行或其他金融机构的款项。同时,事业单位应当按照开户银行或其他金融机构、存款种类及币种情况等,分别设置"银行存款日记账",由出纳人员根据收付款凭证,业务发生顺序逐笔登记,每日终了应结出余额。

第十三章 公共组织会计实务

"银行存款日记账"应定期与"银行对账单"核对,至少每月核对一次。月度终了,事业单位银行存款账面余额与银行对账单余额之间如有差额,必须逐笔查明原因并进行处理,按月编制"银行存款余额调节表",调节相符。

3. 零余额账户用款额度。

零余额账户用款额度是实行国库集中支付后,事业单位根据财政部门批复的用款计划收到和支用的零余额账户用款额度。事业单位应当设置"零余额账户用款额度"科目,其借方余额体现事业单位尚未支用的零余额账户用款额度。年末,事业单位应依据银行对账单作注销额度的相关账务处理,所以"零余额账户用款额度"科目年末应无余额。

在财政授权支付方式下,事业单位收到"财政授权支付额度到账通知书"时,借记"零余额账户用款额度"科目,贷记"财政拨款收入"科目。按规定支用额度时,借记有关科目,贷记"零余额账户用款额度"科目。从零余额账户提取现金时,借记"库存现金"科目,贷记"零余额用款额度"科目。

年末,根据银行对账单作注销额度的账务处理,借记"财政应返还额度——财政授权支付"科目,贷记"零余额账户用款额度"科目。若单位本年度财政授权支付预算指标数大于财政授权支付额度下达数,应根据差额借记"财政应返还额度——财政授权支付",贷记"财政拨款收入"科目。下年度收到"额度恢复到账通知书",借记"零余额账户用款额度"科目,贷记"财政应返还额度——财政授权支付"科目。

(二) 短期投资

短期投资是指事业单位依法取得的,持有时间不超过1年(含1年)的投资,主要是国债投资。事业单位进行短期投资应当严格遵守国家法律、行政法规以及财政部门、主管部门关于对外投资的有关规定。事业单位应当设置"短期投资"总账科目,且按其种类等进行明细核算,该科目期末借方余额反映事业单位持有的短期投资成本。

事业单位取得短期投资时,应当按照其实际成本(包括购买价款、税金、手续费等相关税费)作为投资成本,借记"短期投资"科目,贷记"银行存款"等科目。短期投资持有期间取得利息时,按照实际收到的金额借记"银行存款"科目,贷记"其他收入——投资收益"科目。出售短期投资或到期收回短期国债本息时,按照实际收到的金额借记"银行存款"科目,按照出售或收回短期国债的成本贷记"短期投资"科目,二者的差额借记或贷记"其他收入——投资收益"科目。

(三) 应收及预付款项

应收及预付款项是指事业单位在开展业务活动中形成的各项债权,包括财政应返还额度、应收账款、应收票据、预付账款和其他应收款等。

1. 财政应返还额度。

财政应返还额度是指实行国库集中支付后,事业单位应收财政返还的资金额度,反映年终结转下年使用的用款额度。事业单位应设置"财政应返还额度"总账科目,且下设"财政直接支付"和"财政授权支付"两个明细科目,该科目期末借方余额反映事业单位应收财政返还的资金额度。

在财政直接支付方式下,年末事业单位根据本年度财政直接支付预算指标数与当年财政直接支付实际支出数的差额，借记"财政应返还额度——财政直接支付"科目，贷记"财政拨款收入"。下年度恢复额度后，事业单位使用以前年度财政直接拨款支付额度发生支出时，借记相关科目，贷记"财政应返还额度——财政直接支付"科目；在财政授权支付方式下，年末事业单位根据银行对账单作注销额度的相关账务处理，借记"财政应返还额度——财政授权支付"科目，贷记"零余额账户用款额度"科目，本年度财政授权支付预算指标数大于零余额账户用款额度下达数的，根据未下达的用款额度，借记"财政应返还额度——财政授权支付"科目，贷记"财政拨款收入"科目，下年初根据银行提供的"额度恢复到账通知书"作恢复额度的相关账务处理，借记"零余额账户用款额度"科目，贷记"财政应返还额度——财政授权支付"科目，收到财政部门批复的上年末未下达零余额账户用款额度时，借记"零余额账户用款额度"科目，贷记"财政应返还额度——财政授权支付"科目。

2. 应收账款。

应收账款是指事业单位因开展经营活动销售产品、提供有偿服务等而应收取的款项。事业单位应当设置"应收账款"总账科目，期末借方余额反映事业单位未收回的应收账款，且按照购货、接受劳务单位或个人进行明细核算。

事业单位发生应收账款时，按照应收未收金额借记"应收账款"科目，按照确定的收入金额贷记"经营收入"等科目，按照应缴增值税金额贷记"应缴税费——应缴增值税"科目。收回应收账款时，借记"银行存款"等科目，贷记"应收账款"科目。

逾期三年或以上、有确凿证据表明确实无法收回的应收账款，按规定报经批准后予以核销。核销的应收账款应当在备查簿中保留登记。事业单位将应收账款转入待处置资产时，按照待核销金额借记"待处置资产损溢"科目，贷记"应收账款"科目；报经批准予以核销时，借记"其他支出"科目，贷记"待处理资产损溢"科目；已核销应收账款在以后期间收回的，借记"银行存款"等科目，贷记"其他收入"科目。

3. 应收票据。

应收票据是指事业单位因开展经营活动销售产品、提供有偿服务等而收到的商业汇票，包括银行承兑汇票和商业承兑汇票。事业单位应设置"应收票据"总账科目，且按开出、承兑商业汇票的单位等进行明细核算，该科目借方余额反映事业单位持有的商业汇票票面金额。

事业单位因销售产品、提供服务等收到商业汇票，按照票面金额借记"应收票据"科目，按照确认的收入贷记"经营收入"等科目，按照应缴增值税金额贷记"应缴税费——应缴增值税"科目。

事业单位将持有的商业汇票背书转让以取得所需物资时，按照成本借记有关科目，按照商业汇票的票面金额贷记"应收票据"科目，两者差额借记或贷记"银行存款"等科目。事业单位持有未到期的商业汇票向银行贴现时，按照实际收到的金额借记"银行存款"等科目，按照贴现息借记"经营支出"等科目，按照商业汇票的票面金额贷记"应收票据"。

事业单位收回应收票据时，按照实际收到的票面金额，借记"银行存款"科目，贷记"应收票据"科目；因付款人无力支付票款，收到银行退回的商业承兑汇票、委托收款凭证、未付票款通知书或拒付款证明等，按照商业汇票的票面金额借记"应收账款"科目，

第十三章 公共组织会计实务

贷记"应收票据"科目。

4. 预付账款。

预付账款是事业单位按照购货、劳务合同规定预付给供应单位的款项。事业单位应当设置"预付账款"总账科目，且按供应单位或个人进行明细核算，该科目期末借方余额反映事业单位实际预付但尚未结算的款项。事业单位应当通过明细核算或辅助登记方式，登记预付账款的资金性质，而事业单位预付账款的资金性质分为财政补助资金、非财政专项资金和其他资金三种。

事业单位发生预付账款时，按照实际预付的金额借记"预付账款"科目，贷记"零余额账户用款额度"、"银行存款"、"财政补助收入"等科目。收到所购物资或劳务时，按照购入物资或劳务的成本借记有关科目，按照预付金额贷记"预付账款"科目，同时按照补付的款项贷记"零余额账户用款额度"、"银行存款"、"财政补助收入"等科目。收到所购固定资产、无形资产的，按确定的资产成本，借记"固定资产"、"无形资产"科目，贷记"非流动基金——固定资产、无形资产"科目；同时，按资产购置支出借记"事业支出"、"经营支出"等科目，按预付金额贷记"预付账款"科目，按照补付的款项贷记"零余额用款额度"、"银行存款"、"财政补助收入"等科目。

对于逾期3年或3年以上、有确凿证据表明因供货单位破产、撤销等原因已无法再收到所购物资，且确实无法收回的预付账款，按规定报经批准后予以核销。核销的预付账款应在备查簿中保留登记。事业单位将预付账款转入待处置资产时，按照待核销金额借记"待处置资产损溢"科目，贷记"预付账款"科目；经批准予以核销时借记"其他支出"科目，贷记"待处置资产损溢"科目；已核销应收账款在以后期间收回的，按实际收回金额借记"银行存款"等科目，贷记"其他收入"科目。

5. 其他应收款。

其他应收款是指事业单位除财政应返还额度、应收账款、应收票据、预付账款以外的其他各项应收及暂付款项，如职工预借的差旅费、拨付给内部有关部门的备用金、应向职工收取的各种垫付款项等。事业单位应设置"其他应收款"总账科目，且按其类别以及债务单位或个人进行明细核算。

事业单位发生其他应收及暂付款项时，借记"其他应收款"科目，贷记"零余额账户用款额度"、"银行存款"等科目。收回或转销上述款项时，借记"银行存款"、"零余额账户用款额度"等科目，贷记"其他应收款"科目。

事业单位内部实行备用金制度的，财务部门核定并发放备用金时借记"其他应收款"科目，贷记"库存现金"等科目，有关部门使用备用金后应及时到财务部门报销并补足备用金，根据报销数用现金补足备用金定额时，借记有关科目，贷记"库存现金"等科目，报销数和拨补数都不再通过"其他应收款"科目核算。

逾期3年或3年以上、有确凿证据表明确实无法收回的其他应收款，按规定报经批准后予以核销，核销的其他应收款应在备查簿中保留登记。按照待核销的其他应收款金额，借记"待处理资产损溢"科目，贷记"其他应收款"科目。报经批准核销后，借记"其他支出"科目，贷记"待处理资产损溢"科目；已核销的其他应收款在以后期间又收回的，如属于在核销年度内收回的，借记"银行存款"等科目，贷记"其他支出"科目；如属于在核销年度以后收回的，借记"银行存款"等科目，贷记"其他收入"科目。

(四) 存货

存货是指事业单位在开展业务活动及其他活动中为耗用而储存的资产,包括材料、燃料、包装物和低值易耗品及达不到固定资产标准的用具、装具、动植物等。事业单位随买随用的零星办公用品等可以在购进时直接列作支出,不通过该科目核算。事业单位应设置"存货"总账科目,且按其种类、规格和保管地点等进行明细核算,该科目期末借方余额反映事业单位存货的实际成本。事业单位应当通过明细核算或辅助登记方式登记取得存货成本的资金来源,其资金来源分为财政补助资金、非财政专项资金和其他资金。发生自行加工存货业务的事业单位,应当在该科目下设置"生产成本"明细科目,用于归集自行加工存货所发生的实际成本,包括直接材料费用、直接人工费用和间接费用。

1. 存货的取得。

存货取得时,按其实际成本计价入账,包括购买价款、相关税费、运输费、装卸费、保险费以及其他使得存货达到目前场所和状态所发生的其他支出。事业单位属于增值税一般纳税人的,其购进非自用材料所支付的增值税款不计入材料成本。

事业单位购入存货验收入库时,按确定的成本借记"存货"科目,贷记"银行存款"、"财政补助收入"、"零余额账户用款额度"等科目。属于增值税一般纳税人的事业单位购入非自用材料的,按确定的成本借记"存货"科目,按增值税额借记"应缴税费——应缴增值税(进项税额)"科目,按实际支付的金额贷记"银行存款"等科目。

事业单位自行加工的存货,其成本包括发生的直接材料费用、直接人工费用和按一定方法分配的与存货加工有关的间接费用。在加工过程中发生各种费用时借记"存货——生产成本"科目,贷记"存货"及其领用材料相关的明细科目、应付职工薪酬、银行存款等科目。加工完成验收入库时,按照实际成本借记"存货"科目,贷记"存货——生产成本"科目。

事业单位接受捐赠、无偿调入的存货,其成本按照有关凭据注明的金额加上相关税费、运输费等确定;没有相关凭据的,其成本比照同类或类似存货的市场价格加上相关税费、运输费等确定;没有相关凭据、同类或类似存货的市场价格也无法可靠取得的,该存货按照名义金额(即人民币1元)入账。事业单位接受捐赠、无偿调入的存货验收入库时,按照确定的成本借记"存货"科目,按照发生的相关税费、运输费等借记"其他支出"科目,贷记"银行存款"等科目。

2. 存货的发出。

存货发出时,应当根据实际情况采用先进先出法、加权平均法或个别计价法确定发出存货的实际成本,计价方法一经确定,不得随意变更。低值易耗品的成本于领用时一次摊销。

事业单位开展业务活动等领用、发出存货,按照领用、发出存货的实际成本,借记"事业支出"、"经营支出"等科目,贷记"存货"科目。经批准对外捐赠、无偿调出存货时,按照账面余额借记"待处理资产损益"科目,贷记"存货"科目。属于增值税一般纳税人的事业单位对外捐赠、无偿调出购进的非自用材料,转入待处置资产时,按照存货的账面余额与相关增值税进项税转出金额的合计金额,借记"待处理资产损溢"科目,按照存货账目余额贷记"存货"科目,按照转出的进项税额贷记"应缴税费——应缴增值

第十三章 公共组织会计实务

税（进项税额转出）"科目。实际捐出或调出存货时，按照相应余额借记"其他支出"科目，贷记"待处置资产损溢"科目。

3. 存货的处置。

事业单位的存货应当定期进行清查盘点，每年至少盘点一次。对于发生存货盘盈、盘亏或者报废、毁损应当及时查明原因，按规定报经批准后进行财务处理。

事业单位盘盈的存货按照确定的价值借记"存货"科目，贷记"其他收入"科目。

事业单位盘亏或者报废、毁损的存货，按照待处置存货的账面余额借记"待处置资产损溢"科目，贷记"存货"科目。属于增值税一般纳税人的事业单位购进非自用材料发生盘亏或者报废、毁损的，转入待处置资产时，按照存货的账面余额与相关增值税进项税转出金额的合计金额，借记"待处理资产损溢"科目，按照存货账目余额贷记"存货"科目，按照转出的进项税额贷记"应缴税费——应缴增值税（进项税额转出）"科目。报经批准予以核销时，按照相应余额借记"其他支出"科目，贷记"待处置资产损溢"科目。

（五）长期投资

长期投资是指事业单位依法取得的，持有时间超过1年（不含1年）的各种股权和债权性质的投资，包括长期股权投资和长期债权投资。事业单位不得使用财政拨款及其结余资金进行对外投资，不得从事股票、期货、基金、企业债券等投资，国家另有规定除外。事业单位应当严格遵守国家法律法规的规定，履行相关的审批程序进行对外投资。事业单位应当设置"长期投资"总账科目，且按其种类和被投资单位等进行明细核算，该科目借方余额反映事业单位持有的长期投资成本。

1. 长期股权投资。

事业单位以货币资金取得长期股权投资时，按照实际支付的价款作为投资成本，借记"长期投资"科目，贷记"银行存款"等科目；同时，按照投资成本借记"事业基金"科目，贷记"非流动资产基金——长期投资"科目。事业单位以固定资产、无形资产取得的长期股权投资，按照评估价值加上相关税费作为投资成本，借记"长期投资"科目，贷记"非流动资产基金——长期投资"科目，按发生的相关税费借记"其他支出"科目，贷记"银行存款"、"应缴税费"等科目；同时，借记"非流动资产基金——固定资产或无形资产"科目，按照已计提的折旧或摊销借记"累计折旧"或"累计摊销"科目，按照投出固定资产或无形资产的账面余额贷记"固定资产"或"无形资产"科目。

事业单位持有长期股权投资期间，收到利润时按照实际收到的金额借记"银行存款"等科目，贷记"其他收入——投资收益"科目。

事业单位转让长期股权投资时，按其账面余额借记"待处置资产损溢——处置资产价值"科目，贷记"长期投资"科目。实际转让时，借记"非流动资产基金——长期投资"科目，贷记"待处置资产损溢——处置资产价值"科目；同时按照取得的价款借记"库存现金"等科目，贷记"待处置资产损溢——处置净收入"科目，发生的相关税费则借记"待处置资产损溢——处置净收入"科目，贷记"库存现金"等科目。转让价款扣除相关税费后的净收入，借记"待处置资产损溢——处置净收入"科目，贷记"应缴国库款"科目。

2. 长期债权投资。

事业单位以货币资金购入长期债权投资时，按照实际支付的价款作为投资成本，借记"长期投资"科目，贷记"银行存款"等科目；同时，按照投资成本借记"事业基金"科目，贷记"非流动资产基金——长期投资"科目。

事业单位持有长期债权投资期间，收到利息时按照实际收到的金额借记"银行存款"等科目，贷记"其他收入——投资收益"科目。

事业单位对外转让或到期收回长期债权投资时，按照实际收到的金额借记"银行存款"等科目，按收回长期投资的成本贷记"长期投资"科目，按两者差额借记或贷记"其他收入——投资收益"科目；同时，借记"非流动资产基金——长期投资"科目，贷记"事业基金"科目。

（六）固定资产

固定资产是指事业单位使用期限超过1年（不含1年）、单位价值在规定标准以上，并在使用过程中基本保持原有物质形态的资产。对于单位价值虽未到达规定标准，但是耐用时间超过1年（不含1年）的大批同类物资，也作为固定资产核算。事业单位应设置"固定资产"总账科目核算各类固定资产的原值，且按其类别、项目和使用部门进行明细核算，该科目期末借方余额反映事业单位固定资产的原值。出租、出借的固定资产应当设置备查簿进行登记。

事业单位固定资产也分为六类：房屋及构筑物；通用设备；专用设备；文物和陈列物；图书、档案；家具、用具、装具及动植物。对于应用软件，如果其构成相关硬件不可或缺的组成部分，则包含进硬件价值中一并作为固定资产核算；否则单独作为无形资产核算。事业单位应结合本单位的具体情况，制定适合本单位的固定资产目录、具体分类方法，作为固定资产核算的依据。

1. 固定资产的取得。

事业单位取得固定资产时，应当按照其实际成本入账。

对于事业单位购入的固定资产，其成本包括实际支付的购买价款、相关税费、固定资产交付使用前所发生的可归属于该项资产的运输费、装卸费、安装费和专业人员服务费等。以一笔款项购入多项没有单独标价的固定资产，按照各项固定资产同类或类似固定资产市场价格的比例对总成本进行分配，分别确定各项固定资产的入账价值。其中，购入不需安装的固定资产时，按照确定的固定资产成本，借记"固定资产"科目，贷记"非流动资产基金——固定资产"科目，同时按照实际支付的金额，借记"事业支出"、"经营支出"、"专用基金——修购基金"等科目，贷记"财政补助收入"、"零余额账户用款额度"、"银行存款"等科目；购入需要安装的固定资产时，先通过"在建工程"科目核算，在安装完工交付使用时，借记"固定资产"科目，贷记"非流动资产基金——固定资产"科目，同时，借记"非流动资产基金——在建工程"科目，贷记"在建工程"科目。

对于事业单位自行建造的固定资产，成本包括建造该项资产至交付使用前所发生的全部必要支出。工程完工交付使用时，按照自行建造过程中发生的实际支出借记"固定资产"科目，贷记"非流动资产基金——固定资产"科目；同时，借记"非流动资产基金——在建工程"科目，贷记"在建工程"科目；已交付使用但尚未办理竣工决算

第十三章 公共组织会计实务

手续的固定资产,按照估值价值入账,待确定实际成本后再进行调整。

对于事业单位改建、扩建、修缮的固定资产,成本按照原固定资产的账面价值加上改扩建、修缮发生的支出,减去固定资产拆除部分账面价值后的金额确定。将固定资产转入改扩建、修缮时,按照固定资产账面价值借记"在建工程"科目,贷记"非流动资产基金——在建工程";同时,按照固定资产的账面价值和已计提的折旧,借记"非流动资产基金——固定资产"科目和"累计折旧"科目,按照固定资产账面余额,贷记"固定资产"科目。工程完工交付使用时,借记"固定资产"科目,贷记"非流动资产基金——固定资产"科目;同时,借记"非流动资产基金——在建工程"科目,贷记"在建工程"科目。

对于事业单位融资租赁租入的固定资产,其成本按照租赁协议或者合同确定的租赁价款、相关税费以及固定资产交付使用前所发生的可归属于该项资产的运输费、途中保险费、安装调试费等确定。按照确定的成本借记"固定资产"或"在建工程"科目,按照租赁协议或合同确定的租赁价款贷记"长期应付款"科目,按其差额贷记"非流动资产基金——固定资产、在建工程"科目。同时,按照实际支付的相关税费等借记"事业支出"、"经营支出"等科目,贷记"财政补助收入"、"银行存款"等科目。定期支付租金时,借记"事业支出"、"经营支出"等科目,贷记"财政补助收入"、"零余额账户用款额度"等科目;同时借记"长期应付款"科目,贷记"非流动资产基金——固定资产"科目。

2. 固定资产的折旧。

固定资产折旧是指在固定资产使用寿命中,按照确定的方法对应折旧金额进行的系统分摊。事业单位对下列固定资产不计提折旧:文物及陈列品;图书、档案;动植物;以名以金额入账的固定资产。事业单位应设置"累计折旧"科目总账科目核算计提的固定资产折旧累计数额。

事业单位应当根据固定资产的性质和实际使用情况,合理确定其折旧年限。省级以上财政部门、主管部门对行政单位固定资产折旧年限作出规定的,从其规定。事业单位一般采用年限平均法或工作量法计提固定资产折旧,应折旧金额为其成本,计提折旧时不考虑预计净残值。

事业单位应当按月计提固定资产折旧,当月增加的固定资产当月不计提折旧,下月起计提;当月减少的固定资产当月照提折旧,下月起不提。固定资产提足折旧后,无论能否继续使用,均不再计提折旧;提前报废的固定资产,也不再计提折旧;因改扩建而延长使用年限或提高使用效能的,应当按照重新确定的固定资产成本以及折旧年限,重新计算折旧额。

事业单位按月计提固定资产折旧时,按照应计提的折旧金额,借记"非流动资产基金——固定资产"科目,贷记"累计折旧"科目。

3. 固定资产的处置。

固定资产处置包括固定资产出售、无偿调出、对外捐赠等情况。事业单位经批准后出售、无偿调出、对外捐赠固定资产时,按其账面价值,借记"待处理资产损溢"科目,按照已计提折旧借记"累计折旧"科目,按照固定资产账面余额贷记"固定资产"科目;实际出售、调出、捐出时,借记"非流动资产基金——固定资产"科目,贷记"待处理资产损溢"科目。

事业单位经批准以固定资产对外投资时,根据其评估价值加上相关税费借记"长期投资"科目,贷记"非流动资产基金——长期投资"科目;按照发生的相关税费借记"其他支出"科目,贷记"银行存款"、"应缴税费"等科目;同时,借记"非流动资产基金——固定资产",按照已计提的折旧借记"累计折旧"科目,按照固定资产的账面余额贷记"固定资产"科目。

4. 固定资产的盘盈和盘亏。

事业单位应当定期进行固定资产清查盘点,每年至少进行一次。对于固定资产盘盈、盘亏的,应当及时查明原因,按照规定报经批准后进行账务处理。

对于盘盈的固定资产,事业单位应当按照取得的同类或类似的固定资产的市场价格确定入账价值;同类或类似固定资产的市场价格无法取得的,按照名义金额入账。按照确定的入账价值借记"固定资产"科目,贷记"非流动资产基金——固定资产"科目。

对于盘亏的固定资产,事业单位应当按照盘亏或者毁损、报废的固定资产,按其账面价值借记"待处理资产损溢"科目,按照已计提折旧借记"累计折旧"科目,按照固定资产账面余额贷记"固定资产"科目。报经批准予以处置时,借记"非流动资产基金——固定资产"科目,贷记"待处置资产损溢"科目。

(七) 在建工程

在建工程是指事业单位已经发生必要支出,但尚未完工交付使用的各种建筑(包括新建、改建、扩建、修缮等)、设备安装工程等。事业单位应设置"在建工程"总账科目,且按照工程性质和具体工程项目进行明细核算。一般来说,事业单位的基本建设应当按照国家有关规定单独建账、单独核算,同时按照规定至少按月并入该科目及其他相关科目反映。事业单位应当在该科目下设置"基建工程"明细科目,核算由基建账套并入的在建工程成本,期末借方余额反映事业单位尚未完工的在建工程实际成本。

1. 建筑工程。

事业单位将固定资产转入改建、扩建或修缮等时,按照固定资产的账面价值借记"在建工程"科目,贷记"非流动资产基金——在建工程"科目;同时,按照固定资产的账面价值借记"非流动资产基金——固定资产"科目,按照已计提折旧金额借记"累计折旧",按照固定资产的账面余额贷记"固定资产"科目。

事业单位根据工程进度支付工程款时,按照实际支付的金额借记"事业支出"等科目,贷记"财政补助收入"、"零余额账户用款额度"、"银行存款"等科目;同时借记"在建工程"科目,贷记"非流动资产基金——在建工程"科目。

建筑工程项目完工交付使用时,按照交付使用工程的实际成本借记"非流动资产基金——在建工程"科目,贷记"在建工程"科目;同时,借记"固定资产"科目,贷记"非流动资产基金——固定资产"科目。

2. 设备安装。

事业单位购入需要安装的设备,按照购入的成本借记"在建工程"科目,贷记"非流动资产基金——在建工程"科目;同时,按照实际支付的金额借记"事业支出"、"经营支出"等科目,贷记"财政补助收入"、"零余额账户用款额度"、"银行存款"

第十三章　公共组织会计实务

等科目。发生安装费用时，按照实际支付的金额借记"在建工程"科目，贷记"非流动资产基金——在建工程"科目；同时，借记"事业支出"、"经营支出"等科目，贷记"财政补助收入"、"零余额账户用款额度"、"银行存款"等科目。设备安装完成交付使用时，按照其实际成本借记"非流动资产基金——在建工程"科目，贷记"在建工程"科目；同时，借记"固定资产"科目，贷记"非流动资产基金——固定资产"科目。

（八）无形资产

无形资产是指事业单位持有的没有实物形态的非货币性资产，包括著作权、土地使用权、专利权、商标权、非专利技术等。事业单位购入的不构成相关硬件不可缺少组成部分的应用软件，也作为无形资产核算。事业单位应设置"无形资产"总账科目，且按其类别、项目等进行明细核算，该科目期末借方余额反映事业单位无形资产的原值。同时，事业单位还应设置"累计摊销"总账科目，核算无形资产摊销业务，期末贷方余额反映事业单位计提的无形资产摊销累计数。

1. 无形资产的取得。

事业单位取得无形资产时，应当按照其实际成本计价入账。

对于事业单位外购无形资产，其成本包括购买价款、相关税费以及可归属于该项资产达到预定用途所发生的其他支出。按照确定的无形资产成本借记"无形资产"科目，贷记"非流动资产基金——无形资产"科目；同时，按照实际支付的金额借记"事业支出"等科目，贷记"财政补助收入"、"银行存款"、"零余额账户用款额度"等科目。

对于事业单位自行开发的无形资产，按照依法取得时发生的注册费、聘请律师费等费用确定成本借记"无形资产"科目，贷记"非流动资产基金——无形资产"科目；同时，按照实际支付的金额借记"事业支出"等科目，贷记"财政补助收入"、"银行存款"、"零余额账户用款额度"等科目。依法取得前所发生的研发支出，应当于发生时直接计入当期支出，但不计入无形资产的成本。

对于事业单位接受捐赠、无偿调入的无形资产，其成本按照有关凭据注明的金额加上相关税费确定；没有相关凭据的，其成本比照同类或类似无形资产的市场价格加上相关税费；以上两者都没有的，按照名义金额入账。事业单位接受捐赠或无偿调入无形资产时，按照确定的成本借记"无形资产"科目，贷记"非流动性资产基金——无形资产"科目；按照相关税费等，借记"其他支出"科目，贷记"财政补助收入"、"银行存款"、"零余额账户用款额度"等科目。

2. 无形资产的摊销。

无形资产的摊销是指在无形资产使用寿命内，按照确定的方法对应摊销金额进行系统分摊。事业单位应当对无形资产进行摊销，以名义金额计量的无形资产除外。

事业单位应按照以下原则确定无形资产的摊销年限：（1）法律规定了有效年限的，按照法律规的有效年限作为摊销年限；（2）法律没有规定有效年限的，按照相关合同或单位申请书中的受益年限作为摊销年限；（3）法律没有规定有效年限、相关合同或单位申请书也没有规定受益年限的，按照不少于10年的期限摊销。

事业单位应当采用年限平均法计提无形资产摊销。事业单位无形资产的应摊销金额为其成本。事业单位应当自无形资产取得当月起，按月计提摊销；无形资产减少的当月，不再计提摊销。事业单位按月计提无形资产摊销时,按照应计提的金额借记"非流动资产基金——无形资产"科目,贷记"累计摊销"科目。

3. 无形资产的处置。

无形资产的处置是指事业单位因转让、无偿调出、对外捐赠、对外投资或者无法为事业单位带来服务潜力或经济利益时,应予以核销并终止确认。

事业单位转让、无偿调出、对外捐赠无形资产,转入待处置资产时,按照无形资产账面价值借记"待处理资产损溢——处置资产价值"科目,按照已计提摊销金额借记"累计摊销"科目,按照无形资产账面余额贷记"无形资产"科目。

4. 无形资产的核销。

事业单位无形资产预期不能带来服务潜力或经济利益的,应当按照规定报经批准后将无形资产的账面价值予以核销。待核销的无形资产转入待处置资产时,按照待核销无形资产的账面价值,借记"待处理资产损溢——处置资产价值"科目,按照已计提摊销金额借记"累计摊销"科目,按照无形资产的账面余额贷记"无形资产"科目。报经批准予以核销时,借记"非流动资产基金——无形资产"科目,贷记"待处理资产损溢——处置资产价值"科目。

二、事业单位负债核算

事业单位的负债是指事业单位所承担的能以货币计量,需要以资产或者劳务偿还的债务。按照流动性可分为流动资产和非流动资产,事业单位的流动资产包括短期借款、应交款项、应付职工薪酬和应付及预付款项等;事业单位的非流动资产包括长期借款和长期应付款等。

(一) 短期借款

短期借款是指事业单位借入的期限在1年内(含1年)的各种借款。事业单位应设置"短期借款"总账科目,且按其贷款单位和种类进行明细核算,该科目期末贷方余额反映事业单位尚未偿还的短期借款本金。

事业单位借入短期借款时,按照实际借入的金额借记"银行存款"科目,贷记"短期借款"科目。银行承兑汇票到期而本单位无力支付票款的,按照票面金额借记"应付票据"科目,贷记"短期借款"科目。支付借款利息时,借记"其他支出"科目,贷记"银行存款"科目。归还短期借款时,借记"短期借款"科目,贷记"银行存款"科目。

(二) 应缴款项

事业单位应缴款项是指事业单位应缴未缴的各种款项,包括应缴税费、应缴国库款、应缴财政专户款等。

1. 应缴税费。

应缴税费是指事业单位按照国家税法等有关规定应当缴纳的各种税费,包括营业税、增值税、城市维护建设税、教育费附加、房产税、车船税、城镇土地使用税、企业所得税以及代扣代缴的个人所得税等。事业单位应缴纳的印花税不需要预提应缴税费,而是通过

第十三章 公共组织会计实务

相关支出科目核算,不属于应缴税费的范畴。事业单位应当设置"应缴税费"总账科目,且按其种类进行明细核算,在产生缴纳税费义务时确认,该科目期末贷方余额反映了事业单位应缴未缴的税费金额。属于增值税一般纳税人的事业单位应当在应缴增值税明细账中设置"进项税额"、"销项税额"、"已交税金"、"进项税额转出"等专栏。

事业单位发生营业税、城市维护建设税、教育费附加等缴纳义务时,按照税法核定的应缴纳税金借记"待处理资产损溢——处置净收入"科目(出售不动产应缴纳的税费)或有关科目,贷记"应缴税费"科目;实际缴纳时,借记"应缴税费"科目,贷记"银行存款"等科目。

事业单位发生房产税、车船税、城镇土地使用税等缴纳义务时,按照税费核定的应缴纳税金借记相关科目,贷记"应缴税费"科目;实际缴纳时,借记"应缴税费"科目,贷记"银行存款"等科目。

事业单位代扣代缴个人所得税时,按照税法核定的应缴纳税费金额,从职工工资中代扣个人所得税则借记"应付职工薪酬"科目,贷记"应缴税费"科目;实际缴纳时,借记"应缴税费"科目,贷记"银行存款"科目。

事业单位发生企业所得税纳税义务时,按照税法核定的应缴纳税费金额,借记"非财政补助结余分配"科目,贷记"应缴税费"科目;实际缴纳时,借记"应缴税费"科目,贷记"银行存款"科目。

事业单位属于一般纳税人的,购入非自用材料时,按确定的成本借记"存货"科目,同时按发票上的税金借记"应缴税费——应缴增值税——进项税额"科目,按实际支付的金额贷记"银行存款"等科目。事业单位销售应税产品或提供应税服务时,按照包含增值税的价款总额借记"银行存款"、"应付账款"等科目,按照不包含增税额的价款贷记"经营收入"等科目,按增值税发票上的金额贷记"应缴税费——应缴增值税——销项税额"科目。事业单位所购进的非自用材料发生盘亏、毁损、报废、对外捐赠、无偿调出等时,根据税法规定不得从增值税销项税额中抵扣进项税额,而是将材料账面余额与增值税进项税额的合计金额借记"待处理资产损溢"科目,贷记"存货"科目和"应缴税费——应缴增值税——进项税额转出"科目。实际缴付时,借记"应缴税费——应缴增值税——已交税金"科目,贷记"银行存款"科目。

事业单位属于小规模纳税人的,销售应税产品或提供应税服务时,按实际价款借记"银行存款"、"应收账款"等科目,贷记"经营收入"等科目和"应缴税费——应缴增值税"科目;实际缴付时,借记"应缴税费——应缴增值税"科目,贷记"银行存款"科目。

2. 应缴国库款。

应缴国库款是指事业单位按规定应缴入国库的款项,应缴税费除外。事业单位应设置"应缴国库款"总账科目,且按其各款项类别进行明细核算,期末贷方余额反映事业单位应缴未缴的国库款项。它相当于行政单位的"应缴财政款"科目。

3. 应缴财政专户款。

应缴财政专户款是指事业单位按规定应缴纳入财政专户的款项。事业单位应当设置"应缴财政专户款"总账科目,且按其各款项类别进行明细核算,期末贷方余额反映事业单位应缴未缴的财政专户款项。

（三）应付职工薪酬

应付职工薪酬是指事业单位按照有关规定应付给职工及为职工支付的各种薪酬，包括基本工资、绩效工资、国家统一规定的津贴补贴、社会保险费、住房公积金等。事业单位应设置"应付职工薪酬"总账科目，且根据国家有关规定按"工资（离退休费）"、"地方（部门）津贴补贴"、"其他个人收入"、"社会保险费"、"住房公积金"等项目进行明细核算，应当在规定支付职工薪酬时确认，该科目期末贷方余额反映事业单位应付未付的职工薪酬。

事业单位发生应付职工薪酬时，按照确定的薪酬金额借记"事业支出"、"经费支出"等科目，贷记"应付职工薪酬"科目；实际支付时借记"应付职工薪酬"科目，贷记"财政补助收入"、"银行存款"、"零余额账户用款额度"等科目。发生为职工垫付的水电费、房租等费用在职工薪酬中代扣时，按照实际扣除的金额借记"应付职工薪酬——工资"科目，贷记"其他应收款"科目；从应付职工薪酬中代扣代缴个人所得税时财务处理见应缴税费部分的会计分录。事业单位从应付职工薪酬中代扣代缴的社会保险费和住房公积金时借记"应付职工薪酬"科目，贷记"其他应付款"科目；为职工承担的社会保险费和住房公积金部分则根据实际缴纳的金额借记"应付职工薪酬——社会保险费、住房公积金"科目，贷记"财政补助收入"、"银行存款"、"零余额账户用款额度"等科目。

（四）应付及预收款项

应付及预收款项是指事业单位在开展业务活动中发生的各项债务，包括应付账款、应付票据、其他应付款和预收账款等。

1. 应付账款。

应付账款是指事业单位因购买材料、物资等而应付的款项。事业单位应当设置"应付账款"总账科目，且按债券单位或个人进行明细核算，期末贷方余额反映事业单位尚未支付的应付账款。事业单位购入物资时，按照应付未付的金额借记"存货"等科目，贷记"应付账款"科目；偿付时按实际支付款项借记"应付账款"科目，贷记"银行存款"等科目；事业单位无法偿付或债权人豁免偿还的应付账款借记"应付账款"科目，贷记"其他收入"科目。

2. 应付票据。

应付票据是指事业单位因购买材料、物资等而开出、承兑的商业汇票，包括银行承兑汇票和商业承兑汇票。事业单位应设置"应付票据"总账科目，且按债券单位进行明细核算，期末贷方余额反映事业单位开出、承兑的尚未到期的商业汇票票面金额。事业单位应设置"应付票据备查簿"，详细登记票据信息，且当应付票据到期结清后，在备查簿内逐笔注销。

事业单位开出、承兑商业汇票时，借记"存货"等科目，贷记"应付票据"科目。以承兑商业汇票抵付应付账款的借记"应付账款"科目，贷记"应付票据"科目，支付银行承兑汇票的手续费时，借记"事业支出"、"经营支出"等科目，贷记"银行存款"等科目。

商业汇票到期时，借记"应付票据"科目，贷记"银行存款"科目；银行承兑汇票

第十三章 公共组织会计实务

到期无力支付时,借记"应付票据"科目,贷记"短期借款"科目;商业承兑汇票到期无力支付时,借记"应付票据"科目,贷记"应付账款"科目。

3. 预收账款。

预收账款是指事业单位按合同规定预收的款项。事业单位应当设置"预收账款"总账科目,且按其债券单位或个人进行明细核算,期末贷方余额反映事业单位按合同规定预收但尚未实际结算的款项。事业单位发生预收款项时借记"银行存款"等科目,贷记"预收账款"科目;支付时借记"预收账款"科目,贷记"银行存款"等科目;无法偿还时,借记"预收账款"科目,贷记"其他收入"科目。

4. 其他应付款。

其他应付款是指事业单位除应缴税费、应缴国库款、应缴财政专户款、应付职工薪酬、应付账款、应付票据、预收账款之外的其他各项偿还期限在1年内(包括1年)的应付及暂收款项,如存入保证金等。事业单位应设置"其他应付款"总账科目,且按其类别、债券单位或个人进行明细核算,期末贷方余额反映事业单位尚未支付的其他应付款。

事业单位发生其他应付款项时借记"银行存款"等科目,贷记"其他应付款"科目;支付时借记"其他应付款"科目,贷记"银行存款"等科目;无法偿还时,借记"其他应付款"科目,贷记"其他收入"科目。

(五) 非流动负债

1. 长期借款。

长期借款是指事业单位借入的期限超过1年(不含1年)的各种借款。事业单位应当设置"长期借款"总账科目,且按贷款单位和种类进行明细核算,期末贷方余额反映事业单位尚未偿还的长期借款本金。

事业单位借入长期借款时,按照借入金额借记"银行存款"科目,贷记"长期借款"科目。为构建固定资产支付的专门借款利息,属于工程建设期间支付的计入工程成本,借记"在建工程"科目,贷记"非流动资产基金——在建工程"科目;同时,借记"其他支出"科目,贷记"银行存款"科目。属于工程完工交付后支付的,计入当期支出但不计入工程成本,借记"其他支出"科目,贷记"银行存款"科目。其他长期借款利息,按照支付的利息金额,借记"其他支出"科目,贷记"银行存款"科目。归还长期借款时,借记"长期借款"科目,贷记"银行存款"科目。

2. 长期应付款。

长期应付款是指事业单位发生的偿还期限超过1年(不含1年)的应付款项,如以融资租赁租入固定资产的租赁费、跨年度分期付款购入固定资产的价款等。事业单位应设置"长期应付款"总账科目,且按其类别、债权单位或个人进行明细核算,期末贷方余额反映事业单位尚未支付的长期应付款。

事业单位发生长期应付款时,借记"固定资产"等科目,贷记"长期应付款"、"非流动资产基金"等科目;支付长期应付款时,借记"长期应付款"科目,贷记"银行存款"等科目,同时借记"长期应付款"科目,贷记"非流动资产基金"科目;无法偿还或债权人豁免偿还长期应付款时,借记"长期应付款"科目,贷记"其他收入"科目。

三、事业单位收入核算

事业单位收入是指事业单位为开展业务及其他活动依法取得的非偿还性资金,包括财政补助收入、事业收入、上级补助收入、附属单位上缴收入、经营收入和其他收入。

（一）财政补助收入

财政补助收入是事业单位从同级财政部门取得的各类财政拨款,包括基本支出补助和项目支出补助。财政补助收入是事业单位的重要收入来源,办理财政补助需要通过同级财政部门批准才能执行,而目前我国大部分事业单位为二级或二级以下预算单位,其预算需上报其主管单位或一级预算单位审核汇总后,才能向同级财政部门申报取得财政预算经费。但无论是一级还是二级及以下预算单位,只要存在部门隶属关系,相应的财政部门就是其同级财政部门。事业单位应当设置"财政补助收入"总账科目,且下设"基本支出"和"项目支出"两个明细科目；这两个明细科目下按照《政府收支分类科目》中的支出功能分类再进行明细核算,其中,"基本支出"科目下设"人员经费"和"日常公用经费"科目,"项目支出"下按照具体项目进行明细核算。期末结账后,该科目应无余额。事业单位的"财政补助收入"科目使用方法与行政单位"财政拨款收入"科目的使用方法基本相同。

1. 财政直接支付方式下的财政拨款收入。

事业单位在收到代理银行转来的《财政直接支付入账通知书》时,确认财政拨款收入,借记有关科目,贷记"财政补助收入"科目。年末根据本年度财政直接支付预算指标数与实际支付数的差额借记"财政应返还额度——财政直接支付"科目,贷记"财政补助收入"科目。

2. 财政授权支付方式下的财政拨款收入。

事业单位在收到代理银行转来的《财政授权支付额度到账通知书》时,确认财政拨款收入,借记"零余额账户用款额度"科目,贷记"财政补助收入"科目。年末根据本年度财政授权支付预算指标数与财政授权支付额度下达数之间的差额,借记"财政应返还额度——财政授权支付"科目,贷记"财政补助收入"科目。

3. 财政实拨资金支付方式下的财政拨款收入。

事业单位在收到开户银行转来的收款通知书时,确认财政拨款收入,借记"银行存款"科目,贷记"财政补助收入"科目。这种支付方式会使大量财政资金沉淀在行政单位的商业银行账户中,绝大多数事业单位进行国库单一账户制度改革后已经很少使用了。

期末,事业单位将"财政补助收入"科目本期发生额转入"财政补助结转"科目。借记"财政补助收入"科目,贷记"财政补助结转"科目。

（二）事业收入

事业收入是事业单位开展专业业务活动及其辅助活动取得的收入。专业业务活动是事业单位的主要业务事项,辅助活动是与专业活动相关并为其提供支持的活动,不同行业事业单位开展的专业业务活动及其辅助活动不尽相同,因此事业收入的种类也存在差异。事

第十三章　公共组织会计实务

业单位应当设置"事业收入"总账科目，且按其类别、项目、《政府收支分类科目》中"支出功能分类"相关科目等进行明细核算，期末结账后该科目应无余额。

该科目需要区分专项资金收入和非专项资金收入，专项资金收入是主管部门或上级单位拨入的用于完成特定任务的款项，应该专款专用、单独核算，如期末尚未完工，则结转至下年继续按规定用途使用；如期末项目已完工，剩余资金则应或缴回原拨款单位或留归事业单位转入事业基金，不能用于提取职工福利基金等专用基金。

对于采用财政专户返还方式管理的事业收入，事业单位收到应上缴财政专户的事业收入时，按照收到的款项金额借记"银行存款"等科目，贷记"应缴财政专户款"科目；向财政专户上缴款项时，按照实际上缴的款项金额借记"应缴财政专户款"科目，贷记"银行存款"等科目；收到从财政专户返还的事业收入时，按照实际返还的金额借记"银行存款"等科目，贷记"事业收入"科目。

对于不采用财政专户返还方式管理的事业收入，事业单位收到相应的事业收入时，直接按照收到的款项金额借记"银行存款"等科目，贷记"事业收入"科目，涉及增值税业务的还应做相应的会计处理。

期末，事业单位将"事业收入"科目本期发生额中的专项资金收入结转入非财政补助结转；将"事业收入"科目本期发生额中的非专项资金收入结转入事业结余。同时，还应结清所有事业收入明细账的余额。

（三）上级补助收入

上级补助收入是指事业单位从主管部门和上级单位取得的非财政补助收入。它不同于财政补助收入，财政补助收入是来源于同级财政部门的财政资金，属于事业单位的常规性收入；而上级补助收入是来源于主管部门或上级单位的非财政资金，属于事业单位的非常规性收入。事业单位应当设置"上级补助收入"总账科目，且按发放补助单位、补助项目、《政府收支分类科目》中支出功能分类相关科目进行明细核算，该科目需要区分专项资金收入和非专项资金收入，期末结账后该科目应无余额。

事业单位收到"上级财政补助收入"时，按照实际收到的金额借记"银行存款"等科目，贷记"上级财政补助收入"科目。期末结账时，该科目发生额中的专项资金收入借记"上级财政补助收入"，贷记"非财政补助结转"科目；该科目发生额中的非专项资金收入借记"上级财政补助收入"，贷记"事业结余"科目。

（四）附属单位上缴收入

附属单位上缴收入是指事业单位附属独立核算单位按照有关规定上缴的收入。其中，事业单位附属独立核算单位可以是事业单位，也可以是企业。如果某企业和事业单位只存在投资上的联系，一般会认定其为事业单位的投资单位，通过"其他收入——投资收益"科目核算收入。事业单位与附属独立核算单位之间的业务往来款项，如提供专业服务而收到的款项，通过"事业收入"科目核算。事业单位应当设置"附属单位上缴收入"总账科目，且按附属单位、缴款项目、《政府收支分类科目》中支出功能分类相关科目进行明细核算，期末结账后该科目应无余额。该科目也要区分专项资金收入和非专项资金收入。

事业单位收到附属单位上缴收入时，按照实际收到的金额借记"银行存款"科目，贷记"附属单位上缴收入"。期末结账时，该科目发生额中的专项资金收入借记"附属单位上缴收入"，贷记"非财政补助结转"科目；该科目发生额中的非专项资金收入借记"附属单位上缴收入"，贷记"事业结余"科目。

（五）经营收入

经营收入是指事业单位在专业业务活动及其辅助活动之外开展非独立核算经营活动取得的收入，一般包括销售收入、经营服务收入、租赁收入、其他经营收入等。事业单位应当设置"经营收入"总账科目，且按经营活动类别、项目、《政府收支分类科目》中"支出功能分类"相关科目等进行明细核算，期末结账后该科目应无余额。

属于增值税小规模纳税人的事业单位实现经营收入时，按照实际出售价款借记"银行存款"等科目，按照扣除增值税后的金额贷记"经营收入"科目，按应缴增值税金额贷记"应缴税费——应缴增值税"科目。

属于增值税一般纳税人的事业单位实现经营收入，按照实际出售价款借记"银行存款"等科目，按照扣除增值税销项税后的金额贷记"经营收入"科目，按增值税发票贷记"应缴税费——应缴增值税（销项税额）"科目。

期末结账时，借记"经营收入"科目，贷记"经营结余"科目。

（六）其他收入

其他收入是指事业单位除上述收入以外的各项收入，包括投资收益、利息收入、捐赠收入、盘盈收入、收回已核销应收及预付款项、无法偿付的应付及预付款项等。事业单位应当设置"其他收入"总账科目，且按其类别、《政府收支分类科目》中"支出功能分类"相关科目等进行明细核算，期末结账后该科目应无余额。该科目也应区分专项资金收入和非专项资金收入，如果有对外投资、对外捐赠，还应设置"投资收益"、"捐赠收入"明细科目进行核算。具体账务处理在之前章节中已有详细分录，这里不再赘述。

四、事业单位支出核算

事业单位支出是指事业单位开展业务及其他活动发生的资金耗费和损失，包括事业支出、上缴上级支出、对附属单位补助支出、经营支出和其他支出。事业单位支出一般在实际支付时予以确认，并按照实际支付金额计量。

（一）事业支出

事业支出是事业单位开展专业业务活动及其辅助活动发生的基本支出和项目支出。其中，基本支出是指为保障单位正常运转和完成日常工作任务发生的支出，包括人员经费支出和日常公用经费支出；项目支出是指为完成特定工作任务和事业发展目标，在基本支出之外发生的支出。事业支出是事业单位统筹使用各项收入发生的支出，其资金来源可以是财政补助收入、事业收入、上级补助收入、附属单位上缴收入、其他收入等各项收入。它是事业单位最主要的支出，对于没有经营支出的事业单位来说，事业支出是唯一的业务活动支出种类。事业单位应当设置"事业支出"总账科目，且按照财政补助支出、非财政专

第十三章 公共组织会计实务

项资金支出和其他资金支出,并分基本支出和项目支出按照《政府收支分类科目》中"支出功能分类"的款类科目进行明细核算;同时,在项目支出明细科目下按照具体项目进行明细设置。该科目期末结账后应无余额。

事业单位发生事业支出时借记"事业支出"科目,贷记"库存现金"、"银行存款"等科目。期末将"事业支出——财政补助支出"科目本期发生额结转入"财政补助结转"科目,借记"财政补助结转——基本支出结转、项目支出结转"科目,贷记"事业支出——财政补助支出"科目;将"事业支出——非财政补助支出"科目本期发生额结转入"非财政补助结转"科目,借记"非财政补助结转"科目,贷记"事业支出——非财政专项支出"科目;将"事业支出——其他资金支出"科目本期发生额结转入"事业结余"科目,借记"事业结余"科目,贷记"事业支出——其他资金支出"科目。

(二) 上缴上级支出

上缴上级支出是指事业单位按照财政部门和主管部门的规定上缴上级单位的支出。事业单位向上级上缴的款项属于非财政资金,一般来源于事业收入、经营收入和其他收入等。事业单位应设置"上缴上级支出"总账科目,且按收缴款项单位、缴款项目、《政府收支分类科目》中"支出功能分类"相关科目等进行明细核算,该科目期末结账后应无余额。

事业单位按规定将款项上缴上级单位时,按照实缴金额借记"上缴上级支出"科目,贷记"银行存款"等科目。期末将该科目本期发生额转入事业结余,借记"事业结余"科目,贷记"上缴上级支出"科目。

(三) 对附属单位补助支出

对附属单位补助支出是指事业单位用财政补助收入之外的收入对附属单位补助发生的支出。事业单位对附属单位的补助款项也属于非财政资金,应当设置"对附属单位补助支出"总账科目,且按接收补助单位、补助项目、《政府收支分类科目》中"支出功能分类"相关科目等进行明细核算。期末结账后,该科目应无余额。

事业单位对附属单位补助支出时,按照实际支出的金额借记"对附属单位补助支出"科目,贷记"银行存款"等科目。期末,将"对附属单位补助支出"科目本期发生额转入事业结余,借记"事业结余"科目,贷记"对附属单位补助支出"科目。

(四) 经营支出

经营支出是指事业单位在专业业务活动及其辅助活动之外开展非独立核算经营活动发生的支出,事业单位开展非独立核算经营活动的,应当正确归集开展经营活动发生的各项费用数;无法直接归集的,应当按照规定的标准或比例合理分摊。事业单位应当设置"经营支出"总账科目,且按其类别、项目、《政府收支分类科目》中"支出功能分类"相关科目等进行明细核算。期末结账后,该科目应无余额。

事业单位在专业活动及其辅助活动之外开展非独立核算经营活动发生的各项支出,借记"经营支出"科目,贷记"库存现金"、"应付职工薪酬"、"应缴税费"等科目。期末,将"经营支出"科目本期发生额转入经营结余,借记"经营结余"科目,贷记"经营支出"科目。

（五）其他支出

其他支出是指事业单位除上述支出以外的各项支出，包括利息支出、捐赠支出、现金盘亏损失、资产处置损失、接受捐赠非流动资产发生的税费支出等。事业单位设置"其他支出"总账科目，且按其类别、《政府收支分类科目》中"支出功能分类"相关科目等进行明细核算。期末结账后，该科目应无余额。

事业单位支付银行借款利息、对外捐赠现金资产、发现现金短缺或支付接受捐赠非流动资产发生的相关税费时，借记"其他支出"科目，贷记"银行存款"等科目。报经批准予以核销的应收及预付款项、处置存货时，借记"其他支出"科目，贷记"待处置资产损溢"科目。期末，"其他支出"科目本期发生额中的专项资金结转时，借记"非财政补助结转"科目，贷记"其他支出"科目下各专项资金支出明细科目；"其他支出"科目本期发生额中的非专项资金结转时，借记"事业结余"科目，贷记"其他支出"科目下个非专项资金支出明细科目。

五、事业单位净资产核算

净资产是指事业单位资产扣除负债后的余额，包括事业基金、非流动资产基金、专用基金、财政补助结转结余、非财政补助结转结余等。

（一）基金类净资产

1. 事业基金。

事业基金是指事业单位拥有的非限定用途的净资产，主要为非财政补助结余扣除结余分配后滚存的金额，可以用于事业发展和弥补事业亏损。事业单位应当设置"事业基金"总账科目，期末贷方余额反映事业单位历年积存的非限定用途净资产的金额。事业单位发生调整以前年度非财政补助结余的事项，通过该科目核算。

年末，事业单位将留归本单位使用的非财政补助专项剩余资金转入事业基金，借记"非财政补助结转——＊＊项目"科目，贷记"事业基金"。

事业单位以货币资金取得长期股权投资、长期债权投资，按照实际支付的全部价款作为投资成本借记"长期投资"，贷记"银行存款"等科目；同时，借记"事业基金"，贷记"非流动资产基金——长期投资"科目。

2. 非流动资产基金。

非流动资产基金是指事业单位长期投资、固定资产、在建工程、无形资产等非流动资产占用的金额。事业单位应当设置"非流动资产基金"总账科目，且按长期投资、固定资产、在建工程、无形资产等进行明细核算，该科目期末贷方余额反映事业单位非流动资产占用的金额。

事业单位取得相关资产或发生相关支出时，借记"固定资产""在建工程"等科目，贷记"非流动资产基金"等有关科目；计提固定资产折旧或无形资产摊销时，借记"非流动资产基金——固定资产/无形资产"科目，贷记"累计折旧"或"累计摊销"科目。

第十三章 公共组织会计实务

事业单位以固定资产、无形资产对外投资时,按照评估价值加上相关税费作为投资成本,借记"长期投资"科目,贷记"非流动资产基金——长期投资"科目;同时,借记"非流动资产基金——固定资产/无形资产"科目,借记"累计折旧"或"累计摊销"科目,贷记"固定资产"、"无形资产"科目。

3. 专用基金。

专用基金是指事业单位按规定提取或设置的具有专门用途的净资产,主要包括修购基金、职工福利基金等。事业单位应当设置"专用基金"总账科目,且按其类别进行明细核算,期末贷方余额反映事业单位专用基金余额。

专用基金的提取比例和管理办法由国家统一规定或主管部门会同财政部门确定。

(1) 修购基金,是按照事业收入和经营收入的一定比例提取,并按照规定在相应的购置和修缮科目中列支(各列50%),以及按照其他规定转入,用于事业单位固定资产维修和购置的资金。事业收入和经营收入较少的事业单位可以不计提,实行固定资产折旧的事业单位也可以不计提。

事业单位按规定提取修购基金的,按照提取金额借记"事业支出"、"经营支出"科目,贷记"专用基金——修购基金"科目。

(2) 职工福利基金,按照非财政补助结余的一定比例提取以及按照其他规定提取转入,用于单位职工的集体福利设施、集体福利待遇等的资金。

年末事业单位按规定从本年度非财政补助结余中提取职工福利基金的,按照提取金额借记"非财政补助结余分配"科目,贷记"专用基金——职工福利基金"科目。

事业单位也可以根据业务情况自行提取或设置其他专用基金。专用基金使用时,借记"专用基金"科目,贷记"银行存款"等科目;形成固定资产的还应借记"固定资产"科目,贷记"非流动资产基金——固定资产"科目。

(二) 结转结余类净资产

1. 财政补助结转。

财政补助结转是指事业单位当年支出预算已执行但尚未完成或因故未执行,下年需按原用途继续使用的财政补助资金,包括基本支出结转和项目支出结转。事业单位应当设置"财政补助结转"总账科目,且下设"基本支出结转"和"项目支出结转"两个明细科目,其中,"基本支出结转"明细科目下可按"人员经费"和"日常公用经费"进行明细核算;"项目支出结转"明细科目按具体项目进行明细核算。该科目还应按《政府收支分类科目》中"支出功能分类"相关科目等进行明细核算,期末贷方余额反映事业单位财政补助结转资金数额。

期末事业单位将财政补助收入本期发生额结转入"财政补助结转"科目,借记"财政补助收入——基本支出、项目支出"科目贷记"财政补助结转——基本支出结转、项目支出结转"科目;将事业支出(财政补助支出)本期发生额结转入"财政补助结转"科目,借记"财政补助结转——基本支出结转、项目支出结转"科目,贷记"事业支出——基本支出(财政补助支出)、项目支出(财政补助支出)"科目。

事业单位按规定上缴财政补助结转或注销财政补助结转额度的,借记"财政补助结转"科目,贷记"财政应返还额度"、"零余额账户用款额度"等科目。取得主管部门归集调入财政补助结转资金或额度时,做相反会计分录。

2. 财政补助结余。

财政补助结余是指事业单位支出预算工作目标已完成后依旧剩余的财政补助项目支出结余资金。事业单位应设置"财政补助结余"科目,且按《政府收支分类科目》中"支出功能分类"相关科目等进行明细核算,期末贷方余额反映事业单位财政补助结余资金数额。

年末结转后,还需对财政补助各明细项目执行情况进行分析,将财政补助结余性质的项目余额转入财政补助结余,借记或贷记"财政补助结转——项目支出结转——＊＊项目",贷记或借记"财政补助结余"科目。

事业单位按规定上缴财政补助结余或注销财政补助结余额度的,借记"财政补助结余"科目,贷记"财政应返还额度"、"零余额账户用款额度"等科目。取得主管部门归集调入财政补助结余资金或额度时,做相反会计分录。

3. 非财政补助结转。

非财政补助结转是指事业单位除财政补助收支以外的各专项资金收入与其相关支出相抵后滚存的须按规定用途使用的结转资金。事业单位应当设置"非财政补助结转"总账科目,且按其具体项目进行明细核算,期末贷方余额反映事业单位非财政补助专项结转资金数额。

期末事业单位将事业收入、上级补助收入、附属单位上缴收入、其他收入本期发生额中的专项资金收入结转入"非财政补助结转"科目,同时,将事业支出、其他支出本期发生额中的非财政专项资金支出结转入"非财政补助结转"科目。完成上述结转后,再对非财政补助结转资金各项目情况进行分析,将已完工的剩余资金分以下情况处理:缴回原专项资金拨入单位的,借记"非财政补助结转"科目,贷记"银行存款"等科目;留归本单位使用的,借记"非财政补助结转科目,贷记"事业基金"科目。

4. 事业结余。

事业结余是指事业单位一定期间内除财政补助收支、非财政专项资金收支和经营收支以外各项收支相抵后的余额。事业单位应当设置"事业结余"总账科目,期末结账后该科目应无余额。

期末事业单位将事业收入、上级补助收入、附属单位上缴收入、其他收入本期发生额中的非专项资金收入结转入"事业结余"科目,同时,将事业支出、其他支出本期发生额中的非财政、非专项资金支出,以及对附属单位补助支出、上缴上级支出的本期发生额结转入"事业结余"科目。完成上述结转后,将"事业结余"科目余额结转入"非财政补助结余分配"科目。

5. 经营结余。

经营结余是指事业单位一定期各项经营收支相抵后余额弥补以前年度经营亏损后的余额。事业单位应当设置"经营结余"科目,期末贷方余额反映事业单位自年初至报告期末累计实现的经营结余弥补以前年度经营亏损后的经营结余,期末借方余额则反映事业单位截至报告期末累计发生的经营亏损。年末结账后,该科目一般无余额。

期末,事业单位根据经营收支本期发生额,借记"经营收入"科目,贷记"经营结余",科目;同时,借记"经营结余"科目,贷记"经营支出"科目。完成上述结转后,如果"经营结余"科目贷方余额时则将其转入"非财政补助结余分配"科目;如果"经

第十三章　公共组织会计实务

营结余"科目为借方余额，则不予结转。

6. 非财政补助结余分配。

非财政补助结余可以按照国家规定计算应缴纳企业所得税、提取职工福利基金，剩余部分作为事业基金用于弥补以后年度单位收支差额。事业单位应当设置"非财政补助结余分配"科目，年末结账后，该科目应无余额。

期末事业单位应将"事业结余"科目余额、"经营结余"贷方余额转入该科目；事业单位计提应缴纳企业所得税时，借记"非财政补助结余分配"科目，贷记"应缴税费——应缴企业所得税"科目；事业单位提取职工福利基金时，借记"非财政补助结余分配"科目，贷记"专用基金——职工福利基金"科目；年末按计提企业所得税和职工福利基金后的科目余额转入"事业基金"科目。

第四节　民间非营利组织会计实务

民间非营利组织会计有资金来源民间性、以权责发生制为核算基础、需要进行成本核算、计量基础包括历史成本和公允价值、净资产分为限定性净资产和非限定性净资产两类进行核算和列报、收入的确认标准具有特殊性等特点。民间非营利组织会计实务依据的是《民间非营利组织会计制度》，设置了资产、负债、净资产、收入和费用五个会计要素。

一、民间非营利组织资产核算

民间非营利组织的资产是指由过去交易或事项形成并由民间非营利组织拥有或者控制的资源，该资源预期会给民间非营利组织带来经济利益或服务潜力。按照流动性不同，可分为流动资产、长期投资、固定资产、无形资产和受托代理资产等。民间非营利组织的资产种类与企业资产种类相似。

（一）民间非营利组织流动资产

民间非营利组织的流动资产包括现金、银行存款、其他货币资金、短期投资、应收账款、应收票据、预付账款、其他应收款、存货、待摊费用等。

1. 现金。

民间非营利组织应严格按照《现金管理暂行条例》和《民间非营利组织会计制度》的规定收支和核算现金，并设置"现金"科目，其期末借方余额反映民间非营利组织实际持有的库存现金。民间非营利组织还应设置"现金日记账"，由出纳人员根据业务发生顺序逐笔登记，每日终了进行账实核对，做到账款相符。具体分录与行政事业单位"库存现金"科目基本一致，不再赘述。

2. 银行存款。

民间非营利组织应当根据《银行支付结算办法》和《民间非营利组织会计制度》的规定办理和核算银行存款收支业务，并设置"银行存款"科目，其期末借方余额反映民间非营利组织实际存放在银行或其他金融机构的款项。民间非营利组织还应设置"银行日记账",定期与银行对账单进行核对,并编制银行存款余额调节表,调节相符。具体分录与行政事业单位"银行存款"科目基本一致,不再赘述。

3. 其他货币资金。

民间非营利组织的其他货币资金包括外埠存款、银行汇票存款、银行本票存款、信用卡存款、信用证保证金存款、存出投资款等。民间非营利组织应设置"其他货币资金"科目,且按上述资金种类进行明细核算,其期末借方余额反映民间非营利组织实际持有的其他货币资金。民间非营利组织应加强对其他货币资金的管理,及时办理结算,对于逾期尚未办理结算的银行汇票、银行本票等,按规定应及时转回,借记"银行存款"科目,贷记"其他货币资金"科目。

4. 短期投资。

短期投资是指民间非营利组织持有时间不超过1年(含1年)的能够随时变现的投资,包括股票、债券等。民间非营利组织应当设置"短期投资"总账科目,且按其种类进行明细核算,其期末借方余额反映民间非营利组织持有的短期投资成本。

短期投资在取得时,如果是现金购入的,应按其实际支付的价款(不包括已宣告但尚未领取的现金股利或已到付息期但尚未领取的债券利息)借记"短期投资"科目,按照应领取的现金股利或债券利息借记"其他应收款"科目,按实际支付的全部价款贷记"银行存款"等科目;如果是接受捐赠的,则按照捐赠资产的计价原则确定投资成本,借记"短期投资"科目,贷记"捐赠收入"科目。

收到被投资单位发放的利息或现金股利时,按实际收到的金额借记"银行存款"科目,贷记"短期投资"科目。如果是已计入"其他应收款"科目的利息或现金股利,则借记"银行存款"科目,贷记"其他应收款"科目。收到的股票股利不做账务处理,应在辅助账簿中登记增加的股票份额。

期末,民间非营利组织应对短期投资进行减值测试,如果发生减值,应对计提短期投资跌价准备。

5. 应收账款。

民间非营利组织的应收账款是指因销售商品、提供劳务等主要业务活动,应当向会员、购买单位或者接受服务单位等收取的,但尚未实际收到的款项。民间非营利组织应当设置"应收账款"科目,且按其债务人进行明细核算,期末借方余额反映民间非营利组织尚未收回的应收账款。

发生应收账款时,借记"应收账款"科目,贷记"会费收入"等相关收入科目;应收账款收回时,借记"银行存款"科目,贷记"应收账款"科目。期末,民间非营利组织应对应收账款进行全面核查,对存在收回风险的应当提取坏账准备。

6. 应收票据。

民间非营利组织的应收票据时指因销售商品、提供劳务等而收到的、尚未到期的商业汇票,包括银行承兑汇票和商业承兑汇票。民间非营利组织应当设置"应收票据"科目,且按开出、承兑商业汇票的单位等进行明细核算,还应设置"应收票据备查簿",逐笔登记票据信息。

民间非营利组织收到开出、承兑的商业汇票,按照票据面值借记"应收票据"科目,贷记"商业销售收入"、"提供服务收入"等科目;将持有的应收票据背书转让以获取物

第十三章 公共组织会计实务

资时,按照取得物资的成本借记"存货"等科目,贷记"应收票据"科目,如为带息应收票据,还应根据尚未计提的利息贷记"筹资费用"科目;持有未到期应收票据向银行贴现时,根据银行盖章退回的贴现凭证第四联收款通知借记"银行存款"科目,贷记"应收票据"科目,其差额借记"筹资费用"科目。

7. 预付账款。

民间非营利组织的预付账款是指预付给商品或服务提供单位的款项。民间非营利组织应当设置"预付账款"科目,且按供应单位设置明细账,进行明细核算,该科目期末借方余额反映民间非营利组织实际预付但尚未结算的款项。

民间非营利组织因购买货物或服务而预付款项时,借记"预付账款"科目,贷记"银行存款"等科目;收到货物或服务时,借记"存货"等科目,贷记"预付账款"科目。如有确凿证据证明预付账款不符合预付款项性质或因供货单位破产、撤销等原因而无法再收到所购货物的,一般不计提坏账准备,而是转入"其他因收款"科目。

8. 其他应收款。

民间非营利组织的其他应收款是指除应收票据、应收账款以外的其他各项应收、暂付的款项,包括应收股利、应收利息、应向职工收取的各种垫付款项、职工借款、应收保险公司赔款等。民间非营利组织应当设置"其他应收款"科目,且按其项目、债务人等设置明细账进行明细核算,该科目期末借方余额反映尚未收回的其他应收款。

发生各项应收、暂付款项时,借记"其他应收款"科目,贷记"现金"、"银行存款"等科目;收回上述款项时,做相反分录。民间非营利组织应当定期对其他应付款进行全面核查,并计提坏账准备。

9. 存货。

民间非营利组织的存货是指在日常业务活动中持有以备出售或捐赠的,或者为了出售或捐赠的处在生产过程中的,或者将在生产、提供服务或日常管理过程中耗用的材料、物资、商品等,包括材料、库存商品、委托加工物资,以及达不到固定资产标准的工具、器具、用品等。民间非营利组织应当设置"存货"总账科目,且下设"材料"、"库存商品"、"生产成本"等明细科目进行明细核算,期末借方余额反映民间非营利组织存货的实际成本。

发生外购存货时,按照采购成本借记"存货"科目,贷记"银行存款"等科目;自行加工或委托加工完成的存货,借记"存货"科目,贷记"银行存款"、"应付工资"等科目;接受捐赠的存货,借记"存货"科目,贷记"捐赠收入"科目。

领用存货时,借记"管理费用"等科目,贷记"存货"科目;对外出售或捐赠存货,借记"业务活动成本"等科目,贷记"存货"科目。

民间非营利组织的存货应当定期进行清查盘点,每年至少盘点一次。对于发生的盘盈,按其公允价值借记"存货"科目,贷记"其他收入"科目;对于存货盘亏或毁损,按其账面价值扣除残料价值、可收回的保险赔偿和过失人赔偿等后的金额借记"管理费用"科目,按残料价值、可收回的保险赔偿和过失人赔偿等金额借记"银行存款"等科目,按照存货的账面余额贷记"存货"科目。

民间非营利组织应当定期或至少于每年年度终了对存货是否发生减值进行检查,如果发生减值则应计提存货跌价准备。

10. 待摊费用。

民间非营利组织的待摊费用是指已经支出但应当由本期和以后各期分别负担的分摊期在1年以内（含1年）的各项费用，如预付保险费、预付租金等。民间非营利组织应当设置"待摊费用"科目，且按其种类设置明细账进行明细核算，期末借方余额反映民间非营利组织各种已支出但尚未摊销的费用，其应该按受益期限在一年内分期平均摊销，计入当期费用，对于已不能继续收益的待摊费用项目应将摊余价值一次性转入当期费用。

发生待摊费用，借记"待摊费用"科目，贷记"银行存款"等科目；按照受益期限平均摊销时，借记"管理费用"等科目，贷记"待摊费用"科目。

（二）民间非营利组织长期投资

民间非营利组织的长期投资按性质分为长期股权投资和长期债权投资。期末，民间非营利组织应当对长期投资是否发生减值进行检查，如果长期投资的可收回金额低于其账面价值，应计提长期投资减值准备，确认的损失并计入当期费用；如果长期投资的可收回金额高于其账面价值，应将在期初已计提减值准备的范围内转回可收回金额高于账面价值的差额，冲减当期费用。

1. 长期股权投资。

长期股权投资是民间非营利组织持有时间准备超过一年的各种股权性质的投资，包括长期股票投资和其他长期股权投资等。民间非营利组织应设置"长期股权投资"总账科目，且按被投资单位设置明细账进行明细核算，期末借方余额反应民间非营利组织持有的长期股权投资的价值。

民间非营利组织取得长期股权投资时，按实际支付的全部价款借记"长期股权投资"科目，贷记"银行存款"等科目。其中，已宣告但尚未领取的现金股利应当作为应收账款单独核算，不计入初始投资成本。

长期股权投资的核算主要有成本法和权益法两种。如果民间非营利组织对被投资单位具有控制、共同控制或重大影响，长期股权投资应当采用权益法进行核算；如果民间非营利组织对被投资单位没有控制、共同控制或重大影响，则应采用成本法核算。权益法下，民间非营利组织需要根据被投资单位的经营业绩调整投资账面价值，当被投资单位实现利润时，借记"长期股权投资"科目，贷记"投资收益"科目，而发生亏损时，则做相反的分录；宣告发放现金股利或利润时，借记"其他应收款"科目，贷记"长期股权投资"科目；实际支付现金股利或利润时，借记"银行存款"科目，贷记"其他应收款"科目。成本法下，民间非营利组织不受被投资单位经营业绩的影响，仅在宣告发放现金股利或利润时确认收益，借记"其他应收款"科目，贷记"投资收益"科目。民间非营利组织处置长期股权投资时，应当将实际取得价款与投资账面价值的差额确认为当期投资损益。

2. 长期债权投资。

长期债权投资是民间非营利组织购入的在1年内（不含1年）不能变现或不准备随时变现的债券和其他债权投资。民间非营利组织应当设置"长期债权投资"科目，且按其具体情况设置明细科目进行明细核算，该科目期末借方余额反映民间非营利组织持有的长期投资成本。

以现金购入的长期债权投资，按照实际支付的全部价款作为初始投资成本，借记"长

第十三章 公共组织会计实务

期债权投资",贷记"银行存款"科目,其中,已到付息期但尚未领取的债权利息计入"其他应收款"科目。

长期债权投资应当按照票面价值与票面利率按期计算确认利息收入,且其初始投资成本与债券面值之间的差额,应在债券持有期间按直线法予以摊销。对于一次还本付息的债券投资,借记"长期债权投资——债券投资——应收利息"科目,贷记"投资收益"科目;对于分期付息、到期还本的债权投资,借记"其他应收款"科目,贷记"投资收益"科目。民间非营利组织处置长期债权投资时,应将实际取得价款与投资账面价值的差额确认为当期投资损益,同时结转已计提的减值准备。

(三) 民间非营利组织固定资产

民间非营利组织的固定资产是指为行政管理、提供服务、生产商品或者出租目的而持有的预计使用年限超过1年且单位价值较高的资产。民间非营利组织应设置"固定资产"、"累计折旧"和"固定资产清理"科目,其中,"固定资产"科目按类别、使用部门和项目等进行明细核算,期末借方余额反映民间非营利组织持有固定资产的账面原值。

民间非营利组织的固定资产在取得时,应当按取得时的实际成本入账。外购固定资产以实际支付的买价、相关税费以及为使固定资产达到预定可使用状态而发生的运输费、安装费、装卸费等作为实际成本入账;自行建造的固定资产按照建造该项资产达到预定可使用状态前所发生的全部必要支出确定其实际成本;融资租入的固定资产按照租赁协议或者合同确定的价款、运输费、途中保险费、安装调试费以及融资租入固定资产达到预定可使用状态前发生的借款费用等作为实际成本;接受捐赠的固定资产按照捐赠资产的计价原则确定实际成本。

民间非营利组织应当按照经济利益或服务潜力的预期实现方式选择折旧方法,包括年限平均法、工作量法、双倍余额递减法和年数总和法,一经确定,不得随意变更。按月提取折旧,当月增加的固定资产当月不计提,下月开始计提;当月减少的固定资产当月照提折旧,下月起不计提。

民间非营利组织的固定资产投入使用后,可能会进行必要的改扩建、维修维护等后续支出。当这些后续支出可以延长固定资产的使用寿命、使服务质量实质性提高或者商品成本实质性降低,则应当计入固定资产账面价值;当这些后续支出只是保证其正常工作,则在发生时应计入"管理费用"。

民间非营利组织的固定资产通常不是为了出售或创造经济利益,只要能够提供预期的效能即可,所以一般发生减值的可能性很小,年末通常也不计提减值准备。但如果其发生了重大减值,则应计提减值准备,且确认损失,借记"管理费用——固定资产减值准备"科目;贷记"固定资产减值准备"科目。如果以后年度得以恢复,应在已计提减值准备的范围内部分或全部转回已确认的减值损失,冲减当期费用。

民间非营利组织的固定资产应定期或至少每年实地盘点一次,如有盘盈或盘亏,应及时查明原因,报经批准后进行账务处理。民间非营利组织在日常业务活动中,可将不适用或不需要的固定资产对外出售转让,或对固定资产进行报废、毁损等进行处理,结转其账面价值,核算其清理收入、费用和残料价值等通过"固定资产清理"进行处置。

(四) 民间非营利组织文物文化资产

文物文化资产是指民间非营利组织用于展览、教育或研究等目的的历史文物、艺术品以及其他具有文化或者历史价值并作长期或者永久保存的典藏等。民间非营利组织应当设置"文物文化资产"科目,且按其类别等设置明细账进行明细核算,期末借方余额反映民间非营利组织持有的文物文化资产价值。

外购的文物文化资产按照实际支付的全部价款,借记"文物文化资产"科目,贷记"银行存款"等科目;接受捐赠的文物文化资产按照捐赠原则确定的成本,借记"文物文化资产"科目,贷记"捐赠收入"科目。

民间非营利组织处置文物文化资产时,按照其账面余额借记"固定资产清理"科目,贷记"文物文化资产"科目。民间非营利组织应对文物文化资产定期或者至少每年实地盘点一次,对盘盈、盘亏的文物文化资产应按规定报经批准予以处理,根据其公允价值将盘盈的文物文化资产计入"其他收入"科目,将盘亏的文物文化资产按其账面余额扣除收回的赔偿后的金额计入"管理费用"科目。

(五) 民间非营利组织无形资产

无形资产是指民间非营利组织为开展业务活动、出租给他人或为管理目的而持有的且没有实物形态的非货币性长期资产。民间非营利组织应当设置"无形资产"科目,且按其项目设置明细账进行明细核算,期末借方余额反映民间非营利组织持有的无形资产成本。

民间非营利组织购入的无形资产,按照实际支付的价款确定成本;民间非营利组织自行开发并按法律程序申请取得的无形资产,将发生的注册费、律师费等作为实际成本,同时将取得前发生的材料费用、直接参与开发人员的工资及福利费、开发过程中发生的佣金、借款费用等计入"管理费用";民间非营利组织接受捐赠的无形资产,按照捐赠原则确定的成本计入捐赠收入。

民间非营利组织需按期提取摊销金额,借记"管理费用"科目,贷记"无形资产"科目;民间非营利组织的无形资产一般发生减值的可能性很小,所以期末一般不需要计提减值准备。一旦发生重大减值,应确认减值损失,借记"管理费用——无形资产减值损失"科目,贷记"无形资产减值准备"科目。处置无形资产时,按照实际取得的价款借记"银行存款"等科目,按照无形资产账面余额贷记"无形资产"科目,按其差额贷记"其他收入"或借记"其他费用"科目。

(六) 民间非营利组织受托代理资产

受托代理资产是民间非营利组织接受委托方委托从事受托代理业务而收到的资产。民间非营利组织应当设置"受托代理资产"总账科目,且按其具体情况设置明细账进行明细核算,其期末借方余额反映民间非营利组织持有尚未转出的受托代理资产价值。

收到受托代理资产时,民间非营利组织应按确认的金额借记"受托代理资产"科目,贷记"受托代理负债"科目;转出或转增时按其账面余额借记"受托代理负债"科目,贷记"受托代理资产"科目。当收到的受托代理资产为货币资金时,应在"现金"、"银行存款"、"其他货币资金"等科目下设置"受托代理资产"明细科目进行核算。

第十三章　公共组织会计实务

二、民间非营利组织负债核算

民间非营利组织的负债是指过去的交易或者事项形成的现时义务，履行该义务预期会导致含有经济利益或者服务潜力的资源流出民间非营利组织。其按照流动性可分为流动负债、长期负债和受托代理负债。

（一）流动负债

民间非营利组织的流动负债包括短期借款、应付款项、应付工资、应交税金、预收款项、预提费用和预计负债等。

1. 短期借款。

民间非营利组织的短期借款是指民间非营利组织向银行等金融机构借入的期限在1年以下（含1年）的各种借款。民间非营利组织应当设置"短期借款"科目，且按债权人、借款种类及期限等设置明细账进行明细核算，其期末贷方余额反映民间非营利组织尚未偿还的短期借款本金。

民间非营利组织借入各种短期借款时，按照实际取得的金额借记"银行存款"科目，贷记"短期借款"科目；发生借款利息时，借记"筹资费用"科目，贷记"银行存款"等科目。

2. 应付票据。

民间非营利组织的应付票据是指民间非营利组织购买材料、商品和接受服务供应商等而开出、承兑的商业汇票，包括银行承兑汇票和商业承兑汇票。民间非营利组织应当设置"应收票据"科目，且按其种类、债权人等进行明细核算，期末贷方余额反映民间非营利组织持有的尚未到期的应付票据本息。此外，民间非营利组织还应设置备查簿，详细记录应收票据信息。

开出、承兑商业汇票时，民间非营利组织应当借记"存货"等科目，贷记"应付票据"科目；支付手续费时借记"筹资费用"科目，贷记"银行存款"等科目；票据到期时，通过"银行存款"支付，无力支付票款时转入"应付账款"或"短期借款"等科目。

3. 应付账款。

民间非营利组织的应付账款是指其因购买材料、商品和接受服务供应商等而应付给供应单位的款项。民间非营利组织应当设置"应付账款"科目，且按债权人等进行明细核算，期末贷方余额反映民间非营利组织尚未支付的应付账款。

发生应付账款时，借记"存货"、"管理费用"等科目，贷记"应付账款"科目；偿付应付账款时，借记"应付账款"科目，贷记"银行存款"科目；无法支付或由其他单位承担时，借记"应付账款"，贷记"其他收入"科目。

4. 预收账款。

民间非营利组织的预收账款是指其向服务和商品购买单位预收的各种款项。民间非营利组织应当设置"预收账款"科目，且按购货单位设置明细账进行明细核算，期末贷方余额反映民间非营利组织向购货单位预收的款项。

发生预收款项时，借记"银行存款"等科目，贷记"预收账款"科目；确认收入时，借记"预收账款"科目，贷记"商品销售收入"等科目。

5. 其他应付款。

民间非营利组织的其他应付款是指其应付、暂收其他单位或个人的款项。民间非营利组织应当设置"其他应付款"科目，且按其类别、单位或个人设置明细账进行明细核算，该科目期末贷方余额反映尚未支付的其他应付款。

发生其他应付款时，借记"银行存款"、"管理费用"等科目，贷记"其他应付款"科目；支付款项时，借记"其他应付款"科目，贷记"银行存款"等科目。

6. 应付工资。

民间非营利组织应当设置"应付工资"科目，期末贷方余额反映尚未领取的工资余额，一般期末无余额。

支付工资时，借记"应付工资"科目，贷记"银行存款"等科目；从工资中代扣各种款项后，借记"应付工资"科目，贷记"其他应收款"、"应交税金"等科目；对应发放的工资进行分配时，行政管理人员工资借记"管理费用"科目，贷记"应付工资"科目，业务人员工资借记"业务活动成本"、"存货——生产成本"等科目，贷记"应付工资"科目，建安人员工资借记"在建工程"科目，贷记"应付工资"科目。

7. 应交税金。

民间非营利组织的应交税金是指其按照税法规定应当缴纳的各种税费，包括营业税、增值税、所得税、房产税、个人所得税等。民间非营利组织应当设置"应交税金"总账科目且按其具体税种进行明细核算，该科目期末借方余额反映民间非营利组织多缴纳的税费，贷方余额反映民间非营利组织尚未缴纳的税费。

发生营业税纳税义务时，民间非营利组织应当计入"业务活动成本"科目；发生所得税纳税义务时，应当计入"其他费用"科目；发生个人所得税纳税义务时，应当计入"应付工资"科目；发生增值税纳税义务时，应当计入"应交税金——增值税"科目。

8. 预提费用。

民间非营利组织的预提费用是指其预先提取的已经发生但尚未支付的费用，包括预提的租金、保险费等。民间非营利组织应当设置"预提费用"科目，且按其费用种类进行明细核算，该科目期末贷方余额反映民间非营利组织已预提但尚未支付的各项费用。

按规定预提当期费用时，借记"筹资费用"、"管理费用"等科目，贷记"预提费用"科目；实际支付时，借记"预提费用"科目，贷记"银行存款"科目。

9. 预计负债。

民间非营利组织的预计负债是指其对因或有事项所产生的现时义务而确认的负债。对民间非营利组织而言，较常见的是未决诉讼和未决仲裁等。民间非营利组织应当设置"预计负债"科目，且按其项目进行明细核算，该科目期末贷方余额反映民间非营利组织已预提尚未支付的债务。

发生预计负债时，按照确认的金额借记"管理费用"等科目，贷记"预计负债"科目；实际支付时，借记"预计负债"科目，贷记"银行存款"科目。

（二）长期负债

1. 长期借款。

民间非营利组织的长期借款是指其向银行等金融机构借入的期限在1年以上（不含1

第十三章　公共组织会计实务

年）的各项借款。民间非营利组织应当设置"长期借款"科目，且按贷款单位进行明细核算，该科目贷方余额反映民间非营利组织尚未偿还的借款本息。

借入长期借款时，民间非营利组织按照实际发生数借记"银行存款"科目，贷记"长期借款"科目；按照发生的借款费用，借记"筹资费用"科目，贷记"长期借款"科目；构建固定资产过程中，允许资本化的借款费用则按照实际发生数额借记"在建工程"科目，贷记"长期借款"科目。

2. 长期应付款。

民间非营利组织的长期应付款是指其融资租入固定资产发生的应付租赁费。其应当设置"长期应付款"科目，且按长期应付款种类进行明细核算，该科目期末贷方余额反映尚未支付的长期应付款。

发生融资租赁业务时，应当按照合同确定的价款总额（包括价款、运输费、保险费、安装费等）借记"固定资产——融资租入固定资产"科目，贷记"长期应付款"科目。

（三）受托代理负债

民间非营利组织的受托代理负债是指其因从事受托代理交易、接受受托代理资产而产生的负债。民间非营利组织应当设置"受托代理负债"科目，且按其转交组织或个人进行明细核算，该科目期末贷方余额反映民间非营利组织尚未清楚的受托代理负债。

收到受托代理资产时，按照应确认的入账金额，借记"受托代理资产"科目，贷记"受托代理负债"科目；转出或转赠受托代理资产时，做相反分录。

三、民间非营利组织收入核算

民间非营利组织的收入是指其开展业务活动取得的导致本期净资产增加的经济利益或者服务潜力的流入。按照来源可以分为捐赠收入、会费收入、提供服务收入、政府补助收入、投资收益、商品销售收入和其他收入等。

（一）捐赠收入

捐赠收入是指民间非营利组织接受其他单位或个人捐赠所取得的收入。它是民间非营利组织最典型的也是最重要的收入来源，可以是资产流入、负债解除或义务劳动提供等形式，一般分为限定性捐赠收入和非限定性捐赠收入。其中，限定性捐赠收入是指捐赠人对捐赠资产的使用设置了时间或者用途限制条件的捐赠收入；非限定捐赠收入是指除了前者之外的其他捐赠收入。民间非营利组织内部规定的接受捐赠限制条件不构成限制性捐赠收入，受托代理资产也不属于捐赠收入，而限定条件一旦解除，限定性捐赠收入转换成为非限定性捐赠收入。民间非营利组织应当设置"捐赠收入"总账科目，且应下设"限定性捐赠收入"和"非限定性捐赠收入"两个明细科目，该科目期末结账后应无余额。

接受捐赠时，借记"现金"、"存货"、"固定资产"等科目，贷记"捐赠收入"科目；限定性捐赠收入的限制条件解除时，借记"捐赠收入——限定性捐赠收入"科目，贷记"捐赠收入——非限定性捐赠收入"；捐赠条件无法满足而退回捐款人的，借记"管理费用"科目，贷记"其他应付款"科目；期末将本科目余额转入净资产科目。

（二）会费收入

民间非营利组织的会费收入是指其根据章程等的规定向会员收取的会费。一般情况下，会费收入属于非限定收入。民间非营利组织应设置"会费收入"总账科目，且按其会费种类等进行明细核算，期末结账后该科目应无余额。

民间非营利组织确认会费收入时，借记"现金"、"存货"、"固定资产"等科目，贷记"会费收入——非限定性收入"科目；期末，应将该科目余额转入净资产科目。

（三）提供服务收入

民间非营利组织提供服务收入是指其根据章程等规定向其服务对象提供服务取得的收入，包括学费收入、医疗收入、培训收入等。一般情况下，提供服务收入也属于非限定性收入。民间非营利组织应设置"提供服务收入"总账科目，且按其提供服务的种类进行明细核算，期末结账后该科目应无余额。

民间非营利组织在提供服务取得收入时，借记"现金"、"银行存款"、"应收账款"等科目，贷记"提供服务收入——非限定性收入"科目；期末将该科目余额转入净资产科目。

（四）政府补助收入

民间非营利组织的政府补助收入是指其接受政府拨款或政府机构给予的补助而取得的收入。民间非营利组织应当设置"政府补助收入"科目，且按限定性收入和非限定性收入进行明细核算，该科目期末结转后应无余额。

民间非营利组织接受的政府补助，按应确认的金额借记"现金"、"银行存款"等科目，贷记"政府补助收入——限定性收入或非限定性收入"科目。限定性的政府补助收入如果无法满足条件而部分或全部的退还资金时，需按协议偿还的金额借记"管理费用"科目，贷记"其他应付款"等科目。当限定性政府补助收入的限制在确认收入的当期得以解除，则应当将其转为非限定性政府补助收入。期末，将该科目余额转入净资产。

（五）商品销售收入

民间非营利组织的商品销售收入是指其销售商品如出版物、药品等所形成的收入，一般情况下为非限定性收入。民间非营利组织应当设置"商品销售收入"总账科目，且按其商品种类设置明细账进行明细核算，期末结转后应无余额。

取得商品销售收入时，民间非营利组织应按实际收到或应收取的价款借记"银行存款"等科目，贷记"商品销售收入——非限定性收入"科目。发生销货退回时，如果未确认收入，则不需做账务处理；如果已确认收入，则直接冲减退回当月的商品销售收入、商品销售成本；如果在资产负债表日到财务报告批准报出日之间发生报告期间或以前期间的销售退回，应当作为资产负债表日后事项的调整事项处理，调整报告期间会计报表的相关项目。现金折扣在实际发生时直接计入当期筹资费用，销售折让则直接冲减商品销售收入。期末结转该科目余额入净资产。

第十三章 公共组织会计实务

（六）投资收益

民间非营利组织的投资收益是指民间非营利组织因对外投资取得的投资净损益。一般情况下，民间非营利组织的投资收益为非限定性收入，除非相关资产提供者对资产的使用设置了限制。民间非营利组织应当设置"投资收益"科目，期末结转后该科目无余额。

对于短期投资，出售短期投资或到期收回本息，均按实际收到的金额借记"银行存款"科目，按已计提的跌价准备借记"短期投资跌价准备"，按其账面余额贷记"短期投资"科目，按尚未领取的利息或现金股利贷记"其他应收款"科目，按其差额借记或贷记"投资收益"科目。

对于长期投资，采用成本法核算的民间非营利组织将被投资单位已宣告发放现金股利或利润时，计入该科目；采用权益法核算的民间非营利组织期末被投资单位实现净利润或亏损时，计入该科目；处置长期投资时，也需要通过该科目核算投资净损益；期末，将该科目余额结转入净资产。

（七）其他收入

民间非营利组织的其他收入是指除了上述主要业务活动收入以外的其他杂项收入，如确实无法支付的应付款项、存货盘盈、固定资产盘盈、固定资产处置净收入、无形资产处置净收入等。一般情况下，其他收入为非限定性收入，除非相关资产提供者对资产的使用设置了限制。民间非营利组织应当设置"其他收入"科目，且按其种类设置明细账进行明细核算，期末结转后该科目无余额。

民间非营利组织取得其他收入时，借记"现金"、"存货"、"固定资产"、"无形资产"、"固定资产清理"、"文化文物资产"等科目，贷记该科目；期末，将该科目余额结转入净资产。

四、民间非营利组织费用核算

民间非营利组织的费用是指其为开展业务活动所发生的、导致本期净资产减少的经济利益或服务潜力的流出，包括业务活动成本、管理费用、筹资费用和其他费用等。

（一）业务活动成本

民间非营利组织的业务活动成本是指其为了实现其业务活动目标、开展其项目活动或者提供服务所发生的费用。如果民间非营利组织从事的项目、提供的服务或者开展的业务比较单一，可以将相关费用全部归集在"业务活动成本"项目下进行核算和列报。民间非营利组织应当设置"业务活动成本"总账科目，且如果其项目、服务或业务种类比较多，则在该科目下分大类设置明细科目，期末结账后该科目应无余额。

民间非营利组织发生业务活动成本，如慈善基金会组办的慈善项目或者红十字会组织赈济活动项目等，借记"业务活动成本"科目，贷记"银行存款"等科目；期末，将该科目余额转入净资产科目。

（二）管理费用

民间非营利组织的管理费用是指其为组织和管理其业务活动所发生的费用，包括董事会、理事会等权力机构经费和行政管理人员的工资、奖金、津贴、福利费、住房公积金、住房补贴、社会保障费、离退休人员工资与补助，以及办公费、水电费、邮电费、物业管理费等。民间非营利组织的管理费用应当在发生时按其发生额计入当期费用，应当设置"管理费用"总账科目，且按其种类进行明细核算，期末结账后该科目应无余额。

民间非营利组织发生管理费用时，借记"管理费用"科目，贷记"银行存款"、"应付工资"、"应交税金"、"累计折旧"、"长期投资减值准备"、"存货"、"无形资产"等科目。期末，民间非营利组织应将该科目余额计入净资产科目。

（三）筹资费用

民间非营利组织的筹资费用是指其为筹资业务活动所需资金而发生的费用，包括为了获得捐赠资产而发生的费用、应当计入当期费用的借款费用、汇兑损失（减汇兑收益）等。其中，民间非营利组织为了获得捐赠资产而发生的费用包括举办募款活动费，准备、印刷和发放募款宣传资料费以及其他与募款或者争取捐赠资产有关的费用，在发生时按其发生额计入当期费用。民间非营利组织应当设置"筹资费用"总账科目，按其种类设置明细账进行明细核算。

发生筹资费用业务时，借记"筹资费用"科目，贷记"银行存款"、"预提费用"、"长期借款"等科目；期末，将该科目转入净资产科目。

（四）其他费用

民间非营利组织的其他费用是指其发生的、无法归属到上述业务活动成本、管理费用或者筹资费用中的费用，包括固定资产处置净损失、无形资产处置净损失等，在发生时将发生额计入当期费用。民间非营利组织应当设置"其他费用"科目，且按其种类进行明细核算，期末结账后该科目应无余额。

发生的固定资产处置净损失时，借记"其他费用"科目，贷记"固定资产清理"科目；发生无形资产处置净损失，按实际取得的价款借记"银行存款"科目，按无形资产账面余额贷记"无形资产"科目，按其差额借记"其他费用"科目。期末，将该科目余额计入净资产科目。

五、民间非营利组织净资产核算

民间非营利组织的净资产是指其资产减去负债后的余额，按是否收到条件限制，区分为限定性净资产和非限定性净资产。

（一）限定性净资产

限定性净资产是指民间非营利组织的资产或者资产所产生的经济利益等的使用受到资产提供者或者国家有关法律、行政法规所设置的时间限制或者用途限制的净资产。国家有

第十三章 公共组织会计实务

关法律、行政法规对净资产的使用直接设置限制的净资产也是限定性净资产。当限定性净资产的限制条件已经解除，则应对净资产进行重新分类，将其转为非限定性净资产。民间非营利组织应当设置"限定性净资产"总账科目，且按本单位实际需要和具体情况下设二级科目进行明细核算。该科目贷方余额反映民间非营利组织历年积存的限定性净资产。

期末，民间非营利组织应当将当期限定性收入的实际发生额转为限定性净资产，借记"捐赠收入——限定性收入"、"政府补助收入——限定性收入"等科目，贷记"限定性净资产"科目。调整以前年度收入或费用项目从而需要调整限定性净资产时，也需要计入本科目。

（二）非限定性净资产

民间非营利组织的非限定性净资产是指除了限定性净资产之外的其他净资产。所谓的非限定性也并不是说该项净资产完全没有任何约束，它仍需要与民间非营利组织的使命或运行目的相符合。民间非营利组织应当设置"非限定性净资产"科目，且按本单位实际需要和具体情况下设二级科目进行明细核算。该科目贷方余额反映民间非营利组织历年积存的非限定性净资产。

期末，民间非营利组织应当将当期各收入类科目中的非限定性收入明细科目的余额转入"非限定性净资产"，借记"捐赠收入——非限定性收入"、"会费收入——非限定性收入"、"提供服务收入——非限定性收入"、"政府补助收入——非限定性收入"、"商品销售收入——非限定性收入"、"投资收益——非限定性收入"、"其他收入——非限定性收入"等科目，贷记"非限定性净资产"科目；结转各费用类科目的余额时，借记"非限定性净资产"科目，贷记"业务活动成本"、"管理费用"、"筹资费用"、"其他费用"等科目。调整以前年度收入或费用项目从而需要调整非限定性净资产时，也需要计入本科目。

第五节 公共组织会计实务对比

对于公共组织会计而言，无论是行政单位会计、事业单位会计还是民间非营利组织会计，均不是以营利为目的进行的核算和监督工作，在财务方面的内部控制上有一些共同适用的法律、法规、制度；在会计科目上也有相同或相似的设置；在具体会计核算过程中也有一些相同或类似的核算方法。

一、财务管理制度规范对比

行政单位、事业单位和民间非营利组织有一些共同适用的财务管理规范，如《会计基础工作规范》、《现金管理暂行条例》、《银行支付结算办法》、《财政票据管理办法》等。但鉴于业务内容、资金来源、支出渠道、会计科目和核算方法等方面的差异，财政部门制定了有区别的财务管理规定，如表13-2所示。

表 13-2　　　　　　公共组织适用财务管理制度规范对比

行政单位	事业单位	民间非营利组织
《行政单位会计制度（2014）》	《事业单位会计制度（2012）》	《民间非营利组织会计制度》
《行政单位财务规则（2013）》	《事业单位财务规则》	
	《事业单位会计准则》	
《行政单位国有资产管理暂行办法》	《事业单位国有资产管理暂行办法》	
	《科学事业单位会计制度》	《基金会管理办法》
	《医院会计制度》	
	《高等学校会计制度》、《中小学校会计制度》	
	《彩票机构会计制度》	

二、会计科目对比

会计科目一般分为资产、负债、净资产、收入和支出（费用）等五类。三大公共组织的会计科目设置是基本一致的，核算内容存在一些细微差别，如表 13-3 所示。

表 13-3　　　　　　资产类会计科目对比

行政单位	事业单位	民间非营利组织
库存现金	库存现金	现金
银行存款	银行存款	银行存款
		其他货币资金
零余额账户用款额度	零余额账户用款额度	
	短期投资	短期投资
		短期投资跌价准备
财政应返还额度	财政应返还额度	
财政直接支付	财政直接支付	
财政授权支付	财政授权支付	
	应收票据	应收票据
应收账款	应收账款	应收账款
预付账款	预付账款	
其他应收款	其他应付款	其他应收款
		坏账准备
		预付账款

第十三章 公共组织会计实务

续表

行政单位	事业单位	民间非营利组织
存货	存货	存货
		存货跌价准备
		待摊费用
	长期投资	长期股权投资
		长期债权投资
		长期投资减值准备
固定资产	固定资产	固定资产
累计折旧	累计折旧	累计折旧
在建工程	在建工程	在建工程
		文物文化资产
		固定资产清理
无形资产	无形资产	无形资产
累计摊销	累计摊销	
待处理财产损溢	待处置资产损溢	
政府储备物资		
公共基础设施		
受托代理资产		受托代理资产

在资产类会计科目中，三大公共组织有一些相同或类似科目设置，如"库存现金（现金）"、"银行存款"、"应收账款"、"存货"、"固定资产"、"累计折旧"、"在建工程"、"无形资产"。这其中的一些科目虽然名称相同，但是其内涵却又有不同。以存货为例，对于行政事业单位来说，存货是指在开展业务活动以及其他活动中为耗用而储备的各种物资，包括材料、燃料、包装物和低值易耗品以及未达到固定资产标准的家居、用具、装具等；而对于民间非营利组织来说，存货是指在日常业务活动中持有以备出售或捐赠的，或是为了出售或捐赠尚在生产过程中的，或者将在生产、提供服务或日常管理过程中耗用的材料、商品等，包括材料、库存商品、委托加工材料，以及未达到固定资产标准的家居、用具、装具等，很明显，民间非营利组织的存货概念内涵有经济利益的流入，外延也更广泛。

三大公共组织的会计科目设置也有各自的特色。如行政事业单位因财政部门预算相关规定以及国库集中支付的要求，会设置"零余额账户用款额度"科目，而民间非营利组织则没有这一科目。但是民间非营利组织根据自己资金使用的特点设置了"其他货币资金"科目，用于外埠存款、银行汇票存款、银行本票存款、信用卡存款、信用证保证金存款和存出投资款等的核算，这显然也是行政事业单位会计所没有的。

对于负债类会计科目也一样，三大公共组织既有相同或类似的会计科目，又有各自特色的科目设置。它们都有"应付账款"、"应缴税费（应交税金）"、"应付职工薪酬（应付工资）"、"其他应付款"和"长期应付款"科目，但具体核算方法又略有不同。事业单和民间非营利组织均有"短期借款"、"长期借款"、"应付票据"、"预收账款"科目,行政单位由于核算的都是财政资金所以不涉及借款类、应付票据和预收款项。行政单位和事业单位针对财政资金形成的负债科目设置也略有不同,行政单位是通过"应缴财政款"核算按规定取得的应当上缴财政的款项,通过"应付财政补贴款"核算按规定应当拨付出去的各种财政补贴款;而事业单位的"应缴国库款"科目相当于行政单位的"应缴财政款",而"应缴财政专户款"是前者所没有的,用于核算按规定应缴入财政专户的款项。"受托代理负债"则是行政单位和民间非营利组织都有的科目,用于核算接受委托方委托管理的各项资产,事业单位因一般不涉及该类业务而没有设置该科目(见表13-4)。

表13-4　　　　　　　　　　负债类会计科目对比

行政单位	事业单位	民间非营利组织
	短期借款	短期借款
应缴财政款	应缴国库款	
	应缴财政专户款	
应付政府补贴款		
	应付票据	应付票据
应付账款	应付账款	应付账款
	预收账款	预收账款
应缴税费	应缴税费	应交税金
应付职工薪酬(离退休费)	应付职工薪酬	应付工资
其他应付款	其他应付款	其他应付款
		预提费用
		预计负债
	长期借款	长期借款
长期应付款	长期应付款	长期应付款
受托代理负债		受托代理负债

行政事业单位主要通过基金类、结转结余类科目核算净资产,而民间非营利组织主要通过设置限定性和非限定性净资产科目来核算净资产情况。行政单位设置"资产基金"科目,核算预付账款、存货、固定资产、在建工程、无形资产、政府储备物资、公共基础设施等非货币性资产在净资产中占用的金额,而事业单位是通过"非流动资产基金"科目来进行类似的核算,此外还设置了"事业基金"科目核算非限定用途的净资产,"专用基金"科目核算专门用途的净资产。行政单位主要资金来源于财政拨款,因而结转结余类净资产主要通过"财政拨款结转"和"财政拨款结余"来核算,很少一部分通过"其他资金结转结余"科目核算;事业单位则根据资金来源的不同分为"财政补助结转"、"财政补助结余"、"非财政补助结余"、"事业结余"、"经营结余"和"非财政补助结余分配"科目来核算(见表13-5)。

第十三章 公共组织会计实务

表 13-5　　　　　　　　　净资产类会计科目对比

行政单位	事业单位	民间非营利组织
	事业基金	
资产基金	非流动资产基金	非限定性净资产
	专用基金	限定性净资产
代偿债净资产		
财政拨款结转	财政补助结转	
财政拨款结余	财政补助结余	
其他资金结转结余	非财政补助结余	
	事业结余	
	经营结余	
	非财政补助结余分配	

对于收入支出（费用）类科目，各公共组织根据不同的收入来源和不同的支出方式设置出不同的会计科目。行政单位收入单一、支出方式简单，所以通过"财政拨款收入"、"其他收入"和"经费支出"、"拨出经费"科目；事业单位收入来源相对复杂、支出渠道也较多，它通过"财政补助收入"、"事业收入"、"上级补助收入"、"附属单位上缴收入"、"经营收入"、"其他收入"和"事业支出"、"上缴上级支出"、"对附属单位补助支出"、"经营支出"、"其他支出"等；民间非营利组织收入来源也较多，且通过成本费用类科目归集支出项目，它有"政府补助收入"、"捐赠收入"、"会费收入"、"提供服务收入"、"商品销售收入"、"投资收益"和"其他收入"科目和"业务活动成本"、"筹资费用"、"管理费用"、"其他费用"科目（见表 13-6）。

表 13-6　　　　　　　　　收入费用类科目对比

行政单位	事业单位	民间非营利组织
财政拨款收入	财政补助收入	政府补助收入
	事业收入	捐赠收入
	上级补助收入	会费收入
	附属单位上缴收入	提供服务收入
	经营收入	商品销售收入
		投资收益
其他收入	其他收入	其他收入
经费支出	事业支出	业务活动成本
拨出经费	上缴上级支出	管理费用
	对附属单位补助支出	筹资费用
	经营支出	其他费用
	其他支出	

三、财务核算对比

(一) 会计科目名称相近,核算内容相同

三大公共组织的资产类科目中的"库存现金(现金)"、"银行存款"、"应收账款"等科目和负债类科目中的"应缴税费(应交税金)"、"应付职工薪酬(应付工资)"名称相同或相近,核算内容也基本相同。此外,像事业单位的"应缴国库款"和行政单位的"应缴财政款"虽然名称有差异,但核算内容基本相同。

(二) 相同或相似的科目设置下不同的核算内容

资产类科目中三大公共组织都有"存货"科目,按照存货的实际成本价格,事业单位和民间非营利组织只作存货增减处理,不作支出处理;而行政单位既作存货增减,又作支出确认。以取得存货为例:

事业单位和民间非营利组织:
借:存货
　　贷:银行存款等
行政单位:
借:存货
　　贷:资产基金——存货
借:经费支出
　　贷:银行存款等

负债类科目中三大公共组织都有的"应付账款"科目,按照应付未付的金额,事业单位和民间非营利组织只作"应付账款"的增减,而行政单位还要作净资产的增减。以偿付应付款为例:

事业单位和民间非营利组织:
借记:应付账款
　　　贷记:银行存款等
行政单位:
借记:应付账款
　　　贷记:代偿债净资产
借记:经费支出
　　　贷记:银行存款等

(三) 单独设置的会计科目反映区别

公共组织的日常经营活动各具特色,因而体现在会计上也会有不同的核算内容和要求。

行政单位因其负责行事国家权力、管理国家事务,需要从事一些社会公共设施维护、应急救灾储备、发放政府补贴等活动,体现在会计工作上就需要通过"公共基础设

第十三章　公共组织会计实务

施"、"政府储备物资"、"应付政府补贴款"等科目进行相关活动收支的核算；同时由于其收入来源单一，主要通过财政预算拨款，其他收入非常少，支出渠道也很单一，所以通过"财政拨款收入"和"其他收入"来核算收入，通过"经费支出"和"拨出经费"来核算支出；相应的净资产类科目设置也不一样，它通过"资产基金"科目归集非货币性资产在净资产中占用的金额，通过"待处理净资产"科目核算应付款在其中冲减的金额。

事业单位是我国行政管理体制的一大特色，作为非营利组织既与行政部门有千丝万缕的联系，又和民间非营利组织在功能和目标上近似，因而它的会计科目设置、核算内容和方法与两者都有许多相近的地方。它和民间非营利组织一样，收支来源多样化，既有财政收支又有事业收支和经营收支，所以它会设置"短期投资"、"应收票据"、"预收账款"和"长期借款"等科目，但不同的是财政资金是它的主体来源，所以它又有和行政单位相同或相似的"零余额账户用款额度"、"财政应返还额度"、"预收账款"、"待处理资产损益"、"应缴国库款"等科目。但它也有自己的特色科目，如"长期投资"科目，行政单位没有该项投资，也不同于民间非营利组织的"长期股权投资"和"长期债权投资"，事业单位进行的长期投资需要严格依照国家法律、行政法规以及财政部门、主管部门有关事业单位对外投资的规定。此外，在收支科目设置、净资产科目核算等方面，事业单位会计也都和其他公共组织不同。

民间非营利组织具有非营利性的特征，它与事业单位在会计处理上有类似的地方，但它的资金来源主要是捐款募集和缴纳会费，组织形式包括社会团体、基金会、民办非企业单位（如学校、医院等）和寺院、宫观、清真寺、教堂等，所以具体科目设置和核算又有自己的特点。在计量基础上，引入了公允价值等其他计量基础，对于接受的捐赠物资进行更真实、完整的反映；在资产、负债类科目的核算上更类似于企业的核算，会通过"存货跌价准备"、"坏账准备"、"短期投资跌价准备"、"长期投资减值准备"等实时核算资产预期能为组织带来的经济利益情况，通过"预提费用"、"预计负债"来确认预先支付的费用和或有负债；收入费用类科目设置基于实际需要设置为"捐赠收入"、"会费收入"、"提供服务收入"、"商品销售收入"、"管理费用"、"筹资费用"、"业务活动成本"等；净资产通过收入减去费用的余额取得。

第六节　公共组织会计改革

我国的公共组织会计自形成以来，随着经济体制改革不断的发展变化。了解我国公共组织会计制度的发展历程和改革导向，关注具体实务中的风险点，可以帮助总会计师更好地进行会计管理工作。

一、公共组织会计制度的发展历程

新中国成立以来，随着经济发展和体制变革，我国的会计制度不断地发展变化。在改革开放前，我国的民间非营利组织在国民经济中所占比重很小，政府和非营利组织包括行政单位、事业单位和社会团体，资金来源都依靠财政拨款，这些部门的会计都是"反映和监督国家预算执行情况的会计"，因此统称为预算会计。当时预算会计制度的建立主要沿用苏联模式。

但是随着改革开放的深化，预算会计不再能涵盖所有的非企业部门。1998年之前，事业单位与行政单位共同执行《事业行政单位预算会计制度》。随着我国社会主义市场经济体制的改革和发展，二者之间的差别逐渐显现：事业单位与行政单位相比，可以从市场中取得收入而不仅仅依靠财政拨款用以发展所需。可见，事业单位自成体系是很有必要的，也就有必要建立新的、独立的事业单位会计制度。

自1998年1月1日以来，财政部颁布实施了《行政单位会计制度》、《事业单位会计准则》和《事业单位会计制度》，2001年6月财政部颁发了《内部会计控制规范——基本规范》，标志着我国已经初步建立了与社会主义市场经济体制相适应的事业单位会计规范体系。随着民间非营利组织的发展，对相应的会计问题有了规范的需要。2004年8月18日，财政部发布了《民间非营利组织会计制度》，对完善我国公共组织会计制度又向前推进了一步。

2010年后，随着经济的发展，我国的会计制度进入不断发展完善阶段。2011年颁布实施了《医院会计制度》，完善对医疗系统的财务核算规范。2012年根据国库集中支付、预算管理制度的完善等其他新的变化，开始对《事业单位会计制度》进行修订，并颁布了新的《事业单位会计制度》。又相继颁布了《高等学校财务制度》、《中小学校会计制度》、《彩票机构会计制度》和《科学事业单位会计制度》，对各类事业单位的会计工作进行统一规范。2013年又颁布实施了新的《行政单位会计制度》和《行政单位财务规则》，完善了行政单位会计科目和财务报表体系，体现了若干重大突破和创新，是我国公共组织会计发展的又一个新的里程碑。

二、我国公共组织会计制度的改革导向

党的十八届三中全会通过的《中共中央关于全面深化改革若干重大问题的决定》（以下简称《决定》）中，多项决议都直接或间接地对我国的公共组织会计制度改革提出了要求，为开展公共组织会计改革理论研究和实践提供了很好的动力和导向。

目前，国家对财政体制改革、预算制度改革和行政单位会计制度改革都非常重视，三者在推进过程中相互促进，互相影响。根据《决定》的相关要求，我国行政单位会计制度改革的方向将是"建立政府会计准则，各级政府及其主体依据统一、规范的政府会计准则核算、编制财务报表，在此基础上通过专门的会计方法和程序，合并形成真实、完整、准确的权责发生制的政府综合财务报告。"[①]

在不断推进的事业单位改革过程中，事业单位会计改革也一直是学界讨论的重点，事业单位类别复杂，根据来源划分既有全额拨款、差额拨款事业单位，还有自收自支事业单位，需要对不同类型的事业单位制定适用的核算制度和准则体系。同时，会计目标对决策有用观的偏重、适当引入权责发生制、完善财务报告制度等也将是事业单位会计未来的改

---

① 摘自财政部杨敏司长在第五届政府会计改革理论与实务研讨会上的讲话。

第十三章 公共组织会计实务

革方向。

三、总会计师应关注的会计实务风险点

作为总会计师,不可能对会计实务的日常性操作给以过多细节上的关注,但是对于会计科目的设置、主要科目的核算规则、年末结转结余资金情况等内容要有大体的了解,并对单位内部的收支管理、资产管理和建设项目等风险点进行重点把控。

(一)收支管理方面的风险

总会计师要关注单位各项收入均由财会部门归口管理并进行会计核算,严禁设立账外账;有非税收入收缴职能的单位,应按规定项目、标准征收非税收入,按规定开具财政票据,及时、足额上缴国库(财政)或财政专户;要对单位经费活动支出进行规范,确定标准、明确报销流程、合理设置审批权限。"其他"类收支科目向来是审计风险点最高的科目,应当审慎使用。

(二)资产管理方面

总会计师要关注单位应当对资产进行分类管理,健全货币资金管理岗位责任制,合理设置岗位,确保不相容岗位相分离;要加强对银行账户的管理,行政事业单位要更多推广使用公务卡和网上银行支付方式;要对固定资产、无形资产加强管理,尤其是民间非营利组织以权责发生制为基础引入了公允价值计量基础,需要更多关注固定资产、无形资产、存货等的资产保值情况。

(三)建设项目管理方面

总会计师则要关注项目支出是否合规,明细科目设置是否合理,支出费用化还是资本化的账务处理是否正确,以及完工项目是否按时进行竣工结算等。

第十四章 公共组织绩效管理实务

公共组织不以营利为目的,其资金主要通过财政拨款、捐赠等外部途径获取,资金来源的不稳定性和有限性,决定了公共组织需要通过有效的绩效管理,提高资金的使用效率和使用效益。而公共产品和公共服务难以量化的特征,又决定了公共组织绩效管理的特殊性和复杂性。因此,需要探索适合公共组织的绩效管理模式,以最大化地发挥组织效能,从而提高公共组织的决策能力和管理水平,提升组织的综合竞争能力。

第一节 组织绩效管理规定

一、组织绩效管理的概念和理论基础

(一)组织绩效管理的概念

1. 组织绩效。

绩效包括了行为和行为结果,从经济管理角度而言,绩效反映了经济活动中人力、物力、财力等物质资源的投入,以及数量、质量等产出方面的成果。公共组织的绩效是指公共组织为了满足提供公共产品和公共服务的需要或者特殊的宏观调控目标而在不同层面的有效输出,体现公共组织在履行职能、实施公共项目过程中的业绩、效果及管理效率。公共组织的绩效可以通过分析投入产出的对比关系进行衡量,主要从经济效益、社会效益、政治效益等方面进行成果分析。

2. 组织绩效管理。

组织绩效管理是指以生产公共产品和提供公共服务为目标的公共组织,利用绩效信息协同设定统一的绩效目标,通过对资源进行优化配置和统筹安排,以告知管理者维持或改变既定目标计划,并且报告成果与绩效目标符合程度的管理过程。公共组织绩效管理是特殊的管理活动,管理组织绩效的实现过程,通过科学的方法和评价体系,对资金使用全过程进行跟踪监督,测量和评价公共组织的效率、效益和效果,及时反馈绩效结果并加以完善改进。对公共组织进行绩效管理,有助于提高公共组织运行效率,改善管理模式,从而促进公共组织的健康发展,实现公共组织的整体事业目标。组织绩效管理是以绩效理论为基本指导,对公共组织的资金支出过程进行分析,并将考核结果融入预算编制,保证公共组织资金分配和使用遵循高效、合理原则,从而提高公共组织的资金使用效率和公共服务

第十四章 公共组织绩效管理实务

水平。一般来说，公共组织绩效管理过程包括绩效计划、绩效实施、绩效评估、绩效反馈和绩效评估成果五个要素，实现绩效评估、绩效衡量和绩效追踪三个功能。

（二）组织绩效管理的理论基础

由于公共组织具备特殊的公共社会属性，公共组织以绩效管理、公共管理、公共产品、公共财政、绩效预算、投入—产出等为基本理论为指导，为公共组织绩效管理提供理论支持。

1. 公共产品理论。

根据消费时是否具有竞争性和排他性，可将产品和服务分为公共产品、准公共产品和私人产品。萨缪尔森在《公共财政支出的纯理论》中将公共产品定义为每个人消费此类产品时，不会导致他人消费的减少。公共产品具有效用的不可分割性、消费的非竞争性和受益的非排他性三个与私人产品不一样的特征。按照边际成本定价原则，公共产品的非竞争性和非排他性使得新增消费者的边际成本为零，因此，公共产品必须免费提供，这就决定了如果由需要进行成本补偿的私人部门和具有竞争性的市场提供公共产品，会导致低效率。

在公共财政的框架下，公共产品和公共服务需要政府等公共组织作为供应主体，以满足社会需要为目的，对公共支出进行调节，从而弥补市场失灵和市场缺陷，提高财政资金的使用效率，优化财政资金的配置结构，解决私人部门无法实现公共产品成本和效益匹配的难题。公共产品在收益上的非排他性和使用上的非竞争性为政府介入提供理由，需要财政资金提供公共产品，弥补市场失灵，同时也需要发挥财政资金的最大绩效。

2. 公共财政理论。

公共财政是政府为市场经济提供公共服务而进行的分配行为，通过公共财政预算实现收支安排，具有公共性和非市场盈利性。公共财政应以高效的方式分配和运用公共资源。基于资源的稀缺性这一理论基点，公共财政需要解决如何提高资源配置效率的问题。资源的效率性体现在政府对公共产品配置是否达到最优化，提供公共产品的成本是否最小化，从而创造社会效益的最大化。公共财政分配追求效率优先、兼顾公平的原则，财政资金的配置模式和支出都需要节约资源和讲求效益，对资金去向和使用的合理性做出解释，这也是对财政资金进行绩效评价存在的意义。通过绩效评价和管理，可以及时改变公共支出过程中的不合理因素，了解预算编制是否科学合理，分析预算执行过程中出现的偏差，反映组织财务活动是否符合财务制度的相关规定，从而提高资金使用透明度，提高财政支出效益，真正建立公共财政支出框架。

3. 新公共管理理论。

新公共管理理论将现代经济学和管理学的理论引入公共政策的管理中，强调公共部门的效率性、竞争性，重视资源的节约性和高效性，并建立明确的绩效管理标准和管理方法。新公共管理理论根据"理性人"理论，从最小成本获得最大收益的假设中获取公共部门绩效评价的依据；根据公共选择和交易成本的理论，获取公共部门应以市场为导向，提高服务效率和质量的依据。

新公共管理理论在公共管理领域中引入绩效评价的方法和工具，如通过可测量的绩效指标，测量和评价公共部门和管理者履行责任的效率和效果，使公共管理的绩效评价逐步规范系统化。新公共管理理论引入企业的竞争机制强调管理活动的产出和结果、公共服务的质量和效率，重视公共资源使用的经济性、效益性和效果性，重视公共产品和公共服务产出的数量和质量，实现绩效目标最大化。财政资金的绩效评价和绩效考核是新公共管理理论的核心内容，通过设定明确的考核制度和考核标准，有利于提高财政资金的运行效果和信息透明度，了解财政资金的运行情况，为预算编制和资源配置提供依据，最终实现绩效目标最大化，资源效益最大化的目标。

4. 财政绩效与预算理论。

财政绩效与预算理论主要包括"3E"原则、"4E"原则、新绩效预算理论、投入—产出理论等研究成果。

（1）"3E"原则。"3E"原则是绩效评价的基本原则，包括经济性（Economy）、效率性（Efficiency）、有效性（Effectiveness）原则。经济性原则是指在达到绩效目标的情况下如何实现支出最小化，关注活动所耗费资源获取成本是否最低，为获得特定产出所投入的资金是否得到充分利用。效率性原则是指投入—产出的比例关系，即是否以最小的投入获得一定的产出，或者是以一定的投入获得最大的产出，关注活动所耗费的资源数量与产出之间的比例关系。有效性原则是指支出成果满足社会、经济、政治等多方面预期目标的程度，关注支出产生的多方效益的质量，如经济效益与社会效益，近期效益与远期效益等。

（2）"4E"原则。"4E"原则是在"3E"原则的基础上，综合考虑了公平、平等、民主等软评价指标，而不仅仅是经济性等硬性评价指标，增加了公平性（Equity）原则，解决了公共部门追求的价值理念与"3E"原则过度强调经济效率之间的矛盾。公平性原则是指服务的数量、货币化的收益、货币成本等支出的效果在社会群体的分配，关注接受服务的公众是否受到公平的待遇，有更多需要的弱势群体是否享受到了更多的服务等。

（3）新绩效预算理论。新绩效预算理论是以美国、新西兰、澳大利亚为代表的OECD国家基于绩效的预算改革。相比传统绩效预算理论对预算支出所导致的产出的关注，新绩效预算理论强调对预算支出所导致的最终结果负责，将重点放在公共部门支出的最终结果对社会产生的实际影响。新绩效预算首先确定单位的战略目标和年度绩效计划，并测量绩效目标和绩效计划的实现情况，通过重构公共预算和财政管理体制，使税收创造最大的货币价值，并鼓励公共部门进行创新与节约。

（4）投入—产出理论。投入—产出理论以一般均衡理论为依据，通过编制投入产出表和构建代数联立方程解释经济活动中投入与产出的依存关系。投入包含了公共部门在提供产品服务过程中耗费的水、电、原材料、劳动力等，产出包含了经营活动中的各种中间产品和最终产品。投入—产出理论能够对公共部门自身的情况及不同部门之间的相互依存关系进行量化考核。

（三）组织绩效管理实施的困难

1. 组织绩效管理体系不完善。

（1）缺乏法律和制度保障。公共组织绩效评价和管理工作的开展，需要取得立法的支持和制度的保障。就我国目前的情况来看，尚未出台全国统一的针对公共组织绩效评价和管理的法律规范，法制化程度较低，大大削弱了组织绩效管理的权威性和规范性。随着财政管理体制的不断深化改革，公共组织更加强调支出的绩效，而绩效管理的法制化建设较

第十四章 公共组织绩效管理实务

为缓慢,立法的数量和质量不尽如人意,从《中央部门预算支出绩效考评管理办法(试行)》到《财政支出绩效评价管理暂行办法》等中央级部门规章,以及北京、浙江等试点省市财政部门颁布的试行管理办法,现行的公共支出绩效管理法律依据主要以部门规章和地方政府管理条例为主,立法层次不高,同时也缺乏具体的实施细则为实际操作提供有效指导。绩效管理在执行过程中面临立法过于笼统导致无据可循的困难,绩效管理没有受到法律的制约,随意性较强,难以实现真正的制度化和规范化。

(2) 缺乏权威的组织绩效管理执行主体。我国公共组织的绩效管理尚未建立健全的管理体系,缺乏一个权威的绩效综合管理机构,实现绩效管理部门之间的有效协调沟通,导致公共支出绩效监管环境不理想,对资金使用的监管力度不足。目前,我国公共组织绩效管理主要依靠自上而下的行政力量推动,实践过程缺乏一定的稳定性和持续性。绩效管理工作往往被认为是财政管理的范畴,绩效管理工作分散在各个管理部门进行,由于各个管理部门的绩效评价指标、方法、组织程序差别较大,难以形成统一、全面的评价体系,导致绩效评价结果缺乏可比性、公正性和合理性,不利于绩效管理合力的生成。

(3) 缺乏有效的绩效管理激励机制。在公共组织绩效管理的过程中,主管部门、财政部门、公共组织等相关主体都需要一定的激励,作为绩效管理工作开展的强大助力。但我国公共组织绩效管理往往缺乏有效的激励机制,各部门对绩效管理往往存在弱动力问题,虽接受上级下达的绩效评价任务但重视不足,虽配合绩效评价工作但主动性不强,导致主管部门不能充分履行自身监督支出绩效的职能,审计部门不能发挥事前、事中、事后的全程审查作用,财政部门的人力配备、职能权限受到制约,公共组织缺乏主动进行绩效管理的自觉性和积极性等。因此,激励不足在很大程度上阻碍了相关行为主体组织绩效管理工作的落实,减弱了绩效管理工作的实际效能。

2. 难以量化公共组织的产出和支出。

公共组织绩效管理要求对公共组织的所有绩效进行量化,再对这些量化的绩效进行管理。公共组织不直接从事生产经营活动,而以提供无形的公共产品和公共服务为主要业务内容,由于公共产品的非竞争性和非排他性,公共组织无法获取可靠的成本收益数据及市场的反馈信息,导致公共组织进行业务成本量化较为困难;由于公共组织具有垄断性和非营利性,其产出的公共产品和公共服务不能在竞争性的市场交易中得到合理定价,无法形成反映生产机会成本的货币价格,这导致公共组织的产出难以准确计量和测算。同时,公共组织各部门职责和标准的量化也存在一定的技术难度。

3. 公共组织自身的障碍。

(1) 绩效管理意识较为薄弱。由于传统公共支出管理思想与现代绩效管理意识区别较大,我国公共支出管理领域虽进行了如收支两条线、部门预算、国库集中支付等一系列的改革尝试,但多侧重于财政资金使用、管理流程的合法性和规范性,而对支出绩效和资金的制度性安排关注不足,往往把绩效考评同财务检查和审计监督等同起来,对公共支出绩效管理的重要性和迫切性认识还不到位。

(2) 领导重视程度不足。公共组织绩效管理受到传统政绩观念的影响,更多体现以经济建设为中心的理念,重视 GDP 增长速度,而忽略 GDP 增长所付出的物质耗费、资源浪费、环境影响等机会成本和社会代价,影响公共组织绩效管理的纵深推进。公共组织缺乏专门从事绩效管理的人才,使得绩效指标的制定往往按照领导意愿,过多地强调经济指标,而忽略 GDP 增长的质量、经济结构的优化等非经济指标,无法科学、合理地反映组织的绩效情况,不能全面考核公共组织其他职能的履行情况,阻碍绩效评价结果对组织职能的转变发挥导向功能,影响公共支出的分配结构和分配绩效。

(3)公共组织机构文化的障碍。由于公共组织的非营利性和非竞争性,导致公共组织缺乏竞争意识和开展绩效评估的主动性,公共组织绩效管理中存在行政化色彩较浓等局限问题,既得利益者可能会阻碍绩效管理工作的开展。公共组织在进行绩效管理时往往缺乏可持续发展眼光,组织绩效管理容易受到利益驱动,成为短期行为,不能连续、全面、系统地反映公共组织绩效执行情况,不能发挥公共组织的全局优势,甚至有可能因为个体利益背离公共组织的整体战略目标。

4. 绩效管理信息系统不够完善。

公共组织进行准确的绩效衡量需要全面、系统的绩效信息,收集公共组织大量的信息数据资料,存储、分析和查询等都需要耗费大量的人力、物力、财力和时间。由于公共组织没有完善的绩效管理信息系统,缺乏绩效信息数据库的支撑,导致公共支出核算和统计制度存在缺陷,加上主客观条件的限制,公共组织的管理者无法获取全面、系统的绩效评价信息,不能提供科学的绩效评价方法。由于缺乏完善的绩效管理信息系统,没有充分利用现代信息技术,公共组织不能公开、透明、真实、可靠地反映项目预算周期完成进度、绩效执行、绩效评价结果反馈等情况,也不能很好地发挥资源共享的优势。

二、组织绩效管理的意义和功能

(一)组织绩效管理的意义

1. 适应市场经济体制改革的需要。

在计划经济体制下,财政拨款是公共部门的唯一资金来源,这一机制不利于有效发挥资金的使用效益,浪费严重,加重了财政负担,导致社会公共事业发展缺乏活力。市场经济体制改革的深化为行政单位、事业单位等公共组织的改革深入奠定了经济基础,为实施绩效评价提供了良好的经济环境。对公共组织进行绩效管理,是将市场竞争机制引入公共事业管理,使公共组织建立新的发展机制,改变以往依赖政府投入的单一发展模式,以适应市场经济体制改革的需要。

2. 树立服务型公共组织。

公共组织进行绩效管理和绩效评价体系的构建,有利于转变公共组织的管理和服务理念,有利于公共组织从过往的行政模式向服务模式转变,坚持以社会公众的需求和利益为服务宗旨,接受公众的监督,增强公众参与社会事务管理的积极性。绩效管理要求公共组织从社会效益、经济效益等多个角度综合考虑,从而建立服务型公共组织,建立公共组织的信誉和形象,发挥最大的绩效效益。

第十四章 公共组织绩效管理实务

3. 有利于提高资金使用效益。

在公共组织中引入绩效管理机制，能够将财政补助收入、非财政补助收入，以及包括事业支出和其他支出内的全部收支纳入统一管理，进行统一核算，统筹安排，从而发挥有限资金的最大使用效益，促进公共组织效能提升。

（二）组织绩效管理的功能

公共组织绩效管理系统通过科学的绩效评价，反映资金的投资效果，提高财政资金的使用效率和公共财政投资的决策能力。通过组织绩效管理客观公正地评价各个部门的绩效情况，能够考核资金的支出与管理是否合法、合理、合规，绩效完成情况是否达到预设的目标要求，并利用绩效评价结果反馈最大限度地激励公共组织进行节约和创新，提供管理水平和决策能力。

1. 认知评价。

对公共组织进行绩效管理，能够全面、客观地认知各项资金的支出情况、管理情况和使用绩效，通过对绩效的纵向和横向比较，能够提高资金的使用效率和公共组织的管理水平。公共组织绩效管理既关注资金的短期效益，又关注资金的长期效益；既关注资金的经济效益，又关注资金的社会效益、政治效益等。公共组织绩效管理体系以定量指标为主、定性指标为辅，对资金进行综合评价，从而为财政专项投资和资金分配提供决策分析信息，为组织管理者审视内部问题提供线索和依据，对公共组织评价专项资金的绩效、提供管理水平具有认知功能。

2. 考评激励。

对公共组织进行绩效管理，能够发挥考评和激励的功能。组织绩效管理涉及公共组织从宏观到微观的各个层面，分为项目、单位、部门、综合四个层次，涵盖经济、社会、政治、环境等多个方面，全面评价资金的管理和使用目标的实现程度。组织绩效管理的过程是对各公共组织的工作进行考评，可以作为资金管理者、使用者公共绩效的重要考核依据，发现实际工作与绩效目标之间的差距，准确、客观地反映各部门人员的工作绩效，从而发挥激励作用，调动工作积极性。

3. 监督引导。

对公共组织进行绩效管理，能够对资金的支出使用情况及最终结果进行监督，并在过程中发挥引导功能，指引绩效工作改善的方向。组织绩效管理能够完善公共组织的责任机制和监督手段，发现资金在分配、管理、使用过程中存在的预算约束不足、资金使用失控、运行效率低下等问题，分析偏差发生的原因和相关的责任人，建立完善追踪问责制度和监督机制，从而有效解决存在的问题，规范资金的使用过程，确保资金投资目标的实现，充分发挥投资效益，实现预设的绩效管理目标。根据组织绩效管理反馈的评价结果，公共组织能够在宏观层面上对资金的投向进行有效的引导，并与下年预算和分配计划相联系，促进资金管理水平的提高，在微观层面上发现资金使用过程中影响绩效发挥的环节，对绩效的改善进行正确的引导，提高投资决策能力和管理水平。

第二节 组织绩效管理实务

一、组织绩效管理的流程、内容和方法

(一) 组织绩效管理的流程

公共组织的绩效管理是一套完整的循环系统,这一循环的流程通常分为绩效计划、绩效实施、绩效评估、绩效反馈和绩效改进五个步骤。

1. 组织绩效计划。

组织绩效计划是绩效管理流程的起点,是公共组织关于绩效目标和绩效标准的契约,主要包括准备阶段、沟通阶段和绩效计划的审定确定阶段。

准备阶段主要包括收集公共组织制定绩效计划所需要的信息、准备绩效计划沟通的方式,为绩效计划的制定提供基础的数据资料;沟通阶段是绩效计划阶段的核心环节,是公共组织建立良好外部环境和进行内部协调的基础,能够获得其他组织和公众的理解,将内部的各个部门联结起来,形成一个有机整体;绩效计划的审定和确定阶段是公共组织在进行周全的准备,并与相关部门、人员进行充分沟通后形成了初步绩效计划,为了保证组织绩效计划的科学合理性,需要进行审定何确定,从而形成最终的绩效计划。

2. 组织绩效实施。

公共组织完成绩效计划的制定后,需要在公共组织提供公共产品和服务的过程中按照计划,制定具体的方案进行实施。在业务工作过程中,绩效计划发挥指导作用,管理者根据绩效计划制定的目标、内容对公共组织的工作进行监督、反馈,及时解决与绩效计划的偏差,并按照实际情况进行绩效计划的调整。

3. 组织绩效评估。

组织绩效评估是组织绩效管理的主要环节,是对与公共组织评定任务有关的绩效信息进行收集、组织、贮存、提取、整合、判断,并将结果进行反馈,从而发挥有效的监督和控制作用。组织绩效评估可采用自我评估、同级评估、上下级评估、组织评估等方式。组织绩效评估的结果为绩效的反馈和改善提供依据。

4. 组织绩效反馈。

组织绩效反馈是绩效管理是否能取得成效的关键环节。公共组织完成绩效评估后需要细致分析评估结果,并及时反馈给相关部门及人员,提高对绩效目标完成程度的认知,从而提高绩效管理水平。组织绩效反馈需要公共组织各部门之间进行及时的沟通,提高相关部门和人员的参与程度,同时,可引入激励机制,提高绩效反馈的积极性,进一步促进业绩的改善和工作效率的优化。

5. 组织绩效改进。

公共组织基于绩效考核结果进行绩效改进。首先,可采用目标分析法分析实际绩效与目标绩效的差距,采用纵向分析法分析实际绩效与历史绩效的差距,采用横向分析法分析

第十四章 公共组织绩效管理实务

不同部门之间的绩效差距;其次,查明实际绩效与目标绩效差距产生的组织原因、个人原因、管理原因等,针对存在的问题,制定合理、具有可操作性的改进措施,如预防性措施防止风险发生,正向激励措施调动工作积极性;制度改革提高管理水平等,并提供具体的实施方案,确保这些措施能够得到有力执行;最后,针对组织绩效改进的结果进行评估,完成绩效管理的系统流程。

公共组织从制定绩效计划、经过绩效实施、实行绩效评估、进行绩效反馈,到最后完成绩效改进的过程,是个全面、系统、连续的过程。组织绩效计划进行组织绩效管理的基础,组织绩效实施是耗时较长的中间环节,组织绩效评估是实现组织绩效目标的主要方式,组织绩效反馈是绩效管理能否取得预期效果的关键环节,组织绩效改进是绩效管理流程的终点。

(二)组织绩效管理的内容

公共组织绩效管理的内容主要包括公共组织提供公共产品和服务的能力、过程和结果,这三方面的内容为公共组织进行绩效管理一级指标的设计提供了重要指引。

1. 提供公共产品和服务的能力。

组织绩效管理能够通过指标反映公共组织提供公共产品和服务的能力,包括公共组织的机构设置、人员配备、财务情况、组织文化等内容,这些多是静态的,是对公共组织自身人力、物力、财力等硬性指标,以及文化、管理水平等软性指标的综合考核。如教育服务部门对校园文化建设、学校治理结构、师生配备情况的考核。

2. 提供公共产品和服务的过程。

组织绩效管理能够反映公共组织提供公共产品和服务的实际过程和具体行为,包括绩效目标的设定情况、提供公共产品和服务的具体流程、为完成绩效目标的制度制定、为实施绩效计划采取的措施、来自公众的反馈信息、资源的投入和使用分配情况、相关制度的建设完善等内容,这些多是动态的,是对公共组织的具体业务发生情况进行全面监督和考核的过程。如医疗卫生服务部门对医疗卫生体制、资金使用情况、成本与生产率的考核。

3. 提供公共产品和服务的结果。

组织绩效管理能够反映公共组织提供公共产品和服务的最终产出和实际效果,反映绩效目标的实现程度,包括公共组织的直接产出,如公共产品的数量和质量情况,公共服务的有效性、公平性、便捷性和效率性等,也包括公共组织的间接产出,如公共部门的信誉和形象、服务对象的满意度、主管部门的认可度等综合结果,是对公共组织最终运行结果的考核。如政府部门对公众满意度、公共服务可获得性、公共产品分配公平度的考核。

(三)组织绩效管理的方法

由于公共组织在绩效评价时需要对经济效益、社会效益等进行衡量,组织绩效管理的方法就需要以定量为主,定性为辅,充分发挥定性方法和定量方法的协同作用,需指出,各类方法既具有自身的绩效评价优势,但也同样存在难以避免的缺陷,公共组织应当坚持简便有效的原则,根据自身的特征选择一种或多种科学合理的方法进行组织绩效的管理。

1. 定量方法。

(1)成本—效益分析法。成本—效益分析法按照投入产出的原理,将公共组织一定时期内的资金投入与产出和效益进行比较分析,评价绩效目标完成情况,以及资金的运营效益和效率。以公共组织中的财政部门为例,公众采用纳税的方式购买公共产品,税收是为公共产品付出的成本,组织绩效评价能够确定财政活动的效益状况,判断公共组织是否有效地利用财政资源,获得最大化的经济效益和社会效益。

成本—效益分析法作为经济决策的方法,运用于公共组织的投资决策中,其基本原理是针对某项支出目标,提出具体实施方案,运用一定的技术方法,计算不同方案的成本和收益,通过比较分析,选择最优决策方案。这一方法可用于评估需要量化社会效益的项目价值和无形收益,一般按照以下步骤进行:首先确定购买产品的成本、确定额外收入的效益,接着确定节约的费用,最后评估难以量化的效益和成本。

(2) 目标管理法。目标管理法通过确定一定时期内组织的总目标,对责任和总目标进行细分,并依此作为公共组织评价和奖励标准的评价方法。目标管理法以实际产出为基础,以制定的目标作为考评依据,通过对绩效目标与实施效果、历史与当期情况、不同部门和地区同类支出的比较,综合分析绩效目标实现程度,考评公共组织的工作成效和劳动结果,是结果导向型的考评方法。目标管理法需要分别制定总体战略目标和个人目标,凭借可观察、可测量的结果作为衡量组织绩效的标准,并保证分目标和组织目标的一致性。

目标管理法依靠目标实现激励,包含明确目标、参与决策、规定期限和反馈绩效四要素。目标管理法的评价标准直接反映组织的工作内容,评价结果易于观察,可以对公共组织的工作进行反馈和辅导。目标管理法要求组织全员参与,有助于改进组织结构的职责分工,有助于评价不同员工和不同部门的工作绩效。

(3) 平衡计分卡法。平衡计分卡法从财务、客户、业务管理和人员的培养开发四个方面建立衡量体系,包含公共组织的财务维度、顾客维度、内部业务流程、学习和成长等多个方面活动。平衡计分卡法的考核指标对过去和未来业绩进行考核,既保留了传统衡量过去绩效的财务指标,又兼顾学习与成长的因素,使传统绩效管理从考核评估的工具变为战略实施的工具。平衡计分卡法以信息为基础,系统考虑组织业绩驱动因素,进行多维度平衡评价。

将平衡计分卡绩效考核方法应用到公共组织,能够实现财务指标和非财务指标的平衡、长期目标和短期目标的平衡、结果性指标和动因性指标的平衡、组织内部群体和外部群体的平衡、领先指标和滞后指标的平衡。平衡计分卡为公共组织战略管理提供有力的支持,可以提高组织整体管理效率,促进财务目标和非财务目标的实现;可以加强合作,建立公众利益为中心的服务管理机制,防止管理机能失调;可以梳理组织内部业务流程,精简不必要的烦琐环节,提高绩效管理的组织和发展能力;可以发挥激励作用,提高公众参与意识,使组织信息负担降到最少。

2. 定性方法。

(1) 专家评议法。专家评议法是指根据公共组织实际的需要,委托相关领域的专家、中介机构等第三方,对公共组织具体业务工作的价值和重要性实施评价。专家评委会根据预先确定的考核内容进行信息的采集、汇总、分析,完成定性分析、比较,并综合评议判断。专家评议法主要依据专家的经验判断,没有量化的比较指标,难以确切掌握标准,评判的标准随意性较大,不具有科学性。专家评价法较为简单易行,通常适用于小型项目或无法量化的情况,适合于评价产出难以量化的公共部门和财政投资项目。

第十四章　公共组织绩效管理实务

采用专家评价法，首先要明确组织评价的对象，明确考核的具体问题，其次由各领域专家组成评议小组，举行专家会议，分析、预测提出的问题，最后对专家评议讨论的结果进行统一的分析、归纳。公共组织可利用专家评价法对不可量化的公共项目进行深入、透彻的评价，从而得出具体的执行方案和结论，为科学决策提供依据。

（2）360度反馈评估法。360度反馈评估法以"公开、公平、公正"为宗旨，从不同层面收集评估信息，从多个视角综合反馈评估不同对象的情况。360度反馈评估法由被评估对象的上级、同事、下级、客户等相关方，对被评估对象进行全方位的匿名评估，再由专业人士根据评估结果，与被评估者的自我评估进行比对，并向被评估者提供反馈，从而促进被评估者提高绩效。将360度反馈评估法应用于公共组织的绩效考核中，可以对公共组织的运行情况、职能履行情况、资金使用效率等内容进行全方位、多角度的考核评估，找出未能完成绩效目标的问题所在，促进公共组织管理水平的提高。

（3）问卷调查法。问卷调查法是指为了获取绩效实施的结果反馈信息，设计科学的调查问卷，发放给调查对象完成填写后，通过汇总分析问卷调查结果，对公共组织的绩效执行情况进行综合评价判断的考核方法。在利用问卷调查法表述问题时，问题的内容要具体、单一，描述问题要通俗、简明、客观，设计答案的时候要遵循个相关性原则、同层性原则、完整性原则、可能性原则和互斥性原则。利用问卷调查法对公共组织进行绩效评价，具有匿名性特征，可以突破时空限制，并对调查结果进行研究，从而获得较为客观的数据，但需要耗费一定的人力、时间、经费成本，对问卷的设计要求也较高。

（4）关键绩效指标法。关键绩效指标法是指通过对组织内部流程输入输出端的关键参数系统科学设置、取样、计算、分析等系统科学的方法，提炼归纳评估对象的关键要素，确定最关键指标后，通过进一步分解，从而建立项目关键绩效评价指标体系的绩效考核方法。关键绩效指标法建立包括假设前提、考核目标、指标产生、指标来源、指标构成及作用等内容，将战略目标分解为可操作的分目标，明确相关部门的责任，并依此确立其绩效衡量指标。

关键绩效指标能够发掘驱动公共组织完成战略目标的具体因素，体现组织员工的绩效要求。公共组织在确立指标体系后，需要设定评价标准并进行审核，从而最终确定关键绩效指标。关键绩效指标法有利于公共组织整体战略目标的实现，形成以公众利益为导向的运营思路，并促进组织利益与个人利益的统一，但关键绩效指标法也有不足之处，关键绩效指标通常较难界定，同时也没有将人为因素、弹性变化纳入到绩效评价体系中来，导致绩效评价缺乏一定的系统性。

二、组织绩效评价体系构建

（一）组织绩效评价指标

1. 组织绩效评价指标构建原则。

参照《财政支出绩效评价管理暂行办法》关于绩效评价指标的规定，公共组织绩效评价指标的设计应遵循相关性原则、重要性原则、可比性原则、系统性原则、经济性原则。

（1）相关性原则。由于公共组织包括行政单位、事业单位和民间非营利组织，行业种类众多，因此在设计指标时应遵循目标性和相关性原则，组织绩效指标应与公共组织的绩效目标有密切的直接联系，应能够恰当反映绩效目标的实现程度。公共组织应根据自身不同的特点，采取不同的指标评价指标，既要设计包含预算编制和执行情况、财务管理状况、资产配置、使用、处置及其收益管理情况以及社会效益、经济效益等在内的适用于所有评价对象的共性指标，用以评价公共支出的共性特征，又要设定适用于不同预算部门或项目的业绩评价的个性指标，突出不同组织不同的管理目标、履行责任和关注点。共性指标和个性指标共同发挥评价作用，能够促进不同公共组织之间的良性竞争，帮助公共组织做出正确决策，使绩效指标更具有客观性、有效性和完整性。

（2）重要性原则。由于公共组织不同部门职能的多样性，绩效评价涉及的内容很多，再完整、全面的绩效评价体系也不能涵盖所有的绩效评价内容，因此，在评价指标设计时，应当优先使用最具评价对象代表性、最能反映评价要求的核心指标，不重要的指标无需一一纳入评价体系，避免绩效评价耗费过多的精力，违反成本效益原则。

（3）可比性原则。在设计绩效评价指标时，需要在满足客观性和公平性的前提下，综合考虑其可比性。可比性要求公共组织对相同或者相似的对象设置相同的绩效评价指标，有利于公共组织不同评价结果的相互比较，以及相同对象不同期间绩效的纵向比较，发挥绩效评价结果对不同组织的激励作用。

（4）系统性原则。公共组织绩效分析需要同时依赖定量指标和定性指标，从而系统反映财政支出所产生的社会效益、经济效益、环境效益和可持续影响等。定量指标能够直观、具体地衡量公共组织的绩效，并与明确的评价标准进行比较，但是由于公共组织的产出不能进行合理地量化，需要定性指标弥补定量指标的不足，对不可量化的对象进行考核，避免过度强调定量指标给公共组织造成负面影响，使公共组织的绩效评价指标更加全面综合。但由于组织绩效管理是一种以最终结果为导向的考核活动，应遵循能定量则定量原则，以定量指标为主，定性指标为辅。

公共组织进行绩效评价设计需兼顾经济效益和社会效益，经济绩效和社会效益具有对立统一的关系，公共组织绩效评价需要将两类效益指标有机结合，保证公共组织在取得经济利益时不能背离社会效益。公共组织具有非营利性，但不意味公共组织不能有偿提供产品和服务，只是不进行收入分配，因此，公共组织绩效评价应采用财务指标和非财务指标相结合的设计方法，既需要成本、效益等财务指标，通过这些指标反映公共组织的运行效率和成本大小，又要考虑到公共组织的社会责任，将公众满意度、公共部门信誉度等非财务指标作为衡量公共组织绩效的重要指标。

（5）经济性原则。组织绩效评价同样需要耗费一定的人力、物力、财力等资源，因此，绩效评价指标的设计应当通俗易懂、简便易行，数据的获得应当考虑现实条件，符合成本效益原则。而一套系统、全面的绩效评价指标体系，既要考虑经济实用性，又要考虑相关数据的可获得性，如果缺乏可操作性，便不是一套科学、合理的指标体系。

2. 组织绩效评价指标分类。

公共组织绩效评价是对公共组织的经营业绩效益、社会贡献程度、服务质量等内容的综合评价。为了客观反映地这些内容，公共组织绩效评价指标体系需要从经济绩效、社会绩效两个维度进行构建，再依此进一步分解成具体指标。

（1）经济绩效。经济绩效能够反映公共组织经济运行效率对效益的影响，主要以财务

第十四章 公共组织绩效管理实务

指标为主,非财务指标为辅,是对公共组织业绩情况最直接的反映,其数据主要来源于公共组织的会计报表和其他会计核算资料,通常较易获得,且可比性强,能够客观、准确地反映资金的使用情况、创收能力、财务风险等。

反映经济绩效的指标包含:

①反映成本—效益的指标。该类指标多用于评价公共组织产出的效率性,反映资金投入和产生效益之间的比例关系,如利润率、收益率等;当公共组织的预期收益无法获得时,可通过比较项目的投入,预定收益目标下的成本或费用是否达到最小化,如节约率指标等。

②反映资产构成、使用情况的指标。该类指标多用于评价公共组织资产构成的合理性、资产的使用情况等,考核资产配备的合理性,如经费自给率、资源利用效率、资产周转率、净资产创收率等。

③反映支出情况的指标。该类指标多用于评价公共组织的支出结构是否合理,行政成本是否达到最优,如人员支出、公共支出占事业总支出的比率等。

④反映偿债能力的指标。该类指标多用于评价公共组织的负债构成、负债规模等债务情况,分析负债水平是否合理适度,对公共组织的负债风险承受能力进行综合评价,如资产负债率、流动比率、现金流入流出比率等。

⑤反映内部营运流程效率的指标。该类指标多用于评价公共组织的内部营运流程是否有序,综合考虑组织内部影响绩效水平的因素,如组织和制度创新率、流程效率、总营运成本、服务设备利用率等。

⑥反映学习与发展创新能力的指标。该类指标主要考核公共组织的人才结构、人员素质与配备的合理性、管理者的工作协调能力、基础设施建设投入、创新成果等方面内容。

(2)社会绩效。社会绩效主要反映公共组织提供公共产品和公共服务所得到的认可度和满意度等内容。公共组织以社会公益为主要生存目标,追求公众和社会对其提供的公共产品、公共服务质量的认可和满意,主要通过公众满意度、服务绩效、社会贡献程度等指标进行考核。

①反映公众满意度的指标。该指标主要反映公共组织的社会声誉状况,多通过调查问卷法获得,考察公众对资金使用、业绩等情况的满意程度,如满意度指标考察公众对公共组织的总体满意程度,满意率指标考察满意分布情况。

②反映服务绩效的指标。该类指标多用于评价公共组织的服务质量、服务效益和服务效率等,主要从员工职业道德和服务效果两个维度进行考核。

③反映分配公平度的指标。该类指标多用于评价公共组织相同或相似的支出项目在不同受众间的实施执行和分配情况,反映分配的公平程度,如基尼系数、公平指数等。

④反映社会贡献程度的指标。该类指标多用于评价公共组织对社会的贡献程度,从而评价以财政拨款为主的公共组织在实现社会公益目的、追求社会效益最大化等方面的责任履行情况,如社会贡献率、资本积累率、社会影响的范围和程度等。

(二)组织绩效评价的程序

由于公共组织分类的不同,其组织绩效评价的程序也有所差别,本文以使用财政资金的公共组织为例,对组织绩效评价的程序进行简要说明。

以使用财政资金的公共组织的绩效评价工作主要由财政部门进行组织和指导,财政部门拟定绩效评价规章制度和相应的技术规范,组织绩效评价工作的开展。根据评价结果,财政部门提出改进预算支出管理意见并督促公共组织予以落实,如有需要,可再对公共组织实施绩效评价或再评价。根据实际情况,绩效评价工作可委托专家、中介机构等第三方实施,财政部门应当对第三方组织参与绩效评价的工作进行规范,并予以指导。

预算部门负责制定本部门绩效评价规章制度,组织本部门绩效评价工作的具体实施,依照规定向同级财政部门报送绩效报告和绩效评价报告,对财政部门提出的整改意见,制定具体的措施予以落实,并根据绩效评价结果,改善预算支出管理工作。

组织绩效评价工作一般按照以下程序进行:

1. 确定绩效评价对象,下达绩效评价通知。

绩效评价对象由预算部门结合本单位工作实际提出并报同级财政部门审核确定,也可由财政部门根据经济社会发展需求和年度工作重点等相关原则确定,财政部门进行审定后,下达具体的绩效评价通知。

2. 制定组织绩效目标,确定绩效实施方案。

使用财政资金的公共组织应根据财政部门下达的绩效评价通知的要求,制定具体的绩效目标,并根据绩效目标的要求确定具体的工作人员,制定具体的实施方案,需要综合考虑:

(1) 绩效目标,包括预期产出,如提供的公共产品和服务的数量;预期效果,如经济效益、社会效益、环境效益和可持续影响等;服务对象或项目受益人满意程度;达到预期产出所需要的成本资源,资金的投入和使用的控制情况等。

(2) 实施方案,包括制定衡量预期产出、预期效果和服务对象满意程度的绩效指标;绩效方案开展需要的工作人员配备;为实现绩效目标制定的制度、采取的措施等。

3. 收集绩效评价资料,提交绩效报告。

使用财政资金的公共组织应向上级财政部门提交绩效报告。绩效报告应包括:

(1) 基本概况,包括公共组织的基本职能、事业发展规划、预决算情况、项目立项依据等;

(2) 绩效目标的内容、设立依据和调整情况;

(3) 公共组织为完成绩效目标的管理措施,公共组织落实绩效计划的具体实施方案;

(4) 比较分析绩效目标的完成程度;

(5) 分析实际绩效与绩效目标的差距,查找未完成绩效目标的原因;

(6) 进行绩效改善的措施及建议。

4. 开展绩效评价,撰写绩效评价报告。

财政部门和预算部门开展绩效评价并撰写绩效评价报告,预算部门对绩效评价报告涉及基础资料的真实性、合法性、完整性负责,财政部门对预算部门提交的绩效评价报告进行复核,并提出审核意见。绩效评价报告应按照财政部门统一制定的具体格式要求,其撰写应遵循依据充分、真实完整、数据准确、分析透彻、逻辑清晰、客观公正的原则,主要包括以下内容:

(1) 基本概况,关于公共组织的概况、绩效评价的基础数据等;

(2) 公共组织绩效评价的具体实施情况;

第十四章　公共组织绩效管理实务

（3）绩效评价指标体系、评价标准的确立，具体的绩效评价方法；

（4）公共组织绩效目标的完成程度；

（5）公共组织绩效管理过程中存在的问题，具体原因分析；

（6）对公共组织绩效工作的评价结论，整改和建议；

（7）其他需要说明的问题。

5. 绩效评价结果及其应用。

公共组织的绩效评价结果应当采取评分与评级相结合的形式，具体分值和等级可根据不同评价内容设定。财政部门和预算部门应当及时整理、归纳、分析、反馈绩效评价结果，对绩效评价结果较好的公共组织，可予以表扬或继续支持；对绩效评价发现问题、达不到绩效目标或评价结果较差的公共组织，可予以通报批评，并责令其限期整改。不进行整改或整改不到位的，应当根据情况调整项目或相应调减项目预算，直至取消该项财政支出，在财政支出绩效评价工作中发现的财政违法行为，依照《财政违法行为处罚处分条例》等国家有关规定追究责任。绩效评价结果应当按照政府信息公开有关规定在一定范围内公开，并作为改进预算管理和安排以后年度预算的重要依据。

（三）中国组织绩效评价体系建立存在的问题

1. 缺乏完善的评价指标和方法体系。

公共组织的绩效评价需要完整的指标体系和科学的管理方法，对各个部门进行全方位的综合评价。但是公共组织往往没有对绩效评价系统进行科学的规划，同时缺乏一套权威的统一操作模式，为公共支出绩效评价工作的切实开展提供可操作性的指导，因此公共组织在绩效评价的时机、内容、指标、标准、程序等技术层面的问题应对上较为盲目。由于公共组织缺乏一套科学、合理、完整、统一的绩效评价指标体系，绩效指标的客观、全面程度较难把握，指标设计过于粗放，不够精细，主要通过财务、技术、管理等指标进行全过程评价，侧重资金使用的合规性评价，而对资金使用效益的评价存在不足。同时，由于公共组织的行政化特征，公共组织评价指标的设计容易受到领导因素的影响，存在过于繁琐、过于片面、不够严谨等问题，不能满足从不同层面对公共组织绩效进行综合评价的要求，导致绩效评价结果缺乏客观性、公正性和合理性。

2. 缺乏执行力和约束力。

公共组织的绩效评价指标存在一定的主观性，如预算的编制主要依靠编制者的主观判断，导致绩效指标的实施缺乏执行力，存在预算编制和预算执行脱节的问题，无形中导致了资金浪费。由于公共组织缺乏科学合理的绩效指标体系和研究方法，造成绩效指标评价对业务工作的指引作用滞后，对执行过程的各个环节没有约束力，制约绩效评价工作的开展。

3. 缺乏科学的信息统计体系。

我国尚未形成科学全面的绩效信息统计体系，绩效评价和管理的数据基础较为薄弱，导致公共组织的绩效评价主要依赖于用于评价各项支出项目的投入水平、效益状况的绩效评价数据库，公共组织无法全面掌握相关的绩效信息资源，在数据的收集、处理、分析上存在困难，如项目资料的查询过程不通畅，绩效评价结果的反馈不及时等，在很大程度上影响了公共组织对支出绩效的评价。

三、组织绩效评价模型

（一）组织绩效评价标准

根据《财政支出绩效评价管理暂行办法》的规定，绩效评价标准作为衡量财政支出绩效目标完成程度的尺度，主要包括：

1. 计划标准。

如使用财政资金的公共组织按照上级财政部门的预算要求，预先制定绩效目标、绩效计划，将预算、定额等数据作为评价的标准。以事先制定的目标计划或预算要求作为衡量公共组织绩效活动的评价标准，具有较强的计划性和简便操作性，适用于部门和项目的绩效评价。

2. 行业标准。

公共组织按照自身的业务内容，参照国家公布的行业指标数据，制定适用自身组织特点的评价标准。以行业多个群体的相关指标数据作为样本，利用数理统计方法计算出的行业标准作为衡量公共组织绩效活动的评价标准，便于不同组织的相互比较，适用于公共组织支出绩效的评价，如固定资产交付使用率、高校生均培养成本等。

3. 历史标准。

公共组织根据预先设计的指标，参照该地区相同或相似部门同类指标的历史数据，制定符合自身情况的评价标准，如上年同期数据、全国平均水平等。但需指出，为了保证历史标准的权威性和客观性，在实际操作应用时，要求满足外部环境大致相同的基本假设，如果绩效评估对象的外部环境发生显著变化，如财政体制变革、数据统计口径变化等，则不宜使用历史标准作为绩效评价的依据。

4. 其他经财政部门确认的标准，如国家标准、经验标准等。

（二）组织绩效评价实例——基于"3E原则"的政府行政支出绩效评价

政府行政成本不仅包括了行政经费的投入，还包括政府在提供公共产品、公共服务过程中所耗费的人力、物力、财力资源及机会成本的总和。由于经济快速增长，政府官员的经济人利益驱动因素，政府行政管理支出呈现膨胀趋势，铺张浪费较为严重。加强行政成本控制，提高行政支出的绩效是建立节约、高效能政府的重要途径。本文基于"3E原则"的理论指导，对政府行政管理支出的经济性、效率性和有效性进行评价，探讨行政管理支出绩效评价体系的构建，从而实现行政支出的有效监管和控制。

1. 行政支出的经济性评价。

（1）行政支出的综合成本测算。政府的行政管理支出成本主要包括人力资源成本、行政基础设施成本以及行政运作成本。其中，人力资源成本是行政成本中比例较大的部分，主要包括行政公务人员的工资、福利、津贴等；行政基础设施成本主要包括为行政管理活动的开展提供场所产生的费用，设备的安装、维护费用，及其他基础设施的建设投入和后期维护费用；行政运作成本是指政府为开展正常的公务活动发生的费用支出，包括公务人员办公费用、交通费用、通讯费用、招待费用等。

第十四章 公共组织绩效管理实务

（2）行政支出经济性评价指标体系构建及标准的确定。行政支出的纯公共性特征，决定了对行政支出的经济性评价，实质是运用一定的评价标准，对行政成本发生合理性和适度性的评价。基于实际数据的可获得性，选择以下指标对政府行政支出的经济性进行评价，其评价标准主要参考来自国家统计局公布的统计年鉴中的历史数据，并与其他政府部门的同期数据进行横向比较：

①行政支出经费指标。行政支出经费指标既包括当年行政支出数额这一绝对指标，也包括当年行政支出占地方财政支出比率这一相对指标。

②行政性固定资产投资指标。政府行政成本包括行政经费的投入，以及为满足政府行政管理需要的固定资产投入成本。行政部门固定资产投入成本包括满足政府行政职能的基础设施投资和更新改造投资。行政性固定资产投资指标主要包括行政性固定资产投资总额、行政性固定资产投资占社会固定资产投资总额的相对比重。

③人均行政经费投入指标。人均行政经费投入指标综合考虑行政投入的人力因素和财力因素，能够弥补行政支出经费总额指标的内在不足，主要通过人均行政经费指标反映。

考虑到各地区政府规模和各区域经济发展情况的不同，为保证评价结果的相对稳定性，行政支出经济性评价指标应以相对指标为主，绝对指标为辅。

（3）评价行政支出的经济性。目前，我国对行政支出增长原因的分析以定性分析为主，侧重从影响行政支出的相关因素进行静态分析，如通过探讨经济增长水平、财政收支水平、行政人员数量、通货膨胀等因素与行政支出之间的相互关系，分析其对行政支出的影响，也可通过协整理论、Granger因素检验等实证研究方法，对行政支出与其影响因素之间的动态关系进行分析。

2. 行政支出的效率性评价。

（1）行政支出效率性评价的基本假设。提高行政支出的效率性是降低行政成本的重要途径，行政支出效率是指政府在行政产出成果取得既定数量且满足质量要求的前提下，所耗费的人力、财力、物力、时间的要素所占的比重。由于行政支出效率与行政支出之间没有清晰的函数关系，要对行政支出效率进行评价，需假设：

①行政支出水平影响行政支出效率，行政支出效率是行政支出的结果，这一假设是借助中间指标评价行政支出效率性的主要依据。

②行政组织是一个整体，其行政效率保持高度的共性和一致性。

③行政支出效率测定可参照管理效率理论方法，包含行政职责的履行程度、公务人员的素质、机构设置及运作的合理性、现金技术的保障程度。

（2）行政支出效率性评价指标体系构建及标准的确定。为实现行政支出帕累托效率，基于实际数据的可获得性，选择以下指标对政府行政支出的效率性进行评价：

①公共经费占行政支出总额比重指标。对于政府等行政部门而言，公共经费的充足程度，决定了行政管理的财力保障程度，也决定了行政效率的提升程度。因此，公共经费占行政支出总额比重是对行政支出效率财力保障评价的重要指标。

②行政人员规模指标。行政人员是实现行政部门履行行政职能的人力保障。行政人员规模指标反映了既定行政业务规模下的行政效率，在一定的行政业务量下，行政人员规模越小，行政效率越高；反之，则说明行政效率越低。其评价标准可参照能够反映行政服务需求的同期全社会劳动力规模的增长率，如行政人员规模扩张速度超过这一增长率，说明

行政效率存在一定的不合理性。

③官民比例指标。官民比例指标是指行政人员与公众的比例关系，反映政府行政人力资源投入的情况，主要从社会经济和民众负担角度对行政效率水平进行衡量。公众是行政服务和受益的主要对象，在既定条件下，官民比率越低，说明行政效率越高；反之，则说明行政效率越低。其评价标准主要参考同期其他地区的比率数据。

④行政人员工资水平指标。行政人员工资水平反映为完成相同行政职能或提供相同行政服务的情况下的工资性支出水平，是评价行政效率的间接指标。在既定行政任务下，行政人员工资水平越低，说明行政效率越高；反之，则说明行政效率越低。需指出，行政人员的支出除了工资外，还包括住房补贴、交通补贴等非工资或非货币收入，官方统计的行政人员工资数据在一定程度上缺乏全面性和可靠性。

⑤行政人员质量指标。行政人员质量主要从行政人员的失职、渎职人数比例、腐败程度、受教育程度等二级指标进行评价。行政人员质量越高，相应地行政人员的劳动生产率也就越高，说明行政效率越高；反之，则说明行政效率越低。

⑥行政技术先进性指标。先进的行政管理技术有助于提高行政效率，如电子政务的推广，将行政职能和行政服务电子化和网络化，促进了行政部门工作效率的提高。行政技术先进性指标反映相同行政支出条件下不同的行政效率，具备先进技术平台的行政部门工作效率通常高于使用落后技术的行政部门。

⑦行政机构数量指标。行政机构是行政部门履行职能的组织保障，其数量水平可间接反映行政效率。在其他因素不变的情况下，行政机构数量越少，机构的设置越精简，行政结构的等级层次越少，则行政管理过程中产生的代理成本越少，行政信息失真和不对称的可能性越小，行政效率越高；反之，则说明行政机构过于膨胀，行政效率较低。

（3）评价行政支出的效率性。基于行政支出效率性指标与评价基准的比较，行政部门可通过以下方式提高行政支出的效率性：

①进一步深化行政体制改革，减少行政管理级次，加快地方政府机构改革，精简办事机构，避免行政机构职能交叉造成的机构膨胀和资源浪费，努力构建高效的绩效型行政管理体系，提高行政机构运作能力。

②优化行政支出结构，建立公共事业经费、行政人员规模、行政人员工资水平的适度增长机制，确保行政职能履行的保障程度，提高行政人力资源的使用效率。

③加强信息化建设，利用先进的行政管理技术，转变行政管理的方式，为提高行政效率提供技术支持，加强行政的技术保障程度。

3. 行政支出的有效性评价。

（1）行政支出有效性评价的前提。行政支出有效性评价是对政府行政职能履行情况的评价，反映行政部门在行政管理过程中基本职责的完成情况和行政作用的执行情况。因此，分析行政部门的职能是对行政支出进行有效性评价的基本前提，行政职能反映了行政支出的目标导向，及行政支出发生的合理性和必要性。地方政府行政职能主要包括：

①维护政治统治稳定性的政治职能，如国防、外教、健全民主监督制度等。

②维护公共安全和秩序，弥补市场失灵的经济职能，如保持宏观经济稳定、保障公平竞争的市场秩序、提高公共产品和公共服务、保障适度就业等。

③维护社会安全和保护环境的社会服务职能，如城市建设规划、环境保护、失业救

第十四章 公共组织绩效管理实务

济、促进收入分配公平、避免贫富差距扩大化等。

④保障公众受教育权利和文明传承的文化教育职能,如对教育、科技、文化、卫生、体育、文学、艺术等事业的管理。

(2)行政支出有效性评价指标体系构建及标准的确定。由于行政部门职能范围涉及政治、经济、社会服务、文化教育的各个领域,很难通过有限的指标将所有内容涵盖进来,在数据的获得和指标的量化上也存在一定的技术难度。本书选择几个具有代表性的指标进行简单介绍,作为对行政部门政治职能、社会职能和经济职能的有效性进行考核的参考:

①政治职能有效性指标。行政规范指数主要用于评价政府行政的质量情况,其规范性程度越高,说明政府行政行为的有效性越高。

法律法规产出指数主要用于评价在一定时期内立法机关立法活动的产出情况,根据当期法律法规数量与公民保障系数加权计算而得,其产出指数越高,说明政府的法制化程度越高,行政行为的有效性越高。

②社会职能有效性指标。环境保护有效性指标主要通过环境污染事故数、相关损失数额、环境污染物排放和处理达标数等数据进行综合反映,用于评价行政部门对自然环境这一存在外部效应的公共产品的保护程度,行政部门主要通过行政命令、行政管制、法律法规、经济制裁等手段实施环境保护。

社会保障指标综合考虑社会保险、社会福利、社会救助、优抚安置、住房保障等社会保障体系的内容,可通过社会保险参加人数、参保人口占总人口比率、社会救助总额等数据反映,考核行政部门对公民基本生存条件和权利的保障程度。

③经济职能有效性指标。经济职能有效性可参照行政支出经济性评价中的行政支出经费指标进行评价。

(3)评价行政支出的有效性。对行政支出的有效性进行评价,能够反映行政支出在满足政治、经济、社会、文化等领域需求的情况,对行政支出的效果进行有效反馈。

第三节 组织绩效管理改革

一、建立健全组织绩效管理机制

(一)加强绩效管理的制度和法律保障

为了更好地发挥公共组织绩效管理效益,通过开展绩效管理工作提高公共服务能力和公共管理水平,需进一步加强绩效管理的制度化和法制化建设。应从立法的角度,明确绩效管理的法律地位,以保证绩效管理成为公共组织开展公共事务的基本环节,为绩效管理提供法律支持;应树立绩效管理的权威性,发布绩效管理工作的制度规范,为公共组织绩效管理的内容、形式、方法、指标、注意事项等进行详细规定,保证绩效管理工作有法可依,有据可循,实现绩效管理工作的规范化、合法化。

（二）建立绩效管理民主参与机制

公共组织绩效管理需要公共组织的各级人员以及公众的共同参与，公共组织应构建绩效管理的民主参与机制，让组织内部人员更多地参与到绩效管理的制定和执行过程，增强他们对绩效管理的认同感、责任感和自觉性，形成基于绩效管理的组织文化。公共组织提供公共产品和公共服务的基本职能，决定了公共组织的绩效需要公众的关注和参与，决定了绩效结果的评估需要取得公众的认同和支持，公共组织应保持与公众及时、有效的沟通，利用信息化手段，便捷地实现信息的传递、沟通，提供反映公众意愿的信息反馈方式，实现组织的扁平化管理，以保证绩效管理的有效性和合理性。

（三）提高自身绩效管理能力

公共组织需通过组织绩效变革，梳理组织内部业务流程，提高自身的绩效管理能力。公共组织要优化自身的绩效管理组织能力，需建立绩效管理的专业人才队伍，通过培训、学习等方式加强组织管理者和员工的绩效管理能力；需建立有效的授权、激励机制，使绩效管理参与者能够充分发挥主动性和自觉性，提高公共组织运作和绩效管理的效率和质量。

二、建立科学合理的评估指标体系

公共组织进行绩效评估也需要耗费一定的成本，包括付出的财务成本、机会成本、时间成本等。如果公共组织绩效考核指标体系过于繁琐，实施执行力度差，或其获得效益与成本无法配比，就很难发挥绩效管理的优化、激励作用。因此，公共组织应建立一套科学有效的绩效考核方法，切实找出问题所在，最大程度地发挥绩效效益。

三、加强组织绩效信息平台建设

（一）组织绩效信息平台建设的必要性和可行性

1. 组织绩效信息平台建设的必要性。

公共组织绩效管理需要获取政治、经济、文化等不同层面的绩效信息，通过对数据的统计、整理、分析，提高信息的真实性。这就要求建立高效运行的绩效管理信息平台，以实现信息的交流、共享和沟通，提高信息的透明度，保证公共组织进行绩效管理时能够及时获取准确信息，并及时获知公众反馈。

组织绩效信息平台需要实现绩效评价功能，并能够提供绩效评价体系，支持绩效目标的申报和绩效评价。完善的绩效信息平台应能整合现有信息平台的资源，实现与财政部门的预算管理、财务管理、项目管理、政府 OA 等系统的对接，使数据的获取、收集更具有时效性和准确性，并及时将评价结果进行反馈；能够快速地完成基本的数据统计，并通过数据挖掘等方法深入分析非结构化数据，获取更有价值的信息；能够减少人员参与，避免

第十四章 公共组织绩效管理实务

绩效评价过程中人为主观因素的影响,减少汇总数据的过程中可能出现的偏差,增加评价结果的客观公正性,为决策管理提供更好的数据参考。

2. 组织绩效信息平台建设的可行性。

组织绩效信息平台建设对提高公共组织绩效评价的客观性、公正性、时效性具有重要意义,且在外部环境、经济条件、技术条件上都具有可行性。

(1) 环境可行性。目前,各级管理部门对公共组织,尤其是行政、事业单位所使用的专项资金绩效较为关注,公共支出绩效化管理改革的共识已经达成。为配合绩效评价工作的完成,在国家政策方针的指引下,各地政府纷纷开展绩效评价试点,抽调专人负责绩效评价工作,出台绩效评价的相关管理办法,要求各个部门全力配合参与。管理部门的高度重视、政策的颁布实施以及组织机构的成立,为组织绩效信息平台建设创造了良好的政策和组织环境。

(2) 经济可行性。组织绩效信息平台建设需要对耗费的建设成本、后期的运营成本,以及完成后能获得的收益进行合理的分析。组织绩效信息平台在初期建立主要包括研发、实施系统的软硬件投入和人力成本,硬件投入可依托现有的服务器进行搭建,软件和人力成本可以利用政策支持实现与其他部门的协调,进行数据交换,降低成本;在信息平台建立后,能够实现数据收集和分析的自动化,加强评估时效,有效地节约人力成本;信息平台的后期运营、维护成本也小于使用绩效信息系统节约的人力资源。因此,组织绩效信息平台建设具有经济可行性。

(3) 技术可行性。在信息技术高速发展的今天,公共组织业务信息化进程不断推进,组织绩效信息平台建设在技术上的实施难度不大,可通过.net、J2EE 等开发技术,构建面向服务技术架构,设计组织绩效信息管理平台。因此,组织绩效信息平台建设具有技术可行性。

(二) 组织绩效信息平台用户需求分析

公共组织绩效信息平台主要是为帮助公共组织实现既定的绩效目标,运用科学的绩效评价体系和评价标准,对履行公共职能过程产生的支出的经济性、效率性和效益性进行客观评价,并加以反馈,以满足信息使用者的需求。

1. 上级管理部门需求。

政府、财政等上级管理部门需要从组织绩效信息平台获取指定政策、评价资金使用绩效等情况的数据,因此,需要提供数据统计分析、报表生成、资金使用绩效评价、评价结果反馈、绩效执行预警、监控数据挖掘、数据深度分析等功能。

2. 组织自身管理需求。

公共组织是组织绩效信息平台的主要使用者之一,公共组织在绩效计划的制定、实施、反馈、改善过程中都需要利用组织绩效信息平台进行自身绩效的自评、比较,因此,需要提供绩效标准指标设置、绩效数据自动评分、绩效执行偏差问题诊断、绩效实施评价等功能。

3. 其他外部使用者需求。

社会公众等是公共组织产品和服务的直接受众,公共组织应能够通过组织绩效信息平台及时获取公众的反馈,接受公众的监督,因此,需要提供绩效项目公示、绩效项目进度情况、评价结果、满意度反馈等功能,提高绩效信息的公开透明度。

组织绩效信息平台的功能设计需综合考虑上级管理部门、公共组织自身管理和其他外部使用者的需求,实现信息平台数据的无缝对接,充分发挥信息平台的共享作用,最大程度地为公共组织绩效管理提供技术支持和数据服务。

第十五章　公共组织成本管理实务

公共组织虽不进行基本的物质生产，但在提供公共产品和公共服务的过程中，需要耗费一定的资源，因此也涉及成本的补偿问题。组织成本管理是公共组织财务管理重要组成部分，随着财政收支分类改革的展开，绩效预算的不断深化，增强组织成本管理意识，加强组织成本核算，有利于公共组织实现会计多元化目标，提高公共组织的运营效率和效益，提升整体服务效能和绩效水平，从而有效降低服务成本，推进高效型组织的建立和完善。

第一节　组织成本管理原则

公共组织虽以服务公众利益为宗旨，但公共组织在开展公共事务管理、提供公共物品或公共服务过程中，同样会耗费一定的人力、物力、财力等要素资源，为提高公共组织的运营效率，在业务过程中，应注重权衡成本和收益的关系。

一、组织成本管理的含义、特点及内容

（一）组织成本管理的含义

组织成本管理是指公共组织对生产公共产品、开发公共项目、提供公共服务的过程中发生的各种耗费进行核算、分析等，并提出成本控制措施，降低业务活动成本的过程。成本是对象化的费用，借助财务会计的概念，由间接成本和期间费用构成，包括公共组织运营过程中发生的内部人工成本、公用成本及其他相关成本费用等。有效的组织成本管理能够全面、真实、准确地反映公共组织的成本信息，有助于公共组织在保证履行公共职能的前提下，提高组织绩效，以最节约的成本向公众提供高质量、高效益、高效率的服务，创造最大的社会效益和经济效益。

（二）组织成本管理的特点

公共组织自身公共性的特征，决定了公共组织成本管理具备有别于企业成本管理的特点。

1. 成本管理目标的双重性。

市场经济体制下，公共组织追求社会效益和经济效益这一双重目标，决定了公共组织

成本管理目标的双重性。公共组织的成本并不直接与经济利益发生关系，在进行决策时，不以成本最小化、利润最大化为第一原则，在某些特殊情况下，公共组织会为了非经济目标，如创造更大社会效益，而牺牲经济利益。公共组织的资金主要来源于财政资金拨付、提供有偿商品和服务、接受捐赠等方式，资金的运转侧重于提供公共服务的价值最大化、实现组织公益宗旨和履行公共服务职能等目标，而非单纯的利润驱使目标。因此，成本管理的目标在于提高资金运转效率，利用有效的资金，以最小的成本提升公共产品和公共服务的数量和质量，既要避免一味压低成本，追求经济利益最大化而影响公共组织公共事业的发展，也要避免成本过高引起的资源浪费。

2. 成本管理对象的不明确性。

公共组织是以提供公共产品、公共服务等无形产品为主的特殊部门，部分进行物质产品生产的组织也同样存在无形产品的提供，其成本的量化较为困难。这使得公共组织不能像企业一样以真实存在的"有形产品"作为成本管理对象，传统的成本管理体系主要通过量化的财务指标进行核算，满足不了公共组织成本管理的需求。而公共组织不以经济利益最大化为目标的特征，决定公共组织成本管理需要更多地依赖非财务评价指标，用来评价、考核公共组织在实现公共项目、完成社会使命等方面的成果。传统的成本管理以提供财务信息为主，缺乏对非财务信息的综合考虑，不能满足公共组织成本管理的需求。

（三）组织成本管理的内容

公共组织虽以服务公众利益为宗旨，但从经济核算出发，同样存在收入和费用的比较问题，只不过以经济利益为目的的生产性企事业单位业务活动收入和费用比较的结果是损益，而具有非营利性的公共组织则是通过比较业务活动的所得和费用，反映其成本水平和运作效率情况。因此，公共组织同样应科学核算业务活动所耗费的内部人力、物力、财力等资源情况，加强对其成本的控制、监督和管理，综合考虑成本和收益的权衡，提高组织效能。公共组织的成本管理主要包括：

1. 综合成本计算。

公共组织在计算综合成本时，应寻找成本驱动因素，按照驱动率对管理费进行分配后归集到相应的职能、规划、项目和任务中去，从而将管理费用的分配和资源用途、成本和业绩联系起来，明确成本归属对象的责任。综合成本包括了公共组织履行职能过程耗费的各种生产要素的价格，较为系统、全面。

2. 活动分析和成本趋势分析。

公共组织要分析项目主要内容、具体的业务流程、不同的实施方案，通过比较分析寻找较低项目和执行特定任务成本的具体方案。同时，需要对业务过程进行追踪，分析成本发生的趋势，及时查找成本增加的原因，并进行有效的控制。

3. 目标成本管理。

公共组织在进行财务预算时，应恰当合理地设置和实施业务支出的限额控制，从而合理控制成本在上限范围内。目标成本管理体现了公共组织成本管理在时间上的连续性，通过事前控制、事中控制和事后控制，协调公共组织内部各部门加强成本控制，实现公共组织整体效益优化目标。

第十五章 公共组织成本管理实务

4. 成本绩效考核。

公共组织需将成本管理和绩效考核目标相联系，实施组织的绩效预算和业绩计量。公共组织可通过对成本指标的对比分析，全面评价绩效目标成本的实现情况和成本计划指标的完成结果，综合考虑目标成本降低额和降低率，获取和管理相关成本管理制度的执行情况，通过绩效考核体系，激励组织内部全体员工进行成本管理的积极性和主动性。

二、组织成本管理的原则和程序

（一）组织成本管理的原则

1. 因地制宜原则。

由于公共组织提供产品和服务的公共性属性，行政单位、事业单位、民间非营利组织等公共组织应充分考虑各自单位的性质职能、业务特点、组织结构、单位文化等因素，作为确定成本管理的目标和选择成本管理方法的依据，而不能完全照搬现代企业成本管理的理念和方法。

2. 全员参与原则。

公共组织的成本费用贯穿于各个部门的各个业务环节中，因而成本的控制不能局限于某个部门。要培养全员成本意识，增强成本观念，依靠全员参与进行成本控制，在公共组织内部形成员工的主人翁意识和自主管理理念，同时建立与成本相关的内在约束与激励机制，以促进成本管理目标的实现。

3. 成本效益原则。

公共组织应转变传统的以"节约、节省"为目标的成本管理观念，不仅利用现代科学的方法进行成本预测和控制，更要引入成本效益的观念，权衡"投入"与"产出"关系，从而评价"投入"的必要性、合理性，从公共组织管理需求和发展战略的高度上对成本进行管理。同时，随着市场经济体制下的财政拨款明显减少，需要公共组织通过个人、企业捐款等渠道筹集更多资金，这样的筹资方式使公共组织的公益性体现的经济价值得到更多关注，这就要求公共组织引入企业经营的意识，在成本管理思想和策略中注重社会效益和经济效益的提高。

（二）组织成本管理的程序

公共组织成本管理基本遵守传统成本管理中制定标准、核算成本、计算差异、控制差异的程序。

1. 制订成本标准。

成本标准是成本控制的重要依据，包括成本计划的各项指标，可通过计划指标分解法、预算法、定额法确定成本标准。计划指标分解法将大指标按部门、单位或者不同产品、工序分解为小指标；预算法从实际出发，制订费用开支等预算，确定成本控制标准；定额法通过建立定额和费用开支限额作为成本控制标准。确定成本控制标准时，应综合平衡成本指标与质量、社会效益等指标之间的关系，必要时进行多方案择优选择。

2. 核算日常成本。

应根据公共组织相关会计制度的核算要求，对业务活动中发生的成本费用进行审核，确定开支项目的合理性，并按照其归属及时登记入账，对于需要归集、分配的成本，应按照有关原则和规定进行分摊，准确计算成本费用，如根据《事业单位会计制度》的规定，事业单位固定资产的应折旧金额、无形资产的摊销额为其成本。

3. 计算成本差异。

根据成本控制标准，对形成成本的各个项目全程追踪检查，并进行控制、监督，计算成本差异。成本日常控制要与业务相结合，对于偏离成本控制标准的项目，要及时分析偏差，寻找原因。应由专人对成本费用的日常控制负责和监督，并引入目标责任体系，使成本项目的执行者实行自我控制，从而调动公共组织内部全体人员的积极性，实现成本的日常控制和管理。

4. 控制成本差异。

针对成本偏离标准产生的原因，应查明相关责任人，根据各种成本超支的原因中提出降低成本的改进措施，经相关参与者进行广泛研究和讨论后选出最优解决方案，确定具体的部门和人员加以贯彻执行，并对执行过程及时加以监督检查，从而及时纠正偏差，对成本差异进行有效控制。实施成本控制方案后，要注重事后监督，衡量其经济效益是否达到了预期的目标。

三、最新成本管理理论

成本管理是公共组织财务管理的重要组成部分之一，成本管理应选择恰当的成本控制方法和手段。目前公共组织试行的成本管理包括：量本利分析、作业成本法、责任会计等传统成本管理方法，包括划定成本责任中心、制定成本控制目标、监督成本形成、及时纠正成本偏差、成本绩效考评等，这些方法主要对内部组织成本进行管理，而基于价值链的成本管理、战略成本管理等新的成本管理理念，则贯穿公共组织业务过程的始终，逐步成为成本管理的主流方式。

（一）基于价值链的成本管理理论

1. 基于价值链的成本管理理论内涵。

基于价值链的成本管理是指以价值链管理和战略成本管理为指导，以作业成本管理为基础，运用先进的 ERP 系统工具，进行成本数据的全面收集、分析，充分利用价值链上各个环节的成本信息以实现价值链的构建和优化。

基于价值链的成本管理融合了价值链和成本控制的内容，既要通过价值链的构建和优化，降低价值链各个环节的成本，又要协同相关参与方，建立信息共享、利益双赢、风险共担的合作机制。基于价值链的成本管理理论关注整个公共组织的整个业务发生过程，而不仅局限于核心内部价值链，更要从价值链进行全局考察，通过分析各个环节，实现价值链总成本最小、总价值最大的目标。

2. 基于价值链的成本管理主体和任务。

基于价值链的成本管理主体是以价值链管理为指导思想开展成本管理的组织。这就要

第十五章 公共组织成本管理实务

求成本管理以服务于构建价值链和优化价值链为中心,关注自身与价值链联盟之间的关系,不仅要考虑自身利益,还应该考虑价值链联盟的利益;要求通过合作、沟通的方式,建立信息共享、风险共担、利益分配的共赢合作体系。

基于价值链的成本管理通过收集、分析和利用价值链上各个环节的成本信息,实现价值链的构建和优化。价值链构建是指明确组织价值链的空间范畴,挑选形成价值链联盟的对象、上下游等,形成基础的利益联盟体系;价值链优化是指通过内部改造,如优化内部流程作业,消除非增值业务,重组业务流程等,或选择适当时机调整战略合作伙伴的方式,优化价值链联盟,提升各项作业的有效价值。

3. 基于价值链的成本管理原则。

(1) 需求导向。高新技术的应用,促进了社会经济的发展,产品和服务的可选择性越来越多,而随着可支配收入的提高,对产品和服务质量的要求也在提高。这一不断变化的社会需求也影响了成本管理。为了寻求持续的竞争优势,成本战略决策的制定需要改变以往以市场为视角的目标成本法,而应更多地关注客户的需求。受众多样性的需求推动价值链的存在和发展,实现了价值增值,因此,基于价值链的成本管理也应以公众需求为导向,按照公众的实际需求制定成本战略决策,通过分析价值链,清除非增值作业的各环节,实现控制成本的目的,实现客户价值增值。

(2) 竞争能力导向。随着全球化市场竞争不断激化,完善和创新核心竞争力并保持竞争优势成为组织追求的重点,成本管理的核心也随之变化,控制重点从生产经营转移到组织的整体战略上。基于价值链的成本管理以提高竞争能力为目标,审视业务流程、经营方式和组织管理模式,从时间和空间上扩展了成本管理的范围,将成本管理的重点更多地投放在提高公共组织自身的核心竞争力、保持成本竞争优势上。

(3) 整体价值增值。基于价值链的成本管理以实现价值链的价值增值作为成本控制的目标,对整个价值链联盟进行成本战略控制,成本控制的范围从公共组织的内部扩展到组织的外部。成本管理要从整体价值链出发,分析组织所处战略环境中的所有活动的价值特征,依此制定战略决策,实现价值链整体增值的目的。

(4) 合作共赢。基于价值链的成本管理倡导以合作的方式,将有限的资源投入到有价值、有竞争力的作业上,以加速价值链联盟的构建,分散风险并优化配置资源,从而降低价值链联盟的总成本,实现多方共赢。同时,公共组织需对成立的价值链联盟进行优化,通过重组内部价值链,实现价值链整体成本的降低,有效实现成本控制的目标。

(二) 战略成本管理理论

战略成本管理理论将成本管理与战略思想相结合,将成本因素和竞争力相联系,以战略管理和作业成本管理为发展基础,重视整体的战略规划,为决策者提供有用的战略性成本信息。战略成本管理深入到各个部门的各个业务环节,试图寻求提高竞争力与持续降低成本的最佳方案,高度重视成本竞争优势的形成,强调在组织内部营造一种有利于成本持续降低的环境。同时,战略成本管理理论从价值链上对相关参与方进行成本改进,要求推测与分析外部竞争对手的成本信息,通过比较寻找成本差距产生的原因,创造自身成本的竞争优势。

战略成本管理主要内容包括价值链分析、战略定位分析和成本动因分析。价值链分析包括内部价值链分析、行业价值链分析和竞争对手价值链分析；战略定位分析对所处的内外环境进行调查分析，同时对行业、市场、竞争对手和产品进行定位分析，确定成本领先或差异化战略，设计和应用成本管理方法；成本动因分析对创造价值的每一个作业特定的成本动因进行分析，战略成本动因分为结构性成本动因和执行性成本动因，这些因素共同发生作用，导致成本发生。

战略成本管理涉及的成本信息不仅包括内外部价值链，还要求竞争对手的相关成本信息，而这些信息存在商业机密的不可获得性，这就导致战略成本管理在实际工作中的操作难度增加。但战略成本管理方法提倡用战略的全局眼光进行成本管理，而不是单纯地以降低成本为目的，更多地将关注点投放在为顾客创造价值，培养组织自身竞争能力，以及组织在所处的纵向价值链和横向价值链的竞争优势上，满足了战略管理的需要，为成本管理提供了新的思路。

（三）其他成本管理理论

1. 全面成本管理。

全面成本管理是指运用成本管理的基本原理与方法体系，以优化成本投入、改善成本结构、规避成本风险为目的，对经营管理活动实行全过程、广义性、动态性、多维性成本控制的管理制度。全面成本管理要求全员参与，对成本进行全过程控制，实现成本的全面管理。实现全面成本管理，需要对现有的经营管理过程全面审视分析，并从中寻找存在的问题加以改善，持续改进和控制成本。

2. ABC 法。

ABC 法即作业成本法，是以作业为基础，依据作业消耗资源，产出消耗作业的原理，使用各种分配率，对所有间接费用进行分配并计入成本。作业成本法通过辨认和消除效率低下或不必要的非增值作业，降低非增值成本，实现成本控制和管理的目标。

消除非增值成本，首先需将作业分解成最基本的经营活动，明确生产的作业种类以及其重要性的序列；其次，依据如作业必要与否、产生的增值是否稳定等标准筛选非增值作业，并对其进行分析；最后，对非增值成本进行总结，将无效以及低效的非增值作业作为成本控制的关注点，形成成本报告，并依此逐步改进作业链，尽快消除非增值作业，降低非增值成本。价值链与作业链同质，基于价值链的成本管理中也适当借用作业成本法，用于计算成本对象的成本耗费情况。

第二节　组织成本管理实务

一、组织成本核算的程序

1. 对公共组织业务活动耗费的各项成本费用进行审核，确认相关的成本费用是否应该开支，确认支出成本费用科目的归属。

第十五章 公共组织成本管理实务

2. 根据行政单位、事业单位和非营利组织的性质不同，按照相关的会计制度规定，采用权责发生制或收付实现制，将相关的成本费用进行分摊和计量，正确区分应计入成本的支出和不应计入成本的支出，正确区分计入当期费用和以后期间的费用，按照会计核算的具体要求计提固定资产折旧、无形资产摊销，实现对成本的准确核算。

3. 对公共组织的成本费用进行分配和归集，准确计量相关产品和服务的成本费用，并在相关部门和业务过程中进行分配。

二、组织成本核算的分类

（一）按照性质不同，可分为固定成本、变动成本和半变动成本

固定成本是指随着公共组织生产产品和提供服务数量的增加，在一定范围内保持不变，而单位分配量减少的成本，如折旧费、培训费、宣传费等。

变动成本是指随着公共组织生产产品和提供服务数量的增加而增加，而单位分配量保持不变的成本，如业务人员工资、劳务费、水电费等。

半变动成本是指与公共组织生产产品和提供服务数量没有严格比例关系，如电话通讯费等。

（二）按可控性不同，可分为可控成本和不可控成本

可控成本是指公共组织可以控制的成本，如工资、招待费等。
不可控成本是指公共组织不能加以控制的成本，如折旧费等。

（三）按照业务项目支出费用不同，可分为直接成本和间接成本

直接成本是指公共组织可直接进行归集，进入相关产品成本核算的成本，如人员工资、水电费等。

间接成本是指公共组织需要通过分配进入核算的成本，如管理费用等。

公共组织的固定费用、间接费用在成本中占的比重较高，应根据不同的成本项目性质，采用不同的标准进行成本的归集和分配，计算真实、准确的成本信息，从而实现有效的成本控制。

三、组织成本核算的方法

（一）全成本核算法

1. 全成本核算法的内容。

全成本核算法是动态的成本核算，通过从客户、部门和项目等不同角度对成本进行全方位考察，实现对成本的全过程控制。全成本核算法通过对成本项目进行分类，分析可控成本和不可控成本、固定成本和变动成本等，并按照谁受益谁承担的原则，将责任成本分摊到对应的成本对象上。

2. 全成本核算法的方法。

（1）严格将人员支出、差旅费、水电费、办公费、劳务费、税费等各项成本进行归集，并按照实际发生的原则进行确认；

（2）固定资产要按照会计制度和税法的相关规定，采用年限平均法、工作量法等方式计提折旧；

（3）存货可按照规定采用先进先出法、后进先出法、加权平均法等方式进行成本的确认；

（4）材料可根据一次摊销、五五摊销、分次摊销等方式进行成本的分摊；

（5）完工产品和在产品可采用计划成本法、约当产量法、标准成本法和定额法进行成本的确认；

（6）修理费、租赁费、宣传费、利息可采用预提和待摊的方式进行分摊；

（7）应收账款等可按账龄分析法、余额百分比法、个别认定法等方式计提坏账准备。

（二）目标成本管理法

1. 目标成本管理法的内容。

目标成本管理法将经营战略和市场竞争相结合，以市场调研资料为依据，结合消费者认可的价值和市场竞争者预期，对产品的研发、生产、销售各个环节进行利润计划，通过某一时点目标售价，减去目标利润，从而实现成本控制。公共组织虽然在运行机制和管理方法与企业有所不同，但同样可以借鉴目标成本管理法加强成本管理，将责任落实到各个责任成本中心，将财务活动和业务活动紧密联系，降低公共组织运营成本，提高社会效益和经济效益，也有助于公共组织提高综合竞争力，提高员工收入水平。

2. 目标成本管理法的程序。

目标成本法从成本的源头进行控制和管理，将大量不必要和无效的作业成本在公共组织提供公共产品和公共服务前消除，降低组织结构和业务流程发生的成本。

（1）事前控制（前馈控制）。目标成本管理法首先需要确定目标成本，实现事前工作。市场经济体制下，公共组织除了社会公益性目标，也在一定程度上追求经济效益性，其运行过程投入的大量人力、物力和财力会产生相应的效益，从经济核算意义上来讲，虽然公共组织产出产品具有特殊性，但既然有投入和产出，便可计算成本和效益。现行预算会计制度实质是对成本目标进行了细化，公共组织应根据预算确定收入，在制定公共产品和服务定价标准时，不得超过相关规定的最高指导价。同时对目标成本按照不同的费用科目进行分解，落实到具体的部门和个人，实行归口分级管理，确保子目标成本责任到人，实现事前控制的目标。

（2）事中控制（过程控制）。在成本形成过程中，参考财务会计的概念，将所有的支出项目划分为直接成本和间接成本，直接成本直接计入成本，间接成本通过分配的方式计入成本。公共组织应严格按照预设的目标成本，对组织无形产品形成和公共服务提供过程中发生的一切成本费用进行有效监督和管理，所有支出项目金额须在目标限额以内。如果出现成本差异，要及时查找原因，采取有效措施纠正，保证实现成本目标。

（3）事后控制（反馈控制）。由于公共组织资金通常是一次性流转，不具备循环性，从某种意义上讲，事后控制不会影响到公共组织的当期成本目标，但通过对收支决算总结

第十五章 公共组织成本管理实务

分析,以及对成本目标完成和执行情况的考核,会促进公共组织下期成本节约目标的实现,促进成本的精益求精。

四、组织成本核算的内容

(一) 行政单位成本核算

1. 行政单位成本核算的含义。

《行政单位会计制度》、《行政单位财务规则》没有对行政单位成本核算做出明确规定,但在没有成本核算机制约束的情况下,政府等行政单位行政运行成本较高,投入产出率较低,易导致经费失控、信用透支等。本书将成本的概念引入行政单位管理中,所指行政单位成本是指以货币形式反映政府等行政单位在向公众提供公共物品、准公共物品的过程中所耗费的人力、物力和财力,即行政单位运行过程中发生的"间接成本"和"期间费用",主要包括行政单位自身运转发生的各项经济耗费,以及为公众提供公共产品和公共服务产生的耗费,以工资、固定资产折旧、动力耗费等会计成本的形式在账簿中得到体现。

2. 行政单位成本核算的特点。

企业成本核算严格按照配比原则与权责发生制原则计算生产过程发生的成本费用,并与收入之间存在因果关系,是正确核算利润的重要前提。行政单位行为模式的特殊性决定了行政单位成本核算有别于企业,作为履行公共权力受托责任和公共资源受托责任的行为主体,以公共利益最大化作为安排收支活动的出发点。公共组织在开展公共事务管理、提供公共物品或服务的过程中会获得一定的收入,但与发生的支出之间没有严格配比关系。因此,行政运转成本核算不能直接建立生产经营收入与成本费用的配比关系,而应根据行政运转耗费的要素和投入确认计量成本。

3. 行政单位成本核算的内容。

公共产品和公共服务的主要投入要素同样是劳动和资本,因此,行政单位成本核算的内容维持行政单位运转的人力、物力成本和公务成本。根据国际公共部门会计准则中费用的概念,行政单位成本核算的内容可分为:

(1) 人力成本,包含行政单位在职职工和临时聘用人员的劳动报酬、社会保险及行政单位对个人和家庭的补助支出;

(2) 物力成本,包含行政单位正常运转所耗费的各项物资,如办公楼、汽车等固定资产的耗费按期计提的折旧,计算机软件等无形资产计提的摊销等;

(3) 公务成本,包含行政单位为维持正常运转发生的办公费、租赁费、物业费、招待费、会议费等。

由于行政单位成本的概念与行政经费支出不能完全等同,因此在对行政单位进行成本核算时,需严格区分不同的经费支出,而不是把所有的经费支出都纳入成本核算的范围。

4. 行政单位成本核算的意义。

政府等行政单位应力求用最少的人力、物力和财力提供优质的公共产品和公共服务,这就要求通过成本核算和管理,实现经济效益和社会效益的统一。由于行政单位没有进行成本核算，导致其经费开支计划性较差，随意性较强，经费容易超支。通过预设成本目标和经费开支范围，实现有效的成本核算，加强行政单位的成本核算意识，能够提高行政单位资金运行效率，节约和控制行政成本，减轻财政负担，避免财政资金的浪费和流失，但也要注意，成本节约不得以牺牲公共产品和公共服务项目的数量和质量为代价，行政单位的成本管理需在满足其行政职能履行的前提下进行。

（二）事业单位成本核算

根据《事业单位财务规则》规定，事业单位应当加强经济核算，可以根据开展业务活动及其他活动的实际需要，实行内部成本核算办法，部分行业根据成本核算和绩效管理的需要，可以在行业事业单位财务管理制度中引入权责发生制。《事业单位会计制度》规定，事业单位的支出按照支出的用途可以分为人员支出、公用支出、对个人和家庭的补助支出、固定资产购建和大修理支出、税费等；按照支出的性质可以分为事业活动支出和非事业活动支出。

1. 事业单位成本核算的内容。

（1）人员支出包括事业单位人员的基本工资、津贴、福利和社会保险等；

（2）日常公用支出包括事业单位发生的办公费、专用材料支出、水电费、差旅费、维修费、培训费、电话通讯费、期刊资料费、租赁费、交通费、招待费等；

（3）对个人和家庭的补助支出包括事业单位发生的离退休费、住房公积金、医疗补助、生活补助等；

（4）固定资产购建和大修理支出包括事业单位购置建筑物、基建、大修理、计提折旧等产生的费用；

（5）税费包括事业单位按照税法规定应缴纳的增值税、营业税、所得税等。

2. 事业单位成本核算管理。

事业单位必须根据《事业单位财务规则》、《事业单位会计准则》及《事业单位会计制度》的相关规定，切实做好事业单位的成本核算工作。

（1）应建立健全事业单位财务管理制度的建设，如制定内部计划价格制度、定额管理制度、物资登记盘存制度等，加强财务基础管理；

（2）应完善对固定资产、无形资产、存货、材料、销售成本等的核算，制定切实可行的核算方法和核算模式，做到准确、完整地对成本进行核算；

（3）应加大对成本管理的监督和检查力度，对成本费用发生的各个业务环节进行监督和管理，及时发现成本耗费严重的环节，查找原因，实现成本管理目标。

（三）民间非营利组织成本核算

1. 民间非营利组织成本核算的特点。

民间非营利组织根据实际需要，按照相关会计原则中财务管理的要求，对业务活动中发生的各种耗费按具体核算对象进行分配和归集，从而计算总成本和单位成本。民间非营利组织发生的成本，应当在实际发生时按其发生额计入当期费用。不同非营利组织业务经营活动的不同，决定了其成本核算的要求和方法也不同。非营利组织提供公共产品和公共服务的特殊社会属性，决定其在成本核算上的特殊性和复杂性，费用的计算和分配较为困

第十五章　公共组织成本管理实务

难，非营利组织成本核算具有以下特点：

（1）成本核算内容不完全。根据《企业财务规则》，生产私人产品的企业在核算成本时将生产经营的全部成本费用分为直接材料、直接工资、制造费用、销售费用、管理费用和财务费用，采用制造成本法，完整核算成本，而非营利组织成本核算内容并不完整，有些成本费用项目并不适用非营利组织，而有些成本费用项目即使发生了也很难进行准确核算。

（2）成本核算方法不严格。企业在进行成本核算时，既要计算产品成本对产品进行成本核算，又要对期间费用进行分配，将成本按照不同的归属期间进行划分，按照配比性原则分配成本，计算损益。而非营利组织有些成本费用项目的界限很难进行划分，不具备严格的成本核算条件，也没有严谨的成本分配方法。

（3）以内部成本核算为主。根据有关规定，纳入企业财务管理体系的科学事业单位、科学事业单位附属独立核算的生产经营单位和经财务主管部门和财政部门批准的具备条件的其他科学事业单位均应执行《企业财务制度》，其成本核算的要求和方法与企业一致。而其他非营利组织根据实际需要，实行内部成本核算。非营利组织成本核算的目的在于监督和调节有限资源的耗费，实现成本控制，加强支出管理，提高资金使用效益，同时为公共产品和公共服务的定价提供依据。非营利组织成本核算不以营利为目的，可参照企业成本管理方式，结合自身业务特点，制定具体的成本核算办法，计算公共产品、服务项目的成本费用额。

2. 非营利组织成本核算的分类要求。

（1）业务活动的成本核算。根据《民间非营利组织会计制度》的规定，业务活动成本，是指民间非营利组织为了实现其业务活动目标、开展其项目活动或者提供服务所发生的费用。如果民间非营利组织从事的项目、提供的服务或者开展的业务比较单一，可以将相关费用全部归集在"业务活动成本"项目下进行核算和列报；如果民间非营利组织从事的项目、提供的服务或者开展的业务种类较多，民间非营利组织应当在"业务活动成本"项目下分别项目、服务或者业务大类进行核算和列报。

（2）经营活动的成本核算。非营利组织的经营支出可以从经营收入中获得补偿，其成本核算可参照《企业会计准则》，按照经营收入和经营成本配比的原则，将实际开支的费用进行合理归集，无法归集的费用要进行合理分摊，反映经营活动投入和产出的成果。计算分配成本的方法，参照《企业财务制度》规定，并结合自身业务特点，制定具体办法。

经营活动的成本核算要确定正确的核算对象，作为费用归集和分配的对象，进行生产销售的非营利组织应对其产品和商品进行成本核算；以科研为主的非营利组织应对科研项目、科研课题进行成本核算；对外提供技术咨询等劳务服务的非营利组织应对服务费用进行成本核算；医院等非营利组织按照科室、医疗服务、病种等进行分类成本核算；基金会分为资助项目服务费、商品销售成本等类别核算业务活动成本；社会团体分为项目服务费、会员服务费、商品销售成本等类别核算业务活动成本。

经营活动的成本核算要遵守相关的开支范围规定，严格区分事业支出和经营支出，避免乱摊费用和扩大开支范围，应根据各项费用的实际用途，判别能否计入产品成本，真实、准确反映产品和服务的成本。非营利组织在一定期间的直接费用和间接费用，综合构成了提供产品和服务的成本总额，应合理设置间接费用科目，根据业务特点确定在不同成本对象之间科学分配费用的方法,如品种法、分批法、分步法等,准确计算成本。凡发生与业务活动无直接联系的期间费用不应计入产品或服务成本。

3. 非营利组织成本控制。

非营利组织成本控制是指根据预设的成本管理目标,非营利组织相关部门在职权范围内,对影响成本的因素采取预防和调节的方式,对成本支出进行事前、事中和事后控制,从而实现成本管理目标。在成本支出发生以前,非营利组织应建立严格的费用审核制度、成本定额管理制度等,限制不必要的成本费用发生;在成本发生过程中,在保证产品和服务质量的前提下,要按照成本定额标准和成本开支计划对成本耗费进行控制和监督;在成本形成后,应及时对照目标成本,结合成本核算结果,利用趋势分析、量本利分析等方法,分析成本偏差发生的原因,采用有效的措施进行纠正,控制成本支出。

第三节 组织成本管理前景

一、公共组织加强成本管理的意义

(一)加强管理,节约成本

公共财政管理中存在的支出结构不合理、行政管理成本比重过高等问题,使公共组织的成本管理更为迫切。随着财政体制改革不断加强和规范预算管理的要求,公共组织开始重视预算的编制及执行情况,但由于不需要对公共组织进行成本核算和经济效益考核,行政成本没有得到有效的控制。受计划经济体制下行政观念的影响,公共组织的成本观念较为淡薄,成本管理意识不足,开展业务活动不讲求成本效益,重"投入",轻"产出"问题凸显。为提高在市场环境下的综合竞争力,公共组织必须对有限的资源进行优化配置,注重成本的控制,通过节省开支,提高资金使用效率。

(二)提高效率,推动改革

公共组织推行成本管理,是节约公共资源,提高财政资金使用效率和效益的根本途径。随着行政事业单位改革的不断推进,财政性拨款的额度和使用范围也在不断改变,且财政性拨款的针对性较强,非公共事业单位的财政拨款大大减少,这就要求公共组织注重成本管理,提高资金的使用效率,从而提高综合服务能力。而以"高效、精简、服务"的人事制度改革,也要求公共组织根据实际需求合理定编定员,节省人员成本,减轻政府的财政负担,提高财政收支的公平性和有效性。

二、公共组织加强成本管理的迫切性

(一)成本意识不足,管理制度有待完善

公共组织的公共性、非营利性和财政性等特征,决定了公共组织缺乏成本控制的主动

第十五章 公共组织成本管理实务

性,在业务活动中易忽略成本因素,成本管理方面存在成本核算意识淡薄、核算管理模式滞后单一、成本内容不实、成本列支随意性强、成本开支结构不合理、成本核算归属不规范等问题。

公共组织进行成本管理需以成本的正确核算为基础,目前,我国公共组织成本核算体系不完善,费用分摊随意性较强,容易受到人为因素影响,成本核算缺乏系统性和科学性,易导致成本信息不完整、成本过度或超前分配、虚假性盈亏等现象发生,阻碍公共组织科学评估经营效果,不利于成本控制。

(二) 会计核算体系不健全,执行力不足

企业将生产经营活动中的全部成本费用划分为管理费用、销售费用、财务费用以及直接人工、直接材料和制造费用,核算内容完整,核算方式严谨,而公共组织进行内部成本核算时,往往根据组织自身的不同需要进行,难以划分成本费用的界限,也缺乏规范统一的成本费用计算分配方法。

公共组织会计核算基础存在缺陷。目前我国行政事业单位等公共组织均采用收付实现制进行核算,采用权责发生制核算经营性收支。采用收付实现制进行核算,不符合配比性原则,往往无法真实、完整反映公共组织的经济业务情况,如在某一会计年度内发生的大额费用,计入当期支出,会降低当期结余,导致当期收支项目存在不配比的问题。

资产核算方式仍存在问题,新的行政事业单位会计制度要求在对固定资产账面原值进行核算后,计提折旧来确保固定资产的维护及更新,但部分公共组织在核算成本仍没有涵盖折旧费用,导致成本核算缺乏完整性,成本被降低导致盈余虚增,不符合配比原则,固定资产的净值及账面价值没法如实反映损耗,导致固定资产价值背离,资产负债表列支的净资产指标无法反映资产的真实情况。

(三) 预算形势紧张,收支失衡严重

随着财政体制改革的推进,市场经济体制下财政拨款的使用范围趋于规范化,公共组织依靠财政的拨款明显减少,公共组织预算形势紧张,资金满足不了业务发展的需求,公共组织需通过预算管理实现自我约束和自我控制。此外,公共组织在使用由国家财政划拨的经费时,预算编制仅由财务部门完成,编制时间紧张,导致财务预算编制内容简单,缺乏对全年收支情况的科学预测和详细规划、充分的论证,常与全年工作计划和长远发展规划相脱节。公共组织应遵循量入为出、收支平衡的原则,以提供公共产品和服务为主要运行方式,力求提高资金使用效益,降低成本。

三、公共组织加强成本管理的建议

(一) 公共组织应完善成本核算制度建设

公共组织应当建立健全各项原始记录,对辅助备查账簿分类设置,建立统一、合理、科学的核算流程;应紧密结合预算管理,构建完善的全额成本管理制度,按照公共组织的不同性质和具体特点,将费用开支、资金占用等成本目标进行设定,详细分析费用超支的

原因，采取有效的措施严格控制成本，最大限度减少支出；应规范内部成本核算，完善内部成本转移价格制度；参照相关制度规定制定切实可行的固定资产成本核算方法，建立固定资产卡片及明细账；应建立正确的补偿机制对存货及材料采购成本进行核算；应做好无形资产成本、修理费用的摊销等。

根据"收支两条线"的管理要求，公共组织应强化成本管理，财政部门应制定相关的财务规则强制执行成本管理。目前，财务规则并未要求所有的公共组织都进行成本核算。

（二）财政部门应引导公共组织加强成本管理

财政部门应引导公共组织加强成本管理意识，树立正确的成本核算观念。财政部门可定期组织成本管理征文比赛，集思广益探讨成本管理的新理念，完善成本管理的理论研究；通过相互交流，吸取其他公共组织先进的成本管理理念和成本管理方法，提高成本核算的意识，学习成熟的成本管理实务经验，全面更新业务知识体系，增强岗位责任意识和道德意识，便于更好地完成公共组织成本核算工作；对于运行效果良好，能够有效控制成本的措施，可通过定期的组织教育和培训的方式，推广学习，结合公共组织自身的特点加以应用，实现成本管理的目标。

（三）公共组织应重视并加强成本管理

公共组织要应重视并加强成本管理，树立成本效益理念，强化内部管理，提高资金使用效率和效益。公共组织成本管理是借鉴现代企业成本控制的理论和方法，结合预算管理，对公共组织业务过程中产生的成本费用进行有效控制和监督的过程，是一项复杂的系统工程，应从整体与全局出发，通过对成本管理的对象、内容、方法和目标进行全方位分析，从而构建系统的成本管理机制。公共组织职能与业务的公共性特征，决定公共组织成本管理的基本对象不是传统意义上的物质产品成本，而主要是包括组织架构成本、人力资源成本、决策成本、服务成本、社会效应成本等在内的机构运行成本。

公共组织成本管理应以人为本，充分发挥人力资源优势，设置专职部门、聘任专职人员进行成本管理。公共组织要充分调动公共组织全体员工的积极性、主动性和创造性，注重人才的利用、培养与选拔，结合绩效管理目标，以激励为核心手段，创建良好的公共组织氛围，才能有效实施成本管理。

（四）主管部门应加强成本管理的考核

财政、审计、税务等相关主管部门要加强对公共组织成本管理的考核。通过设立相关的责任目标、建立绩效考评制度等措施加强对公共组织成本管理效果的考核。为保障成本管理方法的有效性和成本控制措施的顺利实施，主管部门应引导公共组织进一步建立和完善成本管理制度体系，如制定组织规范、定额管理制度、成本差异调整规定、绩效考评制度等相关制度规范，从而保障、约束、防范、倡导和促进业务行为的发生，并将此作为考核公共组织成本管理水平的重要依据。

第十六章 特殊公共组织财务

公共组织范畴很广,有通用的财务特点,但更多是不同的组织特点,其中一部分公共组织又有着更细的通用分类及财务规则,在此选择高等学校、公立医院、民间非营利组织等部分特殊公共组织对其财务实务进行介绍。

第一节 公立高等学校财务实务

随着高等教育管理体制改革的不断推进,高校招生规模和经费收支规模不断扩大,其经济活动和业务日趋复杂,高等学校的财务会计环境也随之发生巨大变化。为了适应新形势下的发展需要,高校应以新的《高等学校财务制度》、《高等学校会计制度》等规章制度为依据,在保证学校工作正常开展的前提下,进一步加强财务管理和会计核算,强化内控制度建设,重视成本效益评价,提高资金使用效益,提升财务服务质量和财务管理水平。

一、高等学校财务管理的概述

(一)高等学校财务管理的目标

根据《中华人民共和国高等教育法》规定,设立高等学校,应当符合国家高等教育发展规划,符合国家利益和社会公共利益,不得以营利为目的。因此,高等学校作为非营利组织,属于公益事业,其财务管理目标不同于企业,不以追求利润最大化、股东财务最大化、企业价值最大化、相关者利益最大化为目标,而是以公共资金使用绩效最大化或社会价值最大化为目标。高等学校应依法建立健全财务管理制度,充分发挥国家财政性资助、受捐赠等财产管理使用的自主权,严格管理教育经费,提高资金使用绩效教育投资效益。

(二)高等学校财务管理的依据

1. 事业单位财务规则。

为了进一步规范事业单位的财务行为,加强事业单位财务管理和监督,提高资金使用效益,保障事业单位健康发展,财政部于2012年2月7日发布《事业单位财务规则》,自2012年4月1日开始施行,该规则是事业单位财务制度体系的基本制度,适用于各级各类事业单位的财务活动,是制定事业单位内部财务规则的重要依据。

《事业单位财务规则》共12章68条，明确规定了事业单位财务管理的基本原则、主要任务，进一步强化单位预算、收入、支出、结转和结余、专用基金、资产以及清算管理，规范财务报告和财务分析体系，完善财务监督制度。

2. 高等学校财务制度。

为进一步规范高等学校财务行为，以《事业单位财务规则》为依据，财政部、教育部于2012年12月19日发布《高等学校财务制度》，该制度是对《事业单位财务规则》的细化和具体化，专门适用于高等学校。

《高等学校财务制度》共14章76条，总则指出了该制度的适用范围、基本原则和主要任务，明确了校（院）长和总会计师统一领导的财务管理体制，强化了预算管理、收入管理、支出管理、结转和结余管理、专用基金管理、资产管理、负债管理、成本费用管理、财务清算等内容，规范了财务报告和财务分析、财务监督体系，以及附则内容，该制度自2013年1月1日起施行。

3. 其他相关法规。

高等学校财务管理除了要遵循以上规定外，还要遵循《中华人民共和国教育法》、《中华人民共和国高等教育法》、《中华人民共和国预算法》、《行政单位国有资产管理暂行办法》、《事业单位国有资产管理暂行办法》、《事业单位及事业单位所办企业国有资产产权登记管理办法》、《财政部教育部关于中央高校基本科研业务费管理的意见》、《中央高校基本科研业务费专项资金管理暂行办法》等相关法律法规。

此外，高等学校可根据《事业单位财务规则》、《高等学校财务制度》等法律法规，结合学校实际情况，制定内部财务管理办法，报主管部门备案。

（三）高等学校财务管理的原则

《高等学校财务制度》第3条明确规定了高等学校财务管理的三条基本原则。

1. 执行国家有关法律、法规和财务规章制度。

同其他市场经济主体一样，高等学校应树立法律意识，遵守国家有关法律、法规和财务规章制度的规定，依法开展高校财务管理活动，正确处理财务关系，促进高校事业的健康发展。

2. 坚持勤俭办学的方针。

随着高校招生规模的不断扩大，办学层次的不断扩张，教育投入也在不断增加。由于通货膨胀因素、教学科研硬件需求的增加，生均培养成本也在不断增长，高校面临财政资源有限性和资金需求无限性的矛盾，高校应在探索多渠道筹资方式的同时，坚持勤俭办学的方针，建设节约型校园。

3. 正确处理事业发展需要和资金供给的关系，社会效益和经济效益的关系，国家、学校和个人三者利益的关系。

高等学校需正确处理事业发展需要和资金供给的关系，平衡教育投入增加的需求与经济发展水平导致资金供给有限之间的矛盾；高等学校需正确处理社会效益和经济效益的关系，既要考虑经费的收支平衡，又要兼顾其公益性特征创造的社会效益；高等学校需正确处理国家、学校和个人三者利益的关系，同时对国家投入的资金、个人的学费和学校的健康发展负责。

第十六章 特殊公共组织财务

(四) 高等学校财务管理的特点

1. 多渠道资金筹措机制。

《中华人民共和国教育法》、《中华人民共和国高等教育法》明确规定我国高等教育经费投入遵照"一个体制"、"两个提高"和"三个增长"的规定：以政府投入为主、多渠道筹集教育经费的体制；国家财政性教育经费占国内生产总值（GDP）的比例随着国民经济和财政收入增长逐步提高，教育经费在各级财政支出总额中的比例随着国民经济的发展逐步提高；教育财政拨款增长应高于各级政府财政经常性收入的增长，使在校生均教育费用逐步增长，保证教师工资、生均公用经费逐步增长。根据全国教育经费执行情况统计公告显示，2013年国家财政性教育经费为24 488.22亿元，占GDP比例达到4.30%，我国高等教育形成并逐步完善以政府投入为主的多渠道资金筹措机制。

2. 以公共财政政策为依据。

高等学校公共性的社会属性，决定了高等学校办学经费由国家财政和受教育者共同承担，以政府投入为主的资金筹措机制决定了高等教育的财务管理必须以公共财政政策为重要依据，遵循预算管理、国库集中支付制度、政府采购制度、非税收入管理、国有资产管理、预算绩效管理等相关公共财政制度。高等学校财务管理应遵循"以收定支，收支平衡"的预算原则，坚持以预算管理为主导，围绕教学、科研及社会服务活动进行资金的分配，一般不允许对外投资和担保，不允许分配财政补助结余，资产的出租、出借及处置需严格按照程序规定报批等。

3. 兼具管理与服务职能。

高等学校作为独立的民事法人主体，享有对高等学校人、财、物的独立支配权，享有高等学校内部机构设置、人员配备、学生培养、教学科研规划等方面的管理权，这些管理活动的开展都需要资金的支撑。高等学校财务管理应通过对资金的合理配置，进行有效的计划、组织、协调、控制，为高等学校的教学、科研活动提供资金保障。

高等学校财务管理既要完成上述的相关管理活动，也要做好服务工作。高等学校以教学、科研和社会服务为中心工作，包括财务部门在内的高校职能部门必须围绕这一中心开展服务工作。高等学校财务管理部门应在科学管理学校资金的前提下，强化财务服务理念，秉承"以师生为本"的宗旨，积极宣传财务政策法规，与师生进行和谐沟通，提升财务服务质量，提高财务管理水平。

(五) 高等学校财务管理的任务

1. 高校预算管理。

高校预算管理是指高等学校根据事业发展目标和计划编制年度收支计划，通过财务活动对内部的各种财务及非财务资源进行分配、考核、控制，以便有效地组织和协调高校的教学、科研、行政、后勤等业务活动。

高校预算管理是高校财务管理的重要组成部分，是高校分配资源开展财务活动的前提和重要依据，主要包括预算编制、预算执行和决算三个环节。预算编制是高校预算管理活动的起点，应遵循综合预算、量力而行、合法真实、透明公正和强化约束力的原则，采用核定收支、定额或定项补助、超支不补、按规定使用结转和结余的预算管理办法，按照

"两上两下"的程序,科学合理地编制收入预算和支出预算;预算执行是高等学校严格执行财政批准的预算,据此安排各项收支,将预算由计划变为现实的过程,在预算执行过程中,要进行收入预算控制和支付预算控制,通过有效的监督和预算执行分析机制,及时纠正预算执行中的偏差,提高预算执行的有效性;决算是高等学校在年度终了,应财政部门和主管部门要求,根据日常会计核算情况,编制能够真实、完整、准确反映预算执行结果和财务状况的年度报告,决算是高校预算管理的终点,为财政部门实行会计监管、资金管理和宏观决策提供重要信息,为高校管理层的规划决策提供重要依据。

2. 高校资金管理。

高校资金管理是指高等学校对国家财政性资助、接受捐赠等资金来源和资金使用情况,进行计划、控制、监督、考核等管理工作的总称。

高校资金管理是高校财务管理的核心内容,通过有效的资金管理,有利于解决高校资金的供需矛盾,优化资金使用效率,将有限的资金发挥最大效益,包括资金筹措和资金使用的管理。随着我国高校体制改革,高校办学规模不断扩大,资金流量不断增大,资金筹措渠道日趋多样化。在资金筹措的过程中,高校应保证资金来源的合法性,规范教育资金筹集,避免违规收费,要保证资金的安全性,建立合理的内部收入分配制度,纳入财务统一核算,防范资金存于账外的流失风险;要根据成本收益原则考虑资金的筹措成本,在使用金融机构信贷资金时,权衡资金成本和收益,选择最佳筹措方案;在资金使用阶段,应注重资金使用的效益性,通过详细、明确的规划安排,集中分散资金,进行统一管理,应严格按照预算分配各项支出,规范预算审批流程,对于资金使用要严格把关,同时要注重资金的投资管理,依法理财,使有限资金得到合理有效的利用,解决资金供给能力不能满足教学、科研及社会服务需求的矛盾。

3. 高校资产管理。

高校资产管理是指高等学校根据国家及政府相关部门的规定,对拥有所有权的各类资产进行经营和使用,以及为确保资产安全、完整和增值开展一系列组织、指挥、协调、监督和控制活动的过程。

高校资产管理应建立"统一领导、集中管理、分级负责、责任到人"内控制度,实行高等学校依法自主管理和使用,接受财政部门和高校主管部门监督检查的管理体制。在进行资产配置时,应根据事业发展需要,严格执行审批程序,按照预算通过购置、建设或调剂的方式配置资产;在使用过程中,应建立健全资产管理制度,全面反映资产的领用占用情况,在保证本校履行职责和事业发展需要的前提下,依法通过出借、出租及对外投资等行为提高资产使用效益和效率;要注重高校资产收益的管理,包括有偿使用收益和处置收益;在进行资产拍卖、转让、置换、对外处置等行为时,要依法委托具有资质评估资格的机构进行评估;要定期对资产进行清查盘点,资产管理部门与财务部门要相互协同,做到资产账账相符、账卡相符、账实相符,并通过建立资产管理信息系统,实现资产动态管理,全面及时反映资产的状态,保证资产的安全、完整,为高等学校管理和内部决策提供基础数据,防止资产流失。

4. 高校债务管理。

高校债务管理是指高等学校为保护资产不受损失,为满足事业发展的资金周转需要,对所承担的能以货币计量,需要以资产或劳务偿还的债务进行管理,防范财务风险。

第十六章 特殊公共组织财务

高等学校要建立科学的核算制度,全面系统反映真实的债务情况;应当对不同性质的负债分类管理,主要包括借入款项、应付及预收款项、应缴款项、代管款项等,对于这些债务要进行及时清理并按照规定办理结算,保证各项负债在规定期限内归还;高等学校要建立健全财务风险控制机制,完善内部控制制度建设,建立风险预警系统;应规范和加强借入款项管理,对于贷款项目严格执行审批程序,具体审批办法由主管部门会同同级财政部门制定,要根据可行性研究结果落实还款的具体计划;不得违反规定举借债务和提供担保,从而有效防范财务风险。

5. 高校成本管理。

高校成本管理是指高等学校对与成本核算相关的教育、科研、管理等业务活动发生的资产耗费和损失进行归集、分配和计算。高等成本管理是高等学校财务管理的关键环节,是强化高等学校财务监督的重要手段,为合理制定财政拨款政策和收费标准、评价教育投资效益提供重要依据。

高等学校成本管理应遵循相关性、一致性和重要性原则,实行统一领导、分工负责、分类核算、注重绩效的体制,主要包括成本预算、成本核算、成本控制、成本分析和报告四个环节。成本预算是高等学校对未来某一特定对象的成本进行预测,为分析成本差异、进行成本控制提高依据,一般按照弹性原则编制;成本核算是按照核算对象,采用特定方法对高等学校教学、科研等业务活动发生的人员费用、公用费用、资产折旧及摊销等费用进行归集、分配和计算,提供真实、完整、合理的信息,是成本管理的中心环节;成本控制是在保证教学质量的前提下,高等学校通过制定制度、实施措施等方式,依据成本收益的原则,控制管理各种耗费使之符合预算成本的过程;成本分析和报告是指高等学校将业务活动中的实际成本与预算进行比较,找出成本差异并分析原因提出对策,最后形成书面报告的过程。加强高校成本管理,有利于对高校有限资源进行优化配置,提高高校财务决策的科学性。

6. 高校税务管理。

根据《中华人民共和国税收征收管理法》的规定,高校税务管理主要包括税务登记管理、账簿、凭证管理、发票管理以及纳税申报管理。

高等学校应按照税务机关的要求,根据相关规定办理税务登记,如税务登记内容发生重要变化时,需到税务机关及时进行变更;要注重账簿、凭证管理,如实反映真实业务,作为上级财税部分审查的重要依据;要进一步加强票据管理工作,制定票据管理相关规定,统一票据管理机构,明确票据管理责任人及其具体职责,规范票据领取、发放、使用、稽查和缴销的流程,严格按照收费项目反映的业务和税务机关规定的原则,合理、合法开具相应种类的票据,严格对票据购领进行审批,建立票据台账;要履行纳税业务,根据涉税不同,及时进行纳税申报,并足额上缴税费。

7. 高校科研管理。

高校科研管理是指在有限的资源条件下,为满足高等学校开展科研活动的要求进行的计划、组织、协调等一系列管理活动的总称,从而为科研项目的质量、研究进度、经费投入效率最大化提供保证,并防范规避科研项目失败的风险。高校科研管理包括涉及科研项目的申报立项、实施及验收鉴定的各个环节,计划管理、项目管理、成果管理、信息管理、经费管理、人员管理等内容。

8. 高校基建管理。

高校基建管理是指依据国家有关法律、法规、方针、政策，按照教育部及地方政府建设行政主管部门的具体要求，严格执行基本建设程序，对建设工程项目的立项、可行性研究、设计、施工及竣工验收各个环节进行管理，保证投资计划的完成，并在工作中深化基本建设管理改革，加强基建队伍建设。

9. 高校收费管理。

高校收费管理是指高等学校严格按照国家收费政策的规定，保证向学生收取学费、住宿费等行政事业性收费、其他服务性收费、代收费等收费行为的合法合规性，保护收费资金的安全和完整，并通过完善高校内部收费制度建设，防范和管控收费各环节中的风险。

高校收费管理需进一步深化收费管理理念，严格遵守国家收费政策，严格按照物价部门批准的收费项目和收费标准进行收费，不得违规收费；需进一步完善高校收费管理法律法规制度及配套政策，如通过收费公示制度确保学校收费工作的合法、合规、公开和透明，提高学生自主缴费意识；需进一步完善高校收费管理制度，加强相关部门和人员对收费管理的认识，建立奖惩机制鼓励院系之间竞争和协助，提高收费管理手段；高校财务人员要加强自身学习，提高信息化知识储备，搭建收费管理信息化平台，提高工作效率，提高自身素质，以适应信息化背景下高校收费管理工作的要求。

二、高等学校财务管理的难点

（一）高校债务管理

随着招生规模的不断扩大，办学成本不断提高，高校通过引进金融资金的方式，加速自身发展历程。高校在利用银行贷款等方式筹措资金的同时，也面临着债务风险，防范债务带来的财务风险已成为高校债务管理的重要内容之一。

1. 高校债务的内容。

高等学校的负债包括借入款项、应付及预收款项、应缴款项、代管款项等。

（1）借入款项是指高等学校向银行等金融机构借入的各类款项。

（2）应付及预收款项包括高等学校应付职工薪酬、应付票据、应付账款、预收账款和其他应付款等款项。

（3）应缴款项包括高等学校收取的应当上缴国库或者财政专户的资金、应缴税费，以及其他按照国家有关规定应当上缴的款项。

（4）代管款项是指高等学校接受委托代为管理的各类款项。

2. 高校债务管理存在的问题。

高等学校举债办学在一定程度上缓解高校资金供给与高校扩招及发展速度之间矛盾的同时，但高校债务规模不断扩大，债务负担和财务风险也随之加剧。

（1）高校债务用于基本建设投资的比例较高，在扩建过程中，注重学校规模的扩大，而轻视教学质量的提高。部分高校因招生不足导致资产闲置，支付资产相关的费用支出和负债利息使得高校资金运行产生负效益，不当借债降低高校资金使用效率，不符合成本收益原则。

第十六章 特殊公共组织财务

（2）高校债务管理滞后，高校教育拨款体系存在缺乏监督及约束机制，教育经费使用监管不力，易导致高校盲目扩招，行政化严重，教育经费支出形成恶性循环，导致形成不合理债务。

（3）高校负债办学，巨额贷款加快了发达地区的高等教育发展，进一步加剧高等教育发展地域分布不均，地区之间差距悬殊的问题，也会影响地区经济和社会的发展。

3. 高校债务管理途径。

为确保高等教育事业的可持续发展，必须提高高校资金管理的负债风险防范意识，采取有效措施监控高校资金管理的负债风险。

（1）提高财务信息透明度，便于监督。针对高校债务管理滞后的问题，应进一步提高高校财务信息的公开度和透明度。根据教育部《高等学校信息公开办法》的要求，公开财务、资产与财务管理制度，学校经费来源、年度经费预算决算方案，财政性资金、受捐赠财产的使用与管理情况，仪器设备、图书、药品等物质设备采购和重大基建工程的招投标等内容，有利于明确高校经费的使用情况，从而评价经费支出的合理性和有效性，便于更好地对高校资金使用情况进行约束和监督，加强高校债务管理。

（2）完善制度建设，提高偿债能力。高等学校要进一步建立与完善制度建设，以加强教学、科研、服务社会的三大功能为核心，回归高校教育本位，明确投资目标，避免盲目追求办学规模，注重办学质量的投资效果。加强高校债务管理，需进一步提高债务偿还能力。高校债务的偿还，主要是通过政府拨款、学校自筹、社会筹资等途径来解决。要利用高教事业公益性的特点和教育产品准公共产品的属性，积极争取国家财政投入；学费收入作为高校主要收入来源，生均学费增长的空间有限，因此要建立和完善高校成本核算管理制度，通过去行政化管理增收节支来积极还债；要充分利用政府优先还贷政策，积极利用学术、科研、医疗等方面的优势开展各种社会服务，增加高校收益；要通过科学的方法进行测算，合理安排借款的偿还方式，减少财务费用，加强高校债务管理，提高债务偿还能力。

（3）防范高校债务风险。高等学校要加强高校债务风险的防范和化解。要注重高校债务总量的控制，开展可行性研究，测算偿债能力，约束和控制基本建设规模，防止盲目扩招，提高办学质量和办学效率，走内涵式建设发展之路；要开源节流，根据高校的经济实力和业务需求科学编制预算并严格执行，加强用款计划管理，控制支出，增加收入，防范债务风险，规避高校财务危机；要严格遵循主管部门对高等学校贷款配套资金、贷款条件、年限、利率、接受补助和申请贷款的类型等做出的明确规定和限制，从制度上规避风险；要不断完善高校财务管理体系，保持合理的负债结构，通过设计可量化的评估指标，动态监控高校债务风险。高等学校应通过各种有效措施加强债务管理，使高校负债形成合理结构，降低财务风险。

（二）高校基建财务管理

高校基建财务管理是指高等学校在贯彻执行国家有关法律、法规和方针政策的前提下，合法、合规地进行基本建设资金的筹集，并做好基建资金的预算、编制、执行、控制、监督和考核工作，从而实现建设成本的有效控制，减少基建资金的损失和浪费，从而提高投资效益。高校基建财务管理必须严格执行基建工作和财务工作的各项方针、政策，需要同时具备基建知识和财务知识的专业管理人员对基建资金进行准确地调配,并进行正确的会计账务处理和工程财务决算。

1. 高校基建财务管理存在的问题。

(1) 传统的财务方法满足不了基本建设管理要求。传统的基建财务管理,主要以具体业务的基础会计核算为主,缺乏基本建设的管理方法和管理技术。高校基建财务管理应转变和延伸基建财务的功能,参与基建管理的全过程。随着高校基建从原来以政府投资为主,学校投资为辅的筹资渠道,转变为多种渠道资金筹集,传统的财务管理不能让基建人员很好地参与基建项目的财务分析、研究、预测工作,导致违反项目决策程序、合同不合理变更、随意挪用基建资金等不合理现象的发生。

(2) 基建与财务管理衔接不足。高校基建财务管理没有充分重视基建财务人员参与学校资金管理的必要性,财务人员对基建项目工程批复、施工合同等工程情况的了解不足,未能参与项目决策、施工过程、竣工验收与决算控制和监督检查,导致项目招投标控制不严、工程施工质量差、造价不合理等,对基建项目的财务监督形同虚设,影响了基建财务管理的质量。根据基建会计制度的规定,基建项支出的归类核算以项目核算内容为依据。基建财务管理存在"工程概算、预算执行情况表"项目与平常的核算分类不能配比的情况,影响基建报表的准确性和时效性。

2. 高校基建财务管理对策。

(1) 完善基建内部制度建设。高等学校应加强基建财务管理的基础工作,建立、健全基建财务机构和各项财务规章制度建设,满足对基本建设资金进行规范管理、有序运作和有力监督的需要;应加强基建资金申请、拨付的审批工作,重视会计凭证填制、账务处理等工作,按照职务不相容原则,建立全方位的内部控制体系;应建立完整的高校内部监督体系,设置独立的内部审计机构或由学校纪检部门承担基建项目执行情况的监督工作,加强对内部财务控制的检查与评价,及时发现基建项目内部财务控制的漏洞,提高高校内部财务控制的运行成效,实现内部财务控制目标。

(2) 创新基建财务管理模式。高等学校应创新基建财务管理模式,从以往的记账、报账型模式向管理型模式转变。基建财务人员应突破传统财会工作的局限性,拓宽财务管理的业务范围,积极参与到基本建设过程的各个阶段和各个环节中,了解工程项目的决策过程,发挥参与管理与监督作用,加强财务管理工作的有效性,从而提高基建资金的投资效益。

高等学校应强化基建财务监督职能,注重基建项目的事前、事中和事后监督。事前监督要求基建财务人员参与工程项目前期的立项考察、项目的招投标、工程材料的采购等过程中;事中监督要求基建财务人员对项目工程价款的支付、分包工程的供材料、设备支付和材料款项等进行检查;事后监督要求基建财务人员及时与基建、审计等职能部门对项目工程款项的支付、设备、材料的结算情况等进行核对和审查,并及时发现问题查找原因,提出解决方案,同时,合理地计算和摊销基建工程项目的待摊费用,及时进行完工项目财务结算,办理固定资产移交手续,确保学校基建项目账实相符。

(3) 培养专业基建财务人才。高等学校应配备具有专职财务人员负责基本建设资金管理工作,基建财务人员应以提高效益为中心,做好事前的预测和分析,积极参与计划和决策,运用综合财务手段,节省投资成本,提高投资效益;应为基建财务设计好内部业务流

第十六章 特殊公共组织财务

程和岗位,提高基建财务管理工作的质量和效率;应创造条件加强基建财务人员专业知识的学习,提供财务人员参与基建项目的社会实践的机会;财务人员要通过业务知识和业务技能的积累,掌握最新法规动态,利用现代化信息手段,对高校基建实行财务信息化管理,进一步推动基建管理信息化的进程,提升基建财务管理水平。

(4)重视基建财务分析工作。高等学校应重视对基本建设项目竣工财务决算的分析工作。基建项目财务决算集中核定高校新增固定资产账面价值、项目招投标、施工管理及验收和竣工结算情况,是对基建项目进行综合性财务分析的重要依据。高等学校应及时汇总基建财务分析出现的问题,集中分析原因进行纠偏。根据《高等学校财务制度》的规定,高等学校基本建设投资财务管理,应当贯彻执行高校财务制度,结合学校实际情况,制定内部财务管理办法,管好、用好各项基本建设资金,提高基建财务管理水平,更好地完成高校各项基建任务,以有限的资金,更快的建设速度,获得最大的投资效益。

(三)高校科研管理

1. 高校科研管理存在的问题。

(1)管理意识较薄弱。高校对科研的管理倾向于争取更多的项目和经费、多出成果,而忽视对科研经费,尤其是横向经费的管理。为了鼓励科研工作的开展,往往实行宽松的管理政策,提取小额管理费,没有考虑从教育事业费用列支的科研机构运作、水电设备等占用公共资源的成本,对科研成本核算不足。由于科研项目负责人缺乏科研经费管理的经验,受到财务知识的局限性影响,对相关财经制度了解不够,对科研经费认识存在不足,认为科研经费所有权、使用权应归课题组所有,学校无权进行干涉和管理,科研经费管理意识较为淡薄,在项目经费预算、科研经费使用上常常具有一定的随意性,对于科研经费支出合理性和真实性的审核不够重视,容易产生经费使用有违财经制度的情形,造成了科研经费流失或浪费。

(2)管理制度不健全。目前,部分高校对科研项目经费管理不够重视,经费管理制度不够健全,科研管理和经费管理脱节,财务、审计等相关部门共同参与的科研经费监督机制尚不健全。而已有的管理制度在一定程度上缺乏系统性和可操作性,使得高校科研经费管理工作难以真正做到有章可循,管理制度存在执行不力的问题。此外,科研经费来源的多元性和多层次性,决定了不同科研项目不同的管理要求,单纯依赖财务管理制度对科研经费实施管理难以有效避免科研经费使用中的违规违法现象,也不能提高科研经费的使用效率。

(3)科研经费监管不力。高校科研经费监管水平,决定了高校科研经费的使用效益及高校的科研水平。目前,高校科研经费使用中存在违纪违规问题,主要表现在经费预算、核算与评估等环节,经费预算编制随意,使用审批不严,超预算范围开支;对经费进行违规提成,用作科研人员奖励支出;私自截留挤占科研经费,将科研经费挪作他用;编制虚假预算套取课题经费,导致经费浪费严重,固定资产和无形资产流失;科研项目结题后不及时进行财务结算,长期挂账报销费用。高校对科研经费监管的不足导致科研经费流失严重。

2. 高校科研管理对策。

(1)完善科研管理体系。高等学校要转变观念,坚持争取立项和过程管理并重、服务支撑与管理监督共举的原则，完善科研管理体系建设。要以保障科研顺利开展作为科研管理与监督工作的出发点，严格执行国家管理规定，实行多部门协同、分级管理的机制，明确科研、财务、档案、纪检监察等部门的权责，严格规范经费负责人的责权，形成"统一领导、协同合作、责任到人"的管理机制；要对纵向和横向各类科研项目进行分类管理，强化管理责任，保障国家、学校、委托方和科研人员的合法权益。要加强科研经费预算管理，注重科研成本的核算，按照全成本核算的要求，对科研项目实现全额预算及时评估，防止虚列开支、夸大开支等，并严格规范科研经费预算调整程序，保证科研经费预算管理有章可循。

（2）建立科研服务体系。高等学校要组织做好项目申报的指导，完善和规范项目申报程序，进行项目审核时要严格把关，加强项目研究过程的监督管理；要注重项目执行进度和进展情况，引导科研人员合理统筹安排科研与教学活动，将科研优势转化为教学优势；要切实做好科研项目结题验收工作，注重成果与知识产权管理，发挥科研成果的科学普及功能，扩大科研项目成果效益。

高等学校应提供涵盖立项申报、项目实施、预算执行、结题验收、成果应用等全过程的科研指导服务，指导科研人员熟悉掌握科研管理的相关政策规定，依法开展科研活动、依照预算合理使用经费；要强化科研管理队伍建设，提升科研管理队伍的政策水平和业务能力；要提高科研项目管理信息化水平，建立涵盖科研项目、人员、经费等信息的管理和共享机制，实现科研项目的动态监管，提高管理效率；要规范科研项目资料的整理、立卷、归档工作，确保科研档案的完整性、准确性和系统性。

（3）加强科研经费监管。对科研经费的监管不仅需要科研项目负责人的自主使用管理，还需要对科研经费使用实行有效的管理和监督，促进科研经费使用效益的提高。高等学校应强化对科研经费使用情况的规范化管理，并接受经费管理部门、监察部门、审计部门对科研经费使用情况及经费管理情况的监督，从而保证科研经费使用的合法性、合理性和效益性。

要严肃科研项目计划和经费开支范围的调整；要规范科研经费使用，加强对科研项目经费的规范管理，完善科研项目经费支出、报销审核监督制度，科研经费负责人要确保经费支出的真实性和规范性，自觉接受国家有关部门和学校的监督和检查。同时，也要注意，科研经费监管要适度，不能抑制项目负责人的自主性和积极性，过多的监督控制造成的管理成本增加也会影响科研效率，降低科研经费的综合效益。

（4）优化考核与监督机制。高等学校要创新考核评价机制，建立以创新质量和贡献为导向的科研项目考核、评价和奖励制度，要建立有效的奖惩制度，通过建立和完善科研绩效档案、科研诚信档案，作为科研人员年度考核、专业技术职务评聘和项目推荐的重要依据；要充分发挥监督职能，加强校内监控和相互制约，有计划地开展科研项目全程监督，对重大科研项目要实行全程跟踪审计，强化风险意识，加强预警和防范，提高监管能力。

（四）高校二级财务管理

随着高等学校将越来越多的财权下放给包括校内各学院、独立核算的部门等在内的学校二级单位，越来越多的高校实行二级财务管理，充分发挥二级单位的财务自主权。

高校应建立科学完整的二级财务管理体制，对二级院系财务管理进行管理和监督。应

第十六章 特殊公共组织财务

建立完善二级财务管理规章制度,加强内部控制制度建设,避免二级单位只考虑自身利益而不重视学校整体发展,出现"穷学校,富院系"现象;要在充分考虑院系特点和发展需要的基础上,科学编制预算,并严格执行预算,不得随意增加;应建立二级院系的绩效评价体系,考核二级财务管理成果,并通过建立一定的激励机制,调动二级部门进行财务管理以提高经费使用效率、发挥经费最大效能的积极性。

(五) 高校基金管理

高等学校基金是根据国家政策规定依法筹集,用于开展科研、教学活动的基本资金。高校基金应严格遵守相关的方针、政策和财务规定,接受财务部门的监督和管理。

1. 高校基金的内容。

高校基金可分为事业基金、固定基金和专用基金。

(1) 事业基金。根据新的《高等学校会计制度》规定,事业基金用于核算高等学校拥有的非限定用途的净资产,主要为非财政补助结余扣除结余分配后滚存的金额,按规定设置"一般基金"明细科目核算以货币资金取得长期股权投资、长期债券投资,对外转让或到期收回长期债券投资本息,设置"项目管理费及间接费"明细科目核算从科研项目收入中提取的管理费或间接费。

(2) 非流动资产基金。根据新的《高等学校会计制度》规定,非流动资产基金用于核算高等学校长期投资、固定资产、在建工程、无形资产等非流动资产占用的金额,按规定设置"长期投资"、"固定资产"、"在建工程"、"无形资产"等明细科目,对取得长期投资、固定资产、在建工程、无形资产等非流动资产或发生相关支出进行核算,并在处置时冲销该科目明细,相应的固定资产折旧、无形资产摊销应当冲减非流动资产基金。

(3) 专用基金。根据新的《高等学校财务制度》规定,专用基金是指高等学校按照规定提取或者设置的有专门用途的资金。其管理应当遵循先提后用、收支平衡、专款专用的原则,支出不得超出基金规模。高校应按照国家统一规定执行各项基金的提取比例和管理办法。包括:

①职工福利基金,即按照非财政拨款结余的一定比例提取以及按照其他规定提取转入,用于单位职工的集体福利设施、集体福利待遇等的资金;

②学生奖助基金,即按照国家有关规定,按照事业收入的一定比例提取,在事业支出的相关科目中列支,用于学费减免、勤工助学、校内无息借款、校内奖助学金和特殊困难补助等的资金;

③其他基金,即按照其他有关规定,根据事业发展需要提取或者设置的其他专用资金。

2. 高校基金管理模式。

(1) 统一管理,一级核算。统一管理,一级核算的基金管理模式下,高等学校统一收管全校应纳入基金管理的所有收入,再由学校对基金进行集中管理,统筹安排资金的使用,如用于全校的奖励、补贴等。该模式下,没有很好的激励机制,各个二级职能部门的创收积极性不高,降低基金使用效率。

(2) 统一管理,二级核算。统一管理,二级核算的基金管理模式下,高等学校统一管理纳入基金管理的收入,并在兼顾学校和部门利益的条件下,核算、分配创收部门的应得收入，有利于调动有创收条件的二级职能部门组织创收的积极性。

（六）高校校办企业管理

1. 高校校办企业的含义。

高校校办企业是指由高等学校单独提供资金、核心技术、经营场所或与高校合作等方式兴办的以赢利为目的的经济实体，具有独立法人资格。高校校办企业作为特殊的公共企业，依托于高校成长，负有社会责任和社会功能，以实现科研成果的商业化转化为初衷，以企业为主体，以市场为导向，实现产学研相结合，行政上隶属于高校，高校为主要投资方和管理方，具有参与决策管理权。

2. 高校校办企业改制的难点。

（1）产权界定。校办企业在进行资产清理和资产评估时，高校有关资产主管部门很难对过去及现有资产的产权进行明晰界定；非经营性资产转为经营性资产的价值较难评估；资产增值部分中企业经营者的贡献很难计量；收益分配或股权分配的处理和确认也存在困难。

（2）人事安排。高校校办企业具有公共企业的特殊属性，决定其具有社会企业的一般性，又有一定的特殊性，因此，校办企业在人事安排上也有一定的特殊性。校办企业员工多直接来自高校或者由高校定向培养，在校办企业改制时，缺乏配套机制和保障体系为人事管理提供支持，员工主要分为校内企业编制和事业编制。

三、高等学校财务管理体制

高校财务管理体制是高等学校根据办学特点和财务管理的内容，建立内部经济管理制度，以实现合理划分财权、规范财务行为、处理财务关系的目的，为高校内部财务管理的统一性和权威性，以及各项财务管理制度的顺利贯彻执行提供保障。

（一）高校财务与院系财务

我国高校财务管理经历严格按照政府规定的用途使用政府拨款的集权式管理向"统一领导，分级管理"的分权式管理体制的演进。

1. 集权式财务管理体制。

集权式财务管理体制能够在高校筹资能力有限的情况下，集中学校有限的财力，根据学校工作的重心，对经费进行统筹安排。集权式管理模式对学校发生的各种收支及财务活动进行集中管理，确定院系经费的分配额度，对经费统得过死，管得过细，在一定程度上限制了院系的自主权，其自我完善的积极性和自我发展的主动性得不到发挥。院系处于教学科研的第一线，更能快速准确地了解学生和教育市场的需求，管的过多不利于院系发挥自身优势，及时响应市场需求，也不利于院系之间相互竞争取得发展，阻碍其综合实力的提升。

2. 分权式财务管理体制。

分权式财务管理体制通过下放财务管理权力，采用"包干使用、超支不补、结余留用、自求平衡"的原则，在充分兼顾院系的利益的前提下，给予院系二级财务自主权，从

第十六章　特殊公共组织财务

而调动其工作积极性,有利益开拓市场,拓宽筹资渠道。分权式财务管理将学校财权下放,经费分散到各院系,财力的分散不利于学校资源的统一调配,易导致各院系各自为政,只顾全本部门利益,而忽视学校整体发展,损害学校整体利益,削弱了高校整体财力和竞争力。

3. 院系财务管理体制创新。

在二级院系财务管理体制的实践中,可吸收集权和分权式财务管理模式的优势,建立以总会计师领导下的会计核算中心、资金结算中心和财务部门三个平行机构为核心二级院系财务管理体制。

(1) 建立总会计师统一领导制度。根据《高等学校财务制度》的规定,高等学校财务工作实行校(院)长负责制。设置总会计师岗位,协助校(院)长统一组织、协调学校财务管理工作,负责制定财务管理目标,全面领导学校财务预算工作,承担相应的领导和管理责任,保证学校长期发展战略目标的实现。在新的财务管理体制下,总会计师对学校财务处、会计核算中心、资金结算中心等三个平行机构实行垂直领导。

(2) 实行全面预算制度。新的财务管理体制通过全面预算制度实现集权和分权的统一。在总会计师的领导下,建立全面预算管理制度,在编制预算时,既要考虑集中学校财力,发挥学校的统一领导功能,又要考虑分散财权调动院系参与预算的积极性和主动性。实行全面预算制度要求学校根据发展目标和财力情况,制定各项收入在学校和二级院系之间的分配政策和经费额度,从而体现财务的统一领导,增加学校宏观调控能力。在确定收入分配政策的基础上,统筹考虑学校发展的财力安排,统一核定二级院系自有分配经费和额外申请的经费支出预算,制定综合财务预算。学校只负责审批二级院系财务预算的审批和业绩考核,实现经费分权管理。

(3) 建立会计核算中心。在新的财务管理体制下,学校应成立相对独立的会计核算中心,统一办理各二级单位会计事务,进行财务收支核算并提供反映收支情况的分部报表。会计核算中心接受总会计师的统一领导,与学校财务处和各二级核算单位之间没有隶属关系,具有一定的独立性,因此,能够对二级院系进行客观公正地记录并实施监督。会计核算中心为满足学校内部管理和财务部门管理的需要,利用财务管理信息系统为各二级院系提供内部独立核算;进行二级院系财务收支核算,提供分部报表;严格控制预算执行,为二级院系财务业绩考核提供依据。

(4) 建立资金结算中心。在新的财务管理体制下,学校应成立能够整合学校财务资源的资金结算中心,对学校本部及各二级单位的资金实行统一集中管理,有效控制财务收支情况,并统一对外结算,解决资金分散的问题,相互调剂资金使用实现财务资源共享。资金结算中心通过银行开设的独立账户统一对外结算,为二级院系开设账户实现内部资金结算,及时掌握二级院系的资金状况,从而杜绝资金体外循环,为资金运作的合法性、安全性提供保障。

(5) 转变财务部门工作重心。在新的财务管理体制下,会计核算中心负责会计核算工作,资金结算中心负责资金结算,财务部门将工作重心发生转移,从日常的会计核算中解脱出来,接受总会计师的统一领导,主要负责全面预算的编制和二级院系核算的合并工作。同时,充分利用会计核算中心和资金结算中心的信息资源,对二级院系的财务收支情况进行考核,全面客观评价学校财务目标的执行情况和二级院系的资金使用效率,从而为学校的战略决策提供有效的财务数据，提高财务管理水平。

以总会计师领导下的会计核算中心、资金结算中心和财务部门三个平行机构为核心二级院系财务管理体制，在充分调动二级院系财务自主权的基础上，集中学校财力，实现财务管理体制的创新，促进高校财务管理水平的发展。

（二）高校财务与基建财务

高等学校基建财务管理体制要求高校正确划分基建项目的权责关系，正确核算和规范管理基建项目，合理使用好基建资金，控制基建项目成本，并建立内部控制体系，有效地发挥财务管理的职能。这就要求高校理顺基建管理体制，提高基建项目投资效益。

1. 集中决策。

根据国家"重大事项决策、重要干部任免、重要项目安排、大额度资金的使用，必须经集体讨论做出决定"的规定，基建项目严格执行集中决策的财务管理体制，坚持集体研究讨论决定基建项目与投资计划，基建、财务、审计等部门共享项目和财务信息，共同参加决策。高校基本建设规划、立项和建设、新校区创建、大额银行贷款申请等，需要经过学校领导及相关职能部门的讨论分析，必要情况下可通过党委会"票决制"进行基建项目的财务决策。

2. 统一管理。

高等学校应建立健全内部制约机制和信息沟通制度，对基建项目实行统一管理，由基建归口管理部门统一负责基建项目的立项、报批、采购和建设等工作，由财务部门统一负责基建项目的预算编制、资金的筹集拨付以及基建财务决算编制等工作，由审计部门统一负责基建项目的预算审查和决算审查等工作。

（三）高校财务与教学、科研

教学、科研是高等学校工作的核心内容，也是高等学校进行财务管理活动的重要源泉。高校财务管理体制的建立应紧紧围绕教学和科研，既以服务为宗旨，又要发挥管理职能，核算相关成本，发挥财务绩效。

以科研为例，科研项目应由高等学校统一归口管理，所有拨款类和非拨款类项目均应纳入财务统一核算，统一管理。科研活动占用高等学校包括基础设施、水、电、图书资料、管理人员等在内的资源，因此高等学校必须分析科研间接成本的内容，进行科研成本核算和科研成本补偿，如提取一定比例的科研经费管理费，完善高等学校成本管理的内容。科研成本主要由科研事业支出扣除科研活动的当期折旧和摊销等费用，加上科研活动应分摊的后期保障费用构成。

（四）高校财务与债务管理

债务管理是高等学校财务管理的重要内容。高等学校应在不影响正常教学科研活动等日常运转的前提下，充分发挥财务管理的作用，以政府化债为契机，尽量安排土地置换收入等自有资金，加速降低高校债务规模，偿还银行贷款，调节高校债务结构，降低财务风险。

第十六章 特殊公共组织财务

（五）高校财务与校办企业

校办企业能够促进高等教育发展，高校应通过校办企业将科研成果产业化、商品化、引入竞争意识和效益观点，并积极参与市场经济中，深化教学、科研、人事、分配以及管理体制的改革。高校应因校制宜、因地制宜地建立适合高校实际情况的校办企业管理体制和管理模式，能够客观反映校办企业的存在方式及与高校的隶属作用，充分发挥校办企业在高等教育中的积极作用。

高校校办企业应按照责、权、利对等的原则，进一步完善法人治理结构，将企业所有权和经营权进行分离，建立政府、高校、校企合作共赢的管理体制。校办产业应坚持为学校科研成果转化和教学科研服务的宗旨，实行股份制改造，通过评估企业占用的学校经营性资产，吸收社会其他经济实体及个人投资，形成规范的公司制企业。新的校办企业管理体制下，高校不直接参与校办企业的日常生产经营，通过参与重大经营决策表决，行使权利与义务。

第二节 公立医院财务实务

自 2012 年国务院印发《"十二五"期间深化医药卫生体制改革规划暨实施方案》以来，全国各省市都在进行或大或小的医疗改革，而公立医院作为新医改的中坚力量，应坚持其公益性质的同时，完善医院管理制度，深化公立医院改革。2012 年 1 月 1 日新《医院会计制度》和《医院财务制度》开始实施，在新财务制度下，做好公立医院的财务管理工作，就是要把握医院的资金运动，正确处理与各部门财务关系，组织协调好医院的财务活动。

一、公立医院财务管理内容

财务管理是医院一切管理活动的基础，与所有经济活动密切联系。公立医院的财务管理具体指医院在保持其公益性的同时，组织医院财务活动，处理医院财务关系，实现运营目标，提高公立医院的整体效益。医院财务管理主要包括：预算管理、筹资管理、资产管理、收入、支出、结余及分配管理、成本管理、对外投资管理、票据管理及纳税筹划、医疗价格管理、医疗保险管理、医院财务信息化、绩效考核与评价、内部审计管理。

（一）预算管理

1. 预算管理的概述。

预算管理是医院经济管理的重要组成部分，是医院经济活动中最基础的工作。医院的预算包括收入预算和支出预算，根据《医院财务制度》，国家规定医院的预算管理办法为："核定收支、定项补助、超支不补、结余按规定使用"，有条件的医院可以开展"核定收支、以收抵支、超支上缴、差额补助、奖惩分明"等灵活管理办法。编制收支预算的原则为："以收定支、收支平衡、统筹兼顾、保证重点"。预算管理的作用：明确医院总体经营发展目标，控制医院各级部门业务与目标的一致性；组织和协调医院各级部门的预算工作；定期核查预算执行情况，依据预算目标及时控制医院的开销活动；作为各科室业绩考核评定的标准。预算编制方法主要包括：固定预算、弹性预算、零基预算、增量预算、定期预算和滚动预算。

2. 全面预算管理。

全面预算管理是一种先进的管理办法，在公立医院实行全面预算管理对降低医院成本、提高医院收入具有重要意义。公立医院的全面预算管理的内容包括：收入预算、设备和物资采购预算、支出预算。

全面预算管理体系具体流程包括：

（1）预算管理委员会拟定医院预算总方针总目标及各科室的分目标，由财务部门下发至各有关科室。

（2）由财务部门组织医院的预算编制工作，协助各科室编制收入、费用、设备、物资采购预算草案，确定医院年度部门总预算，评价与审核院内各执行科室上报的预算草案。

（3）财务处汇总各科室预算编制年度预算，由院长为首的预算管理委员会审核、协调和平衡各部门预算草案，最后通过医院的整体预算和各科室预算。

（4）财务部门负责沟通协调本院预算执行科室与上级财政、卫生主管部门之间的支付报审关系。根据卫生部对医院年度预算和大型项目预算的审批结果将各预算下达到各科室分头执行。

（5）根据预算执行进度报表、统计信息报表、财政预算限额支出等情况，及时向院领导和预算管理委员会汇报，同时向预算执行科室反馈预算执行情况，以促使部门预算执行进度得到有效控制。

（6）医院各执行部门应按照财务预算管理要求及部门预算计划，制定与本部门预算执行相关的实施管理办法；医院各执行部门将医院批复的预算数，设专人负责，建立预算支出明细账表，定期与财务预算管理部门核对预算的执行情况，随时掌握本科室预算执行情况，合理使用部门预算资金。

（7）预算执行过程中，如遇特殊事项，对预算进行调整时，须履行相应的报批程序，必须提前向医院预算管理部门提出书面申请，就预算调整内容和原因做出详细说明，医院预算管理部门审核预算修改申请，结合总预算完成情况，报经院长批准后，预算方可执行。

（8）加强预算执行的监控，做好事前控制预算编制；事中控制预算执行与调整；事后控制预算分析和考评。预算的执行结果与各部门的绩效考评挂钩，把预算的时效性、规范性和准确性，作为绩效考核的重要依据。

（二）筹资管理

医院筹资是指医院采取适当的方式通过一定的渠道获取所需资金的行为。适合公立医院的筹资方式包括：银行贷款、融资租赁、开展合作项目、内部资金积累。银行贷款时最常用的筹资方式，短期贷款可用于日常结算，长期借款可用于基础建设，银行贷款利率低速度快但限制条件苛刻，贷款额度有限。公立医院一些大型医疗设备经常采取融资租赁的方式，分期付款，分散设备陈旧淘汰的风险。开展合作项目是医学院附属类的公立医院常

第十六章 特殊公共组织财务

用的筹资方式,与一些医疗企业和研究所合作开展与医学相关的项目对公立医院科研项目事业的发展非常重要。公立医院内部资金积累主要是依靠自身良性发展扩大医疗卫生服务范围,开展第三产业。

(三) 资产管理

1. 资产管理概述。

医院资产是指医院占有或使用的,能以货币计量的经济资源,包括各种财产债权和其他权利。医院资产管理主要包括流动资产管理、固定资产管理和无形资产管理。

2. 流动资产管理。

医院的流动资产是指可以在一年之内耗用或变现的资产,医院的流动资产主要包括货币资金、应收款项、预付款项和存货。

(1) 货币资金管理。医院货币资金的收支管理,须统一由医院财务部门负责,货币资金的收支及保管只能由经授权的出纳或收费人员负责处理,办理货币资金业务和直接接触货币资金。医院不得由一人负责办理货币资金业务的全过程。医院应按内部控制规定程序,具体的货币资金的报销流程为:

①支付申请,医院各职能处室或个人用款时,需提交支付申请单,并附有效经济合同及计算依据,并按预算审批流程办理结算,各职能处室或个人应在HRP系统中填写付款申请单,然后由经办人将该申请单打印并由相关领导签批后,持付款申请到财务处办理付款业务。

②支付审批,资金支付申请书由业务处室负责人、财务处负责人、主管院长及院长审批,各层审批人员根据其职责、权限和相应程序对支付申请进行审批。性质或金额重大的要逐级审签,还应及时报告主管部门。

③支付审核,财务审核人员负责对批准后的货币资金支付申请进行审核,审核资金支付申请的批准范围、权限、程序是否合规,手续及相关凭证是否齐备、金额计算是否准确、支付方式是否妥当、支付单位是否正确。审核无误后签章,交由出纳人员办理资金支付手续。

④办理结算,财务出纳人员应当根据签章齐全、手续完整的支付申请及原始单据,加盖付讫章,办理货币资金支付手续,出纳人员要及时登记现金和银行存款日记账,核对库存现金、编制资金日报表,做到日清月结。

医院应加强对货币资金的管理和控制,严格按照《现金管理暂行条例》的规定办理现金的收支业务。不属于现金开支范围的业务应当通过银行办理转账结算。医院现金实行库存限额管理,各收款部门不得超限额保存现金,超过限额的部分,必须当日送存银行并及时入账,不得坐支。

(2) 应收及预付款项管理。应收及预付款项是指医院在开展业务活动和其他活动过程中形成的各项债权,包括应收医疗款、预付账款、财政应返还额度和其他应收款等。应收医疗款是医院应该收取而尚未收回的门诊病人或出院病人的医疗费用,包括门诊、出院病人欠费,医院欠费。预付账款是指医院因按照购货合同的规定,预付给供应单位的款项。财政应返还额度是核算国库集中支付的医院应收财政返还的资金额度。其他应收款是指除应收医疗款、应收账款、预付账款、财政应返还额度以外的单位应该收取而尚未收取的有关款项。医院其他应收款包括备用金、职工预借的差旅费等。

应收及预付款项管理主要包括：合理掌控应收及预付款项的规模；定期核实其他应收款及时催交未收回的应收款项；做好日常管理，据实登记预付款项及时冲销已付款项；每年末采用约百分比、账龄分析或个别认定等方法提取坏账准备；对期限超过三年且确认医疗欠款或应收无法收回的确认坏账损失。

(3) 存货管理。医院存货是指医院为开展医疗活动过程中为耗用或销售而储备的实物资产。存货分为药品和库存物资。其中药品主要包括西药、中药、中成药、针剂、麻醉药品、精神药品、医疗用毒性药品和放射性药品等；库存物资指各种材料、燃料、包装物和低值易耗品，包括卫生材料、其他五金材料、日用杂品等。存货要按照"计划采购、定额定量供应"的管理办法。存货管理活动包括：存货计价、保管、领用、盘点及盘盈盘亏、毁损、报废等。对低值易耗品实物采用"定量配置、以旧换新"的管理办法，物资管理部门要建立辅助明细账，对各类物资进行数量、金额管理。对有收费项目的高值耗材执行"以用定领"的核销办法，对无收费项目的高值耗材纳入耗材定额管理，物资管理部门应对高值耗材进行备查账管理，定期核对领、用、存情况。

3. 固定资产管理。

医院的固定资产是指同时具有以下特征的有形资产：为提供服务、满足经营而持有；使用寿命超过一个会计年度。医院固定资产主要分为四类：房屋及建筑物、专业设备、一般设备、其他固定资产。固定资产实行由管理部门、使用部门、财务处分工负责的原则。建立健全三账一卡制度：财务处负责总账和一级明细分类账、固定资产管理部门负责二级明细分类账，使用部门负责建卡。

固定资产管理活动具体为：(1) 医院房屋建筑物由医院房管科管理；一般设备及专用设备由设备处管理；家具由供应科管理；图书由图书馆管理；电子设备及其附属设备统一由医院信息技术部管理。(2) 财务处是固定资产的核算和监督部门，主要负责对固定资产购置申请、预算的审核、资金的安排、医院使用的固定资产的会计核算，定期与管理部门核对，确保固定资产账实相符、账账相符、账卡相符。各固定资产管理部门对固定资产均采取电子信息化管理。(3) 每年年末，固定资产管理部门、资产使用部门和财务处配合对医院固定资产进行全面的清查盘点，对盘盈、盘亏及毁损的固定资产，应核实情况，查明原因，由管理部门填制"固定资产盘盈（亏）情况表"并经财务处负责人及医院分管财务的领导签字确认。此表一式两份，一份交由财务处入账，一份交由管理部门变更固定资产台账。

4. 无形资产管理。

医院无形资产是指医院为开展医疗服务等活动或为管理目的而持有的且没有实物形态的非货币性长期资产，包括：专利权、非专利技术、商标权、著作权、土地使用权等。医院购入的不构成相关硬件不可缺少组成部分的应用软件及其他产权，如财务软件、医院信息化管理系统，均属于无形资产管理范畴。

医院应当在无形资产明细账中登记每项无形资产入账成本中财政补助资金、科教项目资金、其他资金的金额及其所占的比例。医院无形资产应当自取得当月起，在预计使用年限内采用年限平均法分期平均摊销。无形资产管理台账登记的内容包括：无形资产的名称、规格型号、单位价值、数量、生产厂家、启用时间、使用部门、摊销年限、使用状

第十六章 特殊公共组织财务

态。无形资产管理具体包括：各科室负责提出无形资产购置方案、组织实施无形资产业务取得过程及验收、办理无形资产处置、建立无形资产台账、定期对无形资产安全、适用性进行检查；财务处负责对无形资产进行会计核算，监督、指导管理部门对无形资产的管理。

（四）收入、支出、结余及分配管理

1. 收入管理。

医院收入是指医院开展医疗服务及其他活动依法取得的非偿还性资金。收入按照来源可分为：医疗收入、财政补助收入、科教项目收入、其他收入。

医疗收入是指医院开展医疗服务活动取得的收入，医疗收入按照提供服务的地点不同，分为门诊收入和住院收入；按照性质分为劳务性收入、检查类收入、设施类收入、药品及材料收入、其他医疗收入等。医疗收入管理具体要点：严格执行医疗服务价格收费标准，医疗收入在医疗服务发生时根据政府确定的付费方式和付费标准确定；严格执行药品及卫生材料的价格管理及招标采购规定；门诊、住院收费采用财政部门统一监制的收费票据，做好医疗收入凭证的控制、审核和管理工作；医疗收入日清日结，现金收入不得坐支；加强病人欠费管理，努力做好催收工作。

财政补助收入是指按部门预算隶属关系从不同级财政部门取得的各类财政补助收入，包括基本支出补助收入和项目支出补助收入。根据不同的支付主体及资金用途，国库集中支付又分为财政直接支付和授权支付两种形式。财政补助采用国库集中支付方式下拨时，在财政直接支付方式下，应在收到代理银行转来的《财政直接支付入账通知书》时，按照通知书中的直接支付入账金额确认财政补助收入。在财政授权支付方式下，应在收到代理银行转来的《授权支付到账通知书》时，按照通知书中的授权支付额度确认财政补助收入。

科教项目收入是指医院取得的除财政补助收入外专门用于科研、教学项目的补助收入。包括科研项目收入和教学项目收入。科教项目收入的管理主要是控制科研项目和教学项目经费的使用，加强科研报销审核。其他收入是指医院开展医疗业务、科教项目之外的活动所取得的收入，包括培训收入、银行存款利息收入、租金收入、投资收益、财产物资盘盈收入、捐赠收入、食堂收入、确实无法支付的应付款项等。其他收入的管理应做到符合确认条件时予以确认，据实入账。

2. 支出管理。

支出是指医院在开展医疗服务及其他活动过程中发生的资产、资金耗费和损失。支出包括医疗支出、财政项目补助支出、科教项目支出、管理费用和其他支出。医疗支出是医院在开展医疗服务及其辅助活动过程中发生的支出，包括人员经费、药品费用、卫生材料费、固定资产折旧、无形资产摊销、提取医疗风险基金和其他费用，不包含财政补助收入和科教项目收入形成的固定资产折旧和无形资产摊销。

医院各项支出严格遵循合理、合法、有效、节约的原则，禁止铺张浪费，每项支出在会计核算中都应计入各科室；医院各项支出全部纳入预算，采用年度预算、采用逐级审批的管理办法，统一核算和管理；医院的人员经费和管理费用应按照卫生部规定结合管理要求制定具体的工资总额和管理费用支出比率等控制指标，严格控制药品耗费占比和卫生材

料耗费占比；加强专项资金的管理，财务处设科研审核岗，对财政补助支出和科教项目支出进行项目申报、报销审核、登记和管理，做到专款专用，单独核算。

3. 结余及分配管理。

收支结余是指医院收入与支出相抵后的金额。具体包括：业务收支结余、财政项目补助收支结转（余）、科教项目收支结转（余）。业务收支结余期末扣除按规定结转下年继续使用的资金后，结转至结余分配，若为正数则按国家有关规定提取专用基金、转入事业基金；若为负数，应由事业基金弥补，不得进行其他分配，事业基金不足以弥补的，转入未弥补亏损。财政项目补助收支结转（余）、科教项目收支结转（余）结转下年继续使用。

加强结余及分配管理首先要按照国家规定正确计算和分配结余；其次应将结余资金纳入下年的单位预算中，在编制年度预算和中期执行预算中需要追加时，需按照上级财政部门的规定进行安排使用；再者财政项目补助收支结转（余）和科教项目补助收支结转（余）应严格审核，按照报批程序进行结转，不得随意调整专项资金的用途；最后统筹安排和合理使用事业基金，遵循收支平衡原则，支出不得超过基金的规模。

（五）成本管理

1. 成本管理的定义和目的。

医院成本管理是指医院通过成本核算和分析，提出成本控制措施，降低医疗成本的活动。医院进行成本管理的目的是真实、全面、准确地反映医院的成本信息，直接反映医院的经营管理状况和水平，有效的成本管理可以强化员工的成本意识，降低科室的医疗成本，提高医院的经济效益，增强医院在医疗市场中的竞争力。

2. 成本管理的内容。

医院的成本管理主要包括成本核算、成本分析、成本控制、成本考核与评价等管理活动。医院的成本管理应遵循统一领导、全面施行、分工负责、科学有效、成本最优化的原则。

（1）成本核算。医院的成本核算是指医院将其业务活动中所发生的各项耗费按照核算对象进行归集和分配，计算出总成本和单位成本的过程。

成本核算是医院科学管理的重要手段，《医院财务制度》规定：根据核算对象的不同，成本核算可分为科室成本核算、医疗服务项目成本核算、病种成本核算、床日和诊次成本核算。按照成本核算对象可将成本分为医院总成本、医院科室成本、医疗项目成本、病种成本、诊次成本和床日成本；按照成本的可追溯性分为直接成本和间接成本；按成本形态可分为固定成本和变动成本；按照成本的核算项目包括人员经费、药品费、卫生材料费、固定资产折旧费、无形资产摊销费、提取医疗风险基金和其他费用；按照成本的核算范围可分为医疗业务成本、医疗成本、医疗全成本和医院全成本四个级次。

医院科室成本分为四大类：临床服务类、医疗技术类、医疗辅助类和行政后勤类。医院成本核算采用全成本核算方法：首先对各科室的直接成本进行核算，其次根据四大科室分类进行三级成本分摊形成间接成本，一级分摊是将行政后勤类科室的费用，按人员比例向其他三个科室分摊，并实行分项结转；二级分摊是将医疗辅助类科室成本向临床服务类和医疗技术类科室分摊，并实行分项结转（例如，门诊收费和住院结算可采用收入比重参

第十六章 特殊公共组织财务

数、洗衣、消毒、材料库房、病案部门等按工作量分摊,物业管理部门可按各医疗相关科室占用面积比重分摊);三级分摊是将医疗技术类科室成本向临床服务类科室分摊,分摊参数可采用收入比重,分摊后形成门诊、住院临床科室全成本。

(2) 成本分析。成本分析是成本管理工作的一项重要内容,它是利用成本计划、成本核算资料及其他有关资料,运用一定的技术方法,研究成本的形成和变化情况,寻求降低成本途径的一种成本管理活动。成本分析的内容包括分析成本计划完成情况、产生差异的原因、制定降低成本的措施、根据需要撰写成本分析报告。

成本分析的目的是通过分析医院总产本的科室分布以确定成本管理和控制的重点科室;分析医院总成本的要素构成情况以确定医院成本管理的重点成本要素,最终反映医院一定期间的成本变化情况。

成本分析的方法:根据管理需要的不同,可采用趋势分析、结构分析、量本利分析、比较分析等方法研究成本变化过程、发展趋势、影响因素、关键控制点等。

健全成本分析的指标体系,通过对各指标分析,反映医院的成本水平和管理状况。其指标主要包括门诊收入成本率、住院收入成本率、百元收入药品消耗、百元收入卫生材料消耗、人员经费支出比率、管理费用率等。

(3) 成本控制。成本控制是指医院应当利用有效管理方法和措施,对成本形成的全过程进行控制,努力实现成本最优化的目标。成本控制的方法包括标准成本法和定额成本法。成本控制的措施包括预算控制、可行性论证控制、财务审批控制、执行过程控制等。医院可通过成本控制优化资源配置,提高医疗资源利用率。

(4) 成本考核与评价。成本考核与评价是指为有效控制成本,建立成本控制考评制度,将成本控制效果纳入科室绩效考核体系,奖惩分明,促使其自觉控制可控成本,减少资源浪费。为了正确地评价医院及各科室成本管理工作的成效,可根据管理需要按月、季或半年对科室成本的控制情况进行考核。成本考核的主要指标有:成本降低额、成本降低率、人均管理费用等。医院可建立院科级二级成本负责制,定期把科室的各项指标进行横向和纵向上的对比,考核科室业绩,并与科主任任期目标和职工年度考核挂钩,达到管理和控制成本的效果。

(六) 对外投资管理

对外投资是指医院以货币资金购买国家债券或以实物、无形资产等开展的投资活动。对外投资按照投资回收期的长短分为长期投资和短期投资,投资回收期超过1年的为长期投资。

公立医院属公益性组织,国家对公立医院的投资要求非常严格:

(1) 医院应在保证其正常运营和医疗事业发展的前提下进行对外投资,投资范围仅限于医疗服务相关领域。

(2) 医院应严格控制对外投资的资金,不得使用财政拨款及财政拨款结余进行对外投资,投资需经过充分的可行性论证,并上报主管部门或财政部门批准。

(3) 医院对外投资需要进行资产评估,并按评估价格作为投资成本。公立医院以货币资金认购国家债券时按照实际支付的金额作价,不得从事股票、期货、基金、企业债券等投资。

(4) 医院对投资应进行风险管理与控制，对投资活动进行跟踪管理，对投资收益及收益分配进行监督管理，确保国有资产的保值增值。

（七）票据管理及纳税筹划

1. 票据管理。

公立医院的票据主要是指与货币资金有关的票据，分为统一票据和专用票据，统一票据包括支票和一般纳税人普通发票，专用票据包括挂号收据、中央医疗门诊收费票据、中央医疗住院收费票据、住院病人预交款收据。

医院财务处应设有专人负责登记管理票据，防止空白票据的遗失和盗用；统一票据由财务处出纳负责购入、领用登记、背书、开具、注销等工作，不得开具空白支票和远期支票，如确实需要，经财务处长批准后，应注明收款单位名称和支付限额，银行预留印鉴需设专人保管；专用票据由财务处专人负责统一到财政部门办理授权和申购，并设专人负责各科室票据的领用、保管和销号，专用票据需按照票号顺序使用，不得随意发放使用，专用票据作为会计核算时的原始凭证，必须保证其完整性和真实性。

2. 纳税筹划。

医院的纳税筹划是指以税收最小化为目的，对公立医院非医疗服务而取得的其他收入征收营业税、城市维护建设税及教育费附加、房产税、企业所得税（三产）以及职工的个人所得税等进行筹资、投资、收入分配等事项的预先安排、策划和选择。公立医院按照国家规定价格取得的医疗服务收入免征各项税收。纳税筹划的原则是不违反税法的情况下合理避税。公立医院的纳税筹划主要有个人所得税的纳税筹划、房产税纳税筹划、租赁相关的纳税筹划、三产企业所得税纳税筹划。

公立医院作为代扣代缴个人所得税的法定义务人，应在合法的前提下以"工资、薪金所得"为重点进行纳税筹划：一是可利用对提存的住房公积金、基本养老保险金、医疗保险金免征个人所得税政策，在单位可承受的情况下，加大抵扣限额，降低个人所得税纳税级次；二是合理选择工资奖金的支付方式，减少现金支付，增加福利补贴额度；三是均衡每月工资奖金，对年终奖的分摊纳税进行筹划，避免工资、薪金大幅度波动。房产税可根据本院的实际情况选择从价计征或从租计征的征收方式，适用不同的计税依据和税率进行纳税筹划。公立医院的大型医疗设备、器械等租赁可以根据自身对设备的需求或资金情况选择经营租赁或融资租赁的方式进行纳税筹划，缴纳营业税按税率5%，缴纳增值税的可依照小规模纳税人适用3%的税率。公立医院的三产企业具有营利性，可参照一般纳税人企业进行纳税筹划，此处不再详议。

（八）医疗服务价格管理

公立医院属非营利性医疗机构，医疗服务价格作为医院与患者结算医药费和补偿各项耗费的依据，必须严格执行政府规定的医疗服务收费项目和确定的服务价格，严禁任何人在规定项目之外自立、分解项目收费或提高标准收费。医疗服务价格是对医疗服务的补偿，主要由财政拨款、医疗服务收费和药品加成三部分组成。

公立医院的医疗价格服务管理遵循"统一领导，分级分类管理"的原则。公立医院可采用医院信息系统（HIS）对医疗服务项目价格、医用卫生材料价格、药品价格实行计算

第十六章 特殊公共组织财务

机管理,每个项目都有对应收费编码,明确信息系统的管理及使用权限,规范医院医疗服务和药品价格管理的收费行为,增加收费透明度,做到依法、合理收费,维护患者切身利益,维护医院合法权益。

在具体的医疗服务价格管理中实行三级管理:

第一级,成立由主管院长负责,各相关处室负责人参加的医疗服务和药品价格监督领导小组,对医院的医疗价格管理进行统一领导、宏观控制;

第二级,成立由财务处长直接领导的、由专职价格管理人员组成的物价管理科,负责医院价格管理的日常工作;

第三级,建立兼职价格管理人员队伍,负责对各临床、医技科室的医疗收费、计价工作进行监督管理。

三级管理模式是公立医院完整的医疗服务和药品价格管理网络,各部门明确分工,各负其责,相互制约,密切配合,不断提高医院药品和医疗服务价格管理水平。另外,按照价格管理奖惩办法严肃处理违规、违纪价格行为,建立责任追究制,对因违反医疗价格政策乱收费而给医院造成重大经济损失或恶劣影响的部门负责人和主要责任人,要在对其进行经济处罚的同时追究其行政责任。

(九) 医疗保险管理

医疗保险是我国社会保险体系的重要组成部分,公立医院作为医疗保险实施的主要载体,加强其对医疗保险的管理对我国社会保险事业的发展非常重要。公立医院设有医疗保险办公室(以下简称"医保办"),专门负责医院内外部人员的医疗保险相关事宜的咨询、医疗保险费用的申报和拨付、医疗保险费用结算、医疗保险信息化操作和管理等工作。

医保办在医院中属行政管理处室,具有行政、管理、和服务三项职能。首先,作为行政处室,医保办重点应加强医院所垫付的病人可报销的医保费用的审核,督促社保部门对医疗费用的拨付;作为管理处室,重点是密切关注医保政策的变化,对医保部门所规定的特需、特检、特治的医疗设备和药品及时报医保相关部门审批,最大限度地降低参保病人的自付比例。加强对临床科室医生医保知识的培训和技术指导,使医保政策在病人就诊中得以正确实施,加强医保信息化管理,在门诊结算实行持医保卡进行缴费实时结算,并委派医保办人员常驻住院结算科对出院病人结算进行医保分摊保险审核及结算;作为服务处室,医保办应及时解决医保病人在看病过程中发生的与医保费用有关的各种情况,如门诊收费中医保实时结算中出现的问题及出院结算中医保报销金额出现的问题。

(十) 医院财务信息化

公立医院作为整个社会医疗卫生服务的庞大载体,将电子信息技术广泛应用于医院的整个工作流程中是医疗卫生事业和科技共同发展的必然,从门诊挂号就诊到缴费取药等一系列活动都实现了信息化操作。

公立医院的财务信息化系统主要包括三大部分:医院财务管理基础系统(门诊挂号收费系统、住院出院结算系统、药品管理系统、票据管理系统)、医院资源管理信息平台(费用报销审核系统、人力资源管理系统)和医院电子商务信息化平台(会计核算系统、财务报表管理系统、成本核算系统、预算管理系统)。三大系统密切相连,医院财务管理基础系统的数据每天进行实时结算后将数据汇总导入医院电子商务信息化平台，医院内部支出经医院资源管理信息平台申请报销通过审核支付后汇总导入医院电子商务信息化平台，由后台财务处人员在电子商务信息化平台中做各种财务处理。

医院财务信息化管理具体内容：

（1）医院设有信息管理科并常驻第三方软件开发维护人员，负责全院信息系统的维护、升级和再开发，财务处可设会计信息管理专员，负责指导信息化平台中有关财务管理系统的使用，并及时向信息科反馈医院财务信息化系统中出现的问题。

（2）根据会计人员的分工授予财务信息系统的权限，严格监督会计人员跨权限操作，加强对门诊挂号收费系统和住院出院结算系统操作人员的管理，防止会计人员进行违规操作。

（3）向其他职能科室外派会计人员，加强其他科室相关管理系统与财务管理系统的衔接，保证数据的准确性和及时性。

（十一）绩效考核与评价

公立医院的绩效考核与评价是体现公立医院的公益性，提高公立医院医疗服务水平和能力的推进器，公立医院绩效考核与评价包括年度财务预算决算绩效评价、基建项目绩效评价、财政补助绩效评价、分配方案绩效评价、设备购置绩效评价等。实务中公立医院根据自身情况可选用的普遍考核指标为经营业务指标和财务指标，经营业务指标主要包括：职工平均医疗收入和职工平均医疗成本，药品消耗占比和卫生材料消耗占比，平均住院日，病人满意度调查；财务指标主要包括：国有资产管理情况、净资产收益率和总资产收益率、人员经费支出率、管理费用率、成本收益率、床日成本和诊次成本。

公立医院绩效考核与评价关系每一个人，上自院长书记下至每一名医生护士，进行绩效考核与评价时需注意的是：

（1）明确绩效考核与评价指标所对应的责任人；

（2）绩效考核与评价指标具有合理性和可比性；

（3）根据各科室职能性质确定业务指标与财务指标的权重，确保绩效考核与评价的公平性。

（十二）内部审计管理

公立医院内部审计是独立监督和评价公立医院财政收支、财务收支、经济活动的真实、合法和效益的行为，通过对医院经济运行情况的定期评价和监督，促进医院加强经济管理实现经济目标，为公立医院的健康良性发展保驾护航。在公立医院设有独立的内部审计处，由具有专业审计知识和业务能力的审计人员组成，建立健全的内部审计制度。

内部审计管理需要注意：

（1）内部审计需在医院主要负责人的领导下开展工作，内部审计的结果由院长负责；

（2）根据国家的有关公立医院内部审计的相关法律制定和完善适合本院的内部审计制度；

（3）内部审计人员在实行审计事项时应严格遵守内部审计职业规范，忠于职守，做到独立、客观、公平、公正、保密；

第十六章 特殊公共组织财务

(4) 审计处与财务处密切协调工作,其履行职责所需经费可列入财务预算予以保障。

二、公立医院财务报告及分析

公立医院财务报告是指反映医院一定时期的财务状况和业务开展成果的总括性书面文件,包括:资产负债表、收入费用总表、医疗业务收入费用明细表、现金流量表、财政补助收支情况表、基本建设收入支出表、净资产变动表、有关附表、会计报表附注以及财务情况说明书。财务报告列报的基本要求包括:真实性、一致性和及时性。公立医院应按月度、季度、年度向上级主管部门和财政部门报送财务报告,对外提供的财务报告应由院长、主管会计工作的副院长,财务负责人和总会计师签名盖章。办理年度决算前应对财产物资、债权债务进行全面盘点清查编制盘存表,对盘盈、盘亏、毁损、报废等财产及时处理。公立医院年度财务报告需按规定经过注册会计师审计,出具年度审计报告和意见。

(一)资产负债表

资产负债表是指反映医院在某一特定日期财务状况的会计报表,反映了医院某一会计期末全部资产、负债和净资产的情况。资产负债表采用账户式结构,左方列式各资产项目,右方列式负债和净资产项目,负债在前,净资产在后,左右双方平衡,即资产=负债+净资产。资产负债表分月度、季度、年度,提供的主要信息有:

(1) 某一日期资产的总额及其组成结构,表明医院拥有或控制的资源极其分布情况;

(2) 某一日期负债的总额及其结构,表明医院未来需要多少资产或劳务清偿债务,以及清偿时间;

(3) 反映医院净资产的余额和构成,据此可判断对负债的保障程度和资本保值增值情况。

(二)收入费用总表及其附表

医院收入费用总表是反映某一会计期间内医院全部收入、费用和结余的实际情况。收入费用总表以多步式结构为主,即通过对当期收入、费用、支出各项目按性质归类,按结余和结转形成的主要环节列示一些中间性指标,分步计算当期结余和结转金额。其附表为医疗收入费用明细表,反映了医院在某一会计期间内医疗收入、成本及所属明细项目的实际情况。医疗收入费用明细表采用分栏式结构,左方为医疗收入、右方为医疗成本,其中医疗收入分门诊收入和住院收入,医疗成本分按性质分类明细项目和按功能分类明细项目。

医院收入费用总表及其附表分月度、季度、年度,反映的信息主要包括:

(1) 医院当期的医疗收入、门诊收入、住院收入和其他收入总额,反映了医院一定会计期间内的收入实现情况;

(2) 医院当期发生的医疗业务成本、管理费用、人员经费、药品费、卫生材料费、固定资产折旧、无形资产摊销、提取医疗风险基金和其他支出情况,反映了医院一定会计期间各项费用的耗费情况;

(3) 医院当期结余的实现情况，反映了医院一定会计期间业务经营活动的成果，可据以判断医院的资本保值增值情况。

（三）现金流量表

现金流量表是指反映医院某一会计年度内现金流入和流出信息状况的报表。其所指的现金是指医院库存现金及可以随时用于支付的银行存款、零余额账户用款额度和其他货币资金。表中资金主要包括财政授权支付资金、财政直接支付资金、科教项目资金和自筹资金等，现金流量的发生按内容划分三块：业务活动、投资活动和筹资活动。采用收付实现制原则进行编制，将权责发生制下的收支结余调整为收付实现制下的现金流量信息，编制方法有直接法和工作底稿法。

现金流量表从不同角度反映医院的现金流入和流出，弥补资产负债表和收入费用总表提供信息的不足，能够为报表使用者提供的信息有：现金流量的影响因素、医院的资金支付能力、偿债能力和周转能力，通过以上信息预测医院未来的现金流量，为经营决策提供有力的依据。

（四）财政补助收支情况表

财政补助收支情况表是反映医院某一会计年度内财政补助收支及其结转、结余情况的报表。其列报充分反映了医院财政补助收支的主要构成和结余结转情况，编制原则是收付实现制。在结构上可分为两个角度来看：时间上是将医院某一会计年度内发生的财政性资金流量按上年结转、本年财务补助收支上缴、结转下年分别列示；明细构成上按照财政基本补助收支、财政项目补助收支、财政补助结转和结余分别列示。

从财政补助收支情况表中可清楚知道医院某一会计年度内财政补助收入情况、支出情况、结余和结转情况，财政补助收支各组成部分的资金流转情况，可作为财政预算执行情况的基本资料，便于主管部门和财政部门掌握和监控医院财政资金的使用及预算执行情况。

（五）公立医院财务分析

公立医院财务分析是以财务报告的数据为基础，结合其他会计资料，采用一定的技术和方法计算财务指标，对医院财务状况和经营成果进行剖析和评价，为医院改进管理工作优化经济决策提供重要财务信息的一项财务活动。财务分析是医院经营管理活动中最基础、最重要的实践活动，运用其结果来评价医院的偿债能力、营运能力和发展能力，其目的是通过评价医院过去的运营业绩和衡量现在的财务状况，以预测未来的经营发展趋势。

公立医院常用的财务分析方法包括：比较分析法、因素分析法和趋势分析法。财务分析指标主要包括：

1. 预算管理指标。

预算执行率反映医院预算管理水平，包括预算收入执行率和预算支出执行率。预算收入执行率＝本期实际收入总额/本期预算收入总额×100%；预算支出执行率＝本期实际支出总额/本期预算支出总额×100%。预算执行率越高说明医院的预算管理水平越高，反

第十六章 特殊公共组织财务

之,预算管理水平越低,医院相关部门可通过提高执行预算和编制预算的能力来提高预算执行率。

财政专项拨款执行率=本期财政项目补助实际支出/本期财政项目支出补助收入×100%,反映医院财政专项补助支出情况,财政专项拨款执行率越高,说明财政预算管理水平越高,财政项目执行进度良好,否则,应加强对财政专项拨款使用情况的管控,督促财政专项拨款的执行。

2. 结余与风险管理指标。

业务收支结余率=业务收支结余/(医疗收入+财政基本支出补助收入+其他收入)×100%,反映医院除来源于财政项目收支和科教项目收支之外的收支结余情况,能够体现医院财务状况、医院医疗支出节约程度及医院整体管理水平。

资产负债率=负债总额/资产总额×100%,反映了医院总资产中有多少是通过举债获得的,是衡量医院负债水平及其风险程度的判断指标,资产负债率越高,说明医院的偿债能力越差,风险越高,反之说明偿债能力越强,风险越低。

流动比率=流动资产/流动负债×100%,反映每一元流动负债有多少流动资产作为偿还债务的保证,是衡量医院短期偿债能力的指标。流动比率高仅说明医院偿还流动负债的能力强,并不表示医院已经有足够的现金来偿债,因此应结合现金流量做进一步分析,判断流动比率高的真正原因,判断是否是由于流动资产上的资金过多而没有得到有效利用,或者是存货积压、应收账款增多并延期收款、待摊费用及待处理财产损失增加所致,这些因素均会影响医院的获益能力,医院管理者应密切关注流动资产及负债的变化,实时了解医院的偿债能力。

3. 资产运营指标。

总资产周转率=(医疗收入+其他收入)/平均总资产,反映了医院总资产的价值回收、转移与利用效果的指标,综合反映了全部资产的运营能力和利用效率。总资产周转率越高,说明周转次数越多,总资产运营能力越强,反之说明运营能力越差,医院的医疗收入有待提高。

应收账款周转天数=平均应收账款余额×365/医疗收入,反映医院一定时期内应收账款的平均回收速度,周转天数越少说明回收账款的速度越快,资产的流动性越强,周转天数越多说明回收账款速度越慢,越可能产生坏账,因此财务部门主管应加强对应收账款的催收,减少或避免坏账损失。

存货周转率=医疗支出中药品、卫生材料和其他材料支出/平均存货,其中药品(卫生材料)周转率=医疗支出中药品(卫生材料)支出/平均药品(卫生材料)存货,反映了医院用于卫生服务的药品、卫生材料、其他材料等存货的流转速度,速度越快说明存货流动性越强,占用水平越低,存货转化为现金或应收账款的速度越快;速度越慢说明存货流动性越低,占用流动资金越多,医院的机会成本越大,药品和卫生材料是医院的主要存货,财务部门应与药剂科定期盘点医院药品和卫生材料,加强对存货的管理水平,提高存货的周转率以提高变现能力,使得医院的存货量与服务供应量相匹配。

4. 成本管理指标。

门诊收入成本率=每门诊人次支出/每门诊人次收入×100%,其中:每门诊人次收入=门诊收入/门诊人次,每门诊人次支出=门诊支出/门诊人次。门诊收入成本率反映了医院每门诊收入所耗费的成本水平，比率越高说明门诊病人所耗费成本越高。

住院收入成本率 = 每出院人次支出/每出院人次收入×100%，其中：每出院人次收入 = 住院收入/出院人次，每出院人次支出 = 住院支出/出院人次。住院收入成本率反映了医院每出院病人收入所耗费的成本水平，比率越高说明住院病人所耗费成本越高。

百元收入药品、卫生材料消耗 = 药品费、卫生材料费/（医疗收入 + 其他收入）×100，反映了医院药品、卫生材料费的消耗程度。

5. 收支结构指标。

人员经费支出比率 = 人员经费/（医疗支出 + 管理费用 + 其他支出）×100%，反映了医院卫生服务人员和其他人员配备的合理性和薪酬福利水平的高低，为医院进行人力资源管理提供依据。人员经费支出比率应在合理的范围内得到提高以显示医疗服务人员的劳动价值的提升。

公用经费支出比率 = 公用经费支出比率/（医疗支出 + 管理费用 + 其他支出）×100%，反映了医院对人员的商品和服务支出的投入情况，国家对公用经费有严格的要求，公用经费支出比率应加强掌控，合理安排和使用公用经费是医院进行经济管理的重要内容。

管理费用率 = 管理费用/（医疗支出 + 管理费用 + 其他支出）×100%，反映了医院的管理效率，在医院总体运营状况良好的情况下，该指标越低说明医院的管理效率和水平越高，反之说明医院管理效率较低管理水平较差，医院应对管理费用的管控，严格审核各科室管理费用的预算，对不符合要求的管理费用不予报销支付。

药品、卫生材料支出率 = （药品支出 + 卫生材料支出）/（医疗支出 + 管理费用 + 其他支出）×100%，反映了药品、卫生材料费在医疗业务活动中的耗费情况。

药品收入占比 = 药品收入/医疗收入×100%，反映了医院医疗收入中药品收入的占比情况，现国家加强对药品管控，药品收入占比已成为公立医院绩效考核的一个指标。药品收入占比越高，说明医院对药品的依赖度越高，收入主要靠销售药品，该指标原则上不应高于上级主管部门的控制数，2015年三级甲等公立医院管控点为43%。对药品收入占比进行分析找到医院收入来源的管控点，采取措施降低各科室药品收入，通过提高治疗收入、手术收入或其他与医疗服务相关的收入来增加医疗收入势在必行。

6. 发展能力指标。

总资产增长率 = （期末总资产 − 期初总资产）/期初总资产×100%，反映了医院本期资产规模的增长情况，从资产总量上反映医院的发展能力。总资产增长率越高说明医院一定时期内资产经营规模扩张的速度越快，但需关注资产规模扩张的量和质的关系，以及后续发展能力，避免盲目扩张给医院造成隐患。

净资产增长率 = （期末净资产 − 期初净资产）/期初净资产×100%，反映了医院净资产的增值情况和发展潜力，是衡量医院总资产量规模变动和增长状况的重要指标，净资产增长率越高说明医院资产增值情况越好，未来发展越好。

固定资产净值率 = 固定资产净值/固定资产原值×100%，反映了固定资产的新旧程度，固定资产净值率越高说明医院的运营条件越好，反之说明医院运营条件差，固定资产陈旧，需要进行维护和更新，医院可通过筹资或投资的方式及时改造或更新固定资产。

第十六章 特殊公共组织财务

三、公立医院信息化管理实务

(一) 医院信息化软件的种类及比较

伴随科技的飞速发展,公立医院的信息化在不断得到提升,现今公立医院广泛应用的软件包括:医院信息系统(Hospital Information System,HIS)、医院资源规划(Hospital Resource Planning,HRP)、电子商务套件(E-Business Suit,EBS)、商业智能(Business Intelligence,BI)。

医院信息系统是指利用计算机软硬件技术、网络通讯技术等现代化手段,对医院及其所属各部门人、物、财的流动进行综合管理、对在医疗活动各阶段中产生的数据进行采集、存储、处理、加工、提取、汇总、传输、产生各种信息,为医院的整体运行提供全面的自动化管理和各种服务的信息系统。HIS 是公立医院最基础最普遍采用的系统,它全面记录病人就诊的整个过程,并对各种信息进行汇总整理分析,是现代公立医院正常运行发展不可缺少的信息软件。

医院资源规划是医院引入企业资源规划(Enterprise Resource Planning,ERP)的管理思想和技术,结合现代化医院管理的理念和流程,整合医院现有的信息资源,创建的一套适合医院整体运行管理的资源管理平台。HRP 是医院管理者将企业中先进的技术用于医院便于对医院进行管理的创新工具,实现了医院资源信息管理的统一高效、互通互联、信息共享。HRP 采用扁平化管理模式,医院资源能效得到最大限度的发挥,有效提升了 HIS 的管理功能。国内一些大型公立医院正在陆续采用 HRP 系统。

电子商务套件是在 HRP 基础上的扩展,将医院资源规划、人力资源管理、客户关系管理、财务管理、物流管理、运营管理等多种管理软件集合,形成一个无缝链接的管理套件,是 HRP 的升级版,可根据医院具体管理要求进行功能定制和添加,现主要使用的是甲骨文 Oracle 公司开发的 EBS 软件。EBS 囊括的资源更加全面,是管理更加集中化、规范化,将医院的每个科室之间及医院与患者之间都密切的联系在一起。

商业智能是对医院数据进行二次利用和分析的软件,使医院信息高度可视化,一般仅供医院管理层使用,重点对医院进行医疗收入分析(院长仪表盘)、财务管理(总会计师仪表盘)、投资分析、业务监控、资金监控、绩效评价分析、IT 管理。方便医院管理者深入了解医院的整体经营状况,更好对医院资源进行管理。

(二) HIS 稽核平台

医院信息系统是伴随科技发展的高技术产物,是由各种要素有机构成的智能化动态应用系统,有着复杂的内外部环境,能够覆盖医院所有业务的信息管理系统。其可分为前台和后台,前台业务主要是面向病人看病流程的管理,后台主要是面向医院内部资源的管理(见表 16-1)。

表 16-1　　　　　　　　　HIS 稽核平台示例表

1. 一卡通管理	就诊卡管理、预交金管理、医保卡激活、预付费卡管理、各种健康卡统计分析业务等
2. 门急诊挂号管理	门急诊挂号、加号、退号、病人挂号信息修改、病人初复诊状态统计、挂号分类统计、挂号发票打印、挂号操作员日结业务及报账单管理、变更就诊医生等
3. 预约挂号管理	功能社区、电话、网络及诊间预约号信息管理、变更预约医生等
4. 门急诊划价收费系统	门急诊划价收费、退费、出具收费发票、收费员日结业务及报账单管理等
5. 门急诊医生、护士工作站系统	门诊医生工作站、个人处方、诊断证明、医生接诊病人统计信息、抗菌药物管理、门诊护士输液、皮试管理、门诊附加费等
6. 住院管理系统	病人及新生儿入院手续办理、住院预交金管理、病人转科、转床管理、出院结账及退费管理、病人欠费管理、住院处操作员日结账务处理等
7. 电子病历系统	长期、临时医嘱录入、住院电子病历管理系统
8. 住院护士工作站系统	医嘱执行记录、在院病人账目查询、住院退费申请、口服单、处置单、注射单等
9. 药房、药库管理系统	门诊和住院药房发药、退药及统计报表管理、药品信息管理、药品盘点、药品入库出库管理、药品退货毁损管理、药品库存管理等
10. 手术麻醉管理系统	手术申请、审核、安排及管理、术后回访等
11. 医保、新农合接口管理	
12. 病案管理系统	
13. 健康档案上报系统	
14. 系统维护管理	
15. 财务管理系统	门诊收入按科室、病人身份、医生统计报表、门诊操作员报账单汇总、住院收入按科室、医生、病人身份统计报表、住院处报账单汇总等
16. 综合管理统计分析系统	医院中所有数据汇总、统计、分析,便于院长查询查看

(三) Oracle EBS 在公立医院中的使用

医院财务信息化软件的应用贯穿医院财务管理的整个过程,以北京某公立医院使用的甲骨文 Oracle 公司研发的 EBS 为例进行实务操作分析。

Oracle EBS 内容包括用户指南、应用技术、商业智能信息、通信/使用程序、合同、公司业绩管理、财务应用产品、财务服务、HRMS 应用产品、Oracle Interaction Center、物流、维护应用产品、Oracle Manufacturing Applications、市场营销和销售、Master Data Management、Oracle Order Fulfillment、采购、项目、房地产管理、服务、Oracle Supply Chain Planning。Oracle EBS 在公立医院的使用主要体现在会计核算及财务管理上,根据医院会计核算及财务管理的内容开发定制嵌入需要的套系内容,主要是财务应用产品和财务服务

第十六章 特殊公共组织财务

的开发和利用，由医院信息管理中心对软件进行维护和管理，并对医院不同岗位工作人员进行授权管理，财务人员按工作内容仅授权所负责工作模块的权限。

公立医院的财务前台数据由 HIS 稽核平台和 HRP 费用报销审核平台将每天的完成业务汇总导入 Oracle EBS 中，由财务处会计人员对数据按财务工作流程梳理，具体模块包括：

☐HIS 稽核平台数据审核
☐应收会计
☐应付会计
☐基建会计
☐资产会计
☐总账会计
☐报表会计
☐预算会计
☐成本分摊会计
☐银行对账
☐资产管理—供应科/设备处
☐总账主管
☐总账查询（供非总账会计人员查询使用）
☐查询弹性域值
☐辅助—报表会计（供非报表会计人员使用）

以报表会计、总账会计、资产会计、成本分摊会计模块为例，根据各岗位工作内容其界面可设置如下：

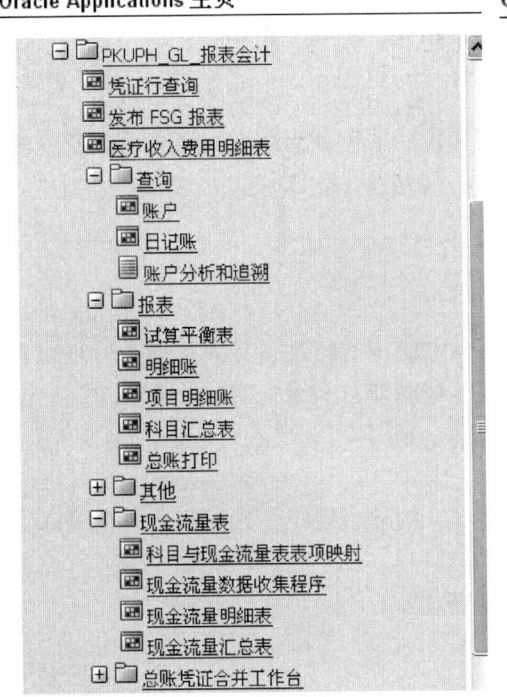

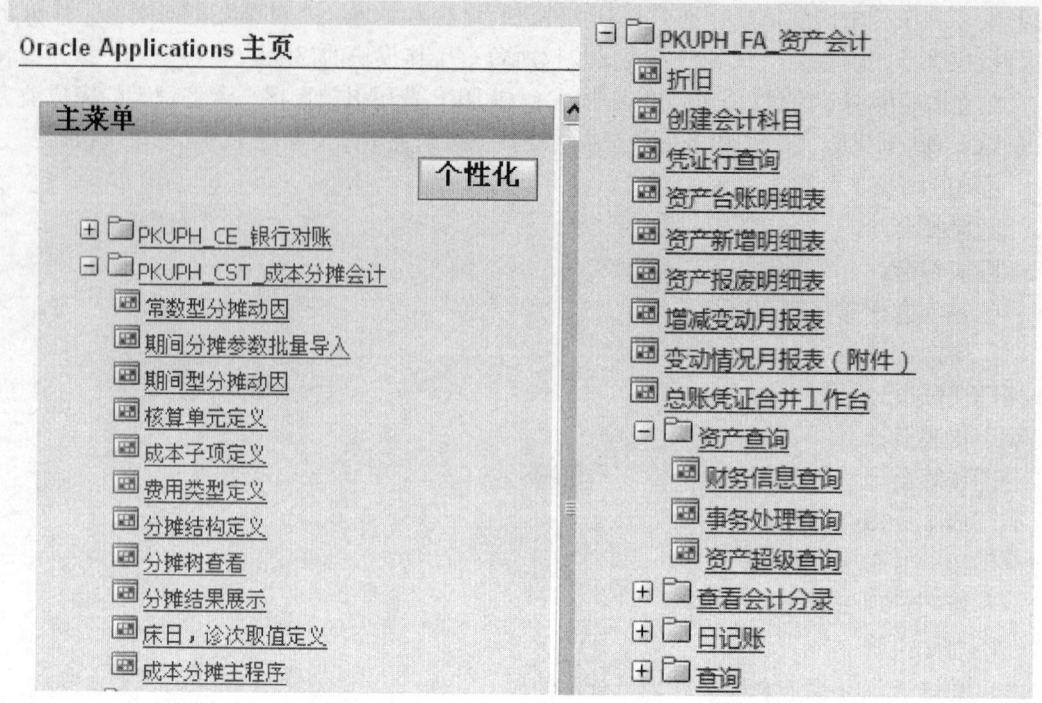

Oracle EBS 在公立医院的使用比较新颖，将企业 EBS 的成功管理理念引入医院财务管理中，通过财务信息化来加强财务管理，充分体现财务会计人员的岗位职责，便于区分责任的归属，便于总会计师对财务管理工作进行统筹规划。

第三节 民间非营利组织财务实务

本节围绕民间非营利组织的财务实务，介绍了民间非营利组织的财务管理特点、财务管理内容、财务报告及财务分析、财务管理存在的问题及优化建议。

一、民间非营利组织财务管理概述

民间非营利组织自身存在不同于政府组织及营利组织的特性，导致其财务管理也存在不同之处，对其进行研究分析，有助于更好地提升民间非营利组织的财务管理。

（一）民间非营利组织的特点

民间非营利组织是与政府组织、营利组织相对立的社会组织，具有如下的组织特征：
（1）不以营利为宗旨和目的；
（2）资源提供者向该组织投入资源不取得经济回报；
（3）资源提供者不享有该组织的所有权。

第十六章　特殊公共组织财务

（二）财务资源限定与非营利组织资源分配

民间非营利组织的财务资源使用上有两点需要特别关注：

1. 捐赠与限定。

非营利组织主要依靠捐赠者给予的各种捐赠来维持它们的运营。捐赠包括现金、实物、证券、劳务、资产使用保证或其他形式的捐赠等，其中，保证是指给予一个组织资产的承诺。捐赠者可以限制使用赠品的时间、用途或两者都有，也可以不对捐赠加以限制。

2. 非营利组织的财务分配机制。

非营利组织的财务资源运用具有独特的控制程序，即它不是根据捐赠人等提供的资源与享用服务之间的关系进行的，而是按照资源提供者（如提供补助的政府、捐赠人）或其代表（如董事会）的"限定"用途分配的。营利性组织在市场上受到优胜劣汰机制的约束，营利动机和利润指标构成了一种自动的分配与规范机制，但是在非营利组织中不存在类似的机制。非营利组织提供准公共产品，所提供的许多产品或服务没有公开的市价指标来测定消费者的满意度，导致服务接受者无法用"美元选票"来显示其满意度。要保证财务资源被恰当使用，避免不经济、低效率和低效益，非营利组织要受到比营利组织更为严格的控制约束。

（三）我国民间非营利组织财务的特点

民间非营利组织的组织特性决定了其财务管理的特殊性：

1. 资金来源不同于营利组织。

民间非营利组织不完全依靠从顾客那里获取的服务收入来维持组织的生存和发展，其资金的主要来源是：政府拨款、社会捐赠、会费收入、服务收费、经营收入等。

2. 所有权形式较为特殊。

民间非营利组织的投资者不拥有组织资产的所有权，组织资产的权益属于组织本身所有。投资者不能收回或据以取得某种经济上的回报，因而民间非营利组织通常不进行损益的计算，也不进行利润的分配，是一种特殊的所有权形式。

3. 内部不存在利润指标，且其责权利不是很明确。

民间非营利组织是不以营利为目的的公益性组织，在它的财务中缺少利润指标，这使得管理缺乏系统性，对于一定的投入能在多大程度上帮助组织实现自身的目标难以确定。同时，由于其不存在利润指标，对各部门的职责履行情况难以考核评价，因而对各部门的责权利也就无法划分的十分明确。

二、民间非营利组织财务管理内容

因为民间非营利组织会计实务（通用的资产、负债、净资产、收入、费用管理）已在13章详细介绍，本部分民间非营利组织的财务管理内容主要介绍预算管理、融资管理及项目评估管理。

（一）预算管理

预算是对未来事件的预测，是机构组织未来工作计划的反映，财务预算是对未来财务状况和经营成果做出科学合理的估计。预算按照主体范围不同可以分为特殊目的预算和全面预算;按照汇总标准不同可以分为经济分类预算和责任中心预算;按照集权化程度可以分为集权预算和分权预算;按照编制内容可以分为方案预算和职能预算;按照编制方法可以分为零基预算、滚动预算、固定预算、弹性预算等。目前对于民间非营利组织而言,因为财务基础薄弱,编制预算的数量比较少,水平比较低,大部分编制预算的也是参照事业单位预算管理的要求,编报汇总成部门预算,并不能完整充分地反映民间非营利组织自身的业务状况和财务计划特点。为此,民间非营利组织未来应在强化财务管理的基础上加强预算管理工作,在预算编制上体现自身的业务特点和工作规划,在预算执行上反映民间非营利组织的工作进展和问题,在预算盘子定夺上促进民间非营利组织负责人及高级管理层对规划和财务管理的重视,提升预算项目的实施效益和预算资金的使用绩效。同时,要引进先进的预算管理方法,如对人员公用等基本支出实施定员定额的标准化管理办法,对项目支出按照经济分类测算同类项目的支出标准并在此基础上进行定额标准化管理,减少预算编制的随意性。

(二)融资管理

与营利组织不同,非营利组织的资金保障是个很大的问题,融资管理值得深入研究。基于建立运营的目的不同,目标多元化,非营利组织与营利组织在融资目的、融资手段、融资绩效考核指标、融资对政府的依赖程度等方面差异很大;同时非营利组织融资的影响因素很多,如法定地位、组织背景及社会关系、国家法规和有关政策、经济发展水平、国民收入高低和公益热情大小、传统文化、地域等外部环境因素,非营利组织定位和作用的发挥、管理者和融资信息的处理等内部因素,这些均导致当前非营利组织融资现状千差万别,有的资金极其宽裕,多数资金相当紧张。非营利组织融资追求的是在保障组织运转前提下的多种社会任务目标,或者说公益目标,其资金来源相对多元,可以有自身运营收入,可以有捐赠收入,也可以有财政拨款,基于当前的发展水平,绝大多数非营利组织尤其是公立的非营利组织的融资主要依赖政府,民间非营利组织则生存困难。

为了提高非营利组织融资的效率和效果,非营利组织融资应坚持"五项原则":一是时机适当原则,综合考虑资金需求时间、项目支付周期、本息偿付时间等;二是规模适当原则,要以用定筹,不能拍脑袋或盲目张大口;三是成本适当原则,要把融资成本作为决策的主要依据之一;四是结构适当原则,综合考虑不同来源的资金成本、时间周期、资金规模等;五是资金配套原则,资金安排要与具体项目的使用紧密结合,在规模、周期、进度、成本各方面高度匹配。

为了解决非营利组织"融资紧张"的问题,我们建议做好以下几项工作:一是以领导重视为抓手全面建立良好的公关关系,包括与政府的关系、与企业的关系、与其他非营利组织和个人的关系等;二是以公益项目为支点确定好得到支持的理由,要给潜在的捐赠者等融资支持者以合理的理由;三是要以综合测算为依据做好融资目标安排,要综合考虑组织维持生存和职能所需的资金、组织需要遵循的法律法规以及经济社会发展状况等综合确定募集资金的规模;四是以资金来源分析为前提合理制定融资方案,包括会费的收入、会费以外的奉献、其他来源等;五是建立内部行动计划,就融资管理设立专门机

第十六章　特殊公共组织财务

构,明确权利和责任;六是分类确认潜在的捐赠者,如通过邮寄或电话营销确定个人捐赠者,通过直接访问、定向联络确定企业、基金组织、政府机构、行业和职业协会组织等;七是注重调查研究;八是重视捐助者的利益诉求,如对捐款使用的公开要求等;九是重视回访的重要性;十是注重创新,要结合融资趋势的变化发现新生事物,如市场化筹资带来的变化、"伙伴关系"带来的固定筹资渠道、网络筹资能带来更多捐赠和志愿者等。

（三）项目评估管理

民间非营利组织公共职能的发挥以很多项目为主要载体,其业务活动往往体现为不同的项目,因此,民间非营利组织的财务管理非常重要的内容之一就是做好项目评估管理。除业务层面的可行性、绩效等方面的评估外,项目评估管理在财务上主要体现为项目盈利评估和风险评估,但因为民间非营利组织的公共属性,上述评估均不能按照市场化思路仅考虑盈利性,还要考虑非经济因素的社会属性。如采用现金流量净现值的指标时,项目的总净现值应该等于现金流量净现值与项目社会价值的净现值之和。评估风险时,除组织自身的孤立风险、一般的市场风险之外,还要更多地考虑社会风险、政策风险等公共风险。

三、民间非营利组织财务报告及分析

民间非营利组织应定期开展财务分析,并出具财务报告。

（一）财务会计报告

财务会计报告是反映民间非营利组织财务状况、业务活动情况和现金流量等的书面文件,主要包括会计报表及其附注和财务情况说明书。

1. 资产负债表。

资产负债表是反映民间非营利组织某一会计期间期末全部资产、负债和净资产情况的报表。其会计等式为"资产 = 负债 + 净资产"。按照一定的分类标准和一定的顺序,把非营利组织一定日期的资产、负债和净资产项目予以适当排列。资产负债表表明民间非营利组织在特定日期所拥有或控制的资产、所承担的债务以及净资产的存量,属于静态报表。

2. 业务活动表。

业务活动表是反映民间非营利组织在某一会计期间内开展业务活动实际情况的报表。业务活动表的主要内容为:（1）构成收入的各项要素,包括捐赠收入、会费收入、提供服务收入、商品销售收入、投资收益和其他收入。其中,各项收入又分为限定收入和非限定收入。（2）构成费用的各项要素,包括业务活动成本、管理费用、筹资费用和其他费用。（3）限定性净资产转为非限定性净资产的金额。（4）收入减去费用,得到本期净资产的变动额。我国民间非营利组织的业务活动表采用单步式结构。

3. 现金流量表。

现金流量表是反映民间非营利组织在某一会计期间内现金和现金等价物的流入和流出信息的报表。现金流量表应当按照业务活动产生的现金流量、投资活动产生的现金流量和筹资活动产生的现金流量分别反映。现金流量是指现金的流入和流出。本表运用现金的流入和流出反映民间非营利组织某一会计期间内在现金基础上的财务状况变动情况,并且能够说明民间非营利组织的偿债能力和支付股利能力以及未来获取现金的能力等。

4. 报表附注。

会计报表附注是为了便于会计科目使用者理解会计报表的内容而对会计报表的编制基础、编制依据、编制原则和方法及主要项目等所作的解释。民间非营利组织会计报表附注至少应披露以下内容:重要会计政策及其变更情况的说明;董事会成员和员工的数量、变动情况以及获得的薪金等报酬情况的说明;会计报表重要项目及其增减变动情况的说明;资产提供者设置的时间或者用途限制的相关资产情况的说明;受托代理业务情况的说明,包括受托代理资产的构成、计价基础和依据、用途等;重大资产减值情况的说明;公允价值无法可靠取得的受赠资产和其他资产的名称、数量、来源和用途等情况的说明;或有事项情况的说明;接受劳务捐赠情况的说明;资产负债表日后非调整事项的说明;其他有助于理解和分析会计报表所需要说明的事项。

5. 财务情况说明书。

财务情况说明书是对民间非营利组织一定会计期间生产经营情况、资金周转和历年实现及分配等情况的综合说明。为了使投资者、债权人和民间非营利组织管理者更深入了解民间非营利组织的财务状况、经营成果和现金流量,民间非营利组织在编制完成会计报表后,必须编制财务情况说明书。其编制要求是突出重点、材料准确和编报及时。财务情况说明书的内容包括:民间非营利组织的宗旨、组织结构以及人员配备等情况;民间非营利组织业务活动基本情况,年度计划和预算完成情况,产生差异的原因分析,下一会计期间业务活动计划和预算;对民间非营利组织运作有重大影响的其他事项。

6. 合并财务报表。

民间非营利组织对外投资,而且占被投资单位资本总额50%以上(不含50%),或者虽然占该单位资本总额不足50%但具有实质上的控制权时,或者对被投资单位具有控制权的,应当编制合并财务报表。

(二) 财务分析

财务分析对于民间非营利组织财务资源优化和财务管理水平提升具有重要意义。

1. 财务分析的含义。

民间非营利组织财务分析是指以财务报表及其他有关资料为依据,运用系统科学的方法对非营利组织的财务状况和业绩成果进行比较、评价,以利于非营利组织的管理者、投资者以及政府宏观管理部门掌握其资金活动情况,并进行运营决策的一项管理活动。

2. 财务分析的方法。

在财务管理活动中,最重要的是要通过对掌握的财务报表资料的分析发现内在的规律,这就需要掌握一定的分析方法。根据财务分析所要实现的目的、不同类型公共组织的资金活动的特征,财务分析可采用比较分析法、比率分析法、因素分析法、结构分析法、量本利分析法等多种技术分析方法。其中,比率分析法的具体指标又可以分为流动性比率、筹资比率、营运能力比率、现金流量比率等四大类:

第十六章 特殊公共组织财务

（1）流动性比率指标有流动比率、现金比率。

流动比率＝流动资产/流动负债，一般说来，比率越高，说明资产的变现能力越强，短期偿债能力亦越强；反之则弱。一般认为流动比率应在2∶1。

现金比率＝（现金＋短期有价证券）/流动负债，这一指标是评价民间非营利组织短期偿债能力强弱的最可信的指标。

（2）筹资比率指标有捐赠比率、资产负债率。

捐赠比率＝捐赠收入总额/收入总额，可以分析民间非营利组织收入总额中有多少是来自捐赠，每年的开支在多大程度上以来捐赠。

资产负债率＝负债总额/资产总额×100%，反映了在民间非营利组织的全部资产中，由债权人提供的资产所占比重的大小，反映了债权人向民间非营利组织提供信贷资金的风险程度，也反映了单位举债经营的能力。

（3）营运能力指标有应收账款周转率、存货周转率、流动资产周转率、固定资产周转率。

应收账款周转率（周转次数）＝营业收入/平均应收账款余额，其中，平均应收账款余额＝(应收账款余额年初数＋应收账款余额年末数)/2，应收账款周转期（周转天数）＝平均应收账款余额×365/营业收入。应收账款周转率反映应收账款变现速度的快慢和管理效率的高低。一般情况下，该比率越高越好，比率高表明收账迅速，账龄较短，资产流动性强，短期偿债能力强，可以减少坏账损失等。

存货周转率（周转次数）＝营业成本/平均存货余额，其中，平均存货余额＝(存货余额年初数＋存货余额年末数)/2，存货周转期（周转天数）＝平均存货余额×365/营业成本。存货周转率反映各环节的管理状况以及偿债能力和获利能力。一般情况下，存货周转率高，表明存货变现的速度快；周转额较大，表明资金占用水平较低。

流动资产周转率（周转次数）＝营业收入/平均流动资产余额，其中，平均流动资产余额＝(流动资产余额年初数＋流动资产余额年末数)/2，流动资产周转期（周转天数）＝平均流动资产余额×365/营业收入。一般情况下，该比率越高越好，流动资产周转率高，表明以相同的流动资产完成的周转额较多，流动资产利用效果较好。

固定资产周转率（周转次数）＝营业收入/平均固定资产净值，其中，平均固定资产净值＝(固定资产净值年初数＋固定资产净值年末数)/2，固定资产周转期（周转天数）＝平均固定资产净值×365/营业收入。一般情况下，该比率越高越好，固定资产周转率高，表明以相同的固定资产完成的周转额较多，固定资产利用效果较好。

（4）现金流量比率指标有现金流量充足率、现金再投资比率、到期债务本息偿付比率、强制性现金支付比率等。

现金流量充足率＝业务活动现金流量5年之和/资本性支出、存货增加额5年之和，反映民间非营利组织从业务活动中产生的现金满足资本性支出和存货投资需要的能力。

现金再投资比率＝业务活动净现金流量/（固定资产＋长期投资＋其他资产＋运营资金），反映留存于单位的业务活动现金流量与再投资资产之比。

到期债务本息偿付比率＝业务活动现金净流量/（本期到期债务本金＋现金流量支出），反映民间非营利组织业务活动创造的现金支付到期债务本金及利息的能力。该比率越大，说明到期偿债能力越强，该比率超过1，意味着在保证现金支付需要后，还能保持一定的现金余额来满足预防性和投机性需求。如果比率小于1,说明业务活动产生的现金不足以偿付到期的本息,必须对外筹资、吸引投资或出售资产才能偿还债务。

强制性现金支付比率＝现金流入总额/(业务活动现金流出额＋偿还债务本息付现金额),反映民间非营利组织是否有足够的现金应付必须发生的偿还债务、支付业务活动费用等项支出。在持续不断的业务活动过程中,民间非营利组织的现金流入量至少应满足业务活动和债务偿还。这一比率越大,其现金支付能力就越强。

3. 财务分析报告的编写。

(1) 财务分析报告要有清晰的框架和分析思路,按照报告目录—重要提示—报告摘要—具体分析—问题重点综述及相应的改进措施的框架编写。

(2) 财务分析报告要突出重点,重在揭露问题,查找原因,提出建议。

(3) 财务分析要坚持定期分析与日常分析相结合的原则。

(4) 财务分析要坚持报表分析与专题分析相结合的原则,围绕热点问题、新问题及时分析,提出有用的意见和建议。

(5) 编写财务分析报告要内容完整、格式统一、数字准确、条理清楚,文字简练,重点突出,说理透彻,评价正确,建议合理,措施可行。

四、民间非营利组织财务管理优化

近年来,随着经济的快速发展和政府改革的推进,民间非营利组织得到了迅速壮大,他们在调动社会资源、提供公共服务、维护社会稳定、协调社会关系、促进经济发展、创造就业机会等方面发挥着重要作用,但还不是非常成熟和完善,在财务管理方面仍存在很多问题,亟须优化管理。

(一) 财务管理存在的问题

当前,我国民间非营利组织的财务管理问题可归纳为以下几点:

1. 法律法规和制度体系不健全。

目前,我国在具体的民间非营利组织管理工作中,所依据的法律法规、管理制度不够完善,并且很多法律法规、管理制度体系严重滞后,尚未出台完整的《民间非营利组织管理法》,以此来全面规范非营利组织的管理,促进民间非营利的健康发展。

2. 组织领导对财务管理重视不够。

很多民间非营利组织的领导对财务管理的重要性认识不够,认为民间非营利组织不以营利为目的,就不应该有营利,缺少对财务信息的分析和管理,将财务管理简化为会计收支。导致我国民间非营利组织的规模普遍比较小,员工人数较少,工作细分程度比较弱,财务体系比较单一,内部不重视财务制度建设,内部制约机制形同虚设。

3. 财务基础薄弱和制度执行不力。

很多民间非营利组织没有规范的账簿,没有原始凭证,会计科目设置及会计处理存在随意性,将会费票据、税务票据以及结算凭证混合使用,缺乏财务收支计划,收入和支出管理混乱。另外,很多民间非营利组织尚未建立健全年度预算制度,年度计划和预算完成情况不够详明,预算编制随意性较强,甚至不编制年度预算。2004年8月财政部颁布了

第十六章　特殊公共组织财务

《民间非营利组织会计制度》，但在实施过程中存在许多问题：有些地方只是利用两三天时间对组织的会计人员进行短期的培训，会计人员的业务水平提高不明显；部分组织缺乏合理、有效的财务处理程序，缺乏预算管理和财务收支计划，达不到《会计基础工作规范》的要求，不能定期对财产进行清查。

4. 财务信息缺乏透明度。

很多民间非营利组织，没有建立信息披露制度，有些民间非营利组织将其财务信息视为组织的最高机密，使得利益相关者无法获得组织的具体情况。民间非营利组织财务信息透明度低，严重影响了资源提供者的积极性，降低了对民间非营利组织的信任度，从而阻碍了组织的健康、持续发展。

5. 管理者缺乏财务管理技能。

财务管理技能缺乏导致几个问题：一是收支管理不善，有些管理者不关注资金的使用效率，在活动项目的选择上存在很大的随意性；二是缺少必要的成本分析，很多组织在开展项目时，缺乏必要的成本分析，导致项目收益率降低；三是不善于投资管理，很多民间非营利组织的管理者缺少投资方面的专业知识，投资很难达到预期的结果。

6. 外部监督不力。

民间非营利组织的出资者不会因为其出资而拥有组织资产的所有权，他们在交出资金所有权的同时，也交出了资金使用的监督权，因此，对资金的如何运用没有很好地履行监督、管理的权利，对组织的经营管理情况、财务状况也不会予以过多的关注。

7. 财会人员业务素质较低。

很多民间非营利组织财会人员的业务技能比较低，缺乏专业的财务知识。同时，自我监督意识不强，法制观念淡薄，缺乏职业风险意识，在组织财务管理中不能发挥应有的作用，给会计造假和会计犯罪提供了隐患。只有具备专业知识和素养的财会人员，才能更好地筹集并使用资金，才能更好地发挥组织的社会功能。

8. 很多组织活动资金严重不足。

我国民间非营利组织的大部分资金是靠组织自筹的，所能获得的政府拨款和社会捐赠比较少，组织自身开展服务获取收入的盈利水平也偏低，这在很大程度上制约了民间非营利组织财务管理水平的提升。

9. 自律机制和审计机制不健全。

民间非营利组织内部缺乏自律机制，由于组织自身的非营利性，不存在利润指标，使得组织很难对自身的运营活动进行评价，进而缺少组织自律机制。同时，审计部门的审计工作局限于每年一次，部分审计部门由于审计人员不足，审计工作存在很大的随意性。

（二）优化财务管理的建议

结合当前财政形势和改革需要，针对上述财务管理问题，民间非营利组织财务管理应在以下方面做出优化：

1. 严格界定民间非营利组织的范畴。

未来，应严格理清官办和民办、公益和私益、营利和非营利的界限。将各种官办的"灰色收入地带"根据其性质分别归位：凡具有行政职能的划归行政单位系列；凡国家出资的公益非营利机构（如官办协会等）划归事业单位系列；凡国家出资的营利组织，或者民间出资的私营组织划归企业系列；只有真正由民间出资的，且受到严格监管的非营利组织（如民办协会、民办学校、民办医院、民管基金会等）才能划归民间非营利组织系列。

2. 建立健全法律法规和内部财务管理制度。

国家应尽快制定《民间非营利组织法》等法律法规，使民间非营利组织从设立、运作到注销的所有活动和整个过程有法可依。同时，民间非营利组织应当根据本单位的具体情况和会计业务的需要，设置会计机构，建立健全组织的财务管理制度，以加强组织的财务管理工作，进一步完善内部会计监督机制，努力提高会计信息质量和管理水平。同时，制定科学合理的预算制度，加强预算管理工作，提高预算编制的科学性，对预算资金的使用效果进行追踪、监督和评价。

3. 加大政府有关部门的监管力度。

首先，加强工商部门的监管，严格审批民间非营利组织的设立过程。其次，加强物价部门的监管。核实民间非营利组织的业务成本，上报物价部门，并接受物价部门的监督管理。再次，加强财政部门监管。对民间非营利组织的日常会计核算和财务管理的监督检查。最后，加强税务部门的监管。加强税收征管，改变对民间非营利组织的税收漏征现象，加强税务稽查，严格打击偷税行为。

4. 积极开展财务管理职业培训。

民间非营利组织应对组织负责人、高级管理人员以及财会专业人员加强财务管理职业培训。主要包括两个层面：一是专业业务培训，注重业务能力的培养，以提高财务业务水平，更好地完成组织的会计记录和核算工作。二是职业道德教育，培养其良好的职业道德和职业操守，树立诚信服务。使财务管理人员能够适应新形势下民间非营利组织快速发展的需要。

5. 加强组织外部监督。

会计信息的真实性是会计信息资料的生命。有效的外部监督，是会计信息真实合法的必要保障。首先，完善相关制度规范，在一定程度上规范和完善民间非营利组织的管理；其次，建立社会监督举报机制，鼓励社会公众举报组织或组织工作人员的违法、违规行为，提高社会公众的监督力度；最后，可以利用事务所对民间非营利组织的财务报告进行审计，并将审计结果予以公示，接受社会公众的监督，提高非营利组织财务信息的透明度。

6. 加强行业自律与诚信服务。

目前，我国规范民间非营利组织的法规主要是《社会团体登记管理条例》、《基金会管理条例》、《民办非企业单位登记管理暂行条例》等以登记管理为内容的法规，缺乏运作的法律规范，同时行业自律水平低下，缺乏相应的自律规范。为此，国家在完善法律法规的基础上也要引导行业自律规范的制定完善，推动行业组织的规范运作，为社会提供诚信服务。

第十六章 特殊公共组织财务

五、民间非营利组织案例资料

评论：公益机构财务公开须到位[①]

近日，一则《深圳市血液中心薪酬人均35.7万元》的消息将深圳血液中心推上舆论的漩涡中，尽管深圳卫计委紧急辟谣，但受"高薪"舆论的影响，深圳血液中心连日前来献血人数寥寥无几。血液中心库存的紧张，让等待救急的手术和地贫儿陷入困境（7月12日《新快报》）。

最近几天，广州及深圳多家媒体都发布了深圳血库告急的消息，不但血液中心着急，而且医院及患者家属也着急，据说一些手术因为血库告急不得不推迟。一条消息在紧急辟谣之后仍引发如此严重后果，恐怕很多人都没有想到。其实，这个结果在笔者预料之中，而且之前也有类似先例。最典型的例子就是，郭美美在微博上以虚假身份炫富，不仅导致中国红十字会一度捐款锐减，也对中国慈善事业造成严重伤害。

具有公益色彩的机构，公众不仅关注其财务透明度，也会关注支出合理性。深圳血液中心虽然紧急辟谣，称人均年薪是19.68万元而非35.7万元，但仍然不够透明，因为没有详细公开正式工与临时工的工资信息。而且，深圳血液中心人均19.68万元的年薪，也远高于深圳2014年社平工资标准。

在工资透明度不高、人均工资偏高的情况下，公众自然有意见，而表达不满的方式就是不献血。可能在部分深圳市民看来，血液中心人均工资比自己收入还高，是不是与该中心组织无偿献血、有偿卖血有关？在市民疑虑没有完全消除的情况下，有些人肯定不愿意无偿献血，这就会连累到医院和患者。

笔者以为，应对深圳血库告急，不能单靠呼吁市民献血，在必要时候恐怕要启动应急机制，比如，从其他城市去调血，组织机关单位集体献血，当然，这只能应急，要想从根本上解决缺血问题，还需要有关部门以其他方式来"输血"。

首先，需要深圳市血液中心、深圳卫计委自己紧急"输血"。不仅要详细公开财务账本，而且详细解释财务制度。其次，需要深圳审计部门证明相关机构财务收支没有问题。审计部门被认为是公共资金的看门人，审计结果在公众心中的分量比较重。再次，以看得见的方式组织深圳有关领导、部门负责人进行集体献血，有望改变市民看法。因为领导献血不仅具有示范效应，也等于告诉市民，当前血库告急需要人们拿出奉献精神。

深圳血液中心薪酬问题引发连锁反应，对其他城市的血液中心、公益机构等也是一种警示，只有详细公开财务账本，才能避免猜疑或者误读；这类机构的职工只有领取合理工资（应该与当地社平工资水平接近），公众才不会有意见。

[①] 摘自2015年7月13日《法制日报》。

下篇

内部控制与组织治理

第十七章 内部控制

内部控制是现代管理理论的重要组成部分,通过建立完善的制度和流程来防止或降低错弊风险的发生,从而优化管理的效果。随着经济的发展,内部控制不仅受到企业、行政事业单位的重视,还上升到国家治理的层面。公共组织的管理效率低下,权力失控和贪腐案件时有发生,广为诟病,暴露出内部控制的巨大缺陷,加强内部控制建设刻不容缓。2014年施行的《行政事业单位内部控制规范(试行)》,推进了内部控制在行政事业单位的落实。通过内部控制建设,完善制度流程并创新监督机制,加强对风险易发领域和关键环节的监管,有利于提高公共组织的管理水平,促进改革深化,有效防控廉政风险。因此,公共组织应认真贯彻落实内控精神,将其转化为自觉行为。

第一节 内部控制概述

《行政事业单位内部控制规范(试行)》(以下简称《单位规范》)虽已颁布,但缺少可操作的具体指引。很多公共组织对于内部控制的认识不到位、设计不合理、执行不得力,需要进一步改进和提高。《单位规范》强调单位负责人的重要责任,将单位内控工作提高到了"一把手"工程的高度,这对推进公共组织的内部控制意义重大。

一、内部控制的概念

关于内部控制的概念,国内外学者和机构有不同角度的阐释。财政部2012年11月发布的《行政事业单位内部控制规范(试行)》第三条规定"内部控制,是指单位为实现控制目标,通过制定制度、实施措施和执行程序,对经济活动的风险进行防范和管控。"我们认为,内部控制是指公共组织为防范风险、实现组织治理目标而制定实施的各种制度、措施和程序的总称。

二、内部控制的目标

内部控制目标就是单位建立内部控制所要达到的目的,综合国内外的经验,结合我国行政事业单位的实际情况,《单位规范》提出内部控制目标包括五个方面:合理保证单位经济活动合法合规、资产安全和使用有效、财务信息真实完整、有效防范舞弊和预防腐败、提高公共服务的效率和效果。

(一)合理保证单位经济活动合法合规

经济活动合法合规是单位有效履行职能的前提,所以,这是公共组织内部控制最基本的目标。通过制定制度、实施措施和执行程序,合理保证行政事业单位经济活动在法律法规允许的范围内进行,符合有关预算管理、国库管理、资产管理、建设项目管理、会计管理等规定,避免违法违规行为的发生。

(二)合理保证资产安全和使用有效

国家对行政事业单位资产的管理,坚持所有权与使用权相分离的原则,实行国家统一所有,政府分级监管,单位占有、使用的管理体制。资产是行政事业单位和公共组织正常运转的物质基础和财力保障,资产不安全、使用效率低下,都将对单位各项工作的开展产生不利影响。所以,合理保证资产安全和使用有效是内部控制的重要目标。

(三)合理保证财务信息真实完整

按照国家规定编制和提供真实完整的财务信息是各单位的法定义务,是提升内部管理水平的有效措施。所以,合理保证财务信息真实完整义务也是内部控制的重要目标。公共组织各单位应当按照《单位规范》的要求加强会计核算和预算决算管理,确保财务信息真实完整,强化财务信息分析和结果运用,为外部监管和内部管理提供信息支持。

(四)有效防范舞弊和预防腐败

腐败和舞弊的根源在于对权力缺乏有效的监督和制约。建立反腐败反舞弊的长效机制,必须将事后惩治和事前预防相结合。内部控制的核心就在于制衡。科学运用内部控制的原理和方法,将制衡机制嵌入单位内部管理制度建设之中,强化内部监督,通过建立和实施严密的内部控制,起到"关口前移"的效果,实现有效防范舞弊和预防腐败的目标。

(五)提高公共服务的效率和效果

提高公共服务的效率和效果是行政事业单位业务活动的总体目标,同时也是各单位内部控制的最高目标。这一目标是以前四项目标为基础的,通过建立和实施内部控制,加强对单位经济活动的风险防范与管控,切实合理保证经济活动的合法合规、资产安全和使用有效、财务信息真实完整,有效防范舞弊和预防腐败,能够为公共组织有效履行职能夯实物质基础,实现提高公共服务的效率和效果的目标。

三、内部控制的要素

内部控制要素是公共组织建立和实施内部控制的具体内容。美国审计总署(GAO)在《联邦政府内部控制准则》中界定政府内部控制要素包括:控制环境、风险评估、控制活动、信息与沟通、监控5个要素,其内容与COSO框架五要素的阐述基本一致。刘永泽和张亮(2011)认为我国政府部门内部控制应在内部控制目标的指导下,明确保证目标实现的内部控制要素,包括:内部环境、风险评估、控制活动、信息与沟通和内部监督。《单

第十七章 内部控制

位规范》明确规定内部控制要素包括:

(一) 内部环境

内部环境是公共组织内部控制建立和实施的前提,是其他四个要素的基础。内部环境的内容主要包括组织架构、集体决策机制、人力资源政策和组织文化等。公共组织由于不具备公司的管理组织和股权结构,单位"一把手"须对单位内部控制的建立健全和有效实施负责,同时充分发挥单位财务、内部审计、纪检监察等部门在内部控制中的作用,根据外部监管要求和单位实际情况优化和调整组织架构,设置与设计内部控制职能部门或岗位,处理好组织架构中决策权、执行权和监督权的分配,形成三权分立互相制衡的有效机制,还要在业务环节对流程中的岗位职责进行分工,相互监督同时兼顾效率。

(二) 风险评估

风险评估是公共组织及时识别、评估与分析组织层级与业务层级中与影响内部控制目标实现的相关风险,科学合理地确定风险应对策略。风险评估要求单位持续关注与评估在履行行政职能过程中内部或外部因素导致损失的可能性,不但要关注单位组织层级的宏观风险,还要重视单位业务层级的微观风险。一方面由于公共组织在缺乏有效制约的情况下,面临着滥用公共权力、舞弊和腐败的风险,而且公共资金使用效率无从保障。另一方面,业务层面如预算环节、采购环节、施工项目、资产控制等环节可能存在诸多风险。

(三) 控制活动

控制活动是确保行政事业单位风险得以应对和控制的一系列制度和程序。控制活动应充分结合《单位规范》从单位实际情况出发,从整体上对制度规范和控制方法进行设计,以此来规避或降低风险,保证各项业务的正常开展,从而实现内部控制目标。控制方法主要包括不相容职务分离控制、内部授权审批控制、归口管理、预算控制、财产保护控制、会计控制、单据控制、信息内部公开和信息系统控制等。

(四) 信息与沟通

信息与沟通是行政事业单位保证信息收集、制作与传递,确保信息在单位内部与外部之间的有效沟通。可以说,信息与沟通是连接其他四个要素的桥梁,单位根据财政部门等外部监管部门的要求,统一信息口径,规范信息内容,既要在单位内部增强领导决策相关性,还要在政务信息公开过程中,真实、及时和完整披露单位社会职能的履约情况,增强外部信息使用者对财政预算和决算信息的可理解性,实现单位内外部信息协调与沟通,确保信息在单位组织层级与业务层级之间,以及单位与外部的财政部门、审计部门、纪检监察部门、采购供应商、中介机构、新闻媒体和社会公众等之间进行顺畅沟通和反馈。

(五) 内部监督

内部监督是公共组织对内部控制制度是否健全、执行是否有效等方面的检查和监督,形成书面报告并做出相应处理的过程。内部监督的重要性在于其实现对内部控制的控制,从而保证了内部控制的实施效果,因此内部监督需要设立相对独立的机构和岗位,全面和及时地对单位内部控制设计和运行中存在的问题和薄弱环节进行监督。结合我国公共组织的属性和业务特点,内部监督应包括立项评审监督、预算执行监督、预算绩效考评、内部审计监督、内部控制自我评价、党委纪检和监察等制度和程序,形成由单位领导负责,内部审计部门、纪检监察部门和财务部门鼎力协作,各业务部门密切联系的自我监督机制。

四、内部控制的原则

公共组织内部控制应坚持以下原则:

(一) 全面性原则

内部控制应当贯穿单位经济活动的决策、执行和监督全过程,实现对经济活动的全面控制。全面性既包括单位所有的经济业务活动范围,也包括经济业务活动的全流程,还包括所有相关人员,即全面、全流程和全员。

(二) 重要性原则

在全面控制的基础上,内部控制应当关注单位重要经济活动和经济活动的重大风险。这一原则强调单位建立和实施内部控制应当在兼顾全面的基础上突出重点,针对本单位的重要经济活动、可能存在重大风险的环节采取更为严格的控制措施,要确保内部控制的建立不存在重大缺陷。

(三) 制衡性原则

内部控制应当在单位内部的部门管理、职责分工、业务流程等方面形成相互制约和相互监督。将制衡机制嵌入单位内部管理制度,使内部管理制度具有针对性和可操作性,有利于堵塞漏洞、消除隐患,真正发挥出制度管权、管事、管人的作用。

(四) 适应性原则

内部控制应当符合国家有关规定和单位的实际情况,并随着外部环境的变化、单位经济活动的调整和管理要求的提高,不断修订和完善。适应性表现在三个方面:一是个性化。内部控制应当与单位性质、业务范围、经济活动特点、风险水平以及所处内外环境相适应相匹配,才能取得理想的控制效果。不能千人一面,要有单位特色。二是动态化。内部控制的建立不是一劳永逸的,而是一个不断完善、不断调整的动态过程。三是信息化。内控体系建设一定要实现信息化,"人控"远远不如"机控"效果好。

此外,公共组织实施内部控制也要适当考虑成本效益原则。

五、内部控制的方法

内部控制的方法实质上就是内部控制的机制,是指为将经济活动风险控制在可接受的范围之内,根据内部控制的原理,并结合风险评估的结果,针对风险点选择的措施和程序。

第十七章 内部控制

（一）不相容岗位相互分离

不相容岗位，是指从相互牵制的角度出发，不能由一人兼任的岗位。对业务流程中所涉及的不相容岗位，实施相应的分离措施，形成各司其职、各负其责、相互制约的工作机制。

主要包括：一是合理设置内部控制关键岗位；二是明确划分职责权限；三是实施相应的分离措施；四是形成相互制约、相互监督的工作机制。

不相容岗位相互分离机制设计的原理在于：两个或两个以上人员无意识地犯同样错误的可能性很小，有意识地合伙舞弊的可能性也低于一人舞弊的可能性。

经济活动的关键岗位：事项申请、内部审核审批、业务执行、信息记录、内部监督。

（二）内部授权审批控制

授权审批控制要求单位根据常规授权和特别授权的规定，明确各岗位办理业务和事项的权限范围、审批程序和相应责任。

单位应当编制常规授权的权限指引，规范特别授权的范围、权限、程序和责任，严格控制特别授权。

常规授权是指单位在日常经营管理活动中按照既定的职责和程序进行的授权。特别授权是指单位在特殊情况、特定条件下进行的授权。

单位一是明确各岗位办理业务和事项的权限范围、审批程序和相关责任；二是建立重大事项集体决策和会签制度；三是相关工作人员应当在授权范围内行使职权、办理业务。

（三）归口管理

归口管理是指行政事业单位按照管控事项的性质和管理要求，结合单位职责、组织机构和岗位设置，在不相容岗位相互分离和内部授权审批控制的前提下，明确单位内部各项业务的归口管理责任单位的控制方法。

归口管理要求：一是根据本单位实际情况；二是按照权责对等原则；三是采取成立联合工作小组并确定牵头部门或牵头人员等方式；四是对有关经济活动实行统一管理。

五项主要归口业务：收入、资产、政府采购、合同、信息系统。

（四）预算控制

预算是根据单位发展目标和计划编制的年度财务收支计划，是单位业务活动的财力支持和经济活动的基本依据。

预算是单位工作的起点和依据，是建立和实施内部控制的核心环节，单位的所有业务最终都要通过预算管理衔接起来，强化对经济活动的预算约束，使预算管理贯穿于单位经济活动的全过程，从而实现预算管理的全过程控制。

行政事业单位应当建立"以预算管理为主线，以资金管控为核心"的预算管理体系。

（五）财产保护控制

建立资产日常管理制度和定期清查机制，采取资产记录、实物保管、定期盘点、账实核对等措施，确保资产安全完整。

资产日常管理制度包括资产记录、实物保管和处置报批等。资产定期清查机制包括定期盘点和账实核对。资产管理中应当注意的问题：是否实现资产归口管理并明确使用责任；是否定期对资产进行清查盘点，对账实不符的情况及时进行处理；是否按照规定处置资产。

（六）会计控制

建立健全本单位财会管理制度，加强会计机构建设，提高会计人员业务水平，强化会计人员岗位责任制，规范会计基础工作，加强会计档案管理，明确会计凭证、会计账簿和财务会计报告处理程序。

会计控制要求提升财会人员职业能力，从财务会计向管理会计延伸，充分利用会计信息进行财务分析、预测，为单位领导班子管理决策提供真实准确的依据，成为单位重要的管理岗位和管理者。

（七）单据控制

要求单位根据国家有关规定和单位的经济活动业务流程，在内部管理制度中明确界定各项经济活动所涉及的表单和票据，要求相关工作人员按照规定填制、审核、归档、保管单据。

（八）信息内部公开

信息内部公开，是指对某些与经济活动相关的信息，在单位内部一定范围内，按照既定方法和程序进行公开，从而达到加强内部监督，促进部门间沟通协调以及督促相关部门自觉提升工作效率的有效方法。内部控制要求进一步提高信息公开的主动性、自觉性和规范性，做到主体明确、程序规范、方式灵活、反馈顺畅、回应及时。

各单位建立健全经济活动相关信息内部公开制度，根据国家有关规定和单位的实际情况，确定信息内部公开的内容、范围、方式和程序。

信息内部公开可以增强内部监督效果，增加管理工作的透明度，吸引全体人员参与内部控制的积极性，起到促进单位内部制衡有效的目的。

六、内部控制规范制定过程

《单位规范》的制定并不是一蹴而就的，其过程从启动到发布实施历经五个阶段。

第一阶段：启动和广泛调研阶段（2010年~2011年10月）。

根据国务院打击发票违法犯罪工作的部署，2010年启动了此项工作。2011年年初形成了讨论稿，向财政部内相关司局征求意见。深入基层实地调研，东中西部10多个省近百家行政事业单位内部控制情况，500多条意见。

第二阶段：社会公开征求意见阶段（2011年11月10日~2011年12月31日）。

2011年11月形成征求意见稿，在全国范围内公开征求意见。

第三阶段：课题研究阶段。

第十七章 内部控制

2012年1~9月,财政部课题立项研究。课题组有北京、深圳、中直机关、国管局、武警总部、新疆建设兵团。东北财经大学承担具体工作。

第四阶段:专家论证阶段。

2012年10月,召开了专家论证会,中纪委、市纪委、清华大学、审计署、北京、教育部、交通部、卫生部、中直机关、国管局等参加。

第五阶段:会签发布。

2012年11月19日,财政部印发《单位规范》,自2014年1月1日起施行。

第二节 内部控制建设

内部控制建设是一项系统工程,既要做好总体设计规划,也要从各单位具体的组织层面和业务层面进行详细设计,全员全方位实施和完善内部控制,达到防控风险的根本目的。

一、推进公共组织内部控制建设的必要性

推进内部控制建设对我国的公共组织而言十分必要,具有重要意义。

(一) 深化改革提高公共服务质量的必然要求

在市场经济条件下,公共组织是社会的服务者、市场的补位者、法令的执行者、公共秩序的维护者,其工作成效和运行质量直接关系国家的稳定、社会的安定,但一直以来,公共组织管理效率低下、权力失控、贪污腐败等现象屡遭诟病,改革势在必行。建立内控,对于公共组织转变职能、提高服务效率和服务质量,提高公众的信任度,具有重要作用。

(二) 限制职权滥用有效预防舞弊的必然要求

公共组织是公用部门,掌握着巨大的公共权力,在当前缺乏有效监督和制约的大环境下,公共组织滥用职权及贪污腐败现象严重。作为公共组织的管理者,正确使用掌握在手中的财权,实现公共资源的合理配置,提高公共资源的使用效能,尤为重要。而内部控制的核心是通过职责分离达到权力制衡,形成相互校验和监督的流程;而通过对风险的评估采取的控制措施,能有效预防舞弊的发生或及时发现舞弊行为。

(三) 全面提升工作科学化规范化水平的需要

当前我国公共组织人员素质参差不齐,管理混乱,控制标准缺失,导致公用资金使用损失浪费严重,"小金库"问题屡禁不止、"三公经费"居高不下、"超预算"现象常态化。通过实施内部控制规范,使各单位整合与优化管理制度,建立健全预算管理、资金管理、工程管理、资产管理等业务控制流程,实现内部控制科学化规范化,全面提升管理层次和水平。

(四) 积极推动公共组织绩效管理的需要

西方国家 20 世纪 70 年代掀起的"新公共管理"运动，使政府不能仅局限于履行公共资源取得、使用和管理过程中合规性的受托责任，更重要的是公共资源的使用和管理应当具有经济性、效率性和效果性。公共组织的职责就是有效管理国家和提供公共服务。建立和实施内部控制，能够改善内部管理，提升单位的综合实力，从而最终有利于公共组织履行其职责。

二、公共组织内部控制建设的总体思路

公共组织内部控制建设的总体思路如下：

(一) 单位层面和业务层面控制双管齐下保障内部控制效果

建立和实施内部控制，应当从两个层面考虑：一个是单位层面；另一个是业务层面。在建立和实施内部控制的时候，容易忽视单位层面的内部控制，而仅局限于业务层面。单位层面的内部控制是业务层面内控的基础，主要围绕五要素进行。业务层面的内控主要包括预算业务控制、收支业务控制、采购控制、资产控制、建设项目控制和合同控制。

(二) 做好顶层规划切实提高公共组织对内部控制的重视

我国由国家层面推动行政事业单位内部控制的建设，因此，财政部门具体进行推广与宣传时，应该对单位负责人首先进行《单位规范》培训，并将内部控制建设作为年度考核指标之一，迫使各单位负责人认识到建立健全内控是其重要责任；然后才是会计和审计人员其他层面人员接受培训，形成"人人参与内控，人人在内控之中"的认识。另外，可规定各单位在财政资金预算内安排内控设计费用。同时财政部门应成立内控监督评价检查小组。

(三) 在一般管理制度设计基础上增加内部控制专门内容

内部控制并不是单位管理制度之外单独存在的制度形式，内部控制是管理制度的一个组成部分，内部控制方法多数是借用管理方法，所以，必须将管理制度设计与内部控制设计一并考虑。内部控制方法除了管理方法之处，还有专门的方法，可以在管理制度之外，为内部控制进行一些专门设计。所以，内部控制设计要在管理制度设计的基础上，再增加其特有的内容，使内部控制与管理制度的其他内容有机地融为一体。

(四) 对内控设计、执行、监督与改进四位一体协调进行

内部控制的设计源于对各单位目标的明确定位，源于对组织层级和业务层级的详细梳理，识别与评估主要风险，针对关键控制点采取相应的控制措施，参照《控制规范》各单位可自行或在条件允许情况下聘请专家进行内部控制的设计工作。设计出的内部控制如果不执行不实施，那还是一纸空文，因此，各单位对各层级人员进行培训，适应并执行内控。控制制度的执行情况，各单位要定期进行内部监督，由财政部门、审计部门进行不定期外部监督，内控执行、监督检查过程中发现的不足要及时进行改进，并重新实施，形成

第十七章 内部控制

设计—执行—监督—改进—重新执行的良性循环,从而达到内控防范风险的根本目的。

三、公共组织内部控制建设的流程

《单位规范》第七条规定:"单位应当根据本规范建立适合本单位实际情况的内部控制体系,并组织实施。具体工作包括梳理单位各类经济活动的业务流程,明确业务环节,系统分析经济活动风险,确定风险点,选择风险应对策略,在此基础上根据国家有关规定建立健全单位各项内部管理制度并督促相关工作人员认真执行。"

(一) 建立机构开展宣传培训

1. 成立单位内部控制规范领导小组。

单位领导班子应当研究决定实施行政事业单位内部控制规范体系建设,形成决议。单位负责人应当担任组长,班子成员担任副组长,相关部门领导参加。领导小组全面负责单位内部控制规范体系建设工作的实施。

2. 建立单位内部控制规范实施机构。

指定分管领导,确定牵头部门和配合部门,集中抽调相关工作人员,具体分工,全力做好内控工作。

3. 开展内部控制规范宣传和培训工作。

充分利用各种资源开展宣传活动,营造内控氛围,产生一定影响。组织不同层次的内控培训,落实到每一个人,调动全员积极性。

(二) 制定工作方案并征求全员建议

1. 内控牵头部门,根据单位实际情况,制定详细的工作方案,报内控领导小组批准。然后传达到每一个部门,组织全体人员认真学习。要去做到"横向到边,纵向到底",不留死角和盲区。

2. 根据内控工作方案,组织专业人员设计一份调查问卷,在单位内部各个部门和全体员工中逐个征求意见,逐人填写调查问卷,并形成访谈记录。

3. 针对意见反馈或访谈记录、调查问卷进行汇总分析,归纳内部各项管理要求和风险点。

(三) 全面梳理管理流程和业务流程

1. 对单位的预算业务、收支业务、政府采购业务、资产管理、建设项目管理、合同管理等构成经济活动的各项业务的工作流程进行梳理(如果有条件的,应当包括单位层面的组织机构设置、工作职责、社会责任、单位文化建设等)。

2. 按照业务实现的时间和逻辑顺序,将各个业务中的决策机制、执行机制和监督机制融入到业务流程中的每个环节,细化业务流程中各个环节的部门和岗位设置,明确其职责范围和分工。确定管理流程和业务流程优化方案,报内控领导小组批准。例如:预算业务按照预算的时间和逻辑关系可分为预算编制、预算审核、预算批复、预算执行、决算与绩效考评等环节,在各环节中确定预算业务管理决策机制、预算业务管理工作机构和预算业务管理执行机构的工作机制。

（四）系统分析经济活动风险

1. 风险分析要从各个业务所面临的内外部环境入手，研究环境对单位内部控制的负面作用，运用多种手段进行风险的定性和定量评估。

2. 应当根据单位业务特点进行查找风险点，切记不可照搬书本和"拿来主义"。

例如，预算编制和审核中的风险将直接运行到预算批复、预算执行、决算与绩效考评等环节，预算业务的风险还将直接导致收支业务、政府采购业务等失去基础和依据。

（五）确定风险点

1. 确定风险点要依据业务流程梳理，对机构设置和岗位设置进行具体分析，从业务角度评估特定风险，找出可能造成单位经济利益流出的风险点。

2. 组织相关人员（包括邀请外部专家），对梳理的业务流程和查找到的风险点进行研究，确定风险点和风险等级。

3. 根据确定的风险点，由实施机构提出整改措施，报内控领导小组批准。

例如，在预算编审环节，预算金额不准确的风险不但来自于各个预算单位的上报金额，也来自于预算管理部门对各个预算单位上报金额的统计和汇总，还取决于预算决策部门对预算金额的评审。因此，确定风险点实际上就是对于业务环节更为细化的风险分析。

（六）选择风险应对策略

风险应对策略就是对已经识别的风险进行定性风险、定量分析和进行风险排查，确定风险等级，制定出相应的应对措施和整体策略。

（七）制定《单位内部控制手册》

1. 根据确定的风险点、风险等级和风险应对策略，组织相关人员修改和完善工作流程和经济业务流程，提出风险管控措施。

2. 建立健全内部监督机制。明确各相关部门或岗位在内部监督中的职责权限，规定内部监督的程序和要求，对内部控制建立与实施情况进行内部监督检查工作。

3. 建立自我评价机制。明确自我评价组织实施方案、人员组成和素质要求，确定自我评价程序、评价标准及各项指标、评价时间，规定自我评价报告报送程序、领导小组审批议程、反馈整改、考核处理等要求。

4. 完成以上工作后，牵头部门负责制定本单位《内部控制规范手册》，报单位内控领导小组审核批准。单位以内部规章制度的最高形式发布，在单位内部试行。

（八）认真开展试运行并及时进行风险测试

1. 在内部控制规范制度的执行过程中，单位要明确各个部门、各个岗位和相关工作人员的分工和责任，设立相应部门和岗位对内部控制管理制度的执行结果进行监督和奖惩，形成完善的内部控制执行机制。

2. 单位"一把手"和党政领导班子要带头执行内控制度。"一把手"的执行力决定着

第十七章 内部控制

内控制度执行的效果。

3. 试运行期间要及时进行风险测试，反馈执行中的问题，牵头部门要及时研究，提出应对措施，修改完善《单位内部控制手册》。

（九）正式实施单位内部控制规范

1. 《单位内部控制手册》试运行结束后，单位应当正式开始实施单位内部控制规范。试运行一般半年或最长不超过一年，就一定要正式实施。

2. 以信息化为支撑开展内控工作。信息化是内部控制最有效手段，也是内部控制实施的最高阶段。要通过优化、固化，达到信息化。

3. 借鉴内部控制试点单位比较好的经验。各单位应当选择与自身相同或相类似的样板，对口对标学习。本单位力量薄弱的，应当借助中介机构。

（十）定期开展自我评价

1. 由单位审计部门、纪检监察部门牵头定期开展自我评价工作。必须保证每年最少一次，或根据实际需要安排。

2. 充分利用廉政风险防控机制和外部审计、财政监督检查结果，认真整改，完善《单位内部控制手册》。

3. 必要时，可以聘请会计师事务所开展内部控制审计，正式出具内控审计报告。

四、单位层面内部控制建设要点

在《单位规范》中，单位层面的内部控制单列一章进行表述，体现了行政事业单位单位层面内部控制的重要性，这也是行政事业单位内部控制规范与企业内部控制规范明显的不同。单位层面的内控主要围绕内部控制环境、会计控制及信息沟通等。

（一）建立内部控制的组织架构

根据《单位规范》的要求，单位要单独设置内部控制职能部门或确定常设的内部控制牵头部门，负责组织协调开展内部控制工作。

内部控制职能部门或牵头部门负责组织协调单位内部控制日常工作；经济活动相关部门或岗位配合内部控制职能部门对本部门相关的经济活动进行流程梳理和风险评估等；充分发挥单位内部审计、纪检监察部门的职能作用。

（二）建立内部控制的工作机制

《单位规范》第十四条规定：单位经济活动的决策、执行和监督应当相互分离。决策、执行和监督相互分离机制的侧重点，一是相关过程相互分离，决策是执行的前置程序，执行是对决策的具体落实，监督影响和制约着决策和执行；二是相关岗位相互分离，岗位分离的目的是避免既当运动员，又当裁判员的情况发生，降低舞弊和腐败的风险。

建立健全议事决策制度和规则。议事决策制度主要内容：议事成员构成；决策事项范围；投票表决规则；决策纪要的撰写、流转和保存；决策事项的落实程序；监督程序、责任追究制度等。

建立健全内部控制关键岗位责任制。《单位规范》从经济活动分类角度规定,行政事业单位内部控制关键岗位主要包括预算业务管理、收支业务管理、政府采购业务管理、资产管理、建设项目管理、合同管理以及内部监督等经济活动的关键岗位。其主要内容为:单位内部控制关键岗位;关键控制岗位责任制;关键岗位轮岗制度和专项审计制度;关键岗位工作人员岗位条件及培训制度等。

(三) 对内部控制关键岗位工作人员的要求

《单位规范》第十六条规定:内部控制关键岗位工作人员应当具备与其工作岗位相适应的资格和能力。行政事业单位对关键岗位工作人员实施有效的管理注意三点:把好人员入口关;加强业务培训;强化职业道德教育。

(四) 编报财务信息的要求

健全的财会部门,能够为单位管理提供真实、完整的财务信息和发挥有效监督职能。在财会管理上,严格按照法律规定进行会计机构建立和人员配备;落实岗位责任制,确保不相容岗位相互分离;加强会计基础工作管理,按法定要求编制和提供财务信息;建立财会部门与其他业务部门的沟通协调机制。

(五) 运用现代科技手段加强内部控制

内部控制的信息化是将内控理念、控制流程、控制方法等要素通过信息化的手段固化到信息系统中,从而实现内部控制体系的系统化与常态化。行政事业单位内部控制的信息化是一种必然的趋势,对信息系统建设应实施归口管理,规范信息系统开发、运行和维护流程,建立用户管理制度、系统数据定期备份制度、信息系统安全保密和泄密责任追究制度等。要实现内部控制的信息化,可能需要更多借助外力来共同完成。

五、业务层面内部控制建设要点

行政事业单位业务层面内部控制主要包括预算业务控制、收支业务控制、政府采购业务控制、资产控制、建设项目控制、合同控制六项内容。

(一) 预算控制

预算是指行政事业单位结合管理服务目标及资源调配能力,经过综合计算和全面平衡,对当年或者超过一个年度的管理服务和财务事项进行相关经费、额度的测算和安排的过程。可以分为四个环节:预算编制、预算执行、决算与绩效评价。

1. 预算业务主要风险。

(1) 预算编制的过程短,时间紧张,准备不充分,可能导致预算编制质量低;财务部门与其他职能部门之间缺乏有效沟通,可能导致预算编制与预算执行,预算管理与资产管理、政府采购和基建管理等经济活动脱节;预算项目不细、编制粗糙,随意性大,可能导致预算约束不够。

第十七章 内部控制

（2）单位内部预算指标分解批复不合理，可能导致内部各部门财权与事权不匹配，影响部门职责的履行和资金使用效率；预算调整缺乏严格控制，可能导致预算约束力不够。

（3）不严格按照批复的预算安排各项收支，存在无预算、超预算支出等问题，可能会影响预算的严肃性；不对预算执行进行分析，沟通不畅，可能导致预算执行进度偏快或偏慢。

（4）决算与预算存在相互脱节、口径不一、反映不及时、不完整、不真实、不准确，可能导致预算管理的效率低下；评价机制不完善，可能导致预算管理缺乏监督。

2. 关键控制措施。

（1）预算编制环节：①建立完善预算编制的组织管理体制，做好预算编制的各项准备工作；②规范预算编制程序，明确审批要求；③完善编制方法，细化预算编制；④重大预算项目采取立项评审方式。

（2）预算批复环节：①明确预算批复的责任；②合理进行内部预算指标分解；③合理采用内部预算批复方法；④严格控制内部预算追加调整。

（3）预算执行环节：①预算执行申请控制：执行申请应当按规定的审批权限进行审批，审批通过以后，财务部门才能办理资金支付业务；②资金支付控制：业务部门借款申请或报销申请按规定的审批权限和程序审批完成后，办理具体的资金支付业务；③预算执行分析控制：单位应当建立预算执行分析机制，定期通报各部门预算执行情况。单位可以通过定期召开预算执行分析会议的形式，开展预算执行分析，研究解决预算执行中存在的问题，提出改进措施。

（4）决算与评价环节：①决算控制：加强决算管理，确保决算真实、完整、准确、及时；②绩效评价控制：加强预算绩效管理，建立"预算编制有目标、预算执行有监控、预算完成有评价、评价结果有反馈、反馈结果有应用"的全过程预算绩效管理机制。

（二）收支控制

1. 收入业务控制内容。

（1）业务收入主要风险：①各项收入未按照法定项目和标准征收，或者收费许可证未经有关部门年检，可能导致收费不规范或乱收费的风险；②未由财务部门统一办理收入业务，其他部门和个人未经批准办理收款业务，可能导致贪污舞弊或者私设"小金库"的风险；③违反"收支两条线"管理规定，截留、挪用、私分应缴财政的收入，或者各项收入不入账或设立账外账，可能导致私设"小金库"或者资金体外循环的风险；④执收部门和财务部门沟通不够，单位没有掌握所有收入项目的金额和时限，造成应收未收，可能导致单位利益受损的风险；⑤没有加强对各类票据的管控和落实保管责任，可能导致票据丢失、相关人员发生错误或舞弊的风险。

（2）关键控制措施：①对收入业务实施归口管理，明确由财务部门归口管理各项收入并进行会计核算，严禁设立账外账；②严格执行"收支两条线"管理规定，有政府非税收入收缴职能的单位，应当按照规定项目和标准征收政府非税收入，按照规定开具财政票据，做到收缴分离、票款一致，并及时、足额上缴国库或财政专户，不得以任何形式截留、挪用或者私分；③建立收入分析和对账制度，对收入征收情况的合理性进行分析，判断有无异常情况；④建立健全票据管理制度，财政票据、发票等各类票据的申领、启用、核销、销毁均应履行规定手续。

2. 支出业务控制内容。

（1）主要风险：①支出申请不符合预算管理要求，支出范围及开支标准不符合相关规定，基本支出与项目支出之间相互挤占，可能导致单位预算失控或者经费控制目标难以实现的风险；②支出未经适当的审批，重大支出未经单位领导班子集体研究决定，可能导致错误或舞弊的风险；③支出不符合国库集中支付、政府采购、公务卡结算等国家有关政策规定，可能导致支出业务违法违规的风险；④采用虚假或不符合要求的票据报销，可能导致虚假发票套取资金等支出业务违法违规的风险；⑤对各项支出缺乏定期的分析与监控，对重大问题缺乏应对措施，可能导致单位支出失控的风险。

（2）关键控制措施：①明确各支出事项的开支范围和开支标准；②加强支出审批控制，各项支出都应经过规定的审批才能向财务部门申请资金支付或者办理报销手续，审批人应当在授权范围内审批，不得越权审批；③加强支出审核控制，重点审核单据来源是否合法，内容是否真实、完整，使用是否准确，是否符合预算，审批手续是否齐全；④加强资金支付和会计核算控制，财务部门应当按照规定办理资金支付业务，签发的支付凭证应当进行登记；⑤加强支出业务分析控制，单位应定期编制支出业务预算执行情况分析报告，对于支出业务中发现的异常情况，应及时采取有效措施。

（三）政府采购控制

1. 政府采购业务主要风险。

（1）没有编制采购预算，采购计划安排不合理，可能导致采购失败或者资金、资产浪费的风险；

（2）没有采用恰当的采购方式，或者在招投标中存在不规范甚至违法行为，可能导致采购的产品价高质次等风险；

（3）采购验收不规范，付款审核不严格，可能导致实际接收产品与采购合同约定有差异、资金损失或单位信用受损等风险；

（4）采购业务相关档案保管不善，可能导致采购业务无效、责任不清等风险。

2. 关键控制措施。

（1）采购预算与计划管理：按照"先预算、后计划、再采购"的工作流程，先填报集中采购预算，经批复同意并录入采购计划后，方可实施采购。

（2）采购活动管理：对政府采购活动实施归口管理，在政府采购活动中建立政府采购、资产管理、财务、内部审计、纪检监察等部门或岗位相互协调、相互制约的机制。

（3）采购项目验收管理：根据规定的验收制度和政府采购文件，由指定部门或专人对所购物品的品种、规格、数量、质量和其他相关内容进行验收，并出具验收证明。

（4）质疑投诉答复管理：指定牵头部门负责、相关部门参加，按照国家有关规定做好政府采购业务质疑投诉答复工作。

（5）采购业务记录控制：妥善保管政府采购预算与计划、各类批复文件、招标文件、投标文件、评标文件、合同文本、验收证明等政府采购业务相关资料。

（6）涉密采购项目管理：规范涉密项目的认定标准和程序。对于涉密政府采购项目，单位应当与相关供应商或采购中介机构签订保密协议或者在合同中设定保密条款。

第十七章 内部控制

(四) 资产控制

1. 货币资金主要风险和控制措施。

(1) 货币资金主要风险:

①业务部门未实现不相容岗位相互分离,出纳人员既办理资金支付又经管账务处理,由一个人保管收付款项所需的全部印章,可能导致货币资金被贪污挪用的风险;

②对资金支付申请没有严格审核把关,支付申请缺乏必要的审批手续,大额资金支付没有实行集体决策和审批,可能导致资金被非法套取或者被挪用的风险;

③货币资金的核查控制不严,未建立定期、不定期抽查核对库存现金和银行存款余额的制度,可能导致货币资金被贪污挪用的风险;

④未按照有关规定加强银行账户管理,出租、出借账户,可能导致单位违法违规或者利益受损的风险。

(2) 关键控制措施:

①相容岗位分离控制:不得由一人办理货币资金业务的全过程,确保不相容岗位相互分离,出纳不得兼管稽核、会计档案保管和收入、支出、债权、债务账目的登记工作,严禁一人保管收付款项所需的全部印章,严格履行签字或盖章手续;

②授权审批控制:建立货币资金授权制度和审核批准制度,审批人应当根据货币资金授权批准制度的规定,在授权范围内进行审批,不得超越权限审批,大额资金支付审批应当实行集体决策;

③银行账户控制:严格按照规定的审批权限和程序开立、变更和撤销银行账户,禁止出租、出借银行账户;

④货币资金核查控制:指定不办理货币资金业务的会计人员定期和不定期抽查盘点库存现金,核对银行存款余额,抽查银行对账单、银行日记账及银行存款余额调节表,核对是否账实相符、账账相符。

2. 实物资产和无形资产主要风险和控制措施。

(1) 实物资产和无形资产主要风险:

①资产管理职责不清,没有明确归口管理部门,没有明确资产的使用和保管责任,可能导致资产毁损、流失或被盗的风险;

②未按照国有资产管理相关规定办理资产的调剂、租借、对外投资、处置等业务,可能导致资产配备超标、资源浪费、资产流失、投资遭受损失等风险;

③资产管理不严,没有建立资产台账和定期盘点制度,可能导致资产流失、资产信息失真、账实不符等风险。

(2) 关键控制措施:

①明确各种资产的归口管理部门;

②明确资产使用和保管责任人;

③按照国有资产管理相关规定,明确资产的调剂、租借、对外投资、处置的程序、审批权限和责任;

④建立资产台账,加强资产的实物管理;

⑤建立资产信息管理系统,做好资产的统计、报告、分析工作,实现对资产的动态

管理。

3. 对外投资控制主要风险和控制措施。

（1）对外投资控制主要风险：

①对外投资可行性没有进行充分论证，超过单位的资金实力进行投资，可能导致投资失败和财务风险；

②对外投资没有经过集体决策，由个人擅自决定对外投资，可能导致对外投资失控、国有资产重大损失甚至舞弊；

③没有明确管理责任、建立科学有效的资产保管制度，没有加强对投资项目的追踪管理，可能导致对外投资被侵吞或者严重亏损。

（2）关键控制措施：

①投资立项控制：对项目可行性要进行严格周密论证；

②投资决策控制：单位由单位领导班子集体研究决定后，按国家有关规定履行报批手续；

③投资实施控制：编制投资计划，严格按照计划确定的项目、进度、时间、金额和方式投出资产；

④追踪管理控制：对于股权投资，单位应当指定部门或岗位对投资项目进行跟踪管理；

⑤建立责任追究制度：对在对外投资中出现重大决策失误、未履行集体决策程序和不按规定执行对外投资业务的部门及人员，应当追究相应的责任。

（五）建设项目控制

1. 建设项目特点。

规模大、工期长、耗资大、环节多；技术和工艺复杂；涉及建设单位、项目设计及相关文件编制机构、招标代理机构、施工单位、监理单位、政府有关部门等。

2. 主要风险。

（1）立项缺乏可行性研究或者可行性研究流于形式、决策不当、审批不严、盲目上马，可能导致建设项目难以实现预期目标甚至导致项目失败；违规或超标建设楼、堂、馆、所，可能导致财政资金极大浪费或者单位违纪。

（2）项目设计方案不合理，设计深度不足，概预算脱离实际，技术方案未能有效落实，可能导致建设项目质量存在隐患、投资失控以及项目建成后运行成本过高等风险。

（3）招投标过程中存在串通、暗箱操作或商业贿赂等舞弊行为，可能导致中标价格不实、中标人实际难以胜任等风险。

（4）项目变更审核不严格、工程变更频繁，可能导致费用超支、工期延误等风险。

（5）建设项目价款结算管理不严格，价款结算不及时，项目资金不落实、使用管理混乱，可能导致工程进度延迟或中断、资金损失等风险。

（6）竣工验收不规范、最终把关不严，可能导致工程交付使用后存在重大隐患；虚报项目投资完成额、虚列建设成本或者隐匿结余资金，未经竣工财务决算审计，可能导致竣工决算失真等风险。

3. 关键控制措施。

（1）立项、设计与概预算控制：①对项目建议和可行性研究报告的编制、项目决策程

第十七章 内部控制

序等做出明确规定,确保项目决策科学、合理。建设项目应当经单位领导班子集体研究决定,严禁任何个人单独决策或者擅自改变集体决策意见。②择优选取具有相应资质的设计单位,并签订合同。③建立与建设项目相关的审核机制,项目建议书、可行性研究报告、设计方案、概预算等应当由单位内部的规划、技术、财会、法律等相关工作人员或者根据国家有关规定委托具有相应资质的中介机构进行审核,出具评审意见。

(2)招标控制:依据国家有关规定组织建设项目招标工作。

(3)工程价款支付控制:按照审批单位下达的投资计划和预算对建设项目资金实行专款专用。

(4)工程变更控制:经批准的投资概算是工程投资的最高限额,未经批准,不得调整和突破。如需调整投资概算,应当按国家有关规定报经批准。

(5)项目记录控制:加强对建设项目档案的管理。

(6)竣工验收控制:按照规定的时限及时办理竣工决算。

(六)合同控制

合同是两个或两个以上的当事人之间为实现一定的目的,明确彼此权利和义务的协议。合同控制是针对合同以设立、变更以及纠纷处理等环节的风险点,确定相关的控制措施,以规避法律风险的发生,确保经济活动合法合规的开展。

1. 主要风险。

(1)应签订合同的经济活动未订立合同,违规签订担保、投资和借贷合同,可能导致单位经济利益受损;

(2)未经授权对外订立合同,合同对方主体资格未达要求、合同内容存在重大疏漏和欺诈,可能导致单位经济利益受损;

(3)合同未全面履行或监控不当,可能导致单位诉讼失败、经济利益受损;

(4)合同纠纷处理不当,可能导致单位利益、信誉和形象受损。

2. 关键控制措施。

(1)合同订立控制:明确合同订立的范围和条件,严禁未经授权擅自以单位名义对外签订合同;

(2)合同履行控制:对合同履行情况实施有效监控;

(3)合同登记控制:定期对合同进行统计、分类和归档,详细登记合同的订立、履行和变更情况,实行对合同的全过程管理;

(4)合同纠纷控制:合同发生纠纷的,单位应当在规定时效内与对方协商谈判。

第三节 内部控制评价

内部控制自我评价是指由单位自行组织的,对单位内部控制的有效性进行评价,形成评价结论,出具评价报告的过程。通过内部控制设计及运行有效性评价,促使单位切实加强内部控制体系的建设并认真执行,考核内部控制目标实现与否,可以说,内部控制评价是确保内部控制建设不断完善并有效实施的重要环节。

一、内部控制评价主体

内部控制评价工作通常由单位内部控制建设领导小组负责,具体业务由内控部门或牵头部门承担,对单位内部控制的有效性进行评价,并出具单位内部控制自我评价报告。

内部控制评价的实施可以由单位内部人员组成的内部控制评价工作小组进行。单位内部控制评价小组成员必须具备与评价相关的专业胜任能力和职业道德素质,能够得到单位领导和各级工作人员的支持,与被评价部门能协调工作,评价结果具有权威性,这时可以进行内部评价工作组评价。当然,单位也可以委托中介机构实施内部控制评价。为单位提供内部控制审计服务的会计师事务所不得同时提供内部控制自我评价服务,即使由中介机构提供该服务,但内部控制自我评价报告的责任仍然由单位自身承担。

二、内部控制评价内容

内部控制自我评价是对单位内部控制有效性发表意见,内部控制有效性包括内部控制设计的有效性和内部控制执行的有效性。由于内部控制固有局限性,内部控制只能为内部控制目标的实现提供合理保证。内部控制自我评价的有效性包括组织层级和业务层级内部控制设计与执行的有效性,还包括内部控制缺陷的评价。如表17-1所示。

表17-1　　　　　　　　行政事业单位内部控制评价内容

基本步骤		主要内容
明确内部控制实施主体 (独立性、权威性)		单位内部审计机构或专门的内部控制评价机构或委托
划分相关部门职责 (分工制衡、协调高效)	单位领导	对内部控制评价承担最终责任,对内部控制评价报告的真实性负责
	内部控制评价承办部门	经单位领导授权具体负责对内部控制评价的组织、领导、监督;与单位领导负责审定内控重大、重要缺陷整改意见,协调整改中的困难,排除整改障碍
	相关部门	积极配合评价工作的开展,听取评价报告,及时落实整改措施
	内部纪律监察部门	按照相关法律法规对内部控制评价报告进行审核,对单位领导班子建立与实施内部控制进行监督等
确定内部控制评价内容	内控制度	是否建立健全各项内控制度
	组织层级	组织层级内部控制执行情况
	业务层级	业务层级内部控制执行情况
制定内部控制评价报告		包括内部控制总结性分析、成绩、问题和对策

资料来源:摘自刘永泽所著:《行政事业单位内部控制制度设计操作指南》,东北财经大学出版社2013年版。

第十七章 内部控制

（一）内部控制设计的有效性

内部控制设计的有效性是指为实现控制目标所必需的内部控制程序和制度存在且设计恰当，能够为控制目标的实现提供合理保证。主要关注：

（1）内部控制设计的合理合法性，既符合内部控制原理又符合法律法规，各项内部控制之间的衔接是否紧密、协调，有无两种控制相互矛盾或存在缺陷的现象；

（2）内部控制设计的全面性，即内部控制覆盖面要全面，既要覆盖单位所有关键业务、关键环节和关键控制点，也要包括单位内部所有相关部门和人员，在经济业务有关管理制度中所设置的控制点是否齐全，有无控制弱点或缺少必要的控制点，特别是关键控制点是否有严密的控制措施；

（3）内部控制设计的适应性，即内部控制的设计与单位的环境、运行条件、经营特点及风险管理等实际情况相匹配，并能够依内外部条件变化而适时调整关键控制。

（二）内部控制执行的有效性

内部控制执行的有效性是指在内部控制设计有效的前提下，内部控制能够有效得到执行，即查明单位各项控制措施是否在各项经济活动中真正发挥了作用，有无失控和不完善之处。评价内部控制执行的有效性时，应当关注：

（1）相关内控在评价期内是否得到执行；

（2）相关内控如何得到执行；

（3）相关内控由谁执行；

（4）相关内控是否得到一贯执行。

三、内部控制评价流程

单位内控评价是以内控自我评价工作小组为主导实施，采用交叉复核方式进行的综合评价。内控综合评价每年进行一次，并于年度财务报告披露前一个月完成。单位内部控制评价流程一般包括制定评价工作方案、组成评价工作组、实施现场测试、汇总评价结果、编制评价报告、报告反馈与跟踪等。其基本流程可分为准备、实施、报告和反馈等四个阶段。

（一）准备阶段

准备阶段主要包括制定内控评价工作方案、组成内控评价小组、确定内控评价工作底稿、召开启动会等工作内容。内控评价工作方案应由内控自我评价工作小组共同拟定，报经主管领导审批后实施，主要包括评价目的、范围、工作任务、人员组织、方法、程序、时间安排和资源配置等内容。自我评价工作小组人员与各部门就相关内容进行沟通，确定各部门内控评价工作底稿。

（二）实施阶段

1. 了解单位基本情况。

充分与单位沟通组织机构设置及职责分工、负责人成员构成及分工等基本情况。

2. 确定评价范围和重点。

评价工作组根据掌握的情况进一步确定评价范围、检查重点和抽样数量,并结合评价人员的专业背景进行合理分工,并可根据实际要适当调整检查重点和分工情况。

3. 开展现场检查测试。

评价工作组根据评价人员分工,综合运用各种评价方法对内部控制设计与运行的有效性进行现场检查测试,按要求填写工作底稿、记录相关测试结果,并对发现的内部控制缺陷进行初步认定。主要包括实施现场测试、认定控制缺陷等工作。

(三)报告阶段

主要包括汇总评价结果、编报内控自我评价报告等工作内容。评价工作小组应于现场评测结束10个工作日内根据内控评价结果,结合内控评价工作底稿等资料,依据其测评范围分别出具各部门的内控自我评价报告。

(四)反馈与跟踪阶段

对于认定的内部控制缺陷,内部控制自我评价机构应当结合单位领导班子、内部审计部门和纪律监察部门的要求,提出整改建议,要求责任单位及时整改,并跟踪其整改落实情况;已经造成损失或负面影响的,单位应当追究相关人员的责任。

四、内部控制评价报告

单位内部控制评价的结果最终要以书面形式体现。评价报告应当对单位内部控制的有效性发表意见,指出内部控制存在的缺陷,并提出整改建议。评价报告应当提交单位负责人,单位负责人应当对评价报告所列示的内部控制缺陷及其整改建议做出回应并监督落实。

(一)内部控制总体评价

内部控制总体评价是对单位组织层面和业务层面内部控制的建立和实施情况进行的总结和评价。总结和评价主要围绕着单位内部控制制度建设的完整性和内部控制制度实施的有效性,并对内部控制实施的总体效果进行分析和总结。其既包括单位组织层级中的组织架构、决策机制、执行机制、监督机制和协同机制,也包括业务层级中的预算控制、收支控制、采购控制、资产控制、工程项目控制、会计控制和合同控制。

(二)内部控制效果分析

内部控制效果分析是对内部控制在单位实施后,对单位组织架构和各项业务活动顺利开展的积极效果进行总结。其具体包括单位完成各级政府交给的各项任务,公共资源、公共资金和国有资产管理的履约责任完成情况等。

(三)内部控制缺陷分析

对行政事业单位内部控制自我评价是完善内部控制制度的有效途径,而内部控制自我

第十七章 内部控制

评价的核心任务是找出行政事业单位内部控制在设计和实施过程中的缺陷，对缺陷的性质进行分析，进而有针对性地提出相应的整改措施并督促落实。因此，从某种意义上说，行政事业单位内部控制自我评价的成效在很大程度上取决于对内部控制缺陷的认定。内部控制缺陷认定标准是单位内部控制评价结论形成的依据。

内部控制缺陷按照不同的标准可以有不同的分类。一般来说，按照内部控制缺陷的来源不同，可将内部控制缺陷分为设计缺陷和执行缺陷。设计缺陷是指行政事业单位缺少为实现控制目标所必需的控制措施，或现存控制设计不适当，即使正常运行也难以实现控制目标。执行缺陷是指设计有效（合理且适当）的内部控制由于运行不当（包括由不恰当的人执行、未按设计的方式运行、运行的时间或频率不当、没有得到一贯有效运行等）而影响控制目标的实现所形成的内部控制缺陷。

内部控制缺陷一经认定，应以适当的方式向单位领导班子报告，单位对于认定的内部控制缺陷，应当及时采取整改措施，切实将风险控制在可承受度之内，并追究有关机构或相关人员的责任。单位内部控制自我评价机构应就发现的内部控制缺陷提出整改建议，并报上级主管部门、单位领导班子、内部审计部门和纪律监察部门批准。获批后，应制定切实可行的整改方案，包括整改目标、内容、步骤、措施、方法和期限。整改期限超过一年的，整改目标应明确近期和远期目标以及相应的整改工作内容。

（四）内部控制评价报告内容

（1）内部控制评价基本情况，描述内部控制评价工作的基本情况，包括评价目标、评价依据、范围、程序、方法等。

（2）内部控制评价的总体结论，描述内部控制评价项目的重要发现和评价结论，以便于报告使用者全面了解内部控制评价的发现和结论。

（3）内部控制评价主要发现和建议，包括对内部控制缺陷或例外情况的具体描述、可能造成的影响、改进建议以及内部控制缺陷的整改情况及重大缺陷拟采取的整改措施。

第四节 内部控制监督

评价与监督是单位内部控制得以有效实施的保障机制，评价服务于监督。《单位规范》规定单位应当建立健全内部监督制度，明确各相关部门或岗位在内部监督中的职责权限，规定内部监督的程序和要求，对内部控制建立与实施情况进行内部监督检查和自我评价。内部监督应当与内部控制的建立和实施保持相对独立。

一、内部监督

内部控制的内部监督是单位对其自身内部控制的建立与实施情况进行监督检查。内部监督是单位内部控制体系的重要组成部分，也是监督与评价内部控制的有效手段。

（一）内部监督的实施主体

内部控制的内部监督应当与内部控制的建立和实施保持相对独立，内部控制监督不能由具体组织实施和日常管理的工作部门承担。对于设立了独立内部审计部门或者专职内部审计岗位的单位,应当指定内审部门或者岗位作为内部监督的实施主体;对于没有内审部门或岗位的单位,单位内部控制建设领导小组应当指定部门或岗位作为实施监督的责任主体;对于将所有下属单位纳入内部控制建设实施范围统一开展内部控制建设的上级单位,其内部监督实施主体同时也可以作为下属单位内部监督的实施主体。

(二) 内部监督的内容和要求

负责内部监督的部门或岗位应当定期或不定期检查单位内部管理制度和机制的建立与执行情况,以及内部控制关键岗位及人员的设置情况等,及时发现内部控制存在的问题并提出改进建议。单位应当根据本单位实际情况确定内部监督检查的方法、范围和频率,通常不能少于一年一次。

二、外部监督

由于公共组织使用的主要是公共资源,除了积极发挥内部监督的作用外,还应当自觉依法接受来自外部的监督检查。外部监督对行政事业单位内部控制的建立和实施将起到重要的保障作用,实施外部监督的部门主要有财政部门、审计机关、纪检监察部门和主管部门。

(一) 财政部门的外部监督

国务院财政部门及其派出机构和县级以上地方各级人民政府财政部门应当对单位内部控制的建立和实施情况进行监督检查,有针对性地提出检查意见和建议,并督促单位进行整改。

国务院财政部门及其派出机构和县级以上地方各级人民政府财政部门(以下统称财政部门)对行政事业单位内部控制实施监督的方式有专项监督和日常监督两种方式。专项监督是由财政部门专职监督机构实施的监督,如财政部驻各地监察专员办事处对行政事业单位开展的内部控制监督检查工作;日常监督是由财政部门业务管理机构在履行财政、财务、会计等管理职责过程中实施的监督,如会计管理机构对行政事业单位开展的内部控制监督检查工作。

财政部门在对内部控制实施监督时,应当充分利用好行政事业单位出具的内部控制自我评价报告,以提高监督检查的效率和效果。还应当对监督检查中发现的问题有针对性地提出检查意见和建议,并督促被检查单位根据检查意见和建议进行整改,以进一步健全被检查单位的内部控制体系。

(二) 审计部门的外部监督

国务院审计机关及其派出机构和县级以上地方各级人民政府审计机关对单位进行审计时,应当调查了解单位内部控制建立和实施的有效性,揭示相关内部控制的缺陷,有针对性地提出审计处理意见和建议,并督促单位进行整改。

国务院审计机关及其派出机构和县级以上地方各级人民政府审计机关(以下统称审计

第十七章 内部控制

机关)是政府审计的实施主体,依法对行政事业单位实施审计监督。审计机关对行政事业单位开展审计工作时,应当调查了解被审计单位的内部控制,并对被审计单位的内部控制依据《单位内控规范》实施控制测试,调查和了解被审计单位内部控制建立和实施的有效性,揭示相关内部控制的缺陷,有针对性地提出审计处理意见和建议,并督促被审计单位进行整改,以进一步健全被审计单位的内部控制体系。

(三) 纪检监察部门实施的外部监督

建立健全内部控制是公共组织防范舞弊和预防腐败的有效手段。行政事业单位内部控制在方向、思路、内容、方法上与中纪委积极推动的廉政风险防控机制建设是基本一致的,实际上是廉政风险防控的组成部分,是从单位内部经济活动风险管控的角度出发落实廉政风险防控的要求。

各级纪检监察部门可以在对相关行政事业单位开展纪检监察的过程中,对其内部控制的建立和实施情况进行监督检查,并将单位内部控制的建立和实施情况作为对单位领导干部考核的内容之一,以进一步提升行政事业单位开展内部控制建设的积极性和主动性,同时通过加强内部控制扎实推进惩治和预防腐败体系建设。

(四) 主管部门实施的外部监督

单位的主管部门也是对行政事业单位内部控制实施监督的重要主体之一。主管部门通常是在履行业务管理职责过程中对所属公共组织实施的日常监督。主管部门应当对行政事业单位监督管理中发现的内部控制问题有针对性地提出管理意见和建议,并督促单位进行整改,以进一步健全单位的内部控制体系。

第十八章 风险管理

由于风险能够影响组织目标的实现，所以越来越多的组织开始重视识别风险因素并将风险控制在可接受的范围内。风险管理是组织通过对经济活动中风险的识别、衡量和分析，选择科学合理的方法应对风险，以实现组织目标的过程。目前，风险管理已经成为公共组织管理的一项主要内容，有效地识别风险、准确客观地衡量和评价风险、恰当地开展风险应对，才能预防和减少风险的发生，减少风险管理决策的失误，合理配置组织资源。

第一节 风险识别

为及时发现经济活动存在的风险，单位应当建立经济活动风险定期评估机制对经济活动存在的风险进行全面、系统和客观评估。单位可以成立风险评估工作小组，由单位领导亲自担任组长，由各经济活动的关键工作人员及技术专家组成跨部门联合工作小组，至少每年进行一次风险评估活动，以风险评估的结果作为完善内控的依据。

一、风险分类

风险识别是对公共组织面临的各种不确定因素进行梳理、汇总，形成风险点清单。风险识别需要对单位的经济活动的管理现状进行连续的全面摸底。要做好单位的风险识别工作，需要了解单位风险种类和影响风险发生的各种因素。

（一）按照风险来源分类

公共组织面临的风险按照来源可以分为外部风险和内部风险。外部风险主要是指单位履行职责和提供服务过程中违法违规所面临的法律政策风险，各种经济因素、技术因素、市场因素带来的经济风险，社会文化、消费者行为等社会风险以及自然灾害等其他因素产生的风险。内部风险主要是指单位机构设置、运用方式、资产管理、业务流程等管理风险，道德风险，财务风险及其他导致运营安全、员工健康、环境保护等风险。

（二）按照管理层级分类

公共组织面临的风险可以分为两个层面的风险：单位层面的风险和业务层面的风险。单位层面的风险主要指单位层级滥用职权的风险、单位经济业务活动不合法或不合

第十八章 风险管理

规的风险、资金使用效率低下的风险、资源配置不合理的风险、财务信息不真实不完整的风险、发生舞弊或腐败现象的风险等。业务层面的风险是指单位具体业务活动和业务流程方面的风险，例如预算业务、政府采购业务、收支业务、资产管理、合同管理等发生的风险。

二、风险识别方法

风险识别方法是单位用于找出风险点的方法。由于公共组织的经济业务活动相对简单，常用的风险识别方法如下：

（一）风险清单法

风险清单法是识别风险的最基本而又非常重要的方法。风险清单是指一些由专业人员设计好的标准表格或问卷，表格或问卷力争覆盖组织可能面临的各种风险。被问者对照清单上的每一项进行回答，通过回答，风险管理者逐渐构建出风险框架，识别出主要风险。由于各个单位管理职能的差异化，没有统一的标准化清单适用于所有单位，所以风险清单对于清单的设计有较高的要求，否则容易出现风险缺漏。比较常见的风险清单有潜在损失一览表、保单对照表等。

（二）财务报表分析法

财务报表能综合反映一个风险管理单位的财务状况，单位存在的许多问题都能够从财务报表中反映出来。财务报表是基于风险管理单位容易得到的资料编制的，这些资料用于风险识别，具有可靠性和客观性的特点。运用财务报表分析的方法，应对每个会计科目进行深入的研究和分析，研究的结果是按照会计科目的形式编制出来的，可以识别风险管理单位隐藏的潜在风险，可以防患于未然。财务报表分析法的缺点是专业性强，缺乏财务管理的专业知识，无法识别风险管理单位的风险。财务报表分析法识别风险的基础是风险管理单位的财务信息具有真实性，如果财务报表不真实，就无法识别风险管理单位面临的潜在风险。

（三）流程图法

流程图法是识别风险管理单位面临潜在损失风险的重要方法。流程图法就是把单位的经济业务活动的过程按照流程图的方式绘制出来，体现业务流程和具体责任部门以及相互勾稽关系，针对流程中的关键环节和薄弱环节调查风险、识别风险的办法。流程图法的优点在于清晰、形象，基本上能够揭示出所有经营环节中的风险，但流程图只强调事故的结果，并不关注损失的原因，因此，要想分析风险因素，就要和其他方法配合使用。

（四）小组讨论和访谈

由单位领导、中层和普通员工组成讨论小组进行讨论，或对相关人员进行访谈，从而识别单位可能影响单位目标实现的风险事件。

（五）实地检查法

到现场实际检查各个部门经济活动的运作十分重要。通过直接观察单位的各种设施及进行的各项操作，能够深入了解单位的活动和行为方式。现场检查的优点是可以获得第一手资料，可以与各部门管理人员建立和维持良好的关系，现场检查方法最大缺点就是需要花费大量的时间，成本较高。

三、风险识别关注点

由于各单位的涉及经济活动的领域不同，面临的风险也是多种多样。风险识别时应当重点关注管理人员的廉洁自律、职业操守和专业胜任能力等环境因素；单位组织机构、运营方式、资产管理、业务流程等因素；单位收支管理、财务状况等财务因素。《单位规范》列示如下关注点：

（一）单位层面的风险点

单位层面的风险识别主要从组织、机制、制度、岗位和信息系统入手，主要包括内部控制工作的组织情况，内部管理制度和制衡机制的建立、执行情况，内部控制关键岗位人员的管理情况，财务信息的编报情况以及信息技术的运用情况。

（二）业务层面的风险点

业务层面风险识别从梳理业务流程、明确业务环节入手，主要包括各项经济业务活动的业务流程是否清晰合理，流程中的相关岗位的职责权限是否明确，不相容岗位是否相互分离；每个环节的授权审批是否科学，相关信息是否得到全面记录；各项管理要求是否在内部管理制度中予以明确，各项制度是否得到有效执行，关键控制措施是否得到落实等。

第二节　风险分析

风险分析是指在风险识别基础上，运用定量和定性方法分析风险发生的可能性和对单位目标实现的影响程度，然后对风险进行排序，明确重要风险和一般风险，确定内部控制需要重点关注和优先控制的风险点。风险分析具体包括风险的可能性和影响程度分析。

一、定性分析

定性分析是指凭借经验和直觉把风险发生概率的大小或损失高低程度进行定性分级。定性方法可采用问卷调查、集体讨论、专家咨询、情景分析、政策分析、行业标杆比较、管理层访谈、由专人主持的工作访谈和调查研究等。如表18-1和表18-2所示。

第十八章 风险管理

表 18-1 可能性定性测评

序号	描述符	详细描述举例
1	几乎确定	在多数情况下预期会发生
2	很可能	在多数情况下很可能会发生
3	可能	在某些时候可能发生
4	不太可能	在多数情况下都不太可能发生
5	几乎不可能	在例外情况下可能发生

表 18-2 影响程度的定性测评

序号	描述符	详细描述举例
1	不重要	目标实现不受影响，如发生，将造成较低的损失
2	次要	对目标实现有轻度影响，如发生，将造成轻微的损失
3	中等	对目标实现有中度影响，如发生，将造成中等的损失
4	主要	对目标实现有严重影响，如发生，将造成较大的损失
5	重大	对目标实现有重大影响，如发生，将造成极大的损失

定性方法，是指运用定性术语评估并描述风险发生的可能性及其影响程度。由于定性分析方法是用定性术语描述风险发生的可能性及其影响，因此相比于定量方法而言，最大的缺陷就在于结果受到评估人主观判断的影响较大。因此，为了提高评估结果的客观性，评估人应当从多方面收集有关风险的资料及意见，充分考虑相关部门或人员的意见，在这样基础上作出的评估体现的是多方面的综合意见，相对接近客观事实。

在风险难以量化、定量评价所需数据难以获取时，一般应采用定性方法。

二、定量分析

定量方法是指运用数量方法评估并描述风险发生的可能性及其影响程度。定量方法采用数量方法描述风险，往往在运用这一方法时，要借助一定的数量模型，将大量历史数据输入并进行分析，在此基础上得出评价结论。因此，定量方法是建立在大量历史数据基础上，并借助一定的技术手段，在定量方法采取过程中主观判断的程度要少于定性方法，因此，定量方法一般能比定性方法提供更为客观的评估结果。常用的定量方法有概率分析、统计推论（如集中趋势法）、计算机模拟（如蒙特卡罗分析法）、失效模式与影响分析、事件树分析等。

但定量方法的使用具有一定的限制，其中之一就是数据难以获得，有些风险类型无法或很难量化。因此，实际应用过程中，往往定性和定量分析结合应用。

第三节 风险衡量

风险衡量是在对过去损失资料分析的基础上，运用概率论和数理统计的方法对某一特定或者几个风险事故发生的损失频率和损失程度做出估计，以此作为风险应对的依据。风险衡量的基础是充分、有效率的数据资料，风险衡量是对损失发生的频率和程度量化分析的过程，风险衡量是风险管理的重要手段。

一、损失频率和损失程度

在占有大量数据资料的基础上，衡量风险需要做好两方面的工作：一是估计损失发生的次数，即损失频率。损失频率测量的是在单位时间内损失事件发生的平均次数。例如，某种损失的损失频率为每年一次。二是估计损失程度，风险损失程度是指风险事故可能造成的损失值，即风险价值。风险的严重性与损失程度密切相关。例如，某损失的平均成本为每年5万元，就是对损失程度的估计。在衡量风险损失程度时，除了需要考虑风险单位的内部机构、用途、设施等以外，还需要考虑下面几方面的因素：损失形态、损失频率、损失的时间和损失金额。

二、风险衡量的方法

风险的概率分布是指显示各种结果发生概率的函数，是用来描述损失原因所致各种损失发生可能性大小的分布情况。随机变量是取值带有随机性的变量。随机变量的一切可能值的集合（或值域），以及它取各可能值的概率或在值域内各部分取值的概率，二者总称为概率分布。概率分布有离散型和连续型两大类，实际中遇到的概率分布也有离散型和连续型两大类。

（一）中心趋势测量

中心趋势测量是确定风险概率分布中心的重要方法。在各种不同测量方法中，主要有以下几种方法：算术平均数、加权平均数、中位数等。

衡量风险大小取决于不确定性的大小，取决于实际损失偏离预期损失的程度，而不确定性的大小可以通过对发生损失距离期望的偏差来确定，即风险度是根据风险所致损失的概率和一定规则的计算得到的。风险度越大，就意味着对将来越没有把握，风险就越大；反之，风险就越小。

（二）损失的概率分布

风险的概率分布是风险事故的总体列举，这些事故是由某一随机过程导致的。风险衡量的一个重要方面是根据风险事故的概率分布预测未来损失发生的频率和程度。常用的概率分布有离散型概率分布、连续型概率分布两大类。其中最常用的有二项分布、泊松分布和正态分布。正态分布是衡量风险损失程度的重要方法。

第四节 风　险　评　价

风险评价是指在风险识别和风险衡量的基础上，把损失概率、损失程度以及其他因素

第十八章 风险管理

综合起来考虑，分析风险的影响，并对风险的状况进行综合评价。在风险评价的过程中，需要综合考虑各种风险因素的影响，对可能引起损失的风险事件进行综合评价。运用数学模型进行定量分析，为风险评价提供了重要的依据。风险评价离不开特定的国家和制度，受到风险态度的影响，风险评价者的风险态度也会影响风险评价的结果。

一、风险评价程序

风险评价的基本程序一般可以按照如下步骤进行：

（一）确定评价基准

减少风险是要付成本的，因此应将风险限定在一个合理的可接受的水平。风险评价基准就是项目主体针对每一种风险后果确定的可接受水平（也称安全指标）。评价基准是通过对大量损失资料的分析，承认损失事故的发生是不可完全避免的前提下，从当前的科学技术水平、社会经济情况以及人们的心理等因素出发，确定一个社会都能接受的最低风险界限，作为衡量单位风险严重程度的标准。运用评价基准对系统进行衡量是风险评价的关键，根据衡量的结果以确定是否要采取控制措施，以及控制到什么程度。若估计出的损失发生概率和损失严重程度大于评价基准，说明单位较危险，应采取控制措施，消除风险因素或降低其危害程度；若估计的结果小于评价基准，虽然存在一定的风险，但人们能够接受。

（二）确定风险水平

确定了风险评价基准之后，下一步就要确定项目的整体风险水平，项目整体风险水平是综合了所有的个别风险之后确定的。帕累托"二八"原理表明，20%的风险构成了对项目严重威胁的80%。一般情况下，项目面临的各种风险的严重性和发生频率都呈现这种分布规律，即后果严重的风险出现的机会少，可预见性低；出现机会多的风险，后果不严重，可预见性也相当高。

（三）进行比较

风险评价的最后一步是将项目整体风险水平同整体评价基准、各单个风险水平同单个评价基准比较，看一看项目风险是否在可接受的范围之内，进而确定该项目应该就此停止还是继续进行。

二、风险评价方法

风险评价可以采取简单的方式，也可以通过数理计算的方式进行评价，下面介绍几种常用的评价方法。

（一）风险坐标图法

风险坐标图是把风险发生可能性（概率）的高低、风险发生后对目标的影响大小

（严重程度），作为两个维度绘制在同一个平面上（即绘制在直角坐标系内）。对风险发生可能性的高低、风险对目标影响程度的评估有定性、定量等方法。定性方法是直接用文字描述风险发生可能性的高低、风险对目标的影响程度，如"极低"、"低"、"中等"、"高"、"极高"等。定量方法是对风险发生可能性的高低、风险对目标影响程度用具有实际意义的数量描述，如对风险发生可能性的高低用概率来表示，对目标影响程度用损失金额来表示。

绘制风险坐标图的目的在于对多项风险进行直观的比较，从而确定各风险管理的优先顺序和策略。

（二）风险度评价法

风险度评价是指风险管理单位对风险事故造成故障的频率或者损害的严重程度进行评估。风险度评价可以分为风险事故发生频率评价和风险事故造成损害程度评价。一般来说，风险度评价可分为 1~10 级，级别越高，危险程度越重。风险度评价法可以按照风险度评价的分值确定风险的大小，分值越大，风险越大；反之，则风险越小。

（三）概率分析法

分析风险的概率分布的一个重要方法是直方图法。直方图形象直观地反映了数据分布的情况，通过直方图可以观察和分析风险与概率分布。通过观察直方图的分布状态以及将其与公差标准相比，可以判断风险管理单位是否存在异常因素，以便采取措施，将异常因素消除在萌芽状态。风险管理下限越偏离规定的标准，风险越大。

（四）风险价值法

VAR 指风险值，是应金融资产风险衡量的需要，于 20 世纪 80 年代末提出。1994 年 J. P. 摩根银行首先将其作为风险衡量的工具。VAR 法是金融风险的一种度量方法。

第五节　风险应对

风险应对是在风险识别和风险分析基础上，针对单位存在的风险，提出各种解决方案，经过分析论证和评价从中选择最优的应对措施和策略并予以实施的过程。单位应根据不同业务特点统一确定风险偏好和风险承受度，并据此确定风险的预警线及相应采取的对策。风险规避、风险降低、风险转移和风险承受是常用的四种风险应对策略。

一、风险规避

风险规避是单位对于超出可承诺范围的风险，通过放弃或停止与该风险相关的业务活动以避免和减轻损失的策略。风险规避主要有两种：一是放弃存在特定风险的项目，例如，单位经过分析讨论，发现对外投资业务风险很高，且本单位缺乏专业人员对投资业务进行有效管理，所以单位决定放弃该投资项目。二是中止已经开展的活动。

第十八章 风险管理

二、风险降低

风险降低是指单位降低其损失发生概率，减小其损失程度时所采取的控制技术和方法。依据风险管理的目的，风险降低措施可以分为损失预防和损失抑制两类。

损失预防是指事先采取措施，消除或减少危险因素，以减少损失概率。主要通过改变可能导致风险的因素，减少风险的发生。损失抑制是指在事故发生时或发生后采取措施消除或减少损失发生范围或降低损失程度。

三、风险转移

风险转移也可称为风险分担，是单位准备借助外部力量，通过业务外包、购买保险等方式，将风险控制在可承受范围之内的策略。例如，对于贵重资产，可以通过购买保险的方式，降低因保管不善造成的资产被盗或毁损的风险。风险转移分为财务型和非财务型转移两类，财务型风险转移可以细分为非保险转移和保险转移两类。

四、风险承受

风险承受是单位对可承受范围内的风险，在权衡成本效益后，不准备采取措施降低风险或减轻损失的策略。如果单位经过分析后，认为自身有足够的能力承受风险造成的损失时，可以采取该策略，自行消化风险损失。

第十九章 廉政治理

建设廉洁政治，是全人类共同面临的重大课题。反对和防止腐败也是全党的重大政治任务。改革开放三十多年来，中国的经济发展取得举世瞩目的成就，同时腐败现象也在社会各个层面发生，而公共组织是腐败高发之地。腐败行为产生的原因多且复杂，经济学家、司法界、纪检监察部门等纷纷剖析这一社会现象，并研究治理对策，使廉政治理提上日程。党的十八届三中全会指出："把权力关进制度笼子，构建决策科学、执行坚决、监督有力的权力运行体系，健全德治和预防腐败体系。"廉政治理是一个综合的治理过程，涉及方方面面，需要进行一系列专题研究，本章从完善内部控制制度和创新监督机制角度着手，突出加强廉政风险防控机制建设的重要性，公共组织亦应高度关注廉政治理相关要求并以此为基础完善制度，强化管理、优化服务。

第一节 廉政要求

拥有大量公共资源的公共组织承担着公共管理和提供社会服务的职能，或多或少都拥有集中而直接的权力，在执行公务过程中或日常生活中可能会存在动用权力谋求私利等腐败行为的风险。因为涉及公共领域和公共服务，这些风险一旦发生造成的危害巨大，损失很难弥补。因此，公共组织及其工作人员必须遵守廉政要求，开展廉政治理。而只有加强制度建设，才能从根本上推动廉政治理，否则将会成为一句空话。

一、廉政风险

廉政风险危害廉政建设，为了有效预防和减少这种风险，从中央到地方对廉政风险防控机制的建设做了一些有益的实践探索。在实际工作中，预防关口前移，通过查找风险部位、评估风险指数、界定风险等级、建立预警系统、完善相关制度、反馈实施结果等，建立健全融教育、制度、监督于一体的有效防控廉政风险新机制，进一步加强了从源头上防治腐败工作，取得了较好成效。

（一）廉政风险

廉政风险是指出现廉政问题的可能性，就是指拥有公务的人员凭借所拥有的公共权力在执行公务和日常生活中出现谋求私利等腐败行为的可能性。廉政风险主要有思想道德风险、制度机制风险、岗位职责风险等三种类型。

第十九章 廉政治理

廉政风险防范管理是把现代管理科学中的风险管理理论和质量管理方法应用于反腐倡廉工作实际，通过对党员、领导干部和关键岗位人员、管理人员未能廉洁自律而产生的廉政风险进行识别、评估，采取针对性防控措施，对预防腐败工作实施科学管理的过程。

（二）廉政风险防控管理

在实际工作中，预防关口前移，通过查找风险部位、评估风险指数、界定风险等级、建立预警系统、完善相关制度、反馈实施结果等。廉政风险防范管理工作以年度为周期，分为计划、执行、考核、修正四个环节。

1. 计划。

根据腐败行为的变化特点，结合反腐倡廉工作实际，界定廉政风险，重点查找工作实践中教育、制度、监督不到位和党员干部廉洁自律等方面的不足，以预防、监控和处置为手段，制定工作措施。

2. 执行。

首先，围绕岗位职责、业务流程、制度机制和外部环境等方面，通过自己找、相互帮、领导提、集中评、组织审等多种形式，全面查找廉政风险。其次，分析风险点、制定防控措施。对查找出的廉政风险进行归并、分析和评估，确定防控重点，从前期预防、中期监控和后期管理三个层面，研究制定防控措施。三是完善工作机制、落实考核检查。

3. 考核。

在执行过程中和执行之后，按照廉政风险防范管理的考核标准，通过自查自纠、专项检查及重点抽查等方式，对落实情况进行检查考核。

4. 修正。

根据考核结果，纠正存在问题，总结经验，完善工作措施，修正风险内容，启动下一个防范周期。

二、廉政要求

一直以来，中共中央对党员干部都提出廉政要求。新形势下反腐倡廉提出新举措，2012年中共中央纪委对国家工作人员中的共产党员提出了八项严格的禁止性规定（简称"八项规定"）。地方政府则根据八项规定制定了更加详细可行的规定，其中比较有影响力的是浙江省委提出的六项禁令。

（一）关于改进工作作风、密切联系群众的八项规定

八项规定是指2012年12月4日，习近平总书记主持召开中共中央政治局会议，审议通过了中央政治局关于改进工作作风、密切联系群众的八项规定。之所以中央政治局开会出台这样一个规定，一方面要改变工作作风，另外一方面，要防止官僚主义、形式主义。特别强调要从中央政治局做起，从领导做起，这些要求体现了十八大要求的务实、为民、廉洁具体的举措。具体内容如下：

1. 要改进调查研究，到基层调研要深入了解真实情况，总结经验、研究问题、解决困难、指导工作，向群众学习、向实践学习，多同群众座谈，多同干部谈心，多商量讨论，

多解剖典型，多到困难和矛盾集中、群众意见多的地方去，切忌走过场、搞形式主义；要轻车简从、减少陪同、简化接待，不张贴悬挂标语横幅，不安排群众迎送，不铺设迎宾地毯，不摆放花草，不安排宴请。

2. 要精简会议活动，切实改进会风，严格控制以中央名义召开的各类全国性会议和举行的重大活动，不开泛泛部署工作和提要求的会，未经中央批准一律不出席各类剪彩、奠基活动和庆祝会、纪念会、表彰会、博览会、研讨会及各类论坛；提高会议实效，开短会、讲短话，力戒空话、套话。

3. 要精简文件简报，切实改进文风，没有实质内容、可发可不发的文件、简报一律不发。

4. 要规范出访活动，从外交工作大局需要出发合理安排出访活动，严格控制出访随行人员，严格按照规定乘坐交通工具，一般不安排中资机构、华侨华人、留学生代表等到机场迎送。

5. 要改进警卫工作，坚持有利于联系群众的原则，减少交通管制，一般情况下不得封路、不清场闭馆。

6. 要改进新闻报道，中央政治局同志出席会议和活动应根据工作需要、新闻价值、社会效果决定是否报道，进一步压缩报道的数量、字数、时长。

7. 要严格文稿发表，除中央统一安排外，个人不公开出版著作、讲话单行本，不发贺信、贺电，不题词、题字。

8. 要厉行勤俭节约，严格遵守廉洁从政有关规定，严格执行住房、车辆配备等有关工作和生活待遇的规定。

（二）六项禁令

浙江省委针对中央八项规定制定了更加详细的条款，称为六项禁令。

1. 严禁用公款搞相互走访、送礼、宴请等拜年活动。各地各部门要大力精简各种茶话会、联欢会，严格控制年终评比达标表彰活动，单位之间不搞节日慰问活动，未经批准不得举办各类节日庆典活动。上下级之间、部门之间、单位之间、单位内部一律不准用公款送礼、宴请。各地都不准到省、市机关所在地举办乡情恳谈会、茶话会、团拜会等活动，已有安排的，必须取消。各级党政干部一律不准接受下属单位安排的宴请，未经批准不准参与下属单位的节日庆典活动。

2. 严禁向上级部门赠送土特产。各地各部门各单位一律不准以任何理由和形式向上级部门赠送土特产，包括各种提货券。各级党政干部不得以任何理由，包括下基层调研等收受下属单位赠送的土特产和提货券。各级党政机关要严格纪律要求，加强管理，杜绝在机关收受和分发土特产的情况发生。

3. 严禁违反规定收送礼品、礼金、有价证券、支付凭证和商业预付卡。各级领导干部一定要严格把关，严于律己，要坚决拒收可能影响公正执行公务的礼品、礼金、有价证券、支付凭证和商业预付卡，严禁利用婚丧嫁娶等事宜借机敛财。

4. 严禁滥发钱物，讲排场、比阔气，搞铺张浪费。各地各部门不准以各种名义年终突击花钱和滥发津贴、补贴、奖金和实物；不准违反规定印制、发售、购买和使用各种代币购物券（卡）；不准借用各种名义组织和参与用公款支付的高消费娱乐、健身活动；不准

第十九章 廉政治理

用公款组织游山玩水、安排私人度假旅游、出国（境）旅游等活动；不准违反规定使用公车、在节日期间公车私用。

5. 严禁超标准接待。领导干部下基层调研、参加会议、检查工作等，要严格按照中央和省委的有关要求执行。

6. 严禁组织和参与赌博活动。各级党员干部一定要充分认识赌博的严重危害性，决不组织和参与任何形式的赌博活动。

三、廉政监督

腐败源于对权力缺乏有效的监督制约，廉政监督机制的构建是防治腐败的根本手段。目前廉政监督体系主要包括人大监督、政党监督、行政监督、审计监督、专业部门监督、社会监督、舆论监督等，每种监督都存在各自的特点和局限性。比如，执法、司法部门对国家公职人员进行监督，一般必须要有确凿证据，方可立案审查，否则，即使有疑点线索也不予立案检查，形成监督"盲区"。再如，人大监督、社会监督、舆论监督等因缺乏日常的规范性监督及专业技能的局限，也会出现监督"盲区"。审计的本质就是监督和鉴证，在廉政建设中，审计的机能发挥是必要而不可替代的。审计监督是高度专业化的监督。[①]

第二节 审计监督

当前，从中央到地方各级政府惩腐倡廉力度日益加大，各级审计机关作为经济领域的一个重要监督部门，在反腐倡廉过程中正日益发挥着越来越大的作用。可以说，审计监督是公共组织廉政治理的重要催化剂，是公共组织合理行政、廉洁服务的重要保障。各级各类公共组织应改变对审计检查的态度，明确审计监督对完善管理的促进意义，积极欢迎不同类型的审计检查，认真按要求做好审计准备和审计问询解答工作，主动反思问题并积极整改，力求改进和完善公共组织的财务乃至全面工作。审计监督近年来强调做到关口前移、重心下移、强化预防。

一、关口前移

审计关口前移，变事后审计为主向事前防范、事中控制和事后审计相结合转变。通过主动介入管理流程，发现经济管理中的倾向性、苗头性问题，及时纠正，力求将损失降到最低，将风险化解于无形，将权力寻租思想消灭于萌芽。一是以经济责任审计为载体，介入权力运行，通过加强对行政权力的审计监督，规范权力运行。二是以工程结算审计为载体，介入工程管理，通过严控工程造价，压缩权力寻租空间，维护单位权益。三是开展多项专项审计和绩效审计，掌控单位经营管理现状，为决策提供依据。四是以合同审签为载体，介入合同管理，规范经济秩序，规避合同执行风险。五是介入招标管理，通过参与基

[①] 瞿友喜、蒋卫平：《审计机能与廉政审计的界定》，引自《廉政研究文选》，中国方正出版社2006年版。

建、大宗物资采购，强化对招标行为合法性和规范性的监管力度。六是介入固定资产处置管理，强化对报废理由合理性、报废流程合规性的考核。

二、重心下移

审计重心下移，审计工作开展中坚持走进基层、走进群众，不放过可能存在的任何疑点，力求审计监督无盲点。一是加大现金盘点力度，对于二级独立核算单位，审计中均实施了现金盘点，在评估被审计单位资金管理规范性、发现"账外账"、"小金库"线索等起到了积极作用。二是加大对固定资产抽查盘点力度，及时发现出租、出借、报账不及时等现象。三是加大对基建中材料管理、隐蔽工程、土石方工程等的抽检力度，规避偷工减料、损失浪费现象的发生。四是加大收费票据、收费系统等的抽检力度，及时发现入账不及时、账外账等违规行为。五是加大对支出票据、工资发放系统等的抽检力度，及时发现虚列支出、套现等违规行为。

三、强化预防

审计工作以构建"不能腐败"的制约机制为终极目标，在加大气力发现问题的同时，更为重视从体制机制角度提出相关管理建议，推进各部门、各单位健全自身管理行为。对于带有普遍性、倾向性和苗头性的重要问题，主动与相关职能部门会商，探索从源头上预防和治理腐败的有效途径，采取有力措施，切实做到超前防范。此外，审计部门注重在提高审计人员自身拒腐防变能力上下功夫，在提升审计反腐倡廉能力上下功夫，做到风险防范工作常态化、体系化、制度化。

第三节 专项监督

为真正落实廉政建设专项工作，近年来有关部门对所有行政机关及具有行政管理和公共服务职能的事业单位及工作人员开展了专项整治行动，目的是通过专项治理和监督进一步促进机关效能的显著提升。专项治理及监督是公共组织完善管理的重要推手，是公共组织财务管理改进的尚方宝剑，各级各类公共组织应该抓住这些机会大力改进内部财务管理工作，重新制定和完善内部管理制度，借治理之机强化财务纪律、财务要求、培训和宣传，逐步完善组织管理工作。

一、专项治理内容

本轮专项治理涉及廉政建设六项治理：

1. 进一步加大查办案件工作力度，严厉惩处腐败分子和整治消极腐败现象。严肃查办发生在领导机关和领导干部中滥用职权、贪污贿赂、腐化堕落、失职渎职案件；深入开展商业贿赂专项治理，严肃查办商业贿赂案件；严肃查办严重侵害群众利益案件、群体性事

第十九章 廉政治理

件和重大责任事故背后的腐败案件；严肃查办工程建设、房地产开发、土地管理和矿产资源开发等腐败现象易发多发领域的案件；严肃查办严重违反政治纪律和组织人事纪律的案件，为黑恶势力充当"保护伞"的案件。

2. 认真落实并抓紧完善党员领导干部报告个人有关事项制度，把住房、投资、配偶子女从业等情况列入报告内容。加强对配偶子女均已移居国（境）外的公职人员管理。

3. 坚持勤俭节约，反对铺张浪费，整治奢靡之风。严格执行中央有关文件精神，继续治理公款出国（境）旅游、公务用车、公务接待、楼堂馆所建设等方面的问题，对违反规定的，必须严肃处理。

4. 深入开展工程建设领域突出问题和"小金库"等专项治理工作。

5. 积极推进党务公开特别是基层党务公开工作，落实党员的知情权、参与权、选举权、监督权。

6. 拓宽群众参与反腐倡廉工作渠道，加强反腐倡廉舆情网络信息的收集、研判和处置，积极回应社会关切。

二、专项治理程序

专项治理与监督要把检查问题、整改问题、加强监管、完善制度有机衔接起来，协调推进。要把专项检查工作与学习贯彻党的十八大精神相结合，与开展的党的群众路线实践活动相结合，与惩防体系建设和反腐倡廉各项工作任务的开展相结合，与中心工作相结合，确保专项检查任务全面完成。一般专项治理工作可以分为三个阶段进行：

（一）自查自纠阶段

首先，单位成立廉政建设专项检查工作领导小组，制定自查方案，召开动员大会，对检查工作进行全面安排部署。其次，深入查找问题，及时进行自我纠正。不断建立完善政府采购、专项资金使用和财务管理等规章制度，手续不完备的要及时补全，程序不合规的要及时纠正，管理不到位的要及时细化措施。再次，要在广泛征求干部职工意见的基础上，及时召开党组会对自查情况进行研究，并将自查自纠情况及时向全委通报。自查自纠要敢于自我批评，敢于揭短亮丑，不避重就轻，不走过场，不图形式。最后，工作结束后，办公室汇总认真撰写自查自纠报告，由主要领导签字后，上报上级管理部门和纪委。

（二）重点检查阶段

结合自查自纠情况，对重点检查内容汇总整理，形成专题汇报材料。纪委（监察局）将联合相关职能部门认真审查各地各部门报送的自查自纠报表，并结合群众信访举报情况，组织专门人员对各地各部门自查自纠情况进行抽查，重点查处两类典型事例，一类是逾期未主动申报登记的事例，一类是顶风违纪案件。

（三）整改落实阶段

结合自查和重点检查的情况，在解决突出问题的同时，及时把专项检查工作中的有效措施和经验转化为制度规定，进一步健全完善各项运行管理制度和内部监督制约机制，防止违规违纪问题的发生。要以建立长效机制为重点,加强对重点部位和关键环节的制度建设,坚持实体性制度与程序性制度并重,注重制度之间的配套衔接,增强制度的针对性、系统性和有效性,确保各项制度规定行得通、管得住、用得好。

三、小金库专项治理

"小金库"是指违反法律法规及其他有关规定,应列入而未列入符合规定的单位账簿的各项资金(含有价证券)及其形成的资产。"小金库"的存在,不仅导致会计信息失真,扰乱市场经济秩序,造成国家财政收入和国有资产的流失,而且诱发和滋生一系列腐败现象,严重败坏党风政风和社会风气,是妨碍经济健康发展、影响社会和谐稳定、危害党和国家各项事业发展的毒瘤,必须坚决清除。为此,党中央、国务院决定,在全国范围内深入开展"小金库"治理工作。

(一)治理范围

违反法律法规及其他有关规定,应列入而未列入符合规定的单位账簿的各项资金(含有价证券)及其形成的资产,均纳入治理范围。2009年首先在全国党政机关和事业单位开展专项治理,事业单位中要以财政全额拨款事业单位为重点,然后再逐步扩展到社会团体、国有及国有控股企业。

(二)方法步骤

"小金库"治理工作分为四个阶段:

1. 动员部署。

按照中央的统一要求和部署,抓紧建立健全"小金库"治理工作领导体制和工作机制,制定具体实施方案。深入做好思想发动、政策宣传等工作,营造良好的社会舆论氛围。拓宽群众监督渠道,认真做好信访举报受理工作。

2. 自查自纠。

对存在的"小金库"进行全面自查,摸清底数,及时纠正,如实上报,做到不走过场、全面覆盖。

3. 重点检查。

对举报线索比较具体、社会反映比较集中、日常监管发现"小金库"问题比较多的部门、单位和企业,由有关职能部门组织对其进行重点检查。对检查发现的问题,按照有关规定及时纠正处理。

4. 整改落实。

对自查和重点检查发现的问题,有针对性地制定整改措施,落实整改责任,明确整改时限,确保整改到位。要健全制度,堵塞漏洞,加强管理,强化监督,巩固和深化治理成果。

附录

公共组织财经法规与政策

中华人民共和国预算法

(1994年3月22日第八届全国人民代表大会第二次会议通过 根据2014年8月31日第十二届全国人民代表大会常务委员会第十次会议《关于修改〈中华人民共和国预算法〉的决定》修正,自2015年1月1日起施行)

第一章 总 则

第一条 为了规范政府收支行为,强化预算约束,加强对预算的管理和监督,建立健全全面规范、公开透明的预算制度,保障经济社会的健康发展,根据宪法,制定本法。

第二条 预算、决算的编制、审查、批准、监督,以及预算的执行和调整,依照本法规定执行。

第三条 国家实行一级政府一级预算,设立中央,省、自治区、直辖市,设区的市、自治州,县、自治县、不设区的市、市辖区,乡、民族乡、镇五级预算。

全国预算由中央预算和地方预算组成。地方预算由各省、自治区、直辖市总预算组成。

地方各级总预算由本级预算和汇总的下一级总预算组成;下一级只有本级预算的,下一级总预算即指下一级的本级预算。没有下一级预算的,总预算即指本级预算。

第四条 预算由预算收入和预算支出组成。

政府的全部收入和支出都应当纳入预算。

第五条 预算包括一般公共预算、政府性基金预算、国有资本经营预算、社会保险基金预算。

一般公共预算、政府性基金预算、国有资本经营预算、社会保险基金预算应当保持完整、独立。政府性基金预算、国有资本经营预算、社会保险基金预算应当与一般公共预算相衔接。

第六条 一般公共预算是对以税收为主体的财政收入,安排用于保障和改善民生、推动经济社会发展、维护国家安全、维持国家机构正常运转等方面的收支预算。

中央一般公共预算包括中央各部门(含直属单位,下同)的预算和中央对地方的税收返还、转移支付预算。

中央一般公共预算收入包括中央本级收入和地方向中央的上解收入。中央一般公共预算支出包括中央本级支出、中央对地方的税收返还和转移支付。

第七条 地方各级一般公共预算包括本级各部门(含直属单位,下同)的预算和税收返还、转移支付预算。

地方各级一般公共预算收入包括地方本级收入、上级政府对本级政府的税收返还和转移支付、下级政府的上解收入。地方各级一般公共预算支出包括地方本级支出、对上级政府的上解支出、对下级政府的税收返还和转移支付。

第八条 各部门预算由本部门及其所属各单位预算组成。

第九条 政府性基金预算是对依照法律、行政法规的规定在一定期限内向特定对象征收、收取或者以其他方式筹集的资金，专项用于特定公共事业发展的收支预算。

政府性基金预算应当根据基金项目收入情况和实际支出需要，按基金项目编制，做到以收定支。

第十条 国有资本经营预算是对国有资本收益作出支出安排的收支预算。

国有资本经营预算应当按照收支平衡的原则编制，不列赤字，并安排资金调入一般公共预算。

第十一条 社会保险基金预算是对社会保险缴款、一般公共预算安排和其他方式筹集的资金，专项用于社会保险的收支预算。

社会保险基金预算应当按照统筹层次和社会保险项目分别编制，做到收支平衡。

第十二条 各级预算应当遵循统筹兼顾、勤俭节约、量力而行、讲求绩效和收支平衡的原则。

各级政府应当建立跨年度预算平衡机制。

第十三条 经人民代表大会批准的预算，非经法定程序，不得调整。各级政府、各部门、各单位的支出必须以经批准的预算为依据，未列入预算的不得支出。

第十四条 经本级人民代表大会或者本级人民代表大会常务委员会批准的预算、预算调整、决算、预算执行情况的报告及报表，应当在批准后二十日内由本级政府财政部门向社会公开，并对本级政府财政转移支付安排、执行的情况以及举借债务的情况等重要事项作出说明。

经本级政府财政部门批复的部门预算、决算及报表，应当在批复后二十日内由各部门向社会公开，并对部门预算、决算中机关运行经费的安排、使用情况等重要事项作出说明。

各级政府、各部门、各单位应当将政府采购的情况及时向社会公开。

本条前三款规定的公开事项，涉及国家秘密的除外。

第十五条 国家实行中央和地方分税制。

第十六条 国家实行财政转移支付制度。财政转移支付应当规范、公平、公开，以推进地区间基本公共服务均等化为主要目标。

财政转移支付包括中央对地方的转移支付和地方上级政府对下级政府的转移支付，以为均衡地区间基本财力、由下级政府统筹安排使用的一般性转移支付为主体。

按照法律、行政法规和国务院的规定可以设立专项转移支付，用于办理特定事项。建立健全专项转移支付定期评估和退出机制。市场竞争机制能够有效调节的事项不得设立专项转移支付。

上级政府在安排专项转移支付时，不得要求下级政府承担配套资金。但是，按照国务院的规定应当由上下级政府共同承担的事项除外。

第十七条 各级预算的编制、执行应当建立健全相互制约、相互协调的机制。

中华人民共和国预算法

第十八条 预算年度自公历 1 月 1 日起,至 12 月 31 日止。

第十九条 预算收入和预算支出以人民币元为计算单位。

第二章 预算管理职权

第二十条 全国人民代表大会审查中央和地方预算草案及中央和地方预算执行情况的报告;批准中央预算和中央预算执行情况的报告;改变或者撤销全国人民代表大会常务委员会关于预算、决算的不适当的决议。

全国人民代表大会常务委员会监督中央和地方预算的执行;审查和批准中央预算的调整方案;审查和批准中央决算;撤销国务院制定的同宪法、法律相抵触的关于预算、决算的行政法规、决定和命令;撤销省、自治区、直辖市人民代表大会及其常务委员会制定的同宪法、法律和行政法规相抵触的关于预算、决算的地方性法规和决议。

第二十一条 县级以上地方各级人民代表大会审查本级总预算草案及本级总预算执行情况的报告;批准本级预算和本级预算执行情况的报告;改变或者撤销本级人民代表大会常务委员会关于预算、决算的不适当的决议;撤销本级政府关于预算、决算的不适当的决定和命令。

县级以上地方各级人民代表大会常务委员会监督本级总预算的执行;审查和批准本级预算的调整方案;审查和批准本级决算;撤销本级政府和下一级人民代表大会及其常务委员会关于预算、决算的不适当的决定、命令和决议。

乡、民族乡、镇的人民代表大会审查和批准本级预算和本级预算执行情况的报告;监督本级预算的执行;审查和批准本级预算的调整方案;审查和批准本级决算;撤销本级政府关于预算、决算的不适当的决定和命令。

第二十二条 全国人民代表大会财政经济委员会对中央预算草案初步方案及上一年预算执行情况、中央预算调整初步方案和中央决算草案进行初步审查,提出初步审查意见。

省、自治区、直辖市人民代表大会有关专门委员会对本级预算草案初步方案及上一年预算执行情况、本级预算调整初步方案和本级决算草案进行初步审查,提出初步审查意见。

设区的市、自治州人民代表大会有关专门委员会对本级预算草案初步方案及上一年预算执行情况、本级预算调整初步方案和本级决算草案进行初步审查,提出初步审查意见,未设立专门委员会的,由本级人民代表大会常务委员会有关工作机构研究提出意见。

县、自治县、不设区的市、市辖区人民代表大会常务委员会对本级预算草案初步方案及上一年预算执行情况进行初步审查,提出初步审查意见。县、自治县、不设区的市、市辖区人民代表大会常务委员会有关工作机构对本级预算调整初步方案和本级决算草案研究提出意见。

设区的市、自治州以上各级人民代表大会有关专门委员会进行初步审查、常务委员会有关工作机构研究提出意见时,应当邀请本级人民代表大会代表参加。

对依照本条第一款至第四款规定提出的意见,本级政府财政部门应当将处理情况及时反馈。

依照本条第一款至第四款规定提出的意见以及本级政府财政部门反馈的处理情况报

告,应当印发本级人民代表大会代表。

全国人民代表大会常务委员会和省、自治区、直辖市、设区的市、自治州人民代表大会常务委员会有关工作机构,依照本级人民代表大会常务委员会的决定,协助本级人民代表大会财政经济委员会或者有关专门委员会承担审查预算草案、预算调整方案、决算草案和监督预算执行等方面的具体工作。

第二十三条 国务院编制中央预算、决算草案;向全国人民代表大会作关于中央和地方预算草案的报告;将省、自治区、直辖市政府报送备案的预算汇总后报全国人民代表大会常务委员会备案;组织中央和地方预算的执行;决定中央预算预备费的动用;编制中央预算调整方案;监督中央各部门和地方政府的预算执行;改变或者撤销中央各部门和地方政府关于预算、决算的不适当的决定、命令;向全国人民代表大会、全国人民代表大会常务委员会报告中央和地方预算的执行情况。

第二十四条 县级以上地方各级政府编制本级预算、决算草案;向本级人民代表大会作关于本级总预算草案的报告;将下一级政府报送备案的预算汇总后报本级人民代表大会常务委员会备案;组织本级总预算的执行;决定本级预算预备费的动用;编制本级预算的调整方案;监督本级各部门和下级政府的预算执行;改变或者撤销本级各部门和下级政府关于预算、决算的不适当的决定、命令;向本级人民代表大会、本级人民代表大会常务委员会报告本级总预算的执行情况。

乡、民族乡、镇政府编制本级预算、决算草案;向本级人民代表大会作关于本级预算草案的报告;组织本级预算的执行;决定本级预算预备费的动用;编制本级预算的调整方案;向本级人民代表大会报告本级预算的执行情况。

经省、自治区、直辖市政府批准,乡、民族乡、镇本级预算草案、预算调整方案、决算草案,可以由上一级政府代编,并依照本法第二十一条的规定报乡、民族乡、镇的人民代表大会审查和批准。

第二十五条 国务院财政部门具体编制中央预算、决算草案;具体组织中央和地方预算的执行;提出中央预算预备费动用方案;具体编制中央预算的调整方案;定期向国务院报告中央和地方预算的执行情况。

地方各级政府财政部门具体编制本级预算、决算草案;具体组织本级总预算的执行;提出本级预算预备费动用方案;具体编制本级预算的调整方案;定期向本级政府和上一级政府财政部门报告本级总预算的执行情况。

第二十六条 各部门编制本部门预算、决算草案;组织和监督本部门预算的执行;定期向本级政府财政部门报告预算的执行情况。

各单位编制本单位预算、决算草案;按照国家规定上缴预算收入,安排预算支出,并接受国家有关部门的监督。

第三章 预算收支范围

第二十七条 一般公共预算收入包括各项税收收入、行政事业性收费收入、国有资源(资产)有偿使用收入、转移性收入和其他收入。

中华人民共和国预算法

一般公共预算支出按照其功能分类,包括一般公共服务支出,外交、公共安全、国防支出,农业、环境保护支出,教育、科技、文化、卫生、体育支出,社会保障及就业支出和其他支出。

一般公共预算支出按照其经济性质分类,包括工资福利支出、商品和服务支出、资本性支出和其他支出。

第二十八条 政府性基金预算、国有资本经营预算和社会保险基金预算的收支范围,按照法律、行政法规和国务院的规定执行。

第二十九条 中央预算与地方预算有关收入和支出项目的划分、地方向中央上解收入、中央对地方税收返还或者转移支付的具体办法,由国务院规定,报全国人民代表大会常务委员会备案。

第三十条 上级政府不得在预算之外调用下级政府预算的资金。下级政府不得挤占或者截留属于上级政府预算的资金。

第四章 预算编制

第三十一条 国务院应当及时下达关于编制下一年预算草案的通知。编制预算草案的具体事项由国务院财政部门部署。

各级政府、各部门、各单位应当按照国务院规定的时间编制预算草案。

第三十二条 各级预算应当根据年度经济社会发展目标、国家宏观调控总体要求和跨年度预算平衡的需要,参考上一年预算执行情况、有关支出绩效评价结果和本年度收支预测,按照规定程序征求各方面意见后,进行编制。

各级政府依据法定权限作出决定或者制定行政措施,凡涉及增加或者减少财政收入或者支出的,应当在预算批准前提出并在预算草案中作出相应安排。

各部门、各单位应当按照国务院财政部门制定的政府收支分类科目、预算支出标准和要求,以及绩效目标管理等预算编制规定,根据其依法履行职能和事业发展的需要以及存量资产情况,编制本部门、本单位预算草案。

前款所称政府收支分类科目,收入分为类、款、项、目;支出按其功能分类分为类、款、项,按其经济性质分类分为类、款。

第三十三条 省、自治区、直辖市政府应当按照国务院规定的时间,将本级总预算草案报国务院审核汇总。

第三十四条 中央一般公共预算中必需的部分资金,可以通过举借国内和国外债务等方式筹措,举借债务应当控制适当的规模,保持合理的结构。

对中央一般公共预算中举借的债务实行余额管理,余额的规模不得超过全国人民代表大会批准的限额。

国务院财政部门具体负责对中央政府债务的统一管理。

第三十五条 地方各级预算按照量入为出、收支平衡的原则编制,除本法另有规定外,不列赤字。

经国务院批准的省、自治区、直辖市的预算中必需的建设投资的部分资金,可以在国务院确定的限额内，通过发行地方政府债券举借债务的方式筹措。举借债务的规模，由国务院报全国人民代表大会或者全国人民代表大会常务委员会批准。省、自治区、直辖市依照国务院下达的限额举借的债务，列入本级预算调整方案，报本级人民代表大会常务委员会批准。举借的债务应当有偿还计划和稳定的偿还资金来源，只能用于公益性资本支出，不得用于经常性支出。

除前款规定外，地方政府及其所属部门不得以任何方式举借债务。

除法律另有规定外，地方政府及其所属部门不得为任何单位和个人的债务以任何方式提供担保。

国务院建立地方政府债务风险评估和预警机制、应急处置机制以及责任追究制度。国务院财政部门对地方政府债务实施监督。

第三十六条 各级预算收入的编制，应当与经济社会发展水平相适应，与财政政策相衔接。

各级政府、各部门、各单位应当依照本法规定，将所有政府收入全部列入预算，不得隐瞒、少列。

第三十七条 各级预算支出应当依照本法规定，按其功能和经济性质分类编制。

各级预算支出的编制，应当贯彻勤俭节约的原则，严格控制各部门、各单位的机关运行经费和楼堂馆所等基本建设支出。

各级一般公共预算支出的编制，应当统筹兼顾，在保证基本公共服务合理需要的前提下，优先安排国家确定的重点支出。

第三十八条 一般性转移支付应当按照国务院规定的基本标准和计算方法编制。专项转移支付应当分地区、分项目编制。

县级以上各级政府应当将对下级政府的转移支付预计数提前下达下级政府。

地方各级政府应当将上级政府提前下达的转移支付预计数编入本级预算。

第三十九条 中央预算和有关地方预算中应当安排必要的资金，用于扶助革命老区、民族地区、边疆地区、贫困地区发展经济社会建设事业。

第四十条 各级一般公共预算应当按照本级一般公共预算支出额的百分之一至百分之三设置预备费，用于当年预算执行中的自然灾害等突发事件处理增加的支出及其他难以预见的开支。

第四十一条 各级一般公共预算按照国务院的规定可以设置预算周转金，用于本级政府调剂预算年度内季节性收支差额。

各级一般公共预算按照国务院的规定可以设置预算稳定调节基金，用于弥补以后年度预算资金的不足。

第四十二条 各级政府上一年预算的结转资金，应当在下一年用于结转项目的支出；连续两年未用完的结转资金，应当作为结余资金管理。

各部门、各单位上一年预算的结转、结余资金按照国务院财政部门的规定办理。

第五章 预算审查和批准

第四十三条 中央预算由全国人民代表大会审查和批准。

中华人民共和国预算法

地方各级预算由本级人民代表大会审查和批准。

第四十四条 国务院财政部门应当在每年全国人民代表大会会议举行的四十五日前，将中央预算草案的初步方案提交全国人民代表大会财政经济委员会进行初步审查。

省、自治区、直辖市政府财政部门应当在本级人民代表大会会议举行的三十日前，将本级预算草案的初步方案提交本级人民代表大会有关专门委员会进行初步审查。

设区的市、自治州政府财政部门应当在本级人民代表大会会议举行的三十日前，将本级预算草案的初步方案提交本级人民代表大会有关专门委员会进行初步审查，或者送交本级人民代表大会常务委员会有关工作机构征求意见。

县、自治县、不设区的市、市辖区政府应当在本级人民代表大会会议举行的三十日前，将本级预算草案的初步方案提交本级人民代表大会常务委员会进行初步审查。

第四十五条 县、自治县、不设区的市、市辖区、乡、民族乡、镇的人民代表大会举行会议审查预算草案前，应当采用多种形式，组织本级人民代表大会代表，听取选民和社会各界的意见。

第四十六条 报送各级人民代表大会审查和批准的预算草案应当细化。本级一般公共预算支出，按其功能分类应当编列到项；按其经济性质分类，基本支出应当编列到款。本级政府性基金预算、国有资本经营预算、社会保险基金预算支出，按其功能分类应当编列到项。

第四十七条 国务院在全国人民代表大会举行会议时，向大会作关于中央和地方预算草案以及中央和地方预算执行情况的报告。

地方各级政府在本级人民代表大会举行会议时，向大会作关于总预算草案和总预算执行情况的报告。

第四十八条 全国人民代表大会和地方各级人民代表大会对预算草案及其报告、预算执行情况的报告重点审查下列内容：

（一）上一年预算执行情况是否符合本级人民代表大会预算决议的要求；
（二）预算安排是否符合本法的规定；
（三）预算安排是否贯彻国民经济和社会发展的方针政策，收支政策是否切实可行；
（四）重点支出和重大投资项目的预算安排是否适当；
（五）预算的编制是否完整，是否符合本法第四十六条的规定；
（六）对下级政府的转移性支出预算是否规范、适当；
（七）预算安排举借的债务是否合法、合理，是否有偿还计划和稳定的偿还资金来源；
（八）与预算有关重要事项的说明是否清晰。

第四十九条 全国人民代表大会财政经济委员会向全国人民代表大会主席团提出关于中央和地方预算草案及中央和地方预算执行情况的审查结果报告。

省、自治区、直辖市、设区的市、自治州人民代表大会有关专门委员会，县、自治县、不设区的市、市辖区人民代表大会常务委员会，向本级人民代表大会主席团提出关于总预算草案及上一年总预算执行情况的审查结果报告。

审查结果报告应当包括下列内容：

（一）对上一年预算执行和落实本级人民代表大会预算决议的情况作出评价；
（二）对本年度预算草案是否符合本法的规定，是否可行作出评价；

（三）对本级人民代表大会批准预算草案和预算报告提出建议；

（四）对执行年度预算、改进预算管理、提高预算绩效、加强预算监督等提出意见和建议。

第五十条 乡、民族乡、镇政府应当及时将经本级人民代表大会批准的本级预算报上一级政府备案。县级以上地方各级政府应当及时将经本级人民代表大会批准的本级预算及下一级政府报送备案的预算汇总，报上一级政府备案。

县级以上地方各级政府将下一级政府依照前款规定报送备案的预算汇总后，报本级人民代表大会常务委员会备案。国务院将省、自治区、直辖市政府依照前款规定报送备案的预算汇总后，报全国人民代表大会常务委员会备案。

第五十一条 国务院和县级以上地方各级政府对下一级政府依照本法第五十条规定报送备案的预算，认为有同法律、行政法规相抵触或者有其他不适当之处，需要撤销批准预算的决议的，应当提请本级人民代表大会常务委员会审议决定。

第五十二条 各级预算经本级人民代表大会批准后，本级政府财政部门应当在二十日内向本级各部门批复预算。各部门应当在接到本级政府财政部门批复的本部门预算后十五日内向所属各单位批复预算。

中央对地方的一般性转移支付应当在全国人民代表大会批准预算后三十日内正式下达。中央对地方的专项转移支付应当在全国人民代表大会批准预算后九十日内正式下达。

省、自治区、直辖市政府接到中央一般性转移支付和专项转移支付后，应当在三十日内正式下达到本行政区域县级以上各级政府。

县级以上地方各级预算安排对下级政府的一般性转移支付和专项转移支付，应当分别在本级人民代表大会批准预算后的三十日和六十日内正式下达。

对自然灾害等突发事件处理的转移支付，应当及时下达预算；对据实结算等特殊项目的转移支付，可以分期下达预算，或者先预付后结算。

县级以上各级政府财政部门应当将批复本级各部门的预算和批复下级政府的转移支付预算，抄送本级人民代表大会财政经济委员会、有关专门委员会和常务委员会有关工作机构。

第六章 预算执行

第五十三条 各级预算由本级政府组织执行，具体工作由本级政府财政部门负责。

各部门、各单位是本部门、本单位的预算执行主体，负责本部门、本单位的预算执行，并对执行结果负责。

第五十四条 预算年度开始后，各级预算草案在本级人民代表大会批准前，可以安排下列支出：

（一）上一年度结转的支出；

（二）参照上一年同期的预算支出数额安排必须支付的本年度部门基本支出、项目支出，以及对下级政府的转移性支出；

（三）法律规定必须履行支付义务的支出，以及用于自然灾害等突发事件处理的支出；

中华人民共和国预算法

根据前款规定安排支出的情况，应当在预算草案的报告中作出说明。

预算经本级人民代表大会批准后，按照批准的预算执行。

第五十五条 预算收入征收部门和单位，必须依照法律、行政法规的规定，及时、足额征收应征的预算收入。不得违反法律、行政法规规定，多征、提前征收或者减征、免征、缓征应征的预算收入，不得截留、占用或者挪用预算收入。

各级政府不得向预算收入征收部门和单位下达收入指标。

第五十六条 政府的全部收入应当上缴国家金库（以下简称国库），任何部门、单位和个人不得截留、占用、挪用或者拖欠。

对于法律有明确规定或者经国务院批准的特定专用资金，可以依照国务院的规定设立财政专户。

第五十七条 各级政府财政部门必须依照法律、行政法规和国务院财政部门的规定，及时、足额地拨付预算支出资金，加强对预算支出的管理和监督。

各级政府、各部门、各单位的支出必须按照预算执行，不得虚假列支。

各级政府、各部门、各单位应当对预算支出情况开展绩效评价。

第五十八条 各级预算的收入和支出实行收付实现制。

特定事项按照国务院的规定实行权责发生制的有关情况，应当向本级人民代表大会常务委员会报告。

第五十九条 县级以上各级预算必须设立国库；具备条件的乡、民族乡、镇也应当设立国库。

中央国库业务由中国人民银行经理，地方国库业务依照国务院的有关规定办理。

各级国库应当按照国家有关规定，及时准确地办理预算收入的收纳、划分、留解、退付和预算支出的拨付。

各级国库库款的支配权属于本级政府财政部门。除法律、行政法规另有规定外，未经本级政府财政部门同意，任何部门、单位和个人都无权冻结、动用国库库款或者以其他方式支配已入国库的库款。

各级政府应当加强对本级国库的管理和监督，按照国务院的规定完善国库现金管理，合理调节国库资金余额。

第六十条 已经缴入国库的资金，依照法律、行政法规的规定或者国务院的决定需要退付的，各级政府财政部门或者其授权的机构应当及时办理退付。按照规定应当由财政支出安排的事项，不得用退库处理。

第六十一条 国家实行国库集中收缴和集中支付制度，对政府全部收入和支出实行国库集中收付管理。

第六十二条 各级政府应当加强对预算执行的领导，支持政府财政、税务、海关等预算收入的征收部门依法组织预算收入，支持政府财政部门严格管理预算支出。

财政、税务、海关等部门在预算执行中，应当加强对预算执行的分析；发现问题时应当及时建议本级政府采取措施予以解决。

第六十三条 各部门、各单位应当加强对预算收入和支出的管理，不得截留或者动用应当上缴的预算收入，不得擅自改变预算支出的用途。

第六十四条 各级预算预备费的动用方案，由本级政府财政部门提出，报本级政府决定。

第六十五条　各级预算周转金由本级政府财政部门管理，不得挪作他用。

第六十六条　各级一般公共预算年度执行中有超收收入的，只能用于冲减赤字或者补充预算稳定调节基金。

各级一般公共预算的结余资金，应当补充预算稳定调节基金。

省、自治区、直辖市一般公共预算年度执行中出现短收，通过调入预算稳定调节基金、减少支出等方式仍不能实现收支平衡的，省、自治区、直辖市政府报本级人民代表大会或者其常务委员会批准，可以增列赤字，报国务院财政部门备案，并应当在下一年度预算中予以弥补。

第七章　预算调整

第六十七条　经全国人民代表大会批准的中央预算和经地方各级人民代表大会批准的地方各级预算，在执行中出现下列情况之一的，应当进行预算调整：

（一）需要增加或者减少预算总支出的；

（二）需要调入预算稳定调节基金的；

（三）需要调减预算安排的重点支出数额的；

（四）需要增加举借债务数额的。

第六十八条　在预算执行中，各级政府一般不制定新的增加财政收入或者支出的政策和措施，也不制定减少财政收入的政策和措施；必须作出并需要进行预算调整的，应当在预算调整方案中作出安排。

第六十九条　在预算执行中，各级政府对于必须进行的预算调整，应当编制预算调整方案。预算调整方案应当说明预算调整的理由、项目和数额。

在预算执行中，由于发生自然灾害等突发事件，必须及时增加预算支出的，应当先动支预备费；预备费不足支出的，各级政府可以先安排支出，属于预算调整的，列入预算调整方案。

国务院财政部门应当在全国人民代表大会常务委员会举行会议审查和批准预算调整方案的三十日前，将预算调整初步方案送交全国人民代表大会财政经济委员会进行初步审查。

省、自治区、直辖市政府财政部门应当在本级人民代表大会常务委员会举行会议审查和批准预算调整方案的三十日前，将预算调整初步方案送交本级人民代表大会有关专门委员会进行初步审查。

设区的市、自治州政府财政部门应当在本级人民代表大会常务委员会举行会议审查和批准预算调整方案的三十日前，将预算调整初步方案送交本级人民代表大会有关专门委员会进行初步审查，或者送交本级人民代表大会常务委员会有关工作机构征求意见。

县、自治县、不设区的市、市辖区政府财政部门应当在本级人民代表大会常务委员会举行会议审查和批准预算调整方案的三十日前，将预算调整初步方案送交本级人民代表大会常务委员会有关工作机构征求意见。

中央预算的调整方案应当提请全国人民代表大会常务委员会审查和批准。县级以上地方各级预算的调整方案应当提请本级人民代表大会常务委员会审查和批准；乡、民族乡、镇预算的调整方案应当提请本级人民代表大会审查和批准。未经批准，不得调整预算。

第七十条 经批准的预算调整方案，各级政府应当严格执行。未经本法第六十九条规定的程序，各级政府不得作出预算调整的决定。

对违反前款规定作出的决定，本级人民代表大会、本级人民代表大会常务委员会或者上级政府应当责令其改变或者撤销。

第七十一条 在预算执行中，地方各级政府因上级政府增加不需要本级政府提供配套资金的专项转移支付而引起的预算支出变化，不属于预算调整。

接受增加专项转移支付的县级以上地方各级政府应当向本级人民代表大会常务委员会报告有关情况；接受增加专项转移支付的乡、民族乡、镇政府应当向本级人民代表大会报告有关情况。

第七十二条 各部门、各单位的预算支出应当按照预算科目执行。严格控制不同预算科目、预算级次或者项目间的预算资金的调剂，确需调剂使用的，按照国务院财政部门的规定办理。

第七十三条 地方各级预算的调整方案经批准后，由本级政府报上一级政府备案。

第八章 决 算

第七十四条 决算草案由各级政府、各部门、各单位，在每一预算年度终了后按照国务院规定的时间编制。

编制决算草案的具体事项，由国务院财政部门部署。

第七十五条 编制决算草案，必须符合法律、行政法规，做到收支真实、数额准确、内容完整、报送及时。

决算草案应当与预算相对应，按预算数、调整预算数、决算数分别列出。一般公共预算支出应当按其功能分类编列到项，按其经济性质分类编列到款。

第七十六条 各部门对所属各单位的决算草案，应当审核并汇总编制本部门的决算草案，在规定的期限内报本级政府财政部门审核。

各级政府财政部门对本级各部门决算草案审核后发现有不符合法律、行政法规规定的，有权予以纠正。

第七十七条 国务院财政部门编制中央决算草案，经国务院审计部门审计后，报国务院审定，由国务院提请全国人民代表大会常务委员会审查和批准。

县级以上地方各级政府财政部门编制本级决算草案，经本级政府审计部门审计后，报本级政府审定，由本级政府提请本级人民代表大会常务委员会审查和批准。

乡、民族乡、镇政府编制本级决算草案，提请本级人民代表大会审查和批准。

第七十八条 国务院财政部门应当在全国人民代表大会常务委员会举行会议审查和批准中央决算草案的三十日前，将上一年度中央决算草案提交全国人民代表大会财政经济委员会进行初步审查。

省、自治区、直辖市政府财政部门应当在本级人民代表大会常务委员会举行会议审查和批准本级决算草案的三十日前，将上一年度本级决算草案提交本级人民代表大会有关专门委员会进行初步审查。

设区的市、自治州政府财政部门应当在本级人民代表大会常务委员会举行会议审查和批准本级决算草案的三十日前，将上一年度本级决算草案提交本级人民代表大会有关专门委员会进行初步审查，或者送交本级人民代表大会常务委员会有关工作机构征求意见。

县、自治县、不设区的市、市辖区政府财政部门应当在本级人民代表大会常务委员会举行会议审查和批准本级决算草案的三十日前，将上一年度本级决算草案送交本级人民代表大会常务委员会有关工作机构征求意见。

全国人民代表大会财政经济委员会和省、自治区、直辖市、设区的市、自治州人民代表大会有关专门委员会，向本级人民代表大会常务委员会提出关于本级决算草案的审查结果报告。

第七十九条　县级以上各级人民代表大会常务委员会和乡、民族乡、镇人民代表大会对本级决算草案，重点审查下列内容：

（一）预算收入情况；

（二）支出政策实施情况和重点支出、重大投资项目资金的使用及绩效情况；

（三）结转资金的使用情况；

（四）资金结余情况；

（五）本级预算调整及执行情况；

（六）财政转移支付安排执行情况；

（七）经批准举借债务的规模、结构、使用、偿还等情况；

（八）本级预算周转金规模和使用情况；

（九）本级预备费使用情况；

（十）超收收入安排情况，预算稳定调节基金的规模和使用情况；

（十一）本级人民代表大会批准的预算决议落实情况；

（十二）其他与决算有关的重要情况。

县级以上各级人民代表大会常务委员会应当结合本级政府提出的上一年度预算执行和其他财政收支的审计工作报告，对本级决算草案进行审查。

第八十条　各级决算经批准后，财政部门应当在二十日内向本级各部门批复决算。各部门应当在接到本级政府财政部门批复的本部门决算后十五日内向所属单位批复决算。

第八十一条　地方各级政府应当将经批准的决算及下一级政府上报备案的决算汇总，报上一级政府备案。

县级以上各级政府应当将下一级政府报送备案的决算汇总后，报本级人民代表大会常务委员会备案。

第八十二条　国务院和县级以上地方各级政府对下一级政府依照本法第八十一条规定报送备案的决算，认为有同法律、行政法规相抵触或者有其他不适当之处，需要撤销批准该项决算的决议的，应当提请本级人民代表大会常务委员会审议决定；经审议决定撤销的，该下级人民代表大会常务委员会应当责成本级政府依照本法规定重新编制决算草案，提请本级人民代表大会常务委员会审查和批准。

中华人民共和国预算法

第九章 监 督

第八十三条 全国人民代表大会及其常务委员会对中央和地方预算、决算进行监督。

县级以上地方各级人民代表大会及其常务委员会对本级和下级预算、决算进行监督。

乡、民族乡、镇人民代表大会对本级预算、决算进行监督。

第八十四条 各级人民代表大会和县级以上各级人民代表大会常务委员会有权就预算、决算中的重大事项或者特定问题组织调查,有关的政府、部门、单位和个人应当如实反映情况和提供必要的材料。

第八十五条 各级人民代表大会和县级以上各级人民代表大会常务委员会举行会议时,人民代表大会代表或者常务委员会组成人员,依照法律规定程序就预算、决算中的有关问题提出询问或者质询,受询问或者受质询的有关的政府或者财政部门必须及时给予答复。

第八十六条 国务院和县级以上地方各级政府应当在每年六月至九月期间向本级人民代表大会常务委员会报告预算执行情况。

第八十七条 各级政府监督下级政府的预算执行;下级政府应当定期向上一级政府报告预算执行情况。

第八十八条 各级政府财政部门负责监督检查本级各部门及其所属各单位预算的编制、执行,并向本级政府和上一级政府财政部门报告预算执行情况。

第八十九条 县级以上政府审计部门依法对预算执行、决算实行审计监督。

对预算执行和其他财政收支的审计工作报告应当向社会公开。

第九十条 政府各部门负责监督检查所属各单位的预算执行,及时向本级政府财政部门反映本部门预算执行情况,依法纠正违反预算的行为。

第九十一条 公民、法人或者其他组织发现有违反本法的行为,可以依法向有关国家机关进行检举、控告。

接受检举、控告的国家机关应当依法进行处理,并为检举人、控告人保密。任何单位或者个人不得压制和打击报复检举人、控告人。

第十章 法律责任

第九十二条 各级政府及有关部门有下列行为之一的,责令改正,对负有直接责任的主管人员和其他直接责任人员追究行政责任:

(一)未依照本法规定,编制、报送预算草案、预算调整方案、决算草案和部门预算、决算以及批复预算、决算的;

(二)违反本法规定,进行预算调整的;

(三)未依照本法规定对有关预算事项进行公开和说明的;

(四)违反规定设立政府性基金项目和其他财政收入项目的;

(五)违反法律、法规规定使用预算预备费、预算周转金、预算稳定调节基金、超收收入的；

（六）违反本法规定开设财政专户的。

第九十三条　各级政府及有关部门、单位有下列行为之一的，责令改正，对负有直接责任的主管人员和其他直接责任人员依法给予降级、撤职、开除的处分：

（一）未将所有政府收入和支出列入预算或者虚列收入和支出的；

（二）违反法律、行政法规的规定，多征、提前征收或者减征、免征、缓征应征预算收入的；

（三）截留、占用、挪用或者拖欠应当上缴国库的预算收入的；

（四）违反本法规定，改变预算支出用途的；

（五）擅自改变上级政府专项转移支付资金用途的；

（六）违反本法规定拨付预算支出资金，办理预算收入收纳、划分、留解、退付，或者违反本法规定冻结、动用国库库款或者以其他方式支配已入国库库款的。

第九十四条　各级政府、各部门、各单位违反本法规定举借债务或者为他人债务提供担保，或者挪用重点支出资金，或者在预算之外及超预算标准建设楼堂馆所的，责令改正，对负有直接责任的主管人员和其他直接责任人员给予撤职、开除的处分。

第九十五条　各级政府有关部门、单位及其工作人员有下列行为之一的，责令改正，追回骗取、使用的资金，有违法所得的没收违法所得，对单位给予警告或者通报批评；对负有直接责任的主管人员和其他直接责任人员依法给予处分：

（一）违反法律、法规的规定，改变预算收入上缴方式的；

（二）以虚报、冒领等手段骗取预算资金的；

（三）违反规定扩大开支范围、提高开支标准的；

（四）其他违反财政管理规定的行为。

第九十六条　本法第九十二条、第九十三条、第九十四条、第九十五条所列违法行为，其他法律对其处理、处罚另有规定的，依照其规定。

违反本法规定，构成犯罪的，依法追究刑事责任。

第十一章　附　　则

第九十七条　各级政府财政部门应当按年度编制以权责发生制为基础的政府综合财务报告，报告政府整体财务状况、运行情况和财政中长期可持续性，报本级人民代表大会常务委员会备案。

第九十八条　国务院根据本法制定实施条例。

第九十九条　民族自治地方的预算管理，依照民族区域自治法的有关规定执行；民族区域自治法没有规定的，依照本法和国务院的有关规定执行。

第一百条　省、自治区、直辖市人民代表大会或者其常务委员会根据本法，可以制定有关预算审查监督的决定或者地方性法规。

第一百零一条　本法自1995年1月1日起施行。1991年10月21日国务院发布的《国家预算管理条例》同时废止。

中华人民共和国政府采购法

(2002年6月29日第九届全国人民代表大会常务委员会第二十八次会议通过)

第一章 总 则

第一条 为了规范政府采购行为,提高政府采购资金的使用效益,维护国家利益和社会公共利益,保护政府采购当事人的合法权益,促进廉政建设,制定本法。

第二条 在中华人民共和国境内进行的政府采购适用本法。

本法所称政府采购,是指各级国家机关、事业单位和团体组织,使用财政性资金采购依法制定的集中采购目录以内的或者采购限额标准以上的货物、工程和服务的行为。

政府集中采购目录和采购限额标准依照本法规定的权限制定。

本法所称采购,是指以合同方式有偿取得货物、工程和服务的行为,包括购买、租赁、委托、雇用等。

本法所称货物,是指各种形态和种类的物品,包括原材料、燃料、设备、产品等。

本法所称工程,是指建设工程,包括建筑物和构筑物的新建、改建、扩建、装修、拆除、修缮等。

本法所称服务,是指除货物和工程以外的其他政府采购对象。

第三条 政府采购应当遵循公开透明原则、公平竞争原则、公正原则和诚实信用原则。

第四条 政府采购工程进行招标投标的,适用招标投标法。

第五条 任何单位和个人不得采用任何方式,阻挠和限制供应商自由进入本地区和本行业的政府采购市场。

第六条 政府采购应当严格按照批准的预算执行。

第七条 政府采购实行集中采购和分散采购相结合。集中采购的范围由省级以上人民政府公布的集中采购目录确定。

属于中央预算的政府采购项目,其集中采购目录由国务院确定并公布;属于地方预算的政府采购项目,其集中采购目录由省、自治区、直辖市人民政府或者其授权的机构确定并公布。

纳入集中采购目录的政府采购项目,应当实行集中采购。

第八条 政府采购限额标准,属于中央预算的政府采购项目,由国务院确定并公布;属于地方预算的政府采购项目,由省、自治区、直辖市人民政府或者其授权的机构确定并公布。

第九条 政府采购应当有助于实现国家的经济和社会发展政策目标，包括保护环境，扶持不发达地区和少数民族地区，促进中小企业发展等。

第十条 政府采购应当采购本国货物、工程和服务。但有下列情形之一的除外：

（一）需要采购的货物、工程或者服务在中国境内无法获取或者无法以合理的商业条件获取的；

（二）为在中国境外使用而进行采购的；

（三）其他法律、行政法规另有规定的。

前款所称本国货物、工程和服务的界定，依照国务院有关规定执行。

第十一条 政府采购的信息应当在政府采购监督管理部门指定的媒体上及时向社会公开发布，但涉及商业秘密的除外。

第十二条 在政府采购活动中，采购人员及相关人员与供应商有利害关系的，必须回避。供应商认为采购人员及相关人员与其他供应商有利害关系的，可以申请其回避。

前款所称相关人员，包括招标采购中评标委员会的组成人员，竞争性谈判采购中谈判小组的组成人员，询价采购中询价小组的组成人员等。

第十三条 各级人民政府财政部门是负责政府采购监督管理的部门，依法履行对政府采购活动的监督管理职责。

各级人民政府其他有关部门依法履行与政府采购活动有关的监督管理职责。

第二章 政府采购当事人

第十四条 政府采购当事人是指在政府采购活动中享有权利和承担义务的各类主体，包括采购人、供应商和采购代理机构等。

第十五条 采购人是指依法进行政府采购的国家机关、事业单位、团体组织。

第十六条 集中采购机构为采购代理机构。设区的市、自治州以上人民政府根据本级政府采购项目组织集中采购的需要设立集中采购机构。

集中采购机构是非营利事业法人，根据采购人的委托办理采购事宜。

第十七条 集中采购机构进行政府采购活动，应当符合采购价格低于市场平均价格、采购效率更高、采购质量优良和服务良好的要求。

第十八条 采购人采购纳入集中采购目录的政府采购项目，必须委托集中采购机构代理采购；采购未纳入集中采购目录的政府采购项目，可以自行采购，也可以委托集中采购机构在委托的范围内代理采购。

纳入集中采购目录属于通用的政府采购项目的，应当委托集中采购机构代理采购；属于本部门、本系统有特殊要求的项目，应当实行部门集中采购；属于本单位有特殊要求的项目，经省级以上人民政府批准，可以自行采购。

第十九条 采购人可以委托经国务院有关部门或者省级人民政府有关部门认定资格的采购代理机构，在委托的范围内办理政府采购事宜。

采购人有权自行选择采购代理机构，任何单位和个人不得以任何方式为采购人指定采购代理机构。

中华人民共和国政府采购法

第二十条 采购人依法委托采购代理机构办理采购事宜的，应当由采购人与采购代理机构签订委托代理协议，依法确定委托代理的事项，约定双方的权利义务。

第二十一条 供应商是指向采购人提供货物、工程或者服务的法人、其他组织或者自然人。

第二十二条 供应商参加政府采购活动应当具备下列条件：

（一）具有独立承担民事责任的能力；

（二）具有良好的商业信誉和健全的财务会计制度；

（三）具有履行合同所必需的设备和专业技术能力；

（四）有依法缴纳税收和社会保障资金的良好记录；

（五）参加政府采购活动前三年内，在经营活动中没有重大违法记录；

（六）法律、行政法规规定的其他条件。

采购人可以根据采购项目的特殊要求，规定供应商的特定条件，但不得以不合理的条件对供应商实行差别待遇或者歧视待遇。

第二十三条 采购人可以要求参加政府采购的供应商提供有关资质证明文件和业绩情况，并根据本法规定的供应商条件和采购项目对供应商的特定要求，对供应商的资格进行审查。

第二十四条 两个以上的自然人、法人或者其他组织可以组成一个联合体，以一个供应商的身份共同参加政府采购。

以联合体形式进行政府采购的，参加联合体的供应商均应当具备本法第二十二条规定的条件，并应当向采购人提交联合协议，载明联合体各方承担的工作和义务。联合体各方应当共同与采购人签订采购合同，就采购合同约定的事项对采购人承担连带责任。

第二十五条 政府采购当事人不得相互串通损害国家利益、社会公共利益和其他当事人的合法权益；不得以任何手段排斥其他供应商参与竞争。

供应商不得以向采购人、采购代理机构、评标委员会的组成人员、竞争性谈判小组的组成人员、询价小组的组成人员行贿或者采取其他不正当手段谋取中标或者成交。

采购代理机构不得以向采购人行贿或者采取其他不正当手段谋取非法利益。

第三章 政府采购方式

第二十六条 政府采购采用以下方式：

（一）公开招标；

（二）邀请招标；

（三）竞争性谈判；

（四）单一来源采购；

（五）询价；

（六）国务院政府采购监督管理部门认定的其他采购方式。

公开招标应作为政府采购的主要采购方式。

第二十七条 采购人采购货物或者服务应当采用公开招标方式的，其具体数额标准，属于中央预算的政府采购项目,由国务院规定;属于地方预算的政府采购项目,由省、自治区、直辖市人民政府规定;因特殊情况需要采用公开招标以外的采购方式的,应当在采购活动开始前获得设区的市、自治州以上人民政府采购监督管理部门的批准。

第二十八条 采购人不得将应当以公开招标方式采购的货物或者服务化整为零或者以其他任何方式规避公开招标采购。

第二十九条 符合下列情形之一的货物或者服务,可以依照本法采用邀请招标方式采购:

(一) 具有特殊性,只能从有限范围的供应商处采购的;

(二) 采用公开招标方式的费用占政府采购项目总价值的比例过大的。

第三十条 符合下列情形之一的货物或者服务,可以依照本法采用竞争性谈判方式采购:

(一) 招标后没有供应商投标或者没有合格标的或者重新招标未能成立的;

(二) 技术复杂或者性质特殊,不能确定详细规格或者具体要求的;

(三) 采用招标所需时间不能满足用户紧急需要的;

(四) 不能事先计算出价格总额的。

第三十一条 符合下列情形之一的货物或者服务,可以依照本法采用单一来源方式采购:

(一) 只能从唯一供应商处采购的;

(二) 发生了不可预见的紧急情况不能从其他供应商处采购的;

(三) 必须保证原有采购项目一致性或者服务配套的要求,需要继续从原供应商处添购,且添购资金总额不超过原合同采购金额百分之十的。

第三十二条 采购的货物规格、标准统一、现货货源充足且价格变化幅度小的政府采购项目,可以依照本法采用询价方式采购。

第四章 政府采购程序

第三十三条 负有编制部门预算职责的部门在编制下一财政年度部门预算时,应当将该财政年度政府采购的项目及资金预算列出,报本级财政部门汇总。部门预算的审批,按预算管理权限和程序进行。

第三十四条 货物或者服务项目采取邀请招标方式采购的,采购人应当从符合相应资格条件的供应商中,通过随机方式选择三家以上的供应商,并向其发出投标邀请书。

第三十五条 货物和服务项目实行招标方式采购的,自招标文件开始发出之日起至投标人提交投标文件截止之日止,不得少于二十日。

第三十六条 在招标采购中,出现下列情形之一的,应予废标:

(一) 符合专业条件的供应商或者对招标文件作实质响应的供应商不足三家的;

(二) 出现影响采购公正的违法、违规行为的;

(三) 投标人的报价均超过了采购预算,采购人不能支付的;

(四) 因重大变故,采购任务取消的。

中华人民共和国政府采购法

废标后，采购人应当将废标理由通知所有投标人。

第三十七条 废标后，除采购任务取消情形外，应当重新组织招标；需要采取其他方式采购的，应当在采购活动开始前获得设区的市、自治州以上人民政府采购监督管理部门或者政府有关部门批准。

第三十八条 采用竞争性谈判方式采购的，应当遵循下列程序：

（一）成立谈判小组。谈判小组由采购人的代表和有关专家共三人以上的单数组成，其中专家的人数不得少于成员总数的三分之二。

（二）制定谈判文件。谈判文件应当明确谈判程序、谈判内容、合同草案的条款以及评定成交的标准等事项。

（三）确定邀请参加谈判的供应商名单。谈判小组从符合相应资格条件的供应商名单中确定不少于三家的供应商参加谈判，并向其提供谈判文件。

（四）谈判。谈判小组所有成员集中与单一供应商分别进行谈判。在谈判中，谈判的任何一方不得透露与谈判有关的其他供应商的技术资料、价格和其他信息。谈判文件有实质性变动的，谈判小组应当以书面形式通知所有参加谈判的供应商。

（五）确定成交供应商。谈判结束后，谈判小组应当要求所有参加谈判的供应商在规定时间内进行最后报价，采购人从谈判小组提出的成交候选人中根据符合采购需求、质量和服务相等且报价最低的原则确定成交供应商，并将结果通知所有参加谈判的未成交的供应商。

第三十九条 采取单一来源方式采购的，采购人与供应商应当遵循本法规定的原则，在保证采购项目质量和双方商定合理价格的基础上进行采购。

第四十条 采取询价方式采购的，应当遵循下列程序：

（一）成立询价小组。询价小组由采购人的代表和有关专家共三人以上的单数组成，其中专家的人数不得少于成员总数的三分之二。询价小组应当对采购项目的价格构成和评定成交的标准等事项作出规定。

（二）确定被询价的供应商名单。询价小组根据采购需求，从符合相应资格条件的供应商名单中确定不少于三家的供应商，并向其发出询价通知书让其报价。

（三）询价。询价小组要求被询价的供应商一次报出不得更改的价格。

（四）确定成交供应商。采购人根据符合采购需求、质量和服务相等且报价最低的原则确定成交供应商，并将结果通知所有被询价的未成交的供应商。

第四十一条 采购人或者其委托的采购代理机构应当组织对供应商履约的验收。大型或者复杂的政府采购项目，应当邀请国家认可的质量检测机构参加验收工作。验收方成员应当在验收书上签字，并承担相应的法律责任。

第四十二条 采购人、采购代理机构对政府采购项目每项采购活动的采购文件应当妥善保存，不得伪造、变造、隐匿或者销毁。采购文件的保存期限为从采购结束之日起至少保存十五年。

采购文件包括采购活动记录、采购预算、招标文件、投标文件、评标标准、评估报告、定标文件、合同文本、验收证明、质疑答复、投诉处理决定及其他有关文件、资料。

采购活动记录至少应当包括下列内容：

（一）采购项目类别、名称；

（二）采购项目预算、资金构成和合同价格；
（三）采购方式，采用公开招标以外的采购方式的，应当载明原因；
（四）邀请和选择供应商的条件及原因；
（五）评标标准及确定中标人的原因；
（六）废标的原因；
（七）采用招标以外采购方式的相应记载。

第五章　政府采购合同

第四十三条　政府采购合同适用合同法。采购人和供应商之间的权利和义务，应当按照平等、自愿的原则以合同方式约定。

采购人可以委托采购代理机构代表其与供应商签订政府采购合同。由采购代理机构以采购人名义签订合同的，应当提交采购人的授权委托书，作为合同附件。

第四十四条　政府采购合同应当采用书面形式。

第四十五条　国务院政府采购监督管理部门应当会同国务院有关部门，规定政府采购合同必须具备的条款。

第四十六条　采购人与中标、成交供应商应当在中标、成交通知书发出之日起三十日内，按照采购文件确定的事项签订政府采购合同。

中标、成交通知书对采购人和中标、成交供应商均具有法律效力。中标、成交通知书发出后，采购人改变中标、成交结果的，或者中标、成交供应商放弃中标、成交项目的，应当依法承担法律责任。

第四十七条　政府采购项目的采购合同自签订之日起七个工作日内，采购人应当将合同副本报同级政府采购监督管理部门和有关部门备案。

第四十八条　经采购人同意，中标、成交供应商可以依法采取分包方式履行合同。

政府采购合同分包履行的，中标、成交供应商就采购项目和分包项目向采购人负责，分包供应商就分包项目承担责任。

第四十九条　政府采购合同履行中，采购人需追加与合同标的相同的货物、工程或者服务的，在不改变合同其他条款的前提下，可以与供应商协商签订补充合同，但所有补充合同的采购金额不得超过原合同采购金额的百分之十。

第五十条　政府采购合同的双方当事人不得擅自变更、中止或者终止合同。

政府采购合同继续履行将损害国家利益和社会公共利益的，双方当事人应当变更、中止或者终止合同。有过错的一方应当承担赔偿责任，双方都有过错的，各自承担相应的责任。

第六章　质疑与投诉

第五十一条　供应商对政府采购活动事项有疑问的，可以向采购人提出询问，采购人应当及时作出答复，但答复的内容不得涉及商业秘密。

中华人民共和国政府采购法

第五十二条 供应商认为采购文件、采购过程和中标、成交结果使自己的权益受到损害的,可以在知道或者应知其权益受到损害之日起七个工作日内,以书面形式向采购人提出质疑。

第五十三条 采购人应当在收到供应商的书面质疑后七个工作日内作出答复,并以书面形式通知质疑供应商和其他有关供应商,但答复的内容不得涉及商业秘密。

第五十四条 采购人委托采购代理机构采购的,供应商可以向采购代理机构提出询问或者质疑,采购代理机构应当依照本法第五十一条、第五十三条的规定就采购人委托授权范围内的事项作出答复。

第五十五条 质疑供应商对采购人、采购代理机构的答复不满意或者采购人、采购代理机构未在规定的时间内作出答复的,可以在答复期满后十五个工作日内向同级政府采购监督管理部门投诉。

第五十六条 政府采购监督管理部门应当在收到投诉后三十个工作日内,对投诉事项作出处理决定,并以书面形式通知投诉人和与投诉事项有关的当事人。

第五十七条 政府采购监督管理部门在处理投诉事项期间,可以视具体情况书面通知采购人暂停采购活动,但暂停时间最长不得超过三十日。

第五十八条 投诉人对政府采购监督管理部门的投诉处理决定不服或者政府采购监督管理部门逾期未作处理的,可以依法申请行政复议或者向人民法院提起行政诉讼。

第七章 监督检查

第五十九条 政府采购监督管理部门应当加强对政府采购活动及集中采购机构的监督检查。

监督检查的主要内容是:

(一)有关政府采购的法律、行政法规和规章的执行情况;

(二)采购范围、采购方式和采购程序的执行情况;

(三)政府采购人员的职业素质和专业技能。

第六十条 政府采购监督管理部门不得设置集中采购机构,不得参与政府采购项目的采购活动。

采购代理机构与行政机关不得存在隶属关系或者其他利益关系。

第六十一条 集中采购机构应当建立健全内部监督管理制度。采购活动的决策和执行程序应当明确,并相互监督、相互制约。经办采购的人员与负责采购合同审核、验收人员的职责权限应当明确,并相互分离。

第六十二条 集中采购机构的采购人员应当具有相关职业素质和专业技能,符合政府采购监督管理部门规定的专业岗位任职要求。

集中采购机构对其工作人员应当加强教育和培训;对采购人员的专业水平、工作实绩和职业道德状况定期进行考核。采购人员经考核不合格的,不得继续任职。

第六十三条 政府采购项目的采购标准应当公开。

采用本法规定的采购方式的,采购人在采购活动完成后,应当将采购结果予以公布。

第六十四条　采购人必须按照本法规定的采购方式和采购程序进行采购。

任何单位和个人不得违反本法规定，要求采购人或者采购工作人员向其指定的供应商进行采购。

第六十五条　政府采购监督管理部门应当对政府采购项目的采购活动进行检查，政府采购当事人应当如实反映情况，提供有关材料。

第六十六条　政府采购监督管理部门应当对集中采购机构的采购价格、节约资金效果、服务质量、信誉状况、有无违法行为等事项进行考核，并定期如实公布考核结果。

第六十七条　依照法律、行政法规的规定对政府采购负有行政监督职责的政府有关部门，应当按照其职责分工，加强对政府采购活动的监督。

第六十八条　审计机关应当对政府采购进行审计监督。政府采购监督管理部门、政府采购各当事人有关政府采购活动，应当接受审计机关的审计监督。

第六十九条　监察机关应当加强对参与政府采购活动的国家机关、国家公务员和国家行政机关任命的其他人员实施监察。

第七十条　任何单位和个人对政府采购活动中的违法行为，有权控告和检举，有关部门、机关应当依照各自职责及时处理。

第八章　法律责任

第七十一条　采购人、采购代理机构有下列情形之一的，责令限期改正，给予警告，可以并处罚款，对直接负责的主管人员和其他直接责任人员，由其行政主管部门或者有关机关给予处分，并予通报：

（一）应当采用公开招标方式而擅自采用其他方式采购的；

（二）擅自提高采购标准的；

（三）委托不具备政府采购业务代理资格的机构办理采购事务的；

（四）以不合理的条件对供应商实行差别待遇或者歧视待遇的；

（五）在招标采购过程中与投标人进行协商谈判的；

（六）中标、成交通知书发出后不与中标、成交供应商签订采购合同的；

（七）拒绝有关部门依法实施监督检查的。

第七十二条　采购人、采购代理机构及其工作人员有下列情形之一，构成犯罪的，依法追究刑事责任；尚不构成犯罪的，处以罚款，有违法所得的，并处没收违法所得，属于国家机关工作人员的，依法给予行政处分：

（一）与供应商或者采购代理机构恶意串通的；

（二）在采购过程中接受贿赂或者获取其他不正当利益的；

（三）在有关部门依法实施的监督检查中提供虚假情况的；

（四）开标前泄露标底的。

第七十三条　有前两条违法行为之一影响中标、成交结果或者可能影响中标、成交结果的，按下列情况分别处理：

（一）未确定中标、成交供应商的，终止采购活动；

中华人民共和国政府采购法

（二）中标、成交供应商已经确定但采购合同尚未履行的，撤销合同，从合格的中标、成交候选人中另行确定中标、成交供应商；

（三）采购合同已经履行的，给采购人、供应商造成损失的，由责任人承担赔偿责任。

第七十四条 采购人对应当实行集中采购的政府采购项目，不委托集中采购机构实行集中采购的，由政府采购监督管理部门责令改正；拒不改正的，停止按预算向其支付资金，由其上级行政主管部门或者有关机关依法给予其直接负责的主管人员和其他直接责任人员处分。

第七十五条 采购人未依法公布政府采购项目的采购标准和采购结果的，责令改正，对直接负责的主管人员依法给予处分。

第七十六条 采购人、采购代理机构违反本法规定隐匿、销毁应当保存的采购文件或者伪造、变造采购文件的，由政府采购监督管理部门处以二万元以上十万元以下的罚款，对其直接负责的主管人员和其他直接责任人员依法给予处分；构成犯罪的，依法追究刑事责任。

第七十七条 供应商有下列情形之一的，处以采购金额千分之五以上千分之十以下的罚款，列入不良行为记录名单，在一至三年内禁止参加政府采购活动，有违法所得的，并处没收违法所得，情节严重的，由工商行政管理机关吊销营业执照；构成犯罪的，依法追究刑事责任：

（一）提供虚假材料谋取中标、成交的；

（二）采取不正当手段诋毁、排挤其他供应商的；

（三）与采购人、其他供应商或者采购代理机构恶意串通的；

（四）向采购人、采购代理机构行贿或者提供其他不正当利益的；

（五）在招标采购过程中与采购人进行协商谈判的；

（六）拒绝有关部门监督检查或者提供虚假情况的。

供应商有前款第（一）至（五）项情形之一的，中标、成交无效。

第七十八条 采购代理机构在代理政府采购业务中有违法行为的，按照有关法律规定处以罚款，可以依法取消其进行相关业务的资格，构成犯罪的，依法追究刑事责任。

第七十九条 政府采购当事人有本法第七十一条、第七十二条、第七十七条违法行为之一，给他人造成损失的，并应依照有关民事法律规定承担民事责任。

第八十条 政府采购监督管理部门的工作人员在实施监督检查中违反本法规定滥用职权，玩忽职守，徇私舞弊的，依法给予行政处分；构成犯罪的，依法追究刑事责任。

第八十一条 政府采购监督管理部门对供应商的投诉逾期未作处理的，给予直接负责的主管人员和其他直接责任人员行政处分。

第八十二条 政府采购监督管理部门对集中采购机构业绩的考核，有虚假陈述，隐瞒真实情况的，或者不作定期考核和公布考核结果的，应当及时纠正，由其上级机关或者监察机关对其负责人进行通报，并对直接负责的人员依法给予行政处分。

集中采购机构在政府采购监督管理部门考核中，虚报业绩，隐瞒真实情况的，处以二万元以上二十万元以下的罚款，并予以通报；情节严重的，取消其代理采购的资格。

第八十三条 任何单位或者个人阻挠和限制供应商进入本地区或者本行业政府采购市场的，责令限期改正；拒不改正的，由该单位、个人的上级行政主管部门或者有关机关给予单位责任人或者个人处分。

第九章 附　则

第八十四条 使用国际组织和外国政府贷款进行的政府采购，贷款方、资金提供方与中方达成的协议对采购的具体条件另有规定的，可以适用其规定，但不得损害国家利益和社会公共利益。

第八十五条 对因严重自然灾害和其他不可抗力事件所实施的紧急采购和涉及国家安全和秘密的采购，不适用本法。

第八十六条 军事采购法规由中央军事委员会另行制定。

第八十七条 本法实施的具体步骤和办法由国务院规定。

第八十八条 本法自2003年1月1日起施行。

行政单位财务规则

中华人民共和国财政部令第71号

第一章 总 则

第一条 为了规范行政单位的财务行为,加强行政单位财务管理和监督,提高资金使用效益,保障行政单位工作任务的完成,制定本规则。

第二条 本规则适用于各级各类国家机关、政党组织(以下统称行政单位)的财务活动。

第三条 行政单位财务管理的基本原则是:量入为出,保障重点,兼顾一般,厉行节约,制止奢侈浪费,降低行政成本,注重资金使用效益。

第四条 行政单位财务管理的主要任务是:

(一)科学、合理编制预算,严格预算执行,完整、准确、及时编制决算,真实反映单位财务状况;

(二)建立健全财务管理制度,实施预算绩效管理,加强对行政单位财务活动的控制和监督;

(三)加强资产管理,合理配置、有效利用、规范处置资产,防止国有资产流失;

(四)定期编制财务报告,进行财务活动分析;

(五)对行政单位所属并归口行政财务管理的单位的财务活动实施指导、监督;

(六)加强对非独立核算的机关后勤服务部门的财务管理,实行内部核算办法。

第五条 行政单位的财务活动在单位负责人领导下,由单位财务部门统一管理。

行政单位应当单独设置财务机构,配备专职财务会计人员,实行独立核算。人员编制少、财务工作量小等不具备独立核算条件的单位,可以实行单据报账制度。

第二章 单位预算管理

第六条 行政单位预算由收入预算和支出预算组成。

第七条 按照预算管理权限,行政单位预算管理分为下列级次:

(一)向同级财政部门申报预算的行政单位,为一级预算单位;

(二)向上一级预算单位申报预算并有下级预算单位的行政单位,为二级预算单位;

（三）向上一级预算单位申报预算，且没有下级预算单位的行政单位，为基层预算单位。

一级预算单位有下级预算单位的，为主管预算单位。

第八条 各级预算单位应当按照预算管理级次申报预算，并按照批准的预算组织实施，定期将预算执行情况向上一级预算单位或者同级财政部门报告。

第九条 财政部门对行政单位实行收支统一管理、定额、定项拨款，超支不补，结转和结余按规定使用的预算管理办法。

第十条 行政单位编制预算，应当综合考虑以下因素：

（一）年度工作计划和相应支出需求；

（二）以前年度预算执行情况；

（三）以前年度结转和结余情况；

（四）资产占有和使用情况；

（五）其他因素。

第十一条 行政单位预算依照下列程序编报和审批：

（一）行政单位测算、提出预算建议数，逐级汇总后报送同级财政部门；

（二）财政部门审核行政单位提出的预算建议数，下达预算控制数；

（三）行政单位根据预算控制数正式编制年度预算，逐级汇总后报送同级财政部门；

（四）经法定程序批准后，财政部门批复行政单位预算。

第十二条 行政单位应当严格执行预算，按照收支平衡的原则，合理安排各项资金，不得超预算安排支出。

预算在执行中原则上不予调整。因特殊情况确需调整预算的，行政单位应当按照规定程序报送审批。

第十三条 行政单位应当按照规定编制决算，逐级审核汇总后报同级财政部门审批。

第十四条 行政单位应当加强决算审核和分析，规范决算管理工作，保证决算数据的完整、真实、准确。

第三章　收入管理

第十五条 收入是指行政单位依法取得的非偿还性资金，包括财政拨款收入和其他收入。

财政拨款收入，是指行政单位从同级财政部门取得的财政预算资金。

其他收入，是指行政单位依法取得的除财政拨款收入以外的各项收入。

行政单位依法取得的应当上缴财政的罚没收入、行政事业性收费、政府性基金、国有资产处置和出租出借收入等，不属于行政单位的收入。

第十六条 行政单位取得各项收入，应当符合国家规定，按照财务管理的要求，分项如实核算。

第十七条 行政单位的各项收入应当全部纳入单位预算，统一核算，统一管理。

第四章 支 出 管 理

第十八条 支出是指行政单位为保障机构正常运转和完成工作任务所发生的资金耗费和损失，包括基本支出和项目支出。

基本支出，是指行政单位为保障机构正常运转和完成日常工作任务发生的支出，包括人员支出和公用支出。

项目支出，是指行政单位为完成特定的工作任务，在基本支出之外发生的支出。

第十九条 行政单位应当将各项支出全部纳入单位预算。

各项支出由单位财务部门按照批准的预算和有关规定审核办理。

第二十条 行政单位的支出应当严格执行国家规定的开支范围及标准，建立健全支出管理制度，对节约潜力大、管理薄弱的支出进行重点管理和控制。

第二十一条 行政单位从财政部门或者上级预算单位取得的项目资金，应当按照批准的项目和用途使用，专款专用、单独核算，并按照规定向同级财政部门或者上级预算单位报告资金使用情况，接受财政部门和上级预算单位的检查监督。

项目完成后，行政单位应当向同级财政部门或者上级预算单位报送项目支出决算和使用效果的书面报告。

第二十二条 行政单位应当严格执行国库集中支付制度和政府采购制度等规定。

第二十三条 行政单位应当加强支出的绩效管理，提高资金的使用效益。

第二十四条 行政单位应当依法加强各类票据管理，确保票据来源合法、内容真实、使用正确，不得使用虚假票据。

第五章 结转和结余管理

第二十五条 结转资金，是指当年预算已执行但未完成，或者因故未执行，下一年度需要按照原用途继续使用的资金。

第二十六条 结余资金，是指当年预算工作目标已完成，或者因故终止，当年剩余的资金。

结转资金在规定使用年限未使用或者未使用完的，视为结余资金。

第二十七条 财政拨款结转和结余的管理，应当按照同级财政部门的规定执行。

第六章 资 产 管 理

第二十八条 资产是指行政单位占有或者使用的，能以货币计量的经济资源，包括流动资产、固定资产、在建工程、无形资产等。

第二十九条 流动资产是指可以在一年内变现或者耗用的资产，包括现金、银行存款、零余额账户用款额度、应收及暂付款项、存货等。

前款所称存货是指行政单位在工作中为耗用而储存的资产，包括材料、燃料、包装物和低值易耗品等。

第三十条 固定资产是指使用期限超过一年，单位价值在1 000元以上（其中：专用设备单位价值在1 500元以上），并且在使用过程中基本保持原有物质形态的资产。单位价值虽未达到规定标准，但是耐用时间在一年以上的大批同类物资，作为固定资产管理。

固定资产一般分为六类：房屋及构筑物；通用设备；专用设备；文物和陈列品；图书、档案；家具、用具、装具及动植物。

第三十一条 在建工程是指已经发生必要支出，但尚未达到交付使用状态的建设工程。

在建工程达到交付使用状态时，应当按照规定办理工程竣工财务决算和资产交付使用。

第三十二条 无形资产是指不具有实物形态而能为使用者提供某种权利的资产，包括著作权、土地使用权等。

第三十三条 行政单位应当建立健全单位资产管理制度，加强和规范资产配置、使用和处置管理，维护资产安全完整。

第三十四条 行政单位应当按照科学规范、从严控制、保障工作需要的原则合理配置资产。

行政单位资产有原始凭证的，按照原始凭证记账；无原始凭证的，应当依法进行评估，按照评估价值记账。

第三十五条 行政单位应当加强资产日常管理工作，做好资产建账、核算和登记工作，定期或者不定期进行清查盘点，保证账账相符，账实相符。年度终了，应当进行全面清查盘点。对资产盘盈、盘亏应当及时处理。

第三十六条 行政单位开设银行存款账户，应当报同级财政部门审批，并由财务部门统一管理。

第三十七条 行政单位应当加强应收及暂付款项的管理，严格控制规模，并及时进行清理，不得长期挂账。

第三十八条 行政单位的资产增加时，应当及时登记入账；减少时，应当按照资产处置规定办理报批手续，进行账务处理。

行政单位的固定资产不计提折旧，但财政部另有规定的除外。

第三十九条 行政单位不得以任何形式用占有、使用的国有资产对外投资或者举办经济实体。对于未与行政单位脱钩的经济实体，行政单位应当按照有关规定进行监管。

除法律、行政法规另有规定外，行政单位不得举借债务，不得对外提供担保。

第四十条 未经同级财政部门批准，行政单位不得将占有、使用的国有资产对外出租、出借。

第四十一条 行政单位应当按照国家有关规定实行资源共享、装备共建，提高资产使用效率。

第四十二条 行政单位资产处置应当遵循公开、公平、公正的原则，依法进行评估，严格履行相关审批程序。

第七章　负债管理

第四十三条　负债是指行政单位所承担的能以货币计量，需要以资产或者劳务偿还的债务，包括应缴款项、暂存款项、应付款项等。

第四十四条　应缴款项是指行政单位依法取得的应当上缴财政的资金，包括罚没收入、行政事业性收费、政府性基金、国有资产处置和出租出借收入等。

第四十五条　行政单位取得罚没收入、行政事业性收费、政府性基金、国有资产处置和出租出借收入等，应当按照国库集中收缴的有关规定及时足额上缴，不得隐瞒、滞留、截留、挪用和坐支。

第四十六条　暂存款项是行政单位在业务活动中与其他单位或者个人发生的预收、代管等待结算的款项。

第四十七条　行政单位应当加强对暂存款项的管理，不得将应当纳入单位收入管理的款项列入暂存款项；对各种暂存款项应当及时清理、结算，不得长期挂账。

第八章　行政单位划转撤并的财务处理

第四十八条　行政单位划转撤并的财务处理，应当在财政部门、主管预算单位等部门的监督指导下进行。

划转撤并的行政单位应当对单位的财产、债权、债务等进行全面清理，编制财产目录和债权、债务清单，提出财产作价依据和债权、债务处理办法，做好资产的移交、接收、划转和管理工作，并妥善处理各项遗留问题。

第四十九条　划转撤并的行政单位的资产经主管预算单位审核并上报财政部门和有关部门批准后，分别按照下列规定处理：

（一）转为事业单位和改变隶属关系的行政单位，其资产无偿移交，并相应调整、划转经费指标。

（二）转为企业的行政单位，其资产按照有关规定进行评估作价后，转作企业的国有资本。

（三）撤销的行政单位，其全部资产由财政部门或者财政部门授权的单位处理。

（四）合并的行政单位，其全部资产移交接收单位或者新组建单位；合并后多余的资产，由财政部门或者财政部门授权的单位处理。

（五）分立的行政单位，其资产按照有关规定移交分立后的行政单位，并相应划转经费指标。

第九章　财务报告和财务分析

第五十条　财务报告是反映行政单位一定时期财务状况和预算执行结果的总结性书面

文件。

第五十一条　行政单位的财务报告，包括财务报表和财务情况说明书。

财务报表包括资产负债表、收入支出表、支出明细表、财政拨款收入支出表、固定资产投资决算报表等主表及有关附表。

财务情况说明书，主要说明行政单位本期收入、支出、结转、结余、专项资金使用及资产负债变动等情况，以及影响财务状况变化的重要事项，总结财务管理经验，对存在的问题提出改进意见。

第五十二条　财务分析是依据会计核算资料和其他有关信息资料，对单位财务活动过程及其结果进行的研究、分析和评价。

第五十三条　财务分析的内容包括预算编制与执行情况、收入支出状况、人员增减情况、资产使用情况等。

财务分析的指标主要有：支出增长率、当年预算支出完成率、人均开支、项目支出占总支出的比率、人员支出占总支出的比率、公用支出占总支出的比率、人均办公使用面积、人车比例等。

行政单位可以根据其业务特点，增加财务分析指标。

第五十四条　行政单位应当真实、准确、完整、及时地编制财务报告，认真进行财务分析，并按照规定报送财政部门、主管预算单位和其他有关部门。

第十章　财务监督

第五十五条　行政单位财务监督主要包括对预算管理、收入管理、支出管理、结转和结余管理、资产管理、负债管理等的监督。

第五十六条　行政单位财务监督应当实行事前监督、事中监督、事后监督相结合，日常监督与专项监督相结合，并对违反财务规章制度的问题进行检查处理。

第五十七条　行政单位应当建立健全内部控制制度、经济责任制度、财务信息披露制度等监督制度，依法公开财务信息。

第五十八条　行政单位应当依法接受主管预算单位和财政、审计部门的监督。

第五十九条　财政部门、行政单位及其工作人员违反本规则，按照《财政违法行为处罚处分条例》（国务院令第427号）处理。

第十一章　附　　则

第六十条　行政单位基本建设投资的财务管理，应当执行本规则，但国家基本建设投资财务管理制度另有规定的，从其规定。

第六十一条　参照公务员法管理的事业单位财务制度的适用，由财政部另行规定。

行政单位所属独立核算的企业、事业单位分别执行相应的财务制度，不执行本规则。

第六十二条　省、自治区、直辖市人民政府财政部门可以依据本规则结合本地区实际

行政单位财务规则

情况制定实施办法。

第六十三条 本规则自 2013 年 1 月 1 日起施行。

附件：行政单位财务分析指标

1. 支出增长率，衡量行政单位支出的增长水平。计算公式为：

$$支出增长率 = (本期支出总额 \div 上期支出总额 - 1) \times 100\%$$

2. 当年预算支出完成率，衡量行政单位当年支出总预算及分项预算完成的程度。计算公式为：

$$当年预算支出完成率 = 年终执行数 \div (年初预算数 \pm 年中预算调整数) \times 100\%$$

年终执行数不含上年结转和结余支出数。

3. 人均开支，衡量行政单位人均年消耗经费水平。计算公式为：

$$人均开支 = 本期支出数 \div 本期平均在职人员数 \times 100\%$$

4. 项目支出占总支出的比率，衡量行政单位的支出结构。计算公式为：

$$项目支出比率 = 本期项目支出数 \div 本期支出总数 \times 100\%$$

5. 人员支出、公用支出占总支出的比率，衡量行政单位的支出结构。计算公式为：

$$人员支出比率 = 本期人员支出数 \div 本期支出总数 \times 100\%$$

$$公用支出比率 = 本期公用支出数 \div 本期支出总数 \times 100\%$$

6. 人均办公使用面积，衡量行政单位办公用房配备情况。计算公式为：

$$人均办公使用面积 = 本期末单位办公用房使用面积 \div 本期末在职人员数$$

7. 人车比例，衡量行政单位公务用车配备情况。计算公式为：

$$人车比例 = 本期末在职人员数 \div 本期末公务用车实有数 : 1$$

事业单位财务规则

中华人民共和国财政部令第68号

第一章 总 则

第一条 为了进一步规范事业单位的财务行为,加强事业单位财务管理和监督,提高资金使用效益,保障事业单位健康发展,制定本规则。

第二条 本规则适用于各级各类事业单位(以下简称事业单位)的财务活动。

第三条 事业单位财务管理的基本原则是:执行国家有关法律、法规和财务规章制度;坚持勤俭办事业的方针;正确处理事业发展需要和资金供给的关系,社会效益和经济效益的关系,国家、单位和个人三者利益的关系。

第四条 事业单位财务管理的主要任务是:合理编制单位预算,严格预算执行,完整、准确编制单位决算,真实反映单位财务状况;依法组织收入,努力节约支出;建立健全财务制度,加强经济核算,实施绩效评价,提高资金使用效益;加强资产管理,合理配置和有效利用资产,防止资产流失;加强对单位经济活动的财务控制和监督,防范财务风险。

第五条 事业单位的财务活动在单位负责人的领导下,由单位财务部门统一管理。

第二章 单位预算管理

第六条 事业单位预算是指事业单位根据事业发展目标和计划编制的年度财务收支计划。事业单位预算由收入预算和支出预算组成。

第七条 国家对事业单位实行核定收支、定额或者定项补助、超支不补、结转和结余按规定使用的预算管理办法。

定额或者定项补助根据国家有关政策和财力可能,结合事业特点、事业发展目标和计划、事业单位收支及资产状况等确定。定额或者定项补助可以为零。

非财政补助收入大于支出较多的事业单位,可以实行收入上缴办法。具体办法由财政部门会同有关主管部门制定。

第八条 事业单位参考以前年度预算执行情况,根据预算年度的收入增减因素和措施,以及以前年度结转和结余情况,测算编制收入预算;根据事业发展需要与财力可能,测算编制支出预算。

事业单位财务规则

事业单位预算应当自求收支平衡，不得编制赤字预算。

第九条 事业单位根据年度事业发展目标和计划以及预算编制的规定，提出预算建议数，经主管部门审核汇总报财政部门（一级预算单位直接报财政部门，下同）。事业单位根据财政部门下达的预算控制数编制预算，由主管部门审核汇总报财政部门，经法定程序审核批复后执行。

第十条 事业单位应当严格执行批准的预算。预算执行中，国家对财政补助收入和财政专户管理资金的预算一般不予调整。上级下达的事业计划有较大调整，或者根据国家有关政策增加或者减少支出，对预算执行影响较大时，事业单位应当报主管部门审核后报财政部门调整预算；财政补助收入和财政专户管理资金以外部分的预算需要调增或者调减的，由单位自行调整并报主管部门和财政部门备案。

收入预算调整后，相应调增或者调减支出预算。

第十一条 事业单位决算是指事业单位根据预算执行结果编制的年度报告。

第十二条 事业单位应当按照规定编制年度决算，由主管部门审核汇总后报财政部门审批。

第十三条 事业单位应当加强决算审核和分析，保证决算数据的真实、准确，规范决算管理工作。

第三章 收入管理

第十四条 收入是指事业单位为开展业务及其他活动依法取得的非偿还性资金。

第十五条 事业单位收入包括：

（一）财政补助收入，即事业单位从同级财政部门取得的各类财政拨款。

（二）事业收入，即事业单位开展专业业务活动及其辅助活动取得的收入。其中：按照国家有关规定应当上缴国库或者财政专户的资金，不计入事业收入；从财政专户核拨给事业单位的资金和经核准不上缴国库或者财政专户的资金，计入事业收入。

（三）上级补助收入，即事业单位从主管部门和上级单位取得的非财政补助收入。

（四）附属单位上缴收入，即事业单位附属独立核算单位按照有关规定上缴的收入。

（五）经营收入，即事业单位在专业业务活动及其辅助活动之外开展非独立核算经营活动取得的收入。

（六）其他收入，即本条上述规定范围以外的各项收入，包括投资收益、利息收入、捐赠收入等。

第十六条 事业单位应当将各项收入全部纳入单位预算，统一核算，统一管理。

第十七条 事业单位对按照规定上缴国库或者财政专户的资金，应当按照国库集中收缴的有关规定及时足额上缴，不得隐瞒、滞留、截留、挪用和坐支。

第四章 支出管理

第十八条 支出是指事业单位开展业务及其他活动发生的资金耗费和损失。

第十九条 事业单位支出包括：

（一）事业支出，即事业单位开展专业业务活动及其辅助活动发生的基本支出和项目支出。基本支出是指事业单位为了保障其正常运转、完成日常工作任务而发生的人员支出和公用支出。项目支出是指事业单位为了完成特定工作任务和事业发展目标，在基本支出之外所发生的支出。

（二）经营支出，即事业单位在专业业务活动及其辅助活动之外开展非独立核算经营活动发生的支出。

（三）对附属单位补助支出，即事业单位用财政补助收入之外的收入对附属单位补助发生的支出。

（四）上缴上级支出，即事业单位按照财政部门和主管部门的规定上缴上级单位的支出。

（五）其他支出，即本条上述规定范围以外的各项支出，包括利息支出、捐赠支出等。

第二十条 事业单位应当将各项支出全部纳入单位预算，建立健全支出管理制度。

第二十一条 事业单位的支出应当严格执行国家有关财务规章制度规定的开支范围及开支标准；国家有关财务规章制度没有统一规定的，由事业单位规定，报主管部门和财政部门备案。事业单位的规定违反法律制度和国家政策的，主管部门和财政部门应当责令改正。

第二十二条 事业单位在开展非独立核算经营活动中，应当正确归集实际发生的各项费用数；不能归集的，应当按照规定的比例合理分摊。

经营支出应当与经营收入配比。

第二十三条 事业单位从财政部门和主管部门取得的有指定项目和用途的专项资金，应当专款专用、单独核算，并按照规定向财政部门或者主管部门报送专项资金使用情况；项目完成后，应当报送专项资金支出决算和使用效果的书面报告，接受财政部门或者主管部门的检查、验收。

第二十四条 事业单位应当加强经济核算，可以根据开展业务活动及其他活动的实际需要，实行内部成本核算办法。

第二十五条 事业单位应当严格执行国库集中支付制度和政府采购制度等有关规定。

第二十六条 事业单位应当加强支出的绩效管理，提高资金使用的有效性。

第二十七条 事业单位应当依法加强各类票据管理，确保票据来源合法、内容真实、使用正确，不得使用虚假票据。

第五章　结转和结余管理

第二十八条 结转和结余是指事业单位年度收入与支出相抵后的余额。

结转资金是指当年预算已执行但未完成，或者因故未执行，下一年度需要按照原用途继续使用的资金。结余资金是指当年预算工作目标已完成，或者因故终止，当年剩余的资金。

经营收支结转和结余应当单独反映。

事业单位财务规则

第二十九条　财政拨款结转和结余的管理，应当按照同级财政部门的规定执行。

第三十条　非财政拨款结转按照规定结转下一年度继续使用。非财政拨款结余可以按照国家有关规定提取职工福利基金，剩余部分作为事业基金用于弥补以后年度单位收支差额；国家另有规定的，从其规定。

第三十一条　事业单位应当加强事业基金的管理，遵循收支平衡的原则，统筹安排、合理使用，支出不得超出基金规模。

第六章　专用基金管理

第三十二条　专用基金是指事业单位按照规定提取或者设置的有专门用途的资金。

专用基金管理应当遵循先提后用、收支平衡、专款专用的原则，支出不得超出基金规模。

第三十三条　专用基金包括：

（一）修购基金，即按照事业收入和经营收入的一定比例提取，并按照规定在相应的购置和修缮科目中列支（各列50%），以及按照其他规定转入，用于事业单位固定资产维修和购置的资金。事业收入和经营收入较少的事业单位可以不提取修购基金，实行固定资产折旧的事业单位不提取修购基金。

（二）职工福利基金，即按照非财政拨款结余的一定比例提取以及按照其他规定提取转入，用于单位职工的集体福利设施、集体福利待遇等的资金。

（三）其他基金，即按照其他有关规定提取或者设置的专用资金。

第三十四条　各项基金的提取比例和管理办法，国家有统一规定的，按照统一规定执行；没有统一规定的，由主管部门会同同级财政部门确定。

第七章　资产管理

第三十五条　资产是指事业单位占有或者使用的能以货币计量的经济资源，包括各种财产、债权和其他权利。

第三十六条　事业单位的资产包括流动资产、固定资产、在建工程、无形资产和对外投资等。

第三十七条　事业单位应当建立健全单位资产管理制度，加强和规范资产配置、使用和处置管理，维护资产安全完整，保障事业健康发展。

第三十八条　事业单位应当按照科学规范、从严控制、保障事业发展需要的原则合理配置资产。

第三十九条　流动资产是指可以在一年以内变现或者耗用的资产，包括现金、各种存款、零余额账户用款额度、应收及预付款项、存货等。

前款所称存货是指事业单位在开展业务活动及其他活动中为耗用而储存的资产，包括材料、燃料、包装物和低值易耗品等。

事业单位应当建立健全现金及各种存款的内部管理制度，对存货进行定期或者不定期的清查盘点，保证账实相符。对存货盘盈、盘亏应当及时处理。

第四十条 固定资产是指使用期限超过一年，单位价值在 1 000 元以上（其中：专用设备单位价值在 1 500 元以上），并在使用过程中基本保持原有物质形态的资产。单位价值虽未达到规定标准，但是耐用时间在一年以上的大批同类物资，作为固定资产管理。

固定资产一般分为六类：房屋及构筑物；专用设备；通用设备；文物和陈列品；图书、档案；家具、用具、装具及动植物。行业事业单位的固定资产明细目录由国务院主管部门制定，报国务院财政部门备案。

第四十一条 事业单位应当对固定资产进行定期或者不定期的清查盘点。年度终了前应当进行一次全面清查盘点，保证账实相符。

第四十二条 在建工程是指已经发生必要支出，但尚未达到交付使用状态的建设工程。

在建工程达到交付使用状态时，应当按照规定办理工程竣工财务决算和资产交付使用。

第四十三条 无形资产是指不具有实物形态而能为使用者提供某种权利的资产，包括专利权、商标权、著作权、土地使用权、非专利技术、商誉以及其他财产权利。

事业单位转让无形资产，应当按照有关规定进行资产评估，取得的收入按照国家有关规定处理。事业单位取得无形资产发生的支出，应当计入事业支出。

第四十四条 对外投资是指事业单位依法利用货币资金、实物、无形资产等方式向其他单位的投资。

事业单位应当严格控制对外投资。在保证单位正常运转和事业发展的前提下，按照国家有关规定可以对外投资的，应当履行相关审批程序。事业单位不得使用财政拨款及其结余进行对外投资，不得从事股票、期货、基金、企业债券等投资，国家另有规定的除外。

事业单位以非货币性资产对外投资的，应当按照国家有关规定进行资产评估，合理确定资产价值。

第四十五条 事业单位资产处置应当遵循公开、公平、公正和竞争、择优的原则，严格履行相关审批程序。

事业单位出租、出借资产，应当按照国家有关规定经主管部门审核同意后报同级财政部门审批。

第四十六条 事业单位应当提高资产使用效率，按照国家有关规定实行资产共享、共用。

第八章 负债管理

第四十七条 负债是指事业单位所承担的能以货币计量，需要以资产或者劳务偿还的债务。

第四十八条 事业单位的负债包括借入款项、应付款项、暂存款项、应缴款项等。

应缴款项包括事业单位收取的应当上缴国库或者财政专户的资金、应缴税费，以及其他按照国家有关规定应当上缴的款项。

第四十九条 事业单位应当对不同性质的负债分类管理，及时清理并按照规定办理结算，保证各项负债在规定期限内归还。

第五十条 事业单位应当建立健全财务风险控制机制，规范和加强借入款项管理，严格执行审批程序，不得违反规定举借债务和提供担保。

第九章 事业单位清算

第五十一条 事业单位发生划转、撤销、合并、分立时，应当进行清算。

第五十二条 事业单位清算，应当在主管部门和财政部门的监督指导下，对单位的财产、债权、债务等进行全面清理，编制财产目录和债权、债务清单，提出财产作价依据和债权、债务处理办法，做好资产的移交、接收、划转和管理工作，并妥善处理各项遗留问题。

第五十三条 事业单位清算结束后，经主管部门审核并报财政部门批准，其资产分别按照下列办法处理：

（一）因隶属关系改变，成建制划转的事业单位，全部资产无偿移交，并相应划转经费指标。

（二）转为企业管理的事业单位，全部资产扣除负债后，转作国家资本金。需要进行资产评估的，按照国家有关规定执行。

（三）撤销的事业单位，全部资产由主管部门和财政部门核准处理。

（四）合并的事业单位，全部资产移交接收单位或者新组建单位，合并后多余的资产由主管部门和财政部门核准处理。

（五）分立的事业单位，资产按照有关规定移交分立后的事业单位，并相应划转经费指标。

第十章 财务报告和财务分析

第五十四条 财务报告是反映事业单位一定时期财务状况和事业成果的总结性书面文件。

事业单位应当定期向主管部门和财政部门以及其他有关的报表使用者提供财务报告。

第五十五条 事业单位报送的年度财务报告包括资产负债表、收入支出表、财政拨款收入支出表、固定资产投资决算报表等主表，有关附表以及财务情况说明书等。

第五十六条 财务情况说明书，主要说明事业单位收入及其支出、结转、结余及其分配、资产负债变动、对外投资、资产出租出借、资产处置、固定资产投资、绩效考评的情况，对本期或者下期财务状况发生重大影响的事项，以及需要说明的其他事项。

第五十七条 财务分析的内容包括预算编制与执行、资产使用、收入支出状况等。

财务分析的指标包括预算收入和支出完成率、人员支出与公用支出分别占事业支出的比率、人均基本支出、资产负债率等。主管部门和事业单位可以根据本单位的业务特点增加财务分析指标。

第十一章 财务监督

第五十八条 事业单位财务监督主要包括对预算管理、收入管理、支出管理、结转和结余管理、专用基金管理、资产管理、负债管理等的监督。

第五十九条 事业单位财务监督应当实行事前监督、事中监督、事后监督相结合,日常监督与专项监督相结合。

第六十条 事业单位应当建立健全内部控制制度、经济责任制度、财务信息披露制度等监督制度,依法公开财务信息。

第六十一条 事业单位应当依法接受主管部门和财政、审计部门的监督。

第十二章 附　　则

第六十二条 事业单位基本建设投资的财务管理,应当执行本规则,但国家基本建设投资财务管理制度另有规定的,从其规定。

第六十三条 参照公务员法管理的事业单位财务制度的适用,由国务院财政部门另行规定。

第六十四条 接受国家经常性资助的社会力量举办的公益服务性组织和社会团体,依照本规则执行;其他社会力量举办的公益服务性组织和社会团体,可以参照本规则执行。

第六十五条 下列事业单位或者事业单位特定项目,执行企业财务制度,不执行本规则:

(一)纳入企业财务管理体系的事业单位和事业单位附属独立核算的生产经营单位;

(二)事业单位经营的接受外单位要求投资回报的项目;

(三)经主管部门和财政部门批准的具备条件的其他事业单位。

第六十六条 行业特点突出,需要制定行业事业单位财务管理制度的,由国务院财政部门会同有关主管部门根据本规则制定。

部分行业根据成本核算和绩效管理的需要,可以在行业事业单位财务管理制度中引入权责发生制。

第六十七条 省、自治区、直辖市人民政府财政部门可以根据本规则结合本地区实际情况制定事业单位具体财务管理办法。

第六十八条 本规则自2012年4月1日起施行。

附件:

事业单位财务分析指标

1. 预算收入和支出完成率,衡量事业单位收入和支出总预算及分项预算完成的程度。

事业单位财务规则

计算公式为:

$$预算收入完成率 = 年终执行数 \div (年初预算数 \pm 年中预算调整数) \times 100\%$$

年终执行数不含上年结转和结余收入数

$$预算支出完成率 = 年终执行数 \div (年初预算数 \pm 年中预算调整数) \times 100\%$$

年终执行数不含上年结转和结余支出数

2. 人员支出、公用支出占事业支出的比率,衡量事业单位事业支出结构。计算公式为:

$$人员支出比率 = 人员支出 \div 事业支出 \times 100\%$$

$$公用支出比率 = 公用支出 \div 事业支出 \times 100\%$$

3. 人均基本支出,衡量事业单位按照实际在编人数平均的基本支出水平。计算公式为:

$$人均基本支出 = (基本支出 - 离退休人员支出) \div 实际在编人数$$

4. 资产负债率,衡量事业单位利用债权人提供资金开展业务活动的能力,以及反映债权人提供资金的安全保障程度。计算公式为:

$$资产负债率 = 负债总额 \div 资产总额 \times 100\%$$

事业单位会计准则

中华人民共和国财政部令第72号

第一章 总 则

第一条 为了规范事业单位的会计核算,保证会计信息质量,促进公益事业健康发展,根据《中华人民共和国会计法》等有关法律、行政法规,制定本准则。

第二条 本准则适用于各级各类事业单位。

第三条 事业单位会计制度、行业事业单位会计制度(以下统称会计制度)等,由财政部根据本准则制定。

第四条 事业单位会计核算的目标是向会计信息使用者提供与事业单位财务状况、事业成果、预算执行等有关的会计信息,反映事业单位受托责任的履行情况,有助于会计信息使用者进行社会管理、作出经济决策。

事业单位会计信息使用者包括政府及其有关部门、举办(上级)单位、债权人、事业单位自身和其他利益相关者。

第五条 事业单位应当对其自身发生的经济业务或者事项进行会计核算。

第六条 事业单位会计核算应当以事业单位各项业务活动持续正常地进行为前提。

第七条 事业单位应当划分会计期间,分期结算账目和编制财务会计报告(又称财务报告,下同)。

会计期间至少分为年度和月度。会计年度、月度等会计期间的起讫日期采用公历日期。

第八条 事业单位会计核算应当以人民币作为记账本位币。发生外币业务时,应当将有关外币金额折算为人民币金额计量。

第九条 事业单位会计核算一般采用收付实现制;部分经济业务或者事项采用权责发生制核算的,由财政部在会计制度中具体规定。

行业事业单位的会计核算采用权责发生制的,由财政部在相关会计制度中规定。

第十条 事业单位会计要素包括资产、负债、净资产、收入、支出或者费用。

第十一条 事业单位应当采用借贷记账法记账。

第二章 会计信息质量要求

第十二条 事业单位应当以实际发生的经济业务或者事项为依据进行会计核算,如实

事业单位会计准则

反映各项会计要素的情况和结果，保证会计信息真实可靠。

第十三条 事业单位应当将发生的各项经济业务或者事项统一纳入会计核算，确保会计信息能够全面反映事业单位的财务状况、事业成果、预算执行等情况。

第十四条 事业单位对于已经发生的经济业务或者事项，应当及时进行会计核算，不得提前或者延后。

第十五条 事业单位提供的会计信息应当具有可比性。

同一事业单位不同时期发生的相同或者相似的经济业务或者事项，应当采用一致的会计政策，不得随意变更。确需变更的，应当将变更的内容、理由和对单位财务状况及事业成果的影响在附注中予以说明。

同类事业单位中不同单位发生的相同或者相似的经济业务或者事项，应当采用统一的会计政策，确保同类单位会计信息口径一致，相互可比。

第十六条 事业单位提供的会计信息应当与事业单位受托责任履行情况的反映、会计信息使用者的管理、决策需要相关，有助于会计信息使用者对事业单位过去、现在或者未来的情况作出评价或者预测。

第十七条 事业单位提供的会计信息应当清晰明了，便于会计信息使用者理解和使用。

第三章 资 产

第十八条 资产是指事业单位占有或者使用的能以货币计量的经济资源，包括各种财产、债权和其他权利。

第十九条 事业单位的资产按照流动性，分为流动资产和非流动资产。

流动资产是指预计在 1 年内（含 1 年）变现或者耗用的资产。

非流动资产是指流动资产以外的资产。

第二十条 事业单位的流动资产包括货币资金、短期投资、应收及预付款项、存货等。

货币资金包括库存现金、银行存款、零余额账户用款额度等。

短期投资是指事业单位依法取得的，持有时间不超过 1 年（含 1 年）的投资。

应收及预付款项是指事业单位在开展业务活动中形成的各项债权，包括财政应返还额度、应收票据、应收账款、其他应收款等应收款项和预付账款。

存货是指事业单位在开展业务活动及其他活动中为耗用而储存的资产，包括材料、燃料、包装物和低值易耗品等。

第二十一条 事业单位的非流动资产包括长期投资、在建工程、固定资产、无形资产等。

长期投资是指事业单位依法取得的，持有时间超过 1 年（不含 1 年）的各种股权和债权性质的投资。

在建工程是指事业单位已经发生必要支出，但尚未完工交付使用的各种建筑（包括新建、改建、扩建、修缮等）和设备安装工程。

固定资产是指事业单位持有的使用期限超过 1 年（不含 1 年），单位价值在规定标准以上，并在使用过程中基本保持原有物质形态的资产，包括房屋及构筑物、专用设备、通用设备等。单位价值虽未达到规定标准，但是耐用时间超过1年（不含1年）的大批同类物资，应当作为固定资产核算。

无形资产是指事业单位持有的没有实物形态的可辨认非货币性资产，包括专利权、商标权、著作权、土地使用权、非专利技术等。

第二十二条　事业单位的资产应当按照取得时的实际成本进行计量。除国家另有规定外，事业单位不得自行调整其账面价值。

应收及预付款项应当按照实际发生额计量。

以支付对价方式取得的资产，应当按照取得资产时支付的现金或者现金等价物的金额，或者按照取得资产时所付出的非货币性资产的评估价值等金额计量。

取得资产时没有支付对价的，其计量金额应当按照有关凭据注明的金额加上相关税费、运输费等确定；没有相关凭据的，其计量金额比照同类或类似资产的市场价格加上相关税费、运输费等确定；没有相关凭据、同类或类似资产的市场价格也无法可靠取得的，所取得的资产应当按照名义金额入账。

第二十三条　事业单位对固定资产计提折旧、对无形资产进行摊销的，由财政部在相关财务会计制度中规定。

第四章　负　　债

第二十四条　负债是指事业单位所承担的能以货币计量，需要以资产或者劳务偿还的债务。

第二十五条　事业单位的负债按照流动性，分为流动负债和非流动负债。

流动负债是指预计在1年内（含1年）偿还的负债。

非流动负债是指流动负债以外的负债。

第二十六条　事业单位的流动负债包括短期借款、应付及预收款项、应付职工薪酬、应缴款项等。

短期借款是指事业单位借入的期限在1年内（含1年）的各种借款。

应付及预收款项是指事业单位在开展业务活动中发生的各项债务，包括应付票据、应付账款、其他应付款等应付款项和预收账款。

应付职工薪酬是指事业单位应付未付的职工工资、津贴补贴等。

应缴款项是指事业单位应缴未缴的各种款项，包括应当上缴国库或者财政专户的款项、应缴税费，以及其他按照国家有关规定应当上缴的款项。

第二十七条　事业单位的非流动负债包括长期借款、长期应付款等。

长期借款是指事业单位借入的期限超过1年（不含1年）的各种借款。

长期应付款是指事业单位发生的偿还期限超过1年（不含1年）的应付款项，主要指事业单位融资租入固定资产发生的应付租赁款。

第二十八条　事业单位的负债应当按照合同金额或实际发生额进行计量。

事业单位会计准则

第五章 净资产

第二十九条 净资产是指事业单位资产扣除负债后的余额。

第三十条 事业单位的净资产包括事业基金、非流动资产基金、专用基金、财政补助结转结余、非财政补助结转结余等。

事业基金是指事业单位拥有的非限定用途的净资产，其来源主要为非财政补助结余扣除结余分配后滚存的金额。

非流动资产基金是指事业单位非流动资产占用的金额。

专用基金是指事业单位按规定提取或者设置的具有专门用途的净资产。

财政补助结转结余是指事业单位各项财政补助收入与其相关支出相抵后剩余滚存的、须按规定管理和使用的结转和结余资金。

非财政补助结转结余是指事业单位除财政补助收支以外的各项收入与各项支出相抵后的余额。其中，非财政补助结转是指事业单位除财政补助收支以外的各专项资金收入与其相关支出相抵后剩余滚存的、须按规定用途使用的结转资金；非财政补助结余是指事业单位除财政补助收支以外的各非专项资金收入与各非专项资金支出相抵后的余额。

第三十一条 事业基金、非流动资产基金、专用基金、财政补助结转结余、非财政补助结转结余等净资产项目应当分项列入资产负债表。

第六章 收入

第三十二条 收入是指事业单位开展业务及其他活动依法取得的非偿还性资金。

第三十三条 事业单位的收入包括财政补助收入、事业收入、上级补助收入、附属单位上缴收入、经营收入和其他收入等。

财政补助收入是指事业单位从同级财政部门取得的各类财政拨款，包括基本支出补助和项目支出补助。

事业收入是指事业单位开展专业业务活动及其辅助活动取得的收入。其中：按照国家有关规定应当上缴国库或者财政专户的资金，不计入事业收入；从财政专户核拨给事业单位的资金和经核准不上缴国库或者财政专户的资金，计入事业收入。

上级补助收入是指事业单位从主管部门和上级单位取得的非财政补助收入。

附属单位上缴收入是指事业单位附属独立核算单位按照有关规定上缴的收入。

经营收入是指事业单位在专业业务活动及其辅助活动之外开展非独立核算经营活动取得的收入。

其他收入是指财政补助收入、事业收入、上级补助收入、附属单位上缴收入和经营收入以外的各项收入，包括投资收益、利息收入、捐赠收入等。

第三十四条 事业单位的收入一般应当在收到款项时予以确认，并按照实际收到的金额进行计量。

采用权责发生制确认的收入，应当在提供服务或者发出存货，同时收讫价款或者取得索取价款的凭据时予以确认，并按照实际收到的金额或者有关凭据注明的金额进行计量。

第七章　支出或者费用

第三十五条　支出或者费用是指事业单位开展业务及其他活动发生的资金耗费和损失。

第三十六条　事业单位的支出或者费用包括事业支出、对附属单位补助支出、上缴上级支出、经营支出和其他支出等。

事业支出是指事业单位开展专业业务活动及其辅助活动发生的基本支出和项目支出。

对附属单位补助支出是指事业单位用财政补助收入之外的收入对附属单位补助发生的支出。

上缴上级支出是指事业单位按照财政部门和主管部门的规定上缴上级单位的支出。

经营支出是指事业单位在专业业务活动及其辅助活动之外开展非独立核算经营活动发生的支出。

其他支出是指事业支出、对附属单位补助支出、上缴上级支出和经营支出以外的各项支出，包括利息支出、捐赠支出等。

第三十七条　事业单位开展非独立核算经营活动的，应当正确归集开展经营活动发生的各项费用数；无法直接归集的，应当按照规定的标准或比例合理分摊。

事业单位的经营支出与经营收入应当配比。

第三十八条　事业单位的支出一般应当在实际支付时予以确认，并按照实际支付金额进行计量。

采用权责发生制确认的支出或者费用，应当在其发生时予以确认，并按照实际发生额进行计量。

第八章　财务会计报告

第三十九条　财务会计报告是反映事业单位某一特定日期的财务状况和某一会计期间的事业成果、预算执行等会计信息的文件。

第四十条　事业单位的财务会计报告包括财务报表和其他应当在财务会计报告中披露的相关信息和资料。

第四十一条　财务报表是对事业单位财务状况、事业成果、预算执行情况等的结构性表述。财务报表由会计报表及其附注构成。

会计报表至少应当包括下列组成部分：

（一）资产负债表；

（二）收入支出表或者收入费用表；

（三）财政补助收入支出表。

第四十二条　资产负债表是指反映事业单位在某一特定日期的财务状况的报表。

事业单位会计准则

资产负债表应当按照资产、负债和净资产分类列示。资产和负债应当分别流动资产和非流动资产、流动负债和非流动负债列示。

第四十三条 收入支出表或者收入费用表是指反映事业单位在某一会计期间的事业成果及其分配情况的报表。

收入支出表或者收入费用表应当按照收入、支出或者费用的构成和非财政补助结余分配情况分项列示。

第四十四条 财政补助收入支出表是指反映事业单位在某一会计期间财政补助收入、支出、结转及结余情况的报表。

第四十五条 附注是指对在会计报表中列示项目的文字描述或明细资料,以及对未能在会计报表中列示项目的说明等。

附注至少应当包括下列内容:

(一)遵循事业单位会计准则、事业单位会计制度(行业事业单位会计制度)的声明;

(二)会计报表中列示的重要项目的进一步说明,包括其主要构成、增减变动情况等;

(三)有助于理解和分析会计报表需要说明的其他事项。

第四十六条 事业单位财务报表应当根据登记完整、核对无误的账簿记录和其他有关资料编制,做到数字真实、计算准确、内容完整、报送及时。

第九章 附 则

第四十七条 纳入企业财务管理体系的事业单位执行企业会计准则或小企业会计准则。

第四十八条 参照公务员法管理的事业单位对本准则的适用,由财政部另行规定。

第四十九条 本准则自2013年1月1日起施行。1997年5月28日财政部印发的《事业单位会计准则(试行)》(财预字〔1997〕286号)同时废止。

行政事业单位内部控制规范（试行）

第一章 总 则

第一条 为了进一步提高行政事业单位内部管理水平，规范内部控制，加强廉政风险防控机制建设，根据《中华人民共和国会计法》、《中华人民共和国预算法》等法律法规和相关规定，制定本规范。

第二条 本规范适用于各级党的机关、人大机关、行政机关、政协机关、审判机关、检察机关、各民主党派机关、人民团体和事业单位（以下统称单位）经济活动的内部控制。

第三条 本规范所称内部控制，是指单位为实现控制目标，通过制定制度、实施措施和执行程序，对经济活动的风险进行防范和管控。

第四条 单位内部控制的目标主要包括：合理保证单位经济活动合法合规、资产安全和使用有效、财务信息真实完整，有效防范舞弊和预防腐败，提高公共服务的效率和效果。

第五条 单位建立与实施内部控制，应当遵循下列原则：

（一）全面性原则。内部控制应当贯穿单位经济活动的决策、执行和监督全过程，实现对经济活动的全面控制。

（二）重要性原则。在全面控制的基础上，内部控制应当关注单位重要经济活动和经济活动的重大风险。

（三）制衡性原则。内部控制应当在单位内部的部门管理、职责分工、业务流程等方面形成相互制约和相互监督。

（四）适应性原则。内部控制应当符合国家有关规定和单位的实际情况，并随着外部环境的变化、单位经济活动的调整和管理要求的提高，不断修订和完善。

第六条 单位负责人对本单位内部控制的建立健全和有效实施负责。

第七条 单位应当根据本规范建立适合本单位实际情况的内部控制体系，并组织实施。具体工作包括梳理单位各类经济活动的业务流程，明确业务环节，系统分析经济活动风险，确定风险点，选择风险应对策略，在此基础上根据国家有关规定建立健全单位各项内部管理制度并督促相关工作人员认真执行。

第二章 风险评估和控制方法

第八条 单位应当建立经济活动风险定期评估机制，对经济活动存在的风险进行全

行政事业单位内部控制规范（试行）

面、系统和客观评估。

经济活动风险评估至少每年进行一次；外部环境、经济活动或管理要求等发生重大变化的，应及时对经济活动风险进行重估。

第九条 单位开展经济活动风险评估应当成立风险评估工作小组，单位领导担任组长。

经济活动风险评估结果应当形成书面报告并及时提交单位领导班子，作为完善内部控制的依据。

第十条 单位进行单位层面的风险评估时，应当重点关注以下方面：

（一）内部控制工作的组织情况。包括是否确定内部控制职能部门或牵头部门；是否建立单位各部门在内部控制中的沟通协调和联动机制。

（二）内部控制机制的建设情况。包括经济活动的决策、执行、监督是否实现有效分离；权责是否对等；是否建立健全议事决策机制、岗位责任制、内部监督等机制。

（三）内部管理制度的完善情况。包括内部管理制度是否健全；执行是否有效。

（四）内部控制关键岗位工作人员的管理情况。包括是否建立工作人员的培训、评价、轮岗等机制；工作人员是否具备相应的资格和能力。

（五）财务信息的编报情况。包括是否按照国家统一的会计制度对经济业务事项进行账务处理；是否按照国家统一的会计制度编制财务会计报告。

（六）其他情况。

第十一条 单位进行经济活动业务层面的风险评估时，应当重点关注以下方面：

（一）预算管理情况。包括在预算编制过程中单位内部各部门间沟通协调是否充分，预算编制与资产配置是否相结合、与具体工作是否相对应；是否按照批复的额度和开支范围执行预算，进度是否合理，是否存在无预算、超预算支出等问题；决算编报是否真实、完整、准确、及时。

（二）收支管理情况。包括收入是否实现归口管理，是否按照规定及时向财会部门提供收入的有关凭据，是否按照规定保管和使用印章和票据等；发生支出事项时是否按照规定审核各类凭据的真实性、合法性，是否存在使用虚假票据套取资金的情形。

（三）政府采购管理情况。包括是否按照预算和计划组织政府采购业务；是否按照规定组织政府采购活动和执行验收程序；是否按照规定保存政府采购业务相关档案。

（四）资产管理情况。包括是否实现资产归口管理并明确使用责任；是否定期对资产进行清查盘点，对账实不符的情况及时进行处理；是否按照规定处置资产。

（五）建设项目管理情况。包括是否按照概算投资；是否严格履行审核审批程序；是否建立有效的招投标控制机制；是否存在截留、挤占、挪用、套取建设项目资金的情形；是否按照规定保存建设项目相关档案并及时办理移交手续。

（六）合同管理情况。包括是否实现合同归口管理；是否明确应签订合同的经济活动范围和条件；是否有效监控合同履行情况，是否建立合同纠纷协调机制。

（七）其他情况。

第十二条 单位内部控制的控制方法一般包括：

（一）不相容岗位相互分离。合理设置内部控制关键岗位，明确划分职责权限，实施相应的分离措施，形成相互制约、相互监督的工作机制。

（二）内部授权审批控制。明确各岗位办理业务和事项的权限范围、审批程序和相关责任，建立重大事项集体决策和会签制度。相关工作人员应当在授权范围内行使职权、办理业务。

（三）归口管理。根据本单位实际情况，按照权责对等的原则，采取成立联合工作小组并确定牵头部门或牵头人员等方式，对有关经济活动实行统一管理。

（四）预算控制。强化对经济活动的预算约束，使预算管理贯穿于单位经济活动的全过程。

（五）财产保护控制。建立资产日常管理制度和定期清查机制，采取资产记录、实物保管、定期盘点、账实核对等措施，确保资产安全完整。

（六）会计控制。建立健全本单位财会管理制度，加强会计机构建设，提高会计人员业务水平，强化会计人员岗位责任制，规范会计基础工作，加强会计档案管理，明确会计凭证、会计账簿和财务会计报告处理程序。

（七）单据控制。要求单位根据国家有关规定和单位的经济活动业务流程，在内部管理制度中明确界定各项经济活动所涉及的表单和票据，要求相关工作人员按照规定填制、审核、归档、保管单据。

（八）信息内部公开。建立健全经济活动相关信息内部公开制度，根据国家有关规定和单位的实际情况，确定信息内部公开的内容、范围、方式和程序。

第三章　单位层面内部控制

第十三条　单位应当单独设置内部控制职能部门或者确定内部控制牵头部门，负责组织协调内部控制工作。同时，应当充分发挥财会、内部审计、纪检监察、政府采购、基建、资产管理等部门或岗位在内部控制中的作用。

第十四条　单位经济活动的决策、执行和监督应当相互分离。

单位应当建立健全集体研究、专家论证和技术咨询相结合的议事决策机制。

重大经济事项的内部决策，应当由单位领导班子集体研究决定。重大经济事项的认定标准应当根据有关规定和本单位实际情况确定，一经确定，不得随意变更。

第十五条　单位应当建立健全内部控制关键岗位责任制，明确岗位职责及分工，确保不相容岗位相互分离、相互制约和相互监督。

单位应当实行内部控制关键岗位工作人员的轮岗制度，明确轮岗周期。不具备轮岗条件的单位应当采取专项审计等控制措施。

内部控制关键岗位主要包括预算业务管理、收支业务管理、政府采购业务管理、资产管理、建设项目管理、合同管理以及内部监督等经济活动的关键岗位。

第十六条　内部控制关键岗位工作人员应当具备与其工作岗位相适应的资格和能力。

单位应当加强内部控制关键岗位工作人员业务培训和职业道德教育，不断提升其业务水平和综合素质。

第十七条　单位应当根据《中华人民共和国会计法》的规定建立会计机构，配备具有相应资格和能力的会计人员。

单位应当根据实际发生的经济业务事项按照国家统一的会计制度及时进行账务处理、

行政事业单位内部控制规范（试行）

编制财务会计报告，确保财务信息真实、完整。

第十八条 单位应当充分运用现代科学技术手段加强内部控制。对信息系统建设实施归口管理，将经济活动及其内部控制流程嵌入单位信息系统中，减少或消除人为操纵因素，保护信息安全。

第四章 业务层面内部控制

第一节 预算业务控制

第十九条 单位应当建立健全预算编制、审批、执行、决算与评价等预算内部管理制度。

单位应当合理设置岗位，明确相关岗位的职责权限，确保预算编制、审批、执行、评价等不相容岗位相互分离。

第二十条 单位的预算编制应当做到程序规范、方法科学、编制及时、内容完整、项目细化、数据准确。

（一）单位应当正确把握预算编制有关政策，确保预算编制相关人员及时全面掌握相关规定。

（二）单位应当建立内部预算编制、预算执行、资产管理、基建管理、人事管理等部门或岗位的沟通协调机制，按照规定进行项目评审，确保预算编制部门及时取得和有效运用与预算编制相关的信息，根据工作计划细化预算编制，提高预算编制的科学性。

第二十一条 单位应当根据内设部门的职责和分工，对按照法定程序批复的预算在单位内部进行指标分解、审批下达，规范内部预算追加调整程序，发挥预算对经济活动的管控作用。

第二十二条 单位应当根据批复的预算安排各项收支，确保预算严格有效执行。

单位应当建立预算执行分析机制。定期通报各部门预算执行情况，召开预算执行分析会议，研究解决预算执行中存在的问题，提出改进措施，提高预算执行的有效性。

第二十三条 单位应当加强决算管理，确保决算真实、完整、准确、及时，加强决算分析工作，强化决算分析结果运用，建立健全单位预算与决算相互反映、相互促进的机制。

第二十四条 单位应当加强预算绩效管理，建立"预算编制有目标、预算执行有监控、预算完成有评价、评价结果有反馈、反馈结果有应用"的全过程预算绩效管理机制。

第二节 收支业务控制

第二十五条 单位应当建立健全收入内部管理制度。

单位应当合理设置岗位，明确相关岗位的职责权限，确保收款、会计核算等不相容岗位相互分离。

第二十六条 单位的各项收入应当由财会部门归口管理并进行会计核算，严禁设立账外账。

业务部门应当在涉及收入的合同协议签订后及时将合同等有关材料提交财会部门作为账务处理依据，确保各项收入应收尽收，及时入账。财会部门应当定期检查收入金额是否与合同约定相符；对应收未收项目应当查明情况，明确责任主体，落实催收责任。

第二十七条　有政府非税收入收缴职能的单位，应当按照规定项目和标准征收政府非税收入，按照规定开具财政票据，做到收缴分离、票款一致，并及时、足额上缴国库或财政专户，不得以任何形式截留、挪用或者私分。

第二十八条　单位应当建立健全票据管理制度。财政票据、发票等各类票据的申领、启用、核销、销毁均应履行规定手续。单位应当按照规定设置票据专管员，建立票据台账，做好票据的保管和序时登记工作。票据应当按照顺序号使用，不得拆本使用，做好废旧票据管理。负责保管票据的人员要配置单独的保险柜等保管设备，并做到人走柜锁。

单位不得违反规定转让、出借、代开、买卖财政票据、发票等票据，不得擅自扩大票据适用范围。

第二十九条　单位应当建立健全支出内部管理制度，确定单位经济活动的各项支出标准，明确支出报销流程，按照规定办理支出事项。

单位应当合理设置岗位，明确相关岗位的职责权限，确保支出申请和内部审批、付款审批和付款执行、业务经办和会计核算等不相容岗位相互分离。

第三十条　单位应当按照支出业务的类型，明确内部审批、审核、支付、核算和归档等支出各关键岗位的职责权限。实行国库集中支付的，应当严格按照财政国库管理制度有关规定执行。

（一）加强支出审批控制。明确支出的内部审批权限、程序、责任和相关控制措施。审批人应当在授权范围内审批，不得越权审批。

（二）加强支出审核控制。全面审核各类单据。重点审核单据来源是否合法，内容是否真实、完整，使用是否准确，是否符合预算，审批手续是否齐全。

支出凭证应当附反映支出明细内容的原始单据，并由经办人员签字或盖章，超出规定标准的支出事项应由经办人员说明原因并附审批依据，确保与经济业务事项相符。

（三）加强支付控制。明确报销业务流程，按照规定办理资金支付手续。签发的支付凭证应当进行登记。使用公务卡结算的，应当按照公务卡使用和管理有关规定办理业务。

（四）加强支出的核算和归档控制。由财会部门根据支出凭证及时准确登记账簿；与支出业务相关的合同等材料应当提交财会部门作为账务处理的依据。

第三十一条　根据国家规定可以举借债务的单位应当建立健全债务内部管理制度，明确债务管理岗位的职责权限，不得由一人办理债务业务的全过程。大额债务的举借和偿还属于重大经济事项，应当进行充分论证，并由单位领导班子集体研究决定。

单位应当做好债务的会计核算和档案保管工作。加强债务的对账和检查控制，定期与债权人核对债务余额，进行债务清理，防范和控制财务风险。

第三节　政府采购业务控制

第三十二条　单位应当建立健全政府采购预算与计划管理、政府采购活动管理、验收管理等政府采购内部管理制度。

第三十三条　单位应当明确相关岗位的职责权限，确保政府采购需求制定与内部审

行政事业单位内部控制规范（试行）

批、招标文件准备与复核、合同签订与验收、验收与保管等不相容岗位相互分离。

第三十四条 单位应当加强对政府采购业务预算与计划的管理。建立预算编制、政府采购和资产管理等部门或岗位之间的沟通协调机制。根据本单位实际需求和相关标准编制政府采购预算，按照已批复的预算安排政府采购计划。

第三十五条 单位应当加强对政府采购活动的管理。对政府采购活动实施归口管理，在政府采购活动中建立政府采购、资产管理、财会、内部审计、纪检监察等部门或岗位相互协调、相互制约的机制。

单位应当加强对政府采购申请的内部审核，按照规定选择政府采购方式、发布政府采购信息。对政府采购进口产品、变更政府采购方式等事项应当加强内部审核，严格履行审批手续。

第三十六条 单位应当加强对政府采购项目验收的管理。根据规定的验收制度和政府采购文件，由指定部门或专人对所购物品的品种、规格、数量、质量和其他相关内容进行验收，并出具验收证明。

第三十七条 单位应当加强对政府采购业务质疑投诉答复的管理。指定牵头部门负责、相关部门参加，按照国家有关规定做好政府采购业务质疑投诉答复工作。

第三十八条 单位应当加强对政府采购业务的记录控制。妥善保管政府采购预算与计划、各类批复文件、招标文件、投标文件、评标文件、合同文本、验收证明等政府采购业务相关资料。定期对政府采购业务信息进行分类统计，并在内部进行通报。

第三十九条 单位应当加强对涉密政府采购项目安全保密的管理。对于涉密政府采购项目，单位应当与相关供应商或采购中介机构签订保密协议或者在合同中设定保密条款。

第四节 资产控制

第四十条 单位应当对资产实行分类管理，建立健全资产内部管理制度。

单位应当合理设置岗位，明确相关岗位的职责权限，确保资产安全和有效使用。

第四十一条 单位应当建立健全货币资金管理岗位责任制，合理设置岗位，不得由一人办理货币资金业务的全过程，确保不相容岗位相互分离。

（一）出纳不得兼管稽核、会计档案保管和收入、支出、债权、债务账目的登记工作。

（二）严禁一人保管收付款项所需的全部印章。财务专用章应当由专人保管，个人名章应当由本人或其授权人员保管。负责保管印章的人员要配置单独的保管设备，并做到人走柜锁。

（三）按照规定应当由有关负责人签字或盖章的，应当严格履行签字或盖章手续。

第四十二条 单位应当加强对银行账户的管理，严格按照规定的审批权限和程序开立、变更和撤销银行账户。

第四十三条 单位应当加强货币资金的核查控制。指定不办理货币资金业务的会计人员定期和不定期抽查盘点库存现金，核对银行存款余额，抽查银行对账单、银行日记账及银行存款余额调节表，核对是否账实相符、账账相符。对调节不符、可能存在重大问题的未达账项应当及时查明原因，并按照相关规定处理。

第四十四条 单位应当加强对实物资产和无形资产的管理，明确相关部门和岗位的职责权限，强化对配置、使用和处置等关键环节的管控。

（一）对资产实施归口管理。明确资产使用和保管责任人，落实资产使用人在资产管理中的责任。贵重资产、危险资产、有保密等特殊要求的资产，应当指定专人保管、专人使用，并规定严格的接触限制条件和审批程序。

（二）按照国有资产管理相关规定，明确资产的调剂、租借、对外投资、处置的程序、审批权限和责任。

（三）建立资产台账，加强资产的实物管理。单位应当定期清查盘点资产，确保账实相符。财会、资产管理、资产使用等部门或岗位应当定期对账，发现不符的，应当及时查明原因，并按照相关规定处理。

（四）建立资产信息管理系统，做好资产的统计、报告、分析工作，实现对资产的动态管理。

第四十五条 单位应当根据国家有关规定加强对对外投资的管理。

（一）合理设置岗位，明确相关岗位的职责权限，确保对外投资的可行性研究与评估、对外投资决策与执行、对外投资处置的审批与执行等不相容岗位相互分离。

（二）单位对外投资，应当由单位领导班子集体研究决定。

（三）加强对投资项目的追踪管理，及时、全面、准确地记录对外投资的价值变动和投资收益情况。

（四）建立责任追究制度。对在对外投资中出现重大决策失误、未履行集体决策程序和不按规定执行对外投资业务的部门及人员，应当追究相应的责任。

第五节　建设项目控制

第四十六条 单位应当建立健全建设项目内部管理制度。

单位应当合理设置岗位，明确内部相关部门和岗位的职责权限，确保项目建议和可行性研究与项目决策、概预算编制与审核、项目实施与价款支付、竣工决算与竣工审计等不相容岗位相互分离。

第四十七条 单位应当建立与建设项目相关的议事决策机制，严禁任何个人单独决策或者擅自改变集体决策意见。决策过程及各方面意见应当形成书面文件，与相关资料一同妥善归档保管。

第四十八条 单位应当建立与建设项目相关的审核机制。项目建议书、可行性研究报告、概预算、竣工决算报告等应当由单位内部的规划、技术、财会、法律等相关工作人员或者根据国家有关规定委托具有相应资质的中介机构进行审核，出具评审意见。

第四十九条 单位应当依据国家有关规定组织建设项目招标工作，并接受有关部门的监督。

单位应当采取签订保密协议、限制接触等必要措施，确保标底编制、评标等工作在严格保密的情况下进行。

第五十条 单位应当按照审批单位下达的投资计划和预算对建设项目资金实行专款专用，严禁截留、挪用和超批复内容使用资金。

财会部门应当加强与建设项目承建单位的沟通，准确掌握建设进度，加强价款支付审核，按照规定办理价款结算。实行国库集中支付的建设项目，单位应当按照财政国库管理制度相关规定支付资金。

行政事业单位内部控制规范（试行）

第五十一条 单位应当加强对建设项目档案的管理。做好相关文件、材料的收集、整理、归档和保管工作。

第五十二条 经批准的投资概算是工程投资的最高限额，如有调整，应当按照国家有关规定报经批准。

单位建设项目工程洽商和设计变更应当按照有关规定履行相应的审批程序。

第五十三条 建设项目竣工后，单位应当按照规定的时限及时办理竣工决算，组织竣工决算审计，并根据批复的竣工决算和有关规定办理建设项目档案和资产移交等工作。

建设项目已实际投入使用但超时限未办理竣工决算的，单位应当根据对建设项目的实际投资暂估入账，转作相关资产管理。

第六节　合同控制

第五十四条 单位应当建立健全合同内部管理制度。

单位应当合理设置岗位，明确合同的授权审批和签署权限，妥善保管和使用合同专用章，严禁未经授权擅自以单位名义对外签订合同，严禁违规签订担保、投资和借贷合同。

单位应当对合同实施归口管理，建立财会部门与合同归口管理部门的沟通协调机制，实现合同管理与预算管理、收支管理相结合。

第五十五条 单位应当加强对合同订立的管理，明确合同订立的范围和条件。对于影响重大、涉及较高专业技术或法律关系复杂的合同，应当组织法律、技术、财会等工作人员参与谈判，必要时可聘请外部专家参与相关工作。谈判过程中的重要事项和参与谈判人员的主要意见，应当予以记录并妥善保管。

第五十六条 单位应当对合同履行情况实施有效监控。合同履行过程中，因对方或单位自身原因导致可能无法按时履行的，应当及时采取应对措施。

单位应当建立合同履行监督审查制度。对合同履行中签订补充合同，或变更、解除合同等应当按照国家有关规定进行审查。

第五十七条 财会部门应当根据合同履行情况办理价款结算和进行账务处理。未按照合同条款履约的，财会部门应当在付款之前向单位有关负责人报告。

第五十八条 合同归口管理部门应当加强对合同登记的管理，定期对合同进行统计、分类和归档，详细登记合同的订立、履行和变更情况，实行对合同的全过程管理。与单位经济活动相关的合同应当同时提交财会部门作为账务处理的依据。

单位应当加强合同信息安全保密工作，未经批准，不得以任何形式泄露合同订立与履行过程中涉及的国家秘密、工作秘密或商业秘密。

第五十九条 单位应当加强对合同纠纷的管理。合同发生纠纷的，单位应当在规定时效内与对方协商谈判。合同纠纷协商一致的，双方应当签订书面协议；合同纠纷经协商无法解决的，经办人员应向单位有关负责人报告，并根据合同约定选择仲裁或诉讼方式解决。

第五章　评价与监督

第六十条 单位应当建立健全内部监督制度，明确各相关部门或岗位在内部监督中的职责权限，规定内部监督的程序和要求，对内部控制建立与实施情况进行内部监督检查和自我评价。

内部监督应当与内部控制的建立和实施保持相对独立。

第六十一条 内部审计部门或岗位应当定期或不定期检查单位内部管理制度和机制的建立与执行情况，以及内部控制关键岗位及人员的设置情况等，及时发现内部控制存在的问题并提出改进建议。

第六十二条 单位应当根据本单位实际情况确定内部监督检查的方法、范围和频率。

第六十三条 单位负责人应当指定专门部门或专人负责对单位内部控制的有效性进行评价并出具单位内部控制自我评价报告。

第六十四条 国务院财政部门及其派出机构和县级以上地方各级人民政府财政部门应当对单位内部控制的建立和实施情况进行监督检查，有针对性地提出检查意见和建议，并督促单位进行整改。

国务院审计机关及其派出机构和县级以上地方各级人民政府审计机关对单位进行审计时，应当调查了解单位内部控制建立和实施的有效性，揭示相关内部控制的缺陷，有针对性地提出审计处理意见和建议，并督促单位进行整改。

第六章 附 则

第六十五条 本规范自 2014 年 1 月 1 日起施行。

参考文献

1. 鲍德威、威迪逊：《公共部门经济学》（第二版），邓力平译，中国人民大学出版社2000年版。
2. 财政部：《行政事业单位内部控制规范（试行）》，2012年。
3. 财政部、证监会、银监会、保监会及审计署发布：《企业内部控制基本规范》，立信会计出版社2008年版。
4. 财政部编著：《事业单位财务规则解读》，经济科学出版社2013年版。
5. 财政部编著：《行政单位财务规则解读》，经济科学出版社2013年版。
6. 财政部会计司：《行政事业单位内部控制规范讲座》，经济科学出版社2013年版。
7. 财政部预算司编：《中央部门预算编制指南（2015年）》，中国财政经济出版社2014年版。
8. 财政部制定：《民间非营利组织会计制度》，经济科学出版社2004年版。
9. 财政部制定：《事业单位会计制度》，经济科学出版社2012年版。
10. 财政部制定：《行政单位会计制度》，经济科学出版社2013年版。
11. 陈东琪、宋立：《我国历次宏观调控的经验和启示》，载于《宏观经济管理》2007年第2期。
12. 陈东琪、宋立：《新一轮财政税收体制改革思路》，经济科学出版社2009年版。
13. 程薇主编：《医院成本管理》，经济科学出版社2012年版。
14. 邓频声主编：《廉政研究报告（2003~2012）》，中国方正出版社2007年版。
15. 杜莹芬：《企业风险管理-理论、实务、案例》，经济管理出版社2012年版。
16. 范柏乃：《政府绩效评估与管理》，复旦大学出版社2007年版。
17. 方周文等：《行政事业单位内部控制规范实施指南》，立信会计出版社2013年版。
18. 傅勇、张晏：《中国式分权与财政支出结构偏向——为增长而竞争的代价》，载于《管理世界》2007年第3期。
19. 龚锋、卢洪友：《中国公共支出结构、偏好匹配与财政分权》，载于《管理世界》2009年第1期。
20. 国家税务总局集中采购中心：《政府采购工作文件选编》，中国税务出版社2014年版。
21. 哈维·S·罗森、特德·盖亚：《财政学》（第八版），中国人民大学出版社2010年版。
22. 侯江红：《公共组织财务管理》，高等教育出版社2012年版。
23. 侯龙华：《中国财政支出效益研究》，中国计划出版社2001年版。
24. 贾康、阎坤：《完善省以下财政体制改革的中长期思考》，载于《管理世界》2005

年第 8 期。

25. 李乐波：《新医改下公立医院财务管理》，浙江工商大学出版社 2014 年版。

26. 李永友：《公共服务型政府建设与财政支出结构效率》，载于《经济社会体制比较》2011 年第 1 期。

27. 理查德·A·马斯格雷夫、佩吉·B·马斯格雷夫：《财政理论与实践》（第五版），邓子基、邓力平译，中国财政经济出版社 2003 年版。

28. 刘尚希：《经济体制改革的总体态势及其着力点》，载于《重庆社会科学》2012 年第 4 期。

29. 刘永泽：《行政事业单位内部控制制度设计操作指南》，东北财经大学出版社 2013 年版。

30. 刘永泽、唐大鹏：《关于行政事业单位内部控制的几个问题》，载于《会计研究》2013 年第 1 期。

31. 楼继伟：《建立现代财政制度》，载于《人民日报》2013 年 12 月 16 日，第 7 版。

32. 卢汉桥：《廉洁政治论》，广州大学廉政研究中心，2007 年。

33. 吕炜、孙克竞：《省以下财政体制改革框架分析》，载于《地方财政研究》2008 年第 4 期。

34. 缪匡华著：《公共组织财务管理》，厦门大学出版社 2014 年版。

35. 沙安文、沈春丽编：《财政联邦制与财政管理：中外专家论政府间财政体制》，中信出版社 2004 年版。

36. 邵辉、赵庆贤、林娜：《风险管理与方法》，中国石化出版社 2010 年版。

37. 审计署网站等。

38. 孙开：《省以下财政体制改革的深化与政策着力点》，载于《财贸经济》2011 年第 9 期。

39. 田国强：《中国下一步的改革与政府职能转变》，载于《学术前沿》2012 年第 5 期。

40. 王留根编著：《政府与非营利组织会计》，清华大学出版社 2014 年版。

41. 王为民主编：《公共组织财务管理》，中国人民大学出版社 2013 年第 3 版。

42. 王振宇、樊俊芝、刘辉主编：《新医院财务会计制度详解与实务操作》，中国财政经济出版社 2011 年版。

43. 文新三：《财政专项资金绩效评价研究》，经济科学出版社 2014 年版。

44. 吴俊培、吴莲芳：《腐败与公共支出结构偏离》，载于《中国软科学》2008 年第 5 期。

45. 于安、宋雅琴、万如意编著：《政府采购方法与实务》，中国人事出版社 2012 年版。

46. 张岚主编：《新医院财务管理》，中国财政经济出版社 2014 年版。

47. 张雷宝：《地方政府公共支出绩效管理研究》，浙江大学出版社 2010 年版。

48. 张晓杰：《关于事业单位财务工作的几点思考》，载于《财经界》2013 年第 6 期。

49. 张云亭：《顶级财务总监》，中信出版社 2003 年修订版。

50. 张曾莲编著：《政府与非营利组织会计教程——理论·实务·案例》，经济管理出版社 2013 年版。

51. 赵建勇编著：《政府与非营利组织会计》，中国人民大学出版社 2015 年版。

参考文献

52. 赵全厚：《政府公共服务职责的变迁及其与财政保障能力之间的矛盾与协调》，载于《经济研究参考》2010 年第 16 期。

53. 赵莹：《部门决算报表体系研究》，经济科学出版社 2013 年版。

54. 中华人民共和国财政部和卫生部制定：《医院财务制度、基层医疗卫生机构财务制度》，中国财政经济出版社 2011 年版。

55. 中华人民共和国财政部制定：《医院会计制度》，经济科学出版社 2011 年版。

56. 周黎安：《中国地方官员的晋升锦标赛模式研究》，载于《经济研究》2008 年第 7 期。

57. 朱志刚：《财政支出绩效评价研究》，中国财政经济出版社 2003 年版。

58. Charles M. Tiebout. A Pure Theory of Local Expenditure. *The Journal of Political Economy*, Volume64, Issue 5, Oct. 1956.

59. Wallace E. Oates. *Fiscal Federalism*. By Harcour Brace Jovanovich, Inc. 1972.